Katholizismus und Freiwirtschaft

Europäische Hochschulschriften
Publications Universitaires Européennes
European University Studies

Reihe III
Geschichte und ihre Hilfswissenschaften

Série III Series III
Histoire, sciences auxiliaires de l'histoire
History and Allied Studies

Bd./Vol. 928

PETER LANG
Frankfurt am Main · Berlin · Bern · Bruxelles · New York · Oxford · Wien

Christof Karner

Katholizismus und Freiwirtschaft

Das Lebensreformprogramm des Johannes Ude

PETER LANG
Europäischer Verlag der Wissenschaften

Die Deutsche Bibliothek - CIP-Einheitsaufnahme

Karner, Christof:

Katholizismus und Freiwirtschaft : das Lebensreformprogramm des Johannes Ude / Christof Karner. - Frankfurt am Main ; Berlin ; Bern ; Bruxelles ; New York ; Oxford ; Wien : Lang, 2002
(Europäische Hochschulschriften : Reihe 3, Geschichte und ihre Hilfswissenschaften ; Bd. 928)
Zugl.: Wien, Univ., Diss., 2001
ISBN 3-631-38923-X

ISSN 0531-7320
ISBN 3-631-38923-X

www.peterlang.de

Meiner Familie gewidmet

Vorwort

Der deutsche Systemanalytiker Lothar Mayer hat in einer seiner Abhandlungen den Kapitalismus mit einem Tier verglichen, „das Jahrtausende alte Küstenwälder in sich hineinfrisst und sie als Sperrholzplatten und Hackschnitzel wieder ausspuckt, das mit Radargeräten auch noch die letzten Fischschwärme aufspürt und sie zu Hühnerfutter zermahlt; das tropische Berghänge entwaldet und ihre dünne Erdkrume ins Meer spülen lässt, um vier oder fünf Bananenernten in die Supermärkte Europas zu schicken; das den Bewohnern des Niger-Deltas und den Ureinwohnern des Regenwaldes in Venezuela ihren Boden und ihre Flüsse mit Öl verseucht, damit sich Hunderte von Millionen Autos und Lastwagen in Europa und Amerika über verstopfte Straßen wälzen können ...“[1]
Unbestreitbar ist, dass es sich beim Kapitalismus um ein System handelt, das mit einer enormen Besitz-, vorrangig Geldakkumulierung verbunden ist. Häufig wird diese Besitzvermehrung als wichtiger Antrieb für Fortschritt und Wohlstand gesehen. Sichtbarer Ausdruck dieses Prozesses mag der Überfluss an Konsumgütern in den Industriegesellschaften sein. Zu bedenken gilt aber, dass die Erhaltung und Vermehrung des Reichtums enorme Kapazitäten der natürlichen Ressourcen beansprucht. Dazu kommt, dass Vier Fünftel der Menschheit an dem erreichten Wohlstand bisher nicht einmal annähernd teilhaben konnte.
Entscheidenden Einfluss auf diesen Umstand übt dabei die Funktion des Geldes aus. Der Kapitalismus scheint heute vorrangig eine Monetärwirtschaft zu sein, welche - zumindest in der Wohlstandsgesellschaft längst losgelöst von tatsächlichen menschlichen Bedarfsansprüchen - nur mehr einem einzigen Ziel verpflichtet ist, und zwar der fortwährenden Vermehrung des Geldes.
Ursprünglich hatte Geld als Vermittler des Warentausches den Übergang von der Naturalwirtschaft zur arbeitsteiligen Marktwirtschaft ermöglicht. Die tauschdynamische Überlegenheit des Geldes und der Liquiditätsvorteil gegenüber anderen Tauschvermittlern machte aus dem monetären Kapital einen unverzichtbaren Produktionsfaktor. Diese Universalität des Geldes verschafft seinen Besitzern im Wirtschaftsgeschehen enorme Vorteile. Unter anderem drückt sich der hohe Funktionsstellenwert des Geldes dadurch aus, dass für vergebene Kredite nicht nur der entlehnte Betrag, sondern auch Zins und Zinseszins an den Geldbesitzer zurückerstattet werden müssen.
Über den Zins ist immer schon sehr viel kontroversiell nachgedacht worden. Die einen meinen, er sei der Preis für die Leihgabe des Kapitals, eine Entschädigung für den Verfügungsverzicht während des Darlehenskontraks oder eine Risikoprämie usw. Viele Kritiker wiederum sehen im Zins eine erpresserische

---

[1]Mayer, Lothar: Ausstieg aus dem Crash. Entwurf einer Ökonomie jenseits von Wachstum und Umweltzerstörung. - Oberursel 1999 S. 251

Ausnutzung des monetären Dauer- und Liquiditätsvorteils. Sie verweisen auf das exponentielle Wachstum des Zinses, welches einen gewaltigen Druck auf alle biologischen System ausübe, zumal jede Geldvermehrung nur durch ein ständig steigendes Wirtschaftswachstum zu ermöglichen sei.

Einer der schärfsten Kritiker der kapitalistischen Zinswirtschaft in Österreich war der Theologe Johannes Ude (1874-1965).
Ein erklärtes Ziel der vorliegenden Arbeit ist es, die Motive seiner fundamentalen Gegnerschaft zum Kapitalismus aufzuspüren und den Gedankengängen seiner Reformkonzeption nachzugehen.
Neben einer tiefgreifenden Gesinnungsreform, die tatsächlich alle Bereiche des Lebens umfasst, sah Johannes Ude in der „Freiwirtschaftslehre" das geeignetste Mittel, eine gerechte und ökologisch verträgliche Wirtschaftsordnung aufzubauen. Besagte Freiwirtschaftslehre, die der deutsche Kaufmann Silvio Gesell an der Wende vom 19. zum 20. Jahrhundert begründete, setzt konsequenterweise an den neuralgischen Punkten des Kapitalismus an, nämlich an den Geld- und Bodenbesitzverhältnissen.
Im Jahr 1989/90 hat Gerhard Senft eine wissenschaftliche Analyse der Freiwirtschaftslehre vorgenommen, die, der Weltanschauung Gesells gemäß, einer libertär-sozialistischen Interpretation folgt.[1] Es wurde dabei ausdrücklich angemerkt, dass auch andere Interpretationsvarianten denkbar seien. Der Autor der hier vorgelegten Dissertation verdankt Gerhard Senft, abgesehen von der wohlwollend-kritischen Begleitung der Arbeit, die entscheidende Anregung, mit Johannes Ude einen konservativ-katholischen Zugang zur Freiwirtschaftslehre zu suchen.

Über die Person Johannes Ude und sein Wirken liegen bereits einige wissenschaftliche Analysen in Form von Zeitschriftenbeiträgen und Vortragsmanuskripten vor. Wichtige Beiträge zu Udes Biografie und zur moraltheologischen Bewertung seines Reformansatzes im geschichtlichen Kontext kamen von Maximilian Liebmann, dem Experten für Kirchengeschichte an der Karl-Franzens-Universität in Graz.[2] Der Grazer Historiker Reinhard Farkas richtete das Augenmerk seiner Forschungsprojekte zum Thema Johannes Ude überwiegend auf das lebensreformerische und pazifistische Wirken.[3]

---

[1]Senft, Gerhard: Weder Kapitalismus noch Kommunismus. Silvio Gesell und das libertäre Modell der Freiwirtschaft. - Berlin 1990.
[2]Vgl. z.B.: Liebmann, Maximilian: Sozialethisch-moraltheologische Maximen Johannes Udes als Beurteilungskriterium von christlichem Ständestaat und Nationalsozialismus. In: Grazer theologische Studien, hrsg. v. Johannes Bauer u.a. - Graz 1991.
[3]Vgl. z.B.: Farkas, Reinhard: Johannes Ude. Priester und Lebensreformer. In: Jahrbuch zur konservativen Revolution 1994. - Köln 1994.

Der Schwerpunkt dieser Arbeit liegt bei der Darstellung von Udes Versuch, die sozialkatholische Reformtradition mit der Freiwirtschaftslehre zu einem Lebensreformprogramm zusammenzuführen. Zu diesem Zweck ist der Inhalt in vier größere Abschnitte geteilt:
Zunächst soll mit Udes Lebensumständen und den wirtschaftlichen und gesellschaftlichen Zeiterscheinungen - vornehmlich jenen der österreichischen Zwischenkriegszeit - der Hintergrund seines Reformansatzes ausgeleuchtet werden.
Die Darstellung der ökonomischen Krisenphänomene erfolgt dabei unter besonderer Berücksichtigung des monetären Aspekts. Die Auswirkungen der Inflation auf Volkswirtschaft und Gesellschaft in den ersten Jahren der Republik, aber auch die nach der Währungssanierung eingeschlagene Deflationspolitik im Zusammenhang mit der Massenarbeitslosigkeit der 1930er Jahre machen diese Einschränkung plausibel. Außerdem leistet diese Sichtweise einen wichtigen Erklärungsbeitrag zu dem sich gerade in der Zwischenkriegszeit stetig radikalisierenden Denken Udes.
Dazu ist es auch notwendig, besonders die sozialen Auswirkungen der Wirtschaftskrisen hervorzuheben. Die in der Zwischenkriegszeit vorherrschende Wohnungsnot, das Wohnungselend, die Ernährungsengpässe und viele Dinge mehr sind zu zentralen Reformanliegen von Johannes Ude geworden.
Auf diese Hintergrunddarstellung erfolgt im 2. Teil der Arbeit eine ideengeschichtliche Darlegung jener Ideologeme, die auf Ude einwirkten. Neben einigen Richtungen der gegenüber dem Industriezeitalter eher skeptisch eingestellten Lebensreformbewegung kommen ausführlich antiparlamentarische, autoritäre Strömungen aus dem Umfeld des Konservativismus zur Sprache. Vor allem durch die Rezeption der ständestaatlichen Konzepte reihte sich Ude in die sozialkatholische Reformtradition ein.
Zu zeigen ist dabei auch die Veränderung seiner Leitbilder. Unter Heranziehung der Hauptwerke im Zeitraum zwischen 1912 und 1948 wird Udes Quellenbezug zu sozioökonomischen Detailproblemen und zur Friedensfrage überprüft.
Am Beginn des 3. Abschnitts steht eine zunächst weitgehend unkommentierte Beschreibung des eigentlichen Lebensreformprogramms, dem Ude selbst die Bezeichnung „soziale Planwirtschaft“ gab.
Danach wird eine Einordnung in das weltanschaulich breite Spektrum der Freiwirtschaftslehre versucht. Ausgehend von Gesells Ideologie und einem kurzen Überblick über die wichtigsten freiwirtschaftlichen Strömungen im deutschsprachigen Raum soll Udes besondere Position als „konservativ-katholischer Freiwirtschafter“ herausgearbeitet werden.
Daran schließt sich eine kritische Überprüfung von Udes Reformvorschlägen im Hinblick auf einige vordringliche ökonomische und gesellschaftliche Fragen der heutigen Zeit.

Der letzte Abschnitt der Arbeit bringt an Hand ausgewählter Beispiele einen skizzenhaften Überblick über die Aus- und Nachwirkungen von Udes Gedankengut.

Bei den meisten Teilkapiteln der Arbeit wird methodisch ein werkimmanentes Analyseverfahren durchgeführt. Aussagen Udes zu bestimmten gesellschaftlichen und wirtschaftlichen Fragen werden mit später getätigten Abhandlungen verglichen bzw. in Beziehung zu anderen sozioökonomischen Darstellungen gesetzt. Eine große Bedeutung kommt dabei, wie bereits angedeutet, der Beobachtung und Interpretation von Udes Quellenangaben in den jeweiligen Werken zu. Die Personalakten diverser Archive, welche die öffentliche Resonanz auf Person und Wirken widerspiegeln, aber auch Briefnachlässe sowie Interviewmeinungen sollen die gewonnen Erkenntnisse ergänzen und abstützen.
Beim Aufbau der einzelnen Kapiteln wurde darauf geachtet, einen möglichst umfangreichen entwicklungsgeschichtlichen Hintergrund zu bieten, um darauf aufbauend, Udes Thesen darstellen zu können.

Die Zielsetzung der Arbeit lässt sich auch durch drei „Kernfragen" abstecken: „Wodurch zeichnet sich Udes besondere Positionierung innerhalb der sozialkatholischen Reformtradition aus? Inwieweit ist sein Reformprogramm für konservative Werthaltungen repräsentativ? Wie kann die fundamentale Kapitalismuskritik erklärt werden?

Seit Udes spektakulärem Kampf gegen den Kapitalismus hat sich zwar viel verändert, die Grundproblematik, etwa die Zinsfrage, ist geblieben. Erkennbar ist, dass in den letzten Jahren der Ruf nach einer gerechteren Verteilung der globalen Ressourcen allenthalben wieder lauter wird. Es mehren sich jene Stimmen, die bezweifeln, dass unter Beibehaltung der derzeit praktizierten Wirtschaftsordnung ausreichende Lebensgrundlagen für künftige Generationen gesichert werden können. Angesichts der sich verknappenden Güter dieser Erde und der ausgereizten ökologischen Verkraftbarkeit der menschliche Handlungsweise ist ein Nachdenken über andere Formen des Wirtschaftens geboten.

Inhaltsverzeichnis

2. Teil: Leitbilder

3. Teil: Programmatik

4. Teil: Wirkungsgeschichte

1. Einleitung: Konservativismus und Moderne

„Der Fortschritt, unter dessen Füßen das Gras trauert und der Wald zu Papier wird, aus dem die Blätter wachsen, er hat den Lebenszweck den Lebensmitteln subordiniert und uns zu Hilfsschrauben unserer Werkzeuge gemacht."
(Karl Kraus)[1]

1.1. Wirtschaft im Brennpunkt konservativer Kritik

Im Folgenden wird des Öfteren von „antimodernistischen Strömungen" bzw. von einem „ideellen Konservativismus" die Rede sein. Diese Begriffe dienen dazu, den konservativen Gegensatz zur ökonomischen Moderne noch deutlicher hervorzuheben. Es scheint damit auch ein probates Mittel vorzuliegen, welches die heute eher diffuse Wortbedeutung von „konservativ" wesentlich zu konkretisieren vermag.
Die landläufige Gleichsetzung des Begriffs „konservativ" mit „bewahren", „wertgebunden" oder von einem negativen Anschauungsstandpunkt mit „rückständig", „verknöchert" ...[2] wird kaum ausreichen, um seinem vollen Gehalt auch nur annähernd gerecht zu werden. Zu einer Sprachverwirrung, eigentlich zu einer Sinnentleerung trägt auch das Etikett „konservativ" für so manche politische Gruppierung bei. So stehen z.B. die konservative Partei in den USA, aber auch ihre ideologischen Pendants in Europa wohl eher für eine (neo)liberale Wirtschaftspolitik, also genau für das, wogegen der ursprüngliche Konservativismus ankämpfte.
Daraus ergibt sich die Notwendigkeit einer Spurensuche, die weit, und zwar an die Ursprünge der europäischen Geistesgeschichte zurückführt.
In dem Zusammenhang sei ausdrücklich darauf hingewiesen, dass der Konservativismus als geistige Strömung im Laufe der Zeit einem starken Veränderungs- und Anpassungsprozess ausgesetzt war. Jene als „klassischer Konservativismus"[3] bezeichnete „aristokratisch-klerikale Reaktion" mit ihrer eindeutig „vorindustriell-agrarisch-feudalen Mentalität"[4], die einzig auf die Überwindung

[1]Kraus, Karl: In dieser großen Zeit. Ausgewählte Werke Bd. 2. 1914-1925. Zit. nach: Zellenberg, Ulrich E.: Konservativismus in der österreichischen Literatur. In: Konservativismus in Österreich. Strömungen, Ideen, Personen und Vereinigungen von den Anfängen bis heute, hrsg. v. Robert Rill u.a. - Graz u.a. 1999 S. 361.
[2]Vgl.: Schrenck-Notzing, Caspar von (Hrsg.): Lexikon des Konservativismus. - Graz u.a. 1996 S. 319.
[3]Ebd. S. 321.
[4]Zit. nach: Niederegger, Gerhard: Ideen zu einer neuen Wirtschaft und Kultur. - Innsbruck 1992 S. 412.

der Aufklärungsphilosophie abzielte, ist nicht unbedingt mit dem Konservativismus jenseits des Parteienpragmatismus von einst und heute zu vergleichen. Vielleicht wird „Konservativismus“, so wie er hier zur Darstellung gebracht werden soll, am ehesten fassbar, wenn seine Kritik an einer bestimmten Auffassung von Individuum, Gesellschaft und Wirtschaft umrissen wird.

Sämtliche Erfindungen zwischen Buchdruck und Computer markieren Meilensteine einer 500jährigen technisch-industriellen Entwicklung, die sich durch einen gigantischen Beschleunigungsprozess auszeichnete. Bezeichnenderweise wird im 19. Jahrhundert von einer industriellen, an der Wende vom 20. zum 21. Jahrhundert von einer elektronischen Revolution gesprochen. Umwälzend waren nicht nur der technische Fortschritt, sondern auch die Veränderungen der gesellschaftlichen Rahmenbedingungen, der Wandel der Werthaltungen sowie die Art und Weise des Wirtschaftens.
Es würde dem Zweck eines Einleitungskapitels zuwiderlaufen, wollte man detailliert alle Entwicklungsstadien aufzeigen und erklären, die etwa ab dem 14. Jahrhundert zunächst in Europa den als „Moderne“ bezeichneten Veränderungsprozess in Gang setzten. Bestenfalls streiflichtartig werden hier einige Entwicklungstendenzen ökonomischer Denkansätze genannt, die der Moderne ihr charakteristisches Gepräge gaben und der konservativen Geisteshaltung gegenüberstehen.

Bestimmend für die ökonomische Entwicklung in Europa war das im ausgehenden Mittelalter kulturell aufblühende Städtewesen.[1] Seit dem 12. Jahrhundert existierte vornehmlich in den Städten das handwerkliche Zunftwesen als Kontroll-, Planungs- und Lenkungsinstanz der gewerblichen Produktion. Mit ihrem umfassenden Ausbildungs- und Fürsorgewesen schrieben die Zünfte ihre eigene Erfolgsgeschichte. Parallel dazu brachte die günstige Verkehrslage der Städte am Schnittpunkt von Land-, See- und Flusswegen mit der Handelsexpansion und dem sich entfaltenden Geldwesen enorme Reichtümer für einzelne Bürger in ihrer Tätigkeit als Großkaufleute und Bankiers.[2]
Die über eine Bedarfsdeckung längst hinausgewachsene Wirtschaft wurde geistig gestützt durch eine Sicht, die den Menschen als autonomes Individuum in den Mittelpunkt der diesseitigen Welt stellte. Neuzeitliche Denker wie Thomas Hobbes sahen im Menschen ein egoistisches Wesen, das in seinem Drang nach

---

[1]Vgl.: Kinder, Hermann u.a.: Dtv-Atlas zur Weltgeschichte. Karten und chronologischer Abriss. Bd.1. - München 1993 S. 185.
[2]Zu den ökonomischen und gesellschaftlichen Veränderungen in der Neuzeit vgl. insbesondere: Bauer, Leonhard u.a.: Geburt der Neuzeit. Vom Feudalsystem zur Marktgesellschaft. - München 1989 S. 87ff.

Erhalt und Besitz möglichst vieler Güter einen „Krieg aller gegen alle"[1] entfacht. Der Staat, den Hobbes zum Schutz vor dem menschlichen Naturzustand empfahl, hatte durch die Übernahme der städtischen Rechts-, Wirtschafts- und Verfassungsstruktur die Gestalt eines National- bzw. Fürstenterritoriums angenommen. Die Kirche löste sich aus diesen politischen Gebilden immer deutlicher heraus, und auch ein weltlicherseits gestellter politisch-universalistischer Herrschaftsanspruch tat sich zunehmend schwerer.

Der politische Partikularismus wurde von einer Schwächung der zentralen ökonomischen Ordnung begleitet. Die wichtige Funktion, die gesamte Wirtschaft zu koordinieren, übernahmen nun die Märkte[2]. Indem sich die Gütererzeugung an den Absatzchancen des Marktes orientierte, trat auch die alte örtliche Einheit von Haushalt und Betrieb, von Konsum und Produktion auseinander. Damit wurde das wichtigste Leitbild des Mittelalters, nämlich das einer integrativen, übergeordneten Ganzheit endgültig beiseite geschoben.

Mit der zunehmenden Bedeutung der „Marktwirtschaft" ging auch ein starker Wertewandel, und zwar hin zu einer Ökonomisierung des Lebens, einher. Unternehmer, Bankiers und Technologen gehörten ab nun zu einem tonangebenden sozialen Typus.[3]

Nicht zu unterschätzen ist der Einfluss der Reformation auf das neue Denken. Insbesondere der Calvinismus mit seinen Idealen des Fleißes, der Sparsamkeit und der hohen Wertschätzung des Gewinnes und Erfolges bahnte einem profitorientierten Wirtschaften den Weg. „Die calvinistische Radikalisierung des Dualismus von religiösem Ethos und 'Welt'"[4] bewirkte den unüberbrückbaren Gegensatz zwischen religiös-ethischem und ökonomischem Rationalismus. Es kam „zum Wechsel des gesellschaftlichen Primats von der Religion auf die Ökonomie."[5]

Zum wichtigsten „soziale(n) Katalysator einer ökonomischen Rationalisierung"[6] wurde aber zweifellos die Geldwirtschaft. Mit dem Geld entstand ein „kapitalistischer" Produktionsfaktor, den zu akkumulieren erst die monopolartige Überlegenheit gegenüber Sachgütern und die damit verbundene „arbeitslose" Vermehrung des Besitzes durch das Zinssystem ermöglichte.[7] Der Begriff „Wirtschaftskrise" erhielt nicht zuletzt auch durch das kalkulierende Profitdenken der mone-

[1]Zit. nach: Störig, Hans Joachim: Kleine Weltgeschichte der Philosophie. - Stuttgart u.a. 1990 S. 294.

[2]Bog, Ingomar: Kapitalismus. In: Handwörterbuch der Wirtschaftswissenschaften (HdWW) Bd.4 S. 428.

[3]Ebd. S. 428.

[4]Zit. nach: Kaufmann, Franz-Xaver: Wirtschaftssoziologie. In: HdWW Bd.9 S. 241.

[5]Ebd.

[6]Ebd.

[7]Zur Verbreitung der Geldwirtschaft in der Neuzeit und den damit verbunden Folgen vgl. z.B.: North, Michael: Das Geld und seine Geschichte: Vom Mittelalter bis zur Gegenwart. - München 1994 S. 29ff.

tären Erwerbswirtschaft, was die schweren sozialen Erschütterungen zwischen dem 14. und 17. Jahrhundert betrifft, eine neue „Qualität".
Die Verschiebung von der rechtlich-politischen Ungleichheit der mittelalterlich-ständischen Gesellschaft zum neuzeitlichen ökonomischen Gefälle spiegelte sich auch in den philosophischen Strömungen wider.
Die rationalistischen bzw. empiristischen Aufklärungsideen hoben das Individuum über die Gemeinschaftsformen hinaus, verankerten naturwissenschaftliche Prinzipien in der Wirtschaft und trugen so wesentlich zum Nützlichkeitsdenken und Fortschrittsglauben bei. Die Wirkung planender Vernunft auf Gesellschaft und Wirtschaft galt damit als philosophisch fundiert.
Bereits im Zeitalter des Absolutismus zeigte sich mit der merkantilistischen Wirtschaftspolitik die utilitaristische Strategie, die Wirtschaftskraft des eigenen Landes auf Kosten des wirtschaftlichen Wachstums in allen anderen Ländern zu stärken.[1] Ein besonderes Augenmerk schenkten die Merkantilisten dem Geld, von dem sie sich unter Voraussetzung eines dauernden und schnelleren Umlaufs folgerichtig eine stimulierende Wirkung auf Handel und Gewerbe versprachen. Noch bezeichnender ist das merkantile „Theorem von der aktiven Handelsbilanz". Unter Verhinderung der Einfuhr von Fertigwaren sollte gleichzeitig der Import von Rohstoffen und der Export der eigenen Produkte nach Kräften gefördert werden. Die Palette zur Durchsetzung der außenwirtschaftlichen Ziele reichte von Verboten über protektionistische Maßnahmen bis zur Entfesselung eines Handelskrieges. Eine Niedriglohnpolitik bei gleichzeitig angepeilter Bevölkerungszunahme, statistische Haushaltsplanung und geregelte Buchführung rundeten das Bild der staatlich gelenkten merkantilen Nationalwirtschaften ab.
Noch deutlicher zeichnete sich die rationalistische Moderne im Liberalismus ab, dessen Zielvorstellungen weitgehend mit den Theorien der ökonomischen Klassiker zusammenfielen. Adam Smith, David Ricardo, John Stuart Mill u.a. sahen im individuellen, egoistischen Gewinnstreben auf privatwirtschaftlicher Basis den Garanten für das Bestehen einer Volkswirtschaft.[2] Nur von einer sich selbst regulierenden „natürlichen" Ordnung, mit uneingeschränkter persönlicher Freiheit, unter Ausschaltung von „möglichst alle(n) staatlichen und sonstigen wirtschaftsexogenen Kontrollelemente(n)"[3] erwartete sich die klassische Theorie Fortschritt und Wohlstand.
Bekanntlich erfüllte sich diese Prognose keineswegs. Das mit der Industrialisierung entstandene „soziale Problem" und die reaktiven Bestrebungen sozialethischer Reformbewegungen unterwarfen den Liberalismus einer vielfältigen Modifizierung. Eine ausschließlich auf die Wettbewerbsmechanismen vertrauende Variante stand neben einer vorsichtig interventionistischen Richtung. Ordoliberale Vorstellungen setzten auf einen Staat, der mit „sichtbarer Hand" wettbe-

---

[1]Blaich, Fritz: Merkantilismus: In: HdWW Bd.5 S. 240ff.
[2]Vgl.: Boelcke, Willi Alfred: Liberalismus. In: HdWW Bd.5 S. 33ff.
[3]Ebd. S. 41.

werbsverzerrende Erscheinungen verhindern, gleichzeitig aber auch die volle Marktkonformität aufrecht erhalten sollte.[1]
Kennzeichnend für die diversen neoliberalen Formen ist das Vertrauen in die staatliche Macht, um das wichtigste liberale Prinzip, das „Laissez faire“, wieder herzustellen. Sowohl die als bürgerlich-konservativ bezeichneten politischen Gruppierungen als auch sozialdemokratische Parteien bedienten und bedienen sich - mit unterschiedlicher Akzentuierung freilich - einer neoliberalen Wirtschaftspolitik. Je nach politischer Schwerpunktsetzung und Interessensverpflichtung ergibt sich das jeweilige Bestreben, eine Synthese aus Sozialpolitik und Freihandel zu erwirken.

So vollzieht sich in der politischen Arena der parlamentarischen Demokratien nach wie vor ein stetes Ringen um die „Früchte“ aus dem mehr oder weniger freien Kräftespiel des Marktes. Was in den Diskussionen um Erhalt und Umverteilung des Profits kein Thema zu sein scheint, ist die Tatsache, dass die mit der Moderne etablierte Marktwirtschaft gänzlich von den Mechanismen des Kapitalismus durchdrungen ist.
Kritiker der Moderne beklagen, dass der in der Neuzeit eingeschlagene marktwirtschaftlich-kapitalistische Weg zu einer von jeglichen ethischen Postulaten unabhängigen ökonomisierten Welt geführt habe. Analog dazu gehe man in den Wirtschaftswissenschaften einer „politischen Ökonomie“, die moralphilosophische Absichten verfolgt, aus dem Weg. Das Bestreben, eine „autonome Ökonomik“ zu begründen, sei „das akademische Spiegelbild der realen Entfesselung eines gegenüber lebenspraktischen Gesichtspunkten weitgehend verselbstständigten Wirtschaftssystems.“[2] Mit der die Gesellschaft gänzlich dominierenden Logik des Marktes werde „der ökonomistische Bock zum ordnungspolitischen Gärtner gemacht.“[3]
Eine durch die kapitalistische Marktwirtschaft verabsolutierte, übersteigerte Konkurrenzwirtschaft, mit ihrer unweigerlichen Tendenz zur Konzentration und Vermachtung habe einen Wirtschaftstotalitarismus in Gang gesetzt, in dem ausschließlich wirtschaftliche Organisationsprinzipien zur Norm für die menschliche Kultur und das Leben werden.[4]
Der Nutzen, welcher der heute verfügbaren enormen Gütermenge und dem damit verbundenen Wohlstand und Überfluss entspringt, steht nach Ansicht der Kritiker in keinem Verhältnis zu den daraus resultierenden Schäden. Lebensentfremdung, Vermassung, Entgeistigung, Umweltzerstörung und die Konsumgesellschaft als „Kristallisationspunkt aller Negativerscheinungen der Industriali-

---

[1]Boelcke, Liberalismus S. 45f.
[2]Ulrich, Peter: Wider die totale Marktgesellschaft. Zur Ideologiekritik des neoliberalen Ökonomismus aus der Perspektive der integrativen Wirtschaftsethik. - St. Gallen 1997 S. 1.
[3]Ebd. S. 3.
[4]Vgl. dazu die umfassende Kritik in: Niederegger, Ideen S. 17ff.

sierung und Ökonomisierung"[1] seien sichtbarer Ausdruck dieser Wirtschaftsordnung.
Angesichts dieser Entwicklung wird vielfach auf eine andere Wirtschaftskonzeption verwiesen, wie sie vor der Zeit des Merkantilismus und Liberalismus oder auch in bewusstem Gegensatz zur Moderne entwickelt wurde.[2] Diese sei im Unterschied zu den modernistischen Ideologien traditionsgebunden und die ethische Dimension mit einschließend statt empiristisch-rationalistisch. Die Betonung des Gemeinschaftsprinzips stehe dem Individualismus entgegen, und in ihrer politisch-wirtschaftssoziologischen Ausrichtung grenze sich die idealistische Gesinnung deutlich vom Materialismus und einer „autonomen Ökonomik" ab.

1.2. Entwicklungsgeschichtlicher Überblick über die antimodernistische Ökonomik

1.2.1. Die „alte" Ökonomik

Deutliche Konturen gewinnt die Kritik an der Moderne naturgemäß erst mit dem Auftauchen des philosophischen Gedankenguts der Neuzeit, im Besonderen mit der wirtschaftspolitischen Ausprägung des Liberalismus. Die geistigen Wurzeln der antimodernistischen Ökonomik und mit ihr bestimmende Elemente ihrer Konzeption reichen aber viel weiter zurück. Die moralphilosophischen Reflexionen der antiken Denker zum Wirtschaftsgeschehen ihrer Zeit, vor allem die patristische Lehre und ihr doch recht beträchtlicher Einfluss auf die sozioökonomischen Realitäten des Mittelalters können dafür als geistige Basis gesehen werden. Davon ausgehend entwickelte sich ein Bündel ökonomischer Lehren, die in einem fundamentalen Gegensatz zu den Ideologien der Moderne traten.

In der antiken griechischen Hochkultur mit ihrer bereits weit gediehenen Arbeitsteilung, der Stadt-, Verwaltungs- und Handelskultur, besonders mit der bereits etablierten Geldwirtschaft tauchen die markanten Kennzeichen und Probleme eines komplexen Wirtschaftssystems auf.
Viele wirtschaftstheoretische Überlegungen dieser Epoche waren dominiert von einer betont hauswirtschaftlichen Ausrichtung und einer religiös-ethisch beeinflussten wirtschaftlichen Zielorientierung. Neben den Bestrebungen, für- und vorsorgendes Wirtschaften mit dem Wirtschaftlichkeitsprinzip in Einklang zu bringen, drängte das bereits augenfällige Armuts- und Reichtumsproblem nach Überlegungen zur Nivellierung der Bedürfnisse und Ansprüche.

[1]Niederegger, Ideen S. 46.
[2]Ebd. S. 97.

Platon, der als Begründer der idealistischen Philosophie gilt, nahm neben der Unterscheidung eines sinnlichen und ideellen Seinsbereiches auch eine deutliche Wertung und Reihung des menschlichen Handelns vor.[1] Er ordnete ökonomische Bestrebungen gemäß seines dualistischen Grundgedankens einer Seelenlehre zu. Der aus „Vernunft", „Mut" und „Begierde" dreigeteilten Seele entsprechen die Tugenden „Weisheit", Standhaftigkeit" und „Mäßigung". Alle sind sie der Tugend der „Gerechtigkeit" untergeordnet. Analog zu seiner trimorphen Seele dachte sich Platon auch den Staat in drei Teile gegliedert. Seine Einteilung in Lehr-, Wehr- und Nährstand wurde zum klassischen Modell für alle späteren Ständestaatentwürfe.
Aristoteles erblickte das „Ideal" einer Volkswirtschaft in nach weitgehender Autarkie und Bedarfsdeckung strebenden Hauswirtschaften, in denen ethische Maßstäbe den menschlichen Bedürfnissen, dem Produzieren und Verbrauchen natürliche Grenzen setzen.[2] Seine Suche nach einer optimalen Tauschgerechtigkeit der Güter, die in der Gerechtigkeit des Preises zum Ausdruck kommen sollte, beeinflusste viele Denkrichtungen, die sich mit diesem Problem beschäftigten. Prägend war auch die Funktionsfestlegung des Geldes auf ein reines Tauschmittel und Wertäquivalent und die Verurteilung der Zinswirtschaft.
Die eher spärlichen theoretischen Abhandlungen der Römer zu Wirtschaftsfragen standen vielfach im Gegensatz zur griechischen Ökonomik. Mit der Trennung des Privatrechtes vom öffentlichen, der Ausdehnung des Geldbegriffes und der „Auffassung der Zinsen als 'zivile Früchte' analog den naturalen Früchten aus der Landwirtschaft"[3] wurde ein völlig anderer Weg beschritten. Bei Schriftstellern wie Cicero und Seneca, die eher allgemein über die Gefährdungen politischer und wirtschaftlicher Kultur resonierten, klingt dennoch das antike Ethos an.

An der Kirchenväterliteratur verdeutlicht sich, wie stimmig antikes Denken und christliche Offenbarung, also die Botschaft vom „Reich Gottes", zueinander passen. Ähnlich wie in der Philosophie Platons verkörpern sich im Christentum höhere Werte einer geistigen Welt, die als Ideal über den materiellen, irdischen Werten stehen.[4] In seinem Hauptwerk „De civitate Dei" vergleicht Augustinus das Dasein der Menschen mit einer Pilgerschaft auf Erden, die nicht die Welt selbst, sondern die Pilgerschaft, die Hinorientierung auf Gott, zum wichtigsten Ziel habe. Eine Entnahme der irdischen Güter sei daher nur in dem Maß notwendig, als sie die Erreichung des Pilgerzieles ermögliche.

---

[1]Vgl. dazu die Übersichtsdarstellung in: Kunzmann, Peter u.a.: Dtv-Atlas zur Philosophie. Tafeln und Texte. - München 1991 S. 39ff.

[2]Aristoteles: Politik. Schriften zur Staatstheorie, hrsg. v. Franz F. Schwarz. - Stuttgart 1989 S. 92ff.

[3]Niederegger, Ideen S. 108.

[4]Ebd. S. 116ff.

Auch bei Thomas v. Aquin bleiben wirtschaftliche Güter nur Mittel zu Erlangung höherer Zwecke. Trotz des Bestrebens, den platonischen Dualismus aufzuheben, Geist und Materie anzunähern, der Sinnenwelt gerecht zu werden, wird die Forderung nach einem maßvollen Umgang mit den irdischen Gütern stark betont. Die klassische Tugend der „Klugheit" bürgt ihm im Zusammenwirken mit der Vernunft und der höchsten christlichen Tugend, der „Liebe", für eine gottgefällige Ordnung.
Die Vorstellung und Anwendung von Ordnungsprinzipien, und zwar gottgewollten, sind für das Mittelalter charakteristisch. Neben dem Ideal der wirtschaftlichen Gleichheit, das wiederum dem christlichen Ideal des Gemeinschaftssinnes und der Solidarität entspricht, stand ein stark hierarchisches Gliederungsprinzip.[1] Das subsidiär ausgerichtete Stände- und Zunftwesen sollte unter Aufsicht der kirchlichen und weltlichen Autoritäten die gesamte Wirtschaft einer strengen Reglementierung unterwerfen, um eine ausgleichende Gerechtigkeit im Sinne einer auf Verbrauch, nicht auf Gewinn abzielenden Ökonomik zu verwirklichen. Als Muster dafür galt das seit der Antike hochgehaltene Ideal einer autonomen, selbstgenügsamen Hauswirtschaft. Die Familie als organische Einheit, mit dem Familienvater als oberste Autorität und den genau festgelegten sozialen Pflichten und Rechten der „hausrechtlich Abhängigen" wurde auf die genossenschaftlich-ständische Herrschaftsverfassung und in der Metapher vom „Haus Gottes" auch auf die ideelle Gemeinschaft der Christenheit projiziert.[2]
Ein großer Unterschied zur Antike besteht in der überaus positiven Bewertung der Arbeit. Allerdings muss bei der mittelalterlichen Arbeitsmoral die ständische Differenzierung berücksichtigt werden.[3] Arbeit in der Bezeichnung als Pflichterfüllung, Dienst oder „Berufung" sowie der Umfang des kontemplativen Freiraumes stand in einem wechselseitigen Verhältnis zu dem jeweils zugewiesenen Platz in der Hierarchie. So gesehen diente die Annahme von der „göttlichen Vorsehung"[4] in der Arbeitszuteilung wohl eher der Legitimation der Herrschaftsverhältnisse. Trotzdem wurde der Faktor „Arbeit" zu einer wichtigen wertbestimmenden ökonomischen Größe. Am Beispiel der Arbeitswertlehre, die nicht nur die mittelalterlichen Wirtschaftstheorien dominierte, sondern auch Eingang fand in die ökonomische Klassik und darüber hinaus, wird dies ersichtlich.

---

[1]Vgl. dazu: Bauer, Geburt der Neuzeit S. 21ff.
[2]Ebd. S. 43ff.
[3]Ebd. S. 36ff.
[4]Niederegger, Ideen S. 128.

1.2.2. Die geistige Auseinandersetzung mit der Moderne

Die rationalistische Philosophie, die Etablierung der Naturwissenschaften und die politischen und religiösen Emanzipationsbestrebungen drängten die mittelalterlich-scholastischen Lehren allmählich in den Hintergrund. Andererseits tauchte an der Wende vom 18. zum 19. Jahrhundert vornehmlich im deutschsprachigen Raum erneut eine Gegenbewegung zum Wirtschaftsmodernismus auf.[1] In der Philosophie traten die Gedanken des „Deutschen Idealismus", in der Kultur die Motive der Romantik und in der Politik die Ideologeme eines politischen Konservativismus der allseits dominanten Moderne gegenüber.
Antimodernistisches Gedankengut wurde auch in den Sozial- und Wirtschaftswissenschaften vertreten. Die Exponenten dieser Disziplinen kritisierten vor allem das rationalistische und individualistische Moment in der von der Moderne beeinflussten Wirtschaftstheorien. Eine „umfassende Rückbesinnung auf die alteuropäischen Traditionen und Werte, insbesondere auch auf die christliche Religion"[2] galt dabei als zentrales Anliegen. Revolutionären, gewaltsamen Veränderungen wurde eine Absage erteilt und stattdessen dem Kontinuitäts- und Traditionsprinzip der Vorzug gegeben. Auch die Vorstellung, dass der Mensch kein Gegensatz zur Natur, sondern Teil einer natürlichen, göttlichen Schöpfungsordnung ist, gehörte zu der stark metaphysisch geprägten Weltsicht. So wie in den literarischen Werken der Romantik der Hang zum Mystischen, Irrationalen und Subjektiven die Inhalte bestimmte, betonte auch die romantische Sozial- und Wirtschaftslehre den Gefühlsbereich und bevorzugte teleologische Betrachtungen.
Als geistiger Zusammenhalt all dieser Maximen diente der Ganzheitsgedanke, der sich in erster Linie in den Vorstellungen zu einer universalistischen Gesellschaftsordnung konkretisierte. Der Universalismus unterstrich „den Vorzug gesellschaftlicher Gebilde, insbesondere den des Staates, vor dem Einzelnen in zeitlicher (genetischer), sachlich-logischer, wert- und würdemäßiger Hinsicht."[3]
In einer stark idealisierten Sicht erhob man den an den Traditionen des europäischen Mittelalters orientierten Ständestaat legitimistischer Prägung zum Vorbild für Verfassungsentwürfe.[4] Mit dem Ständestaat sehnten die meisten Sozialromantiker, eine „organische", „naturwüchsige" Ordnung herbei, die einem aus vielen Einzelteilen bestehenden politischen Gebilde, vergleichbar einem menschlichen Körper, eine lebendige Ganzheit verleihe.
Maßgeblichen Einfluss auf diese Geisteshaltung hatte auch der als „Historismus" bezeichnete Versuch, Geschichte nicht von einem gegenwärtigen Standpunkt aus zu betrachten, sondern „jede Epoche an ihren eigenen Maßstäben zu

---

[1]Niederegger, Ideen S. 132ff.
[2]Schrenck-Notzing, Konservativismus S. 466.
[3]Ebd. S. 570.
[4]Ebd. S. 466ff.

messen."[1] Demgemäß neigte der „ökonomische Historismus" zur Ablehnung und Skepsis gegenüber allgemeingültigen Wirtschaftstheorien und ökonomischen Lehrsätzen. Bevorzugt wurde die akribische Sammlung wissenschaftlicher Fakten über ökonomische Phänomene, was zu einer starken Aufwertung der Wirtschaftsgeschichte führte. Die Erkenntnis, dass „wirtschaftliche Zusammenhänge erst aus der Kenntnis der geschichtlichen Wirklichkeit des Wirtschaftslebens zu gewinnen sei"[2], ist untrennbar mit dem Namen Gustav Schmoller, dem wohl bedeutendsten Vertreter des Historismus, verbunden. In seinem Bestreben, Wirtschaft als Ganzheit zu sehen, d.h. auch gesellschaftliche, politische und kulturelle Rahmenbedingungen zu berücksichtigen[3], bediente sich die Historische Schule nicht nur des geschichtlichen Materials, sondern verwendete auch die Statistik als Forschungsmittel. Den „Schlüssel zu allen Geisteswissenschaften und also auch zur Nationalökonomie"[4] sah Schmoller in der Psychologie, auf die er zur Erforschung des Wirtschaftslebens keinesfalls verzichten wollte.

Aus der Vielzahl der antimodernistischen Vertreter sei aus dem Bereich der Philosophie Johann Gottlieb Fichte genannt, der in seinem Werk „Der geschlossene Handelsstaat" das Ideal einer gänzlich autarken, interventionistischen Volkswirtschaft beschreibt.[5]
Als wichtigster Staatsdenker der deutschen Romantik gilt Adam Heinrich Müller. Seine Kritik an der französischen Revolution gipfelte in der Erkenntnis, dass der Einzelne in den Staat ebenso verflochten sei wie in die Natur und in die Zeit und daher außerhalb des Staates nicht gedacht werden könne.[6] Neben der Ablehnung des Individualismus und eines konstruierten, auf dem Rationalismus fußenden Gesellschaftssystems verurteilte er besonders die bestimmende Funktion der Marktgesetze.
In eine ähnliche Richtung weisen auch die Schriften des philosophisch-theologischen Schriftstellers Franz Xaver von Baader, der, geprägt von den Kirchenvätern, eine „offenbarungsgebundene Glaubensphilosophie"[7] vertrat. Aus dieser Perspektive ergab sich seine scharfe Kritik am Kapitalismus.

Die Folgen des Kapitalismus waren es auch, die im Verlauf des 19. Jahrhunderts zu einer tiefgreifenden Umgestaltung der sozialen Zustände herausforderten. Die Industrialisierung hatte zwar eine florierende und sich stetig auswei-

[1] Schmölders, Günter: Historische Schule. In: HdWW Bd.4. S. 69.
[2] Ebd. S. 71.
[3] Niederegger, Ideen S. 148ff.
[4] Zit. nach: Schmölders, Historische Schule S. 71.
[5] Störig, Kleine Weltgeschichte S. 450f.
[6] Zit. nach: Schrenck-Notzing, Konservativismus S. 385.
[7] Ebd. S. 46.

tende Wirtschaft geschaffen. Dem stand auf der anderen Seite ein in tristen Verhältnissen lebendes Massenproletariat gegenüber. Die sich vertiefende Kluft zwischen wenigen Reichen und vielen sozial Benachteiligten rief eine Fülle von sozialen Denk- und Reformansätzen auf den Plan, die sich unter dem Begriff „Sozialismus“ subsumieren lassen. Aus konservativ-reformerischer Sicht ist davon der so genannte „wissenschaftliche Sozialismus“ der marxistischen Richtungen auszunehmen, da dieser zwar das liberalkapitalistische System bekämpfe, in seinem sozialwissenschaftlichen Ansatz aber „als maßgebliche Variante der Moderne“[1] aufzufassen sei. Hingegen werden die Entwürfe der „utopischen Sozialisten“ wie jene von Henry Saint-Simon, Charles Fourier, Pierre Joseph Proudhon, Robert Owen u.a. wegen der „geschlossenen Gedankensysteme“ und ihrer „menschenfreundlichen, wohlwollenden Haltung“ gewürdigt.[2]
Auf das Thema dieser Arbeit bezogen, interessieren hier jedoch besonders die reformerischen Ansätze des Sozialkatholizismus.
Das gesellschaftliche Gestaltungsprogramm der römisch-katholischen Kirche ging über Verkündigungen und Predigten insofern hinaus, als es in einer als religiöse Erneuerungsarbeit bezeichneten Evangelisierung ihre Hauptaufgabe erblickte.[3] Auf der Basis von Naturrecht, biblischen Offenbarungsschriften, kirchlichen Lehrtraditionen und den kurialen Dogmen stand die mit der Person Christi gleichgesetzte „vollkommene Gesellschaft“ der Kirche. Diese bot in der Metapher vom „mystischen Leib Christi“ ein Orientierungsmodell für menschliche Gesellschaften, die in ihren aus Einzelteilen zusammenwirkenden Ganzen der Vorstellung von einem „Gesellschaftskörper“ entsprechen sollten. Aus der „organischen“ Auffassung von Gesellschaft wurden soziale Grundsätze wie z.B. „Gerechtigkeit“, „Ganzheit“, „Hierarchie“, „Gemeinwohl“ sowie „Solidarität“ und „subsidiäre Organisation“ abgeleitet, die Eingang fanden in die Entwürfe der katholischen Wirtschafts- und Sozialreformer.
Neben dem Mainzer Bischof Wilhelm Emmanuel Ketteler, der sich bereits um 1848 in Predigten und Schriften für den Schutz der Proletarier vor Ausbeutung einsetzte, trat in Österreich vor allem Karl v. Vogelsang als „Mentor“ der katholischen Sozialbewegung in Erscheinung.[4] Seine radikale Kritik an den Wirtschaftspraktiken des Kapitalismus begründete eine eigene sozialreformerische Tradition, die auch in den politisch konservativen Kreisen zum Teil Resonanz fand.
Starken Einfluss auf das christlichsoziale politische Lager in Österreich, sowohl in der vorrepublikanischen Phase als auch in der Zwischenkriegszeit, übte die

---

[1]Niederegger, Ideen S. 157.
[2]Ebd. S. 159ff.
[3]Schrenck-Notzing, Konservativismus S. 301ff.
[4]Röhrig, Floridus: Die katholische Kirche. Vom Josephinismus zum politischen Katholizismus. In: Konservativismus in Österreich S. 208.

Solidarismuskonzeption des Jesuitenpaters Heinrich Pesch aus.[1] Der eher gemäßigte Mittelweg zwischen individualistischem Liberalismus und kollektivem Sozialismus schien vielen Vertretern der Christlichsozialen eine für die tagespolitische Kompromisssituation brauchbare Anwendungsvariante zu sein. Die päpstlichen Rundschreiben „Rerum novarum" (1891) von Papst Leo XIII. und „Quadragesimo anno" (1931) von Papst Pius XI. verstärkten diese Tendenz. Zwar fanden die Päpste in ihren Enzykliken scharfe ablehnende Worte für den Sozialismus und Liberalismus. Wie diesen nun zu begegnen sei, blieb aber in vielen Bereichen offen. Hingegen setzten einige katholische Sozialpolitiker mit der Gründung von christlichen Gewerkschaften und Arbeitervereinen ein sehr deutliches Signal, die Vertretung der Arbeiterschaft nicht allein den Sozialisten zu überlassen.

Damit zeichnete sich ein Profil der Katholischen Soziallehre ab, das innerhalb des Sozialkatholizismus nicht unumstritten war. Die Anhänger der sozialromantischen Tradition Vogelsang'scher Ausrichtung orteten einen durch den Liberalismus bedingten „ideologischen Zersetzungsprozess" und forderten „eine Rückbesinnung auf die antiliberale, 'katholische Identität' Österreichs."[2] In der ohnehin von schweren wirtschaftlichen und politischen Krisen gekennzeichneten österreichischen Zwischenkriegszeit führte dieser Richtungsstreit innerhalb des konservativen Lagers, das durch seinen politischen Arm die Regierungsverantwortung trug, zu erheblichen Kontroversen.

Nicht unwesentlich daran beteiligt war die universalistische Lehre des in Wien wirkenden Sozialphilosophen Othmar Spann. Das ansonsten nur bedingt in die sozialkatholische Tradition einzuordnende Werk Spanns kann am ehesten als Alternative zum Solidarismus verstanden werden. Der bewusst in die Tradition des Idealismus gestellte Denkansatz bezog eine strikte Opposition zu Aufklärung und Moderne.[3] „Selbstaufhebung" und „Rückverbundenheit" von Teilen zu einem Ganzen, d.h. die Idee der Gemeinschaft oder „Gezweiung", wie Spann selbst es nannte, ist „Ausgang und eingebungsmäßige Fundierung" seines universalistischen Lehrgebäudes.[4] Auf die Gesellschaftsordnung bezogen, beinhaltet dieses, grob umrissen, den Entwurf eines Ständestaates unter Berücksichtigung eines hierarchischen Aufbaus, mit starker Betonung von Führungsautoritäten. Nur in einer von der Ethik durchdrungenen universalistischen Gesellschaftsauffassung glaubte Spann eine Garantie zur Vermeidung empiristischer

---

[1]Vgl.: Rauscher, Anton: Kirchliche Soziallehre. In: HdWW Bd.7 S. 42f.

[2]Zit. nach: Schlagnitweit, Markus: Der Kapitalismus zwischen Freispruch und Verdammung. Der österreichische Sozialhirtenbrief von 1925 im Spannungsfeld von Realität und Utopie. - Wien u.a. 1995 S. 85f.

[3]Schrenck-Notzing, Konservativismus S. 519.

[4]Pichler, Hanns J.: Othmar Spann - Sein Werk und Wirken. In: Konservativismus in Österreich S. 247ff.

und individualistischer Fehlentwicklungen wie Wertrelativismus, Hedonismus, Kapitalismus und Totalitarismus erblicken zu können.
Gerade der Spann'sche Entwurf macht die Widersprüchlichkeit, die allen ständestaatlichen Projektionen eigen ist, besonders deutlich. Hierarchien und autoritäre Strukturen sind nicht unbedingt dazu angetan, die in den konservativen Reformmodellen geforderten und versprochenen subsidiären Freiheiten wirksam werden zu lassen.
Richtungsweisend und zugleich verbindend - sowohl für die sozialreformerischen Entwürfe der „Vogelsang-Schule" als auch für die Lehren Othmar Spanns - war der bereits erwähnte konservative Gesellschaftstheoretiker Adam Müller.[1]
Mit der eindeutigen Bevorzugung des Staatsganzen gegenüber seinen gesellschaftlichen Gliederungen und in der idealisierten Retrospektive auf das mittelalterliche Lehenssystem legte Müller Grundsätze fest, welche - da wie dort - die charakteristischen Bestandteile der konservativen sozioökonomischen Theorien bildeten.

Außer der katholischen Soziallehre und Spanns „Universalismus" gab es noch einige andere wirtschafts- und sozialwissenschaftliche Systeme im 20. Jahrhundert, die „neben ihrer gemeinsamen geistigen Grundausrichtung vor allem (durch) die unbedingte Ablehnung der modernen Nationalökonomie, d.h. der neoklassischen Theorie und liberalen Wirtschaftspolitik"[2] verbunden sind.
Erwähnenswert ist die um die Jahrhundertwende begründete „sozialrechtliche Schule", die, aufbauend auf den Historismus, mit neuen Argumenten gegen den Absolutheitsanspruch wirtschaftlicher Erscheinungen auftrat.[3] Abgelehnt wurde dabei besonders das quantifizierende und mathematische Denken der neoklassischen Ökonomik und die damit verbundene Stilisierung der Nationalökonomie zur Naturwissenschaft. Einmal mehr stand das Gemeinwohl als Aufgabe für Wirtschaftstheorie und -politik im Vordergrund, ohne aber das Aufgehen des Individuums in einem Kollektiv als Ideal zu sehen.
Von der Historischen Schule besonders stark beeinflusst war auch der Nationalökonom Werner Sombart.[4] Sombart fasste die Wirtschaftswissenschaften in erster Linie als Geisteswissenschaften auf.[5] Er forderte, dass Erscheinungen in einen dem menschlichen Bereich bekannten Sinnzusammenhang zu stellen seien. Der zentrale Begriffs des „Verstehens" sollte dabei als für die Wirtschaftswissenschaft allein angemessene Methode in Frage kommen. Zu verstehen gelte es den Sinn der Wirtschaft, den geschichtlichen Beziehungskontext der Wirtschaft und die an wirtschaftlichen Erscheinungen beteiligte Menschenseele. Sombarts

---

[1]Vgl. dazu auch Kap. 4.2.1.
[2]Niederegger, Ideen S. 172.
[3]Ebd. S. 174ff.
[4]Vgl.: Schmölders, Historische Schule S. 72.
[5]Niederegger, Ideen S. 216ff.

„Verstehenslehre" begriff sich als „Wirtschaftssystems", welches eine bestimmte Wirtschaftsgesinnung, Wirtschaftsorganisation und Verfahrenstechnik als „Grundidee" enthält.
Sein umfangreiches Werk ist von einem großen Misstrauen gegenüber dem Kapitalismus beherrscht. So warnte er beispielsweise, weit vorausblickend, vor den Globalisierungseffekten und davor, dass wirtschaftliche Interessen alle anderen Lebensbereiche dominieren könnten. Indem er von der „Ausbeutung der Erde durch Westeuropa"[1] und der drohenden Umweltzerstörung als Resultat des Ökonomismus sprach, erwies er sich als regelrechter Visionär.
Als Gegenstrategie empfahl er unter anderem die Einschränkung des internationalen Freihandelssystems auf der Basis einer „verhältnismäßigen Autarkie" sowie die bewusste Beeinflussung wirtschaftlicher Vorgänge. Seine dafür verwendete Systembezeichnung „Planwirtschaft" setzte sich aus Opportunitätsgründen nicht durch, wurde aber später vereinzelt wieder aufgenommen. Davon wird in dieser Arbeit noch ausführlich die Rede sein.
Als Vertreter einer „verstehenden" Soziologie bzw. Nationalökonomie ist auch Friedrich v. Gottl-Ottlilienfeld zu bezeichnen. Seine Betrachtungsweise erhielt die Benennung „Wirtschaftsontologie" oder auch „erkenntnistheoretische Richtung".[2] In der für ihn alles entscheidenden Frage, wie denn „das menschliche Zusammenleben im Geiste dauernden Einklangs von Bedarf und Deckung"[3] zu gestalten sei, konzentrierte sich nicht nur seine persönliche ökonomische Anschauung, sondern auch eine markante Position der antimodernistischen, konservativen Tradition.
Die Historische Schule wurde später weitertradiert und auch weiterentwickelt, ihr Einfluss blieb aber weit hinter jenem des Wirtschaftsmodernismus zurück. Zwar fanden sich in den diversen Programmatiken konservativer Parteibewegungen Spuren der alteuropäischen Wirtschaftsethik und ihrer Ideengenese. In der politischen Praxis blieb das „ideell-konservative" Gedankengut aber immer nur fragmentarischer Ansatz oder ging in den innerparteilichen Überlappungsbereichen von „konservativ" und „liberal" zu Gunsten des Letzteren unter.

1.3. Schwerpunkte konservativer Reformkonzeptionen

Das Angebot an gegenwärtigen Darstellungen, die in Opposition zu dem von der Moderne geprägten Wirtschaftssystem stehen und die dem hier beschriebenen Konservativismus-Begriff entsprechen, ist spärlich. Um ihre Ansätze dennoch umreißen zu können, wurde die bereits mehrmals zitierte monumentale

---

[1]Zit. nach: Niederegger, Ideen S. 224.
[2]Ebd. S. 206ff.
[3]Gottl-Ottlilienfeld, Friedrich v.: Ewige Wirtschaft. Die Grundlehre vom Wirtschaftsleben. Bd. 1. - Berlin 1943 S. 40.

Abhandlung Gerhard Niedereggers gewählt. Niedereggers Werk „Ideen zu einer neuen Wirtschaft und Kultur" knüpft direkt an die Traditionslinie des „ideellen Konservativismus" an und vermag damit dieses Einleitungskapitel auch in seinem skizzenhaft gelegten historischen Längsschnitt abzurunden.[1]
Die Überlegungen zu einer Neuorientierung der Wirtschaft beginnen bei einer angestrebten ökonomischen Niveaureduktion. Als Orientierung dienen Wirtschaftskreisläufe, die auf eine reine Bedarfsdeckung abzielen. Ebenso steht eine weitgehend selbstversorgende Hauswirtschaft mit einer traditionellen Familienstruktur als Maß und Norm für eine nicht nach Maxima, sondern nach Optima strebende Wirtschaft. Bedarfs-, Konsum-, Einkommens- und Produktionseinschränkungen sollen über Gesinnungsreformen, aber auch durch staatliche Zwangsmaßnahmen wie z.B. einem strikten Verbot für kommerzielle Werbung erwirkt werden.
Von handels- und steuerrechtlichen Schritten geht die Erwartung auf eine Dekonzentration der Kapital- und Unternehmensstruktur zu Gunsten einer klein- oder mittelständisch organisierten Wirtschaft aus. An die Stelle des liberalkapitalistischen Konkurrenzsystems mit seiner Tendenz zu Freihandel und Internationalisierung tritt in Folge einer binnen- und außenwirtschaftlichen Entliberalisierung das Ideal einer subsidiär-berufsständisch verwalteten Wirtschaft, andererseits das Streben nach relativer Autarkie.
Die wohl einschneidendsten Maßnahmen zur Neugestaltung betreffen das erklärte Ziel, wo immer es möglich und sinnvoll ist, eine Enttechnisierung herbeizuführen. Neben dem Verzicht auf neue Technologien fallen die wissenschaftspolitischen Pläne, besonders die bewusste Abwertung bzw. Unterordnung der naturwissenschaftlich-mathematischen Studien und Forschungsaktivitäten, ins Gewicht. Auch hierbei sind Verbote kein Tabu. Nuklear-, Gen-, Raumfahrt-, Flug- und Chemotechnik sollen verboten, der Individualautoverkehr schrittweise eingeschränkt werden. Bemerkenswert ist die Kritik an der Computertechnik, die als besonders gefährlich eingestuft wird, weil sie durch ihre Superstrukturen die Menschen in eine totale seelische, geistige und materielle Abhängigkeit zwinge.

Der Überblick über die angepeilten Reformen zeigt, dass es sich dabei unter Einbeziehung heutiger Problembereiche im Wesentlichen um eine Adaptierung einer ideellen Variante des Konservativsimus handelt, die „konservativ" nicht als „ein Hängen an dem, was gestern war, sondern ein Leben aus dem, was immer gilt"[2] definiert. In den nun folgenden Kapiteln wird zu klären sein, inwieweit der hier zu behandelnde Protagonist Johannes Ude in dieses geistige Milieu einzuordnen ist.

---

[1]Vgl.: Niederegger, Ideen S. 279ff.
[2]Zit. nach: Niederegger, Ideen S. 412.

1. Teil: Hintergrund

2. Die Krisen der Zwischenkriegszeit

> „Es war mehr als Unordnung, was über die Menschen hereinbrach, es war etwas wie tägliche *Sprengungen*, blieb von einer etwas übrig, geriet es tags darauf in die nächste. Ich sah die Wirkungen nicht nur im Großen, ich sah sie, unverhüllt nah, in jedem Mitglied jener Familie, das kleinste, das privateste, das persönlichste Ereignis hatte ein und dieselbe Ursache, die tobsüchtige Bewegung des Geldes."
> (Elias Canetti)[1]

Für das Verständnis von Udes Lebensreform, die in mancherlei Hinsicht äußerst radikal erscheinen mag, ist die Darstellung der wirtschaftlichen und sozialen Verhältnisse in der Zwischenkriegszeit vonnöten. Das gigantische Ausmaß des ökonomischen Desasters, das die Existenzgrundlage so vieler Menschen zerstörte, hat Johannes Ude, wie viele andere Reformer auch, entscheidend geprägt.

2.1. Die wirtschaftlichen Probleme in der 1. Republik

Irving Fisher, ein bedeutender Nationalökonom der Zwischenkriegszeit, hat einmal behauptet, dass 94 Prozent aller Hemmungen der Wirtschaft von Seite des Geldwesens herrühren.[2] Neben seinem Engagement für eine umfassende Geldreform kämpfte der amerikanische Ökonom zeitlebens für Frieden und Gesundheit. Er trat, einem Johannes Ude vergleichbar, „als Schriftsteller, Redner und Publizist gründlich, selbstsicher und oft spektakulär in Erscheinung."[3] Obwohl Fisher sicher zu den kreativsten Köpfen seiner Zunft zählte, wurden seine Analysen nicht selten heftig angefeindet und seine Person als „komischer Kauz" desavouiert.

Die Theorien eines Fisher oder Ude konnten sich in einer Zeit, die „völlig im Banne der liberalen Wirtschaftsdoktrin stand"[4], nur schwer behaupten. Ein direkter Zusammenhang zwischen monetären Manövern und Konjunkturverläufen

---

[1]Canetti, Elias: Die Fackel im Ohr. Lebensgeschichte 1921-1931. - München u.a. 1980 S. 62.
[2]Zit. nach: Ude, Das Geld. Sein Einfluss auf Gesellschaft, Wirtschaft und Kultur. - Gams 1935 S. 135.
[3]Rieter, Heinz: Fisher, Irving (1867-1947). In: Von Aktie bis Zoll. Ein historisches Lexikon des Geldes, hrsg. v. Michael North. - München 1995 S. 112.
[4]Kernbauer, Hans u.a.: Die wirtschaftliche Entwicklung. In: Österreich 1918-1938. Geschichte der Ersten Republik Bd.1., hrsg. v. Erika Weinzierl u.a. - Wien 1983 S. 358

wurde ebenso hartnäckig in Abrede gestellt, wie man andererseits glaubte, ein Wirtschaftssystem nur durch die Bindung der Währung an Edelmetall, nämlich Gold, stützen und absichern zu können.
Tatsache ist, dass sich Wirtschaftskrisen in den letzten 150 Jahren immer rascher wiederholt haben. Einigen eröffneten die konjunkturellen Schwankungen große Gewinne, andere wiederum, und es waren wohl eindeutig die meisten, erlitten schwere Verluste in ihren Unternehmungen oder kamen um ihr gesamtes Sparvermögen.
Dass Österreich durch den Niedergang seines Bankensektors einen entscheidenden Beitrag zur schweren internationalen Finanz- und Produktionskrise der 1930er Jahre leistete und durch eine sture Deflationspolitik seinen eigenen Untergang heraufbeschwor, mag Irving Fishers These auch in dieser Hinsicht bestätigen.
Die wirtschaftliche Entwicklung Österreichs in der Zwischenkriegszeit lässt es deshalb angebracht erscheinen, den Fragen der Geld- und Währungsordnung besondere Aufmerksamkeit zu widmen.

2.1.1. Die Ausgangslage

Der sozialdemokratische Abgeordnete Victor Adler hielt in der konstituierenden Sitzung der österreichischen Nationalversammlung eine Rede, in der er über die zukünftige Entwicklung Österreichs und zum Thema „Eigenstaatlichkeit" referierte. Dabei stellte er, begleitet von lebhaftem Beifall, zwei Optionen in Aussicht: Entweder man ermögliche es Österreich, sich mit den Nachbarvölkern zu einem freien Völkerbund zu vereinen. Oder der deutschösterreichische Staat werde gezwungen sein, zumal er „auf sich selbst gestellt, kein wirtschaftlich entwicklungsfähiges Gebilde wäre", sich als ein Sonderbundesstaat dem Deutschen Reich anzugliedern.[1]
Die beiden eröffneten Möglichkeiten machen deutlich, dass an der wirtschaftlichen Lebensfähigkeit Österreichs in jedem Fall Zweifel bestand. Der Zusammenbruch der Donaumonarchie hatte viele Menschen in Österreich offensichtlich völlig überrascht. Die Möglichkeit einer militärischen Unterlegenheit auf den Kriegsschauplätzen des 1. Weltkrieges war lange - zu lange - verdrängt worden. Im Schock der Niederlage muss wohl der Glaube an die wirtschaftliche Lebensunfähigkeit Österreichs entstanden sein.[2]
Kaum jemand konnte oder wollte sich vorstellen, dass dieser Rest Österreich in wirtschaftlicher Hinsicht ein Fortkommen wird finden können. Die mit der Umstellungssituation vom Groß- zum Kleinstaat augenblicklich auftretenden wirt-

---

[1]Stenografische Protokolle der konstituierenden Sitzung der Nationalversammlung der deutschen Abgeordneten vom 21. Oktober 1918.
[2]Heer, Friedrich: Der Kampf um die österreichische Identität. - Wien u.a. 1996 S. 334.

schaftlichen und sozialen Probleme bestärkten diese Ansicht. Dazu kamen später die Bedingungen des Friedensvertrages, die alles andere als dazu angetan waren, den Pessimismus zu zerstreuen.
Zunächst aber lassen die Wirtschaftsdaten der damaligen Zeit doch eine etwas differenzierte Betrachtungsweise zu.
In der Tat zerschlug der verlorene Krieg den riesigen, nahezu autarken Wirtschaftsraum der Monarchie mit seiner regional hochgradig entwickelten Arbeitsteilung. „Neu-Österreich war aber keineswegs so arm und benachteiligt, wie es politische Polemik und psychologische Niedergeschlagenheit der ersten Nachkriegszeit erscheinen lassen."[1] Von allen Regionen der ehemaligen Monarchie wies das Gebiet der österreichischen Republik den höchsten Industrialisierungsgrad auf. Mit dem Wiener und Grazer Becken, mit der Obersteiermark und Vorarlberg standen mehrere große Industrieregionen zur Verfügung. Weiters zählten rund ein Drittel aller Fabriken und Industriearbeiter Cisleithaniens, ein dichter Dienstleistungssektor, eine gute Infrastruktur und eine hohe Qualität im Bildungs- und Forschungswesen zu den „Aktiva" der neu entstanden Republik.[2]
Berücksichtigt werden muss dabei jedoch, dass diese Wirtschaftsdaten nur dann tatsächlich in einem günstigen Licht erscheinen, wenn man sie auf die Vorkriegszeit bezieht. Österreich hatte aber den äußerst schwierigen Übergang vom Groß- zum Kleinstaat, von der Kriegs- zur Friedensproduktion zu bewältigen. Dabei bereitete die gewaltige Disproportionalität der Wirtschaftsstruktur, das heißt die für einen Kleinstaat entweder zu großen oder für die Versorgung zu kleinen Branchen, und die ungleiche Verteilung der wirtschaftlichen Ressourcen innerhalb des Landes enorme Probleme. Besonders schwer fielen weiters der drastische Mangel an mineralischen Brennstoffen und die ständige Unterversorgung der Bevölkerung mit Nahrungsmitteln ins Gewicht. Während der größtenteils kleinbetrieblich organisierte Primärsektor der Wirtschaft ab etwa 1925 den Stand der Vorkriegsproduktion wieder erreichte, blieben Gewerbe und Industrie während der gesamten Republikszeit wirtschaftliche Krisenbereiche.
Die prekäre Ausgangssituation und die später eingeschlagene Wirtschaftspolitik machten Österreich in besonders hohem Ausmaß vom Ausland abhängig. Österreich konnte etwa bis 1921 auf Lebensmittellieferungen der Alliierten nicht verzichten. Die Finanzierung wurde mit so genannten „Reliefkrediten" abgewickelt, die in Summe 113,5 Millionen Dollar betrugen, also annähernd soviel wie der Erlös der Genfer Anleihe von 1922.[3] Dies bot der Entente gleichzeitig ein willkommenes Mittel, die österreichische Regierung politisch unter Druck zu setzen, die revolutionären Neigungen im Land hintanzuhalten.

---

[1]Stiefel, Dieter: Konjunkturelle Entwicklung und struktureller Wandel der österreichischen Wirtschaft in der Zwischenkriegszeit. - Wien 1978 S. 6.
[2]Kernbauer, Die wirtschaftliche Entwicklung S. 344f.
[3]Ebd. S.348.

Die partielle Rohstoffknappheit ergab eine außenhandelsbedingte Abhängigkeit insbesondere von den Nachfolgestaaten der Monarchie. Dabei vergrößerte die merkantil anmutende Handelspolitik im Donauraum die Umstellungsschwierigkeiten der heimischen Wirtschaft noch zusätzlich.[1]

Viele Wirtschaftsexperten und Politiker lehnten überdies staatliche Interventionsmaßnahmen zum Zwecke der Umstrukturierung prinzipiell und aus ideologischen Gründen ab. Mit acht „sozialisierten" Betrieben in der Anfangsphase der Republik blieb die Diskussion um die Vergesellschaftung nur eine Episode und spielte für die weitere wirtschaftliche Entwicklung der Republik auch keine Rolle mehr.

Wenn auch heute die wirtschaftliche Lebensfähigkeit der 1. Republik nicht angezweifelt werden kann, so bleibt die damals weit verbreitet panische Angst vor dem „armen Mann Österreich"[2] zumindest psychologisch erklärbar.

Verständlich ist weiters die herbe Enttäuschung und tiefe Depression, die das Ergebnis der Friedensverhandlungen auslöste. Im Artikel 197 des Vertrages stand festgeschrieben, dass Österreich mit seinem gesamten Besitz und allen Einnahmequellen in erster Linie für die Wiedergutmachung der Kriegsschäden zu haften hatte.[3] Damit waren alle Vermögenswerte als Reparationsverpflichtung verpfändet. Diese wurden zwar nie eingefordert, engten aber als „Generalpfandrecht" der Siegermächte den Spielraum der österreichischen Wirtschaft empfindlich ein. Es bedurfte zäher Verhandlungen, bis im August 1922 die Rückstellung der Pfandrechte erreicht werden konnte.[4]

Wenn auch die Bedingungen der in St. Germain festgeschriebenen Paragrafen im Verhältnis zu einer möglichen Kriegsschuld Österreichs mehr als drückend zu bezeichnen sind, so musste der Friedensvertrag nicht selten auch für politische Ausflüchte herhalten. Immer wieder wurden damit die einschneidenden Sanierungsmaßnahmen oder gar das Unvermögen, die eigenen Probleme selbst zu lösen, gerechtfertigt.

Obwohl der Friedensvertrag ein ausdrückliches Anschlussverbot enthielt, blieb der Wunsch nach einer Angliederung Österreichs an ein wirtschaftlich potenteres Staatengebilde in allen politischen Lagern, mehr oder weniger stark ausgeprägt, bestehen.[5] Während die Sozialdemokraten den Anschluss an ein sozial-

---

[1]Vgl. die Zollsätze der Nachfolgestaaten. In: Layton,W. T. u.a.: Die Wirtschaftslage Österreichs. - Wien 1925 S. 13.

[2]Renner, Karl: Der Anschluss. In: Der Anschluss. Mitteilungen des Österreichisch-Deutschen Volksbundes. 2.Jg./Folge 12 (1928) S. 2.

[3]Vgl.: Staatsvertrag von Saint-Germain-en Laye vom 10. Septemer 1919, hrsg. v. d. Österreichische Staatsdruckerei; insbesondere Artikel 177, 178 und 179. - Wien 1920 S. 58ff.

[4]Kernbauer, Die wirtschaftliche Entwicklung S. 351f.

[5]Vgl. dazu: Botz, Gerhard: Der 13. März 38 und die Anschlussbewegung. Selbstaufgabe, Okkupation und Selbstfindung Österreichs 1918-1945. In: Österreich, Deutschland und die Mächte. Internationale und österreichische Aspekte des „Anschlusses" vom März 1938, hrsg. v. Gerhard Strourzh u.a. - Wien 1990 S. 5-40.

demokratisch regiertes und industriell entwickeltes Deutschland favorisierten, setzten die Christlichsozialen - allen voran Ignaz Seipel - auf die Gründung einer Donauföderation mit den Nachfolgestaaten der Monarchie. Als sich diese Hoffnungen zerschlugen, trat auch ein Großteil des bürgerlichen Lagers für ein Zusammengehen mit Deutschland ein. Bei den Deutschnationalen gingen die Sehnsüchte ohnehin grundsätzlich und vorbehaltlos in Richtung Deutschland. Selbst die durch die Alliierten verhinderte Annäherung Österreichs an Deutschland und das geringe Interesse der Nachfolgestaaten, gemeinsam mit Österreich einen Wirtschaftsraum zu bilden, konnten die Anschlussbestrebungen nicht bremsen. Mit der zunehmenden Intensität der Wirtschaftskrisen, aber auch mit der sich zuspitzenden ideologischen Polarisierung zwischen den „schwarzen Bundesländern“ und dem „roten Wien“ flackerte die Euphorie einer möglichen Vereinigung mit Deutschland immer wieder auf.
Die hartnäckigen Strukturprobleme in der Umstellungsphase und die scheinbar unabwendbaren Einflüsse von außen bildeten aber nur den Auftakt zu einer ökonomische Dauerkrise mit fatalen sozialen und politischen Konsequenzen.

2.1.2. Die Inflationsphase: Ursachen und Auswirkungen

In einer altrömischen Fabel wird die Geschichte von einem Frosch erzählt, der größer scheinen wollte, als er war. „Et rursus se inflans, ruptus est“ - indem er sich neuerlich aufblähte, hat es ihn zerrissen. Die Moral der Fabel enthält nicht nur einen Hinweis auf mögliche gesundheitliche Probleme für einen Organismus, sondern auch eine Warnung für eine ganze Gesellschaft. „Die These aus der Froschperspektive lautet also: Geld, das sich aufbläht, weil es an Wertverlust leidet, kann das Leben der Gesellschaft gefährden.“[1]
Kaum ein anderes Bild als jenes vom sich aufblähenden und schließlich zerplatzenden Frosch vermag den Vorgang einer Inflation besser zu beschreiben.
Im neuen Staat Österreich nahm der Übergang von einer alsbald trabenden zu einer galoppierenden und letztlich eskalierenden Hyperinflation einen Zeitraum von nur vier Jahren ein. Im Jahr 1922 waren die Lebenshaltungskosten auf das Vierzehntausendfache der Vorkriegszeit gestiegen, und der Banknotenumlauf hatte die Billionengrenze überschritten.[2]
Angesichts dieser Zahlen drängt sich die Frage auf, wie es in einem so kurzen Zeitraum zu einer derartigen Finanzmisere kommen konnte.
Zunächst gilt es festzuhalten, dass die österreichische Inflation keineswegs eine reine Nachkriegserscheinung war. Die Kriegsfinanzierung hatte bereits unmit-

---

[1]Waldert, Helmut: Geld frisst Welt. 8-teilige Hörfunk-Sendereihe des ORF.
[2]Sandgruber, Roman: Ökonomie und Politik: Österreichische Wirtschaftsgeschichte vom Mittelalter bis zur Gegenwart. - Wien 1995 S. 355.

telbar nach dem Ausbruch der Konflikte die Geldentwertung in Gang gesetzt. Rund zwei Fünftel der Kriegskosten finanzierte der Staat durch die Verschuldung bei seiner eigenen Notenbank, der Österreichisch-Ungarischen Bank. Den Rest erbrachten Emissionen von Kriegsanleihen. Als sichtbares Zeichen dafür stieg die umlaufende Geldmenge während der Kriegsjahre von 3,4 Milliarden auf 42,6 Milliarden Kronen an.[1] Gleichzeitig büßte die Währung im Verlauf des Krieges, gemessen am Gold, zwei Drittel ihres Wertes ein.

Da es nur eine Einrichtung im Staat gibt, die das Privileg besitzt, Geld zu emittieren, muss auch diese Institution - nämlich die Notenbank - zunächst einmal als Ausgangspunkt einer Inflation angesehen werden. Unabhängig davon, ob eine zirkulierende Geldmenge durch Waren oder Leistungen gedeckt ist oder nicht, stellt jede emittierte Banknote eine Gutschrift der Notenbank dar. Der Diskontsatz, der immer über der Inflationsrate liegt, bewahrt die Notenbank ihrerseits vor inflatorischen Verlusten.
Wenn nun in eine Volkswirtschaft Geld fließt, noch bevor ein entsprechender Marktwert an Gütern oder Leistungen vorhanden ist, so wird das ganze übrige Geld um eben diese Summen entwertet. Die Kaufkraft des Geldes sinkt bzw. die Preise der vorhandenen Güter und Leistungen steigen.
In Österreich konnte man nach 1918 diesen sich stetig beschleunigenden Prozess verfolgen. Bereits während des Krieges kam die Inflation in Gang, nun aber entstand eine regelrechte Inflationsspirale, zumal die Bedürfnisse des neuen Staates groß, die Leistungen der Volkswirtschaft jedoch gering waren. Der Staat subventionierte Lebensmittel, finanzierte eine umfassende und geradezu revolutionäre Sozialgesetzgebung und entlohnte eine große Beamtenschar. Diesen Verpflichtungen standen zunächst nur schlechte Ernten und industrielle Produktionsausfälle gegenüber. Im Budget klafft bald ein gewaltiges Defizit, welches wiederum über die Banknotenpresse finanziert wurde. Zwischen 1918 und 1922 erreichten die Defizite im öffentlichen Haushalt insgesamt 3,5 Milliarden Kronen, wovon die Notenbankkredite drei Viertel abdeckten.[2]
Auch im Außenhandel machte sich die Inflation durch Rückwirkungen auf die heimische Wirtschaft negativ bemerkbar.[3] Die zunächst beträchtlich gesteigerten Ausfuhren konnten das Übergewicht der Importe nicht wettmachen. Dieser Einfuhrüberschuss musste größtenteils durch den Verkauf von Aktien größerer österreichischer Industrieunternehmen gestützt werden. Die unausgeglichene Außenhandelsbilanz führte zu einem Verfall des Kronenkurses auf den Devisenmärkten, was im Gegenzug den Anstieg der Importpreise und eine Erhöhung des Preisniveaus in Österreich brachte. Das wiederum ließ das Staatsdefizit rasant anwachsen.

---

[1]Stiefel, Konjunkturelle Entwicklung S. 17f.
[2]Kernbauer, Die wirtschaftliche Entwicklung S. 351.
[3]Ebd. S. 349f.

Dass lange keine Maßnahmen zur Inflationsbekämpfung erfolgten, hat mehrere Ursachen. Zum einen kam es dem Staat sicher nicht ungelegen, durch die Geldentwertung alle seine Schulden tilgen zu können. Andererseits verhinderte eine Währungssanierung, die auf eine Auslandsanleihe hinauslief, die unzureichenden Sicherstellungsmöglichkeiten. Das Generalpfandrecht bzw. die Absicherung der „Reliefkredite" blockierten alle Vermögenswerte.
Aber auch das politische Lagerdenken der österreichischen Parteien trug entschieden dazu bei, dass eine Sanierung immer wieder aufgeschoben wurde.[1] Zwischen 1918 und 1922 war das politische Kräfteverhältnis zwischen dem sozialdemokratischen und dem bürgerlichen Lager einigermaßen ausgeglichen. Ein Sanierungskonzept des einen Lagers konnte gegen den Willen des anderen nicht verwirklicht werden. Argwöhnisch war man seitens der politischen Vertretungen darauf bedacht, eine Währungssanierung nicht ausschließlich dem eigenen Wahlklientel aufzubürden und die Verantwortung und Lasten dem politischen Gegner zuzuschieben.

Lebensmittelkosten in Kronen

	1919	1920	1921	1922	1923
1 kg Brot	1,24	4,22	4,76	251	5.236
1 kg Kartoffeln	0,72	5,10	7,20	98	700
1 l Milch	1.12	4,00	90	835	7.800
1 kg Schweinefleisch	8,20	69	252	1.800	31.000
Lebensmittelkosten einer Familie: 5 Köpfe, vier Wochen	2.410	3.875	8.267	296.734	1.139.970
Monatslohn eines Arbeiters	1.664	5.644	44.164	872.064	1.363.200

Zit. nach: Absenger, u.a.: Der Mensch im Wandel der Zeiten Bd. 2. S. 72.

Die Inflation belastete zudem die einzelnen sozialen Gruppen in einem stark unterschiedlichen Ausmaß. Es gab Verlierer, aber auch Gewinner.[2] Von der Geldentwertung eindeutig profitiert hatten die stark verschuldeten Bauern und Unternehmer, denen die Inflation als Sachwertbesitzer nicht viel anhaben konnte. Auch die Arbeiterschaft schien zunächst durch die inflationsbedingte Scheinkonjunktur zu profitieren. Zwischen 1920 und 1921 herrschte praktisch Vollbeschäftigung und die geringste Arbeitslosigkeit, die in der 1. Republik überhaupt erreicht wurde.[3] Dies stärkte die Verhandlungsposition der Gewerkschaften, denen es gelang, ein Indexlohnsystem durchzusetzen. Obwohl die

[1]Kernbauer, Die wirtschaftliche Entwicklung S. 352.
[2]Sandgruber, Ökonomie und Politik S. 356ff.
[3]Stiefel, Konjunkturelle Entwicklung S. 24.

Löhne damit der Geldentwertung angepasst wurden, blieb das Einkommensniveau hinter den Vorkriegswerten zurück und erreichte kaum das Existenzminimum.

Anders als die Arbeiter standen die fixbesoldeten Beamten und Angestellten von Beginn an auf der Verliererseite. Die Preis-Lohn-Schere konnte niemals verkleinert werden, was zu einer Lohnnivellierung innerhalb der Beamtenschaft und zu erheblichen Status- und Einkommenseinbußen führte. Diese Gesellschaftsgruppe war aber noch in anderer Hinsicht betroffen. Wie bereits angedeutet, gelang dem Staat durch die Inflation eine nahezu hundertprozentige Schuldentilgung. Dies ging allerdings zu Lasten jener Menschen, die der öffentlichen Hand ihre Ersparnisse zur Kriegsfinanzierung mittels Anleihen zur Verfügung gestellt hatten. Es kam damit zu einer brutalen Umverteilung der gesellschaftlichen Vermögenswerte, die insbesondere den Mittelstand traf. Dieser Umstand trug wesentlich zur politischen Polarisierung bei und schuf einen gefährlichen sozialen Unruheherd.
Während „eine breite Schicht des Bürgertums in das Proletariat hinabgestoßen wurde, das ganze Volk seine Ersparnisse verlor, ballten sich neue Reichtümer in den Händen glücklicher Großspekulanten zusammen.“[1] Personen wie Siegmund Bosel, Camillo Castiglioni oder Viktor Wutte wurden zum Synonym für den kometenhaften Aufstieg und jähen Fall der durch Währungsspekulationen rasch zu Vermögen gelangten „Neureichen“. Wie im Falle Castiglioni oder Bosel hatte sie zumeist der Krieg als Unternehmer reich gemacht. Mit dem solcherart erworbenen Geld beteiligten sie sich in allen Branchen als Spekulanten, was sie auf Kosten anderer zu „Glücksrittern der Inflation“ machte und ungeheure Vermögenswerte in ihren Händen konzentrierte.

Bezeichnenderweise prosperierte auch der Bankensektor in einem Ausmaß, das kurze Zeit später zu einem schwerwiegenden Problem werden sollte. Die Zahl der Aktienbanken auf dem Gebiet der Republik Österreich stieg zwischen den Jahren 1913 und 1924 von 26 auf 61 und jene der Privatbanken von 150 auf 260.[2] Obwohl damit ein großer Kreditapparat zur Verfügung stand, investierten namentlich die Wiener Banken ihr Kapital eher in wertstabile Devisen und Aktien, anstatt es dem Staat zur Verfügung zu stellen. Nach der Währungskonsolidierung erschütterten Bankzusammenbrüche und Korruptionsskandale den Geldsektor schwer. Bis zum Ende der Republik blieb der Bankenbereich extrem krisenanfällig, und das wirkte sich verhängnisvoll auf die Wirtschaft und Politik aus.

---

[1]Arbeiter-Zeitung 10. November 1926. Zit. nach: Dokumentation zur österreichischen Zeitgeschichte 1918-1928, hrsg. v. Christine Klusacek u.a. - Wien u.a.1984 S. 357.
[2]Stiefel, Konjunkturelle Entwicklung S. 34.

Die korrumpierende Wirkung des Geldes machte vor keiner Gesellschaftsschicht Halt. Ein regelrechtes Spekulationsfieber verursachte an der Wiener Börse bis 1924 eine bis dahin nicht gekannte Aktienhausse. In der darauf folgenden fehlgeschlagenen Spekulation gegen den französischen Franc verloren Großanleger, aber auch besonders viele kleine Devisenspekulanten - „vom Liftjungen bis zur lustigen Witwe, von der halben bis zur ganzen Welt"[1] - insgesamt zwischen 50 und 100 Millionen Schilling.[2] Diese Verlustsumme entsprach etwa 1 Prozent des österreichischen Volkseinkommens des Jahres 1924.

Nicht nur das wirtschaftliche, auch das soziale Gefüge geriet mit Fortdauer der Inflation ins Wanken. Die Wut und Verzweiflung jener Menschen, die durch die Geldentwertung zu Schaden gekommen waren, entlud sich immer wieder bei spontanen Kundgebungen und Protestmärschen. Anfang Dezember 1921 war es beispielsweise im Zuge einer Demonstration in der Wiener Innenstadt und in den angrenzenden Bezirken zu schweren Ausschreitungen und Plünderungen gekommen. Die Arbeiter-Zeitung berichtete von zerschlagenen Fensterscheiben, herabgerissenen Lustern, aufgeschlitzten Samtsesseln und zertrümmerten Marmortischen in den Kaffeehäusern und diversen Etablissements, die als Hort der Inflationsgewinnler gesehen wurden.[3] Das Blatt bedauerte zwar die Auswüchse in diesem „sozialen Kleinkrieg", ließ aber wissen, dass die „Schieber und Spekulanten, ihre pelzgeschmückten Weiber und geschminkten Dirnen" niemand Leid zu tun brauchten, „auch wenn sie nicht sofort anderswo ihr Lotterleben weiterführen können."[4]

Die Hyperinflation, die von September 1921 bis September 1922 dauerte, ließ Österreich praktisch in den Staatsbankrott schlittern. Die Kronenwährung büßte im Wirtschaftsalltag ihre Funktion gänzlich ein. Devisen, Naturalien oder von einigen Gemeinden ausgegebenes Notgeld ersetzten vielfach das offizielle Zahlungsmittel. Die Banken vergaben in dieser Phase ihre ohnehin spärlichen Kredite nur mehr zur Lohnauszahlung. Mit dem dadurch stark gedrosselten Produktionsprozess ging auch die Scheinkonjunktur der Inflationszeit zu Ende. Die Arbeitslosigkeit erreichte 1922 mit 103.000 Personen eine Zahl, die deutlich über dem Wert der vorangegangenen Jahre lag.[5]
Am 31. Mai 1922 übernahm Ignaz Seipel das Bundeskanzleramt und damit die Verantwortung für eine unverzügliche Sanierung der österreichischen Währung.

---

[1]Zit. nach: Sandgruber, Ökonomie und Politik S. 362.
[2]Ebd. S. 362.
[3]Zit. nach: Dokumentation 1918-1928 S. 250.
[4]Ebd. S. 251.
[5]Vgl. Stiefel, Dieter: Arbeitslosigkeit. Soziale, politische und wirtschaftliche Auswirkungen - am Beispiel Österreichs 1918-1938. - Berlin 1978 S. 29.

2.1.3. Versuchte Währungskonsolidierung und Deflationspolitik

Grundsätzlich gab es während der Inflationsphase zwei offizielle Denkrichtungen, wie dem Währungsdilemma beizukommen wäre.[1] Eine Gruppe, sie bestand aus einigen namhaften Bankfachleuten, hohen Militärs, etlichen Ministerialbeamten, setzte auf das Prinzip der Selbsthilfe und Unabhängigkeit vom Ausland. Die Neuordnung der Währung sollte durch eine neues, gemeinwirtschaftlich orientiertes und der staatlichen Autorität unterstelltes Zentral-Noten-Institut herbeigeführt werden. Ein Währungsfond, bestehend aus den Gold- und Devisenvorräten des Landes und einer gesetzlichen Hypothek auf den gesamten nutzbringenden Grund und Boden Österreichs, hätte als rentenbildende, reale Deckung der ausgegebenen Banknoten dienen sollen. Der Grundgedanke dabei war, das Geldwesen von der starren Goldordnung loszukoppeln und zu einer elastischeren Bemessungs- und Deckungsgrundlage überzugehen, die auf wirtschaftlichen Arbeits- und Leistungswerten aufbaute.
Ein anderer Kreis projektierte die Aufnahme einer ausländischen Anleihe sowie die Neugründung einer privatwirtschaftlich geführten österreichischen Notenbank, die nach den traditionellen Goldwährungsprinzipien arbeiten sollte. Der international geregelte Goldkernstandard verpflichtete die als Aktiengesellschaften geführten Notenbanken dazu, zumindest ein Drittel des Banknotenumlaufes durch Goldvorräte abzudecken. Diesem Ansinnen standen prominente Mitglieder der christlichsozialen Parlamentspartei wie Ignaz Seipel, Heinrich Mataja und Viktor Kienböck nahe.

Mit der Machtübernahme Seipels wurde dann auch konsequent der Weg einer Währungssanierung durch eine Auslandsanleihe unter Beibehaltung der Golddeckungsvorschriften beschritten. Durch eine geschickt koordinierte diplomatischen Offensive konnte Seipel den Völkerbund von der Notwendigkeit eines Kredites für Österreich überzeugen. Die Gewährung der Anleihe in der Höhe von 650 Millionen Goldkronen bedingte ein umfassendes Reform- und Sanierungsprogramm, welches im „Wiederaufbaugesetz“ vom November 1922 zum Ausdruck kam. Das Gesetz brachte eine Erhöhung von bestehenden und die Einführung neuer Steuern, die Anhebung von Tarifen, Ausgabenkürzungen, vor allem aber einen drastischen Beamtenabbau. Das Parlament musste die Budgethohheit für zwei Jahre an die Regierung übertragen, und diese hatte zu akzeptieren, dass ein Völkerbundkommissär die wirtschaftspolitische Kontrolle über den Staat übernahm.

---

[1] Vgl. Wolf, Erich Hans: Katastrophenwirtschaft. Geburt und Ende Österreichs 1918-1938. - Zürich u.a. 1939 S. 15ff.

Zwar gelang mit diesen Maßnahmen und mit dem Ende 1924 eingeführten Schilling eine Beendigung der Inflation, eine Sanierung der österreichischen Volkswirtschaft scheiterte aber gänzlich.
Indem die Regierung den Weg der Währungssanierung über eine Auslandsanleihe einschlug, war der Handlungsspielraum für finanzpolitische Maßnahmen von vornherein äußerst begrenzt. Dies zeigte sich insbesondere bei der Neugründung der wichtigsten monetären Lenkungseinrichtung, der österreichischen Nationalbank. War mit dem vom Völkerbund entsandten Generalkommissär, Alfred Zimmermann, bereits ein Gebieter über die Staatswirtschaft bestellt, so wurde mit dem Notenbankgesetz die österreichische Finanzsouveränität und damit die Kontrolle über die Privatwirtschaft nahezu gänzlich ans Ausland abgetreten.[1] Erst der dritte Gesetzesentwurf zur Neugründung fand auch die Zustimmung der Völkerbunddelegierten, denen damit bei der Lenkung des Zentralbankinstitutes weitreichende Kontrollfunktionen zugestanden wurden. Dem österreichischen Nationalbankpräsidenten stellte der Völkerbund einen „Berater" zur Seite, der in allen notenbankpolitischen Fragen ein Mitsprache- bzw. Vetorecht besaß.[2] Dieser fungierte vorrangig als Verbindungsmann zwischen der Notenbank und den ausländischen Finanzgruppen, die das eigentliche Sagen hatten. So fiel beispielsweise die wichtige Entscheidung über Veränderungen des Diskontsatzes nicht in Wien, sondern in London, in der Bank von England.

Bereits am Tag der Gesetzesvorlage, dem 14. November 1922, warnte die sozialdemokratische Opposition davor, dass die Bank nur eine solche Diskont- und Kreditpolitik betreiben werde, „durch die das Deckungsverhältnis nicht unter das den Bankiers günstig erscheinende Maß herabgedrückt wird."[3] Die Befürchtungen erwiesen sich als begründet, zumal mit Neugründung der Notenbank auch sofort eine Bindung der Währung an den Goldstandard festgelegt wurde. Das öffnete einer rigorosen Deflationspolitik Tür und Tor, die auch prompt bereits im ersten Geschäftsjahr der Bank einsetzte.[4] Obwohl die Satzungen eine 20prozentige Metalldeckung für die Notenemission vorsahen, betrug das Deckungsverhältnis Ende 1923 bereits über 56 Prozent.
In den Kassen der Österreichischen Nationalbank hatte sich bald ein gewaltiger Gold- und Devisenschatz angesammelt, der unter anderem aus dem Erlös der Völkerbundanleihe gespeist wurde. Weitere Einnahmen ergaben sich aus dem Verkauf riesiger österreichischer Aktienpakete gegen Devisen ins Ausland. Statutengemäß musste die Nationalbank im Verhältnis zu den stark vermehrten

---

[1]Ausch, Karl: Als die Banken fielen. Zur Soziologie der politischen Korruption. - Wien 1968 S. 92.
[2]Kernbauer, Hans: Währungspolitik in der Zwischenkriegszeit. Geschichte der Österreichischen Nationalbank von 1923 bis 1938. - Wien 1991 S. 108ff.
[3]Stenografisches Protokoll über die Nationalratssitzung am 14. November 1922.
[4]Wolf, Katastrophenwirtschaft S. 37f.

Goldvorräten auch den Papierkronenumlauf erhöhen und dem Staat zur Deckung des Budgetdefizits übergeben. Daraus ergab sich die groteske Situation, dass mitten in der Phase der Währungsstabilisierung erneut eine Inflation losgetreten wurde.[1] Dies zeigte sich 1923 in den inflationsbedingten Preissteigerungen, aber auch in der bereits erwähnten verhängnisvollen Aktienhausse an der Wiener Börse, die 1924 in der fehlgeschlagenen Franc-Spekulation ihr katastrophales Ende fand.

Der Börsenboom zog noch ein anderes Übel nach sich. Österreichs Wirtschaft hoffte, das eingesetzte Kapital für eine Modernisierung der Produktion mit einer spürbaren Ausweitung des Exportes verzinsen zu können.[2] Diese Hoffnungen erfüllten sich nicht. Die Außenhandelsbilanz blieb ungünstig, vor allem deshalb, weil das liquide Kapital der Börsenhausse einen starken Importsog an teuren Konsumgütern auslöste. Damit trat die Widersprüchlichkeit der österreichischen Wirtschaftsrealität in vollem Ausmaß zu Tage. Einerseits herrschte eine empfindliche Kreditknappheit für den ohnehin schwachen Produktionsapparat, andererseits flossen Geldmittel reichlich zur Börse. Dieses zumeist ausländische Kapital brachte Riesengewinne und Wohlstand für einige wenige. „Nach der Euphorie des Börsentaumels verschwand die gute Hälfte und die schlechte blieb.“[3]

Die Nationalbank hatte auf die Entwicklung mit einer verschärften deflationistischen Maßnahme reagiert. Der Diskontsatz wurde empfindlich erhöht.[4] Betrug der Zinsfuß der Nationalbank im Jahr 1923 noch 9 Prozent, so musste er 1924 auf 14 Prozent erhöht werden. In diesem Jahr erreichte er den höchsten Wert in der Zwischenkriegszeit. Berücksichtigt werden muss dabei zusätzlich, dass zwischen der offiziellen Bankrate und dem Zinsfuß, der in der Produktionswirtschaft zu zahlen war, die beträchtliche Spanne von fünf bis sieben Prozent dazuzurechnen ist.[5]

Das Ausmaß der Kapitalzerstörung, das von dieser Politik ausging, war enorm. Die deflationistische Abschnürung des Kreditapparates zog zunächst den Zusammenbruch einer Reihe von größeren Mittelbanken nach sich.[6] Die Zahl der Aktienbanken verringerte sich zwischen 1924 und 1926 von 61 auf 24 und jene der Privatbanken von 260 auf 124.[7] Selbst traditionelle Geldinstitute wie die Allgemeine Depositenbank oder die Lombard- und Escompte-Bank blieben von der Insolvenz nicht verschont.

---

[1]Ausch, Als die Banken fielen S. 118ff.
[2]Kernbauer, Wirtschaftliche Entwicklung S. 360.
[3]Ausch, Als die Banken fielen S. 178.
[4]Vgl. Stiefel, Konjunkturelle Entwicklung S. 33.
[5]Wolf, Katastrophenwirtschaft S. 38.
[6]Vgl. Ausch, Als die Banken fielen S. 155ff.
[7]Stiefel, Strukturelle Entwicklung S. 34.

Die Bankzusammenbrüche hatten natürlich auch Folgen für jenen Teil der Wirtschaft, der das Realkapital erzeugte. Denn mit dem Niedergang des Kreditwesens gingen auch viele Betriebe zu Grunde. Seit der Inflationsperiode bestand eine besonders enge Verflechtung zwischen der Geld- und Produktionswirtschaft. Viele Banken hatten versucht, der Geldentwertung dadurch zu entgehen, dass sie ihr Eigenkapital zur Gänze in Industrieaktien anlegten. Die inflationsbedingte Vermögensaufzehrung der Firmen verstärkte wiederum diese Tendenz und machte die Betriebe noch mehr von Bankkrediten abhängig. Das ging oft soweit, dass kränkelnde Unternehmen mit Bankkrediten an jene Banken Dividenden zahlten, deren Schuldner sie waren.[1] Im selben Ausmaß, wie die exorbitant hohen Zinssätze eine hoffnungslose Überschuldung der Industrie bewirkten, entwerteten sich auch die Industrieaktien der Banken. Eine hohe kurzfristige Auslandsverschuldung vieler Geldinstitute trug noch zusätzlich das ihre zur Krise bei.
Mit den Insolvenzen der Banken und Wirtschaftsbetriebe ging ein sprunghafter Anstieg der Arbeitslosigkeit einher. Damit setzte bereits Mitte der 1920er Jahre jenes soziale Drama ein, das bald zur dauerhaften Begleiterscheinung der 1. Republik wurde.

Zahl der Arbeitslosen in Österreich 1919 - 1929

Jahr	Gesamtzahl der Arbeitslosen	Zahl der unterstützten Arbeitslosen	Arbeitslosenrate Arbeitslosen in Prozent der Arbeitnehmer	Anteil der Unterstützten an der Gesamtzahl der Arbeitslosen
1919	355.000	147.196	18,4%	44%
1920	79.000	32.217	4,2%	41%
1921	28.000	11.671	1,4%	42%
1922	103.000	49.434	4,8%	48%
1923	212.000	109.786	9,1%	53%
1924	188.000	95.225	8,4%	48%
1925	220.000	149.980	9,9%	68%
1926	244.000	176.536	11,0%	72%
1927	217.000	172.478	9,8%	80%
1928	183.000	156.185	8,3%	85%
1929	192.000	164.477	8,8%	86%

Zit. nach: Stiefel, Arbeitslosigkeit S 29

Es muss als bittere Ironie gelten, wenn einerseits breite Bevölkerungsteile immer drückendere Lebensbedingungen vorfanden, während gleichzeitig die Nationalbank immer größere Mengen an deckungsfähigen Goldwerten

[1]Kernbauer, Hans: Von der Inflation zur Depression. Österreichs Wirtschaft 1918-1934. In: Austrofaschismus. Beiträge über Politik und Kultur 1934-1938, hrsg. v. Emmerich Talos u.a. - Wien 1985 S. 16.

anhäufte.[1] Im Zusammenhang mit der Währungsumstellung von Krone auf Schilling versuchte die Nationalbank, die Kaufkraft des neuen Zahlungsmittels durch eine umfassende valutarische Deckung stabil und hoch zu halten. Mit den aufgestockten Goldreserven weitete sich die Zentralbankgeldmenge aus, was wiederum gestiegene Preise und höhere Lebenshaltungskosten hervorrief. Die Geldhüter konnten zwar stolz darauf sein, die härteste Währung des Kontinents zu besitzen, und die Aktionäre der Notenbank durften sich beträchtlicher Gewinne erfreuen, aber die Zeche wurde teuer, nämlich durch eine immer größer werdende Verarmung der Bevölkerung bezahlt.

Reichtum der Nationalbank und Not der Menschen

Jahr	Goldschatz in Mio.	Notenstand in Mio.	Lebenskosten 1929=100	Arbeitslose in Tausend
1926	53	974	92,8	244
1928	169	1067	97,3	183
1930	214	1090	100,0	243

Zit. nach: Schwarz, Experiment von Wörgl S. 34.

2.1.4. Die wirtschaftliche Depression der 1930er Jahre

Von allen Bankzusammenbrüchen in den 1920er Jahren sticht die Insolvenz der Postsparkasse besonders heraus. Das staatliche Institut hatte während der Monarchie innerhalb des Kreditsektors eine hervorragende Stellung eingenommen. Diese beruhte auf ihrer wichtigen Funktion als Regulativ der Geldmarktverhältnisse, insbesondere in der ausgleichenden Wirkung des Zinsfußes. Darüber hinaus war die Postsparkasse für die Masse der Klein- und Kleinstsparer, aber auch für die Giroeinlagen der Geschäftswelt und Behörden bedeutend.
Entgegen dem Postsparkassengesetz, wonach die Einlagen der Kunden nur in sicheren Staatspapieren, guten Wechseln und als Taggelder bei soliden Banken veranlagt werden durften, begann das Amt in der Inflationsphase mit gigantischen Beträgen in Aktienspekulationen einzusteigen.[2] Insgesamt fuhr die Postsparkasse durch die Transaktionen, die von keinem geringeren als dem berüchtigten Inflations-Glücksritter Siegmund Bosel vermittelt wurden, den unfassbaren Verlust von 2,5 Milliarden Schilling ein. Natürlich musste der Staat, also die Bevölkerung diesen Schaden abdecken. Der Skandal erreichte darüber hinaus auch eine gewaltige politische Dimension. Christlichsoziale Regierungsmitglieder hatten von den Spekulationsgeschäften gewusst, sie gutgeheißen und schließlich tatkräftig dazu beigetragen, sie lange Zeit vor der Öffentlichkeit zu vertuschen.

---

[1]Wolf, Katastrophenwirtschaft S 43f.
[2]Ausch, Als die Banken fielen. S. 255ff.

Als das gesamte Ausmaß der Katastrophe dennoch im Jahr 1926 bekannt wurde, fiel der Skandal in eine Phase, in der sich die österreichische Wirtschaft scheinbar zaghaft und langsam zu erholen begann. Seit 1924 war das reale Bruttonationalprodukt um durchschnittlich 3,5 Prozent pro Jahr gestiegen.[1] Auch die industrielle Produktion hatte im Jahresdurchschnitt um 7 Prozent zugelegt. Weiters hob der Völkerbund durch den Abzug des Generalkommissärs 1926 die Kontrolle über Österreichs Finanzen auf.
Der Aufschwung ging allerdings von einem äußerst niedrigen Niveau aus, und auch die, zwar leicht rückläufigen, aber nach wie vor hohen Arbeitslosenzahlen deuteten an, dass die Wirtschaftslage noch keinen Anlass zu übertriebenem Optimismus bot. Die nachhaltig angespannte Lage am Arbeitsmarkt resultierte aus den geburtenstarken Jahrgängen, die in der zweiten Hälfte der 1920er Jahren eine verstärkte Arbeitsplatznachfrage hervorriefen. Dazu kamen Rationalisierungsmaßnahmen, durch die in der Industrie 100.000 Arbeitsplätze verloren gingen.[2]

Für das Verständnis der späteren Ereignisse ist es weiters wichtig, die hohe Staatsverschuldung festzuhalten. Das infolge der Deflationspolitik gedrosselte Wirtschaftsvolumen konnte kaum einen Beitrag zur Abdeckung der hohen budgetären Ausgaben leisten. Das Leistungsbilanzdefizit betrug von 1923 bis 1929 jährlich etwa 500 bis 600 Millionen Schilling.[3] Das machte den Verkauf österreichischer Vermögenswerte ans Ausland und eine Kreditaufnahme von insgesamt über 4 Milliarden Schilling auf den internationalen Finanzmärkten notwendig. Ein beträchtlicher Teil dieser in ausländischen Währungen zahlbaren Anleiheverpflichtungen war mit einer Laufzeit bzw. Kündigungsfrist von bis zu sechs Monaten nur kurzfristig vergeben.[4] Die für Österreich so verhängnisvollen Auswirkungen der Weltwirtschaftskrise stehen damit ursächlich in Zusammenhang.

Im internationalen Bereich war aber zunächst noch Optimismus angesagt. Im Jahr 1928 hatte der designierte amerikanische Präsident Hoover stolz erklärt: „Wir sind dem Sieg über die Armut näher, als je ein Land es war, noch acht Jahre in diesem Tempo weiter, und die Armut wird aus unserem Lande verschwunden sein.“[5] Den hohen Erwartungen setzte der New Yorker Börsenkrach am 24. Oktober 1929 ein jähes Ende. Die Kursstürze an der Wallstreet begleiteten eine

---

[1]Kernbauer, Die wirtschaftliche Entwicklung S. 359.
[2]Ebd. S. 367.
[3]Ebd. S. 366.
[4]Wolf, Katastrophenwirtschaft S. 54.
[5]Zit. nach: Absenger, Albert u.a.: Der Mensch im Wandel der Zeiten Bd.2 . - Wien 1990 S. 21.

Wirtschaftskrise, die in ihrer Dimension und Auswirkung alles bis dahin Gekannte übertraf.
Über die Ursachen dieses „Schwarzen Donnerstags" ist viel diskutiert worden. Eine Meinungslinie stellt eine Produktions- und Absatzstockung mit Rückwirkung auf die Aktienkurse in den Vordergrund.[1] Die Analysen sprechen von einer sich abschwächenden amerikanischen Wirtschaft, während gleichzeitig Aktienspekulationen eine unnatürlich prosperierende Börsensituation schufen.[2] Warum aber zu diesem Zeitpunkt riesige Verkaufsaufträge bei der Börse einliefen, denen nur wenige Kaufaufträge gegenüberstanden, bleibt offen. Verschwörungstheorien aller Arten kursierten.
In jedem Fall hatten die Kursstürze an der Wallstreet weitreichende Folgen für das kapitalistische Wirtschaftssystem. In vielen Staaten der Erde löste der Börsenkrach, bedingt durch die enge internationale Finanzverflechtung, Betriebszusammenbrüche aus, die den Materialverlusten im 1. Weltkrieg gleichkamen.[3] Noch schwerwiegender waren die sozialen und politischen Konsequenzen.

Österreich wurde von der Krise zwar nicht wesentlich härter, jedoch nachhaltiger als andere Staaten getroffen.[4] Einen wesentlichen Beitrag dazu leisteten einmal mehr eine „hausgemachte" Bankenkrise und in weiterer Folge jene verschärften deflationistischen Maßnahmen, mit denen man glaubte, der Krise Herr werden zu können.
Die erste Welle der Bankzusammenbrüche hatte im österreichischen Kreditsektor eine starke Fusionstendenz ausgelöst. Die nun verbliebenen Großbanken übernahmen mit den insolventen Geldinstituten nicht nur deren verbliebenes Kapital, sondern ein oft weit verzweigtes Filialnetz und vor allem viele Wirtschaftsbetriebe, die es mit Krediten zu versorgen galt. Das erweiterte Geschäftsvolumen, vielfach durch die kurzfristigen Auslandsdarlehen angereichert, verleitete viele Geldinstitute dazu, Kredite über ein überschaubares Maß hinaus zu gewähren. Bei der unsicheren Wirtschaftslage musste dieses maßlose Expansionsstreben zwangsläufig in den Ruin führen. Ein Beispiel dafür war die traditionsreiche Boden-Credit-Anstalt, die am 6. Oktober 1929 der Bundesregierung ihre Zahlungsunfähigkeit eröffnete. Die unter politischem Druck zustande gekommene Fusionierung der Credit-Anstalt mit der maroden „Boden" bescherte dem Land in der Folge einen Finanzgiganten, der durch Aktienbeteiligung bzw. Kreditgewährung weit mehr als die Hälfte der

---

[1]Vgl. z.B. Blaich, Fritz: Der Schwarze Freitag. Inflation und Wirtschaftskrise. - München 1985 S 80f.
[2]Vgl. z.B. Ausch, Als die Banken fielen S. 335.
[3]Absenger, Der Mensch im Wandel der Zeiten S. 21.
[4]Stiefel, Strukturelle Entwicklung S. 70.

österreichischen Industrie beherrschte.[1] Als nun die Auswirkungen der Weltwirtschaftskrise auch den heimischen Produktionssektor erfassten, geriet die Credit-Anstalt in arge Bedrängnis. Im Mai 1931 musste die Bankdirektion vor die geschockte Öffentlichkeit treten und den gewaltigen Verlust von über 1 Milliarde Schilling eingestehen. Da in Österreich keine größere Bank mehr vorhanden war, die die Credit-Anstalt hätte auffangen können, übernahm der Staat die Garantie für alle Einlagen und die Verpflichtung, die Bank zu sanieren.

Das Sanierungswerk gestaltete sich in mehrerer Hinsicht als äußerst schwieriges Unterfangen. Der Zusammenbruch der CA löste auf Grund der engen Verflechtungen eine internationale Finanzkrise aus. Die Folge davon war, dass die kurzfristig gewährten ausländischen Kredite gekündigt und riesige Kapitalien abgezogen wurden. Weitere Kreditkündigungen bei den anderen österreichischen Großbanken und eine massive inländische Kapitalflucht ins Ausland oder in ausländische Valuten stürzten das Land in eine schwere Währungskrise. Der Schilling musste defacto abgewertet werden, und die Nationalbank verlor binnen kürzester Zeit fast 850 Millionen Schilling an Gold und Devisen.[2]

Während man anderswo - z.B. in England - wegen der Entwicklung vom knebelnden Goldstandard abwich oder sogar wie im Falle Schwedens oder Finnlands zu einer flexiblen Waren-Indexwährung überging, hielt das österreichische Noteninstitut strikt an der Verpflichtung zur Golddeckung fest. Obwohl ein direkter Kredit seitens der Bank für Internationalen Zahlungsausgleich an die Nationalbank und ein in britischen Pfund gegebener englischer Geldvorschuss an die Bundesregierung die Devisenlage merklich verbesserten, reagierten Österreichs Währungshüter auf die ihnen eigene deflationistische Weise: mit einer scharfen Erhöhung des Zinsfußes.[3] Dieser wurde während des Jahres 1931 auf das Doppelte, nämlich von 5 auf 10 Prozent angehoben.

Eine am 8. Oktober 1931 erlassene „Devisenverordnung" erhöhte zusätzlich die deflatorische Wirkung, da ab sofort der Handel mit Fremdwährungen bei der Nationalbank konzentriert und der Zahlungs- und Kreditverkehr mit dem Ausland unter ihre Kontrolle gebracht war.

Die bei der Nationalbank nun wieder verstärkt eingehenden Devisen wurden zum überwiegenden Teil zur Aufstockung der Golddeckung verwendet. Der Besitz der Nationalbank an valutarischen Werten konnte sich in den folgenden Jahren wieder deutlich vergrößern.[4]

Die Währungsrestriktionen hatten jedoch verheerende Auswirkungen auf den Produktionsbereich der Wirtschaft. Das hohe Zinsniveau sowie der empfindli-

---

[1]Sandgruber, Ökonomie und Politik S. 388f.
[2]Kernbauer, Die wirtschaftliche Entwicklung S. 368.
[3]Wolf, Katastrophenwirtschaft S. 76f.
[4]Vgl. Kernbauer, Währungspolitik S. 400.

che Rückgang des Außenhandels[1] beschleunigte die Betriebskonkurse in sämtlichen Wirtschaftszweigen und trieb die Zahl der Arbeitslosen in beängstigende Höhen.
Verschärft wurde die dramatische Lage am Arbeitsmarkt auch dadurch, dass noch vor Bekanntwerden der Bankenkrise das Budgetdefizit ein Ausmaß erreichte, das eine sofortige Sanierung notwendig machte. Dies geschah auch prompt, indem die Staatsverwaltung die Bestellungen bei der österreichischen Industrie augenblicklich stornierte und beim Völkerbund erneut wegen der Vergabe einer Anleihe vorstellig wurde.[2]
Bevor von jener weiteren Auslieferung Österreichs ans Ausland die Rede sein soll, scheint es angebracht, die Wirkung der Deflationspolitik zusammenfassend zu verdeutlichen.
Das Phänomen der Deflation wird allenthalben als Umkehrung einer Inflation beschrieben. Das bedeutet, dass im Verhältnis zu den am Markt angebotenen Waren zu wenig Geld im Umlauf ist. Die Drosselung der Geldzufuhr kann durch eine gewollte Verringerung der umlaufenden Zahlungsmittel, die von der Notenbank vorgenommen wird, erfolgen. Noch direkter aber wirkt eine Kreditdeflation, wobei die im so genannten Giralgeld ausgedrückten geldlichen Forderungen und Gegenforderungen willentlich gekündigt, eingeschränkt oder zurückgehalten bzw. stillgelegt werden. [3]
Das tiefsitzende Inflationstrauma, die Anleihebestimmungen sowie die ausländischen Gläubigerforderungen steckten den Handlungsspielraum der Währungspolitik ab.
Als unumstößliche bankpolitische Doktrin galt daher, den Währungswert in einer Goldrelation festzulegen und akribisch darauf zu achten, dass der äußere Wert der Währung auf gleicher Höhe stabil gehalten wird. Indem der Kursparität der Währung absolute Priorität eingeräumt wurde, musste der Geldbedarf im Verhältnis zur Produktionskapazität, also die Frage nach der inneren Kaufkraft der Währung zurückgestellt werden.
Für den monetären Bereich, mehr noch für die Produktionsseite hatte diese Art von Währungspolitik unangenehme Konsequenzen.
Der gesamte Notenumlauf sank in Österreich zwischen 1931 und 1933 beträchtlich ab, und auch die Umlaufgeschwindigkeit des Geldes verringerte sich in diesem Zeitraum deutlich.[4] Für die öffentliche Hand bedeutete dies Ausgabenkürzungen und eine fast völlige Einstellung der Investitionen. Dazu kam das deflationsbedingte Sinken der Warenpreise, was in Verbindung mit den stornierten Aufträgen die rückläufige Auftragslage, in weiterer Folge die Menge der Konkurse und Ausgleiche und damit die hohe Arbeitslosenrate erklärte.

---

[1] Vgl. Kernbauer, Die wirtschaftliche Entwicklung S. 370.
[2] Kernbauer, Von der Inflation zur Depression S. 16.
[3] Wolf, Katastrophenwirtschaft S. 32ff.
[4] Stiefel, Strukturelle Entwicklung S. 71.

Zahl der Arbeitslosen in Österreich 1930 - 1937

Jahr	Gesamtzahl der Arbeitslosen	Zahl der unterstützten Arbeitslosen	Arbeitslosenrate Arbeitslose in Prozent der Arbeitnehmer	Anteil der Unterstützten an der Gesamtzahl der Arbeitslosen
1930	243.000	208.389	11,2%	86%
1931	334.000	253.367	15,4%	76%
1932	468.000	309.968	21,7%	66%
1933	557.000	328.844	26,0%	60%
1934	545.000	278.527	25,5%	53%
1935	515.000	261.768	24,1%	51%
1936	515.000	259.187	24,1%	50%
1937	464.000	231.320	21,7%	50%

Zit. nach: Stiefel, Arbeitslosigkeit S 29

Was muss sich damals ein Arbeitsloser gedacht haben, wenn er in der Zeitung lesen musste, dass sich der für die Sanierung der Credit-Anstalt neu bestellte Generaldirektor, der Holländer Adrianus van Hengel, täglich 2.000 Schilling in Gold als Gehalt auszahlen ließ?[1] Der Vertrag zwischen der österreichischen Regierung, dem Londoner Gläubigerkomitee und dem neuen Generaldirektor der CA sah zudem vor, dass van Hengel noch vor Dienstantritt 300.000 Hollandgulden, umgerechnet etwa 870.000 Schilling, ausbezahlt werden sollten.
Die Frustration der Menschen nahm abgesehen von diesem Affront auch angesichts der totalen Hilflosigkeit, die in allen politischen Lagern herrschte, ständig zu. Selbst die Vertreter der sozialdemokratischen Opposition traten noch Anfang der 1930er Jahre vehement für ein ausgeglichenes Budget ein. Otto Bauers Abhandlung über eine mögliche Überwindung der Wirtschaftskrise in der Arbeiter-Zeitung vom Mai 1931 „bildet ein beeindruckendes Dokument sozialistischer Ratlosigkeit.“[2]
Jene wenigen, die mögliche Alternativen zur Deflationspolitik aufzeigen wollten, fanden in der Öffentlichkeit entweder kein Gehör, wurden lächerlich oder gar mundtot gemacht.

2.1.5. Die Deflation und das Ende

Mit der zunehmenden Verschärfung der Wirtschaftskrise und der von politischer Seite signalisierten Rezeptlosigkeit wuchs auch in Österreich wieder ver-

---

[1] Arbeiter-Zeitung, 7. und 16. Februar 1932. Zit. nach: Dokumentation 1928-1928. S. 304.
[2] Kernbauer, Von der Inflation zur Depression S. 23.

stärkt der Wunsch nach einer Angliederung an Deutschland. Die Pläne dazu hatten sich 1931 in einem ausgearbeiteten Vertragsentwurf zu einem Zollunionsprojekt konkretisiert. Durch eine Indiskretion, vermutlich herbeigeführt durch christlichsoziale Kreise und der österreichischen Industrie, die die deutsche Konkurrenz fürchtete, wurden die auf höchster politischer Ebene vereinbarten Bestimmungen zu Fall gebracht.
Die Frage bleibt, ob eine deutsch-österreichische Zollunion den Nationalsozialismus hätte bremsen oder aufhalten können. Möglicherweise wären damit nur Deutschlands Hegemoniepläne für den mittel- und osteuropäischen Raum verkürzt und vorweggenommen worden.
Wie auch immer, auch in Österreich befanden sich die Nationalsozialisten im Aufwind. Spektakuläre Wahlerfolge im Jahr 1932 machten deutlich, dass die ohnehin brüchig gewordene österreichische Demokratie nun auch mit diesem, zu allem entschlossenen radikalen Element rechnen musste.

Der Zusammenhang zwischen dem wirtschaftlichen Niedergang und der politischen Radikalisierung in allen weltanschaulichen Lagern ist augenfällig.
Im Jahr 1932 trat Engelbert Dollfuß an die Spitze der christlichsozialen Regierung. Unterstützt durch die rechtsgerichteten Heimwehren und durch die Industrie begann Dollfuß ab Herbst 1932 mit Notverordnungen, die auf dem „Kriegswirtschaftlichen Ermächtigungsgesetz" aus dem Jahr 1917 basierten, das Parlament zu umgehen. Und als es am 4. März 1933 im Verlauf einer Nationalratssitzung zu einem Abstimmungsfehler kam, nützte Dollfuß diese Gelegenheit, die Volksvertretung endgültig auszuschalten.
Den Menschen in Österreich versprach das nunmehr nach ständestaatlicher Verfassung agierende Regime eine effektive Klassenaussöhnung, vor allem aber eine Verbesserung der wirtschaftlichen und sozialen Situation. Mehr als zu einer brutalen und mit äußerster Härte betriebenen Ausschaltung der Sozialdemokratie und Demontage der Demokratie reichte es aber nicht. Denn sowohl in inhaltlicher wie programmatischer Sicht blieb der autoritäre Kurs der Ständestaat-Regierungen alles schuldig.
Wenige Wochen nach seinem Amtsantritt hatte Dollfuß in Lausanne erneut einen Völkerbundkontrakt unterzeichnet, der Österreich eine Auslandsanleihe sicherte. Die vom „Geiste der Genfer Sanierung"[1] geprägten Anleihebedingungen sahen vor, das Budget über die Ausgabenseite, also über Steuererhöhungen und Einsparungen des Bundes zu sanieren. Auch diesmal übernahm ein „Berater" in der Person des Holländers Rost van Tonningen, dessen Sympathie für den Nationalsozialismus ab 1934 offen zu Tage trat, die oberste Finanzkontrolle über den Staat.

[1] Kernbauer, Die wirtschaftliche Entwicklung S. 331.

Der Erlös der Anleihe, der erst ab Mitte 1933 für Österreich greifbar wurde und in der Höhe von 308,6 Millionen Schilling einfloss, konnte, so sahen es die Bestimmungen vor, nicht für konjunkturpolitische Offensiven, sondern ausschließlich für die Rückzahlung der schwebenden Auslandsschuld und die Abdeckung der Nationalbankforderungen an den Bund verwendet werden.

Verwendung des Erlöses der Lausanner Anleihe	**in Mio. öS**
Nettoerlös	308,63
davon für:	
Rückzahlungen des Vorschusses der Bank von England	126,96
Rückzahlung von Schatzscheinen	82,80
Rückzahlung kurzfristiger Kredite der Bundesbahnen	54,00
Stärkung der Kassenbestände	23,89
Reserve für die Begleichung kurzfristiger Schulden	12,48
Tilgung der Bundesschuld gegenüber der Nationalbank	8,50

Zit. nach: Kernbauer, Währungspolitik S. 344.

Der überwiegend aus dem staatlichen Engagement zu Gunsten der österreichischen Großbanken resultierende Schuldendienst nahm im Jahr 1934 nicht weniger als 10,6 Prozent der Gesamtausgaben in Anspruch.[1]
Im Sinne der unumstößlichen Vorgabe ein ausgeglichenes Budget herbeizuführen, die Schulden abzubauen und einen Hartwährungskurs zu steuern hielt man an einer eisernen Deflationspolitik fest.
Viktor Kienböck, der im Februar 1932 den seit 1923 amtierenden Richard Reisch an der Spitze der Nationalbank ablöste, gab die Parole aus, dass sich die Existenz Österreichs nur auf dem Zufluss ausländischen Kapitals gründen könne.[2] Mit Kienböck als Präsident der Nationalbank und van Hengel als Präsident der größten Privatbank waren „die personellen Voraussetzungen für die Bildung einer deflationistischen Einheitsfront" geschaffen.[3] Demgemäß wurden alle Alternativen zu diesem Deflationsdiktat - wie beispielsweise das mit großem Erfolg angelaufene Freigeldexperiment von Wörgl - mit Nachdruck bekämpft und zu Fall gebracht.[4] Mit der „Vereinigung für gesunde Währung" riefen die Privatbanken und die Spitzen des staatlichen Kreditsektors sogar ein eigenes Propagandainstrument für den herrschenden Kurs in der Währungs- und Geldpolitik ins Leben.[5] Die Nationalbank rechtfertigte die hartnäckige Ablehnung aller währungspolitischen Experimente vor allem damit, dass die Verschuldung Österreichs erfolgreich eingedämmt worden sei. Die Abnahme der Auslandsver-

[1]Mattl, Siegfried: Die Finanzdiktatur. Wirtschaftspolitik in Österreich 1933-1938. In: Austrofaschismus. S.139
[2]Ebd. S. 139
[3]Kernbauer, Von der Inflation zur Depression S. 20.
[4]Vgl. dazu Kap. 5.2.2.
[5]Mattl, Finanzdiktatur S. 154

pflichtungen resultierte jedoch in erster Linie aus dem Entschluss der so genannten „Goldblockländer", ihre Währungen abzuwerten. Damit fiel es dem österreichischen Staat und seinen Privatunternehmen wesentlich leichter, dem Zins- und Tilgungsdienst in den nunmehr abgewerteten Währungen der Gläubigerländer nachzukommen.
Dieser Umstand machte es der Nationalbank möglich, ihren Zinsfuß sukzessive zu senken.
Die allgemeine wirtschaftliche Depression konnte dadurch jedoch nicht gemildert werden, da sich diese Maßnahmen viel zu langsam auswirkten. Außerdem kam die „Kontraktion" der österreichischen Banken ab 1934 praktisch mit einer gänzlichen Monopolisierung des Geld- und Kreditapparates zu einem Abschluss. Die beiden letzten verbliebenen Großbanken, die Niederösterreichische Eskomptegesellschaft und der Wiener Bankverein, verschmolzen mit der Credit-Anstalt zu einem einzigen Kreditinstitut, „über welches die Nationalbank mit unbeschränkter Gewalt gebot."[1] So sank zwar der Diskontsatz von 8 auf 3,5 Prozent, gleichzeitig bot das neugeschaffene Bankenmonopol für die Unternehmen kurzfristige Bankkredite zu 8 und mehr Prozent.[2] Gegenüber ausländischen Unternehmen, die mit zu 2 bis 3 Prozent verzinslichen Krediten operierten, waren die heimischen Betriebe chancenlos.
Damit blieb dem konkurrenzlosen Geldsektor „in sachlicher wie auch in personeller Beziehung Österreichs Industrie, Handel und Verkehr untertan. Mit einem Federstrich konnten, völlig unkontrollierbar und faktisch unkontrolliert, in aller Stille, auf dem Wege kalter Kreditmanipulationen Betriebe nach Belieben gestützt oder abgewürgt, Personen nach Ermessen eingesetzt oder abgesägt werden."[3]
Besonders bedenklich scheint die Tatsache, dass man in Österreich, selbst als der Druck der Auslandsgläubiger nachließ und der Völkerbundbeauftragte Rost van Tonningen 1936 abgezogen wurde - er ging nach Holland, um dort die Führung der Nationalsozialistischen Partei zu übernehmen (!) - , unbeirrbar am Credo der Deflation festhielt.
Zunächst aber hielten dramatische politische Ereignisse Österreich in Atem.

Mit der Errichtung der so genannten „Tausendmarksperre" und dem Aufruf zum totalen Wirtschaftsboykott hatte Hitlerdeutschland den Wirtschaftskrieg gegen den Ständestaat eröffnet. Erhöhter politischer Druck durch Terrorakte, die am 25. Juli 1934 in einem nationalsozialistischen Putschversuch und der Ermordung Dollfuß' gipfelten, sollten Österreich „sturmreif" machen. Die von nationalsozialistischer Seite erhoffte Wirkung blieb jedoch aus, und der bisherige Unterrichtsminister Kurt Schuschnigg konnte das Bundeskanzleramt überneh-

[1] Wolf, Katastrophenwirtschaft S. 100.
[2] Mattl, Finanzdiktatur S.141
[3] Wolf, Katastrophenwirtschaft S. 100.

men sowie den von Dollfuß eingeschlagenen politischen Kurs fortsetzen. Obwohl die Person des neuen Bundeskanzlers bei vielen Menschen neue Hoffnungen weckte, kam es auch in wirtschaftlicher Hinsicht zu keiner Änderung des eingeschlagenen Weges.
Während andere Staaten längst dazu übergegangen waren, durch fiduziäre Maßnahmen den Export anzukurbeln und staatliche Arbeitsbeschaffungsprogramme auf die Beine zu stellen, ging auch die Regierung Schuschnigg sehr verhalten an wirtschaftsstimulierende Aktionen heran. Dabei hätte es durch die mehrfach praktizierte Methode der Anleihenemissionen zur Wirtschaftsförderung einigen Spielraum in dieser Hinsicht gegeben.[1] Mehr als die Hälfte der inländischen Anleiheerlöse, die zwischen 1933 und 1937 gezeichnet wurden, floss jedoch in den Schuldendienst des Bundes anstatt, wie es die ständestaatliche Propaganda verlauten ließ, in Wirtschaftsförderung und Arbeitsbeschaffung.
Was an Arbeitsbeschaffungsmaßnahmen schließlich doch zur Verwirklichung kam, konzentrierte sich vorwiegend auf Straßen- und Brückenbauten. Gemeinsam war diesen Projekten, die die Propaganda zur „Arbeitsschlacht“ hochstilisierte, dass sie sich allesamt als unproduktive Investitionen erwiesen, deren Wirkung mit der Beendigung der Bauarbeiten sofort verging.[2]
Und mit den vertanen Möglichkeiten schwand auch bei einer immer größeren Zahl von Menschen der Glaube an dieses Österreich. Der Ruf nach Arbeitsplätzen und nach sozialer Eingliederung und damit der Wunsch nach dem Anschluss ans Dritte Reich, weniger aus fanatischer politischer Überzeugung, als vielmehr aus bitterer Not, war nicht mehr zu überhören. Die nationalsozialistischen Agitatoren wussten diesen Ruf zu nutzen, um aus Österreichs Arbeitslosigkeit und Armut vor der Weltöffentlichkeit einen Rechtsanspruch für die Zerschlagung dieses Staates abzuleiten. [3]

Die Weltöffentlichkeit hatte Österreich längst abgeschrieben. Spätestens zu dem Zeitpunkt, als Österreich einen politisch autoritären Kurs einschlug, verloren die Westmächte das Interesse an der Eigenstaatlichkeit dieses Landes, obwohl dem Staat in den Anleihebestimmungen gerade die Unabhängigkeit als Verpflichtung von eben diesen Westmächten auferlegt worden war.
Auch die seit Dollfuß eingeleitete außenpolitische Anlehnung an das faschistische Italien konnte nicht mehr aufrecht bleiben, zumal im Jahr 1936 Italien und Deutschland mit der „Achse Berlin-Rom“ bereits jenen sprichwörtlichen Spieß errichteten, auf dem Österreich „braun gebraten“ werden sollte.
Insbesondere aber die Passivität im eigenen Land trug entscheidend zum beschleunigten Ende bei. Mit dem 1936 unterzeichneten „Juliabkommen“ zwi-

---

[1]Vgl.: Mattl, Finanzdiktatur S. 136f.
[2]Sandgruber, Ökonomie und Politik S. 400.
[3]Wolf, Katastrophenwirtschaft S. 137.

schen Deutschland und Österreich wähnte sich die Schuschnigg-Regierung in einer trügerischen Sicherheit. Nicht die angestrebte Normalisierung der Wirtschaftsbeziehungen wurde erreicht, sondern der wirtschaftliche Anschluss praktisch eingeleitet.[1]

Vor allem die buchstäblich bis zum letzten Augenblick wirkenden deflatorischen Erscheinungen sowie die Monopolisierung des Geld- und Kreditapparates müssen als Hauptverursacher für den endgültigen Zusammenbruch Österreichs gesehen werden.
Waren bis Ende der 1920er Jahre noch Zwänge von außen und Fehlentscheidungen aus ökonomischer Uneinsichtigkeit wenn schon nicht als Rechtfertigung, so zumindest als Erklärung für die deflationistische Währungs- und Kreditpolitik haltbar, kann nichts von dem auch für die 1930er Jahre gelten.
Einige Analytiker waren versucht, den Handlungsmotiven eines Viktor Kienböck keine sachlichen Anschauungen zu Grunde zu legen, sondern eine bewusste Duldung der Entwicklung, die nach deren Ansicht einem Sabotageakt an der Existenz Österreichs gleichgekommen sei.[2] Es gilt aber zu berücksichtigen, dass die deflatorische Wirkung nicht nur von den Maßnahmen der Nationalbank ausgingen, sondern, vielleicht sogar noch viel mehr, auch von der Geschäftspolitik der Privatbanken.
Auf seine Tätigkeit als Nationalbankpräsident in den 1930er Jahren angesprochen, verwehrte sich Viktor Kienböck später vehement dagegen, als Deflationist bezeichnet zu werden. Unter Hinweis auf den zwischen 1932 und 1935 stetig abgesenkten Diskontsatzes bezeichnete er die Behauptung, die Nationalbank habe unter seiner Amtsführung eine Deflationspolitik betrieben, als „eine gänzlich unwahre bloße Erdichtung."[3]
Obwohl die Leitzinsen des Zentralbankinstitutes nachweislich gesenkt wurden, blieben in Österreich die deflatorischen Folgeerscheinungen massiv spürbar. Dies hängt sicher auch damit zusammen, dass der Geschäftsbankenbereich von der Ausweitung der Zentralbankgeldmenge nicht unbedingt Gebrauch machte. Aus Furcht vor so genannten „faulen Krediten", also Geld, hinter dem keine abgesicherten Werte stehen, blieben die Zinssätze für die Wirtschaft, die privaten Haushalte und die öffentliche Hand hoch und die Fälligkeiten kurzfristig.
Eines aber wird an der in vielerlei Hinsicht absurden Wirklichkeit der österreichischen Zwischenkriegszeit gerade am Ende der Republik in jedem Fall deutlich: Das große, wiedererstarkte Deutschland konnte den längst geplanten Angriffskrieg auf Osteuropa nicht ohne das von schweren Wirtschaftskrisen geschüttelte, in Wahrheit aber wirtschaftlich reiche (!) Österreich führen. So machten die Nationalsozialisten mit dem Anschluss Österreichs neben den wert-

---

[1]Sandgruber, Ökonomie und Politik S. 402.
[2]Wolf, Katastrophenwirtschaft S. 139.
[3]Kienböck, Viktor: Währung und Wirtschaft. Ein Vortrag. - Wien 1947 S. 6.

vollen Rohstoffquellen, den guten Industriekapazitäten und dem großen Arbeitskräftepotential besonders durch den in den Kellern der österreichischen Nationalbank gehorteten Gold- und Devisenschatz eine fette Beute.[1] Unter Abzug der valutarischen Verbindlichkeiten erreichte der frei verfügbare Gold- und Devisenbestand der österreichischen Nationalbank zum Ultimo 1937 444,8 Millionen Schilling.[2] Im Unterschied dazu verfügte die deutsche Reichsbank nur über internationale Zahlungsmittel in der Höhe von 77 Millionen Reichsmark, rund 116 Millionen Schilling.

Der Besitz der Nationalbank an valutarischen Werten in den 1930er Jahren in Mio. Schilling

Jahr	**Gold, Devisen, Valuten laut Bilanz**	**Valutarische Werte in „Andere Aktiva"**	**Frei verfügbare valutarische Bestände**
1930	929,8	151,5	1.015,0
1931	317,5	27,8	222,5
1932	188,6	28,5	90,4
1933	201,7	41,8	219,2
1934	277,4	51,9	307,9
1935	354,6	55,2	393,9
1936	341,9	50,5	378,5
1937	404,4	67,1	444,8

Zit. nach: Kernbauer, Währungspolitik S. 400.

Bereits wenige Tage nach dem vollzogenen Anschluss, am 18. März 1938, kommentierte Hermann Göring in einer Reichstagssitzung mit zynischem Hohn: „Österreich kam zum Reich nicht, wie man dem deutschen Volk in Österreich vorgetäuscht und vorgeängstigt hatte, als fünftes Rad, als armes Land; nein, als Land mit herrlichen Menschen und mit reichen Schätzen, die nur das Unvermögen und der Unverstand der Regierenden nicht hat heben können."[3]
Auf der einen Seite standen die verelendeten Menschenmassen, jeder Existenzgrundlage beraubt, auf der anderen Seite häufte sich ein gewaltiger Goldreichtum, mit dem die österreichische Nationalbank für ihren Teil den Untergang Österreichs der österreichischen Bevölkerung vom Mund abgespart hatte.[4]

[1]Vgl. dazu: Schausberger, Norbert: Deutsche Wirtschaftsinteressen in Österreich vor und nach dem März 1938. In: Österreich, Deutschland und die Mächte. S. 177-204.
[2]Kernbauer, Währungspolitik S. 413.
[3]Zit. nach: Schausberger, Deutsche Wirtschaftsinteressen S. 201.
[4]Wolf, Katastrophenwirtschaft S. 145.

2.2. Das soziale Elend in der 1. Republik

Es ist für uns heute kaum vorstellbar, was es bedeutete, sich eine unbelichtete und unbelüftete Kellerwohnung, die oft nur aus einem einzigen Raum bestand, mit weiteren fünf Menschen teilen zu müssen. Wir können wohl nicht ermessen, mit welchen Konsequenzen der zynische Begriff „ausgesteuert sein" verbunden war. Man hat Mühe zu begreifen, dass Österreich - heute eines der reichsten Länder Europas - von einer Hungerkatastrophe bedroht war, wie sie in ihrer Auswirkung nur von Berichten aus der Dritten Welt bekannt ist.
Und doch gehörte all dies zur erlebten Wirklichkeit in den Jahren zwischen 1918 und 1938. Viele Existenzen in der Zwischenkriegszeit glichen einem schwindelerregenden Balanceakt zwischen Hoffnung, Verzweiflung und couragierter Selbsthilfe. Ein dichtes soziales Auffangnetz fehlte dabei ebenso wie die Perspektive auf bessere Zeiten.

2.2.1. Hunger und Kälte

Im Verlauf der konstituierenden Sitzung am 21. Oktober 1918 wählte das neu formierte österreichische Parlament eine Reihe von Ausschüssen. Darunter befand sich ein eigener Ausschuss, der für Ernährungsfragen zuständig sein sollte.[1] Die 20 Mitglieder, unter ihnen bekannte Politiker wie Karl Renner, Jakob Reumann und Heinrich Mataja, standen vor einer schweren Aufgabe. Sofortmaßnahmen zur Bekämpfung der Lebensmittelnot mussten ergriffen, Verhandlungen mit ausländischen Regierungen über die Sicherung der Lebensmittelzufuhr nach Deutschösterreich unverzüglich eingeleitet werden. Rasches Handeln schien geboten, denn die österreichischen Städte standen vor einem ernsten Versorgungsproblem.
Am schlimmsten zeigte sich die Lage in Wien, wo es in der Tat an allen wichtigen Lebensmitteln mangelte. Seit dem Kriegsjahr 1915 lebte die Bevölkerung mit einschneidenden Rationierungen der Grundnahrungsmittel. Die Seeblockadetaktik der Alliierten, aber auch die oft aus machtpolitischen Interessen bewusst verzögerten Agrarlieferungen Ungarns an die österreichische Reichshälfte verschärften die Lage in den letzten Kriegsjahren zusehends.
Die Knappheit der Lebensmittel hatte das Improvisationsvermögen der einzelnen Haushalte in dieser Zeit auf eine besonders harte Probe gestellt.[2]
Die Auflösung der Monarchie zersplitterte das vormals ökonomisch nahezu autarke Gebiet in kleine, zunächst auf sich selbst gestellte Wirtschaftsräume. Die neuen Grenzen trennten die in Deutschösterreich angesiedelten Verarbeitungs-

---

[1] Index zu den stenografischen Protokollen der Provisorischen Nationalversammlung Deutsch-Österreichs 21. Oktober 1918 bis 16. Februar 1919.- Wien 1919 S. 93.
[2] Portisch, Hugo: Vom Reich zur Republik 1. Folge der Filmserie Österreich I.

betriebe von ihren Rohstoffgebieten, und auch das agrarisch wertvolle Hinterland ging verloren. Damit trat eine schwierige Versorgungssituation auf.
Besonders drückend wirkte sich die Not im Winter 1918 und Frühjahr 1919 aus. Die von den Fronten in die Heimat strömenden Soldaten, zahlreiche arbeitslos gewordene Industriearbeiter und eine große Zahl von Flüchtlingen wollten mit Nahrung versorgt werden. Den besorgten Berichten des alliierten Ernährungskontrollors zufolge blieb Wien in dieser Zeit die am schlechtesten versorgte Stadt Europas. Milch beispielsweise gab es, wenn überhaupt, bestenfalls für Kleinkinder, und Erwachsene mussten in Wien von 1.271 Kalorien täglich leben.[1]
Das Existenzminimum konnte mit dieser Ration niemals erreicht werden. Die Notlage zwang die Menschen dazu, alle legalen und illegalen Möglichkeiten auszuschöpfen, um an die begehrten Lebensmittel zu kommen. Selbst wenn die direkte Bedrohung durch den Hungertod gerade noch abgewendet werden konnte, so hatte die Unterernährung der Bevölkerung schwere Erkrankungen zur Folge. Die so genannte „Spanische Grippe" forderte im ersten Nachkriegswinter europaweit mehr Todesopfer als der Krieg, der vier Jahre gewütet hatte.[2]

Im Katastrophenwinter 1918/19 trat zur Nahrungsmittelkrise noch ein Übel der besonderen Art.
„Zwar verfügte die Republik über reiche Eisenerz-, Graphit-, Salz- und Magnesitvorkommen sowie über riesige Holzreserven, es fehlte ihr aber an mineralischen Brennstoffen, vor allem an Kohle."[3] Nur 11 Prozent des Braunkohle- und gar nur 0,5 Prozent des Steinkohleanteils erbte die Republik Deutschösterreich von der österreichischen Reichshälfte der Monarchie. Mit diesen Vorkommen allein konnte der neue Staat nicht versorgt werden, da gerade die Kohle den damals wichtigsten Energieträger stellte.
Der Kohlenmangel brachte den Eisenbahnverkehr der Fern- und Regionalverbindungen fast völlig zum Erliegen, und auch im städtischen Bereich mussten Linien entweder ganz eingestellt oder ihr Betrieb stark reduziert werden.
Kohle zur Beheizung der Wohnräume gab es praktisch nicht. Zum Hunger gesellte sich nun auch die Kälte, was die Widerstandskraft vieler Menschen vollends brach und sie zu Opfern der grassierenden Epidemien werden ließ.
Filmdokumente aus der damaligen Zeit bieten dem Betrachter erschütternde Bilder.[4] Hunderte Menschen ziehen, mit Äxten und Sägen ausgerüstet, in den

[1]Hanisch, Ernst: Der lange Schatten des Staates. Österreichische Gesellschaftsgeschichte im 20. Jahrhundert. - Wien 1994 S. 278.
[2]Vgl. z.B. Neues Wiener Tagblatt, 8.Oktober 1918. In: Dokumentationen zur österreichischen Zeitgeschichte 1918-1928 S. 157.
[3]Weissensteiner, Friedrich: Der ungeliebte Staat. Österreich zwischen 1918 und 1938. - Wien 1990 S. 44.
[4]Portisch, Hugo u. a.: Die bedrängte Republik . 2. Folge der Filmserie Österreich I.

Wiener Wald, um notdürftig den Brennstoffbedarf durch Holz zu decken. Da der Waldboden von Klaubholz längst gesäubert ist, sind die Menschen in ihrer Verzweiflung dazu übergegangen, Bäume zu fällen. Die Kamera schwenkt über Hügel, auf denen kein einziger Baum mehr steht. Die Bodenerosion hat bereits deutliche Spuren hinterlassen.
Ein anderes Bild zeigt Städter, die nach der Ernte die umliegende Felder nach Rüben- und Erdäpfelresten absuchen. Frauen und Kinder stöbern in Schlackenhalden nach einem Stückchen unverbrannter Kohle. Es gibt keinen Misthaufen, keinen Abfallkübel, der nicht von Alten und Kindern nach Brennbarem und Essbarem abgesucht wird.
Vor den offiziellen Verteilungsstellen stehen unübersehbare Menschenkolonnen stundenlang in der eisigen Kälte. Viele sind nur mit dünnen Kleidern und Schuhen aus Holz bekleidet. Die ausgemergelten Gesichter geben ein beredtes Zeugnis von der Not in jenen Tagen.
Wer etwas Wertvolles besaß, mit dem man Lebensmittel eintauschen konnte, musste sich davon trennen. Die verzweifelte Selbsthilfe trieb nicht wenige auch zu kriminellen Taten. Mord-, Raub-, Einbruchsdelikte und sonstige kriminelle Vergehen stiegen auf ein Vielfaches der Vorkriegszeit an.[1] In den Städten standen Plünderungen von Lebensmittelgeschäften und Hungerkrawalle an der Tagesordnung.[2] Die Aggressionen entzündeten sich insbesondere an den skrupellosen Machenschaften der Schieber, Kriegsgewinnler und Spekulanten, die die Notlage für ihre Schwarzgeschäfte zu nutzen wussten.[3]

Die Regierung reagierte zunächst auf die Notlage mit einschneidenden Vorschriften für den Energieverbrauch in öffentlichen Einrichtungen und privaten Haushalten. Die Benutzung von Gas und Strom war an bestimmte Tagesstunden gebunden. Lokalitäten, die der Unterhaltung dienten, durften ihre Pforten erst gar nicht öffnen. Begleitet wurden diese Maßnahmen von hartnäckigen Verhandlungen mit den Nachbarstaaten und von dramatischen Appellen an die Weltöffentlichkeit. Dies zeitigte auch bald Erfolge.
Aus dem Ausland, vornehmlich aus der Schweiz und aus Schweden, trafen Lebensmittellieferungen ein.[4] Mit den amerikanischen Mehl- und Getreidelieferungen, die man auf Kreditbasis abwickelte, konnte die ärgste Not schließlich gemildert werden.
Die Verhandlungen mit den Nachbarstaaten gestalteten sich äußerst schwierig. Wegen der abschließungsfeindlichen Tendenzen kamen mit der Tschechoslowakei und Jugoslawien nur unter großen Mühen Handelsverträge auf Kompen-

[1]Vgl. z.B. Kronen-Zeitung, 14. Juni 1920. In: Dokumentationen zur österreichischen Zeitgeschichte 1918-1928 S. 167.
[2]Vgl. z.B. Neues Wiener Tagblatt, 14. Oktober 1918 ebd. S. 162.
[3]Vgl. z.B. Arbeiter-Zeitung, 13. Dezember 1918 ebd. S. 123
[4]Portisch, 2. Folge.

sationsbasis zustande.[1] Österreich bot Magnesit und Rösterz und hoffte, dafür Kohle und Lebensmittel zu erhalten.
Erst ab der Mitte der 1920er Jahre näherte sich die landwirtschaftliche Produktion in Österreich wieder dem Vorkriegsstand an.

2.2.2. Wohnungsnot und Wohnungselend

„Von einem langen Gang kommen wir in die Küche, die das Fenster also auf den Gang hinaus hat und daher indirekt beleuchtet ist und nur über den Gang, daher ganz unzureichend gelüftet werden kann. Selten hat diese Küche einen größeren Flächenraum als 8 Quadratmeter. An die Küche schließt ein Zimmer von cirka 20 Quadratmeter an, dessen Fenster ebenfalls gewöhnlich auf den schmalen Hof münden und daher in den unteren Stockwerken selten von direktem Sonnenlicht beschienen werden. (...) Durchschnittlich beherbergt eine solche Wohnung fünf Personen, es kommen also, falls die Küche auch als Schlafraum herangezogen wird, auf eine Person 18 Kubikmeter. (...) Die moderne Strafhauspflege rechnet für die Zelle eines Sträflings mindestens 16 Kubikmeter. Nun gibt es aber viele Wohnungen in Wien, die mehr als fünf Personen beherbergen, man kann also ohne Übertreibung sagen, dass ein großer Teil der Wiener schlechter untergebracht ist als Sträflinge."[2]
Diese Schilderung von typischen Wohnverhältnissen, wie sie speziell in den österreichischen Städten der Vorkriegszeit, aber auch noch in den 1920er und 1930er Jahren - der kommunalen Wohnbauoffensive zum Trotz - herrschten, zeichnet ein realistisches Bild der damaligen Lebensumstände. Beide Begriffe - Wohnungsnot und Wohnungselend - sind ursächlich miteinander verbunden.
Ein Mangel an Wohnraum führt zwangsläufig zur Konzentrierung von Menschen auf wenige freie Plätze. Geringes Angebot, aber große Nachfrage lässt die Mietzinsen steigen, was bedingt, dass immer mehr Menschen gezwungen sind, in immer engere, ungesundere Wohnungen zu ziehen.
In Wien trat das Wohnungsproblem besonders augenfällig in Erscheinung.
Die Industrialisierung des 19. Jahrhunderts führte zu einer Zusammenballung von gewaltigen Menschenmassen in den gewerblich-industriellen Zentren. In Wien verknappte sich das Wohnungsangebot derart, dass es im Verlauf des Jahrhunderts zu einem chronischen Übel wurde.[3]
Zunächst erfasste Mitte des 19. Jahrhunderts ein regelrechter Bauboom die Residenzhauptstadt. Während dieser kurzfristigen Konjunktur der Bauwirtschaft

---

[1] Otruba, Gustav: Österreichs Wirtschaft im 20. Jahrhundert. - Wien u.a. 1968 S. 15.
[2] Fischer, Ludwig: Die Wohnungsnot in Wien. In: Der Kampf. Sozialdemokratische Wochenschrift Jg.12/Nr.7 (1919) S. 295.
[3] Feldbauer, Peter: Stadtwachstum und Wohnungsnot. Determinanten unzureichender Wohnungsversorgung in Wien 1848 bis 1914. - Wien 1977 S. 124ff.

entstanden Luxushäuser am Ring und in anderen Nobelgegenden Wiens.[1] Die großen Baublöcke brachten ein Überangebot an geräumigen, aber teuren Wohnungen. Die breite Masse der Bevölkerung war gezwungen, sich in den Vororten nach Kleinwohnungen umzusehen, die bald den Hauptanteil aller Wohnungskategorien ausmachten.
Am 12. April 1917 fand in Wien eine Wohnungszählung statt. Dabei registrierte man insgesamt 554.545 Wohnungen.[2] Von dieser Zahl wurden rund 73 Prozent als Kleinwohnungen, meistens aus nur einem Zimmer bestehend, ausgewiesen. Eine besonders hohe Wohndichte trat in den Außenbezirken auf. Der Anteil der Kleinwohnungen, in denen vier, fünf oder mehr Personen lebten, war in diesen Bezirken mit bis zu 90 Prozent besonders hoch.[3] Bedenkt man nun, dass diese Kleinstwohnungen zum Teil ohne Küche ausgestattet waren, weder Abort noch Badezimmer besaßen, sowohl der Gas- als auch der elektrischen Beleuchtung entbehrten, kann vielleicht ermessen werden, was das für die Wohnsituation zu bedeuten hatte. Dazu kamen die Kosten für die Miete, die in keinem Verhältnis zur Größe und Ausstattung der Wohnung und am allerwenigsten zu den gesundheitlichen Ansprüchen an diese standen. Wiener Arbeiter und Angestellte hatten vor und während des Krieges ein Fünftel, oft sogar ein Viertel ihres Einkommens für die Wohnkosten bereitzustellen.[4] Die solcherart überstrapazierte private Haushaltsgebarung zwang viele Wohnungsinhaber dazu, Untermieter und so genannte Bettgeher aufzunehmen, um die unerschwinglichen Mietzinsen auf jene abzuwälzen. Eine gewaltige Steigerung der Bewohnerdichte pro Wohneinheit war die Folge. Das belastete die ohnehin angespannte Situation der Betroffenen noch zusätzlich. Im Jahre 1910 beherbergten 24 Prozent aller Wohnungen Untermieter und Bettgeher, wobei der Anteil dieses Personenkreises an der Wiener Gesamtbevölkerung 8 Prozent betrug.[5]

Das Wohnungsproblem betraf besonders kinderreiche Arbeiter- und Mittelstandsfamilien. Diese Familien sahen sich der uneingeschränkten Macht und Rücksichtslosigkeit der Hausherren ausgesetzt.[6] Kündigungen und Delogierungen standen an der Tagesordnung, und der Brauch, sich die Mieter willkürlich auszusuchen und Familien mit Kindern von vornherein abzuweisen, ließ die Suche nach einer neuen Wohnung nahezu aussichtslos werden.

---

[1]Feldbauer, Stadtwachstum S. 138ff.
[2]Pawlik, Heinrich. Das Wohnungswesen in Wien. In: Das Wohnungswesen in Österreich hrsg. v. Ludwig Neumann. - Wien 1929 S. 46.
[3]Fischer, Ludwig: Wohnungsnot oder Wohnungsüberfluss in Wien und deutschösterreichischen Industriestädten. In: Der Kampf. Sozialdemokratische Wochenschrift Jg.12/Nr.25 (1919) S. 618f.
[4]John, Michael: Hausherrenmacht und Mieterelend. Wohnverhältnisse und Wohnerfahrung der Unterschichten in Wien 1890- 1923. - Wien 1982 S. 3f.
[5]Feldbauer, Stadtwachstum S.319f.
[6]John, Hausherrenmacht S. 34ff.

Zu den Fälligkeitsterminen der Miete setzte in der Residenzhauptstadt ein regelrechtes „Wohnungsnomadentum“ ein. Oft nur mit einem Handkarren, in dem sich der gesamte Hausrat befand, unterwegs, ständig auf der Suche nach besseren, günstigeren Quartieren, fanden in Wien allein im Jahre 1913 125.000 Übersiedlungen statt.[1] Rechnet man pro Wohnung mit fünf Personen, so übersiedelten jährlich in Wien weit über 600.000 Menschen.
In den Bundesländern gestaltete sich die Wohnsituation kaum erfreulicher - im Gegenteil.[2]
Während sich in Wien der Bevölkerungszuwachs nach dem Krieg deutlich verlangsamte, stieg er in der österreichischen Provinz im Vergleich zur Vorkriegszeit eher an. Diesem Anstieg stand aber kein auch nur annähernd gleichmäßiger Zuwachs an Wohngelegenheiten gegenüber.
Anders als in der Großstadt dominierten in den kleineren Städten Eigenhäuser und in den Miethäusern größere Wohnungen, was die Suche nach einer erschwinglichen Wohngelegenheit nicht eben erleichterte. In den Fremdenverkehrsgebieten blieben viele Wohnungen für die Gäste reserviert und wurden, um Schwierigkeiten bei der Räumung zu vermeiden, auch außerhalb der Saison nicht an Einheimische vergeben.
Besonders trostlos wird die Lage in den Industriedörfern und Agrargemeinden beschrieben. Das Ortsbild prägten Hütten und Baracken, in denen Arbeiterfamilien als Kleinhäusler unter räumlichen und hygienischen Bedingungen lebten, die selbst den niedrigsten Ansprüchen nicht gerecht werden konnten. Aus finanziellen Gründen musste auch hier die Unterkunft mit familienfremden Personen geteilt werden. Ein besonders hartes Los hatten jene, die als so genannte Einleger auf die Gnade der Bauern angewiesen waren und in Ställen, Scheunen, Kellern, im günstigsten Fall in Rumpelkammern und auf Dachböden nächtigten.[3]

Angesichts dieser Situation darf es nicht verwundern, wenn Beobachter der damaligen Zeit durch das Wohnungsproblem die Stabilität des gesamten sozialen Gefüges bedroht sahen. Besonders die gesundheitlichen Probleme der Nachkriegsgesellschaft wie z.B. die epidemische Ausbreitung der Tuberkulose, treffend als Wiener Krankheit bezeichnet, aber auch Krankheiten wie Rachitis und Rheumatismus sahen viele in Zusammenhang mit der Entwicklung des städtischen Wohnwesens.[4] Statistisch konnte nachgewiesen werden, dass ein Zu-

[1]Fischer, Wohnungsnot Jg.12/Nr.7 S. 296
[2]Neumann, Ludwig: Das Wohnungswesen in den österreichischen Bundesländern. In: Das Wohnungswesen S. 81ff.
[3]Vgl. z. B. Klammer, Peter: Anstiftkinder, Dienstboten und Einleger im Gebirge. Wien u.a. 1992 S. 25ff.
[4]Reichel, Heinrich: Probleme der Wohnungshygiene. In: Beiträge zur städtischen Wohn- und Siedelwirtschaft. Dritter Teil. Wohnungsfragen in Österreich hrsg. v. Julius Bunzel. - München u.a. 1930 S. 27ff.

sammenhang bestand zwischen schlechter Wohnqualität und erhöhter Säuglingssterblichkeit.[1]
Einige sahen das Fundament der Gesellschaft, „die Grundtatsachen des menschlichen Daseins", nämlich die Familie durch die Wohnungsmisere ernstlich gefährdet.[2] Die Familie und damit die gesamte Gesellschaft könne „nur dort gedeihen, wo ihre Glieder eines gemeinsam erfüllten und gestalteten Heims froh werden können."
Die Wohnsituation der Vor- und unmittelbaren Nachkriegszeit war davon weit entfernt.

2.2.2.1. Ursachen der Wohnungsnot

Unbestreitbar ist die Tatsache, dass die Kriegsjahre die Bautätigkeit von Wohnstätten nahezu vollkommen zum Erliegen gebracht hatten.
Von der bereits während des Krieges einsetzenden und sich unmittelbar danach verstärkenden Migrationsbewegung waren österreichische Städte, allen voran Wien, stärker als andere betroffen. Im Jahr 1917 galten 7.710 Wiener Wohnungen als von Kriegsflüchtlingen bezogen.[3] Der Zusammenbruch der Monarchie beschleunigte diese Tendenz. Der alte Vorrat an Leerwohnungen war zu diesem Zeitpunkt längst erschöpft, die Neubautätigkeit hatte noch nicht begonnen.[4] Anders als bei der Abwanderung, die meist nur Einzelpersonen betraf, erfolgte der Zuzug aus den neu entstandenen Nationalstaaten plötzlich und unter dem Zwang der geänderten Verhältnisse, was eine augenblickliche Nachfrage nach Wohnungen bewirkte.
Zieht man in Betracht, „dass sich diese Wirksamkeit inmitten krisenhafter Erscheinungen einer zusammenbrechenden Volkswirtschaft, inmitten schwerster Störungen des sozialen und politischen Gleichgewichts eines Staatengebildes abspielen musste, dem vielfach die Lebensfähigkeit abgesprochen wurde"[5], so wird klar, dass Handlungsbedarf bestand. In gewisser Hinsicht mag es eine Ironie der Geschichte sein, dass „der Krieg Sieger, Besiegte und Neutrale zu einer Schicksalsgemeinschaft hatte werden lassen, die durch die Wohnungsnot unter dem gleichen Übel litt, dessen Folgeerscheinung in den verschiedenen Großstädten vielfach gleichartig waren." [6]

---

[1]Philippovich, Eugen u. a.: Wohnverhältnisse in österreichischen Städten, insbesondere in Wien. In: Soziale Verwaltung in Österreich am Ende des 19. Jahrhunderts I.Bd/VII.Heft. - Wien u.a. 1900 S. 8f.
[2]Reichel, Wohnungshygiene S. 31.
[3]Pawlik, Wohnungswesen S. 43.
[4]Die Wohnungsprobleme Europas nach dem Krieg hrsg. v. Internationalen Arbeitsamt. Studien und Berichte. Reihe G (Wohnungs- und Wohlfahrtswesen Nr.1.). - Genf 1924 S. 398f.
[5]Ebd. S. 403.
[6]Pawlik, Wohnungswesen S. 49.

Zurecht verwiesen bereits damalige Beobachter darauf, dass der Krieg nicht als unmittelbarer Verursacher der Wohnungsnot angesehen werden durfte. Vielmehr ist das Missverhältnis zwischen Wohnungsbedarf und Wohnungsproduktion auch im politischen Versäumnis in den Jahren vor dem Krieg auszumachen. Damals blieb die Wohnbauinitiative weitgehendst dem privatwirtschaftlichen Interesse überlassen. Dies führte dazu, dass sich die private Bautätigkeit vorwiegend auf Geschäftsräume und Großwohnungen konzentrierte, weil die Vermietung von wenigen, aber größeren Objekten rentabler und bequemer erschien. Entgegen der allgemeinen Bedürfnissituation blieben die Interessen der privaten Bauherren und Hausbesitzer gewahrt, zumal sich diese, gestützt auf ein Privilegienwahlrecht, in der Kommunalpolitik gut abgesichert wussten. Unter den 30 Mitgliedern des Wiener Vorkriegsstadtrates befanden sich 23 Hausbesitzer.[1]
Weiters beklagten zeitgenössische Kritiker, dass der Grund und Boden in Wien Tausenden von kleinen Bodenwucherern gehöre, „die nichts anderes tun, als abwarten, bis sie den Grund möglichst teuer verkaufen können". Die Hortung des Bodens habe dazu geführt, dass in manchen Gegenden der Bodenwert innerhalb eines kurzen Zeitraumes von 1 Krone auf 30 Kronen gestiegen sei. Weiters seien die merkwürdigen Praktiken der Häuserspekulation während und nach dem Bau der Anlagen ein Grund, dass sich der Mietzins um 15 bis 20 Prozent erhöhe.[2]
Bezeichnenderweise waren es Hausbesitzer, die nach dem Krieg eine Wohnungsnot für Österreich und Wien in Abrede stellten. Man verwies darauf, dass sich die Einwohnerzahl Österreichs im Zeitraum zwischen 1910 und 1920 um 222.346 und jene in Wien um 190.095 verringert habe. Auch hätten sich in derselben Zeitspanne die Einwohner pro Haus in Wien um durchschnittlich sieben Personen reduziert.[3]
Tatsächlich hatte die Wohndichte deutlich abgenommen, und durch Mieterschutzverordnungen verbesserte sich die Situation jener Bevölkerungsteile, die bereits mit Wohnungen versorgt war. Um die Familien der Frontsoldaten vor all zu hohen Mieten oder gar Kündigungen zu bewahren, war im Jänner 1917 die erste Mieterschutzverordnung in Kraft getreten.[4] Ihr folgten zwei weitere im Jänner bzw. Oktober 1918. Die Verordnungen enthielten einen entsprechenden Kündigungsschutz und verhinderten ungerechtfertigte Mietzinssteigerungen.
Das Mietengesetz vom Dezember 1922 legte den Mietzins gesetzlich fest und schlüsselte ihn genau auf. Ein Wohnanforderungsgesetz sollte eine gerechte Verteilung des vorhandenen Wohnraums bringen.[5]

---

[1]Pawlik, Wohnungswesen S. 43.
[2]Fischer, Wohnungsnot S. 297.
[3]Zit. nach: Die Wohnungsprobleme Europas S.402.
[4]Mauritsch, Christine: Wohnungsnot und Mieterschutz in Österreich vom Ende des Ersten Weltkrieges bis zum Ständestaat. Diss. - Graz 1994 S. 116ff.
[5]Weber, Anton: Sozialpolitik und Wohnungswesen. In: Das neue Wien. Städtewerk hrsg.v. der Gemeinde Wien Bd. 1. - Wien 1926 S. 242ff.

Trotzdem muss auch für die 1920er Jahre von einer Wohnungsnot gesprochen werden.
Österreich verzeichnete einerseits einen Geburtenrückgang, gleichzeitig verdoppelte sich aber von 1918 auf 1921 die Anzahl der Eheschließungen und damit die Zahl der neuen Wohnungswerber. Zwar gab es im Vergleichszeitraum zwischen 1910 und 1920 um 2.571 Häuser mehr in Wien. Viele Wohnungen wurden aber in Geschäftslokalitäten und Magazine umgewidmet, da viele Unternehmer infolge der Inflation ihr Kapital in Waren und Rohstoffe anlegten und diese dann in den umgewandelten Räumlichkeiten lagerten. Zu bedenken gilt auch, dass sich die katastrophalen Wohnverhältnisse der Vorkriegszeit oft erst deshalb in der Nachkriegszeit bemerkbar machten, da „die Lebensdauer vieler Wohnungen durch Alter und Vernachlässigung lebenswichtiger Instandsetzungsarbeiten beendet war.“[1]
Ein weiterer entscheidender Grund für den eklatanten Mangel an Wohnungen ist die Tatsache, dass der private Wohnhausbau seit dem Jahr 1914 in den größeren Städten Österreichs fast zur Gänze ruhte. Da nach den Bestimmungen des Mietengesetzes die Mieter dem Hauseigentümer den Hauswert nur in Papierkronen zu verzinsen hatten, warfen die Zinshäuser infolge der Inflation für den Besitzer keinen Ertrag ab.[2] Das brachte die private Bautätigkeit praktisch zum Erliegen.

2.2.2.2. Ansätze zur politischen Lösung der Wohnungsnot

Nach dem Krieg trat das Wohnungsproblem derart augenfällig in Erscheinung, dass die politisch Verantwortlichen nicht mehr darüber hinwegsehen konnten. Bis zu diesem Zeitpunkt war die Problematik in den politischen Lagern nur sehr zögerlich analysiert und diskutiert worden. Am Beispiel der Christlichsozialen und Sozialdemokraten möge der politische Zugang zu diesem Thema umrissen werden.

Für die christlichsoziale Bewegung ergibt sich für die Wohnungsproblematik hinsichtlich der Ursachenanalyse und der Lösungsstrategien ein vielfach widersprüchliches Bild.[3] Zwar war man geneigt, die wucherisch, kapitalistischen Interessen der Vermieter als Verursacher der Wohnungsnot zu sehen, entschuldigte aber dieses Verhalten gleichzeitig durch den finanziellen Sachzwang des Besitzers in Bezug auf die Baukosten, die Grunderwerbsaufwendung, die Steuern etc. Die ungenügend gelöste Lohnfrage der Arbeitnehmer, aber auch das unge-

[1] Pawlik, Wohnungwesen S. 51.
[2] Weber, Sozialpolitik S. 194f.
[3] Lichtblau, Albert: Wiener Wohnungspolitik 1892-1919. - Wien 1984 S. 16f.

schickte individuelle Sparverhalten der Arbeiterfamilien musste vielfach als Erklärung für die Probleme herhalten.
In der Christlichsozialen Partei, welche vor dem Krieg die Wiener Gemeindepolitik beherrschte, fand sich einerseits ein wohnungsreformerischer Flügel, der ab dem Jahr 1910 in Anlehnung an die Bodenreform- und Gartenstadtbewegung für die kommunale Bodenpolitik eintrat. Andererseits bestand jene Gruppe weiter, die die Privatinteressen der Hausbesitzer vertrat und sich beispielsweise für die Abschaffung des während des Krieges geschaffenen Mieterschutzes stark machte.
An christlichsozialen Lösungsansätzen für die Vorkriegszeit lässt sich eine Mischung aus privater und staatlicher Initiative erkennen.[1] Besonders der wohnungsreformerische Flügel um Leopold Kunschak und Karl Lueger setzte analog zum deutschen Bodenreformer Adolf Damaschke auf eine tiefgreifende Reformierung und Förderung der privaten Bautätigkeit. Gleichzeitig sollten die Gemeinden, die Länder und letztlich auch der Staat lenkend und kontrollierend eingreifen.

Ähnlich wie bei den Christlichsozialen wurde bei den Sozialdemokraten das Wohnungsproblem erst relativ spät ernsthaft thematisiert.[2] Lange Zeit galt die Devise, dass das Wohnungsproblem im Rahmen des kapitalistischen Systems nicht zu lösen sei. Friedrich Engels' Überlegungen zur Wohnungsfrage mag diese Haltung bestärkt haben. In einer Schrift aus dem Jahr 1887 rechnet Engels auf polemische Art und Weise mit den bürgerlichen und kleinbürgerlichen Vorstellungen zur Lösung der Wohnungsnot ab. Er warnt darin vor der „sozialen Quacksalberei“, die, „durch Kathedersozialisten und Menschenfreunde aller Art“ verbreitet, zu einer Falle für das Proletariat wird.[3] Denn die Wohnungsfrage sei nur ein Sekundärproblem, das sich zwangsläufig aus dem kapitalistischen System ergebe. Durch die politische Machtergreifung des Proletariats ließe sich das Problem lösen, zumal Wohnraum in den Städten hinreichend vorhanden sei und es nur an der ungerechten Verteilung liege.[4]
Ab dem Jahr 1907 fanden sich Wohnungsfragen speziell auf sozialdemokratischen Parteitagen in der Diskussion fest verankert und tauchten neben anderen ökonomischen Abhandlungen vermehrt auf. Trotzdem blieb die Analyse in der Vorkriegszeit eher oberflächlich und die Logik des Zusammenhangs oft unklar. Die Sozialdemokraten erhoben zwar den kommunalen Wohnbau zum Prinzip, aber mit welchen Mitteln z.B. die Gemeinden bauen sollten, wie die Bauten zu gestalten wären, blieb ungesagt.

---

[1]Lichtblau, Wiener Wohnungspolitik S. 18ff.
[2]Ebd. S. 24ff.
[3]Engels, Friedrich: Zur Wohnungsfrage. - Hottingen/Zürich 1887 S. 3ff
[4]Ebd. S. 22.

Als die Sozialdemokraten 1919 die politische Macht im Wiener Gemeinderat übernahmen, standen sie unter Zugzwang. Die Wohnungsnot und das Wohnungselend waren derart drückend, dass auf eine Umgestaltung der Gesellschaft nicht mehr gewartet werden konnte.

Neben den Sachzwängen scheinen Friedrich Engels' Äußerungen von 1887 auch bei der Formbestimmung im Wohnbau einen gewissen Einfluss gehabt zu haben. Engels hatte sich entschieden gegen die Errichtung von Häusern mit Garten ausgesprochen und jede danach ausgerichtete „Eigenheimstrategie" abgelehnt. Was auf einer früheren geschichtlichen Stufe die Grundlage eines relativen Wohlstandes der Arbeiter gewesen sei, das werde heute, „unter der Herrschaft der großen Industrie, nicht nur die ärgste Fessel für den Arbeiter, sondern das größte Unglück für die ganze Arbeiterklasse."[1] Durch die Bindung des Arbeiters an Haus- und Grundbesitz sei dieser einem beispiellosen Lohndruck ausgeliefert, da er kaum eine Möglichkeit habe, sich nach einer anderen Beschäftigung umzusehen. Außerdem zwinge das unzureichende Ergebnis des kleinhäuslichen Landbaues noch mehr in die Abhängigkeit vom Arbeitgeber. Für Engels ist erst das „von allen ererbten Ketten, auch von denen, die es an den Boden fesselten, befreite und in den großen Städten zusammengetriebene Proletariat im Stande, die große soziale Umgestaltung zu vollziehen, die aller Klassenausbeutung und aller Klassenherrschaft ein Ende machen wird."[2]

Die österreichischen Sozialdemokraten gingen zwar zu revolutionären Bestrebungen eher auf Distanz, trotzdem weisen die Überlegungen von Friedrich Engels deutliche Parallelen zur Wohnbaustrategie des „Roten Wien" in den 1920er Jahren auf.

Obwohl damals die Entscheidung zu Gunsten des Wohnblocks und gegen das Siedlungshaus fiel, blieb die Haltung der Sozialdemokraten zur Formbestimmung des Wohnbaus ambivalent. Einerseits rief der Flachbau mit Garten bei vielen ideologisches Misstrauen hervor, kam doch diese Forderung vehement von Seiten der kleinbürgerlich dominierten Siedlerbewegung. Noch dazu sah der politische Gegner, die Christlichsozialen, im Siedlungshaus ein Gegenmodell zum sozialistischen „Volkswohnpalast"[3].

Andererseits konnte die Sozialdemokratie die Massenbewegung der Siedler, die spontan aus der Notsituation der Nachkriegszeit entstanden war, nicht übergehen. Denn auch in der Arbeiterschaft bestand großes Interesse an der Siedlertätigkeit.

Außerdem gerieten die Wiener Gemeindebauten bald ins Schussfeld der internationalen Architekturkritik, sodass sich die Gemeinde beeilte, ihre Sympathie

---

[1]Engels, Zur Wohnungsfrage S. 8f.

[2]Ebd. S. 17.

[3]Vgl.z.B.: Gemeinderat der Stadt Wien. Protokoll (stenografischer Bericht) der öffentlichen Sitzung am 17. 3. 1922, 6.10.1922, 22.12. 1922.

für Gartenstadtkonzepte zu bekunden.[1] Diese fanden in namhaften Vertretern der Sozialdemokratie eine überzeugte Anhängerschaft. Persönlichkeiten wie Bürgermeister Jakob Reumann oder der renommierte Nationalökonom Otto Neurath setzten sich tatkräftig für die Siedlungs- und Gartenstadtbewegung ein.[2]

Trotz dieses grundsätzlichen Meinungsstreits galt es, der Wohnungsnot rasch und effizient entgegenzutreten. Die Anstrengungen dahingehend bildeten bald den wichtigsten Zweig der öffentlichen Verwaltung und avancierte so zum Angelpunkt der gesamten Sozialpolitik.

Mit der Einführung der überaus ertragreichen Wohnbausteuer im Jahr 1923 schuf die Gemeinde schließlich auch eine finanzielle Basis, um ihre Vorhaben in die Tat umzusetzen.[3] Diese auf alle Mieten erhobene Steuer gestaltete sich extrem progressiv. 82 Prozent der Mietobjekte wurden als billige Wohnungen eingestuft. Die Mieter dieser Wohnungen mussten nur 22 Prozent des Steueraufkommens bestreiten. Die Mieter teurer Wohnungen zahlten 45 Prozent der gesamten Wohnbausteuer, obwohl der Anteil dieser Wohnungen am Wohnbestand nur 0,5 Prozent ausmachte. Im Sinne des sozialistischen Gesellschaftsverständnisses sollten diejenigen, die eine höhere Miete bezahlten, auch stärker besteuert werden, weil man davon ausging, dass dies die wohlhabende Schicht betraf.

Im September 1923 kam es zu einem denkwürdigen Gemeinderatsbeschluss, der das erste Gemeindewohnbauprogramm einleitete. Dabei fiel die Entscheidung für den „Volkswohnpalast" aus. Die Gemeinde errichtete in den folgenden Jahren auch Siedlungsbauten, aber die Formbestimmungen der Gartenstadt- und Siedlerbewegung hatten sich nicht grundsätzlich durchgesetzt.

Die Wohnbausteuer deckte einen Großteil der Kosten für die Gemeindebauten ab. Eine umfassende Besteuerung sämtlicher Luxusgegenstände ergänzte die finanziellen Aufwendungen. Zumindest kurzfristig ergab sich auch durch die Verwendung der so genannten produktiven Arbeitslosenfürsorge eine weitere Finanzquelle für den kommunalen Wohnbau.

Grundsätzlich zielte diese Art der Kapitalbeschaffung darauf ab, ohne Kreditaufnahme Wohnungen zu bauen, die dann als kommunale Dienstleistung zu niedrigen Mieten verteilt werden konnten.[4]

Zwischen 1920 und 1933 konnte die Gemeinde solcherart an die 60.000 Wohnungen zur Verfügung stellen. Dabei ist besonders beachtenswert, dass dieses langfristige Wohnbauprogramm nicht nur für die Vermehrung der Wohnräume,

---

[1]Novy, Klaus u. a. Einfach bauen. Genossenschaftliche Selbsthilfe nach der Jahrhundertwende. Zur Rekonstruktion der Wiener Siedlerbewegung. - Wien 1985 S. 36.

[2]Ebd. S. 41ff.

[3]Weihsmann, Helmut: Das Rote Wien. Sozialdemokratische Architektur und Kommunalpolitik 1919-1934. - Wien 1985 S. 25ff.

[4]Novy, Einfach bauen. S. 31.

sondern auch für die Wohnkultur gewirkt hat. Sämtliche Wohnungen mussten mit Vorraum, Boden- und Kellerabteilungen versehen, mit Gasherden und elektrischem Licht ausgestattet sein. Wasserleitungen und Abort hatten sich immer im Wohnverband zu befinden. Die Wohnräume und Küchen waren ausnahmslos unmittelbar belichtet und belüftet. Großzügig angelegte Innenhöfe mit Spielflächen und Ruheplätzen, die oftmals in den Wohnblocks integrierten Volksbüchereien, Tuberkulosen- und Mutterberatungsstellen sowie die Geschäftsräume für Lebensmittelbetriebe schufen eine weltweit bestaunte Wohnqualität.
Die politischen Umwälzungen im Zeichen des Ständestaates brachten auch das jähe Ende der kommunalen Wohnbauoffensive in Wien.

Das aus der extremen Notlage geschaffene Wohnbauprogramm der Gemeinde Wien hatte sich immer mehr zu einem ideologischen Prestigeobjekt entwickelt. Neben den umfassenden Reformen des Gesundheits- und Bildungswesens bildete der kommunale Wohnbau schließlich das Kernstück des sozialdemokratischen Gesellschaftsmodells, das dem bürgerlichen Lager in dem sich stetig verschärfenden Kulturkampf entgegengehalten wurde.
Den christlichsozial dominierten Bundesländern führte das „Rote Wien" die Errungenschaften einer Wohnungspolitik vor Augen, die, wie Otto Bauer es ausdrückte, „den Kampf für ein Stück Sozialismus innerhalb der kapitalistischen Welt"[1] repräsentierte. Das erklärt auch die von Beginn an heftigen Angriffe der bürgerlichen Parteien gegen die Art der durchgeführten Wohnungspolitik.[2] Diese sei, so wurde kritisiert, nicht von ökonomischen, sondern ausschließlich von politischen Gründen motiviert. Dadurch, dass die planwirtschaftlich ausgerichtete Produktion und Verteilung in einer Hand lägen, sei die ganze Wohnungswirtschaft zu einer parteipolitischen Machtfrage geworden. Nicht die Nachfrage entscheidet darüber, was produziert werden soll, sondern die Obrigkeit bestimme, was nachgefragt werden darf und wie die Verteilung des Wohnungsbestandes vor sich geht.
Die Bürgerlichen lehnten nicht nur die aus politischen Motiven sozialisierte kommunale Wohnungswirtschaft ab, sondern auch das auf progressiver Wohnbausteuer, Luxusabgaben und Mietzinsintervention basierende Finanzierungsmodell.
Besonders heftig opponierten viele Wiener Geschäftsleute und Unternehmer gegen die Wohnbausteuer.[3] Die Stadtverwaltung sah sich daher gezwungen, einige Maßnahmen wieder abzuschwächen.[4]

---

[1]Protokoll des sozialdemokratischen Parteitages, abgehalten vom 14. bis 17. September 1928 im Arbeiterheim Favoriten in Wien. - Wien 1928 S. 36.
[2]Vgl. z.B. Türr, Hans: Die Wohnungsprobleme Österreichs vor und nach dem Krieg. - Wien 1933 S. 186ff.
[3]Vgl. z.B. Neue freie Presse, 14. Februar 1922.
[4]Vgl. z.B. Reichspost, 2. April 1922.

Während sich die bürgerlichen Attacken gegen diese Art der Wohnungspolitik hauptsächlich in Polemik erschöpften, gelang es der Gemeinde Wien, etwa 200.000 Menschen eine dauerhafte Bleibe zu verschaffen. Das Wohnungsproblem wurde damit bei weitem nicht gelöst, aber in vielen Fällen konnte die ärgste Not gemildert werden.

2.2.3. Die sozialen Folgen der Arbeitslosigkeit

Im Jahre 1933 erschien im Leipziger Hirzel-Verlag eine etwa hundert Seiten umfassende Monografie, die die Auswirkungen langdauernder Arbeitslosigkeit auf Menschen dokumentierte. Diese im niederösterreichischen Industriedorf Marienthal durchgeführte Untersuchung wurde zu einem wissenschaftsgeschichtlichen Meilenstein.
Marie Jahoda, neben Paul Lazarsfeld und Hans Zeisel Mitautorin der Dokumentation, betonte rückblickend, „dass einer der wissenschaftlichen Beiträge von Marienthal, obwohl es, statistisch gesprochen, eine ganz naive Studie ist, darin besteht, dass versucht wurde, qualitative Daten mit quantitativen Daten zu kombinieren und zu quantifizieren, was quantifizierbar ist.“[1]
Tatsächlich gewinnt der Leser der Studie durch die empirisch-analytische Ebene, besonders aber durch die mit Interviews und Einzelfallbeschreibungen dokumentierte emotionale Komponente einen unvergleichlich guten Einblick in die Lebensverhältnisse der Zwischenkriegszeit.
Die geschilderte Situation in Marienthal steht stellvertretend für den durch die Arbeitslosigkeit hervorgerufenen sozialen Niedergang vieler Orte in Österreich. Und auch die politische Konsequenz ist beispielhaft. Frau Jahoda hob als wichtigstes Ergebnis der Marienthal-Untersuchung hervor, dass Arbeitslosigkeit Resignation und Apathie bewirke „und nicht den Willen, die Welt und die ökonomische und soziale Ordnung radikal umzugestalten.“[2] Nachfolgende Untersuchungen haben diese Erkenntnis immer wieder bestätigt. Und hier kann auch, wie Paul Lazarsfeld meint, Soziografie und Geschichte in eine Relation gesetzt werden, hilft doch die apathisierende Wirkung der totalen Arbeitslosigkeit rückblickend verstehen, „warum die Führer-Ideologie des heraufziehenden Nationalsozialismus so erfolgreich war.“[3]

---

[1]Des Menschen hohe Braut. Arbeit, Freizeit, Arbeitslosigkeit. Franz Kreuzer im Gespräch mit Marie Jahoda fünfzig Jahre nach der Untersuchung Die Arbeitslosen von Marienthal. - Wien 1983 S. 11.
[2]Ebd.
[3]Jahoda, Marie u.a.: Die Arbeitslosen von Marienthal. Ein soziografischer Versuch über die Wirkungen langandauernder Arbeitslosigkeit. Mit einem Anhang zur Geschichte der Soziografie. - Frankfurt/M. 1988 S. 113. (erste Auflage: Leipzig 1933).

2.2.3.1. Sparsames Haushalten, soziale Ausgliederung

Zu den Ursachen der Arbeitslosigkeit in der Zwischenkriegszeit ist bereits im Kapitel über die wirtschaftliche Entwicklung einiges gesagt worden.
Ab den 1920er Jahren zeigte die Arbeitslosenquote, von einigen Ausnahmen abgesehen, eine ständig steigende Tendenz. Die Höchstzahl wurde im Jahr 1933 mit fast 600.000 Arbeitslosen erreicht. Bedenkt man aber auch die Auswirkungen auf die Angehörigen der Beschäftigungslosen, so ist eine Zahl von bis zu 2 Millionen Betroffenen anzunehmen.[1] Das bedeutet, dass es in der 1. Republik kaum eine Familie gab, die nicht direkt oder indirekt unter dem Eindruck der Arbeitslosigkeit stand.
Im familiären Bereich machten sich die Auswirkungen in zweierlei Hinsicht bemerkbar. Einerseits verlor der Arbeitslose, und damit seine Familie, nahezu jeden gesellschaftlichen Anschluss. Andererseits bedeutete Beschäftigungslosigkeit drastische Einschnitte im Haushaltsbudget bis hin zur Infragestellung der gesamten Existenz. Letzteres wird besonders deutlich, wenn man den materiellen Spielraum der Betroffenen im Hinblick auf die Aufwendungen für den Lebensunterhalt in Betracht zieht. In Marienthal wurden für jene Familien, die in den Genuss der Arbeitslosenunterstützung kamen, ein Durchschnittseinkommen von 1,40 Schilling pro Tag und Verbrauchseinheit errechnet.[2] Von diesem Einkommen mussten beispielsweise für 1 Kilogramm Mehl 65 Groschen, für 1 Liter Milch 38 Groschen und für 1 Kilogramm Pferdefleisch 1,80 Schilling bezahlt werden.
Die Dauer der Unterstützung lag zwischen 20 und 30 Wochen. Danach konnte bis zu maximal 52 Wochen Notstandshilfe, die etwa 80 Prozent der Arbeitslosenunterstützung betrug, bezogen werden. Erlosch auch diese, galt der Arbeitslose als völlig ausgesteuert.
Aber selbst jene, die noch in den Genuss einer finanziellen Aushilfe kamen, konnten von dieser alleine nicht leben. An legalen Hilfsquellen boten sich Gelegenheitsarbeiten, das Kultivieren von kleinen Grünflächen, die Kleintierzucht und die Fürsorge der Gemeinden an. Die Toleranz der Behörden bei Lebensmitteldelikten und Brennstoffdiebstählen erhöhte überdies die Existenzwahrscheinlichkeit.
Wollte man mit Summen, „die im Durchschnitt knapp ein Viertel des normalen Arbeitseinkommens betrugen“, auskommen, entschied letztlich nur „eine bis ins Kleinste durchdachte, geradezu raffinierte Einteilung und Berechnung“ der Barmittel.[3] Der Verzicht auf Zeitungen und Radios, das Fernbleiben von sämtlichen kulturellen und Fortbildungsveranstaltungen, ein minimaler Verschleiß an

---

[1] Stiefel, Dieter: Arbeitslosigkeit. 139.
[2] Jahoda, Marienthal S. 39f.
[3] Ebd. S. 50.

Schuhwerk und Bekleidung, vor allem aber weitgehende Einschränkungen im Nahrungsmittelverbrauch entsprachen der genau durchdachten Geldeinteilung. 54 Prozent der Arbeitslosenfamilien in Marienthal aßen nur einmal pro Woche Fleisch, wobei Pferde- und Kaninchenfleisch überwogen.[1] Gelegentlich wurde auch Katzen- und Hundefleisch verzehrt. Bei den Früh- und Abendmahlzeiten überwog Brot und Kaffee, und zu den Hauptgerichten kamen zumeist Erdäpfel und Gemüse auf den Tisch.

Der Sparstift setzte besonders bei den Genussmitteln und alkoholischen Getränken an. Der Bierkonsum sank von rund 22 Liter pro Kopf im Jahr 1929 auf etwas mehr als 1 Liter, festgestellt im Jahr 1934.[2]

Obwohl der Kalorienverbrauch in den 1930er Jahren im Durchschnitt stark zurückging und bei den Arbeitslosenhaushalten teilweise Werte knapp über dem Existenzminimum aufwies, konnte eine Verschlechterung des allgemeinen Gesundheitszustand im Verhältnis zur Arbeitslosigkeit nicht festgestellt werden.[3]

Während also mit den privaten Einsparungen die große Katastrophe weitgehend ausblieb, machten sich die Folgen der Arbeitslosigkeit im zwischenmenschlichen und gesellschaftlichen Bereich weitaus deutlicher bemerkbar.

Einer geregelten Beschäftigung nachzugehen bedeutet nicht nur, eine Bürde zu tragen, sondern bietet den Werktätigen einen geregelten Tagesablauf, soziale Kontakte und vielfach geistige Erfüllung. Besonders bei langer Arbeitslosigkeit wird der Wegfall der körperlichen oder geistigen Belastung nicht als Erleichterung empfunden, zumal der psychische Druck enorm zunimmt. Die Betroffenen haben neben der Schmälerung ihrer materiellen Basis an der Kontaktarmut, am sozialen Prestigeverlust und am schwindenden Selbstwertgefühl schwer zu tragen.

Die Marienthal-Untersuchung zeigt weiters, dass der Zeitgewinn durch Arbeitslosigkeit absolut nicht als ein solcher empfunden wurde. „Losgelöst von ihrer Arbeit und ohne Kontakt mit der Außenwelt, haben die Arbeiter die materiellen und moralischen Möglichkeiten eingebüßt, die Zeit zu verwenden. (...) Wenn sie Rückschau halten über einen Abschnitt dieser freien Zeit, dann will ihnen nichts einfallen, was der Mühe wert wäre, erzählt zu werden."[4] „Aufstehen - Mittagessen - Schlafengehen sind die Orientierungspunkte im Tag, die übrig geblieben sind."[5] Mit diesem „deutlichen Zerfall des Zeitbewusstseins" gingen der Rückzug aus dem örtlichen Vereinsleben, stark eingeschränkte Fortbildungsaktivitäten, überhaupt die wachsende Unlust an jedweder Zerstreuung einher.

---

[1]Jahoda, Marienthal. S. 45f.
[2]Ebd. S. 155.
[3]Ebd. S. 160f.
[4]Ebd. S. 83.
[5]Ebd. S. 84.

Die Ausgliederung aus der Gesellschaft betraf nicht nur Arbeitswelt, Weiterbildung und Kultur, sondern im besonderen Maße die Politik. Auch in diesem Bereich kennzeichneten zunehmende Passivität und Interesselosigkeit die Situation. Keine Gesinnungsänderung oder gar Radikalisierung stellte sich ein, wohl eher wurde eine politische Haltung gegenüber den Sorgen des Alltags zunehmend unbedeutender.[1]

Was blieb, war das eigene Heim, die Familie. Nicht nur der Betroffene selbst, sondern alle Familienmitglieder hatten das Problem der Arbeitslosigkeit in zumindest gleichem Ausmaß zu bewältigen.[2] Die verstärkte Arbeitsbelastung der Ehefrau, der verminderte Status des Ehemannes, der Stellenwert der gegebenenfalls mitverdienenden Kinder schufen eine völlig veränderte Lage. Fallbeispiele aus Marienthal belegen, dass dies, je nach persönlicher Situation und individueller Veranlagung, entweder zu einer Stärkung des familiären Zusammenhaltes oder aber zu einer schweren Krise, bis hin zur Auflösung der Beziehungen führte.[3]

Aus Beobachtungen der Familien wurde geschlossen, dass der Arbeitslose verschiedene Stadien eines psychischen Hinabgleitens durchmache, das mit der Reduktion der Zuschüsse und der Abnutzung des Inventars einhergehe.[4] Von der aktiven, „ungebrochenen" Haltung mit intaktem Haushalt, Versuchen zur Arbeitsbeschaffung und Hoffnungen für die Zukunft glitt die Familie nach einer bestimmten Fortdauer der Arbeitslosigkeit in einen resignativen Zustand.[5] Zwar konnte in dieser Lage der Haushalt noch aufrecht erhalten werden, aber unter dem Eindruck der stark eingeschränkten Bedürfnisse hatten die Familienmitglieder von Plänen und von einer Beziehung zur Zukunft längst Abstand genommen. Schließlich endete die Verhaltensweise in völliger Verzweiflung, Depression und Hoffnungslosigkeit, wobei nahezu gleichgültig der Verfall der Familie in Kauf genommen wurde.

Gesamt gesellschaftliche Auswirkungen hatte die Belastung der Familie durch die Arbeitslosigkeit allemal. Die Zahl der Eheschließungen sank deutlich, und ab dem Jahr 1935 entwickelte sich die bisher positive Geburtenbilanz in Österreich stark rückläufig.[6] Bezeichnend ist, dass in dieser Zeit die Selbstmordraten sprunghaft anstiegen. „Die meisten gingen wegen bitterer Not, wegen Arbeitslosigkeit aus dem Leben."[7]

---

[1] Jahoda, Marienthal S. 61.
[2] Stiefel, Arbeitslosigkeit S. 138ff.
[3] Jahoda, Marienthal S. 98ff.
[4] Ebd. S. 102.
[5] Ebd. 64ff.
[6] Stiefel, Arbeitslosigkeit S. 170.
[7] Arbeiter-Zeitung, 17. Jänner 1934. Zit. nach: Dokumentationen zur österreichischen Zeitgeschichte 1928-1938 S. 364.

Wenn auch die Situation der Arbeitslosigkeit von den einzelnen Menschen und Menschengruppen unterschiedlich erlebt und empfunden wurde, so trug sie trotz oder gerade wegen der Apathie der breiten Massen entscheidend zur Destabilisierung der österreichischen Gesellschaft bei.

2.2.3.2. Die staatliche Arbeitslosenpolitik

Nach der im Jahr 1931 erfolgten Gesamtdemission der Regierung Ender unternahm Ignaz Seipel den Versuch, in Anbetracht der anhaltend schweren Krise eine Konzentrationsregierung zu bilden. Die Sozialdemokraten lehnten in einer schriftlichen Note den Eintritt in eine solche ab, da sie keine wesentliche Änderung des bisherigen bürgerlichen Regierungskurses befürchteten. Gleichzeitig machte der Verband der sozialdemokratischen Abgeordneten und Bundesräte im selbigen Schreiben darauf aufmerksam, „dass es heute die größte Sorge sein muss, die Arbeitslosenmassen vor dem physischen Untergang zu bewahren.“[1]
Diese Haltung war symptomatisch für den Verlauf der österreichischen Innenpolitik. Obwohl man in den politischen Lagern um die Tragweite der Probleme wusste, ließ es die seit den 1920er Jahren verschärfte ideologische Polarisierung nicht zu, nach einer gemeinsamen politischen Lösung zu suchen.
Eine mögliche Annäherung in der Frage der Arbeitslosigkeit ging im gegenseitigen Misstrauen und in den Prinzipien der „Lagerräson“ unter. Dazu kam ein gewisser Gewöhnungseffekt durch die Alltäglichkeit der erlebten Arbeitslosigkeit. Außerdem galt das im Jahr 1920 verabschiedete Arbeitslosenversicherungsgesetz als „revolutionäre Errungenschaft“ im Bereich der sozialen Sicherung.[2] Damit glaubte man trotz anhaltend hoher Arbeitslosenzahlen das wirtschaftliche und politische System als hinreichend abgestützt.
Die 30 Novellierungen, die das Gesetz bis 1934 erfuhr, täuschen aber nicht darüber hinweg, dass das Problem funktionell wie politisch auf diese Weise nicht zu lösen war. Zunächst wurden die Finanzierungslasten der Arbeitslosenunterstützungen zwischen Staat, Arbeitgebern und Arbeitnehmern gedrittelt.[3] Als die galoppierende Inflation eine Sanierung der Staatsfinanzen notwendig machte, versuchte sich der Bund aus der Drittelbeteiligung zurückzuziehen. Eine Neuregelung sah schließlich vor, dass staatliche Vorschüsse den Kostenaufwand, der über die nun zwischen Arbeitgebern und Arbeitnehmern geteilten Beiträge hinausging, zu decken hatte. Mit der sich stetig verschlechternden Wirtschaftslage eskalierten auch die Schulden der Arbeitslosenversicherung an den Bund.

---

[1] Wiener Zeitung, 21. Juni 1931. Zit. nach: Ebd. S. 39.
[2] Talos, Emmerich: Sozialpolitik in der Ersten Republik. In: Handbuch des politischen Systems Österreichs. Erste Republik S. 579.
[3] Talos, Emmerich: Staatliche Sozialpoitik in Österreich. Rekonstruktion und Analyse. - Wien 1981 S. 206ff.

Das Geplänkel über den Leistungsumfang der Unterstützungen, der Streit darüber, welche Mitverantwortung der Staat grundsätzlich habe, deuten an, dass man sich darauf verlegte, die sozialen Folgeerscheinungen zu mildern, im Versuch, die Arbeitslosigkeit zu beseitigen, aber längst kapituliert hatte.
War das System eigentlich schon in der zweiten Hälfte der 1920er Jahre mit den angewendeten Methoden nicht mehr finanzierbar, so brach es in der Weltwirtschaftskrise vollends zusammen. Verschärfungen der Bezugsbestimmungen, die Herausnahme bestimmter Gruppen aus der Versicherungspflicht und die Reduktion von Dauer und Höhe der Notstandshilfe waren die Antworten auf die Krise.[1]

Besonders vernachlässigt wurde in der 1. Republik lange Zeit das Problem der Jugendarbeitslosigkeit. Schätzungen zufolge hatten im Jahr 1934 150.000 Jugendliche keine Beschäftigung.[2] Viele erhielten erst gar nicht die Möglichkeit, in den Arbeitsprozess einzusteigen, und die wenigen, die eine Ausbildungsstätte fanden, standen zumeist bald nach der Lehrzeit auf der Straße. Wer eine Arbeitslosenunterstützung bekam, musste sich mit dem niedrigsten Satz begnügen. Ab dem Jahr 1932 galten erst Fünfundzwanzigjährige als bezugsberechtigt.[3]
Im selben Jahr kam unter großen Schwierigkeiten ein Bundesgesetz zustande, das einen freiwilligen Arbeitsdienst einrichtete. Durch die Leistung von Diensten gemeinnütziger Art ohne Lohn, nur gegen Verpflegung und Unterkunft sollten die ärgsten psychologischen und materiellen Härten der Arbeitslosigkeit gemildert werden.
Die speziell für jugendliche Arbeitslose gedachte Institution verstand sich vorrangig „als arbeitsethische und arbeitspädagogische Maßnahme."[4] Dabei war die ideologische Akzentuierung nicht zu übersehen. Die Organisation sei darauf bedacht, wie Jaromir Diakow, der Leiter des österreichischen Arbeitsdienstes versicherte, die arbeitslose Jugend „in ernster sinnvoller Arbeit, im engen Pflichtenkreis des Arbeitslagers (...) wieder zu Volk, Staat und Gott" zurückzuführen.[5] Daneben hoffte man, „die Durchführung volkswirtschaftlich wertvoller Arbeiten, die sonst aus Mangel an den notwendigen Mitteln nicht durchgeführt werden könnten, durch Verbilligung der Arbeiten und durch gleichzeitige Förderung aus öffentlichen Mitteln möglich zu machen."[6]
Das große Interesse am Arbeitsdienst brachte die Organisatoren bald in Bedrängnis, da „die Masse der Bewerber mit der Möglichkeit der Einstellung nicht

---

[1]Talos, Staatliche Sozialpoitik S. 581.
[2]Bruckmüller, Ernst: Sozialstruktur und Sozialpolitik. In: Handbuch des politischen Systems Österreichs. Erste Republik S. 410.
[3]Stiefel, Arbeitslosigkeit S. 176.
[4]Hammerl, Josef u.a.: Der freiwillige Arbeitsdienst in Österreich . - Wien 1934 S. 11.
[5]Zit. nach: Stiefel, Arbeitslosigkeit S. 87.
[6]Hammerl, Arbeitsdienst S. 11.

immer in Einklang zu bringen war."[1] Außerdem ging die Tätigkeit in den einzelnen Arbeitslagern nach 40 Wochen wieder zu Ende, was den Betroffenen schon „Tage vorher trübe Gedanken über das Kommende"[2] bereitete, zumal sie dann wieder in die Trostlosigkeit des Arbeitslosendaseins zurückfielen.

Bei der Sozialdemokratie und den Arbeitnehmervertretungen stieß der Freiwillige Arbeitsdienst auf wenig Gegenliebe.[3] Man befürchtete Nachteile für den freien Arbeitsmarkt und für allfällige gewerkschaftliche Kampfmaßnahmen. Außerdem riefen die erzieherischen Begleitmaßnahmen ideologischen Argwohn hervor. Besonders heftig wurde gegen die Ineffizienz der erbrachten Arbeitsleistungen gewettert. Vielfach konnte nachgewiesen werden, dass die Wirtschaftlichkeit des Arbeitsdienstes gegenüber Unternehmungen in freier Lohnarbeit nicht bestand.[4]
Statt des Arbeitsdienstes forderten die Sozialdemokraten die verstärkte Anwendung der produktiven Arbeitslosenfürsorge. Diese seit 1922 eingeführte Maßnahme sah vor, dass Gebietskörperschaften, die volkswirtschaftlich nützliche Arbeiten realisierten, einen finanziellen Zuschuss erhalten sollten. Bedingung war, dass dabei Arbeitslose Beschäftigung fanden, die sonst Arbeitslosenunterstützung bezogen hätten.[5]
Die Inanspruchnahme erfolgte nur sehr zögerlich, folglich blieb auch die Wirkung dieser Einrichtung gering. Dies lag unter anderem an der schwierigen öffentlichen Finanzlage, am zu geringen finanziellen Anreiz für größere Investitionen und an den organisatorischen Mängeln. Letztere entsprangen wohl auch ideologischen Motiven, ließen sich doch damit politisch unliebsame Projekte, insbesondere jene des „Roten Wien", bürokratisch verschleppen.

Auch die Wirkung der anderen staatlichen Maßnahmen zur Bekämpfung der Arbeitslosigkeit blieb weit hinter den Erwartungen zurück. Oft scheiterten sie noch im Planungsstadium auf Grund von Widerständen der einzelnen Interessensgruppen. Vielfach wurden auch beschlossene Maßnahmen bewusst inkonsequent angewendet und konnten daher nicht greifen. Namentlich die Anstrengungen zur besseren Verteilung der vorhandenen Arbeit, aber auch staatliche Zwangsmaßnahmen blieben letztendlich wirkungslos.[6]

---

[1]Meßner, Karl: Jugend in Arbeit. 3 Jahre im Dienste der erwebslosen Jugend. - Wien 1936 S. 18.
[2]Ebd. S. 24.
[3]Stiefel, Arbeitslosigkeit S. 87f.
[4]Vgl. z.B. Arbeiter-Zeitung, 28. Dezember 1933. Zit. nach: Dokumentationen zur österreichischen Zeitgeschichte 1928-1938 S. 314f.
[5]Stiefel, Arbeitslosigkeit S. 80ff.
[6]Ebd. S. 103ff.

Die Arbeitsbeschaffungsaktionen im Ständestaat standen unter der Vorgabe eines verstärkten Einsatzes der staatlichen Investitions- und Ausgabenpolitik.[1] Mit dem Staat als Träger der Arbeit und der Finanzierung durch Inlandsanleihen wurden vorrangig arbeitsintensive Projekte in Angriff genommen. In die Zeit zwischen 1933 und 1937 fielen z.B. der Bau der Großglockner Hochalpenstraße, der Wiener Höhenstraße oder der Wiener Reichsbrücke.
Mit propagandistischem Aufwand erklärte Bundeskanzler Schuschnigg 1935 den Kampf gegen die Arbeitslosigkeit zur „Arbeitsschlacht". Dies beinhaltete eine verstärkte staatliche Investition und war als aktives Mittel der Konjunkturbeeinflussung gedacht.
Obwohl sich der Staat nun zu interventionistischen Maßnahmen im wirtschaftlichen Bereich bekannte, konnte damit weder ein Konjunkturumschwung noch eine spürbare Milderung der Arbeitslosigkeit erreicht werden.
Die Auswirkungen der Arbeitslosigkeit hatten damit bis zuletzt einen entscheidenden Anteil am sozialen Elend der Zwischenkriegszeit, denn die Zahl der Beschäftigungslosen blieb bis zum Ende der Republik in einem erschreckenden Ausmaß hoch.
„Es ist sehr leicht", meinte Otto Bauer bereits 1930 in einer Nationalratsrede, „solche Zahlen anzuführen; es ist menschenunmöglich, sich vorzustellen, wieviel menschliches Elend und menschliches Leid sich in diesen Zahlen birgt (...)".[2]

2.2.4. Selbsthilfebestrebungen zur Bewältigung der sozialen Not am Beispiel der Siedlerbewegung

Wenn Not angeblich erfinderisch macht, so trifft für die Zwischenkriegszeit zu, dass die anhaltenden Krisen die Entwicklung von Selbsthilfeprojekten begünstigten und den Reformeifer weckten. Die starke Beeinträchtigung der menschlichen Grundbedürfnisse wie Nahrung, Wohnraum und Lebensunterhalt ließ viele Menschen gleichsam die Flucht nach vorne antreten.
Ein Beispiel unter vielen anderen Selbsthilfeversuchen ist die in der Zwischenkriegszeit deutlich in Erscheinung tretende Siedlerbewegung. Diese erfuhr zwar durch die bittere Not ihr unmittelbares Motiv, die geistige Aufbereitung der Idee geht jedoch bis in vorindustrielle Zeiten zurück.[3]

---

[1] Mattl, Die Finanzdiktatur. S. 136ff..
[2] Zit. nach: Dokumentationen zur österreichischen Zeitgeschichte 1928-1938 S. 93f.
[3] Stiefel, Dieter: Die Zukunft liegt in der Vergangenheit. Innenkolonisation und nahrungswirtschaftliche Siedlung als atavistische Utopie der Zwischenkriegszeit. In: Die Zukunft liegt in der Vergangenheit. Studien zum Siedlerwesen der Zwischenkriegszeit. Bd. 12 der Forschungen und Beiträge zur Wiener Stadtgeschichte, hrsg. v. Felix Czeike. - Wien 1983 S. 102f.

Im 19. Jahrhundert erhielt der Gedanke von der Besiedelung ungenutzter Flächen einen neuen Stellenwert. Die durch die Industrialisierung rasch anwachsenden Städte, die Landflucht und die proletarische Gesellschaftsschicht weckten speziell bei konservativen Vordenkern die Angst vor einer düsteren sozialen Zukunft.[1] Der dadurch ausgeprägten Großstadtfeindlichkeit hielt man eine vielfach verklärte Agrarromantik entgegen, die in einer Rückorientierung auf rurale Wirtschafts- und Gesellschaftsformen zum Ausdruck kam. Im Mittelpunkt stand dabei das Schlagwort von der „inneren Kolonisation". Im eigenen Staatsgebiet sollte eine Landnahme gleichzeitig eine Reagraisierung einleiten, womit man die schädlichen sozialen Einflüsse der Verstädterung, eigentlich aber die „Proletarisierung" der Gesellschaft zurückzudrängen hoffte.
Im Wilhelminischen Deutschland mögen auch nationalpolitischen Überlegungen bei den Innenkolonisationsplänen eine gewisse Rolle gespielt haben. Zumindest schließen die gesetzlich forcierten Ansiedlungen in den östlichen deutschen Interessensgebieten gewisse „Germanisierungsabsichten" nicht aus.[2]
Die ablehnende Haltung gegenüber dem städtischen Leben blieb aber nicht nur auf national-konservative Ideologen beschränkt. Auch bürgerliche und linksorientierte Lebensreformer aus dem Umfeld der Bodenreform- und Gartenstadtbewegung redeten einer Enturbanisierung das Wort.[3] Das Ideal wurde vorrangig in durchgrünten Siedlungen mit Einfamilienhäusern gesehen. Die Befürworter der Gartenstadtidee versprachen sich von dieser baulichen Alternative zur Großstadt eine entscheidende Verbesserung der Lebensqualität.[4] Gedacht war an produktive Wohnsiedlungen, die neben den gesunden und kostengünstigeren Behausungen auch die nahrungswirtschaftliche Selbstversorgung und Nebenerwerbstätigkeit zum Ziel hatten.
Diese fortschrittlich-bürgerliche Richtung der Siedlerbewegung versuchte, durch die Siedlung eine umfassende Lebens- und Wirtschaftsreform zu verwirklichen, wobei eher gemeinwirtschaftliche Organisationsformen bevorzugt wurden. Daneben bestand eine konservativ-agrarromantische Traditionslinie, die besitzindividualistische Interessen verfolgte. Waren die Grundgedanken auch scheinbar kontroversiell, so gab es viele Gemeinsamkeiten und Verbindungen zwischen diesen beiden Hauptströmungen der Siedlerbewegung.[5]
Die Unantastbarkeit des Großgrundbesitzes und die im Fall der Habsburger Monarchie schwelenden Nationalitätenkonflikte brachten das Siedlerwesen um

---

[1]Vgl. z.B.: Riehl, Heinrich Wilhelm: Die Bürgerliche Gesellschaft. - Stuttgart 1887 S. 379ff.
[2]Baier, Roland: Der deutsche Osten als soziale Frage. Eine Studie zur preußischen und deutschen Siedlungs- und Polenpolitik in den Ostprovinzen während des Kaiserreiches und der Weimarer Republik. - Köln u.a. 1980 S. 26ff.
[3]Vgl. dazu Kap. 4.1.
[4]Vgl. z.B.: Kampffmeyer, Hans: Die Gartenstadtbewegung. - Leipzig 1909 S. 62ff.
[5]Hoffmann, Robert:: „Nimm Hack' und Spaten..." Siedlung und Siedlerbewegung in Österreich 1918-1938. -Wien 1987 S. 80f.

die Jahrhundertwende nur in wenigen Fällen über die theoretischen Vorüberlegungen hinaus.
Während des 1. Weltkrieges rief der deutsche Bodenreformer Adolf Damaschke die Idee der „Kriegerheimstätten" ins Leben. Dies zielte darauf ab, den heimkehrenden Soldaten Siedlerland zur Verfügung zu stellen.[1] Aber auch diesen Versuchen blieb weder in Deutschland noch in Österreich ein sonderlicher Erfolg beschieden.
Angesichts der Hungers- und Wohnungsnot entstand unmittelbar nach dem 1. Weltkrieg in Österreich eine spontane Massenbewegung von Siedlungswilligen, die quer durch alle politischen Lager und Weltanschauungen ging. Was die Menschen verband, war der Wille, mit den drückenden Existenzsorgen fertig zu werden.
Die von den Fronten heimkehrenden und gesellschaftlich entwurzelten Soldaten, zumeist städtische Arbeiter und Kleinbürger, „die aus den Schützengräben nicht mehr zurück in die engen, dunklen Mietskasernen mit ihren öden, muffigen Hinterhöfen wollten", bildeten das Konglomerat dieser Bewegung.[2]
Zunächst belegten die Siedler im innerstädtischen Bereich jede nur irgendwie ausnutzbare Grünfläche. So entstanden in Wien „auf Wüsteneien und Sumpfflächen, in aufgelassenen Schottergruben und Sandstätten, auf Kerichtablagerungsplätzen und abgeholzten Waldflächen im wilden Durcheinander Kleingärten an Kleingärten (...)".[3] Die Zahl der Schrebergärten stieg von etwa 800 vor 1914 auf über 80.000 im Jahr 1922. Jeder sechste Wiener gehörte in diesem Jahr einer Familie an, die einen Schrebergarten bewirtschaftete.[4]
Bald griffen die Siedlerbestrebungen auf das Wiener Umland über, ohne dass dabei auf die illegale Besitznahme der Gemeindegründe sonderlich Rücksicht genommen wurde. Die „wilden" Siedler lebten in einfachen Bretterhütten oder Erdwohnungen und blieben im täglichen Existenzkampf zumeist auf sich allein gestellt.[5] Daneben gab es kleine organisierte Gruppen, die in die Siedlertätigkeit auch gesellschafts- und lebensreformerische Zielsetzungen einbringen wollten.

Bei vielen Siedlern entstand zunehmend der Wunsch, das Siedeln und die damit verbundenen Arbeits- und Kostenaufwendungen auf genossenschaftliche Weise zu bewältigen.[6] Da der Erfolg der Genossenschaftssiedler entscheidend von der Gewinnung kommunaler und staatlicher Unterstützung abhing, mussten sie sich

[1]Damaschke, Adolf: Kriegerheimstätten - eine Schicksalsfrage für das deutsche Volk. - Wien 1916 S. 10ff.
[2]Hoffmann, Nimm Hack' S. 61.
[3]Musil, Franz: Das neue Wien. Städtewerk Bd. III hrsg. v. d. Gemeinde Wien. - Wien 1927 S. 12.
[4]Sandgruber, Ökonomie und Politik S. 345f.
[5]Stiefel, Die Zukunft S. 106f.
[6]Novy, Einfach bauen S. 29f.

bei der Gemeindeverwaltung entsprechend Gehör verschaffen. Drei Massendemonstrationen zwischen 1920 und 1922 sorgten schließlich für den nötigen politischen Druck. Gemeinde und Bund schufen alsbald die finanzielle Basis und stellten aus Wohn- und Siedlungsfonds Kredite und Bürgschaften zur Verfügung. Nun konnte sich eine nach gemeinwirtschaftlichen Prinzipien ausgerichtete Siedlerverbundwirtschaft mit zahlreichen Institutionen entwickeln.

Obwohl die Sozialdemokratie der autonomen Siedlerbewegung zunächst eher reserviert gegenüberstand, gelang - teils aus vereinzelter Sympathie, teils aus Angst, politisches Terrain zu verlieren - die Hegemoniesicherung über die genossenschaftlich und in Kleingartenvereinen organisierten Siedler.

Allerdings rückte das ab dem Jahr 1923 beschlossene Gemeindewohnbauprogramm von wesentlichen Grundsätzen der Siedlerbewegung ab. Durch die Favorisierung des Wohnblocks in Hochbauweise geriet der Typus des Siedlungshauses immer stärker ins Hintertreffen. Hatte der Anteil der Siedlerhäuser am gesamten Wohnbauprogramm 1921 noch 55 Prozent betragen, so machte er im Jahr 1925 nur noch 4 Prozent aus.[1] Aber besonders die Entscheidung der Gemeinde, Siedlungen ohne Zwischenschaltung der Genossenschaftsstruktur in eigener Regie zu errichten, brachte de facto das Ende der ursprünglich freigemeinwirtschaftlich ausgerichteten Siedlerbewegung. Denn mit den so genannten Gemeindesiedlungen ging ein wesentliches Element der Siedlerideologie, nämlich das genossenschaftliche Selbstverwaltungsprinzip verloren.

Neben den Wohnsiedlungsprojekten gab es in den 1920er Jahren in der Wiener Umgebung auch Versuche, Produktivsiedlungen zu errichten, die auf eine landwirtschaftliche Selbstversorgung ausgerichtet waren.[2] Auf den zumeist von der Gemeinde Wien oder vom Staat zur Verfügung gestellten Gründen sollte neben der Wohnmöglichkeit und der Deckung des Eigenbedarfs der allmähliche Übergang zum marktbeschickenden Handelsgärtner bzw. Geflügelzüchter erfolgen. Das Ausmaß wie auch der Erfolg dieser oft in mühevoller Eigeninitiative errichteten Wirtschaftssiedlungen blieb gering.

Erst unter dem Eindruck der steigenden Arbeitslosigkeit ab der Mitte der 1920er Jahre gewann auch die Siedlerbewegung und damit der Gedanke der Innenkolonisation wieder an Bedeutung. Die Idee der Arbeitslosensiedlung entsprang der Überlegung, dass sich die Wirtschaftskrise zu einer Dauerkrise mit immer mehr Arbeitslosen auswachsen werde. Viele Reformer forderten daher eine gemeinnützige Bodenwirtschaft, in der die Allgemeinheit als Unternehmer auftreten könne. Denn „das hungernde, teilweise auch obdachlose Volk der Arbeitslosen und Abgebauten in den Städten und Industrieorten schreit nach Arbeit und Brot, und seine Rufe gellen über dünn besiedeltes,

---

[1]Novy, Einfach bauen S. 31.
[2]Hoffmann, „Nimm Hack“ S. 104ff.

schlecht bearbeitetes Land. Braucht man da noch zu fragen, wo der Hebel anzusetzen sei.?[1]"

Einige gaben sich die Antwort darauf selbst und wurden aktiv. In der Folge kam es zu einer Reihe von spontanen Besiedlungsaktionen wie beispielsweise zu jener illegalen Aubesetzung bei Orth an der Donau durch den Siedlerverein „Kolonien in der Heimat", die in der Öffentlichkeit für Aufsehen sorgte und zu innenpolitischem Zwist führte.[2] Trotz des großen medialen Echos blieb das Unterfangen letztlich erfolglos.[3]
Auch eine weitere Siedlungsaktion des Vereins in der Lobau, die von der Gemeinde Wien unterstützt wurde, drohte an inneren Querelen zu scheitern. Einem Teil der Siedler gelang aber schließlich doch die Bewirtschaftung der zugeteilten Parzellen, was die Lobauer Kolonie zum „einzigen Beispiel einer erfolgreichen Vollerwerbssiedlung von Arbeitslosen während der Zwischenkriegszeit in Österreich" machte.[4]
Ausgelöst durch die Bodenreformbestrebungen im Burgenland, das einen extrem hohen Anteil an Großgrundbesitz und hohe Auswanderungszahlen aufzuweisen hatte, gewannen die Anliegen der Siedlerbewegung Ende der 1920er Jahre wieder die höchste politische Ebene.[5] Die starken Widerstände gegen die burgenländische Bodenreform und der geringe finanzielle Spielraum der unterstützenden Behörden bescherten den Siedlerinteressen, abgesehen von einigen Neusiedlungen mit kleinen Ackerflächen, ein kaum beachtenswertes Ergebnis.
Angeheizt wurde die Diskussion um die Innenkolonisation erneut in den Jahren 1931/32, als die Wirtschaftskrise ihrem Höhepunkt zustrebte. Dabei ist bemerkenswert, dass sich die Siedlerideologie immer mehr von progressiv-lebensreformerischen Inhalten entfernte. Spätestens zu diesem Zeitpunkt war ein Großteil der Siedlerbewegung zu ihren geistigen Ursprüngen zurückgekehrt und dorthin gelangt, „wo sie eigentlich immer hingehört hatte: ins konservative Lager."[6]
Neben der erhofften Entschärfung der Arbeitslosensituation traten in der Siedlerfrage nun erneut „Entproletarisierungsvorstellungen" stärker in den Vordergrund. Besonders die sonst in vielen Fragen zerstrittene kapitalismuskritische Richtung des österreichischen Sozialkatholizismus nahm einmütig die Forderung von der „Entproletarisierung des Proletariats" auf.[7] Durch die Eigentums-

[1]Reinagel, Leopold: Abbau der Arbeitslosigkeit durch gemeinnützige Bodenwirtschaft. - Wien u.a. 1925 S. 35.
[2]Hoffmann, Nimm Hack' S. 115ff.
[3]Vgl. z.B.: Neue freie Presse, 17. - 23. September 1926; Arbeiter-Zeitung, 22. September 1926
[4]Hoffmann, Nimm Hack' S. 138.
[5]Schlag, Gerald: Burgenland. In: Österreich 1918-1938 S. 779ff.
[6]Stiefel, Die Zukunft S. 107.
[7]Hoffmann, Nimm Hack' S. 182ff.

bildung in Form von Kleinhaus und Garten erhofften sich die katholischen Sozialtheoretiker die Überwindung der Klassengegensätze und die Lösung der vielfältigen sozialen Probleme.
Dementsprechend hoch waren die Erwartungen vieler Siedlungsapologeten, als das ab dem Jahr 1932 im Amt befindliche Dollfuß-Regime versprach, in erster Linie den Ansprüchen der Arbeiterschaft gerecht werden zu wollen.[1] Dabei wurde die Existenzsicherung für arme Menschen zur staatlichen Pflicht erhoben. Allerdings dämpfte die deflationistische Budgetpolitik des Ständestaates bald alle Hoffnungen auf eine dauerhafte Finanzierung des Siedlerwesens. Man beschränkte sich auf eine mit bescheidenen staatlichen Mitteln geförderte Innenkolonisation, die vorwiegend in Siedlerprojekten an Stadträndern zum Tragen kam. Als Vorbild dienten dabei weniger die Gedanken der sozialkatholischen Tradition, als vielmehr die deutschen Arbeitsbeschaffungsmaßnahmen durch Innenkolonisation in der Ära Brüning.[2]

Auch die Gemeinde Wien konnte sich dem neuen „Siedler-Zeitgeist" nicht verschließen. Entgegen ihrer bisher verfolgten Wohnbau- und Siedlungsstrategie errichtete die Gemeinde unter dem Vorzeichen eines Arbeitsbeschaffungsprogrammes am Stadtrand eine so genannte „Nebenerwerbssiedlung".
Mit der Anlage in der Leopoldau im 21. Wiener Gemeindebezirk entstanden 425 Häuser in Flachbauweise, die zwar eine sehr bescheidene Wohnfläche, aber eine beachtliche Gartengröße boten.[3] Damit war die größte Nebenerwerbssiedlung Österreichs entstanden, die allerdings mit der Siedlerbewegung nur noch den Begriff „Siedlung" gemeinsam hatte.[4] Im Unterschied zur spontanen Massenbewegung nach dem 1. Weltkrieg wurde diese Siedlungsaktion wie auch jene des Dollfuß- bzw. Schuschnigg-Regimes „von oben" gelenkt.

Insgesamt entstanden zwischen 1932 und 1937 im gesamten Bundesgebiet 6.210 Siedlerstellen, die 20.000 bis 25.000 Menschen ein Unterkommen boten.[5] Damit blieb das Ergebnis der Randsiedlungsaktionen im Verhältnis zu den beständig hohen Arbeitslosenzahlen des Vergleichszeitraumes weit hinter den Erwartungen zurück.
Zusammenfassend lässt sich sagen, dass es der Siedlerbewegung in der Zwischenkriegszeit nicht gegönnt war, eine Alternative im Kampf gegen Hunger, Wohnungsnot und Arbeitslosigkeit anzubieten. Die österreichische Innenkolo-

---

[1]Vgl. z.B. die sog. „Trabrennplatzrede" von Dollfuß am 9. September 1933. Zit. in: Reden österreichischer Staatsmänner (Miklas, Seipel, Dollfuß, Schuschnigg), hrsg. v. Alois Zaunbauer. - Wien 1935 S. 27-37.
[2]Hoffmann, Nimm Hack' S. 162ff.
[3]Novy, Einfach bauen S. 184.
[4]Ebd. S. 33.
[5]Hoffmann, Nimm Hack' S. 247.

nisation brachte in einem äußerst bescheidenen Ausmaß eine Existenzsicherung für wenige Menschen. Die angestrebte Veränderung der gesamten Gesellschaft konnte nicht annähernd herbeigeführt werden.[1]
Viele nahmen schließlich doch lieber ein Leben in den verhassten Mietskasernen in Kauf, als sich auf die äußerst primitiven Lebensverhältnisse in den Siedlungen einzulassen. Die Tatsache, dass bei der Siedlertätigkeit die aufzubringende Mühe in keinem Verhältnis zum möglichen Ertrag stand, bot wenig Anreiz, Innenkolonist zu werden. Selbst die ambitionierteste nahrungswirtschaftliche Siedlung konnte weder qualitäts- noch kostenmäßig mit den professionell geführten Gärtnereien und bäuerlichen Betrieben konkurrieren. Letztlich hat wohl auch die zögerliche und halbherzige Unterstützung durch die politischen Lager zum Scheitern der Innenkolonisation beigetragen.

Dieses Exposee über die wirtschaftliche und soziale Not der Zwischenkriegszeit soll in den nun folgenden Kapiteln einen wichtigen Erklärungsansatz liefern für Johannes Udes Lebensreformprogramm.

[1]Stiefel, Die Zukunft S. 122f.

3. Johannes Ude - Leben und Persönlichkeit

„Mein Wirken war nur ständiger Kampf, Kampf für den Frieden Christi, für die Aufrichtung des Reiches Christi habe ich gearbeitet. Ich war zwar wohl nur ein Rufer in der Wüste, ein Karrenschieber im Weinberg des Herrn. Sie werden mich nun vielleicht fragen: Was hast du erreicht? Gott weiß es. Ich selbst darf nur sagen, ich habe stets das Beste gewollt."
(Johannes Ude)[1]

3.1. Biografische Skizze

Albert Schweitzer, mit dem Johannes Ude eine über weltanschauliche Differenzen hinweg langjährige Gesinnungs- und Brieffreundschaft verband, richtete anlässlich eines Geburtstagsjubiläums an Ude folgende Worte:
„Ich denke so manchesmal an Sie und schäme mich, dass ich es so viel leichter gehabt habe, für das Humanitätsideal und den Frieden einzutreten als Sie. So manches habe ich aus der Ferne in Gedanken mit Ihnen erlebt und mir dabei gedacht, dass Ihr Kämpfen eine besondere Bedeutung für das Aufkommen der Humanität und des Friedens haben muss. Ich kann es nicht unterlassen, Ihnen dies auszusprechen. Und alles Schwere haben Sie mit Würde getragen. Aber Sie müssen wissen, dass wir, die es leichter hatten, Sie verehren und ermessen, was Sie geleistet haben. Es liegt ein besonderer Segen auf dem, was Sie erlitten."[2]
In diesen wenigen Zeilen ist bereits sehr viel von dem enthalten, was Udes Leben bestimmte und seine Persönlichkeit ausgemacht hat.

Trotz der Reichhaltigkeit vieler interessanter Details im langen und ereignisreichen Leben des Johannes Ude[3] muss an dieser Stelle eine skizzenhafte Darstellung seiner Biografie genügen.
Johannes Ude hat im sechzigsten Lebensjahr eine Autobiografie fertig gestellt. Diese reicht demzufolge bis ins Jahr 1934, zu einer Fortsetzung ist es bedauerli-

---

[1]Zit. nach: Der Vegetarier. Zeitschrift für ethische Lebensgestaltung, Vegetarismus und Lebensreform. 31.Jg./Nr.1 (1980) S. 2.
[2]Brief Albert Schweitzers an Johannes Ude am 4. März 1963. Zit. nach: Moritz, Käthe: Johannes Ude. Ein Leben und Wirken im Geiste der Bergpredigt. (2. Teil der Biografie) - Salzburg-Großgmain 1963 S. 73.
[3]Ab der zweiten Hälfte der 1920er Jahre nannte sich Ude „Johannes", wohl in Anlehnung an Johannes den „Täufer", den er als sein Vorbild sah. In früheren Publikationen ist der Autorenname „Johann".

cherweise nicht gekommen. [1] Jedenfalls eröffnet sich damit eine denkwürdige historische Quelle, die es gilt, entsprechend auszuwerten.

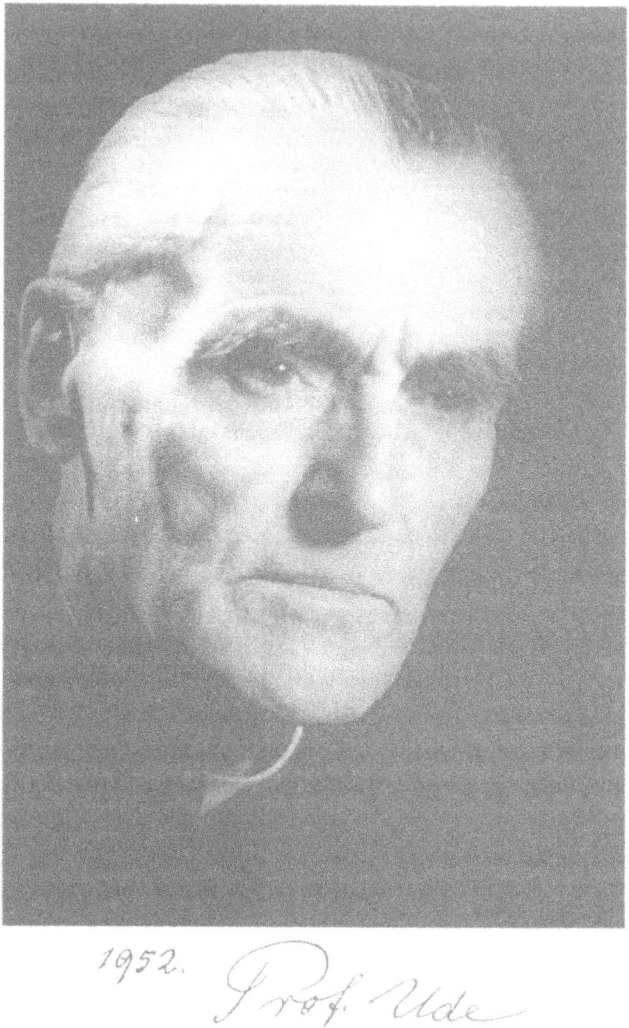

Porträt von Johannes Ude als Postkarte.

[1]Ude, Zu meinem vollendeten sechzigsten Lebensjahr. Erinnerungen aus meinem Leben. Ungedrucktes Typoskript. - Graz 1934 (Universitätsbibliothek Graz, Sondersammlung; in der Folge zitiert unter dem Stichwort „Erinnerungen").

3.1.1. Jugendzeit, Ausbildung und universitäre Lehrtätigkeit

Der Lebensweg des Johannes Ude nimmt in St. Kanzian, das in der Nähe des Kärntner Klopeinersees gelegen ist, seinen Ausgangspunkt. Dort kam er am 28. Februar 1874 als zweites Kind des Volksschullehrers Peter Ude und dessen Frau Hedwig, geborene Bressnik, zur Welt.
Die kinderreiche Familie übersiedelte 1876 in die Steiermark, und zwar nach St. Margarethen am Silberberg. In diesem Ort, heute Noreia genannt, an der kärntnerisch-steirischen Landesgrenze gelegen, verbrachte Johannes Ude seine Kindheit. Die von seinem Vater geleitete Volksschule wurde zu seiner ersten Ausbildungsstätte. Nach eigener Aussage ereilte ihn die Berufung zum Priester schon in diesen frühen Kindheitstagen.
Der Absolvierung des dreiklassigen Privatgymnasiums im Benediktinerstift St. Lambrecht folgte der Schulbesuch im öffentlichen Oberstufengymnasium Graz-Lichtenfels, das er 1894 mit ausgezeichnetem Maturaerfolg abschloss.
Ude begann im selben Jahr an der Gregorianischen Universität in Rom Philosophie zu studieren. Die philosophische Ausbildung, die nach drei Jahren mit einem Doktorat abgeschlossen wurde, ergänzte ein vierjähriges Theologiestudium, welches er ebenso mit einem Doktorat beendete.
Noch in Rom wurde Ude zum Priester geweiht. Rückblickend gestand er allerdings ein: „Ich weiß nicht, ob ich diesen, von mir seit meiner Kindheit an ersehnten Beruf gewählt hätte, wenn ich vorausgesehen hätte, was später über mich gekommen ist.“[1]

In die Heimat zurückgekehrt, trat Ude die seelsorgerische Tätigkeit als Kaplan in Fernitz bei Graz an. Erzieheraufgaben im fürstbischöflichen Knabenseminar in Graz ergänzten seinen Aufgabenbereich.
Im Schuljahr 1902/3 erhielt der nunmehr 28-jährige Präfekt Ude die fürstbischöfliche Weisung, Naturwissenschaft zu studieren. 1907 promovierte er im Hauptfach Zoologie und im Nebenfach Botanik zum Doktor der Naturwissenschaften. Im Verlauf des ihm „ungemein zusagenden“[2] naturwissenschaftlichen Studiums musste Ude sein in Rom erworbenes Theologiedoktorat durch zwei Zusatzprüfungen aus Kirchenrecht und Kirchengeschichte - „die nicht zu meinen Lieblingsfächern zählten“[3] - nostrifizieren lassen.
Noch während des naturwissenschaftlichen Studiums ging er auf kirchlichen Wunsch daran, sich für das vom Unterrichtsministerium erst neu errichtete Lehrfach „Spekulative Dogmatik“ zu habilitieren. „Tag und Nacht arbeitete ich,

[1]Zit. nach: Moritz, Johannes Ude. Ein Leben und Wirken S. 12.
[2]Ebd. S. 17
[3]Ebd.

um all den an mich gestellten Forderungen gerecht zu werden"[1], weiß er zu berichten, und nach nur einjähriger Arbeitszeit konnte er die Habilitation im Jahr 1905 fertig stellen.
Seine Ausbildung wurde auf akademischer Ebene 1924 mit einem Doktorat für Wirtschaftswissenschaften abgeschlossen. Sieben Semester Medizin und 4 Semester Kunstgeschichte ergänzten Udes enzyklopädisches Wissen.

Unmittelbar nach seiner Habilitation nahm Ude seine Vorlesungstätigkeit im Bereich der spekulativen Dogmatik als Privatdozent auf. Fünf Jahre später, im Jahr 1910, erfolgte seine Ernennung zum außerordentlichen, 1917 jene zum ordentlichen Universitätsprofessor. Das Amt eines Dekans bekleidete Ude 1910/20 und 1924/25.
Ude bot in seinen Lehrveranstaltungen vorrangig Themen der christlichen Philosophie und Apologetik an.[2] Die Aufbereitung von Texten des Thomas von Aquin stand dabei im Vordergrund. Problemstellungen aus den Bereichen der Ethik, Soziologie und Wirtschaft ergänzten im Laufe der Zeit sein Vorlesungs- und Seminarprogramm.
Die Lehrtätigkeit an der Grazer Universität endete unfreiwillig und unter dramatischen Umständen im Wintersemester 1936/37.

3.1.2. Vereinsarbeit, sozialpolitisches Engagement

Neben der universitären Lehrtätigkeit lag der Schwerpunkt von Udes Arbeit im sozial-karitativen Bereich. Die zahlreichen von ihm publizierten Bücher, Broschüren, Zeitschriftenbeiträge sowie eine beachtliche Anzahl von gehaltenen Vorträgen, die ihn durch viele Länder Europas führten, weiters die intensive Vereins- und Versammlungstätigkeit zeugen von seinem Engagement.
Udes Arbeit verlief, wie aus der Reihenfolge der in Druck gegangenen sozioökonomischen Schriften zu entnehmen ist und nach eigenen Angaben, etwa wie folgt: „Zuerst bekämpfte ich den Alkoholismus und Nikotinismus, dann die Unsittlichkeit, vor allem die Reglementierung der Prostitution, beschäftigte mich mit der Genuss- und Warenerzeugungsfrage, setzte mich für den Vegetarismus ein, bekämpfte den Krieg und arbeitete für den Friedensgedanken, und stemmte mich mit aller Macht gegen die politische Verderbtheit und gegen den Kapitalismus."[3]

[1] Ude, Erinnerungen S. 17.
[2] Vgl.: Liebmann, Maximilian: Sozialethisch-moraltheologische Maximen S. 265ff.
[3] Ude, Erinnerungen S.24

Ude selbst lebte konsequent nach den reformerischen Idealen. Seit dem Ende der Gymnasialzeit war er überzeugter Nichtraucher, und auf Empfehlung eines Grazer Steinmetzmeisters hatte er schon 1907 begonnen, sich vegetarisch zu ernähren. Ude erblickte im Vegetarismus die Basis einer gesellschaftlichen und volkswirtschaftlichen Gesundung sowie die Erfüllung christlicher Ethikwerte.
Die seit 1902 gelebte Totalabstinenz stärkten in Ude den Willen, mit aller Kraft gegen Alkoholkonsum und Trunksucht anzukämpfen. Auch dabei dominierten die Sorge um das gesellschaftliche Wohlergehen und sozioökonomische Überlegungen seine Einstellung. Gemeinsam mit dem aus Graz stammenden katholischen Arbeiter Josef Wiesler leitete Ude 1911 seinen ersten Verein, das „Katholische Kreuzbündnis", um den Kampf gegen Alkoholismus aufnehmen zu können. Die intensive Öffentlichkeitsarbeit zur Eindämmung des Alkoholgenusses brachte Ude die Unterstützung und Freundschaft des Industriellen Arthur Miller von Aichholz, eine Freundschaft, der er viele Anregungen verdankte und die erst an Udes radikaler Gegnerschaft zum Kapitalismus zerbrach.[1]
Ude gelang es, mit Hilfe der Verwaltungsbehörde das erste nikotin- und alkoholfreie Speisehaus in Graz zu errichten. Diese Einrichtung diente als Anregung für weitere Speisehäuser dieser Art in Österreich.
Parallel zur Alkoholgegnerschaft fand sich der „Feldzug" gegen das Rauchen. „Dass ich meiner ganzen Einstellung nach neben dem Alkohol auch den Tabak bekämpfen müsse, kam mir selbstverständlich vor"[2], erläuterte er dazu. Auch in dieser Frage manifestierte sich seine Haltung in vielfältigen Broschüren und Reden. In seinen Erinnerungen hielt er fest: „Ich wurde ein erklärter Feind des Tabaks und wurde es immer mehr, je mehr ich sehen musste, wie wir Nichtraucher von den rücksichtslosen, rein egoistischen Rauchern und Raucherinnen auf Schritt und Tritt bei allen Gelegenheiten vergewaltigt und belästigt wurden."[3]
Für Ude bestand neben anderen Gründen auch ein Zusammenhang zwischen dem Tabak- bzw. Alkoholkonsum und der Armut vieler Menschen.[4] Aus diesem Grund war er bereits 1902 dem Vinzenzverein beigetreten, um sich intensiv der Armenfürsorge widmen zu können.

Der Ausbruch des 1. Weltkrieges führte Ude mit Sanitätszügen mehrere Male bis an die vordersten Linien, wo er in den Schützengräben die Sterbenden und Verwundeten betreute. „Das Todesröcheln der armen Opfer einer entmenschten

---

[1]Ude, Erinnerungen S. 191ff.
[2]Ebd. S. 66.
[3]Ebd.
[4]Vgl. dazu z.B.: Ude, Die Stellung der Gemeinschaft zur Wohnungsfrage. In: Beiträge zur städtischen Wohn- und Siedelwirtschaft. Dritter Teil. S. 16-24.

Menschlichkeit“[1] wandelten Udes anfängliche patriotische Kriegsrechtfertigung in einen überzeugten Pazifismus.
Noch während des 1. Weltkrieges nahm er in der Schweiz an Beratungen der Kriegsgegner aller Krieg führenden Staaten teil. Aus dieser Zeit stammen auch seine ersten pazifistischen Schriften[2], denen noch viele folgen sollten. Unter dem Schlagwort „Krieg dem Kriege“ ging Ude später so weit, nicht nur den Krieg als solches, sondern auch die Kriegsvorbereitung und damit die Wehrpflicht als unmoralisch zu verurteilen.

In Udes karitativem Wirken nahm die Unterstützung von sozialen Randgruppen einen besonderen Stellenwert ein. Der am 16. Jänner 1918 von ihm gegründete Verein „Österreichs Völkerwacht - Verein zur Bekämpfung der öffentlichen Unsittlichkeit“ sollte sich dieser Menschen annehmen. Die „Zeitschrift für Sexual- und Sozialethik Völkerwacht“ diente dem Verein als Sprachrohr, wobei Ude mit 1922 als Gründer dieser Monatsschrift geführt wird.[3]
Nachdem es im „Katholischen Kreuzbündnis“ zu einem Zerwürfnis gekommen war[4], konzentrierte sich Udes Arbeit nun ganz auf die neue Organisation, die drei Schwerpunkte hatte: Einerseits galt das Augenmerk der Armenfürsorge, die in uneigennütziger Weise von sozial-karitativ wirkenden Frauen im Rahmen der so genannten „Elisabethkonferenz“ übernommen wurde; andererseits betreute man Alkoholiker und bekämpfte die reglementierten Prostitution.[5] Letzteres erregte in der Öffentlichkeit besonders viel Aufsehen. Auseinandersetzungen mit Behörden und ein Gerichtsverfahren fanden ein starkes mediales Echo.[6]
Eine Aufwertung erfuhr Udes Arbeit durch eine Belobigung von Papst Benedikt XV. und das von Bundespräsident Hainisch bekundete Interesse.[7]
Beachtung verdient auch das von Ude initiierte Projekt „Sonnenheim“, eine im steirischen Pitschgau bei Wies gelegene Fürsorgeeinrichtung für Prostituierte. Jeweils 15-20 Frauen sollten dort die Möglichkeit erhalten, durch Betreuung

---

[1]Ude, Das Wirtschaftsideal des Volks- und Staatshaushaltes mit Anhang: Der österreichische Volks- und Staatshaushalt. Eine Monografie des Volks- und Staatshaushaltes vom nationalökonomisch-ethischen Standpunkt aus auf der Grundlage christlicher Lebensreform. - Graz 1924 Vorwort.
[2]Vgl. z.B.: Ude, Kanonen oder Christentum. Ein offenes Wort an die Staatsoberhäupter und Völker Europas zur Beantwortung der Frage: Wann und wo wird Friede werden? - Olten 1918.
[3]Liebmann, Maximilian: DDDDr. Johann Ude (1874-1965) - Prophet oder Querulant? In: Fünfjahrbuch 3 der Karl-Franzens-Universität. - Graz 1982 S. 65.
[4]Ude, Erinnerungen S. 47.
[5]Fischl, Johannes: Johannes Ude - ein Stoiker unserer Tage. In: Reformer-Zeitung Nr.122/11 (1969) S. 7.
[6]Vgl. dazu: Ude, Die Kulturschande Europas vor dem Schwurgericht. - Graz 1920.
Sowie: Ude, Erinnerungen S. 46.
[7]Fischl, Stoiker S.7.

und Beschäftigungstherapie den Weg zurück in eine bürgerliche Existenz zu finden. Da Ude für diese Unternehmung keine öffentlichen Subventionen erhielt und für alle anfallenden Kosten selbst aufkommen musste, lud er sich im Laufe der Zeit schwere finanzielle Sorgen auf. Aus diesem Grund schloss das „Sonnenheim“ 1936 seine Pforten.[1]
Mit der gleichen Intensität wie gegen die Reglementierung der Prostitution trat Ude gegen die antikonzeptionellen Mittel auf.[2] Nach Udes Sexualmoral dürfe der Geschlechtstrieb nur mit dem Ziel der Kinderzeugung innerhalb der von Gott gewollten Einehe mit lebenslänglicher Treueverpflichtung ausgelebt werden.[3] Eine Empfängnisverhütung, abgesehen von der sexuellen Enthaltsamkeit, lehnte er vom Standpunkt der christlichen Ethik vehement ab. Auch zu diesem Thema künden Schriften und Briefeingaben, insbesondere an die kirchliche Behörde, von seiner unerbittlichen Einstellung.[4]

Eine besondere Zäsur in Udes Leben stellt das Jahr 1926 dar, in dem er mit seinen Anhängern den wahlwerbenden „Wirtschaftsverein für Österreich“ gründete, um - wie er darstellte - „mit dem Losungswort 'Gegen Korruption, für Gerechtigkeit, für Sparsamkeit' unter das Volk“ zu treten.[5]
Der Gründung des „Wirtschaftsvereins“ war bereits 1919 ein Anlauf Udes, in die österreichische Innenpolitik einzusteigen, vorausgegangen. Damals konnte er sich gute Chancen ausrechnen, als Abgeordneter der Christlichsozialen Partei ins Parlament einzuziehen, zumal ihn die Parteileitung für den Wahlkreis Graz an der ersten Stelle auf der Kandidatenliste führte.[6] Er hatte aber der Partei zur Bedingung gestellt, seine lebensreformerischen, pazifistischen und antikapitalistischen Prinzipien nach dem eigenen Gewissen, also ohne Klubzwang, vertreten zu dürfen. Die daraufhin erfolgte Rückreihung auf der Kandidatenliste vereitelten das Ziel, Politiker zu werden.
Der 1924 an Ude herangetragene Wunsch, er möge als Parteierneuerer wirken und sich im Sinne des alten Karl-Lueger-Programms[7] politisch engagieren, habe, so stellte es Ude dar, schließlich zur Gründung des „Wirtschaftsvereins“ geführt.[8]
Je näher der Termin der nächsten Nationalratswahl herannahte, desto mehr verfolgte die Parteispitze der Christlichsozialen Partei unter Ignaz Seipel mit Skep-

---

[1]Fischl, Stoiker S. 7.
[2]Liebmann, Maximen S. 273f.
[3]Ude, Soziologie. Leitfaden der natürlich-vernünftigen Gesellschafts- und Wirtschaftslehre. - Schaan S. 269.
[4]Vgl. z.B. Ude, Das große Völkersterben des 20 Jahrhunderts. Der Neomalthusianismus. - Graz 1916. Bzw. Ude, Erinnerungen S. 71 u. S. 135.
[5]Ude, Erinnerungen S. 86.
[6]Liebmann, Prophet S. 66f.
[7]Zu Karl Lueger vgl. Kap. 10.1.1.
[8]Ude, Erinnerungen S. 86.

sis und wachsender Verärgerung das angeblich „in Versammlungen mit ungeheurem Jubel der Begeisterung verkündete Programm"[1] des wahlwerbenden Vereins.

Das Programm der Organisation wurde von Udes Lebensreform- und Sittlichkeitsansprüchen bestimmt. Daneben trat eine deutliche antikapitalistische Gesinnung zu Tage. Hatte Ude noch Anfang der 1920er Jahre gemeint, dass es neben den negativen Auswüchsen noch einen „guten" Kapitalismus gäbe, so trat auch in dieser Hinsicht eine radikale Meinungsänderung ein. Er machte klar, dass er nun in erster Linie gegen die Zinswirtschaft zu Felde ziehen wolle, da - „ich erkannt hatte, dass die Völker wirtschaftlich nicht hochkommen können, solange die kapitalistische Wirtschaftsordnung mit ihrem unsinnigen Geldwesen herrscht."[2]

Ausschlaggebend für diese Position war Udes intensive Beschäftigung mit den Schriften des Freiwirtschaftsbegründers Silvio Gesell.[3]

Aber das Schicksal von Udes „Wirtschaftsverein" war eigentlich schon besiegelt, noch bevor der Wahlkampf so richtig begonnen hatte.[4] Unter Hinweis auf den kanonischen Gehorsam teilte das fürstbischöfliche Ordinariat Seckau in einem Schreiben mit, dass es Ude künftig verboten war, politische Versammlungsreden zu halten. Er unterwarf sich der Forderung der kirchlichen Behörde und legte den Vorsitz im „Wirtschaftsverein" zurück. Der Organisation war damit ihr prominentes Zugpferd genommen, was sich dann auch bei der Wahl am 24. April 1927 bemerkbar machte. Das Wahlziel, in den Nationalrat einzuziehen, wurde klar verfehlt. Immerhin reichte es für zwei Sitze im Steirischen Landtag.

3.1.3. Konflikte mit den kirchlichen, ständestaatlichen und nationalsozialistischen Behörden

Auf Udes verstärktes soziales Engagement reagierten die Behörden, insbesondere die kirchlichen Vorgesetzten, zunehmend reservierter.

Vor dem 1. Weltkrieg hatte sich Ude noch ganz im Meinungsspektrum des offiziellen Amtskatholizismus bewegt, besonders was die naturwissenschaftlichen Explanationen betraf. Mit der Radikalisierung seiner lebensreformerischen und pazifistischen Postulate und der unerbittlichen Gegnerschaft zur kapitalistischen Wirtschaftsordnung sollte sich das schlagartig ändern. Als die Auseinandersetzungen mit dem über ihn verhängten Redeverbot in der politisch brisanten Pha-

---

[1]Ude, Erinnerungen S. 86.
[2]Ebd. S. 83.
[3]Moritz, Leben und Wirken S. 13f.
[4]Vgl. dazu: Liebmann, Prophet S. 66ff.

se 1926/27 den ersten Höhepunkt erreichte, waren die Konfrontationspositionen bereits klar abgesteckt.
Nachteilig wirkte sich für den streitbaren Priester der Umstand aus, dass die ihm wohlgesinnten Personen in einflussreichen Positionen von zum Teil scharfen Gegnern abgelöst wurden. Insbesondere die Animosität zwischen Ude und seinem direkten Vorgesetzten Fürstbischof Ferdinand Stanislaus Pawlikowski, der dem eher als jovial eingestuften Leopold Schuster 1927 folgte, brachte fortwährende Konflikte.
Udes konsequente pazifistische Haltung fand der Militärvikar Pawlikowski ebenso übertrieben, wie er seine scharfe Ablehnung der staatlich reglementierten Prostitution nicht teilte. Auch die von Ude so heftig bekämpften antikonzeptionellen Mittel ließ Pawlikowski als Zugeständnis „an das geschwächte Einsichtsvermögen der Katholiken“[1] gelten. Einen vom Verein „Völkerwacht“ im Jahr 1924 organisierten internationalen Kongress zu den Themen Antialkoholismus und Bekämpfung des Mädchen- und Kinderhandels nahm der Bischof zum Anlass, in einer Priesterversammlung zu erklären: „Einem Priester, der behauptet, Trinken und Rauchen sei unchristlich, darf man unmöglich das Reden und Predigen in öffentlichen Versammlungen erlauben.“[2]
So gesehen ist es nicht verwunderlich, dass Pawlikowski eine Beschwerde des Grazer Priesterseminardirektors Karl Krenn vom Dezember 1929, demzufolge Udes „Eigenbrötelei auf dem politischen und sozialen Gebiet ähnlich geartete Naturen unter den Hörern eine Versuchung und Gefahr“[3] werde, sofort ahndete. In einem Brief des Bischofs, datiert mit 7. Dezember 1929, erfolgte die Mitteilung, dass Ude auf Verlangen der österreichischen Diözesanbischöfe ab sofort „jedwede politische Betätigung wie auch jedes Auftreten in öffentlichen Versammlungen sowohl in der Seckauer Diözese als auch in den übrigen Diözesen Österreichs verboten“[4] sei. Darüber hinaus wurde ihm aufgetragen, alle Publikationen und Veröffentlichungen in zwei Exemplaren dem fürstbischöflichen Ordinariat zur Einsicht und Genehmigung vorzulegen.
Besonders hart traf den Professor für spekulative Dogmatik die zusätzliche Maßregelung, wonach eine mit 17. Jänner 1930 datierte fürstbischöfliche Verfügung an die Alumnen erging, seinen Vorlesungen fernzubleiben.
Ude konnte sich immerhin damit trösten, dass der Zustrom zu seinen Vorlesungen von Hörern anderer Fakultäten den Ausfall der Theologen wettmachte und der Fortbestand seiner Lehrveranstaltungen zunächst sicherte.[5]

---

[1]Ude, Erinnerungen S. 135.
[2]Zit. nach: Moritz, Käthe: Sein und Wirken des großen Friedensarbeiters und Lebensreformers Johannes Ude. (1. Teil der Biografie) - Salzburg-Großgmain S. 15.
[3]Causa Prof. Ude: Äußerungen des Priesterhausdirektors Dr. Karl Krenn vom 2. Dezember 1929 (Personalakt Ude, Diözesanarchiv Graz; im Folgenden abgekürzt mit DAG).
[4]Personalakt Ude, DAG. Zit. nach: Liebmann, Maximen S. 261.
[5]Ude, Erinnerungen S. 138f.

Auch von theologischer Seite geriet Ude nun unter Druck. Anlass dafür war eine im Jahr 1930 veröffentlichte Schrift[1] des Ude Vertrauten Arthur Miller-Aichholz, in welcher der aus Krems stammende Unternehmer die klerikale Sozialpolitik und Sexualethik heftig kritisierte. Außerdem bestritt er darin „unter Verweis auf moralische Voraussetzungen der Eucharistie die metaphysische Legitimation der christlichsozialen Führung."[2] Die Abhandlung enthielt auch einen Aufsatz Udes über „die Bedeutung der Eucharistie als 'das große Sakrament der gesellschaftlichen Erneuerung'".[3]
Den daraufhin erhobenen schweren Vorwürfen gegen Ude begegnete dieser mit der Mutmaßung: „ Man will nämlich, das ist meine Überzeugung, der ganzen Angelegenheit ein kirchliches Mäntelchen umhängen und will mich als Theologen packen, während doch parteipolitische Motive die Hauptursache sind, mich ungemütlichen und gefährlichen Mahner aus dem öffentlichen Leben auszuschalten."[4]

Aber nur vier Jahre später, im April 1934, entband der damalige Unterrichtsminister Kurt Schuschnigg Ude von seinem universitären Lehrauftrag. Die herbe Kritik an den Maßnahmen der Regierung während und nach dem Aufstand des Republikanischen Schutzbundes hatten zur „Beurlaubung gegen Wartegeld" geführt. „Eine blutige Henkergesellschaft, ganz wörtlich genommen" nannte er „Dollfuß und seine Minister"[5], als er die Februar-Ereignisse 1934 kommentierte. Auch eine Petition an den Minister, die 1.445 Grazer Studenten unterzeichneten, konnte die Suspendierung nicht rückgängig machen.[6]
Er sei also, wie Ude in seinen Lebenserinnerungen die Entlassung kommentierte, „erledigt, in Österreich nunmehr völlig mundtot gemacht"[7] (...) und damit „das erste Opfer des Konkordats, das Österreich mit Rom abgeschlossen hat".[8]

Das Redeverbot hatte, selbst als es wieder gelockert wurde, schwerwiegende Folgen für Udes Öffentlichkeitsarbeit. Bereits angesetzte Vorträge mussten - oft unter Tumulten und Protesten der Zuhörerschaft - abgesagt, Einladungen zu Veranstaltungen ins Ausland wegen Ausreiseverbote aus Österreich bzw. Aus-

---

[1]Miller-Aichholz, Arthur: 12 Studien über politische Ereignisse und volkswirtschaftliche Zustände im Lichte der katholischen Moral. Mit einer Abhandlung über das Versagen der Katholiken im sozialen Leben von Dr.phil.,rer.,nat.et rer.pol. Johann Ude. - Graz 1930.
[2]Farkas, Reinhard: Johannes Ude und die Amtskirche: Chronologie und Analyse eine Konfliks. In: Mitteilungen des Steiermärkischen Landesarchivs Nr. 47. - Graz 1997 S. 263.
[3]Zit. nach: Ebd.
[4]Ude, Kurze Darstellung des Falles Ude (Personalakt Ude, DAG).
[5]Ude, Erinnerungen. S. 214.
[6]Ebd. S. 226f.
[7]Ebd. S. 228
[8]Ebd. S. 229.

weisungen aus Vortragsländern storniert werden.[1] Gerichtliche Zensurverfahren waren auszustehen, und wie aus den ständigen Anfragen und Korrespondenzen zwischen den österreichischen Behörden zu entnehmen ist, überwachte ihn der Ständestaat in den 1930er Jahren nahezu auf Schritt und Tritt.[2]
Der Fürsprache des Bundespräsidenten Miklas hatte es Ude zu verdanken, dass die österreichischen Bischöfe ihr 1929 verhängtes Redeverbot im Februar 1935 wieder aufhoben.[3] Udes Ansuchen, ihn in gleicher Eigenschaft wie vor der Beurlaubung an der theologischen Fakultät einzusetzen, entsprach das Bundesministerium für Unterricht nur insofern, als er mit Schreiben vom 31. Oktober 1935 zur Lehrtätigkeit eines Privatdozenten für spekulative Dogmatik an der Fakultät zugelassen wurde.

Ude nützte indes die wiedergewonnene Redefreiheit zu einer spektakulären politischen Manifestierung. In einem offenen Brief an Benito Mussolini, der auf der Titelseite der Schweizer Zeitung „Wilner Bote" veröffentlicht wurde, brandmarkte Ude die italienischen Militäraggression gegen Abessinien als schweres Verbrechen. Der daraus resultierenden Verurteilung Udes zu einer Geldstrafe von 1.000 Schilling folgte im Juli 1936 der in Aussicht genommene Entzug der Lehrbefugnis mit Beginn des kommenden Studienjahres durch das Unterrichtsministerium.[4]
Ist Udes Aversion gegen den Ständestaat aus diesen Ereignissen nur zu gut verständlich, so sind die anfänglichen Sympathien für den Nationalsozialismus von einem Menschen seines intellektuellen Formats schon weit schwerer nachvollziehbar. Obwohl er betonte, „die nationalsozialistische Literatur studiert, Hitlers 'Mein Kampf' gelesen"[5] zu haben, sah er zunächst keinen Widerspruch zwischen der nationalsozialistischen Weltanschauung und den Lehren des Christentums. Auch glaubte er Übereinstimmungen zwischen seinem lebensreformerischen Bestrebungen und den sozialen und wirtschaftlichen Versprechungen des NS-Regimes sehen zu können. Die Anlehnung an den Nationalsozialismus ging soweit, dass Ude bekannte, einen Brief mit der Bitte um Aufnahme in die NSDAP abgefasst zu haben.[6] Den mit 6. April 1933 datierten und an Gauinspektor Knaus adressierten Brief schickte er jedoch nicht ab. Ude agitierte nach

[1]Vgl. z.B. Kabelka, Alois: Der neue Fall Ude. Tatsachen und Hintergründe seiner Verhaftung und Ausweisung aus Liechtenstein - Graz 1932 S. 4ff.
[2]Vgl. die div. Personalakte „Ude" im Österreichischen Staatsarchiv (im Folgenden abgekürzt mit ÖStA; sofern nicht anders angegeben, sind die Informationen den Akten des Bundeskanzleramtes entnommen - abgekürzt mit BKA).
[3]Liebmann, Maximen S. 262f.
[4]Ebd. S. 264.
[5]Ude, Erinnerungen S. 203f.
[6]Vgl.: Ebd. S. 204ff.

dem deutschen Einmarsch in Versammlungen für ein möglichst 100-prozentiges „Ja" für den Anschluss bei der Volksabstimmung am 10. April 1938.[1]
Erst die Ereignisse der so genannten „Reichskristallnacht" brachten eine entscheidende Wende in Udes Ansichten zum Nationalsozialismus. Als er in der Nacht zum 10. November 1938 den Brandanschlag gegen die Synagoge in Graz und die Übergriffe der SA auf jüdische Bürger mit ansehen musste, schrieb er je einen Brief an den Gauleiter Uiberreither und an den Reichsstatthalter Seyß-Inquart. In diesen Schreiben, die „einmalig im gesamten Dritten Reich geblieben"[2] sind, verurteilte Ude die Übergriffe auf Juden und ihre religiösen Einrichtungen auf das Schärfste.
Nachdem der Brief im Frühjahr 1939 in einer Pariser Emigrantenzeitung veröffentlicht wurde, reagierte die NS-Bürokratie mit einer nachträglichen Bestätigung von Udes Entlassung aus dem Universitätsdienst. Außerdem sprach Uiberreither über ihn einen Gauverweis aus, dem er im Ausseerland, das damals zum Gau „Oberdonau" gehörte, nachkommen musste. Ude fand im Ort Grundlsee, der als Filiale zur Dekanatspfarre Bad Aussee gehörte, Aufnahme.
In Grundlsee übte er ehrenamtliche Seelsorgerdienste aus und kam durch seine Tätigkeit als Religionslehrer in der Volksschule Gößl „vom Universitätskatheder zu den ABC-Schützen."[3]
Im Februar 1940 konstituierte sich die legendäre Ausseer Widerstandsbewegung, die unter anderem vom Bad Ausseer Dechant Adolf Hütter durch Lebensmittellieferungen unterstützt wurde. Das Freundschaftsverhältnis zwischen dem Dechant und Ude legt die Vermutung nahe, dass Ude zumindest ein Mitwisser war oder die Vorgänge sogar aktiv unterstützte.[4] Auch wird Udes Wohngelegenheit in Grundlsee in der Liste jener möglichen Quartiere geführt, die den Widerstandskämpfern als Verstecke dienten.[5]
In ständiger Lebensgefahr schreib Ude zwischen 1941 und 1944 an pazifistischen und antimilitaristischen Studien, die nach dem Krieg fertig gestellt, ergänzt und 1948 von Hans Kobinger unter dem Titel „Du sollst nicht töten" herausgegeben wurden. Im August 1944 wurde Ude verhaftet, ins Polizeigefängnis Linz verbracht und dann später in die Haftanstalt Wels überstellt. Der Grund für die Verhaftung bildete eine Denkschrift, „in der Ude seine Gedanken über

---

[1]Liebmann, Prophet S. 68.
[2]Liebmann, Maximilian: Die „Reichskristallnacht" - Johannes Ude war nicht zu feige. In: Domus Austriae. Eine Festgabe Hermann Wiesflecker zum 70 Geburtstag, hrsg. v. Walter Höflechner u.a. - Graz 1983 S. 265.
[3]Moritz, Sein und Wirken S. 20.
[4]Vgl. dazu: Akt „Ude" im Dokumentationsarchiv des österreichischen Widerstandes (DÖW Aktenzahl 609).
[5]Selzer, Erika (Hrsg.): 1945- Ende und Anfang im Ausseer Land. Katalog zur Ausstellung im Ausseer Kammerhofmuseum Mai 1995 - Mai1996. - Bad Aussee 1996 S. 33.

einen Weltfrieden nach diesem Kriege niedergelegt hat."[1] Wegen der auf „Wehrkraftzersetzung und Feindbegünstigung" lautenden Anklage musste Ude mit der Todesstrafe rechnen. Der Zusammenbruch des NS-Regimes rettete ihm das Leben und brachte die Befreiung aus dem Gefängnis.

3.1.4. Neubeginn nach 1945, Tätigkeiten in den 1950er und 1960er Jahren

Von den Tortouren der Gefangenschaft schwer gezeichnet, wanderte Ude unmittelbar nach der Enthaftung zurück nach Grundlsee. Dort nahm er sofort seine Tätigkeit als Priester wieder auf.
Noch im selben Jahr seiner Befreiung betreute er während der Sommermonate als Lagerkaplan eine in der Nähe von Grundlsee gelegene Außenstelle eines Internierungslagers für SS-Leute.[2] Bei seinem Einstand als Lagerbetreuer überreichte Ude symbolisch ein Lebensmittelpaket an die Insassen, ohne zu ahnen, „dass dieser wenige Speck zu einer (kleinen) Staatsaffäre werden sollte."[3] Der sozialistische Nationalratsabgeordnete Albrecht Gaiswinkler, der auf Grund seiner Widerstandstätigkeit von den Besatzungsmächten als Regierungskommissär im Ausseerland eingesetzt worden war, nahm dies zum Anlass, Ude heftig zu attackieren. Für beträchtliches Aufsehen sorgte in der Folge ein verbaler Schlagabtausch, den sich die beiden durch jeweils offene Briefe in der Presse lieferten.[4]
Wenngleich dieser Konflikt Episode blieb, macht er doch zweierlei deutlich: Einerseits gibt er Einblick in die Problematik der antifaschistischen österreichischen Widerstandsbewegung, deren Wirksamkeit oft gerade wegen des ideologischen Misstrauens, welches die einzelnen Gruppen einander entgegenbrachten, eingeschränkt blieb.[5] Andererseits deutete dieses Ereignis an, dass Ude auch nach 1945 nicht unbedingt mit ungeteilter Anerkennung rechnen musste.

Wiewohl sich Ude im Ausseerland wohl gefühlt hat, gab es nach 1945 natürlich Versuche, an die Universität zurückzukehren. Alle Unternehmungen in dieser Richtung scheiterten aber. Eine Anfrage des Salzburger Bischofs, ob Ude für die Beschäftigung im Rahmen einer theologisch-philosophischen Laienhochschule in Frage käme, beantwortete sein direkter Vorgesetzter wie folgt: „Wenn

[1]Brief des Sekretariates der bischöflichen Klerusstellen Wien an das Seckauer Ordinariat vom 1. September 1944 (Personalakt Ude, DAG).
[2]Loidl, Franz: Universitätsprofessor DDDDr. Johannes Ude (1874-1965). Über seine Begegnung mit ihm und zu seiner Ehrenrettung. - Wien 1983 S. 2ff.
[3]Ebd. S. 3.
[4]Vgl. dazu: Demokratisches Volksblatt, 14 November 1946 und 28. November 1946, bzw. Salzkammergut-Zeitung, 24 November 1946 und 15 Dezember 1946.
[5]Vgl. dazu: Neugebauer, Wolfgang: Widerstand und Opposition. In: NS-Herrschaft in Österreich 1938-1945, hrsg. v. Emmerich Talos u.a. - Wien 1988 S. 537-552.

ich mich zurückerinnere, dass er im Jahr 1938 durch seine freien Vorlesungen über Zölibat und Priesterehe, Finanzpolitik und ähnliches peinliches Aufsehen erregt hat, vordem durch die vom ihm gegründete Wirtschaftspartei mehr Durcheinander als Hilfe gebracht hat, und noch früher auf politischem Gebiete gegen die eigenen Mitbrüder schürte, so ist es begreiflich, dass ich gegen einen solchen Mitarbeiter schwere Bedenken habe und ihn kaum mit einer Sonderaufgabe betrauen würde."[1] Es blieb bei einigen Vorträgen bei den Sommerhochschulwochen in Salzburg. Zu einer weiteren Verwendung Udes im Universitätsdienst konnten sich die kirchlichen Stellen nicht entschließen.[2]

In Grundlsee selbst stand die Bevölkerung Udes seelsorgerischem Wirken teils bewundernd, teils verständnislos und ablehnend gegenüber. Beschwerden gingen bei Bischof Pawlikowski über Udes angeblicher Tendenz ein, „die aus dem Kriege heimgekehrten Soldaten generell als Kriegsverbrecher zu bezeichnen."[3] Trotzdem blieb das Interesse an seiner Person sehr groß. Fast täglich stellten sich zahlreiche Besucher ein.[4] Sogar Bischof Josef Schoiswohl, der Pawlikowski im Bischofsamt nachgefolgt und nun Udes direkter Vorgesetzter war, gab sich die Ehre in Udes Grundlseer „Exil".[5] Zwar hatte sich das Verhältnis zwischen Ude und der kirchlichen Hierarchie unter dem neuen Bischof merklich entspannt, zu einer offiziellen Rehabilitierung ist es aber trotzdem nie gekommen.
Ude hat einmal rückblickend bekannt, dass ihm vor seinem Leben grauen müsste, hätte er schon früher gewusst, was alles auf ihn zukommen würde. Offensichtlich konnte er Rückschläge - und deren gab es genug - durch einen im Sinne seiner Ideale entfesselten Arbeitseifer kompensieren. In einem Brief an Albert Schweitzer schilderte er sein zu bewältigendes Arbeitspensum wie folgt: „Ich stehe jeden Tag das ganze Jahr um vier Uhr früh auf und arbeite den ganzen Tag am laufenden Band bis halbzehn Uhr abends ununterbrochen in Wort und Schrift für Lebensreform, also für naturgemäße Lebensweise und für die Wegbereitung zum Weltfrieden. Ich halte fort und fort im In- und Ausland Vorträge. Die Hälfte meiner Arbeitszeit muss ich zur Beantwortung der vielen, aus aller Welt fort und fort einlaufenden Post verwenden. So komme ich oft und immer wieder in Rückstand. Ich bin zudem auch noch in der Seelsorge tätig und bekomme sehr viele Besuche."[6]

---

[1]Brief Bischof Pawlikowskis an den Salzburger Bischof Andreas Rohracher vom 7. Dezember 1945 (Personalakt Ude, DAG).
[2]Vgl. dazu: Brief Bischof Rohracher an Ude vom 21. Juni 1946 (Personalakt Ude, DAG).
[3]Brief Bischof Pawlikowskis an Ude vom 31. Mai 1946 (Personalakt Ude, DAG).
[4]Interview mit Frau Elsa Kitzer (Haushälterin Udes von 1946-1958) am 8. Juli 1998.
[5]Private Fotosammlung - Elsa Kitzer/Bad Aussee.
[6]Brief Udes an Albert Schweitzer vom 28. Juli 1956. (Wissenschaftliches Archiv der freiwirtschaftlichen Bibliothek in Varel).

Die zahlreichen Vortragsreisen waren insbesondere einem seiner Hauptanliegen gewidmet: dem Brückenschlag zwischen der Freiwirtschaftslehre und der christlichen Ethik.
Neben der Freiwirtschaft trat zunehmend sein Engagement für den Frieden stärker in den Vordergrund. Immer wieder wirkte Ude in internationalen Foren - zumeist in leitenden Positionen - mit, um der Friedenssache dienlich zu sein. Daraus ergab sich auch sein Verhältnis zur Atomkraft, deren Bekämpfung ihm in seinen letzten Lebensjahren ein zentrales Anliegen wurde. In Predigten und Schriften warnte er eindringlich vor der militärischen, aber auch zivilen Nutzung der Kernenergie.
Ude hat aber auch nie auf die Anliegen des Tier- und Naturschutzes vergessen. So gesehen ist es nicht verwunderlich, dass Udes Arbeit für Frieden, soziale Gerechtigkeit und Lebensreform für viele seiner Anhänger prädestiniert schien, durch den Friedensnobelpreis ausgezeichnet zu werden. Zwölf Jahre hintereinander gab es Anstrengungen, Ude die Osloer Prämierung zukommen zu lassen. Sogar Albert Schweitzer, selbst Träger des Preises, konnte gewonnen werden, Ude als Anwärter für die Verleihung des Friedensnobelpreises 1954 vorzuschlagen. In einem Dankschreiben an Schweitzer kündigte Ude an, den allfällig zuerkannten Preis „unserer heiligen Sache der Wegbereitung für den Frieden zugute“[1] kommen zu lassen. Die Bemühungen des prominenten Missionsarztes blieben jedoch erfolglos. Die österreichischen Behörden versagten Ude immer wieder die für eine Verleihung notwendige Unterstützung.[2]
Noch einmal setzte sich Albert Schweitzer in dieser Sache für Ude ein. Der „Bund Freisozialer Lebensreformer“ (BFL) in Berlin war an ihn herangetreten, Udes Nominierung für 1965 zu unterstützen.[3] „Eine große Verehrung für diesen Menschen“[4] zu haben und in „Johannes Ude einen der edelsten und tiefsten Menschen unserer Zeit“[5] sehen zu können begründeten seine prompte Zusage. Ude war es letztlich nicht gegönnt, diese hohe Auszeichnung zu erhalten.

Selbst die schlechten Erfahrungen aus der Zwischenkriegszeit konnten Ude nicht davor abhalten, sich auch in der 2. Republik auf politische Abenteuer einzulassen. Das wohl größte politische und persönliche Debakel erlitt Ude 1951, als er von Freunden dazu überredet wurde, bei der Bundespräsidentenwahl zu kandidieren. Von Anfang an stand das Unternehmen unter keinem guten Vorzeichen. Die völlige Fehleinschätzung von Udes Popularität seitens des Proponentenkomitees ließ den Wahltag am 6. Mai 1951 zu einem bitteren werden.

[1]Brief Udes an Albert Schweitzer vom 20. April 1954 (Freiwirtschaftl. Bibliothek in Varel).
[2]Vgl. dazu die umfangreichen Aktenvermerke im ÖStA/BKA.
[3]Brief des BFL an Albert Schweitzer vom 5. Dezember 1964 (Freiwirtschaftliche Bibliothek in Varel).
[4]Brief Albert Schweitzers an den BFL vom 22. Dezember 1964 (Ebd.).
[5]Ebd.

Das Ergebnis, das nicht einmal als Achtungserfolg zu bezeichnen war, blieb weit hinter den eigenen Erwartungen zurück.
Seinem Lebensmut und Reformeifer schien dieser Rückschlag keinen Abbruch zu tun. Getrieben von der „Leidenschaft, die Menschheit vor dem Untergang zu retten und sie einer besseren Zukunft entgegenzuführen"[1], setzte er seine Arbeit mit unverminderter Energie fort. Die schriftstellerische Tätigkeit, die Vorträge und die täglichen Besuchergespräche erfüllten sein Tagewerk über die Jahre hinweg. 150 verfasste Bücher und Broschüren, über 4.000 Reden und Predigten, eine unübersehbare Zahl von Korrespondenzen sind das beachtliche Ergebnis seines Arbeitspensums.
Am 7. Juli 1965 verstarb Johannes Ude im Alter von 92 Jahren in Grundlsee, wo er auch seine letzte Ruhestätte fand.

3.2. Persönlichkeitsprofil

Seit Udes Wirken gab es zahlreiche Versuche, seinen Unternehmungen und seinem Menschenbild gerecht zu werden. Zumeist handelt es sich dabei um apologetisches Schrifttum, das Ude selbst und sein Schaffen mit dem Nimbus des Messianischen umgibt. „Einzig vernehmbare Stimme Gottes"[2], „unser einziger wirklicher Retter"[3] und ähnliche Bezeichnungen sind dabei keine Seltenheit. Die besondere Problematik, die einer solchen Sichtweise eigen ist, braucht wohl kaum näher erläutert werden. Auch ist dies der eigentlichen Sache, nämlich der Objektivierung des Geschehens, kaum dienlich.
Skepsis ist weiters angebracht, wenn Udes Charakter durch Vergleiche mit anderen Persönlichkeiten, die im Geiste der Humanität wirkten, beschrieben wird. Ude als „steirischen Savonarola"[4] oder als „europäischen Gandhi"[5] bezeichnen und darüber hinausheben zu wollen, mag auf den ersten Blick faszinierend sein, ist aber letztlich doch in den Bereich der „Laudationen-Rhetorik"[6] zu verweisen.
Zweifellos ist sein Schicksal ein besonderes und seine Persönlichkeit eine äußerst bemerkenswerte. Aber Ude war und ist einer unter vielen Menschen, die ihr ganzes Leben aus tiefster innerer Überzeugung dem Streben nach einer besseren Welt widmeten. Eine sachliche Auseinandersetzung mit seiner Person und

[1] Moritz, Sein und Wirken S. 65.
[2] Nonveiller, Heinz: Johannes Ude. Sein Leben und Wirken. - Dornbirn 1948 41.
[3] Ebd. S. 45.
[4] Fischl, Stoiker S. 9.
[5] Moritz, Leben und Wirken S. 82ff.
[6] Hodina, Peter: Zwischen Selbstreform und Weltreform. Zum 20 Todestag von Johannes Ude. In: Zeitschrift für Sozialökonomie (Z. f. Sozök.) 20.Jg./65. Folge (1989) S. 3.

seinem Werk kann daher „dem außerordentlichen Menschen und Kämpfer nichts von seiner Größe nehmen.“[1]

3.2.1. Er trat auf „in schmuckloser Soutane, mit Sandalen an den nackten Füßen ...“

Selbst bei einer nur skizzenhaften Darstellung von Udes Lebensweg werden die Schwierigkeiten, denen er sich durch sein Wirken ausgesetzt sah, erkennbar. Zwangsläufig stellt sich dabei die Frage, aus welchem Holz ein Mensch geschnitzt sein musste, dem trotz behördlicher Repressalien und Verfolgungen nichts den Lebensmut und Arbeitseifer rauben konnte. Von Marxisten bei Vorträgen blutig geschlagen, von den Deutschnationalen als Monarchist und Anschlussgegner abgelehnt, von den Christlichsozialen für „steinhofreif“ erklärt, hielt Ude bis zu seinem letzten Atemzug unverrückbar an seinen Lebensidealen fest.[2]
Jaromir Diakow, Funktionär im „Wirtschaftsverein“ und später Organisator des freiwilligen Arbeitsdienstes, hat Udes äußere Erscheinung und damit zugleich sein inneres Wesen einmal treffend so beschrieben: „Eine hagere Asketengestalt mit leuchtenden Augen, in schmuckloser Soutane, mit Sandalen an den nackten Füßen; alles an ihm ist Bedürfnislosigkeit, alles atmet Ruhe und Güte ...“[3] Wenn Ude teils bewundernd, teils geringschätzig als „Asket“ bezeichnet wurde, so ist dies in der eigentlichen Bedeutung des Wortes zutreffend. Damit wird das Verständnis der christlichen Askese zu einem wichtigen Schlüssel für Udes Persönlichkeit. Sein gesamtes lebensreformerisches Programm ist zutiefst in der christlichen Mystik verwurzelt und von ihrer aszetischen Tradition her zu verstehen.[4] „Christ sein“, so lautete Udes Credo noch an seinem Lebensende, „heißt also, unter allen Umständen Aszet sein.“[5] Die einmal von seiner christlichen Weltanschauung aus als „ethisch gut“ bzw. „ethisch schlecht“ erachteten und an sich selbst erprobten Lebensgrundsätze manifestierten sich in einem rigoristischen Normenkatalog, der keine Abweichung und keine Kompromissbereitschaft duldete. Daraus resultierte für ihn selbst zwar ein klare Argumentationslinie, bewirkte aber gleichzeitig einen massiven Polarisierungs- und Ausgrenzungseffekt. „Dass ich durch meine Arbeiten oft auf schweren Widerstand stieß, ist leicht begreiflich, weil es mein Grundsatz ist, die Übel an der Wurzel zu fassen und die Lösung der einzelnen Fragen im Sinne des Christentums der Tat zu geben, die Menschheit also vor das Entweder-Oder zu stellen: Entweder offen und

[1] Brockhaus, Wilhelm: Bemerkungen zu Johannes Udes Philosophie. In: Der Vegetarier. S. 35.
[2] Farkas, Johannes Ude. Priester und Lebensreformer o.S.
[3] Diakow, Jaromir: Der Stumme von Österreich. Der Wahlgang 1927. - Wien 1931 S. 5.
[4] Hodina, Selbstreform S. 4.
[5] Ude, Christ oder Antichrist. Entweder Christus oder Atombombe. - Grundlsee 1964 S. 27.

ganz für Christus, oder ebenso offen gegen Christus. Denn das Ärgste, was ich mir denken kann, ist die religiöse Heuchelei und Unaufrichtigkeit"[1], war er um Erklärung dafür bemüht.

Ude war von einer Religiosität durchdrungen, wie sie bei Menschen wahrscheinlich nur sehr selten zu finden ist. Der Gottesglaube bedeutet ihm eine schier unerschöpfliche Kraft- und Energiequelle. Problematisch wurde für seine Mitmenschen mitunter die Universalität seiner christlichen Weltanschauung, die praktisch keinen menschlichen Daseinsbereich ausklammerte. Religiös neutrale oder indifferente Bereiche ließ er nicht zu und forderte von anderen, dies ebenso anzuerkennen. Da er für sich selbst in Anspruch nahm, den einzig richtigen Weg in der Nachfolge Christi gefunden zu haben, geriet er innerhalb der Kirche rasch in eine Außenseiterposition. Aber auch außerhalb der Reichweite des bischöflichen Pastorales ist Ude trotz der vielen Bewunderer zeitlebens ein eher einsamer Mensch geblieben. Gesellschaften mied er schon allein deshalb, weil dabei gegen all das verstoßen wurde, wogegen er so vehement auftrat. „Zusammenkünfte, bei denen getrunken und geraucht und die Zeit mit leeren Reden totgeschlagen wird (...), sind mit ein Greuel"[2], erklärte er und schätzte realistisch ein: „Daher kommt es wohl auch, dass ich ziemlich einsam und alleine wandern muss und wenig Freunde habe."[3] Das Fehlen eines intakten Freundeskreises hat sicher auch dazu beigetragen, dass seine Ansichten ohne Ausspracheregulativ überhastet, inhaltlich zum Teil ungenau und in einem oft überzeichneten Wortlaut in die Öffentlichkeit gingen.

Dass ihn ein extremes Sendungsbewusstsein anfällig machte für theatralische Auftritte und verbale Ausritte ist ein eigenes psychologisches Phänomen. Bezeichnend hierfür ist eine Szenerie in der oststeirischen Stadt Hartberg, wo Ude „sich abends von seinen Anhängern, die vielfach aus Großdeutschen und Landbündlern bestanden, wie im Triumph auf den Kernstockplatz geleiten (ließ), wo er die Rede hielt und mit seinen langen Haaren wie ein Apostel und wie ein Rufender in der Wüste auftrat und den Satz mit Emphase in die Menge rief: 'Ich glaube an meine Sendung!'"[4]

Eine besondere Facette seiner Persönlichkeit ist die ihm von vielen Seiten bescheinigte suggestive Wirkung auf Menschen. Dies kam in erster Linie in seinem Talent als Redner zum Tragen. Wissend um die psychologische Wirkung der geschulten Redekunst, ging er bei der Abfassung seiner Vorträge akribisch

---

[1]Ude, Erinnerungen S. 21.
[2]Ebd. S. 80.
[3]Ebd..
[4]Gerstauer, Karl: Politische Tätigkeit des Prof. Dr. Ude in der Oststeiermark im Wahljahre 1927 (Personalakt Ude, DAG). Zit. nach: Farkas, Amtskirche S. 261.

ans Werk.[1] Dazu Ude selbst: „Ich habe die Gewohnheit, jede Rede und jede Predigt bis ins Einzelne durchzuarbeiten und stenografisch niederzuschreiben, bis heute beibehalten. Außerdem hatte ich mit einem Studienfreund im Germanikum mich in besonderer Weise im Vortrag ausgebildet und meine Stimme tragfähig gemacht, sodass es mir heute noch ein Leichtes ist, die Säle zu beherrschen und mich vor einem Publikum von 10-12.000 Menschen vernehmlich zu machen, selbst im Freien."[2] Der stringente Aufbau sowie eine Argumentation, die bewusst eine Lenkung der Zuschaueraffekte beabsichtigte, machten den Erfolg seiner Vorträge aus. Aus dem vielstimmigen Chor der Pressestimmen, die Udes Reden beurteilten, sei hier das „Vorarlberger Volksblatt" vom 24. März 1928 zitiert: „Es ist doch etwas Eigenartiges um diesen Dr. Ude. Alles schimpft über ihn, alles hält ihn für einen übertriebenen Menschen, für einen Idealisten ohne praktischen Hausverstand. Und doch - wo er auftritt, sind die größten Säle zum Erdrücken gefüllt, herrscht tiefer Ernst, freudige Erregung, brausender Beifall. (...) Ude ist ein eigentümlich faszinierender Mann."[3]
Die geschickt populistisch verbrämte Gesellschaftskritik sowie das vermittelte Gefühl, dass das, was diese „hagere Asketengestalt" sprach, aus tiefster innerer Überzeugung kam, sicherte ihm zumeist die Zustimmung seiner Zuhörerschaft. Dass in solchen Situationen oft sein leidenschaftliches Temperament mit ihm durchging und er in seinen Reden und Schriften jeden Bezug zur sachlichen Ebene verlor, bot den zahlreichen Kritikern wiederum zusätzliche Angriffspunkte. In einem Brief Seipels an Ude vom 18. August 1926 charakterisierte der christlichsoziale Bundeskanzler Udes Situation nicht ganz unzutreffend so: „Dass du, lieber Freund, in den letzten Jahren immer tiefer in die Isolation hineingeraten bist und dass sich dir dadurch immer mehr Möglichkeiten zu wirken verschließen, bedauere ich sehr; ich glaube aber, den Schlüsselpunkt für alle deine Schwierigkeiten zu kennen. Es ist nach dem, was ich von denen hörte, die dich am längsten und besten kennen, wohl die Eigenart deiner Rhetorik. Du scheinst zu jenen Rednern zu gehören, die ihre eigene glänzende Rednergabe beim Reden 'verträgt', wie man sich auszudrücken pflegt. Du sagst in einer Rede irgendetwas durchaus Überlegtes und Richtiges z.B., dass die Art, wie man die Kleinrentner behandelt, eine Ungerechtigkeit ist. Wenn dieses Wort zündet, dann kannst du nicht genug im Übersteigern des zuerst gewählten Ausdruckes tun, dann schreibst du nicht mehr 'Ungerechtigkeit', sondern 'Diebstahl', 'Raub', 'Mord' und wer weiß noch alles. Der selbstverständliche Beifall, der starken Ausdrücken folgt, macht dich blind dafür, dass diese Übersteigerung des Ausdruckes zugleich eine Überschreitung der Wahrheitsgrenze ist.(...) Und so geht es dir auf allen Gebieten. (...) Zum Schluss kommt dann immer wieder

[1]Vgl. dazu: Ude, Wie bilde ich mich zum Redner aus? Praktische Anleitung zur Erlernung der Redekunst auf Grundlage der Psychologie. - Graz u.a. 1924
[2]Ude, Erinnerungen S. 14.
[3]Zit. nach: Ebd. S. 168.

das Prozessführenwollen über die letzte Instanz hinaus dazu, dies Gehörtwerdenwollen von denen, die dich nicht hören wollen, dies Rechthabenwollen um jeden Preis."[1]

Ob der Vorwurf der Eitelkeit bzw. Sucht nach Titeln und Ehren in Bezug auf Udes vier Doktorate gerechtfertigt ist, bleibt dahingestellt. Viel eher dürften Kompetenzerwerb und letztlich rein altruistische Motive den Ausschlag dafür gegeben haben.[2]
Nicht von der Hand zu weisen ist dagegen der an ihn gerichtete Vorwurf, er habe bei der Einschätzung von Menschen kein allzu großes Geschick gezeigt. „Freilich wurde und werde ich nicht selten ausgenützt" - erkannte er selbst seine Schwäche -, „weil ich den Menschen immer wieder zuviel Vertrauen entgegenbringe. Das ist wohl ein Fehler von mir (...)".[3] Des Öfteren tauchten in Udes Umfeld Personen auf, deren Gefolgschaft eher eigennützigen Bestrebungen entsprachen als ehrliche Begeisterung für sein Reformprogramm. Die oft kleinkarierten Zänkereien in manchen Ortsgruppen des „Wirtschaftsvereins" oder jene „Freunde", die ihm durch die Überredung zur Kandidatur bei der Bundespräsidentschaftswahl den denkbar schlechtesten Dienst erwiesen, zeigen auch ein gewisses Maß an Naivität in der Einschätzung von menschlichem Verhalten im täglichen parteipolitischen Ringen.
Zu welchem Urteil man über Udes Persönlichkeit am Ende auch kommen mag, ob „Prophet", „Querulant" oder „Homo curiosus" - allemal bemerkenswert ist seine Standfestigkeit und Prinzipientreue selbst in lebensbedrohlichen Situationen. „Denn demütig sein, bedeutet ja lang nicht, sich alles gefallen lassen und gestatten, dass die Gerechtigkeit mit Füßen getreten wird"[4], gab sich der Friedensstreiter betont kämpferisch.

3.3. Das Lebensumfeld als programmatisches Modell

Vieles von dem, was Ude später in seinem Reformprogramm festgeschrieben hat, wurzelt auch in Erlebnissen und Begebenheiten aus seinen frühen Kindheitstagen.
In vieler Hinsicht prägend war sicherlich die Naturlandschaft, in der er aufwuchs. „Das wunderbar gelegene Dörflein mit seiner näheren und weiteren Umgebung" sei „ganz und gar danach angetan (gewesen), im Wechsel der Jahreszeiten den Sinn für die Natur zu entfalten".[5] Der vom Vater geförderte Natur-

---

[1]Zit. nach: Liebmann, Maximilian: Prof. Ude. Sein Leben und Wirken. - Wien 1980 S. 12f.
[2]Vgl. dazu: Ude, Erinnerungen S. 20.
[3]Ebd. S. 80.
[4]Ebd. S. 163.
[5]Zit. nach: Moritz, Sein und Wirken S. 1.

sinn habe in ihm den Romantiker geweckt und ihn „mit jenem Glauben an die Menschen erfüllt, ohne den (er) bei dem, was später über (ihn) gekommen (sei), schon längst an der Welt und an (ihm) verzweifelt hätte."[1]
Sein meditatives Naturempfinden diente als Refugium ebenso wie als Kompensation für asketische Entsagungen der vornehmlich urbanen Verhaltens- und Lebensgewohnheiten.
Auch scheinen frühe abschreckende Beobachtungen von Alkoholmissbrauch den in seinen Reformabsichten so stark ausgeprägten Abstinenzrigorismus gefördert zu haben. Ude deutet an, dass der Alkohol „auch in der näheren und weiteren Verwandtschaft und Bekanntschaft eine schlimme Rolle gespielt"[2] habe.

Der vielleicht wichtigste Moment ergab sich aus der eigentlichen Lebenssituation der Familie Ude. Um die neun Kinder ernähren zu können, dürfte der Vater neben einem wahrscheinlich eher bescheidenen Lehrergehalt Einkünfte aus einer kleinen Landwirtschaft bezogen haben. Jedenfalls berichten Udes Biografen von „schwerer und schwerster Haus-, Feld-, und Gartenarbeit"[3], die er als Jugendlicher zu leisten hatte.
Daraus entsteht das Bild einer paternalistisch organisierten, mit überwiegend agrarischen Tätigkeiten beschäftigten Hausgemeinschaft, in der in bescheidener Selbstgenügsamkeit und Eigenversorgung hauswirtschaftliche Verbrauchsökonomie betrieben wurde.
Nahezu archetypisch spiegelt sich das Modell der einfachen Hauswirtschaft in Udes Programmentwürfen einer reformierten Gesellschafts- und Wirtschaftsordnung wider. Auf einer in ihrer Wechselseitigkeit von Dienstpflichten und Rechten überschaubaren Struktur der Großfamilie bauen genossenschaftlich-solidarprotektionistische Gemeindeverbände auf, die wiederum zum Vorbild für alle anderen gesellschaftlichen Gliederungen werden. Die Auffassung von einer immer währenden und unabänderlichen gottgewollten Ordnung wirkt sinngebend, wobei jede menschliche Betätigung seine Bestimmung erhält.
Es ist davon auszugehen, dass Udes Lebensweg von dieser stark religiös determinierten, rustikal-bäuerlichen Ordnungswelt beeinflusst wurde. Nicht zufällig hat er während des Theologiestudiums gerade den mittelalterlichen Scholastiker Thomas v. Aquin zu seinem wichtigsten Leitbild gewählt. Das scholastische Denken kreist im Wesentlichen um eine ebensolche statische Ordo-Vorstellung, die in der familiären Hausgemeinschaft den Kern einer allseits stimmigen Weltordnung sieht.[4] Evolutionäre Entwicklungen bleiben dabei genauso ausgeklammert wie andererseits eine hierarchische Differenzierung zum Gesellschaftsverständnis gehört.

---

[1]Ude, Erinnerungen S. 5.
[2]Ebd. S. 3.
[3]Nonveiller, Leben und Wirken S. 8.
[4]Bauer, Geburt der Neuzeit S. 21f.

Die hohe Wertschätzung landwirtschaftlicher Tätigkeiten, der vordringliche Wunsch nach Verwurzelung der Menschen mit dem Boden, aber auch die Härte in der Annahme karger Lebensbedingungen - all das sind Beispiele für Erfahrungswerte, die Eingang fanden in Udes antikapitalistischen Entwurf.
Natürlich hat das familiäre Umfeld alleine nicht ausgereicht, um Udes Weltanschauung in allen Belangen zu prägen. Besonders die wirtschaftliche Entwicklung in der Zwischenkriegszeit mit ihren katastrophalen gesellschaftlichen Auswirkungen sowie bestimmte zeitgeistige Strömungen trugen zur Herausbildung der für ihn typischen Wertmaßstäbe entscheidend bei.

2. Teil: Leitbilder

4. Geistige Strömungen der Jahrhundertwende und Zwischenkriegszeit und ihr Einfluss auf Ude

> „Es kann sein, dass wir am Ende sind, am Tode der erschöpften Menschheit, und das sind nur die letzten Krämpfe. Es kann sein, dass wir am Anfange sind, an der Geburt einer neuen Menschheit, und das sind nur die Lawinen des Frühlings. Wir steigen ins Göttliche oder wir stürzen, stürzen in Nacht und Vernichtung - aber Bleiben ist keines."
> (Hermann Bahr)[1]

In Deutschland und Österreich drückte sich die dramatisch veränderte Realität der Lebensbedingungen gegen Ende des 19. Jahrhunderts in einer Vielzahl von geistigen Strömungen aus. Sozialismus, Konservativismus und Nationalismus traten in einen ideologischen Wettstreit, und der liberalkapitalistischen Wirtschafts- und Gesellschaftsordnung stand ein breites Spektrum von sozialreformerischen Gruppierungen gegenüber.
Bevor Udes Prägung durch Einzelpersönlichkeiten und Denkschulen zur Sprache kommt, soll in diesem Kapitel das geistige Vorfeld für sein Wirken als Reformer beleuchtet werden. Der Fülle von geistigen Strömungen seien die zwei Bereiche „Lebensreform" und „antiaufklärerisches Staatsdenken" entnommen. Die Einengung auf diese beiden Strömungen begründet sich aus dem zum Teil beachtlichen Einfluss auf Udes Geisteshaltung und auf sein Reformwerk.

4.1. Die Lebensreformbewegung

Mit der so genannten „Industriellen Revolution" im 19. Jahrhundert gingen tief greifende Veränderungen in der europäischen Gesellschaft einher. Die technisierten Produktionsmethoden in der Wirtschaft ließen das Sozialprodukt beachtlich wachsen, was besonders den Wohlstand von Teilen des Bürgertums vergrößerte. Einzelne stiegen zu Fabriksunternehmern, Bankiers oder Aktionären auf und formten in dem sich entfaltenden Monopol- und Finanzkapitalismus ein Wirtschaftsbürgertum, das seinen Einfluss auf Gesellschaft und Politik geltend machen konnte.
Bezeichnenderweise entstand aber gerade im Bürgertum selbst, namentlich im bildungsbürgerlichen Mittelstand, „eine radikal antimodernistische Strömung, welche sich beharrlich den Kräften des kapitalistischen Fortschritts widersetz-

---

[1] Bahr, Hermann: Die Moderne. In: Die Wiener Moderne. Literatur, Kunst und Musik zwischen 1890 und 1910, hrsg. v. Gotthart Wunberg. - Stuttgart 1981 S. 189.

te."[1] Die Angst vor Proletarisierung sowie das Bedürfnis, „dem Reichtum und „Wohlleben derer da oben, da man es nicht hat, moralisch trotzen"[2] zu müssen, bildete den „Nährboden für ideologische Heilslehren aller Art."[3]
Fest steht, dass die Kritik am Lebensalltag des Industriezeitalters unter anderem einer ablehnenden Haltung gegenüber städtischen Existenzformen entsprang. Rund um die neuen Produktionsstätten waren Ballungszentren entstanden, die den europäischen Metropolen ihr Millionenstadt-Gepräge gaben. Wohnungsnot und Wohnungselend, Arbeitslosigkeit und der allgegenwärtige Glanz des Reichtums bildeten in diesen Städten nicht nur einen augenfälligen Gegensatz, sondern eine explosive psychosoziale Mischung aus Angst, Verzweiflung und Gewalt.
In einer oft agrarromantischen Verklärung schien „der Weg zurück zur Scholle" für viele mittelständische Existenzen einen Ausweg aus der urbanen Frustration zu bieten. Ein Leben auf dem Land galt als körperlich und geistig gesünder, vor allem aber als naturgemäßer. Für die Skepsis gegenüber den existierenden Zivilisationsformen sollte sich bald die allenthalben gebräuchliche Sammelbezeichnung „Lebensreformbewegung" durchsetzen. Ihre Anhänger propagierten in selbstreformerischen Aktivitäten, Vereinsarbeiten oder publizistischen Unternehmungen eine naturhaftere Lebensgestaltung.

Von Beginn an blieb das Bild dieser Bewegung, die „in allen Spielarten subkultureller Lebensäußerung (...) Fuß fassen konnte"[4], ambivalent. So verband einerseits die Kritik am Großstadtdasein viele Gruppen und Bünde, andererseits bot aber gerade die Stadt ein kreatives Exerzierfeld für neue Ideen. Die Vorstellung von durchgrünten und in einfacher Wohnbauweise gestalteten Städten fand beispielsweise in der Gartenstadtbewegung eine vielbeachtete Entsprechung. Auch ist die 1847 in Manchester gegründete erste vegetarische Gesellschaft Englands als Protest gegen die öffentlichen Schlachtungen mental ein Indiz für urbanere Formen der Zivilisation.
Gemeinsam war vielen Organisationen die Kritik an den naturzerstörenden und naturentfremdenden Folgen der Industrialisierung, die sie in der kapitalistischen Profitorientierung als eigentliche Ursache dingfest machten.[5] Die Suche nach dem „dritten Weg" jenseits von Kapitalismus und Kommunismus blieb bestimmend, und die Sehnsucht nach einer alternativen Lebensgestaltung drückte sich

---

[1]Linse, Ulrich: Ökopax und Anarchie. Eine Geschichte der ökologischen Bewegungen in Deutschland. - München 1986 S. 14.
[2]Frecot, Janos u.a.: Fidus 1868-1948. Zur ästhetischen Praxis bürgerlicher Fluchtbewegungen. - München 1972 S. 18.
[3]Ebd.
[4]Wintersberger, Gerald: Lebensreformer, Anarchisten, Freisozialisten - Reformer und Revolutionäre in Österreich von der Jahrhundertwende bis zum ersten Weltkrieg. Diss - Wien 1986 S. 18.
[5]Linse, Ökopax S. 20.

auf vielfältigste Weise aus. Sie reichte von einfachen Naturschutzbestrebungen, über eine Neuorientierung in der Gesundheitsvorsorge, einem Überdenken der Ernährungs- und Konsumgewohnheiten, bis hin zu Bodenreformbestrebungen oder einer dezidierten Absage an den Kapitalismus durch ökonomische und soziale Gegenmodelle.
So vielfältig die Zielsetzungen der Lebensreformer waren, so breit und unterschiedlich bot sich auch das weltanschauliche Spektrum der reformistischen Gruppierungen dar. Anarchistisches Gedankengut stand neben religiös-spirituellen Anschauungen. Bürgerlich-konservative Vorstellungen gingen nicht selten in eine völkisch ausgeprägte „Blut und Boden Romantik“ über. Eine ideologische Klassifizierung der Lebensreformbewegung wird auch durch die sektiererischen Auf- und Abspaltungstendenzen mit der voranschreitenden Ausbreitung der Gruppen erschwert. Für Deutschland und Österreich kann zudem gelten, dass ein Auftreten der Reformorganisationen als politische Bewegung oder Partei unterblieb. Dem politischen Engagement im traditionellen Parteienverband stand das Dogma der „individuellen Läuterung und Selbstvervollkommnung“[1] gegenüber, das die „Selbstreform“ zur Voraussetzung für die Gesellschaftsveränderung machte.

4.1.1. Der Vegetarismus

Innerhalb der schillernden Vielfalt der Lebensreformbewegung nimmt der Vegetarismus eine besondere Stellung ein. Nicht selten erwecken die Darstellungen zu diesem Thema den Anschein, als könne die Vegetarierbewegung überhaupt als zentrales und verbindendes Element der Lebensreformrichtungen gesehen werden. Der Vegetarismus „zum Zwecke der sittlichen Hebung der Menschheit“[2] erhob als echte Weltanschauung den Anspruch, „das Mittel und der Weg zur Erlösung der Menschheit 'von allem Übel', (...) die frohe Botschaft nach so langem Darniederliegen“[3] zu sein. Kosmopolitisch-theosophische Weltbetrachtungen verbanden sich mit mythisch-naturreligiösen Ansätzen. Die Berufung auf Bibel, Urchristentum und Kirchenväterliteratur als Quelle stand neben Einflüssen aus fernöstlichen Religionen.[4]
Die Ergänzung der ethisch-weltanschaulichen Argumente durch sozioökonomische Überlegungen sicherte dem Vegetarismus einen ganzheitlichen gesellschaftlichen Reformanspruch. Das erklärt auch die Tatsache, dass viele Vegetarier mit ebensolchem Eifer wie für die eigene Sache als Alkohol- und Tabak-

---

[1]Wintersberger, Lebensreformer S. 20.
[2]Boenisch, Emil: Die natürliche Ernährung des Menschen. - Wien 1901 S. 5.
[3]Boenisch, Emil: Der Vegetarismus und seine Ziele. - Wien 1903 S. 4.
[4]Herrmann, Georg: Kulturaufgaben des Vegetarismus. Auf der Grundlage einer neuen Ethik aufgebaut. - Konstanz 1956 S. 12ff.

gegner, als Naturschützer und Vivisektionsgegner auftraten, sich in der Bodenreformbewegung engagierten oder eine Lanze für Naturheilmethoden brachen.

Die europäische Traditionslinie des Vegetarismus reicht bis in die Antike zurück.[1] Hervorzuheben ist der Begründer des „klassischen Vegetarismus", der Philosoph und Mathematiker Pythagoras, der auf seinen Reisen mit dem asiatischen Kulturkreis in Berührung kam.[2] Der Glaube an Seelenwanderung und Wiedergeburt und damit der Verzicht auf den Fleischverzehr „beseelter" Wesen war kennzeichnend für den Pytagoräismus. Aber erst die Lebensreformbewegung des ausgehenden 19. Jahrhunderts konnte den Vegetarismus in Europa etablieren. Neben England und den Niederlanden traten vegetarische Gruppen besonders auffällig in Deutschland durch ihre Vielfalt und große gesellschaftliche Resonanz in Erscheinung.[3] Weitere Impulse kamen aus der Schweiz um den Rohkost-Therapeuten Bircher-Benner[4], und mit der Gründung von Privatkliniken auf Naturheilbasis und der Einrichtung von Reformhäusern wurde der Vegetarismus im gesellschaftlichen Bewusstsein endgültig verankert.
Vegetarische Ernährungsformen fanden nun in verschiedenster Ausprägung ihre Anhängerschaft. Aus der Vielfalt der Richtungen sei auf zwei besonders populäre verwiesen. Die Lehren des im deutschsprachigen Raumes wirkenden Philosophen Rudolf Steiner führten zur „anthroposophische Ernährungsweise.[5] Von der Entscheidungsfreiheit ausgehend, d.h. jeder Mensch müsse selbst entscheiden, was für ihn zuträglich ist und was nicht, baut der anthroposophische Vegetarismus vor allem auf einen ganzheitlichen Qualitätsbegriff auf. Ökologische und gesundheitliche Aspekte, Vitalität, Genusswert, aber auch wirtschaftliche und soziale Aspekte werden zu den Lebensmitteln in Beziehung gesetzt. Die lakto-vegetarische, hauptsächlich auf Rohkost aufbauende Ernährung steht in einer besonderen Abhängigkeit von der Beachtung kosmischer Rhythmen und menschlicher Lebensrhythmen.
Ebenfalls großer Beliebtheit erfreute sich die Ernährungslehre des schwedischen Naturphilosophen Are Waerland.[6] Seine ganzheitliche Sicht, die Mensch, Natur und Kosmos untrennbar verband, führte ihn zu der Erkenntnis, dass jedem Lebewesen eine spezifische Nahrung zugedacht sei. Da die Vorfahren der Menschen sich von Vegetablien ernährt hätten, sei der Mensch kein Allesfresser und habe sich daher von lakto-vegetabilen Lebensmitteln, vorrangig in Roh-

---

[1]Vgl. z.B.: Haussleiter, Johannes: Der Vegetarismus in der Antike. - Berlin 1935 S. 97ff.
[2]Leitzmann, Claus u.a.: Alternative Ernährungsformen. - Stuttgart 1999 S. 27ff.
[3]Barlösius, Eva: Naturgemäße Lebensführung: zur Geschichte der Lebensreform um die Jahrhundertwende. - Frankfurt/M. u.a. 1997 S. 14.
[4]Vgl. z.B.: Bircher-Benner, Max: Ungeahnte Wirkungen falscher und richtiger Ernährung. Laokoon-Vortrag. - Zürich u.a. 1928 S. 7ff.
[5]Vgl. Leitzmann, Alternative Ernährungsformen S. 94ff.
[6]Vgl. Ebd. S. 108ff.

kostform, unter strikter Vermeidung von Fleisch, Fisch, Ei und Alkohol, zu ernähren. Das unter Berücksichtigung von menschlichen Lebensrhythmen entwickelte Ernährungssystem von Waerland wurde mit teilweise beachtlichem Erfolg als Heilverfahren, besonders als Krankheitsprävention angewendet.

Durch den 1868 in Wien gegründeten „Deutschen Verein für naturgemäße Lebensweise" begann der Gedanke des Vegetarismus auch in Österreich auf Organisationsbasis Fuß zu fassen.[1] Diesem Verein folgten in den letzten Jahrzehnten des 19. Jahrhunderts zahlreiche andere, die unter wechselnden Namen und Statuten ihre Tätigkeiten entfalteten.
Ein Schwerpunkt der Vereinsarbeit lag in der Gründung von vegetarischen Speisehäusern, die neben dem Gastbetrieb vor allem als Versammlungslokale genutzt wurden.

Mit dem Vegetarismus als integrativen Bestandteil der alternativen bürgerlichen Lebensformen wird das vielschichtige Beziehungsgeflecht, zugleich aber auch die Brüchigkeit zwischen den einzelnen Richtungen und Gruppierungen der Lebensreformbewegung deutlich.
Betont werden muss, dass sich die geistige Auseinandersetzung um die Ernährungsfrage in einer sozialen Schicht abspielte, der zumindest in begrenztem Ausmaß ein materieller Spielraum zur Verfügung stand und die daher Nahrungsalternativen in Betracht ziehen konnte. Der breite Bevölkerungsanteil, für den die Reformen eigentlich gedacht war, stand diesen Bestrebungen eher verständnislos gegenüber. Fleisch zählte um die Jahrhundertwende zu den Luxusgütern und repräsentierte ein Nahrungsprivileg, nach dem zu streben die sozialen Prestigesehnsüchte geboten. Als sich die Einkommenssituation allgemein verbesserte, galt es, wenigstens mit einem vermehrten Fleischkonsum, gesellschaftliche Defizite auszugleichen, während sich die sozialen Eliten längst anderen Idealen zugewandt hatten. Das traumatische Mangelerlebnis der beiden Weltkriege tat ein Übriges, den Stellenwert der Fleischkost hochzuhalten. Erst heute gewinnt die Zurückdrängung des tierischen Nahrungsanteils nicht zuletzt oder gerade wegen des weit verbreiteten Wohlstandes in der industrialisierten westlichen Welt wieder an Bedeutung.

4.1.2. Die Bodenreformbewegung

Um die Jahrhundertwende war eine breite Massenbewegung entstanden, die das Schlagwort „Bodenreform" auf ihre Fahnen geheftet hatte. Wenn auch die Zahl der einschlägigen Vereinsmitglieder beachtlich, die Publikationen zum Thema vielfältig und die Einflussnahme auf die Wirtschaftspolitik erkennbar war, blieb

[1] Wintersberger, Lebensreformer S. 25f.

die Anhängerschaft der Bodenreform als Bewegung heterogen.[1] Sie konnte auf eine lange Theorietradition verweisen und hatte in ihren Reihen demzufolge auch mehrere Problemlösungsstrategien anzubieten.

Nachhaltig geprägt hat die deutsche Bodenreformbewegung der Amerikaner Henry George. In seinem 1879 erschienen Weltbestseller „Fortschritt und Armut“ versuchte George die Diskrepanz zwischen wirtschaftlicher Prosperität und gesellschaftlicher Verarmung mit dem Phänomen der Grundrente, die „noch mehr als die Produktionskraft zu steigen strebt und so eine beständige Tendenz zum Niederdrücken des Lohnes hervorbringt“[2] zu erklären. In Anlehnung an die klassische ökonomische Theorie bezeichnete George die Grundrente als Preis, „welchen die Arbeit für die Gelegenheit, ihre Kräfte auszuüben, zahlen muss.“[3] Jede Steigerung der produktiven Arbeitskraft erhöhe daher die Grundrente, allerdings ausschließlich als Einnahmequelle für den Privatbesitzer von Grund und Boden. Im Sinne des Naturrechts, das nur die Arbeit als Quelle für den Eigentumserwerb anerkennt, forderte er die gesamte steuerliche Abschöpfung des Grundrenteneinkommens - als „single tax“ bezeichnet - zu Gunsten der Allgemeinheit.

Mit dem „Bund deutscher Bodenreformer“ unter dem Vorsitz von Adolf Damaschke fanden die Analysen Henry Georges auch im deutschsprachigen Raum Eingang in diverse Reformpläne. Damaschke, der Tradition von Henry George absolut verpflichtet, sprach sich für die Umwandlung der Grundrente in „soziales Eigentum“[4] aus und konzipierte eine vorsichtige Sozialisierung von Grund und Boden auf kommunaler Ebene.
Einen zum Teil beachtlichen Einfluss auf andere Bodenreformer übte der österreichische Ökonom Theodor Hertzka aus. Hertzka, seines Zeichens Journalist, Romancier und Bodenreformtheoretiker, erblickte in der Kapital- und Bodenrente deshalb ein Problem, weil sie die Nachfrage der breiten Volksmassen in erheblicher Weise einschränke und die Entfaltung der Produktivität verhindere.[5] Mit der von ihm initiierten „Freiland-Bewegung“ projektierte er in Afrika freie Siedlungs- und Produktionsassoziationen ohne Privatbesitz an Boden, aber einer unmittelbaren Beteiligung der Mitglieder an der Grundrente.[6]

[1]Winterhager, Dietrich: Bodeneigentum und Bodenrente in der ökonomischen Theorie. In: Z. f. Sozök. 34Jg./114.Folge (1997) S. 3-12.
[2]George, Henry: Fortschritt und Armut. Eine Untersuchung über die Ursache der industriellen Krisen und der Zunahme der Arbeit bei zunehmendem Reichtum. - Berlin 1886 S. 248.
[3]Ebd. S. 249.
[4]Damaschke, Adolf: Die Bodenreform. Grundsätzliches und Geschichtliches zur Erkenntnis und Überwindung der sozialen Not. - Jena 1923 S. 60.
[5]Neubacher, Franz: Freiland. Eine liberalsozialistische Utopie. - Wien 1987 S. 15.
[6]Hertzka, Theodor: Freiland. Ein soziales Zukunftsbild. - Leipzig u.a. 1896 S. 79ff.

Von den „Freiland-Gedanken" ermutigt wurde auch Franz Oppenheimer, der Hertzkas „amüsanten Abenteuerroman"[1] als wichtige Anregung lobte, sich zugleich aber von der „Flucht in die Wildnis" distanzierte. Oppenheimer hob besonders den „natürlichen Monopolcharakter des Bodens"[2] hervor und erachtete als sein „letztes Ziel", „die Siedlungsgenossenschaft aufzubauen, d.h. eine aus Landwirten und städtischen Elementen gemischte Ansiedlung, deren ganzer Grund und Boden dauernd im unveräußerlichen Obereigentum ihrer Bürger steht, in der also niemand die Möglichkeit hat, (...) Grundrente und Profit, privatwirtschaftlich auszunützen."[3] In der Zwischenkriegszeit bemühte er sich in diesem Sinn, über Siedlungsgenossenschaften nach dem Prinzip der „Innenkolonisation" einen praktischen Beitrag zur Bodenreform zu leisten.
In eine ähnliche Richtung weisen auch Michael Flürscheims Abhandlungen über die Bodenfrage, wobei er der Wirkung des Geldzinses bei der Analyse des Gesamtproblems eine besondere Beachtung widmete. Flürscheim bezeichnete die Grundrente als „Mutter und Rechtfertigerin", eine „unelastische Währung" als „Vater des Zinses"[4].
Am konsequentesten hat der Kaufmann und wirtschaftswissenschaftliche Autodidakt Silvio Gesell seine Bodenreformpläne mit einer grundlegenden Reform des Geldwesens verknüpft.[5] Gesells Reformprogramm ist ja speziell für Johannes Ude zu einem wichtigen Leitbildfaktor geworden, was die Darstellung dieses Sachverhaltes in einem eigenen Kapitel notwendig macht.

Erwähnt sei noch, dass die ökonomische Klassik und ihre Weiterentwicklungen in der Bodenreformfrage allgemein großen Einfluss auf kirchliche Sozialreformer genommen hat. Dies geschah in einem weit stärkeren Ausmaß, als es die traditionelle kirchliche Wirtschaftsethik vermocht hätte. Bei den altchristlichen Schriftstellern bildete das Bodeneigentum nur ein Randproblem der Reichtumsdiskussion, und die päpstlichen Sozialenzykliken blieben dem Privateigentum verpflichtet.[6] So konnte z.B. der bedeutende christliche Wirtschaftsethiker Anton Orel die „großen und trefflichen Arbeiten" von Henry George loben und

---

[1]Oppenheimer, Franz: Erlebtes, Erstrebtes, Erreichtes. Lebenserinnerungen. - Düsseldorf 1964 S. 138.
[2]Oppenheimer, Franz: Theorie der reinen und politischen Ökonomie. Ein Lehr- und Lesebuch für Studierende und Gebildete. - Berlin 1910 S. 700.
[3]Oppenheimer, Franz: Genossenschaftliche Ansiedlung. Rede gehalten auf dem zweiten Reichs-Siedlertage zu Leipzig 15. August 1920. - Jena 1920 S. 11.
[4]Flürscheim, Michael: Not aus Überfluss. Beitrag zur Geschichte der Volkswirtschaft insbesondere der Boden-Reform. - Leipzig o.J. S. 231.
[5]Vgl.: Senft, Weder Kapitalismus 177ff.
[6]Geitmann, Roland: Bibel-Kirchen-Bodeneigentum. In: Z. f. Sozök. 34.Jg./112.Folge (1997) S. 11-21.

fordern, sie „von allen Schlacken befreit, in unserer Bewegung fruchtbar werden (zu) lassen.“[1]

Diese kurze und bei weitem nicht vollständige Darstellung von Wegbereitern des Bodenreformgedankens macht deutlich, wie sehr der Zusammenhang zwischen Bodenfrage und sozialer Befriedung im Bewusstsein der Menschen verankert war. Gemäß ihrer unterschiedlichen Weltanschauung fanden die Lebensreformer also Möglichkeiten, sich in das breite Spektrum der Bodenreformbewegung zu integrieren.

In Österreich machten sich in erster Linie Vegetarier- und Naturheilvereine in ihren Programmen und Veranstaltungen für die Forderungen der Bodenreformer stark.[2] Im Kapitel 2 dieser Arbeit kam schon das lebhafte Interesse namhafter Parteienvertreter an den Reformprojekten zur Sprache. Dies galt vorrangig der von Adolf Damaschke vertretenen Linie, die eine gemäßigte Umwandlung der Bodenbesitzverhältnisse anstrebte. Es erfolgte auch bereits der Hinweis, dass in bürgerlichen, aber auch sozialdemokratischen Kreisen die „Gartenstadt-Idee“ Gefallen fand, weil sie entweder als Alternativkonzept oder als Ergänzung zur vorherrschenden Wohnbaustrategie aufgefasst wurde. Zudem bot dieses Modell für viele Lebensreformer einen akzeptablen Kompromiss. Mit der Gartenstadt konnte das lebensreformerische Grundübel „Verstädterung“ gemildert, andererseits auch von allzu utopischen Vorstellungen einer Revision des Urbanisierungsprozesses Abstand genommen werden.

Für die im Jahr 1903 erfolgte Grundsteinlegung der später erfolgreichen Gartenstadt Letchworth hatte ja die 1898 veröffentlichte Schrift „(Garden-cities of) To-Morrow“ von Ebenezer Howard Pate gestanden.[3] In Deutschland war bereits 2 Jahre vor dem Erscheinen der englischen Arbeit von Howard ein Buch unter dem Titel „Stadt der Zukunft“ veröffentlicht worden. Der Autor, Theodor Fritsch, hatte darin die Ergebnisse des englischen Beispiels vorweggenommen, ohne dass seine Vorschläge zu ähnlichen praktischen Resultaten führten.[4] Fritsch wollte mit seiner Gartenstadtversion „einen räumlichen Kristallisations-Punkt für die Lebensreform geschaffen sehen und erblickte einen solchen in einer planvollen, städtischen Siedlung - möglichst weit abseits von den Kulminations-Punkten des modernen Treibens.“[5] Lebens- und Bodenreformpostulate dienten dabei nur als Vorwand für rassische Visionen, die in „solchen Städte(n)

[1]Orel, Anton: Kapitalismus, Bodenreform und christlicher Sozialismus. - Wien 2.Aufl. 1909 S. 172.
[2]Wintersberger, Lebensreformer S. 66f.
[3]Vgl. dazu: Howard, Ebenezer: Gartenstädte in Sicht. - Jena 1907 S. 18f.
[4]Kampffmeyer, Gartenstadtbewegung S. 3.
[5]Fritsch, Theodor: Die neue Gemeinde. (Garten-Stadt). - Leipzig 1903 S. 4.

mit einem starken und sittlich gesunden deutschen Bürgertum (...) den besten Schutzwall gegen die slavischen Völkerwogen"[1] sahen.

Der Beitrag der Bodenreform- und Gartenstadtprojekte zur Gesamtlösung der sozialen Problematik muss trotz des Massencharakters der Bewegung eher als marginal bezeichnet werden. Das lag zum Teil daran, dass einigen Reformstrategien außer an der Bewältigung der Grundrentenfrage eher weniger an der Beachtung anderer ökonomischer Hemmfaktoren gelegen war. Andererseits rüttelten aber gerade umfassendere Modelle zu sehr an kapitalistischen Grundprinzipien, um sie politisch durchzusetzen.
Obwohl heute die Bodenfrage wieder stark an Brisanz gewinnt, ist die Kritik am Bodeneigentum und an der Bodenrente in der etablierten ökonomischen Theorie verschwunden und neigt eher „zu einer Zustimmung und Legitimierung"[2] der bestehenden Verhältnisse.

4.1.3. Das völkische Element der Lebensreformbewegung

Die Lebensreformbewegung bot, wie gesagt, in sich und in der Zusammenschau der einzelnen Gruppierungen ein schier unentwirrbares Geflecht von Weltanschauungen und Zielvorstellungen. Während ein Großteil der Lebensreformer den Weg zur Gesellschaftsveränderung außerhalb politischer Institutionen suchte, gab es Strömungen, die gezielt jene „für wertneutral gehaltene Natürlichkeitsideologie"[3] für „politisches Zweckdenken"[4] nutzen wollte. Dies zeigte sich im Deutschen Reich gleichermaßen wie in der österreichisch-ungarischen Monarchie.

Im Vielvölkerschmelztiegel Wien stand den zahlreichen zu Grunde gegangenen kleingewerblichen Betrieben ein starker Zustrom von Arbeitssuchenden aus den Ostgebieten gegenüber. Neben der durch Technologisierung, Wirtschaftsmonopolisierung und Städtewachstum auftretenden realen Existenzbedrohung des Kleingewerbes konnten nun auch Gruppierungen die Angst vor Verdrängung und Überfremdung politisch ausnützen. Dabei nahmen jene Kreise vor allem den zwischen 1857 und 1910 vervierfachten jüdischen Bevölkerungsanteil in der Residenzhauptstadt zum Anlass, die über Jahrhunderte mit Klischees tradierte antisemitische Stimmung anzuheizen.[5] Zu erkennen ist, dass sich die

---

[1]Fritsch, Die neue Gemeinde S. 14.
[2]Winterhager, Bodeneigentum und Bodenrente S. 11.
[3]Wintersberger, Lebensreformer S. 75.
[4]Ebd.
[5]Pauley, Bruce: Eine Geschichte des österreichischen Antisemitismus. Von der Ausgrenzung zur Auslöschung. - Wien 1993 S. 43ff.

Rechtfertigung, den Antisemitismus politisch zu instrumentalisieren, von den religiösen Vorurteilen hin zu rassischen Überlegungen wandelte. In Österreich der Jahrhundertwende kam dieser rassische Antisemitismus insbesondere aus akademischen Kreisen, aus der Alldeutschen Partei um Georg von Schönerer und aus dem konservativen katholischen Lager.[1] Begünstigt wurde diese Entwicklung durch die Ausweitung des Wahlrechts. Das machte wiederum die kleinbürgerlichen Verlierer des Modernisierungsprozesses zu eifrigen Rezipienten der im 19. Jahrhundert populären Betonung der Volksidentität und der Übertragung darwinistischer Erkenntnisse auf Menschen und ganze Völker. Vornehmlich „der alldeutsche Zeitgeist war durchtränkt von Begriffen wie 'Herrenmensch' und 'Untermensch', Kampf um die Weltherrschaft, Kampf gegen Demokratie und Parlamentarismus und Sehnsucht nach dem starken germanischen Führer."[2]
Aus diesem Dunstkreis hatte beispielsweise der selbst ernannte „Kultur-Schöpfer und Kultur-Erhalter" Jörg Lanz von Liebenfels seinen arioheroischen Männerorden unter der Hakenkreuzfahne versammelt, um den Rassenkampf „bis aufs Kastrationsmesser" aufzunehmen.[3]
Für diese Rassentheoretiker kam die Forderung der Lebensreform nach „naturgemäßer Lebensweise" gerade recht. „Gesund" bedeutete ihnen „stark" im Sinne einer Zucht- und Herrenrassenideologie, die „für die Ausrottung des Tiermenschen und die Entwicklung des höheren Neumenschen"[4] eintrat. Das subkulturelle kleinbürgerliche Lebensreformmilieu schien für solche Vorstellungen anfällig zu sein, weil es seine Befürchtungen und Ängste als Verlierer des dynamischen Veränderungsprozesses in vereinfachten Bildern ausdrückte.

Den Ausgangspunkt auch der völkischen Variante der Lebensreform bildete die Kritik an der Industrialisierung und der damit zusammenhängenden Landflucht. Dabei bestimmte die xenophobische Vorstellung von der „Einsiedlung fremder, rassig minderwertiger Volksglieder"[5] die Erklärungen vom „Volkssterben im Industriestaat". Besonders in den Reihen der Alkoholgegner wurden volkswirtschaftliche und sittliche Abstinenzargumente von eugenischen Gesichtspunkten überlagert. Völkische Diktionen flossen verstärkt in das allgemeine Reformvokabular ein. Das häufig gebrauchte Schlagwort „Rassenhygiene", unter dem man alles das verstand, „was an kräftigen und zukunftverheißenden Instinkten und Triebkräften in einem Volk lebendig ist und fortgezüchtet zu werden ver-

---

[1]Pauley, Eine Geschichte S. 60ff.
[2]Hamann, Brigitte: Hitlers Wien. Lehrjahre eines Diktators. - München 1998 S. 289.
[3]Vgl.: Daim, Wilfried: Der Mann, der Hitler die Ideen gab. Die sektiererischen Grundlagen des Nationalsozialismus. - Wien u.a. 1985 S. 64ff.
[4]Zit. nach: Fest, Joachim: Hitler. Eine Biografie. - Frankfurt/M. u.a. 1973 S. 56.
[5]Neues Leben. Monatsschrift für deutsche Tüchtigkeit. Nr.12 (1907) S. 36f.

dient"[1], rezipierten christlich-katholische Abstinenzvereine ebenso wie die der Sozialdemokratie nahe stehenden.[2] Wenn aber Alkoholgegner die Sorge um die „Hygiene des Gehirns", von der „die Zukunft des Menschengeschlechts abhängt"[3], äußerten, so zielte dies eindeutig auf die völkische Vorstellung vom „Wettstreit der Nationen" ab. Nur ein abstinentes Volk könne „auf die Dauer den anderen im Kampf ums Dasein überlegen"[4] sein, lautete das klar definierte Reformziel. Ebenso sollte ein Verzicht auf Tabakwaren und eine gesunde Ernährung diesen Reformmotiven untergeordnet sein.

„Zu einer wichtigen Pflegestätte des völkischen Gedankens"[5] wurden auch Siedlungsgemeinschaften, welche ursprünglich lebensreformerische Ziele mit einer praktischen Umsetzung der Bodenreformideen verbinden wollten. In den Siedlungsprojekten sahen völkische Vordenker ein „wertvolles Hilfsmittel zur Aufartung des inneren Menschen"[6], was ausschließlich den „rassezüchterischen Wert" dieser Unternehmungen hervorheben sollte.

Die Durchdringung der Lebensreformgruppen mit antisemitisch, rassisch-völkischem Gedankengut war zum Teil äußerst nachhaltig, was eine verharmlosende Betrachtung der Bewegung als Ganzes keineswegs angebracht erscheinen lässt. Andererseits muss betont werden, dass viele Reformideen von völkischen Ideologen gezielt adaptiert wurden, was Persönlichkeiten und Programme zu Unrecht in den Dunstkreis jener dumpfen, menschenverachtenden Weltanschauung brachte.

Wenn diese Gruppierung eigens Erwähnung fand, so auch deshalb, weil von einer gewissen „Brückenbauer-Funktion" zwischen Lebensreform und Nationalsozialismus auszugehen ist. Als These kann vorweg gelten, dass viele Lebensreformer - so auch Johannes Ude - den Weg ihrer zumeist temporären Annäherung an den Nationalsozialismus auf Grund des starken völkischen Einflusses auf die Lebensreform gegangen waren.

4.1.4. Christliche Askese und Lebensreform

Obwohl Ude als Vegetarier, Bodenreformer, Verfechter der Naturheilkunde usw. die Lebensreformbewegung schlechthin repräsentierte, lässt er sich nicht

---

[1]Driesmann, Heinrich: Menschenreform und Bodenreform. Unter Zugrundelegung der Veredelungslehre Francis Galtons. - Leipzig 1907 Vorwort.

[2]Wintersberger, Lebensreformer S. 55f.

[3]Rösler, Gustav: Über die nationale Bedeutung unserer Enthaltungs-Bewegung. - Reichenberg 1905 S. 4.

[4]Ebd. S. 11.

[5]Stauff, Philipp: Das deutsche Wehrbuch. - Wittenberg 1912 S. 174.

[6]Landmann, Friedrich: Die Obstbausiedlung in Oranienburg in den ersten 25 Jahren ihres Bestehens. - Oranienburg 1920. Zit. nach: Frecot, Fidus S. 40.

einfach in eine der reformistischen Gruppen einordnen. Die Lebensreformbewegung als zeitgeistige Strömung der Jahrhundertwende gab ihm entscheidende Impulse, bestärkte ihn in der intensiven Beschäftigung mit dieser Materie, und er übernahm zum Teil ihren Sprachgebrauch und ihr Argumentationsmuster. Letztlich ist Udes Lebensreform aber im Wesen der christlichen Mystik begründet und in ihrem „Mittel zum Zweck der Erreichung der christlichen Vollkommenheit"[1] - namentlich in der Aszetik - fest verankert.
Um Udes Position als Lebensreformer bewerten zu können, muss zunächst ein Blick auf die christliche Askesetradition geworfen werden.

In Umkehrung der ursprünglichen Wortbedeutung im Sinne von Übung in geistig-sittlichen Werten und körperlicher Betätigung erhielt die Askese bereits im 1. Jahrhundert v. Chr. den „entsagenden Nebensinn des Verzichts, der Enthaltsamkeit, der Hingabe."[2]
Entgegen der eher zurückhaltenden asketischen Forderungen im Neuen Testament, in dem Jesus selbst von seinen Gegnern als „Fresser und Weinsäufer, als Freund der Zöllner und Sünder"[3] bezeichnet wird, gewinnt die Askese in den frühchristlichen Gemeinden zunehmend an Bedeutung.[4] Im Mönchtum wurden sexuelle Enthaltsamkeit, Armut und Fastenpraktiken zu wichtigen Elementen des weltentsagenden Lebens. Die Askese als „Fluchtpunkt, der weit außerhalb dieser Welt liegt und dem sich zu nähern die Enthaltsamkeit von der Welt als dienlich erachtet wird"[5], bestimmten die mittelalterlichen Vorstellungen vom Verdiensterwerb in der Nachfolge Christi.
Zu dem Streben nach Seligkeit durch Verzichts- und Leidensleistungen traten aber auch äußere Motive. So drückte sich in der rigoristischen diätetischen Abstinenzübung der Mönche abgesehen vom mystischen Reinheitsritus[6] auch ein Abwehrreflex gegen das Vordringen des germanisch-keltischen Ernährungsideals des Vielessens und des Fleischgenusses aus. Neben der Bedeutung als Männlichkeitssymbol und der Betonung animalischer Überlegenheit gegenüber dem Gegner kam dem hohen Fleischanteil in der germanischen Ernährungstradition allgemein die Schaustellung physischer Energie und sozialen Prestiges zu, was besonders die politischen Eliten prägte. Das wiederum führte innerkirchlich zu deutlichen Unterschieden. Während im christlichen Südeuropa die römische Tradition der Maßhaltung und Betonung vegetarischer Speisen erhal-

---

[1]Ude, : Die christliche Mystik. - Wien 1938 S. 79.
[2]Schlatter, Gerhard: Askese. In: Handbuch religionswissenschaftlicher Grundbegriffe, hrsg. v. Hubert Cancik u.a. Bd. 2. - Stuttgart u.a. 1990 S. 60.
[3]Mt. 11,18f.
[4]Lohse, Bernhard: Askese und Mönchtum in der Antike und in der alten Kirche. - München u.a. 1969 S. 115ff.
[5]Schlatter, Askese S. 61.
[6]Vgl.: Cancik, Hubert: Mysterien/Mystik. In: Handbuch religionswissenschaftlicher Grundbegriffe Bd. 4. S. 176.

ten blieb, stand das Gebiet nördlich der Alpen naturgemäß stärker unter germanischem Einfluss. Die fehlende Maßhaltetradition und der hohe Stellenwert der Fleischnahrung erklärt die bei weitem rigideren Fastenvorschriften in den Klöstern Mittel-, West- und Nordeuropas. Der Fleischverzicht wurde so zum asketisch-monastischen Ideal.

Mit der Reformation ging zwar eine herbe Kritik am Mönchtum und seinen Werken einher, allerdings hat auch Luther „in der Praxis die Akte der Selbstzucht weiter bestehen lassen."[1]

Wenn auch heute von extremen nekrotischen Praktiken Abstand genommen wird, so spielt die Askese, besonders was die Beherrschung des Trieblebens betrifft, in der katholischen Kirche eine traditionell bedeutsame Rolle.

Udes Definition von Askese ist zunächst ganz dieser Tradition verpflichtet. Er erblickt darin jene Tugendübungen, die körperliche und geistige Hindernisse beseitigen, damit dem christlichen Lebensideal voll und ganz entsprochen werden kann.[2] Dieses Ideal sieht Ude im Dekalog und in den Offenbarungsschriften des Evangeliums unumstößlich festgelegt. Daraus ergibt sich die Konsequenz, dass ein Bekenntnis zum Christentum unter allen Umständen die Anwendung der Aszetik impliziert.

Mit dem Begriff der „Abtötung" - das ist die absolute Unterordnung sinnlicher Begehren unter den vom Glauben beherrschten Willen - ist bei Ude die begriffliche Tradition prolongiert. Auch die asketische Lustfeindlichkeit scheint bei Ude paradigmatisch für die Forderung an eine christliche Lebenspraxis. So engte z.B. seine strikte Ablehnung jedes antikonzeptionellen Mittels Sexualität auf Kinderzeugung ein und passt genau in den von der Amtskirche „zwangsasketisch verordneten Akt der Abtötung sinnlicher Gier."[3]

Sein „Kreuzzug" gegen jede Form der Empfängnisverhütung entsprang einerseits seiner pazifistischen Haltung, die jede Form des Tötens, selbst die Verhinderung der Lebensentstehung ablehnend einbezog. Andererseits drückt sich damit auch eine Sorge um die demografische Entwicklung der „Kulturvölker" aus.[4] Der weit verbreiteten Bevölkerungstheorie von Robert Malthus hielt er die größeren wirtschaftlichen Nutzeffekte bei einer zunehmenden Bevölkerungszahl entgegen.[5]

Daraus wird bereits ersichtlich, dass Askese neben der traditionellen moralischen Festlegung bei Ude eine gewichtige ethisch-ökonomische Dimension erhielt, die weit über amtskirchliche Ansprüche hinausweist. Die Kirche löste den Spannungskonnex zwischen Libido und menschlicher Vermehrung entweder in

---

[1]Fichtenau, Heinrich: Askese und Laster in der Anschauung des Mittelalters. - Wien 1948 S. 61.

[2]Ude, : Die christliche Askese. - Graz o.J. S. 2ff.

[3]Schlatter, Askese S. 61.

[4]Ude, : Das große Völkersterben S. 2.

[5]Ude, : Das Wirtschaftsideal S. 280ff.

„einer bußinstitutlich überwachten, kostspielig kümmerlichen Kür unterm Kreuz mit der obligatorischen Auflage pausenloser Katholikenproduktion“[1] oder in einer radikalen zölibatären Sexualaskese auf. Ude benutzte lebensreformerisches Gedankengut zumindest dazu, es nicht bei klerikaler Gleichgültigkeit gegenüber den sozialen Folgen moralischer Restriktion bewenden zu lassen. Wie der Konflikt mit seinen kirchlichen Vorgesetzten hinlänglich zeigt, konnte und wollte man ihm auf diesen Weg nicht folgen.
Ude blieb daher auch keineswegs im „dualistischen Pessimismus“[2] vom Leib als Seelengefängnis und der körperlichen Abwertung zu Gunsten des menschlichen Geistes verhaftet. Vielmehr sei es Ziel der christlichen Askese, einen allseitig harmonischen Menschen zu formen, „der sich freuen soll an der wahren Schönheit, der gesund sein soll und kräftig und stark an Leib und Seele, voll heiteren und frohen Gemüts.“[3]
Ude vermeinte die Praktiken der christlichen Askese den Naturgesetzlichkeiten des vegetativen Lebens und den Bedingungen der menschlichen Psychologie unterordnen zu können. Er nannte es das „psychologische Gesetz der Bahnung“[4], welches auf Grund von fortwährenden Willenshandlungen das Nervensystem derart beeinflusst, dass daraus Selbstbeherrschung und Charakterfestigkeit resultieren können.
Schließlich kulminierten die asketischen Forderungen in der alles entscheidenden Frage „der Ernährung und Lebensführung“[5]. Ude sah die Physiologie, das heißt die richtige naturgemäße Lebensführung ausschließlich in der vegetarischen Ernährung erfüllt. Damit gewann der Vegetarismus bei Ude nicht nur als wichtige Tugendübung im Rahmen der christlichen Aszetik an Bedeutung, sondern er bildete gleichzeitig den Ausgangspunkt für seine gesamte lebensreformerische Programmatik.
Christliche Glaubensgrundsätze, Wirtschafts- und Sozialethik sowie medizinische Argumente werden als Gründe ins Treffen geführt, warum von der christlichen Askese eine erhöhte Aufmerksamkeit in Hinblick auf die vegetarische Ernährungsweise zu verlangen ist.[6]

In Udes Lebensreformprogramm wird nun die Traditionslinie der christlichen Mystik einerseits und das Element der weltlichen Lebensreformbewegung erkennbar.

---

[1]Deschner, Karlheinz: Das Kreuz mit der Kirche. Eine Sexualgeschichte des Christentums. - Düsseldorf u.a. 1991 S.
[2]Schlatter, Askese S. 60.
[3]Ude, : Die Rettung. Die Gegenwartsnöte im Lichte des Vaterunsers. - Graz u.a. 1921 S. 53.
[4]Ude, : Das Geheimnis der Willenskraft (Willensbeeinflussung). - Graz 1921 S.15.
[5]Ude, Christliche Askese S. 10.
[6]Ude, Christliche Askese und Vegetarismus. - Graz 1927 S. 3ff.

Überprüft man die vier Grundeigenschaften christlicher Askese, nämlich „Absichtlichkeit, Freiwilligkeit, Schmerzlichkeit und Zweckfreiheit“[1], so ergibt sich aus Udes Darstellungen folgendes Bild:
Der freie Wille des Menschen macht für Ude ein Bekenntnis zum Christentum und damit zu asketischen Praktiken möglich. Die Entscheidung für das Christentum ist für ihn aber untrennbar mit der Pflicht zur Askese verbunden. Udes „Vegetarismus“, der nicht nur Fleischverzicht, sondern eine viel weitreichendere Abstinenz als Entsagungszustand fordert[2], dürfte selbst bei den wenig intakten materiellen Verhältnissen der Zwischenkriegszeit ein beträchtliches Verzichtskriterium bedeutet haben.
Dass Askese, die „unter dem Kreuze geht“[3] nicht schmerzfrei ist, hat Ude nie bestritten. Die Nachfolge Christi bedeute „Leidensliebe und Leidensmut und Opfersinn“, da nur so „die materiellen Güter dieser Welt entwertet, oder besser gesagt, auf ihren richtigen Wert hin eingeschätzt“[4] werden könnten.
Allerdings ging bei Ude die bei vielen Asketen erkennbare Leibesabwertung trotz der Abtötungsobligation nicht bis zu einer Körperfeindlichkeit, die eine völlige Überwindung des „sündigen Fleisches“ und damit eine geistige bzw. seelische Loslösung vom Körper fordert. Ude versprach mit Fortdauer der Askeseübungen vielmehr „als Lohn dieser Anstrengungen ein immer dauerndes Wohlbefinden und immer mehr zunehmende Spannkraft“[5]. Von einer reinen Weltentsagung und Körperfeindlichkeit ist dieser Gedanke weit entfernt. Der Leib-Seele-Dualismus wird bei Ude, wenn auch nicht restlos überwunden, so doch versöhnt. In der Beurteilung eines gesunden menschlichen Organismus maß er „Seele und Leib in ihrer innigen substanziellen Verbindung und gegenseitigen Wechselwirkung eine ausschlaggebende Rolle“[6] bei. Ein naturgemäßes, also gesundes Leben setze „das von Gott gewollte harmonische Zusammenarbeiten von Leib und Seele“[7] voraus.
Besonders deutlich wird Udes Standpunkt, wenn es um die geforderte asketische Zweckfreiheit geht, die dem Asketen nur zur „Gewinnung einer ausschließlich auf ihn selbst gerichteten Spiritualität dient“.[8] Ähnlich wie bei Gandhi, auf dessen Satyagraha-Bewegung Ude sich in der „Überwindung der Gewaltanwendung durch Gewaltlosigkeit“[9] ausdrücklich berief, erhielt Askese nun

[1]Schlatter, Askese S. 69f.
[2]Davon betroffen sind hauptsächlich Alkohol, Tabak, Kaffee und Tee.
[3]Ude, Christliche Askese S. 14.
[4]Ebd.
[5]Ude, Tempelreinigung und Tempelweihe. Beantwortung der Frage: Wie wird man Vegetarier. Graz 1927 S. 12.
[6]Ude, Geistige und körperliche Mehrleistung durch Neugestaltung der Lebensweise. - Grundlsee 1950 S. 11.
[7]Ebd. S. 12.
[8]Schlatter, Askese S. 70.
[9]Ude, Du sollst nicht töten. - Dornbirn 1948 S. 261.

eine bedeutsame sozialpolitische und damit diesseitsbezogene Komponente. „Keine Lösung der sozialen Frage ohne christliche Askese. Wer sozial sein und sozial wirken will, muss zuerst Asket sein“[1], wies Ude der Askese eine Richtung, die mehr ist als bloßes Bezähmungsmittel sinnlicher Begierden. Es sei eben besonders die nicht naturgemäße Lebensweise, die in einer fatalen Kausalität die ungelösten sozialen Probleme bedingten.[2] Damit gewinnt die Askese, ausgedrückt im Vegetarismus, als Bestandteil eines „Christentums der Tat“ den Stellenwert eines Lösungsansatzes.

Aber hier musste Ude bedauernd feststellen, „dass sich gerade die christliche Askese mit dem vegetarischen Problem, ebenso wie mit dem Naturheilverfahren kaum oder überhaupt nicht beschäftigt“.[3] Neben der exegetischen Beweisführung waren es daher vor allem die Argumente der weltlichen Lebensreformer, auf die Ude zurückgriff.

Udes Vegetarismus, der seines Erachtens „einen vollkommen neuen Lebensstil (bedeutete), was Ernährung, Atmung, Kleidung, Bewegung, Schlaf, Hautpflege, Wohnung, Vermeidung der Genussgifte, Behandlung der Krankheiten, Geistes- und Willenszucht betrifft“[4], bezog praktisch alle Elemente der Lebensreform mit ein.

Wie aus den Quellenangaben und Zitaten in Udes Broschüren zu entnehmen ist, fand eine intensive Auseinandersetzung mit dem reichhaltigen lebensreformerischen Schrifttum statt. Nicht unerwähnt lässt er dabei die weltanschaulichen Differenzen zwischen seinem christlichen Standpunkt und anderen Auffassungen, betont aber gleichzeitig den praktischen Nutzen vieler Reformvorhaben.

Dem Weltanschauungsanspruch und dem Richtungsstreit zwischen den vegetarischen Gruppen erteilte er eine deutliche Absage. Erst eine bereits bestehende Weltanschauung - in seinem Fall das Christentum - sei Voraussetzung für diese Lebensweise.

Die besondere Würdigung der Bircher-Benner'schen Ernährungstheorie in der Zwischenkriegszeit, aber auch nach 1945[5], zielte auf Udes Bevorzugung der Rohkost ab.

Die praktische Erprobung der vegetarischen Lebensweise sollte seinem Lebensreformprogramm die nötige Aktualität verleihen. Als Beispiel sei hier auf das in Udes Schriften der Zwischenkriegszeit mehrmals zitierte Notprogramm des dänischen Arztes Mikkel Hindhede hingewiesen. Von der zwangsweisen Änderung der dänischen Ernährungsgewohnheiten wegen der schwierigen Ver-

---

[1]Ude, Christliche Askese S. 16.
[2]Ude, Geistige und körperliche Mehrleistung .S. 29.
[3]Ude, Christliche Askese und Vegetarismus S. 10.
[4]Ebd. S. 8.
[5]Vgl. z.B.: Ude, Geistige und körperliche Mehrleistung S. 21ff.

sorgungslage während des 1. Weltkriegs schloss man auf die positiven Auswirkungen in der Volksgesundheit.[1]
Für körperliche Leiden und Krankheiten trotz einer „sittlich richtig eingestellten Seele“ machte Ude das nicht naturgemäße Leben der Vorfahren verantwortlich. Neben der ungesunden Fleischnahrung hatte er auch andere „Genussgifte“, insbesondere Alkohol und die Rauchwaren im Visier. Angelehnt an die Abstinenzbewegung sprach Ude von der Verantwortung der Menschen, Vorsorge zum „Schutz der Keimzelle“ zu treffen. Er übernahm dabei den Gedanken, dass mit einer konsequenten Abstinenz „körperliche und sittliche Hebung und Stärkung der Rasse“[2] verbunden sei.
Der von Ude häufig gebrauchte Begriff „Rassenhygiene“ kann zunächst nicht als Indiz für eine politisch-weltanschauliche Haltung angesehen werden. Wie bereits weiter oben angedeutet, war der Begriff im Sprachgebrauch vieler Lebensreformrichtungen verankert. Dass jedoch „Rassenhygiene“ bei völkischen Gruppierungen als Mittel im „Rassenkampf“ aufgefasst wurde, ist evident.[3] Obwohl Ude durch sein zeitweiliges Kokettieren mit dem Nationalsozialismus auch eine Annäherung an deutsch-völkische Positionen vollzog, galt ihm Abstinenz vorrangig als sittlicher und gesundheitlicher Schutz des deutschen Volkes gleichviel wie anderen Völkern.
Viel zu kurz greift Udes Argumentation freilich, wenn er im „Alkoholismus unbestritten eine(n) der Hauptförderer und Wegbereiter der Tuberkulose sowohl wie der Syphilis“[4] sieht. Zwar werden auch „soziale Missstände verschiedener Art“[5] wie Unter- bzw. Überernährung, schlechte Wohnverhältnisse etc. als „Ursachen der Verschlechterung der Nachkommenschaft“[6] erwähnt. Trotzdem war Ude davon überzeugt, dass eine „planmäßige Arbeit für den Aufstieg der Völker in rassenhygienischer Hinsicht (...) ohne den Kampf des ganzen Volkes gegen den Alkoholismus einfach undenkbar“[7] sei.
Ungeachtet des falschen Analogieschlusses von Alkoholismus auf andere Krankheiten bildete die Abstinenzhaltung einen zentralen Aspekt in Udes Askeseforderungen und Lebensreformprogramm.

---

[1]Vgl. dazu die statistischen Angaben in: Hindhede, Mikkel: Moderne Ernährung. Ernährungstheorie und praktisches Kochbuch. - Berlin u.a. 1925 S. 11ff.
[2]Ude, Niedergang oder Aufstieg? Das rassenhygienische Problem. - Graz o. J. S. 5.
[3]Besonders in Böhmen - „in einer Gegend, wo die deutschen Stammesgenossen in hartem Kampf gegen fremde Rassen ständig gewappnet dastehen müssen“ (Der Alkoholgegner. Organ des Vereins der Abstinenten für das Kronland Böhmen 1Jg./Nr.6 (1904) S.2. - Zit. nach: Wintersberger, Lebensreformer S. 59.) - wurde der Abstinenzgedanke in einer aggressivrassistischen Sprache vorgetragen.
[4]Ude, Niedergang oder Aufstieg? S. 6.
[5]Ebd.
[6]Ebd.
[7]Ebd. S. 16.

Udes Präferenz der Naturheilkunde und Homöopathie gegenüber der Schulmedizin rührt vom ganzheitlich aufgefassten Menschenbild her, das die Einmaligkeit jedes menschlichen Individuums bei der individuellen Behandlung von Krankheiten berücksichtigt. Besonders die in der Naturheilkunde häufig vertretene Auffassung von den seelischen Problemen als Ursache vieler körperlicher Krankheiten stieß bei Ude auf positive Resonanz.[1] Auch die Würdigung all dessen, was von einer „naturgemäßen Lebensweise" erwartet wird, fand Ude bei Naturärzten, Homöopathen und Heilpraktikern, die Alkohol- und Nikotingegner seien und die vegetarische Lebensweise zu schätzen wüssten.[2] Die Aufgabe eines richtigen Arztes sei es, im Krankheitsfall die Natur in ihrem Heilstreben zu unterstützen, da nicht der Arzt, sondern die Natur selber heile. Deshalb mache „ein Arzt, der nicht zugleich auch ein ernster Lebensreformer ist, seinem Namen keine Ehre."[3]

Das wichtigste Faktum aber ist Ude die kausale Wechselbeziehung zwischen individuellem und sozialem Leben. Für ein naturgemäßes Leben wird daher die Lösung der sozialen Frage vorausgesetzt. Im Mittelpunkt von Udes christlicher Lebensreform steht der unerbittliche Kampf gegen die Zinswirtschaft und das Bodenmonopol des Kapitalismus. Während andere lebensreformerische Ansätze, speziell aus der Bodenreformbewegung, auf der Suche nach einem „dritten Weg" letztlich nicht ans gewünschte Ziel kamen, wertete Ude diesen durch die freiwirtschaftliche Geld- und Bodenordnung verwirklicht. Ude hat die Theorie Gesells nahezu ohne Abstriche übernommen und als zentrales Element in sein christliches Reformprogramm integriert.

Mit Udes Wirken wird verdeutlicht, wie prägend das Gedankengut der Lebensreform sein konnte und wie sehr es von bereits bestehenden Weltanschauungen aufgesogen wurde.
Im Gesamtbild, das sich durch die Synthese aus christlicher Tradition und Lebensreform ergab, wirkt letzteres als Vehikel für Udes christliche Botschaft. Wenn allerdings, wie Ude selbst erklärte, ihm erst die Anregung eines Steinmetzmeisters dazu verhalf, sich mit dem Vegetarismus zu beschäftigen, so ist dieser Einfluss allemal beachtlich.
Udes Position als Asket und christlicher Lebensreformer bleibt in vielen Zügen indifferent, zum Teil auch widersprüchlich.
Da sind zunächst seine Auffassungen von Sexualität, Ehe und Familie - sie lassen ihn als erzkonsevativen, verknöcherten Dogmatiker erscheinen. Die „ekklesiologische Perspektive" vom Koitus als „ehrfürchtige Dienstbereitschaft zur

---

[1]Vgl. z.B.: Bircher-Benner, Max: Der Menschenseele Not. Erkrankung und Gesundung. Teil 1 u. 2. - Zürich u.a. 1928 bzw. 1939.
[2]Ude, Geistige und körperliche Mehrleistung S. 35.
[3]Ebd. S. 36.

Erfüllung des Schöpferauftrages"[1] wird von Ude sinngemäß ebenso verlangt, wie er am Virginitätsideal als die höher zu bewertende Lebensform, eben als „besonderes Ideal christlicher Askese"[2] festhält.

Übernommen wird weiters die speziell in der thomistischen Philosophie vertretene Abwertung der Frau, ihre Unterordnung und Fixierung auf Mutterschaft. Noch Ende der 1950er Jahre sah er das „tiefste Wesen jeder edlen Frau und jede(s) anständigen Mädchens" in deren „Mütterlichkeit".[3] Nun aber ist diese „Mütterlichkeit" prädestiniert, in seinem Reformvorhaben in der Friedensfrage eine Schlüsselposition einzunehmen.

Andererseits hatte Ude bereits in den 1930er Jahren den Mut, den priesterlichen Zölibat in Frage zu stellen. „So weit ich das Leben kenne (...)", meinte er dazu, „wäre es für manchen Geistlichen, wäre es für manchen einsamen Pfarrer am Land besser, er hätte eine Familie, als dass es Ärgernis gibt."[4] Das wiederum klingt nach einem deutlichen Zugeständnis an die Psychologie der menschlichen Sexualität.

Unnachgiebigkeit kennzeichnet seine Haltung in der Frage der Antikonzeptiva. Zwar hat er, anders als viele seiner katholischen Mitstreiter versucht, mit der Hereinnahme der Lebensreform in sein christliches Programm eine alternative Position anzubieten. Mit dem von ihm häufig eingeforderten Schlagwort vom „menschenwürdigen Dasein für alle Menschen", erfüllt durch eine umfassende Lebensreform, sollte der Kinderreichtum katholischer Familien erst gar nicht von einer Überlegung zur Geburtenkontrolle abhängig gemacht werden. Trotzdem überschattete schließlich die Drohung, mit der Empfängnisverhütung eine schwere Sünde zu begehen, wiederum jeden von Luzidität und sozialer Kompetenz getragenen Reformgedanken. Auch zu Udes Lebzeiten waren die Erkenntnisse aus Psychologie, Medizin und Demografie so weit gediehen, dass er - eben weil durchdrungen von Nächstenliebe - erkennen hätte müssen, in welchen unverantwortlichen Gewissenskonflikt, in welchen Zustand der Entzweiung und Verzweiflung gläubige Menschen damit gestürzt werden.

Trotz des subordinativen Charakters, den Udes Vegetarismus gegenüber seiner christlichen Weltanschauung erhielt, blieb er dem wichtigsten Leitgedanken der Lebensreform verpflichtet. „Durch Selbstreform im Sinne eines naturgemäßen Lebens zur Weltreform"[5], lautete seine Parole.

---

[1]Häring, Bernhard: Das Gesetz Christi. Moraltheologie Bd.3. Zit. nach: Deschner, Das Kreuz mit der Kirche S. 271f.

[2]Ude, Die christliche Askese S. 10.

[3]Ude, Natur, Pflanze, Tier und Mensch gemäß göttlicher Ordnung. Eine kurze Betrachtung des Weltalls mit besonderer Berücksichtigung der Pflichten des Menschen gegenüber seiner gesamten Umwelt, dargestellt im Sinne meiner naturrechtlich-christlichen Weltanschauung. - Grundlsee 1958 S. 14.

[4]Ude, Erinnerungen S. 221.

[5]Ude, Geistige und körperliche Mehrleistung S. 31.

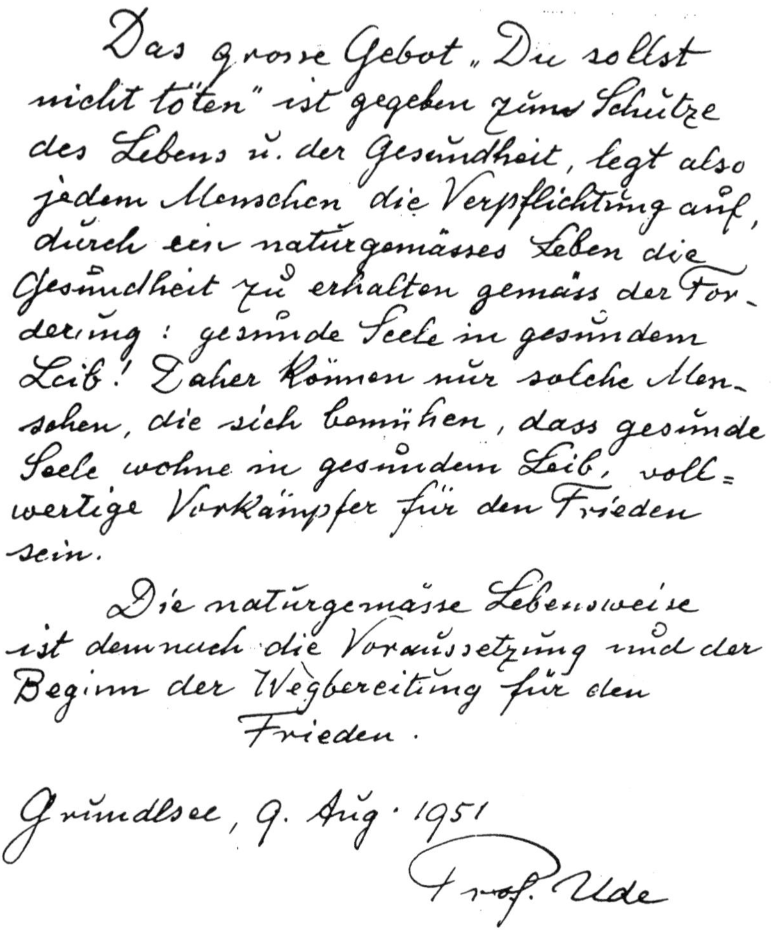

Das grosse Gebot „Du sollst nicht töten" ist gegeben zum Schutze des Lebens u. der Gesundheit, legt also jedem Menschen die Verpflichtung auf, durch ein naturgemässes Leben die Gesundheit zu erhalten gemäss der Forderung: gesunde Seele in gesundem Leib! Daher können nur solche Menschen, die sich bemühen, dass gesunde Seele wohne in gesundem Leib, vollwertige Vorkämpfer für den Frieden sein.

Die naturgemässe Lebensweise ist demnach die Voraussetzung und der Beginn der Wegbereitung für den Frieden.

Grundlsee, 9. Aug. 1951

Prof. Ude

Handschriftliches Zitat von Johannes Ude. Abgedruckt in „Pax-Ve-Uni" - Broschüre des Friedens Kreuzbundes Johannes Ude Freunde o.S. o.J.

4.2. Antiparlamentarische, autoritäre Geisteshaltungen

Ein Blick auf die politische Landkarte Europas in der Zwischenkriegszeit zeigt die gewaltigen Umwälzungen in den Herrschaftsformen unmittelbar nach dem 1. Weltkrieg und in den Jahren danach.[1] Ersetzten größtenteils republikanisch-demokratische Systeme die gestürzten monarchistischen Dynastien nach 1918,

[1]Vgl.: Kinder, Hermann u.a.: Dtv. - Atlas zur Weltgeschichte. Karten und chronologischer Abriss. Bd.2: Von der Französischen Revolution bis zur Gegenwart. - München 1991 S. 416f.

so gerieten die europäischen Demokratien bereits in den 1920er Jahren in die Defensive. Die psychologischen und gesellschaftlichen Erschütterungen als Folge des Krieges, schließlich die Nachkriegsordnung selbst und die schwere Krise der Weltwirtschaft begünstigten das Platzgreifen totalitärer Regime.
Das Schreckgespenst der bolschewistischen Diktatur und die Gründung der Sowjetunion hatten lange Zeit das republikanische Feindbildszenario beherrscht und damit den Blick auf andere autoritäre Strukturen verstellt. So folgten auf die Errichtung der Diktatur in Italien und auf die Ausschaltung der inneren Gegner Mussolinis Solidaritätsbezeigungen von Ländern wie den USA und England. „Die 1926 von Amerika bewilligten Bankkredite trugen in erheblichem Maße zur politischen Stabilisierung des Regimes bei und ermöglichten die Einbeziehung Italiens in das System der westlichen Notenbanken und in die internationale Finanzgemeinschaft.“[1]
Erst die Machtübernahme der Nationalsozialisten in Deutschland rief - viel zu spät freilich - die Hüter der Demokratie auf den Plan. Trügerisches Vertrauen auf die eigene militärische Verteidigungsbereitschaft, Beschwichtigungspolitik und die Aussicht, auch mit Hitlers Politik weiterhin gute Geschäfte machen zu können, bestimmten selbst dann noch den Umgang der westlichen Demokratien mit diesem Regime.
Im Sog des italienischen und deutschen Faschismus hatten sich auch andere Rechtsdiktaturen etabliert, die in unterschiedlichster Ausprägung die Geschicke in vielen europäischen Staaten lenkten.
Als der christlichsoziale Bundeskanzler Engelbert Dollfuß den österreichischen Parlamentarismus im März 1933 durch einen Staatsstreich ausschaltete, fand sich das Land unter 13 anderen Regierungen in Europa wieder, die bis zu diesem Zeitpunkt den Weg des Totalitarismus gegangen waren. Andere sollten noch folgen.
14 Monate benötigte der damals jüngste und kleinste - „sowohl an Gestalt als auch an Erfahrung“[2] - europäische Regierungschef, um in Österreich eine Diktatur zu errichten, die mit der Bezeichnung „Christlicher Ständestaat“ eine verfassungsmäßige Etikettierung erhielt.
Wirklich neu war die Idee, einen Staat auf ständischer Grundlage aufzubauen, nicht. Im Grunde stellte die Errichtung des Ständestaates den Versuch dar, die Vorstellungen antiker Staatsphilosophen, viel mehr noch die gesellschaftliche Lehenspyramide des Mittelalters wiederzubeleben. Das Besondere an dem österreichischen Ständestaatgebilde, das während seines vierjährigen Bestehens nur ein Fragment blieb, war die weitreichende politische Verstrickung des Katholizismus darin.

---

[1]Zit. nach: Luna, Giovanni de: Benito Mussolini. Mit Selbstzeugnissen und Bilddokumenten. Hamburg 1987 S. 60.
[2]Shepherd, Gordon: Engelbert Dollfuß. - Graz u.a.. - 1961 S. 71.

4.2.1. Die Entwicklung und die Wegbereiter der Ständestaat-Idee

Bundeskanzler Engelbert Dollfuß nützte den „Allgemeinen Deutschen Katholikentag" im September 1933 in Wien als Forum für programmatische Reden, in denen er seine Vorstellungen von einem Ständestaat entwarf, der die bereits in Demontage befindliche parlamentarische Demokratie ersetzen sollte. In Verklärung der tatsächlichen historischen Gegebenheiten führte er seinem Publikum die adaptierte Version eines mittelalterlichen Staatskonstrukts vor Augen, in dem nach seiner Interpretation „das Volk berufsständisch organisiert und gegliedert (war)" und in dem „der Arbeiter gegen seinen Herrn nicht aufstand (...)".[1]

Damit war eine fast hundertjährige geistige Auseinandersetzung zwischen der prinzipiellen Idee der berufsständischen Ordnung und „dem Konzept einer staatlichen Neuordnung, in der die 'Berufsstände' als Vertreter der realen gesellschaftlichen Interessen überhaupt, über die wirtschaftlichen Selbstverwaltungsaufgaben hinaus, die Träger des Staates sein sollten"[2], zu einem vorläufigen Ende gekommen.

Ob berufsständische Ordnung oder Ständestaat - in der in gleicher Weise angestrebten Beseitigung der Klassengesellschaft zu Gunsten einer naturrechtlich-göttlich sanktionierten Ständegesellschaft drückten sich nur allzu deutlich traditionelle katholische Wertvorstellungen aus.[3] Gesellschaftliches Harmoniebedürfnis und eingeschränkte Konfliktbereitschaft verbanden sich mit einer Legitimationsideologie, die aus der antikapitalistischen, sozialreformerischen Entproletarisierungssehnsucht schließlich ein Instrument der Unterdrückung formte.

Die politischen Ereignisse in den letzten Jahren der 1. Republik bewerten heißt vor allem die katholisch-klerikale Omnipräsenz in der historischen Entwicklung Österreichs hervorheben. Im Selbstverständnis als Bollwerk gegen heidnische Aggressoren aus dem Osten und als Angelpunkt der katholischen Gegenreformation prägte die Kirche in einer Phalanx aus Thron, Militär und Bürokratie ein „Kreuzzug-Empire"[4], das selbst noch die säkularisierte Gesellschaft des 20. Jahrhunderts auf allen Ebenen beeinflusste.

---

[1]Aus der programmatischen Rede von Bundeskanzler Dollfuß, gehalten auf dem Wiener Trabrennplatz beim ersten Generalappell der Vaterländischen Front am 11. September 1933. Zit. nach: Zaunbauer, Reden S. 30ff.

[2]Weiler, Rudolf: Berufsständische Ordnung. Sozialethische Idee und politische Wirklichkeit. In: Für Kirche und Heimat: Festschrift Franz Loidl zum 80. Geburtstag. - Wien u.a. 1985 S. 422.

[3]Hanisch, Der lange Schatten S. 315ff.

[4]Ebd. S. 25.

Neben starken Herrscherpersönlichkeiten und den gescheiterten bürgerlichen Emanzipationsbestrebungen trug der Katholizismus nicht unwesentlich dazu bei, den in Österreich weit verbreiteten Untertanengeist und resignative Projektionen auf autoritäre Gefüge am Leben zu erhalten.

Nach der katholischen Restauration Mitte des 19. Jahrhunderts schickte sich die Kirche unter dynastischer Rückendeckung an, ihre dominante gesellschaftliche Stellung auszubauen und gegen alles Antiklerikale Front zu machen. Die konservative Opposition war gegen liberale und nationale politische Strömungen ebenso gerichtet wie gegen Sozialisten und Juden.
Wie bereits im Einleitungskapitel dieser Arbeit dargelegt, tauchten gleichzeitig mit der in diesem Jahrhundert virulent gewordenen „sozialen Frage“ im Umfeld der katholischen „Defensivideologie gegen die Moderne“[1] gegenaufklärerische, romantische Theoreme auf. Sie forderten ein religiöses gesellschaftliches Fundament und traten in Opposition „zu den politischen und wirtschaftlichen Tendenzen der Zeit, zu den Ideen von 1789 wie zur klassischen Nationalökonomie.“[2] Vorbildfunktion hatte dabei die lehensrechtlich-ständische Sozialordnung des Mittelalters, die als ganzheitlich und deshalb als natürlich und harmonisch aufgefasst wurde.
Für die katholischen Staatstheorien in Österreich wurde das geistige Wirken des Volkswirtschaftslehrers Adam Müller maßgebend. Der Hauptvertreter der politischen Romantik hielt um 1811 Vorlesungen in Wien und entwarf in seinen Schriften Pläne für eine Sozietät, in der gesellschaftliche Gruppierungen in einem Stand organisiert und zu einer Einheit zusammengefügt sein sollten.[3] Müller versprach sich davon vor allem die Überwindung der sozialen Gegensätze. Eine autonome Regelung der Standesangelegenheiten sollte überdies einen Beitrag zur Vereinfachung der Staatsorganisation leisten. Bestimmend ist dabei die Auffassung, dass eine Gesellschaft und ihre Einzelindividuen ein kompliziertes Geflecht von Beziehungen eingehen, die alle Teile aneinander bindet. Deshalb gelangte Müller zu der Ansicht, dass diese Verbundenheit höher zu bewerten sei als die Betonung der Wesensgleichheit der Gruppen und Individuen.
Charakteristisch für Müllers Theorien ist auch die Forderung nach einer Begrenzung von Eigentum. Indem eine Gesellschaft sich die Beschränkung des individuellen Gebrauchsrechtes von Eigentum vorbehalte, sei dem liberalkapitalistischen Konkurrenz- und Akkumulierungsstreben nach Besitz Einhalt zu gebieten.

---

[1]Hanisch, Derlange Schatten S. 30.
[2]Jostock, Paul: Der deutsche Katholizismus und die Überwindung des Kapitalismus. Eine ideengeschichtliche Skizze. - Regensburg 1932 S. 20f.
[3]Diamant, Alfred: Die österreichischen Katholiken und die Erste Republik. Demokratie, Kapitalismus und soziale Ordnung 1918-1934. - Wien 1960 S. 36ff.

Von Anfang an widersprach sich der Wunsch nach einem Subsidiaritätsprinzip mit den Vorstellungen von einer Staatsidee, die eine Zurückdrängung der Einzelinteressen zu Gunsten des Standes, eine Zurücksetzung des Standes hinter den Staatsinteressen forderte. Die Rückschau auf mittelalterliche Verhältnisse ventilierte zudem den feudal-monarchistischen und damit autoritären Charakter des Gedankens. Als antikapitalistischer Entwurf in Form eines planungsorientierten und bedarfsdeckenden Wirtschaftssystems bedurfte eine solche Ständeordnung geradezu eines übergeordneten Lenkungsinstrumentariums, um funktionieren zu können.

Die Idee der ständischen Ordnung gewann im Verlauf des 19. Jahrhunderts innerhalb der katholischen Sozialreformbewegung immer mehr an Bedeutung.
Auch Karl von Vogelsang, einer der wichtigsten katholischen Sozialreformer, nahm sich dieser Frage an. Gemäß der romantischen Tradition glaubte Vogelsang in der „christlichen Sozialordnung des Mittelalters die großartigste Geistesarbeit der Weltgeschichte, ein sozialpolitisch inkarniertes Christentum“[1] zu erkennen. Er forderte deshalb ein christlich-konservatives Staatssystem, in dem „die Wiederbelebung des Prinzipes der differenzierten rationalen Arbeit, das Ständeprinzip, als ein Naturgesetz der Menschen“[2] zur Geltung gelangen sollte.
„Berufsständische Genossenschaft“ lautete seine Lösungsformel, um Leistung und Verantwortung, Rechte und Pflichten, Arbeit und Eigentum, also die durch den Liberalismus atomisierte Gesellschaft wieder zu einer „organischen Einheit“ zusammenzufügen.[3]
„Genossenschaft“ fasste Vogelsang in einem kirchlich-religiösen Begriffssinn auf, wobei er an eine partnerschaftliche Vergesellschaftung in Form einer Industriekorporation dachte, die vom solidaristischen Prinzip christlicher Nächstenliebe durchdrungen ist.[4]
Eine ebenso ethisch besetzte Berufsidee, in der der Arbeiter seine Leistung nicht nur deshalb verrichtet, „weil er Befehlen gehorcht, sondern weil er einem Beruf gerecht werden will“[5], würde nach Vogelsangs Vorstellung in weiterer Folge zu einem „Gesellschaftsvertrag“ führen, der den Lohnvertrag ersetzen sollte. Die Möglichkeit der Arbeiter, Anteilrechte an den Produktionsmitteln und unternehmerische Mitgestaltung zu erwerben, sollte diesen „Industriestand“ festigen und zum Modell für weitere Berufsstände werden.

---

[1]Vogelsang: In: Vaterland 8. Februar 1879. Zit. nach: Kunschak, Leopold: Werden und Reifen der ständischen Idee. - Wien 1936 S. 5.
[2]Vogelsang: In: Österreichische Monatsschrift für christliche Sozialreform 1880. Zit. nach: Kunschak, Werden und Reifen S. 7.
[3]Vogelsang: In: Ebd. Bd.8 S. 177ff. Zit. nach: Bader, Erwin: Karl v. Vogelsang. Die geistige Grundlegung der christlichen Sozialreform. - Wien 1990 S. 168.
[4]Bader, Vogelsang S. 163f.
[5]Ebd. S. 161.

Spätere Sozialreformer haben sich von dieser Entproletarisierungsstrategie distanziert, weil die Arbeiter das Risiko der Unternehmer mittragen müssten und so den Konjunkturzyklen noch stärker ausgesetzt seien.[1]
Auch fand der in Vogelsangs Programm stark betonte Staatsinterventionismus keine ungeteilte Zustimmung. In der „Vogelsang-Schule“ galt als Grundsatz, einerseits den Berufsgenossenschaften die eigenen Angelegenheiten autonom regeln und andererseits den Staat „die Beziehungen der Berufsgenossenschaften zur gesamten Gesellschaft autoritativ bestimmen“[2] zu lassen. Nachdem dieses Verhältnis vom Gebot absoluter sozialer und wirtschaftlicher Gerechtigkeit getragen war, hätte dies dem Staat schon aus diesem Grund eine sehr dominante Stellung eingeräumt.

Ende des 19. Jahrhunderts traten die Ständestaattheorien merklich hinter reformpolitischen Überlegungen zurück. Trotzdem blieb die Idee ein fester Bestandteil des katholischen Gedankengutes.[3] Die monistischen Systemvorstellungen tradierten sich bis in die 1. Republik und fanden ihren Niederschlag in der Skepsis mancher christlichsozialer Ideologen gegenüber Parlament und Demokratie.
Als Antwort auf den aggressiven Geld- und Industriekapitalismus suchten katholische Reformerkreise „zunächst innerhalb der Verhältnisse, wie sie geworden waren, nach Möglichkeiten, verbessernd einzugreifen und so aus dem Bereich bloßer Kritik und Diskussion herauszukommen.“[4] Der Impuls dafür kam von der päpstlichen Kurie, die 1891 unter der Patronanz Leos XIII die bedeutende Sozialenzyklika „Rerum novarum“ veröffentlicht hatte. Darin sprach der Papst zwar von der alle Stände versöhnenden Kraft des Christentums, ging sonst aber inhaltlich auf Distanz zu einem Berufsständesystem.
Auch die inzwischen gegründete Christlichsoziale Partei beschritt mit der Übernahme der Solidarismuskonzeption von Heinrich Pesch[5] und der Volksstände-Organisation von Franz Martin Schindler ideologisch einen liberalkatholischen und damit prokapitalistischen Weg. Der Vogelsang-Schüler Schindler hatte den Stände-Begriff deutlich in Richtung genossenschaftlicher Körperschaften mit einem bewusst zurückhaltenden Organisationsrahmen verschoben. Bei Schindler fungierte der Staat als Garant marktwirtschaftlicher Prinzipien

---

[1]Silberbauer, Gerhard: Österreichs Katholiken und die Arbeiterfrage. - Graz u.a. 1966. S. 235.
[2]Prinz Alois Liechtenstein in einer Gedächtnisrede auf Vogelsang im Wiener Großen Musikvereinssaal 1893. Zit. nach: Kunschak, Werden und Reifen S. 10.
[3]Streitenberger, Wolfgang: Das Leitbild „Ständische Ordnung“ im politischen Denken Österreichs von der Jahrhundertwende bis 1938. Diss. - Wien 1975 S. 14ff.
[4]Messner, Johannes: Die soziale Frage der Gegenwart. Eine Einführung. - Innsbruck u.a. 1936 S. 456f.
[5]Vgl Kap. 5.2.1.

und die Volksstände als Beaufsichtiger, nicht als Ersatz, für den Parlamentarismus.[1]
Die augenscheinliche Dominanz dieser gemäßigten Ständestaat-Linie konnte die romantische Gedankentradition in der Zwischenkriegszeit aber keineswegs verdrängen. Zu nennen ist hier vor allem Anton Orel, der einen prominent besetzten Reformerkreis initiierte. Gemeinsam war dieser auch als „Wiener Richtungen" bezeichneten Gruppierung eine mehr oder weniger retrospektive Sicht auf mittelalterliche Gesellschaftsrealitäten, die in divergierenden Vorstellungen von einer Art „sozialen Monarchie" an die Gedanken Vogelsangs anknüpfte. Orel - auf dessen Reformvorstellungen wegen ihrer Breitenwirkung auf den österreichischen Sozialkatholizismus noch näher einzugehen sein wird - führte mit seinem Konzept eines sakrosankten Lehensstaates die Ständeidee Vogelsangs am konsequentesten fort.[2]
Neben seinem Entwurf hat das Ständestaat-Modell von Othmar Spann den österreichischen Katholizismus stark beeinflusst.
Der Nationalökonom, Soziologe und Geschichtsphilosoph wirkte nach dem 1. Weltkrieg an der Universität Wien und konnte dort eine von seinen Ideen begeisterte katholische und deutschnationale Hörerschaft um sich scharen. Seine Vorlesungen gerieten zu politischen Manifestationen gegen Demokratie, Parlamentarismus und Sozialismus.
Spann vertrat eine universalistisch-idealistische Gesellschaftslehre, in der die gesellschaftlichen Individuen nur als untergeordnete Einzelteile einer gesellschaftlichen Ganzheit zu gelten hätten. Das demokratische System lehnte Spann wegen seiner „Gleichheit der Verschiedenen", die zu einer „Herrschaft des Mittleren, Schlechteren", zu einer „Herrschaft des Niederen über das Höhere"[3] führe, ab. „Nicht mehr die Mehrheit (sozusagen von unten her) soll über die Wahrheit abstimmen; sondern das Beste (sozusagen von oben her) soll herrschen!"[4], forderte Spann. Den Ständestaat erachtete er deshalb als den „vollkommenste(n) politische(n) Ausdruck der universalistischen Gesellschaftsauffassung."[5]
Anders als die bisherigen Ständestaat-Entwürfe sollte nicht der Beruf über die Zugehörigkeit zu einem Stand entscheiden, sondern die „Gleichheit unter Gleichen", die „Unterordnung des geistig Niederen unter das geistig Höhere"[6] ein Kriterium für die Standeszugehörigkeit sein. Von diesen geistigen Ständen ausgehend, die Ausdruck der Ungleichwertigkeit der Menschen seien und der Kategorisierung dienten, entwarf Spann eine hierarchisch, nach Wertigkeit abgestufte Vollstände-Ordnung.

---

[1]Streitenberger, Leitbild „Ständische Ordnung" S. 87ff.
[2]Vgl.: Silberbauer, Österreichs Katholiken S. 247ff.
[3]Spann, Othmar: Der wahre Staat. - Leipzig 1921 S. 58.
[4]Ebd. S. 274.
[5]Ebd. S. 207.
[6]Ebd. S. 185.

Nach Spanns Vorstellung sollten Unternehmerkartelle und Gewerkschaften zu beruflichen Zwangsverbänden vereinigt und durch einen alle Lohn-, Preis- und Arbeitsfragen regelnden Gesamtarbeitsvertrag zu einer zünftisch organisierten Berufsgenossenschaft geführt werden.
Mit dieser aristokratisch-elitär skizzierten Gesellschaft wurden Spann und seine Epigonen zu Brückenbauern zwischen Katholizismus und Faschismus, indem sie den „jugendbewegten Katholiken einen ‘heiligen Abscheu’ vor der Demokratie, der Republik, dem ‘Parteienunwesen’ einflößte(n) und sie faktisch über das ‘Heilige Reich’ dem Nationalsozialismus zuführte(n).“[1]

Zum entscheidenden Durchbruch verholfen hat der Ständestaat-Idee die von Papst Pius XI. 1931 veröffentlichte Enzyklika „Quadragesimo anno“. Mit frenetischem Jubel war das päpstliche Schriftstück unter Österreichs Bischöfen, gleichsam als Bestätigung der traditionellen sozialkatholischen Forderung von höchster Instanz, begrüßt worden.
Hatte „Rerum novarum“ die Frage nach der Gesellschaftsordnung nur am Rande diskutiert, nahm sie in „Quadragesimo anno“ einen besonders breiten Raum ein. Ein Großteil des 2. Kapitels ist diesem Problem gewidmet, wobei Pius XI. eindeutig eine Erneuerung der Gesellschaft auf ständischer Grundlage forderte. Dabei wird ein System empfohlen, das besonders den subsidiären Charakter, zugleich aber auch die staatliche Trägerfunktion betont.[2]
Zwischen Einzelindividuum und Staat habe der Stand, dessen Zugehörigkeit vom Beruf abhängig ist, zu treten. Den Berufsständen sei eigene „Staatlichkeit“, was die Organisation und Obsorge für das spezifische „Gemeinwohl“ betrifft, dem Staat die Koordination der kleineren untergeordneten Gemeinwesen zugedacht.[3] Der Staat habe insbesondere für eine Gesinnungsreform zu sorgen, welche die Befriedung und die Überwindung der sozialen Klassen beabsichtige. Anstelle des liberal-kapitalistischen Marktregulativs müsse der Solidarismus, das christliche Gebot der Nächstenliebe treten.
An dieser Stelle zeigt sich der „hohe Abstraktionsgrad der Aussagen von ‘Quadragesimo anno’“[4] besonders deutlich. Wie denn nun konkret die wirtschaftlichen und sozialen Probleme zu lösen seien, bleibt ungesagt oder wird dem Interpretationsvermögen überlassen.
Keine definitiven Aussagen trifft das Rundschreiben über die Regierungsform. Auch stellt der Papst es den Berufsständen anheim, innerhalb ihrer Organisationen und darüber hinaus „frei diejenige innere Lebensordnung, diejenigen Sat-

---

[1]Heer, Der Kampf S. 387.
[2]Rauscher, Anton: Subsidiaritätsprinzip und berufsständische Ordnung in „Quadragesimo anno“. Eine Untersuchung zur Problematik ihres gegenseitigen Verhältnisses. - Münster 1958 S. 104ff.
[3]Ebd. S. 126f.
[4]Streitenberger, Das Leitbild „Ständische Ordnung“ S. 34.

zungen anzunehmen, die zum vorgesetzten Ziel am geeignetsten erscheinen."[1] Hingegen wird einmal mehr für die angestrebte Gesinnungs- und Gesellschaftsreform auf präkapitalistische historische Abschnitte verwiesen, die als Vorbild für die päpstliche Empfehlung zu dienen hätten.

Dass „Quadragesimo anno" so erfolgreich sein konnte, hängt natürlich auch mit der wirtschaftlichen und politischen Entwicklung in der 1. Republik zusammen. Die Koalitionsregierung aus Sozialdemokraten und Christlichsozialen war 1920 zerbrochen. Mit dem ab nun erfolgten politischen Rechtsruck durch die „Bürgerblock-Regierung", gebildet aus Christlichsozialen und Deutschnationalen, trat das Weltanschauungsprofil der politischen Lager wieder schroff zu Tage. Der Anspruch der Parteien, nicht nur Mitgliederinteressen vertreten zu wollen, sondern „Totalentwürfe der Gesellschaft"[2] parat zu haben, führte über den im Parlament gepflogenen Verbalradikalismus direkt in einen latenten Bürgerkrieg. Die Christlichsozialen glaubten dem „Austromarxismus" Bauer'scher Prägung schärfere antiparlamentarische und damit ständestaatliche Töne entgegensetzen zu müssen. Bereits 1923 hatte die christlichsoziale Arbeitervertretung in ihrem „Linzer Programm" den berufsständischen Gedanken zu einem zentralen Element ihrer Überlegungen gemacht. Obwohl vorgesehen war, die Berufsstände mit weit reichenden legislativen und judikativen Kompetenzen auszustatten, dürften diese Pläne eher als ideologische Profilierung gegenüber dem übermächtigen sozialistischen Kontrahenten gemeint gewesen sein.[3] Der systematische Abbau des Sozialstaates infolge der Wirtschaftskrisen verstärkte aber bei den sozialkatholischen Pragmatikern die Tendenz, „diese schon in die Rumpelkammer der modernen katholischen Sozialbewegung verbannte Ideologie aufzupolieren und als neuentdeckte geistige Waffe wieder ins Treffen zu führen."[4] Einen sichtbaren Niederschlag fand dies auch im Parteiprogramm der Christlichsozialen Partei vom November 1926. Darin erachtete die Partei „alle Berufsstände grundsätzlich als gleichberechtigte Glieder der Volksgemeinschaft.[5] Von den Ständen wurde verlangt, „dass sie ihre besonderen Interessen mit den Anforderungen des Gesamtwohles in Einklang bringen und dass jeder Stand für die Bedürfnisse und Rechte der anderen Stände ein wohlwollendes Verständnis besitze."[6]

---

[1]Pius XI.: Rundschreiben über die gesellschaftliche Ordnung ihre Wiederherstellung und ihre Vollendung nach dem Heilsplan der Frohbotschaft zum 40. Jahrestag des Rundschreibens Leos XIII. „Rerum Novarum". - Freiburg i.B. 1931 S. 67.
[2]Dachs, Herbert: Das Parteiensystem. In: Handbuch des politischen Systems Österreichs. Erste Republik. S. 151f.
[3]Silberbauer, Österreichs Katholiken S. 255f.
[4]Ebd. S. 186f.
[5]Berchtold, Klaus (Hrsg.): Österreichische Parteiprogramme 1868-1966. - München 1967 S. 374f.
[6]Ebd. S. 374f.

Mit der politischen Zielsetzung, anstatt des Klassenkampfes einen Interessensausgleich zwischen den Ständen herbeiführen zu wollen, nahmen die Christlichsozialen praktisch die Forderungen von „Quadragesimo anno" vorweg.
Als die Enzyklika 1931 erschien, erreichte der darin ausgedrückte Wunsch nach Aufbau einer berufsständischen Ordnung einen bereits von schwerer Krankheit gezeichneten Staatsmann, der diesem Gedankengut in der christlichsozialen Bewegung mit besonderem Nachdruck den politischen Boden bereitet hatte. Die Rede ist von Ignaz Seipel, dem überzeugten Sozialistenfeind, Kritiker der Parteiendemokratie und eifrigen Wahrer kirchlicher Interessen in der Politik.[1] Unter dem Eindruck der politischen Ereignisse war aus dem Schindler-Schüler, der sich für ständestaatliche Ideen zunächst kaum begeistern konnte, ein vehementer Fürsprecher der berufsständischen Ordnung geworden.
Hatte Seipel schon 1926 das Programm der Christlichsozialen dahingehend beeinflusst, so versuchte er auch 1929 auf die Verfassungsreform im Sinne einer Stärkung des Gesetzesvollzugs einzuwirken. Dies sowie die Kritik an der „Parteienherrschaft" und die Gegnerschaft zur Sozialdemokratie brachten Seipel die Annäherung an die militanten Heimwehren, die ihre Anhänger auf Spanns Universalismus und auf Mussolinis faschistisches Korporationssystem eingeschworen hatten.[2]
So glaubte der Heimwehrmann und spätere Sozialminister Odo Neustädter-Stürmer - er war auch kurzzeitig Obmann in Udes „Wirtschaftsverein"[3] - im mittelalterlichen Gesellschaftssystem insofern eine ideale Struktur zu erkennen, als von einer strikten Dreiteilung des Staates in die Bereiche „Staatshoheit", „Wirtschaft" und „Kultur" ausgegangen wurde.[4] Daran knüpfte er den Entwurf eines direktistischen Präsidialsystems auf der Basis eines berufsständisch verwalteten Wirtschaftssektors und eines korporativ organisierten Kulturbereiches.
Analog zu einer klaren Kompetenzabgrenzung in der Verwaltung zwischen Staat, Wirtschaft und Kultur sollten die legislativen Funktionen von einem Staatsrat, einem Bundeswirtschaftsrat, der sich aus vier Berufsständegruppen rekrutiert, und einem Bundeskulturrat wahrgenommen werden. Eine eigene Bundesländervertretung war nicht vorgesehen.
Der strukturelle und terminologische Einfluss dieser Heimwehrkonzeption auf die Mai-Verfassung von 1934 ist nicht zu übersehen. Entscheidend war schließlich, dass „Quadragesimo anno" den Verfechtern des Ständestaates eine katholische Ummäntelung der Idee und damit eine moralische Rechtfertigung ihrer po-

---

[1]Vgl. dazu: Seipel, Ignaz: Der Kampf um die österreichische Verfassung. - Wien 1930 S. 177ff.
[2]Vgl. den „Korneuburger Eid" des Heimatschutzes, 18. Mai 1930. In: Heimatschutz in Österreich. - Wien 1934 S. 47f.
[3]Vgl. Kap. 10.1.1.
[4]Neustädter-Stürmer, Odo: Der Ständestaat Österreich. Dem jungen Österreich gewidmet. - Graz 1930 S. 5ff.

litischen Ziele bot. An faschistischen Interpretationen der Enzyklika hat es demnach auch nicht gemangelt. Ein Beispiel dafür ist der österreichische Nationalökonom Richard Kerschagl, der zu zeigen versuchte, wie sehr der italienische Faschismus und die päpstliche Enzyklika einander bedingten bzw. ergänzten.
Dabei stellte er fest, dass der Aufbau des faschistischen Staates in Italien „Quadragesimo anno" ein Modell geboten habe, ihre gesellschaftlichen Grundsätze zu entwerfen.[1] Sodann fand Kerschagl in den Bereichen Staatsautorität, Gegnerschaft zum Liberalismus und Sozialismus sowie in der Suche nach einer neuen Gesellschaftsordnung inhaltliche Übereinstimmungen. Zitierte Wortvergleiche zwischen Mussolini-Reden und Textstellen aus der Enzyklika sollten dies beweisen.[2] Daraus ließe sich der Schluss ableiten, der Faschismus sei in seiner Verwirklichung „vielfach einen Weg gegangen, den die Quadragesimo anno deutlich genug gekennzeichnet hat."[3]

4.2.2. Ude als Vertreter der berufsständischen Ordnung

Ude hat in seiner Selbstbiografie auch zu Staatsformen und politischen Systemen Stellung bezogen. Dabei hob er mehrmals hervor, dass er monarchistisch gesinnt sei.[4] Die politischen Ereignisse der Republiksjahre hätten ihn in dieser Gesinnung noch bestärkt. Weiters bekannte er: „Auch der Satz der Verfassung der österreichischen Republik 'Alles Recht geht vom Volk aus' fand in mir einen scharfen Gegner."[5] Damit teilte Ude mit vielen katholischen Kreisen in Österreich eine tief verwurzelte Abneigung gegen Parlament und Demokratie. Ein Blick auf sein Schrifttum in den 1920er Jahren, wo Aussagen über die Organisation eines Staatswesens getroffen werden, bestätigt diese Haltung. In der 1924 erschienenen Monografie „Das Wirtschaftsideal des Volks- und Staatshaushaltes" erwies sich Ude geradezu als Apologet Othmar Spanns, zumal er, von Ausnahmen abgesehen, dessen Auffassungen vom „Wahren Staat" übernahm.[6]
Wie Spann war auch Ude der Meinung, dass es in einem Staat einen „naturnotwendigen Grundsatz der Ungleichheit" gebe. Daher könne nur eine hierarchische ständische Gliederung für den Staatsaufbau in Frage kommen. Die Rangstufengliederung resultiere aus den einzelnen Sonderzielen der Stände, wobei zu gelten habe: „Je näher das Sonderziel, das ein Stand verfolgt, dem absolut Geis-

---

[1]Kerschagl, Richard: Die Quadragesimo anno und der neue Staat. - Wien u.a.. 1937 S. 5ff.
[2]Ebd. S. 29ff.
[3]Ebd. S. 38.
[4]Ude, Erinnerungen S. 81ff.
[5]Ebd. S. 84.
[6]Ude, Wirtschaftsideal S. 296ff.

tigen steht, desto höher steht es naturgemäß an Wert. Je materieller die Funktion eines Standes, (...) desto tiefer steht der betreffende Stand."[1]
Die höchste geistige Funktion im Staat entspreche dem Herrschen. Ude definierte Herrschen als planmäßig entfaltete Autorität, die mit der gottgewollten Unterwerfung unter das Staatsprinzip und der Herrschaftsgewalt korreliert. Als „einleuchtende Wahrheit" könne gelten, „dass nur das Beste herrschen soll."[2]
Gegenüber Spanns Begründungsansätzen für den Ständestaat und der Funktion des Priesterstandes meldete Ude allerdings kritische Vorbehalte an. Nach Udes Auffassung seien nicht die Stände die Bauelemente des Staates, vielmehr bilde sich der Staat aus der Urgesellschaft, also aus den Familien. Für die Stände wird damit Familie und Staat als gegeben vorausgesetzt. Die Notwendigkeit einer ständischen Organisation begründe sich aus den staatlichen Funktionen mit ihren Sonderzielen.
Weiters lehnte Ude die Einreihung der Kirchenführer in die Gruppe der „Hervorbringer der staatlichen und staatsähnlichen Organisationen" ab.[3] Die Kirche als eigene, staatsunabhängige „übernatürliche Gesellschaft" stehe mit ihrer Zielführung im Sinne der christlichen Lehre als moralische Autorität über jener des Staates.
Neben der Sorge vor einer zu starken Umklammerung der Kirche durch den Staat dürften diese Bedenken gegen Spanns Auffassungen auch in Udes Pazifismus begründet sein. Othmar Spann verglich nämlich den politischen Stand, in dem sich zu den Kirchenführern die Staats- und Heerführer gesellen, mit mittelalterlichen „Lehensführern, die Führer von Zunft und Staat, die Wirtschaftsführer, politische Führer und Kriegsführer zugleich waren."[4]
Noch ein anderer Umstand macht Udes Spann-Rezeption im Jahre 1924 bemerkenswert. Zu diesem Zeitpunkt vertrat er in seinen Reformplänen vehement die Linie der „Solidaristen". Ungeachtet der erbitterten Gegnerschaft zwischen den Solidaristen und den Spann-Schülern glaubte Ude gerade in Spanns Modell einen solidaristischen Korporationsgeist wirken zu sehen, um dem „guten" Kapitalismus, wie ihn wiederum die Solidaristen vertraten, die Wege zu bahnen.

Zu einer denkwürdigen Umkehrung von Udes Standpunkten kam es 7 Jahre später, in der 1931 erschienen Abhandlung „Soziologie". Nun hatte sich Ude bereits vom Solidarismus distanziert und mit der Übernahme von Silvio Gesells Geld- und Bodenreform sich auch innerhalb der radikalen katholischen Kapitalismuskritiker eine eigene Position verschafft. Auch seine Ansichten zum Ständestaat waren einer originäreren, von Spann unabhängigeren Linie gewichen. In der „Soziologie" findet sich Spanns „Wahrer Staat" nicht mehr als Quelle ver-

---

[1]Ude, Wirtschaftsideal S. 298.
[2]Ebd. S. 299.
[3]Vgl.: Spann, Der wahre Staat S. 210
[4]Ebd. S. 236.

merkt, obwohl das Werk bis zu diesem Zeitpunkt in mehreren Auflagen und Überarbeitungen erschienen war.
Nach wie vor sprach Ude vom „inneren Wert" der Stände und deren „rangstufiger Gliederung" in Abhängigkeit von ihren materiellen oder geistigen Tätigkeiten, ohne explizit das Geistige in der Wertschätzung hervorzuheben. Hingegen fand der „Bauernstand", der als „Urstand" jedes Staates bezeichnet wird, eine besondere Erwähnung.
Stark abgeschwächt wirkt nunmehr auch der Begriff des Herrschens, wenn der Stand „als Zusammenfassung mehr oder weniger gleichgesinnter und gleichbeschäftigter und gleichgeschulter Menschen"[1] definiert wird. Da man es innerhalb eines Standes „mit Gleichen unter Gleichen" zu tun habe, werde „es daher verhältnismäßig leicht sein, zur Vertretung die jeweils Tüchtigsten ausfindig zu machen und auszuwählen."[2] Dabei betonte Ude, dass es bei der Standesvertretung in erster Linie um volkswirtschaftliche Interessen gehe, für kulturelle und religiöse Fragen innerhalb des Standes aber bürgerliche Toleranz zu gelten habe. Er empfahl, ausgehend vom bestehenden Kammernsystem, nach Fachgruppen und Berufen gebildete Räte-Organisationen zu schaffen, die auf örtlicher, landschaftlicher und staatlicher Ebene eine vertikale Gliederung erfahren. Von den Räten der staatlichen Ebene soll ein Ständerat beschickt werden, der die legislative Funktion für alle Stände übernimmt. Über dem Ständerat stehe noch eine „Zentral-Staatsgewalt", welche für die Bereiche Kultur, Religion, Erziehung und Verwaltung, sofern keine wirtschaftlichen Fragen betroffen sind, zuständig ist.
Keine genauen Vorgaben machte Ude nun, was die Staatsform und die Staatsverfassung betrifft. Diese seien „aus dem Wesen des Staates sich ergebende, die Eigenart des Staates bestimmende Merkmale positiv-menschlichen Rechtes."[3]
Von einer im Organisationsrahmen locker gehaltenen und nicht bis ins Detail ausdefinierten berufsständischen Ordnung versprach sich Ude insbesondere die Überwindung der Parteipolitik. Diese trage durch ihren egoistischen Interessenskonflikt wesentlich dazu bei, dass das gesamte Volkswohl ins Hintertreffen gerate und dem „Verantwortlichkeitsgefühl faktisch in keiner Weise Rechnung"[4] getragen werde.

Ude war natürlich bewusst, dass auch eine berufsständische Ordnung nicht frei von Konflikten sein konnte. Wie alle seine katholischen Reformmitstreiter ging auch er von einem Interessensausgleich „nach dem Grundsatz der sozialenlegalen Gerechtigkeit"[5] aus. Während andere Reformer im Grunde auf diesem

[1] Ude, Soziologie S. 86.
[2] Ebd. S. 86.
[3] Ebd. S. 84.
[4] Ude, Der ideale Staatsbürger und seine Wirtschaftsethik. - Klagenfurt 1928. S. 24.
[5] Ude, Soziologie S. 87.

solidaristischen Abstraktionsgrad stehen blieben, kann man Ude zugute halten, durch die Hereinnahme der freiwirtschaftlichen Geld- und Bodenreform in sein Konzept für ein der menschlichen Natur adäquateres Gerechtigkeitsinstrumentarium gesorgt zu haben. Durch „Quadragesimo anno" sah er sich in seiner Haltung zum Ständestaat bestätigt, zog die Enzyklika aber viel mehr noch zur Untermauerung seiner wirtschaftlichen Reformthesen heran.[1]
Dennoch blieb das Prinzip der berufsständischen Ordnung in Udes Reformwerk fest verankert und spielte auch nach 1945 in seinen Überlegungen eine gewisse Rolle.

4.2.2.1. Udes Verhältnis zum „Autoritären Ständestaat" (1934-1938)

Am 1. Mai 1934 proklamierte die Regierung Dollfuß „Im Namen des Allmächtigen, von dem alles Recht ausgeht" den „Bundesstaat Österreich". Mit der Vermeidung des Begriffs „Republik" brach man bewusst mit dem 12. November 1918, es bedeutete „die geistige Rückkehr ins 19. Jahrhundert, in den Neoabsolutismus (...)", es „war der Bruch mit 1789, der Revolution schlechthin."[2]
14 Monate vor diesem denkwürdigen 1. Mai hatte Dollfuß begonnen, ohne Parlament einen autoritären Kurs zu steuern. Das Land wurde seither mit Notverordnungen regiert. Mit der Gründung der „Vaterländischen Front", die als projektierte politische Einheitsbewegung und als ideologisches Signal gegen die nationalsozialistischen Machthaber in Deutschland gedacht war, sollte ein berufsständischer Aufbau des Staates bewerkstelligt werden.
Dollfuß war es zwar gelungen, mit dem zwischen der Regierung und dem Vatikan ausverhandelten Konkordat eine nachträgliche Sanktionierung der politischen Entwicklung durch die Kirche zu erhalten und diese eng an das Regime zu binden. Der in der Verfassung so bezeichnete und von ihm gedachte Ständestaat ist aber ein Traumgebilde geblieben. Bis auf die Bereiche „Öffentlicher Dienst" und „Land- und Forstwirtschaft" konnte sich die berufsständische Ordnung nie konstituieren. Die klare Bevorzugung der Unternehmerinteressen zu Ungunsten der Arbeiter löste die versprochene Überwindung der Klassengegensätze niemals ein. Und statt einer harmonischen Gesellschaft zeigte sich ein von internen Macht- und Positionskämpfen geschüttelter Regierungsapparat.[3] Übrig blieb ein starres, reglementistisches System, das die Kompetenzen der vier vorberatenden Körperschaften, namentlich den „Staatsrat", Bundeswirtschaftsrat" sowie den „Bundeskulturrat" und „Länderrat", aus denen Vertreter in die beschließenden Organe „Bundestag" und „Bundesversammlung" entsandt werden

[1]Vgl. z.B.: Ude, Das Geld. S. 221ff. Vgl. dazu auch Kap. 8.2.1.
[2]Hanisch, Der lange Schatten S. 310.
[3]Vgl. dazu: Kluge, Ulrich: Der österreichische Ständestaat 1934-1938. Entstehung und Scheitern. - Wien 1984 S. 87ff.

sollten, gegenüber der Regierung stark einschränkte. Ein Ermächtigungsgesetz vom 30. April 1934 machte es möglich, dass ein Großteil der Gesetzesbeschlüsse über die Regierung lief.[1]

Von Beginn an fand der von Dollfuß installierte Ständestaat vor Udes Moralpostulaten keine Akzeptanz. In seiner Selbstbiografie vermerkte Ude, er habe bereits am 20. Mai 1933 an Dollfuß ein Schreiben gerichtet, in dem er dem Bundeskanzler die Beseitigung des Kapitalismus mittels der Freiwirtschaft empfahl. Da Ude darauf keine Antwort erhielt, setzte er am 12. Oktober 1933 erneut einen Brief auf. Der Text, den Ude in seiner Biografie in vollem Wortlaut zitiert, konzentrierte seine Auseinandersetzung mit dem Dollfuß-Regime auf zwei Schwerpunkte.
Zunächst drückte er seine Genugtuung darüber aus, dass Dollfuß den Parlamentarismus beseitigt habe und an die Errichtung eines Ständestaates gegangen sei. Dies habe er schon seit vielen Jahren gefordert, sei aber „als Utopist und weltfremder Mensch verschrien“[2] worden. Die eigentliche Kritik entzündet sich an der zu laschen Haltung der Regierung in der Frage der Bordellierung und Antikonzeptiva, die nur durch strikte Verbote gelöst werden könne.
Ude kommt dann „auf den eigentlichen Grund“[3] seines Schreibens zu sprechen. Wenn es Dollfuß darum gehe, „die liberalistisch-kapitalistische Wirtschaft wirksam zu bekämpfen und die Arbeitslosigkeit mit Erfolg zu überwinden“ könne nur „an die Stelle unseres heutigen mit Gold gedeckten Dauergeldes das Freigeld mit Festwährung treten, wie es die Freiwirtschaftslehre mit ihrem Begründer Silvio Gesell schon Jahrzehnte lang fordert.“[4] Dem folgt eine Darstellung der freiwirtschaftlichen Reformmittel und die abschließende eindringliche Bitte, die Freiwirtschaftslehre im Kampf gegen die soziale und ökonomische Krise einzusetzen.
Man kann sich Udes maßlose Enttäuschung vorstellen, als er auch auf diesen Brief nicht einmal eine zurückweisende Antwort bekam.
Es ist an dieser Stelle zu erwähnen, dass das Dollfuß-Regime die freiwirtschaftlichen Aktivitäten in Österreich keineswegs ignorierte. Der erfolgreiche Verlauf des Wörgler „Freigeldexperiments“ und das lebhafte internationale Echo darauf, besonders die Absicht vieler Gemeinden, dem Wörgler Beispiel zu folgen, erzwangen förmlich eine Auseinandersetzung mit diesem Thema.[5]
Vor dem Hintergrund der katastrophalen sozialen und wirtschaftlichen Situation kam am 21. Juli 1933 im Ministerrat das freiwirtschaftliche Projekt der Ge-

---

[1]Hanisch, Der lange Schatten S. 316.
[2]Ude, Erinnerungen S. 198.
[3]Ebd. S. 199.
[4]Ebd.
[5]Zum Wörgler „Freigeldexperiment“ und zur Freiwirtschaft vgl. Kap. 5.2.2. u. Kap. 8.

meinde Wörgl zur Sprache.[1] Angesichts der ausweglosen Situation plädierten einige Minister dafür, eine Adaptierung der Idee für den Bund in Erwägung zu ziehen. Besonders wortreich versuchte Odo Neustädter-Stürmer, der zu diesem Zeitpunkt der Regierung als Staatssekretär angehörte, seinen Ministerkollegen die Vorteile des Freigeldes vor Augen zu führen. Auch Innenminister Fey regte an, zumindest Fachleute prüfen zu lassen, ob das Freigeld-System nicht doch für den Bund gangbare Wege aufzeige. Hingegen stufte Minister Buresch die Wörgler Aktion als ein „volkswirtschaftlich nicht unbedenkliches Experiment"[2] ein.
Dies entsprach eindeutig der Gesamtlinie der Dollfuß-Regierung, die von einer Anerkennung des positiven Wörgler Resultats oder gar einer möglichen Ausdehnung des Projekts deutlich Abstand nahm.

Folgendes sei nochmals betont: Udes ablehnende Haltung gegenüber dem „Autoritären Ständestaat" entsprang dem nicht eingelösten Versprechen der Dollfuß Regierung, einen antikapitalistischen Kurs zu verfolgen, und den Bedenken in der Frage der Geburtenregelung. „Wie will man die von Papst Pius XI. gewollte ständische Verfassung in die kapitalistische Wirtschaftsordnung hineinbauen? Das sind innere Widersprüche"[3], betonte Ude. „Die österreichische Regierung lässt also die eheliche und uneheliche Onanie unbedenklich gewähren und findet als 'christliche' und 'katholische' Regierung keinen Anstoß daran, dass dadurch Volk und Rasse empfindlich geschädigt und der Prostitution Vorschub geleistet wird"[4], lautete Udes moraltheologische Verurteilung der Regierungspolitik.
In dem Zusammenhang erhob Ude auch schwere Vorwürfe gegen die katholische Amtskirche. Er missbilligte den bischöflichen Hirtenbrief vom 21. Dezember 1933, in dem der Episkopat den „so vornehmen Männern" der österreichischen Regierung „einen mächtigen Segen" erteilte und sich nachdrücklich für Dollfuß und gegen den Nationalsozialismus aussprach.[5] Mit diesem Hirtenschreiben habe sich die katholische Kirche in Österreich „ganz und gar der Regierung Dollfuß und dadurch dem Diktator Mussolini verschrieben."[6]

---

[1]Vgl.: Protokolle des Ministerrates der Ersten Republik Abt. 8 20. Mai 1932 bis 25. Juli 1934. In: Protokolle des Ministerrates der Ersten Republik 1918-1938, hrsg. v. Rudolf Neck u.a. - Wien 1984 S. 236 ff.
[2]Ebd. S. 237.
[3]Ude, Erinnerungen S. 197.
[4]Ude, Denkschrift, verfasst im Jänner 1934. Zit. nach: Liebmann, Sozialethisch-moraltheologische Maximen S. 283.
[5]Zit. nach: Siegfried, Klaus-Jörg: Klerikalfaschismus. Zur Entstehung und sozialen Funktion des Dollfußregimes in Österreich. Ein Beitrag zur Faschismusdiskussion. - Frankfurt u.a. 1979 S. 69.
[6]Ude, Erinnerungen S. 196.

Neben der gegenseitigen Anbiederung zwischen Kirche und Faschismus trat Ude dem Dollfuß-System auch von seiner pazifistischen Position entgegen. „Denn ich bin Kriegsdienstverweigerer und Gegner der allgemeinen Wehrpflicht (...), während die Vaterländische Front den Gewaltstandpunkt vertritt, den Militarismus züchtet“[1], erklärte er seine fehlende Bereitschaft, in dieser politischen Sammelbewegung mitzuwirken. In scharfen Worten distanzierte er sich daher von den Maßnahmen des Regimes während der Februarkämpfe 1934. Mit tiefer Erschütterung kommentierte Ude das Geschehen: „Dollfuß und seine Minister (...) sind in meinen Augen eine blutige Henkergesellschaft (...). Mit Abscheu wandte ich mich von einer Regierung ab, die sich christlich nennt, aber ruhig den Galgen aufrichtete und politisch Andersdenkende einfach aus dem Leben schafft.“[2]
Die persönlichen Nachteile, die ihm aus seiner offenen Systemkritik erwuchsen, taten ein Übriges, im „Autoritären Ständestaat“ eine „himmelschreiende Vergewaltigung“[3] zu sehen.

4.2.3. Udes temporäre Hinwendung zum Nationalsozialismus

Im März 1938 fand sich Ude unter jenen, die das Ende des Ständestaates und die Machtergreifung der Nationalsozialisten in Österreich freudig begrüßten. Lauthals warb er nun für eine Befürwortung des Anschlusses bei der Volksabstimmung am 10. April.[4] Diese Hinwendung zum Nationalsozialismus war jedoch nicht plötzlich erfolgt. Bereits im Herbst 1933 bekennt Ude „die nationalsozialistische Literatur studiert, Hitlers 'Mein Kampf' gelesen“ und sich bemüht zu haben, den Nationalsozialismus „zu verstehen und ihm ebenso gerecht zu werden, wie jeder anderen Bewegung.“[5]
Den Widerspruch zwischen seinem Pazifismus und der waffenstarrenden NS-Aggressionsideologie schob er zunächst in der Überzeugung beiseite, dass sich „die nationalsozialistische Bewegung klären und läutern wird und dass sie ihrem innersten Wesen nach sehr wohl mit dem katholischen Christentum vereinbar ist.“[6]
In einem Brief an Gauinspektor Fritz Knaus vom 6. April 1933, den Ude in Hinblick auf einen möglichen Beitritt zur NSDAP entwarf, legte er seine Einstellung zum Nationalsozialismus offen. Da er selbst ein Gegner des „politischen Katholizismus“ sei, könne er den Kampf der NSDAP gegen „den Miss-

---

[1]Ude, Erinnerungen S. 245.
[2]Ebd. S. 214ff.
[3]Ebd. S. 195f.
[4]Vgl. z.B.: Grazer Volksblatt vom 27. März 1938 sowie Tagespost vom 8. April 1938.
[5]Ude, Erinnerungen S. 203.
[6]Ebd.

brauch des Christentums zu politischen Zwecken"[1] begrüßen. Andererseits mache gerade das Programm der NSDAP es „allen Christen ohne Unterschied des Bekenntnisses möglich (...), an der gesellschaftlichen und wirtschaftlichen Erneuerung des deutschen Volkes mitzuarbeiten."[2]
Seine vormals an eine föderalistische Lösung geknüpfte Bedingung für einen Anschluss an Deutschland sei aufrecht. Er habe aber erkannt, dass man ohne Großdeutschland nicht in der Lage sei, „das von den übervölkischen Geldmächten aufgezwängte Sklavenjoch abzuschütteln."[3]
„Von größter Bedeutung" für ihn seien Hitlers Forderungen nach „Brechung der Zinsknechtschaft" und „der Verwurzelung des deutschen Volkes mit der deutschen Heimatscholle." Für letzteres kämpfe er schon „über ein Vierteljahrhundert lang."[4] Für ihn als Anhänger der Freiwirtschaftslehre täte sich deshalb in der NSDAP „ein großes Feld der Wirksamkeit"[5] auf. Er sei sicher, sich mit den Bestrebungen Hitlers darin zu treffen, „dem gesellschaftlichen und wirtschaftlichen Frieden den Weg zu bereiten und dadurch die Abrüstung anzubahnen."[6]
Als „Gegner jener Demokratie, die nur die Stimmen zählt und dem Grundsatz huldigt, dass stets nur die Mehrheit zu entscheiden habe", bekenne er sich zu einer starken Autorität, die sich dem Prinzip „Gemeinnutz vor Eigennutz"[7] verpflichte.
Schließlich glaubt Ude, auch im persönlichen Lebensstil Hitlers seine eigenen lebensreformerischen Zielsetzungen zu erkennen: „Lebt doch auch Ihr Führer Hitler alkoholfrei, tabakfrei und vegetarisch."[8]
Mit Segens- und Erfolgswünschen im Bemühen „um die gesellschaftliche, wirtschaftliche und kulturelle Höherhebung unseres schwergeprüften deutschen Volkes"[9] schließt der Brief.
Udes Aussagen sind eindeutig, müssen aber genauer zu den in diesem Kapitel dargestellten Entwicklungen in Beziehung gesetzt werden.

Einen Anhaltspunkt für seine Haltung liefert zunächst die Position als Lebensreformer. In keinster Weise sah Ude seine Forderungen im „Autoritären Ständestaat" auch nur ansatzweise verwirklicht. Diesem Faktum stand die völkische Lebensreformrhetorik gegenüber, die mit zunehmender Intensität der Wirtschaftskrisen immer mehr an Einfluss gewann. Der Brückenschlag zum aufstrebenden Nationalsozialismus ergab sich daraus fast zwangsläufig. Indem der Na-

[1]Ude, Erinnerungen S. 205.
[2]Ebd.
[3]Ebd. S. 206.
[4]Ebd. S. 207.
[5]Ebd.
[6]Ebd.
[7]Ebd. S. 208.
[8]Ebd.
[9]Ebd. S. 209.

tionalsozialismus unter anderem auch viele völkische Lebensreformgedanken aufgriff, verstand er es, sich den Anschein einer zeitgeistigen Reformbewegung zu geben. Insbesondere Siedlungs- und Bodenreformer aus dem Umfeld der Freiwirtschaft sahen im Wirtschaftsprogramm der neuen politischen Kraft Anknüpfungsmöglichkeiten. Vergeblich hatten namhafte Freiwirte davor gewarnt, dass „die Nationalsozialisten den Geist der Freiwirtschaft nie erfassen (würden)."[1] Das Parteiprogramm der NSDAP, das die „Abschaffung des arbeits- und mühelosen Einkommens", weiters „Brechung der Zinsknechtschaft", ‚Bodenreform", „Abschaffung des Bodenzinses und Verhinderung jedweder Bodenspekulation"[2] enthielt, musste für manche Anhänger der Freiwirtschaft eine besondere Faszination ausüben. Es waren wortwörtlich jene Forderungen, die auch die Gesellianer erhoben hatten.

Im Unterschied zu den freiwirtschaftlichen Umsetzungsvorschlägen „Freigeld", „Freiland" und „Festwährung" blieben die nationalsozialistischen Programmpunkte inhaltsleere, hohle Phrasen. Die von Gottfried Feder, dem langjährigen Wirtschaftsexperten der NSDAP, ausgegebene Parole von der „Brechung der Zinsknechtschaft" erschöpfte sich im Endeffekt in Maßnahmen zur Zurückdrängung und Beseitigung des Finanzjudentums.[3] Mit Feders schwindendem Einfluss auf die Partei fiel auch die antikapitalistische Larve ab, die einen Teil der Freiwirte in ihren Bann gezogen hatte. Angesprochen auf Feders „Brechung der Zinsknechtschaft" antwortete Goebbels einmal, dass nur derjenige brechen müsse, der sich diesen Unsinn anhöre.[4]

Trotzdem sprachen sich Freiwirte im Sog von Hitlers Machtübernahme und unter dem Eindruck persönlicher Einschüchterungen für die Unterstützung der NSDAP aus. Im bedeutenden freiwirtschaftlichen Publikationsorgan „Letzte Politik" gab man sich 1933 der Illusion hin, die NSDAP für die Umsetzung freiwirtschaftlicher Ziele nutzen zu können. Es komme nicht darauf an, „wer dieses Ziel erreicht, sondern dass es erreicht wird"[5], lautete die in Freiwirtschaftskreisen weit verbreitete Meinung. Man muss davon ausgehen, dass Ude als eifriger Rezipient freiwirtschaftlichen Schrifttums von dieser Haltung beeinflusst wurde.

Ein weiteres Motiv für Udes Annäherung an den Nationalsozialismus könnte aus seiner Prägung durch ständische Konzepte resultieren.

---

[1]Zit. nach: Onken, Werner u.a.: Natürliche Wirtschaftsordnung unter dem Hakenkreuz: Anpassung und Widerstand. - Lütjenburg 1997 S. 12.
[2]Zit. nach: Ebd. S. 71.
[3]Vgl.: Senft, Gerhard: Antikapitalismus von Rechts? Eine Abrechnung mit Gottfried Feders „Brechung der Zinsknechtschaft". In: Z. f. Sozök. 32Jg./106.Folge (1995) S. 18-32.
[4]Fest, Hitler S. 457.
[5]Zit. nach: Onken, Natürliche Wirtschaftsordnung unter dem Hakenkreuz. S. 14.

Die elitär-hierarchische Ständelehre Othmar Spanns war geeignet, den Wirkungsgrad der Theorie an den realpolitischen autoritären Tendenzen der 1930er Jahre zu messen. Dollfuß' Ständestaat kam dafür nicht in Frage, weil er von Spann und seiner Anhängerschaft vehement abgelehnt wurde. Es blieb den Spann-Schülern Wilhelm Longert und Walter Heinrich vorbehalten, eine, wenn auch auf Fehleinschätzungen beruhende, Verbindung zum Nationalsozialismus herzustellen.[1] Heinrich versuchte, Spanns eng umrissenes aristokratisches Elitesystem an das Phänomen der politischen Massenbewegung anzupassen. Spann hatte, zumindest indirekt, von einer statischen Ständeordnung im Hinblick auf eine deutliche Abgrenzung zwischen dem geburtsadeligen „Staatsstand" und den anderen Ständen gesprochen. Heinrich glaubte bei der Entstehung des Ständestaates in Anlehnung an die im Nationalsozialismus gepflogene Eliteauslesung aus den Massen an eine sozialdynamische Improvisationsphase, die sich schließlich wieder in einer statischen Korporationsorganisation festigen werde. In der SA und SS erblickte man den neuen adeligen Staatsstand, in den nach der Machtübernahme geschaffenen Verwaltungseinrichtungen die Grundsteinlegung für die universalistische Ständeordnung.
Spiegelbilder dieser Einschätzung sind auch Udes Äußerungen. Gerade von seiner Position als Vertreter des ständischen Gedankens vermutete er Übereinstimmungen. In dem bereits erwähnten Brief an Gauinspektor Knaus verband er die ständestaatliche Autoritätsauffassung mit der nationalsozialistischen insofern, als er sich zu dem Grundsatz bekannte, „dass jede Gewalt von Gottes Gnaden ist, und dass an jene, die die Gewalt inne haben, die höchsten sittlichen Forderungen gestellt werden müssen. Denn herrschen sollen die jeweils Tüchtigsten und Besten."[2] Genährt wurden die ständischen Projektionen auch durch nationalsozialistische Schriften, in denen von „Ständen" die Rede war, freilich ohne das Führerprinzip auch nur annähernd in Frage zu stellen.[3] Viele österreichische Ständestaat-Theoretiker saßen dem fatalen Irrtum auf, „durch Anpassung an den Nationalsozialismus diesen als den handelnden, ihre Lehre verwirklichenden Teil verwenden zu können."[4] Die radikale Umsetzung des autoritären Führerprinzips durch die Nationalsozialisten löste bei vielen Universalisten unverhohlene Bewunderung aus. Weiters glaubte man, die bis 1933 noch sehr diffusen wirtschafts- und sozialpolitischen Vorstellungen der NS-Bewegung mit der Lehre Spanns auffüllen zu können.[5]

---

[1]Vgl.: Streitenberger, Das Leitbild „Ständische Ordnung" S. 266ff.
[2]Ude, Erinnerungen S. 208.
[3]Vgl. z.B.: Bülow, Friedrich: Der deutsche Ständestaat. Nationalsozialistische Gemeinschaftspolitik und Wirtschaftsorganisation. - Leipzig 1934 S. 53ff.
[4]Streitenberger, Das Leitbild „Ständische Ordnung" S. 270.
[5]Vgl.: Schneller, Martin: Zwischen Romantik und Faschismus. Der Beitrag Othmar Spanns zum Konservativismus in der Weimarer Republik. - Stuttgart 1970 S. 143ff.

Bei Udes Verhältnis zum Nationalsozialismus muss weiters berücksichtigt werden, dass er mit seiner Meinung zu dieser politischen Bewegung innerhalb der Kirche nicht alleine dastand. Die pronationalsozialistische Gesinnung fand sich bei Landpriestern ebenso wie vereinzelt in den höchsten Kreisen der kirchlichen Hierarchie. Der Riss ging quer durch das katholische Lager und ließ die Eindeutigkeit von Zuordnungen wegen der verwirrenden Vielfalt von Ansichten vermissen.
Auf der einen Seite stand ein großer Teil des so genannten „Politischen Katholizismus", der, mehrheitlich repräsentiert im hohen Klerus, eine österreichpatriotische bzw. antinationalsozialistische Linie verfolgte und damit dem „Autoritären Ständestaat" seine Unterstützung angedeihen ließ. Am deutlichsten bezog der Linzer Bischof Johannes Gföllner gegen den Nationalsozialismus Stellung. Bereits 1929 hatte er vor dessen „falschen Propheten" gewarnt, und in seinem weit über Österreichs Grenzen beachteten Hirtenbrief vom 21. Jänner 1933 konstatierte er die völlige Unvereinbarkeit zwischen nationsozialistischem Rassenstandpunkt und Christentum.[1]
In gleicher Weise deutlich und zeitlich früh sprachen sich katholische Intellektuelle für den Nationalsozialismus aus. Zu nennen ist der Philosophieprofessor und Innitzer Vertrauensmann Hans Eibl, der als glühender Marxismusgegner im Nationalsozialismus einen starken Verbündeten im „Kampf für das Reich Gottes"[2] sah. Der katholische „Bund Neuland", zu dem auch Arthur Seyß-Inquart Kontakte hielt, sowie die einflussreiche katholische Zeitschrift „Schönere Zukunft" waren intensiv um Verbindungen bemüht. In der genannten Wochenschrift wurde daher das Konkordat zwischen Hitler-Deutschland und dem Vatikan als „Ausdruck der Anerkennung des nationalsozialistischen Regimes durch die katholische Kirche"[3] gelobt.
In ähnlicher Weise hatte Ude schon vor der Ratifizierung des Konkordats die Haltung des deutschen katholischen Klerus als Maßstab für seine Akzeptanz des Nationalsozialismus herangezogen. „Einzig schon der Umstand, dass die deutschen Bischöfe sich mit dem Nationalsozialismus abfinden und ihre Gläubigen zur Mitarbeit in der nationalsozialistischen Regierung aufmuntern, ist ein Zeichen, dass es nicht angeht, den Nationalsozialismus einfach als Irrlehre abzulehnen"[4], argumentierte er.

---

[1]Zit. nach: Liebmann, Maximilian: Nationalsozialisten: Falsche Propheten oder Koalitionsgenossen? In: Christliche Demokratie 9Jg/Nr.1 (1991/92) S. 87f.
[2]Zit. nach: Hanisch, Ernst: Die Ideologie des Politischen Katholizismus in Österreich 1918-1938. - Wien u.a. 1977 S. 30.
[3]Zit. nach: Liebmann, Nationalsozialisten S. 92f.
[4]Ude, Erinnerungen S.203.

Aus den Reihen des österreichischen Episkopats sprach sich Bischof Alois Hudal, Rektor der Nationalstiftung „Maria del Anima“ in Rom, am vehementesten für eine Verständigung zwischen Nationalsozialismus und Katholizismus aus.[1]
Die Hinwendung bestimmter katholischer Kreise zum Nationalsozialismus ist zum einen in persönlichen deutschnationalen Überzeugungen, viel mehr noch im traditionsreichen kirchlichen Antisemitismus begründet. Religiöse, ökonomische, aber auch rassistische Ressentiments lagen diesem zu Grunde. Selbst in dem ansonsten überzeugenden antinationalsozialistischen Hirtenbrief Johannes Gföllners von 1933 bekennt sich der Bischof zu einem geistig-ethischen Antisemitismus, dessen „schändlicher Einfluss (...) zu bekämpfen und zu brechen gutes Recht und strenge Gewissenspflicht eines jeden überzeugten Christen“[2] sei.
Im Hinblick auf Ude ist dieser Faktor unbedingt zu berücksichtigen, spiegelt sich doch in seinem Verhältnis zum Judentum vor 1939 die gesamte Bandbreite der katholischen Argumentation wider. In der um 1920 verfassten Broschüre „Die Judenfrage“ begegnet Ude der nämlichen mit religiösen Vorbehalten, ausgehend von der Christuskreuzigung und den Talmudlehren, und mit wirtschaftlichen und rassischen Ressentiments, die sich in der materiellen und intellektuellen jüdischen Überlegenheit zeigen würden. „Die Riesenkapitalien in den Händen weniger Juden, die außerordentlichen Kriegsgewinne der Geschäftsjuden, die in den Händen des Judentums befindliche Presse, die vielen Juden an der Spitze der verschiedenen neugeschaffenen Regierungen, schließlich jene Juden, welche den Umsturz organisieren und leiten und den Kommunismus predigen“ machten für ihn „den Antisemitismus zum mindesten psychologisch begreiflich.“[3]
In einer massiven Unterstützung des Zionismus, wie ihn Theodor Herzl gefordert hatte, und in einer tiefgreifenden, christlich motivierten Lebensreform als Abwehr gegen den „zersetzenden und ausbeutenden Geist des Judentums“[4] sah Ude Anfang der 1920er Jahre eine Lösung des Problems. Wenn Ude sich als Befürworter des Zionismus zu erkennen gibt, so unterstreicht dies sehr deutlich seine antisemitische Haltung. Viele unterstützten das Projekt eines Judenstaates mit dem zynischen Hintergedanken, eine Handhabe für eine mögliche Aussiedlung und Abschiebung der europäischen Juden parat zu haben.
Udes sozioökonomischer Reformeifer muss es gewesen sein, der ihm auch über den Antisemitismus einen Zugang zum Nationalsozialismus verschaffte. Die vorgegebenen kapitalismuskritischen Äußerungen der Nazis trafen hier auf eine in diesen Fragen besonders sensibilisierte Person. Verbunden mit dem im Vorfeld des nationalsozialistischen Aufstiegs wirkenden katholischen Antisemitis-

---

[1]Vgl. dazu: Hudal, Alois: Die Grundlagen des Nationalsozialismus. - Wien 1936.
[2]Zit. nach: Liebmann, Nationalsozialisten S. 88.
[3]Ude, Die Judenfrage. - Graz o. J. S. 7f.
[4]Ebd. S. 12.

mus dürften diese Umstände keineswegs zu seiner geistigen Immunisierung beigetragen haben.
Ude vertrat auch als „Antisemit" einen eigenwilligen, um nicht zu sagen pragmatischen Standpunkt. In einem Brief vom 6. Februar 1928 wurde er wegen einer zu Alkoholfragen gehaltenen Rede in einem Wiener Methodistensaal und wegen seines Ausspruchs „Und wenn mich die Juden einladen, in ihrem Tempel zu sprechen, so werde ich es tun" von Bischof Pawlikowski schwer gemaßregelt. In einem Schreiben an seinen Vorgesetzten rechtfertigte Ude sein Verhalten „als ein herrliches Zeichen sozialen Verständnisses und richtiger bürgerlicher Toleranz, wenn wir mit Andersgläubigen anderer Konfessionen gemeinsam zusammenstehen, um einen so furchtbaren Feind, wie es der Alkohol ist, zu bekämpfen.[1]

Ein kritischer Blick sei nochmals auf Udes Veröffentlichungen geworfen, in denen er vor und nach der Volksabstimmung über den Anschluss Österreichs ans Deutsche Reich durchwegs zustimmende und positive Wort fand.
Auffassungsunterschiede bestehen nämlich darüber, ob Ude bei diesen Schreiben innerkirchlichem Druck ausgesetzt war oder ob er aus tiefster innerer Überzeugung gehandelt habe.[2]
Tatsache ist, dass Österreichs Bischöfe am 18. März 1938 feierlich erklärten, es als „selbstverständliche nationale Pflicht" zu sehen, „am Tage der Volksabstimmung" sich „als Deutsche zum Deutschen Reich zu bekennen."[3] Damit war eine Verhaltensorder für alle Kirchenleute und Gläubigen ausgegeben.
Zu belegen ist weiters, dass Ude am Tag des Anschlusses von Wien aus zu einer Vortragsreise nach Belgien aufbrach.
Für eine Beurteilung von Udes Anschluss-Enthusiasmus sind zwei private Briefe sehr aufschlussreich, die er nach seiner Rückkehr an Walter Mudrak, einem Gesinnungsfreund aus dem Umfeld der Abstinenzbewegung, richtete. Auf die an ihn gestellte Frage, wie Christen am 10. April zu entscheiden hätten, antwortete Ude: „Ich bejahe den Zusammenschluss, den ich schon seit dem Zusammenbruch erstrebt habe, und stimme am 10. April mit einem ehrlichen und überzeugten 'Ja'. (...) Mein 'Ja' am 10. April besagt: Ich bejahe den Zusammen-

---

[1]Ude, Erinnerungen S. 44.
[2]Liebmann neigt dazu, Ude als überzeugten Propagandisten der Anschlussbefürwortung bei der Volksabstimmung am 10. April 1938 zu sehen. (Vgl.: Liebmann, Prophet S. 68.).
Farkas führt an, dass Ude am Tag des Anschlusses nicht in Österreich weilte und nach seiner Rückkehr zu einer Stellungnahme aufgefordert worden sei. Für den Fall einer ablehnenden Haltung habe er mit Repressalien rechnen müssen (Vgl.: Farkas, Amtskirche S. 271f - Fußnote Nr. 78).
[3]Feierliche Erklärung der österreichischen Bischöfe, 18. 3. 1938 (Dokument des DÖW: 13.323).

schluss Österreichs und des Deutschen Reiches in dem neuen großdeutschen Reich. Ferner: Ich bejahe die Führung dieses Reiches durch Hitler."[1]
Die episkopalen Sympathiebezeugungen für den Anschluss lehnte er als Heuchelei ab und unterstrich: „Das eine aber sage ich: Die Erklärung unserer Bischöfe, über die ich mich schäme, würde mich nie bestimmen, ein 'Ja' abzugeben."[2]
In einem zweiten Brief vom 5. April 1938 an denselben Adressaten bekräftigte Ude seine Haltung und betonte nochmals: „Ich bejahe das nationalsozialistische Großdeutschland in allem, was nicht wider Gottes Gebot ist."[3]

Bleibt noch eine Frage zu klären, nämlich Udes nationalistische Gesinnung. Das zitierte politische Bekenntnis, er sei monarchistisch eingestellt und habe am Tag der Republiksausrufung während einer Predigt in der Grazer Franziskanerkirche versucht, „das Volk zum treuen Festhalten an seinem Herrscher zu bewegen"[4], lässt Ude eigentlich im österreichpatriotischen und damit antinationalsozialistischen Lager vermuten. Für die ersten Republiksjahre wird dies durchaus zutreffend sein. Später rückte bei seinen Überlegungen der Deutschnationalismus stärker in den Vordergrund, wenngleich er des Öfteren betonte, dass die Anschlussfrage „eine Frage zweiter Ordnung"[5] sei. Ude begründete sein an Bedingungen geknüpftes Eintreten für den Anschluss mit dem Argument, dass „das 'alte Österreich' mit seiner Sendung" nicht mehr bestehe, „sondern nur mehr der deutsche Anteil jenes alten Österreich."[6] Deshalb seien die Österreicher „naturgemäß angewiesen auf eine enge Fühlungsnahme mit Deutschland."[7] Den Anschluss wollte Ude auf der Basis eines Staatenbundes vollzogen sehen. Wiederholt betonte er dabei, dass „die Lösung der österreichisch-deutschen Frage" weniger eine nationale, sondern vielmehr eine wirtschaftliche Frage sei.[8] Bei den deutschnationalen Gruppierungen stieß Udes Gesinnung daher eher auf Ablehnung, obwohl es namentlich von Seiten der Frontkämpfer-Vereinigung Bemühungen gab, deren Anhängerschaft zu einer Mitarbeit im „Wirtschaftsverein" zu bewegen.[9] Eine größtenteils antiklerikale Weltanschauung, die an einem kriege-

---

[1]Brief Udes an Walter Mudrak vom 25. März 1938 (Nachlass Ernst van Loen/ Vogelsang-Bund).
[2]Ebd.
[3]Brief Udes an Walter Mudrak vom 5. April 1938 (Ebd.).
[4]Ude, Erinnerungen S. 81.
[5]Ebd. S. 206.
[6]Ebd. S. 202.
[7]Ebd.
[8]Ude, Österreich und Deutschland. Durch die Überwindung der Wirtschaftsnot zur völkischen Wiedergeburt unseres deutschen Volkes. - Graz 1933 S. 8ff.
[9]Vgl. z.B.: Prof. Ude bei den Frontkämpfern. Programmatische Erklärungen des Wirtschaftsvereins für Österreich. In: Zeitschrift für Volkssittlichkeit und Volksaufklärung 1Jg./5.Heft (o.J.).

rischen Heldentum festhielt, und deren Vorstellungen von Männlichkeit, die sich unter anderem in einer entsprechenden Trinkfestigkeit zu beweisen hatte, konnten Udes Pazifismus und seinem Lebensreformprogramm wohl kaum etwas Positives abgewinnen.

Mit seiner deutschnationalen Gesinnung versuchte Ude aber auch, die Gunst der politischen Stunde zu nützen. Nach dem Anschluss sah er die Möglichkeit, wieder in den Universitätsdienst zurückzukehren, in greifbare Nähe gerückt. In einem ausführlichen Schreiben an das Unterrichtsministerium suchte er um Wiedereinstellung als Lehrender an der Grazer Universität an.

Ausführlich stellte er seinen Werdegang und seine Probleme mit den kirchlichen und ständestaatlichen Behörden dar. Politische Argumente, die sich auf seine Gesinnung bezogen, sollten die neuen Machthaber überzeugen. Ude schrieb: „Der in Österreich herrschende politische Katholizismus, die österreichischen Bischöfe und die österreichische Regierung, haben in inniger Zusammenarbeit mich seit dem Jahre 1926 ununterbrochen verfolgt, haben mir jede berufliche und staatsbürgerliche Betätigungsmöglichkeit genommen, nur weil ich eine aufrechte, deutsche und christliche Politik, reinliche Scheidung von Religion und Politik verlangte, weil ich für die großdeutsche Lösung der österreichischen Frage eintrat, weil ich, was ich noch eigens hervorheben will, fort und fort, u.a. in einer eigenen Eingabe an Bundeskanzler Schuschnigg, gegen die Vergewaltigung der nationalsozialistischen Österreicher durch die österreichische Regierung und gegen die unhaltbaren Zustände in den Anhaltelagern aufgetreten bin und weil ich mich von Anfang an geweigert habe, der 'Vaterländischen Front' trotz wiederholter Aufforderung als Mitglied beizutreten."[1]

Abschließend sei unterstrichen, dass Udes Annäherung an den Nationalsozialismus eine temporäre geblieben ist. Die brutalen Übergriffe auf jüdische Grazer Bürger in der so genannten „Reichskristallnacht" wurden zu seinem persönlichen „Damaskuserlebnis".[2] Diesem folgte Udes berühmtes Protestschreiben an Gauleiter Uiberreither, das an Deutlichkeit in seiner fortan konsequenten Gegnerschaft zum NS-Regime nichts zu wünschen übrig ließ. Dass dieser Aktion „nur" ein Gauverweis folgte, während andere wegen vergleichsweise leiserer Proteste wesentlich härter bestraft wurden, lässt vermuten, dass die Nazis in Ude einen Sympathisanten, zumindest einen für ihre Zwecke brauchbaren Querulanten gesehen hatten.

Erst am 28. März 1939, also ein halbes Jahr nach Udes Protestschreiben, wurde er von der Gestapo in Graz verhört. Ude hatte nach eigener Darstellung Abschriften des an Uiberreither adressierten Briefes an einige Freunde vertraulich

---

[1]Brief Udes an das Unterrichtsministerium vom 23. März 1938 (ÖStA: BKA GZ: 600-Pr/1a/48).

[2]Liebmann, Reichskristallnacht S. 265.

weitergegeben.[1] Entgegen seines Wissens sei der Brief in einer Februar-Ausgabe der Pariser Zeitschrift „Nouvelles d' Autriche“ erschienen. Dieser Umstand führte dann zum Verhör und zum nachfolgenden Gauverweis.
Auch die Tatsache, dass Uiberreither nur drei Tage später Ude auf dessen Protestbrief schriftlich antwortete, ist äußerst ungewöhnlich. In dem Brief vom 14. November 1938 spricht Uiberreither Ude auf Grund des fehlenden Einblicks in die Zusammenhänge das Recht ab, „in derart beleidigenden Redewendungen“[2] die Geschehnisse zu kritisieren. Der Gauleiter zeigt sich befremdet darüber, dass ihn der Brief zu einem Zeitpunkt erreiche, zu dem er sich „trotz vielfacher Widerstände darum bemühe“, Ude „die Lehrtätigkeit an der hiesigen Universität zurückzugeben.“[3] Sonst aber enthält der Brief keinerlei Sanktionsandrohungen.
Tatsächlich hatte Gauleiter Uiberreither bereits im Oktober 1938 bei Staatskommissär Friedrich Plattner gegen Udes universitäre Beurlaubung interveniert. Ude sei kein Nationalsozialist, schrieb der Gauleiter an Plattner, diese seien „auf der katholischen theologischen Fakultät wohl kaum anzutreffen“.[4] Ude habe aber „seinen Kollegen doch mindestens das voraus, dass er ein fanatischer Wahrheitssucher und ein ziemlicher Querkopf ist, was im Rahmen seines Kollegenkreises“ für ihn „nicht ohne Wert“[5] sei.

---

[1]Brief Udes an seine Freunde im römischen Germanikum vom April 1939. Zit. in: Liebmann, Reichskristallnacht S. 268.
[2]Brief Uiberreithers an Ude vom 14. November 1938. Zit. in: Ebd. S. 267f.
[3]Ebd.
[4]Brief des Gauleiters Uiberreither an Staatskommissär Plattner vom 6. Oktober 1938. (ÖStA: BKA GZ: 600-Pr/1a/48).
[5]Ebd.

5. Sozioökonomische Leitbildentwicklung

> „Die kapitalistische 'Ordnung' ist nichts anderes als das Werk menschlicher Sünde und Schwäche; sie verstößt in allewege gegen die natürlichen und geoffenbarten Gottesgesetze. Diese so genannte 'Ordnung' ist genau besehen nichts anderes als die Unordnung, als ein plutokratischer Anarchismus, gefährlicher denn der revolutionäre Anarchismus, der in plumper Weise mit Dynamit den Meuchelmord betreibt, während der liberalkapitalistische Anarchismus weit wirksamer mit dem Wechsel, der Hypothek usw. an der Auflösung aller festen Organisationen arbeitet."
> (Karl v. Vogelsang)[1]

In den vorangegangenen Kapiteln wurde mit der Darstellung des Lebensumfeldes, der wirtschaftlichen und sozialen Ereignisse der Zwischenkriegszeit versucht, den „Nährboden" von Udes Reformansatz freizulegen. Mit der Beschreibung zweier exemplarisch hervorgehobener geistiger Strömungen kamen bereits einige Orientierungspunkte seines Denkens zur Sprache. Nun sollen reformistische Richtungen mit ihren wichtigsten Vertretern genannt werden, die für Udes Programm eine Leitbildfunktion erfüllten.
Wie der Begriff „Leitbildentwicklung" bereits andeutet, handelt es sich dabei um einen dynamischen Prozess. Um dies darstellen zu können, werden Udes Hauptwerke herangezogen, die durch ihre Quellenverzeichnisse Belege für seine Orientierungen liefern. Es sind dies die Bücher „Ethik" (1912), „Das Wirtschaftsideal des Volks- und Staatshaushaltes" (1924), „Soziologie" (1931), „Das Geld. Sein Einfluss auf Gesellschaft, Wirtschaft und Kultur" (1935) und „Du sollst nicht töten" (1948).
Eine Einschränkung erfährt die Darstellung in diesem Kapitel insofern, als der theologische Standort Udes und seine Veränderung mit Rücksicht auf die inhaltliche Zielsetzung der Gesamtarbeit nur am Rande berücksichtigt werden kann.

5.1. Der „Thomismus" als geistiges Fundament

In seiner Selbstbiografie beklagt Ude den Umstand, dass ihm während seiner Ausbildung an der Gregorianischen Universität in Rom die Lehren des Thomas

---

[1] Vogelsang, Karl von: Kapitalismus. In: Lesebuch der Weltliteratur Bd. 4., hrsg. v. Gross W. u.a. Wien 1960 S. 93.

von Aquin ausschließlich aus molinistischer Sichtweise vermittelt worden seien. Ungeachtet dieser Tatsache sei er aber nach einigen Jahren ein überzeugter Thomist im Sinne der Dominikanerschule geworden, deren Veröffentlichungen die als Professoren wirkenden Jesuiten völlig totgeschwiegen hätten.
In Vorlesungen und Publikationen war Ude fortan bemüht, seine Gedanken unter dem philosophischen Blickwinkel der thomistischen Lehre zu entwickeln. Als christlicher Wirtschafts- und Sozialreformer erachtete er es als „ausdrückliche(n) Befehl der Kirche, unser modernes Leben an der Lehre des hl. Thomas zu orientieren, dass also die Führer unserer Völker verpflichtet sind, den hl. Thomas gründlich zu studieren, um das Volk im Sinne der vom hl. Thomas so lichtvoll vertretenen Grundsätze zu führen."[1]
Auf Udes sozioökonomisches Reformprogramm bezogen, interessieren hier in erster Linie die Aussagen und Forderungen des Thomas zur Moralität der freien menschlichen Handlungen. Seine Antworten zu Fragen des Geldes, des Besitzes, des Stellenwertes menschlicher Produktivität und die Maßhaltung im täglichen Leben müssen berücksichtigt werden. Am übersichtlichsten sind diese Aspekte in Thomas' Werk „Summa theologica" enthalten, wobei speziell der 2. Abschnitt des 2. Teils besonderes Augenmerk verdient.
Wenn nun vorrangig vom Stellenwert des Geldes im thomistisch-ökonomischen Denken die Rede sein wird, so bedeutet das nicht, dass nur dieser Bereich Udes Überlegungen beeinflusst hat. Vielmehr wurde Thomas Versuch, eine Verbindung zwischen christlichem Glauben und Ökonomie herzustellen, in allen wirtschaftlichen Grundsatzfragen von Ude übernommen.[2]

Die herausragende Leistung des Aquinaten bestand darin, die antike aristotelische Philosophie und die theologische Wissenschaft seiner Zeit, die Scholastik des 13. Jahrhunderts, zu einer umfassenden Synthese verknüpft zu haben. [3]
Von Aristoteles übernahm Thomas fast vollständig dessen Geld- und Werttheorie. Der antike Philosoph hatte von der „Unfruchtbarkeit" des Geldes gesprochen und damit gemeint, dass Geld neben seiner Tauschmittelfunktion als Wertmaßstab, Wertaufbewahrungs- und Zahlungsmittel fungiere.[4] Niemals aber dürfe durch Geld wiederum Geldgewinn erzielt werden. Sämtliche Darlehensgeschäfte seien ethisch verwerflich.
Bei Thomas heißt es nun: „So besteht der eigentliche und hauptsächliche Gebrauch des Geldes in seinem Verbrauch oder im Ausgeben des Geldes, sofern es für Tauschgegenstände aufgewandt wird. Und deshalb ist es an sich un-

[1]Ude, Die Autorität des hl. Thomas von Aquin als Kirchenlehrer und seine Summa Theologica. Salzburg 1932 S. 10.
[2]Vgl. dazu Kap. 7.
[3]Heinzmann, Richard: Thomas v. Aquin: eine Einführung in sein Denken; mit ausgewählten lateinisch-deutschen Texten. Stuttgart u.a. 1994 S. 26ff.
[4]Schwarz, Aristoteles: Politik S. 92ff.

erlaubt, für den Gebrauch des geliehenen Geldes eine Belohnung zu nehmen, den man Zins nennt."[1] Thomas verknüpfte solcherart den aristotelischen Wert- und Geldbegriff mit der römischen Rechtsauffassung der Geldkonsumtion im Tausch und Darlehen.[2] Demnach bestehe für verbrauchbare Güter wie Nahrung, Kleidung oder eben Geld der Nutzen im Verbrauch. Deshalb dürfe man bei einem Darlehen nicht mehr zurückverlangen als die verliehene Geldsubstanz. Außerdem übertrage ein Darlehensvertrag das Geld als verbrauchbare Sache auf einen anderen Eigentümer und dessen Verantwortung. Weil bei Geld Nutzen und Substanz identisch seien, könne man ein und dieselbe Sache nicht zweimal verkaufen.
Mit der aristotelischen Werttheorie schlug Thomas auch eine Brücke zur traditionellen christlichen Arbeitswertlehre. Diese besagt, dass nur „die Früchte der Arbeit", also das Erarbeitete, und der Boden selbst fruchtbar seien. Geld könne daher nur in direkter Verbindung mit der Natur und mit der menschlichen Arbeitsleistung Fruchtbarkeit erlangen.

Beträchtlich relativiert wurde die thomistische Zinslehre durch das Zugeständnis, dass man zwar verbrauchbare Güter wie das Geld nicht, sehr wohl aber mehr oder weniger unverbrauchbare Güter wie Häuser oder Liegenschaften durch Pacht- und Mietzins rückvergütet bekommen könne. Weiters sollte ein Gesellschaftsvertrag Gewinn- und Verlustbeteiligung, gesonderte Vereinbarungen Schadensersatzansprüche regeln.[3] Das öffnete in der frühkapitalistischen Neuzeit einer beständigen Aushöhlung des kirchlichen Zinsverbotes Tür und Tor. In der hochkapitalistischen Phase des 19. Jahrhunderts gingen katholische Moraltheologen sogar daran, das Zinsnehmen ausdrücklich zu rechtfertigen.

In der Auseinandersetzung zwischen Privatbesitzrecht und anderen Rechtsnormen, vor allem was die Bodenfrage betraf, sprach Thomas in seinen theologischen Summen nur sehr unbestimmt von „Privateigentum als vernunftgeborene Ergänzung der naturgesetzlich vorgegebenen Gütergemeinschaft."[4] Für die Kirche war das sowohl die Rechtfertigung für den eigenen Anspruch auf Bodenbesitz als auch die allgemeine Akzeptanz des privaten Bodeneigentums.
Auch was Udes intensive Auseinandersetzung mit lebensreformerischen Aspekten betrifft, ist zu prüfen, ob Thomas v. Aquin dieses Thema bereits angespro-

[1]Thomas v. Aquin: Summa theologica Bd. 18., hrsg. v. d. Albertus-Magnus-Akademie Walberberg bei Köln. Heidelberg u.a. 1953 S. 366f.
[2]Vgl.: Pichler, Reinhard: Von der Sterilität zur Fruchtbarkeit des Geldes. Die Darlehens- und Zinsfrage sowie das Zinsnahmeverbot bei ausgewählten, deutschen, neuscholastischen Moraltheologiehandbüchern zwischen 1850 und 1960. Dipl. Arb. - Wien 1995 S. 22ff.
[3]Geitmann, Bibel, Kirchen und Zinswirtschaft. In: Z. f. Sozök. 29.Jg./80.Folge (1989) S. 17-24.
[4]Ebd. S. 14.

chen hat. In der „Summa“ sind der Maßhaltung im Essen und Trinken, dem Fasten sowie der Abstinenz als verpflichtende christliche Tugendleistung ausführliche Kapitel gewidmet. Dabei zeigt sich, dass Thomas eine eher gemäßigte Position „zwischen der Unvernunft eines selbstmörderischen Aszetismus und der Unvernunft epikureischer Schlemmerei“[1] einnimmt. Die Mäßigkeits- und Enthaltsamkeitsforderungen bezüglich des Lebensmittelgenusses rechtfertigte Thomas im Wesentlichen mit einer Stärkung der Keuschheit, einer größeren spirituellen Beweglichkeit und der christlichen Bußtradition. In etwa dieselben Ansprüche stehen auch bei Ude am Beginn seiner Überlegungen zur Askese. Erweitert wurden die thomistischen Postulate bei Ude durch eine sozioökonomische Argumentation im Spiegel des zwischenkriegszeitlichen Krisenphänomens.

Es kann daher davon ausgegangen werden, dass die Gesellschafts-, Wirtschafts- und Staatslehren des Thomas v. Aquin für Ude normativen Charakter erhielten. In Thomas' „Summa theologica“ sah er die Rangordnung der christlichen Karitaswerke enthalten, namentlich „die Grundsätze bezüglich der Beurteilung des Kriegs- und Friedensproblems, die Prinzipien, nach denen der reine Darlehenszins als Wucher rundweg abzulehnen ist, die Leitsätze zur Beurteilung der Berechtigung des Privateigentums, aber auch der Hinweis, dass es kein absolutes, schrankenloses Eigentum gibt.“[2]
Der zweite Abschnitt des 2. Teils der „Summa theologica“ enthält für Ude „alle modernen, unsere heutige Gesellschaft zutiefst bewegenden Probleme.“[3] Er vermeint hier den richtigen Lösungsansatz für den ganzen „Komplex der sozialen Frage, das warenökonomische Problem, de(n) Kapitalismus, das Genuss- und Produktionsproblem, die Alkoholfrage usw.“[4] finden zu können.

5.2. Vom „guten“ Kapitalismus zur Kapitalismusverdammung

Wie bei vielen Reformern ist auch Udes Werk gekennzeichnet von einem heftigen Ringen mit den drückenden sozialen Fragen seiner Zeit. Dabei kam er nicht umhin, sich mit dem System des Kapitalismus intensiv auseinander zu setzen. Es ist naheliegend, dabei zunächst den Einfluss der traditionsreichen christlichen Soziallehre zu berücksichtigen. Tatsächlich zeigt sich, dass Ude in den unterschiedlichsten sozialen Strömungen der kirchlichen Botschaften seine Leitbilder suchte und fand. Die Komplexität und der Umfang der als „katholische Soziallehre“ bezeichneten Materie macht eine Einschränkung auf Beispiele

---

[1]Thomas, Summa Bd. 18 S. 146f.
[2]Ude, Die Autorität des hl. Thomas v. Aquin.S. 151.
[3]Ebd.
[4]Ebd.

notwendig, sofern sie entweder für Udes Ablehnung oder für seine Befürwortung relevant sind.
Außerhalb der katholischen Tradition war es vor allem die Freiwirtschaftslehre, die den wichtigsten Stellenwert in seinem Reformgedankengut erhielt.

5.2.1. Die gemäßigte und radikale Kapitalismuskritik in der katholischen Soziallehre

Fast man den Begriff „katholische Soziallehre" im weitesten Sinn, so ist diese so alt wie das Christentum selbst.[1] Die Beziehung zwischen Mensch und Gesellschaft wird bereits im alten Testament der Bibel angesprochen, findet seine Fortsetzung bei den wirtschaftsethischen Lehren der altchristlichen Schriftsteller und erfährt in der Scholastik durch eine „wissenschaftliche philosophische Durchdringung der tragenden Sozialprinzipien"[2] eine deutliche Weiterentwicklung. Aber erst der entfesselte Kapitalismus im Zeitalter der Industrialisierung und die daraus resultierende soziale Frage rief die bekannten strukturreformerischen Ansätze aus dem Umfeld des Katholizismus hervor.

Zu den Wegbereitern des späteren österreichischen Sozialkatholizismus zählte neben Adam Müller[3] vor allem Franz v. Baader, der bereits im Vormärz das Schicksal der Arbeiterklasse grundlegend analysierte. Baader entwarf einen ständestaatlichen Entproletarisierungsplan gemäß der sozialromantischen Illusion, antagonistische Gesellschaftsklassen vereinen zu können, ohne „der nichtbesitzenden Schicht der Proletarier ein echtes Eigenvertretungsrecht zuzugestehen."[4]
Wie bereits im Kapitel 4 der Arbeit angedeutet wurde, kristallisierte sich durch die Ausbreitung des liberalistisch-individualistischen Denkens nach dem Revolutionsjahr 1848 aus dem Spektrum des Sozialkatholizismus zwei Lehrmeinungen heraus: Einer gegenüber Liberalismus und Kapitalismus gemäßigten und auf sozialpolitische Maßnahmen bauenden Richtung stand ein radikal sozialreformerischer Flügel gegenüber.
Stellvertretend für die gemäßigte sozialpolitische Linie Mitte des 19. Jahrhunderts sei der Mainzer Bischof Wilhelm Emmanuel v. Ketteler genannt, welcher auf nachfolgende Reformergenerationen großen Einfluss ausübte.[5] Hervorzuheben ist seine Abkehr von alten Ständeordnungen und seine Befürwortung von

[1] Weiler, Rudolf: Die soziale Botschaft der Kirche: Einführung in die katholische Soziallehre. - Wien 1993 S. 4f.
[2] Ebd.S. 5.
[3] Vgl. Kap. 4
[4] Schlagnitweit, Der Kapitalismus S. 56f.
[5] Ebd. S. 62ff.

Arbeitnehmerorganisationen auf gewerkschaftlicher Basis, die von kirchlicher und staatlicher Seite tatkräftig zu unterstützen seien.
Für die sozialradikale Strömung des 19. Jahrhunderts ist sicher Karl v. Vogelsang wegen seines großen Anhangs und der nachhaltigen Wirkung seines reformistischen Ansatzes repräsentativ. In seiner Person vereinigt sich besonders markant die typisch antiaufklärerische Haltung konservativ christlicher Kreise mit dem Bemühen der katholischen Soziallehre, sich gegen Liberalismus und Kapitalismus zu stemmen. Beachtenswert ist Vogelsangs strikte Ablehnung des Zinssystems. Dem Zins maß er eine die ganze Gesellschaft zerstörende Wirkung bei und erhob ihn zum „Angelpunkt der sozialen Frage". Eine eigene Strategie gegen die Zinswirtschaft entwarf Vogelsang nicht, sondern sah die Lösung dieses Problems eingebunden in eine auf die gesamte Gesellschaftsordnung abzielende Reform. Dazu gehörte eine strikte Unterordnung individueller Interessen unter die Bedürfnisse einer christlichen Solidargemeinschaft ebenso, wie eine reine Bedarfsdeckungswirtschaft wirtschaftliche Konkurrenz unterbinden sollte. Die Rahmenbedingungen hierfür sah er in einem monarchistisch-ständisch-korporativen System gegeben.
Für die „Vogelsang-Schule" von maßgeblicher Bedeutung war auch der Dominikanerpater Albert Maria Weiß, der Vogelsang als theologischer Berater diente und dessen Zinskritik ganz in der scholastisch-thomistischen Tradition stand.[1] Seine absolute Verneinung einer sittlichen Erlaubtheit des Zinses sowie sein überkommenes Sozialideal einer überschaubaren haus-, zunft- und ständewirtschaftlich organisierten Gesellschaftsstruktur inspirierte spätere katholische Kapitalismuskritiker - so auch Ude - entscheidend. Auch seine Ablehnung einer „Verquickung von seelsorgerischem Wirken und Parteipolitik"[2] war für einen Teil des österreichischen Klerus richtungsweisend.

Die weitere Entfaltung der radikalen antikapitalistischen Linie Vogelsang'scher Prägung wurde zunächst durch eine gemäßigtere und an realpolitischen Gegebenheiten orientierte Denkrichtung gebremst. Die Rede ist vom „Solidarismus", welcher am Beginn des 20. Jahrhunderts von deutschen Jesuitenpatres seinen Ausgang nahm.
Innerkirchlich hatte bereits Jahrzehnte zuvor „die Macht des Faktischen"[3] gesiegt. Im Jahre 1870 war eine Initiative von 22 Bischöfen zur Bekräftigung des Zinsverbotes auf dem Ersten Vatikanischen Konzil gescheitert, und in der 1891 veröffentlichten päpstlichen Sozialenzyklika konnte man nur sehr allgemein von „gierigem Wucher" und dem „unersättlichen Kapitalismus" lesen.[4]

[1] Schlagnitweit, Der Kapitalismus S. 72.
[2] Silberbauer, Österreichs Katholiken S. 143.
[3] Geitmann, Bibel, Kirchen und Zinswirtschaft S. 22.
[4] Zit. nach: Ebd. S. 22.

1905 veröffentlichte nun der Jesuitenpater Heinrich Pesch sein „Lehrbuch der Nationalökonomie“, das den Grundstein für die solidaristische Schule legte.
Die Gesellschaftstheorie dieser Richtung bezog eine Position der Mitte zwischen dem individualistischen Liberalismus auf der einen und dem kollektivistischen Sozialismus auf der anderen Seite.[1] So wie man es ablehnte, die Gesellschaft als eine Summe von Einzelindividuen aufzufassen, wurde die Gemeinschaft nicht als unabhängiges, aus Einzelindividuen zusammengesetztes Wesen begriffen. Erklärt wurde die gleichzeitige Bindung an Individuum und Gemeinschaft mit der sozialen Natur des Menschen, die zu einer gesellschaftlichen Vereinigung strebe, weil die Erreichbarkeit gemeinsamer Zielvorstellungen nur durch das Gemeinschaftsprinzip verwirklichbar sei.
Zum Bindeglied zwischen Individuum und Kollektiv erhob Pesch den Begriff der Solidarität, der ein Gesellschaftssystem hervorbringe, „das die solidaristische Verbundenheit jeder Gemeinschaft mit ihren Gliedern und der Glieder mit ihrer Gemeinschaft zum beherrschenden Prinzip menschlichen Zusammenlebens macht.“[2]
Auf die Wirtschaft bezogen galt, dass die subjektive Wesenheit des Menschen zum bestimmenden Faktor werden sollte. Dies rückte für die Solidaristen die menschliche Arbeit in den Mittelpunkt ihrer ökonomischen Überlegungen. Soweit es die zentrale Stellung der Arbeit betraf, war eine Kontroll- und Reglementierungsfunktion des Staates vorgesehen. Sonst aber setzte man auf ein subsidiäres System von korporativen Berufsverbänden, das die bestehende Wirtschaftsordnung unangetastet ließ. Der Solidarismus betonte kapitalistische Grundsätze wie Privateigentum, Arbeitsteilung, Privatinitiative und Wettbewerb. Wo immer jedoch das Gemeinwohl und das Bedarfsdeckungsprinzip der Solidargemeinschaft auf dem Spiel stand, sollte dem individuellen Gewinnstreben Einhalt geboten werden.
Der Solidarismus fand in Deutschland und Österreich gleichermaßen eine große Anhängerschaft. In der österreichischen Zwischenkriegszeit wurden katholische Moraltheologen wie Joseph Biederlack, Johannes Messner, Josef Dobretsberger, Franz Zehentbauer u.a. im Sinne der solidaristischen Tradition zu eifrigen Verfechtern einer gemäßigten kapitalismuskritischen katholischen Sozialreform.
Allesamt waren sie von einem „guten“ Kapitalismus überzeugt. Die Meinungen gingen oft nur hinsichtlich der Nützlichkeit wirtschaftlicher Konkurrenz besonders in Krisenzeiten sowie dem Umfang der Arbeits- und Sozialgesetzgebung als Möglichkeit, Eigentum für die Masse der Besitzlosen umzuschichten, auseinander.[3]

---

[1]Schlagnitweit, Der Kapitalismus S. 78ff.
[2]Diamant, Die österreichischen Katholiken S. 148.
[3]Vgl. dazu vor allem die unterschiedlichen Auffassungen zwischen Messner und Dobretsberger, was Monopol-und Kartellbildungen betraf. In: Silberbauer, Österreichs Katholiken S. 182ff.

Bezeichnend ist auch die Haltung vieler Solidarismusvertreter zur Zinsproblematik. Pesch, Biederlack, Zehentbauer, Ratzinger, Schindler, Cathrein u.a.m. rückten von der Zinsverurteilung früherer Zeiten deutlich ab und argumentierten damit, dass sich das Wirtschaftsleben und damit auch der Kapitalismus gewandelt habe.[1] Die nunmehrige Annahme von der Fruchtbarkeit des Geldes lasse gewinnbringende Geldanlage möglich werden, es sei zwischen Zins und Wucher zu unterscheiden. Grundsätzlich wurde aber der Zins mit Berufung auf ein „modernes sittliches Bewusstsein"[2] als für die Wirtschaft nützlich gerechtfertigt.
Auch in der Diskussion um den Privatbesitz von Grund und Boden hielten die Solidaristen mit Verweis auf „Rerum novarum" und „Quadragesimo anno" an einem persönlichen Besitzanspruch fest.[3]
Bei der Beurteilung des Solidarismus ist zu vermerken, dass er sich um einen Ausgleich in den traditionellen Polarisierungen zwischen Sozialpolitik und Sozialreform bemühte und versuchte, den gegebenen Verhältnissen seiner Zeit gerecht zu werden.[4] Kritisch muss vermerkt werden, dass ein Ausgleich zwischen Individual- und Sozialprinzip nur bedingt glücken konnte, da zu idealisierend von einer dem menschlichen Wesen naturgegebenen Solidarität ausgegangen wurde. Gegenüber den Krisensymptomen des liberalkapitalistischen Wirtschaftssystems blieb der Solidarismus letztlich „zahnlos", ließ er doch die Angelpunkte des Systems, wie Vogelsang es treffend formuliert hatte, nämlich das Geld- bzw. Zins- und Bodenproblem unangetastet.

Genau in diesen Punkten hinterließ die sozialreformerische, an die Tradition Vogelsangs anknüpfende Variante des Sozialkatholizismus ein deutlicheres Profil. Stellvertretend für eine Vielzahl von Vertretern dieser Richtung sei kurz auf den radikalen Kapitalismuskritiker Anton Orel eingegangen.
Der aus ärmlichen Verhältnissen stammende Anton Orel hatte zunächst in der christlichsozialen Parteibewegung seine geistige Heimat gefunden.[5] Nachdem es wegen ideologischer Unstimmigkeiten zum endgültigen Bruch mit der Partei gekommen und einer eigenen Parteigründung kein Erfolg beschieden war, entfaltete Orel eine intensive publizistische Tätigkeit. Sein Schreibeifer galt der alles bestimmenden mammonistischen Kapitalismusverdammung. Damit beeinflusste er alle katholischen Kapitalismuskritiker in Österreich maßgeblich. Trotzdem kam es zu Entfremdungen zwischen ihm und seinen zahlreichen Anhängern. Schuld daran war seine aggressive Radikalität, „mit der er die gesamte

---

[1]Geitmann, Bibel, Kirchen und Zinswirtschaft S. 22.
[2]Zit. nach: Ebd.
[3]Ebd. S. 17f.
[4]Schlagnitweit, Der Kapitalismus S. 81.
[5]Silberbauer, Österreichs Katholiken S. 189ff.

soziale Frage vom Standpunkt der 'christlichen' Moral her - so wie er sie eben verstand - neu zu konzipieren und zu beantworten versuchte."[1]
Eigenwillig war sein Standpunkt deshalb, weil er alle sozialen und ökonomischen Probleme auf den Stellenwert von Eigentum und Arbeit bezog. Gemäß der Vogelsang-Schule machte er - undifferenziert und unter Verkürzung der tatsächlichen historischen Zusammenhänge - die Verdrängung des germanisch-christlichen Gebrauchsrechtes durch das römisch-heidnische Privatbesitzrecht für die Herausbildung des Kapitalismus im Allgemeinen und für die Abwertung der Arbeits- zu Gunsten der Geldwirtschaft im Besonderen verantwortlich. Das daraus resultierende arbeitslose Einkommen aus Zins und Bodenpacht verurteilte er scharf und hielt diesem die Arbeitswerttheorie entgegen, die er als alleinige Bemessungsgrundlage für den gesamten Wirtschaftsprozess gelten lassen wollte.
Eigentum, in welcher Form auch immer, konnte seiner Meinung nach nur als Gotteslehen aufgefasst und als solches nur durch Arbeit und im Einklang mit dem Gemeinwohl genutzt werden. Ein striktes Zinsverbot, Vermögensbegrenzung, kleinbetriebliche Produktionsstruktur und ein „sakral"-lehensrechtlicher Ständestaat gehörten zu seinen Reformideen.

5.2.2. Die Freiwirtschaftslehre

Im April 1935 berichtete der französische Ministerpräsident Eduard Daladier auf dem Kongress der Radikalsozialisten in Nantes von einer Reise „nach einem tirolischen Dorf von 4.000 Einwohnern, namens Wörgl (...), das, angeregt durch die Geldtheorien Silvio Gesells und der davon ausgehenden freiwirtschaftlichen Bewegung, einen beachtenswerten Versuch unternommen hat."[2]
Das, was Daladier bei seinem Besuch im Sommer 1933 in Wörgl beobachten und so sehr beeindrucken konnte, war das mutige Selbsthilfeprojekt einer von wirtschaftlicher Depression und Arbeitslosigkeit schwer gezeichneten Marktgemeinde. Im Frühjahr 1932 hatten im Wörgler Kommunalgebiet 400, in der näheren Umgebung 1.100 Menschen als Folge der internationalen Deflationskrise ihren Arbeitsplatz verloren.[3] Mit dem Niedergang des Produktionssektors versiegten auch die Steuereinnahmen der Gemeinde, die in einen Teufelskreis aus Verschuldung, Zinsentilgung und neuerlicher Kreditaufnahme geriet.

---

[1]Schlagnitweit, Der Kapitalismus S. 105.
[2]Zit. nach: Schwarz, Fritz: Das Experiment von Wörgl. - Bern 1951 S. 63f. (Das Zitat bezieht sich auf einen Artikel in der Zeitschrift „Illustration" vom 9.9.1933, das Daladier zur Reise nach Wörgl bewog.)
[3]Onken, Werner: Ein vergessenes Kapitel der Wirtschaftsgeschichte - Schwanenkirchen, Wörgl und andere Freigeldexperimente. In: Z. f. Sozök. 20.Jg./57.u.58.Folge (1983) S. 3-20.

In dieser prekären Situation entschloss sich der Wörgler Bürgermeister Michael Unterguggenberger zu einem Experiment. Der an reformerischen Schriften sehr interessierten Sozialdemokrat hatte das Buch „Die natürliche Wirtschaftsordnung durch Freiland und Freigeld" von Silvio Gesell gelesen. Darin versprach sich der Autor von der Einführung eines umlaufgesicherten Zahlungsmittels einen möglichen Ausweg aus Wirtschaftskrisen. Argumentativ gestärkt durch ein 1929 im bayrischen Schwanenkirchen durchgeführtes Projekt, welches Gesells geldpolitische Maßnahmen erfolgreich umgesetzt hatte, gelang es Unterguggenberger, die Wörgler Öffentlichkeit von der Sinnhaftigkeit eines solchen Vorhabens zu überzeugen.
Am 31. Juli 1932 begann die Gemeindekasse mit der Ausgabe von so genannten „Arbeitwertscheinen" in drei Nennwerten zu 1, 5 und 10 Schilling. Die Besonderheit dieses Notgeldes bestand darin, dass es mit einem „Umlaufantrieb" ausgestattet war. Damit ein „Arbeitswertschein" weiterhin als Tauschmittel verwendet werden konnte, musste jeweils am Monatsbeginn auf der Rückseite der Geldnote eine Marke aufgeklebt werden. Der Kaufpreis der Marke betrug 1 Prozent des Nennwertes des zu beklebenden Scheines. Diese Geldbuße konnte man vermeiden oder gering halten, indem der Schein tatsächlich als Tauschmittel verwendet wurde. Solcherart konnte private Geldhortung verhindert und eine regelmäßige Geldzirkulation gesichert werden. Am Ende des Jahres hatten sich die mit 12 Marken beklebten „Arbeitswertscheine" - analog zu den Gütern - „verbraucht". Sie wurden eingezogen und durch neue ersetzt. Das geringe und beständige Geldvolumen von höchstens nur 12.600 gleichzeitig umlaufenden Arbeitswertscheinen[1] vermied eine Inflation und entfaltete eine Wirkung, die Wörgl bald zu einem „Mekka der Volkswirtschaft" werden ließ.
Den aus aller Welt angereisten verblüfften Experten konnte Michael Unterguggenberger eine beachtliche Erfolgsbilanz präsentieren. Während die österreichische Nationalbank im Vergleichszeitraum von August 1932 bis August 1933 914 Millionen Geldscheine emittierte - also 153 Schilling pro Kopf - und dabei die Arbeitslosenrate österreichweit um 20 Prozent stieg, sank die Arbeitslosenrate in Wörgl um 25 Prozent bei maximal 3 Schilling in Arbeitswertscheinen pro Wörgler Einwohner.[2]
Als 200 weitere Gemeinden in Österreich und sogar die Tiroler Landesregierung die Einführung dieses Reformgeldes erwogen, bereitete die Nationalbank dem „Wunder von Wörgl" ein jähes Ende. Mit Berufung auf das österreichische Notenbankgesetz, welches der Nationalbank das alleinige Privileg der Geldzeichnung zugestand, wurde das Selbsthilfeprojekt trotz heftiger Interventionen am 15. September 1933 endgültig zu Fall gebracht.
Der geistige Vater des Wörgler Experiments, Silvio Gesell, konnte den Erfolg nicht mehr miterleben. Er war bereits 1930 in Berlin verstorben.

---

[1]Senft, Weder Kapitalismus S. 207.
[2]Ebd. S. 208.

Die Vorder- und Rückseite eines Arbeitswertscheines der Gemeinde Wörgl. (Quelle: Onken, Ein vergessenes Kapitel S. 10)

Gesell hatte nie eine wirtschaftswissenschaftliche Ausbildung genossen, sondern als Kaufmann und Unternehmer die Probleme des Wirtschaftsalltags in der Praxis kennen gelernt. Die Erfahrungen mit den schweren Währungskrisen zur Zeit seiner unternehmerischen Tätigkeit in Argentinien brachten ihn dazu, sich intensiv mit der Funktion des Geldwesens zu beschäftigen. Die akribischen Studien führten Gesell zur Erkenntnis, dass das Geld gegenüber der Ware und Arbeitskraft am Markt im Vorteil ist, weil seine materiellen Eigenschaften, anders als dies bei Sachgütern der Fall ist, einen Angebotszwang ausschließen. Diese „Streikfähigkeit" des Geldes ermöglicht nach Gesells Theorie auch dessen „Zinsfähigkeit". Geldbesitzer seien damit in der Lage, Konjunkturverläufe nach Gutdünken zu beeinflussen.
Gesell erkannte den direkten Zusammenhang zwischen der emittierten Geldmenge und der Kaufkraft des Geldes, welche am durchschnittlichen Preisniveau ablesbar ist. Um inflationäre oder deflationäre Kaufkraftschwankungen verhindern zu können, konzentrierte sich seine Geldreform auf ein Mittel, das die ausgegebene Geldmenge mit der zu steuernden marktaktiven Geldmenge zu einer größtmöglichen Übereinstimmung bringt. Weiters sollte das umlaufende Geldvolumen möglichst genau an die am Markt befindliche Menge der Waren und Dienstleistungen angepasst werden. Zu diesem Zweck forderte er die Abschaffung der nach privatwirtschaftlichen Interessen geführten Notenbanken. An deren Stelle sollte ein staatliches Währungsamt treten, welches die Geldemissionen an den Großhandelsindex koppelt. Den Vorteil einer solchen „Indexwährung" sah Gesell darin, dass die Großhandelspreise auf Marktveränderungen schnell reagieren. Das ermögliche eine sofortige Anpassung der Geldmenge, noch bevor sich eine veränderte Wirtschaftssituation auf die Verbraucherpreise auswirken könne.
Zur Sicherstellung einer beständigen Geldzirkulation sollte auf das umlaufende Bargeld sowie auf kurzfristig gebundene Sichtguthaben in bestimmten Abständen eine Gebühr fällig werden. Damit hoffte Gesell, das Geld genauso wie Waren und Dienstleistungen einem Angebotszwang unterworfen zu haben. Er erwartete mit der daraus resultierenden verstärkten Konsumgüternachfrage eine Sicherung von Produktion und Arbeitsplätzen. Außerdem, so Gesells Annahme, würde die starke Erhöhung der Spareinlagen die Banken zwingen, das Geld günstig, d.h. mit einem geringen Zinssatz oder sogar zinsfrei dem Wirtschaftskreislauf wiederum zuzuführen. Ein solches vom Zins befreites Geld nannte er „Freigeld". Im Freigeld als Indexwährung - von Gesell als „Festwährung" bezeichnet - sah er die Garantie für eine Geldwertstabilität ohne Inflation und Deflation. Bemerkenswert ist, dass Gesell schon zur Jahrhundertwende die damals übliche Goldwährung einer fundamentalen Kritik unterzog, die nach 1945 als richtig erkannt und umgesetzt wurde.
Ergänzt hat Gesell seine Geldreform durch eine umfassende Bodenreform. Diese zielte darauf ab, den Privatbesitz an Grund und Boden entschädigungspflich-

tig in Gemeinschaftsbesitz umzuwandeln und private Nutzungsrechte am Boden nach dem Erbpachtprinzip zu vergeben. Von dem durch Sozialisierung des gesamten Bodeneigentums geschaffenen „Freilandes" sollte die gesamte Grundrente der Allgemeinheit zugeführt werden.
Gesells Reform unterschied sich von anderen Ansätzen vor allem dadurch, dass mit der angestrebten Beseitigung des Kapitalismus nicht notwendigerweise auch die Marktwirtschaft abgeschafft würde. Außerdem verließ er sich nicht wie die meisten Theoretiker des Sozialkatholizismus auf das Ideal der Solidarität, sondern versuchte, das menschliche Eigennutzdenken bei seinen Überlegungen einzukalkulieren.[1]

5.2.3. Udes Haltung zur Kapitalismuskritik

Johannes Ude hat mit seinem Reformprogramm nicht nur eine bestimmt Denkrichtung der katholischen Soziallehre weitertradiert und den Gegebenheiten seiner Zeit angepasst. Er hat viel mehr mit der Verbindung zwischen christlicher Reformtradition, der Lebensreform und der weltlichen, der Institution Kirche gegenüber eher kritisch eingestellten Lehre Gesells eine einzigartige Position unter Österreichs Reformkatholiken erlangt.
Auf der Suche nach Udes Reformorientierung im katholischen Bereich kann vorweg die These gelten, dass er seine Leitbilder mehrheitlich in der sozialreformerischen Denkschule fand, wenngleich dies von Beginn an nicht immer so eindeutig der Fall war.
In der 1924 erschienen Monografie „Das Wirtschaftsideal des Volks- und Staatshaushaltes", die großteils eine Zusammenfassung der bis zu diesem Zeitpunkt veröffentlichten Zeitschriftenbeiträge und Broschüren darstellt, steht der Begriff „Solidarismus" im Mittelpunkt von Udes Abhandlung. Der Gedanke, den gesamten Volks- und Staatshaushalt nach dem „altruistischen Prinzip des Solidarismus mit der strengen Forderung der vollsten Gerechtigkeit und Nächstenliebe"[2] ausrichten zu können, durchzieht als „roter Faden" das gesamte Buch. Im Solidaritätsgedanken vermutete Ude ein ausgleichendes, regulierendes Prinzip für die nationalen und internationalen Wirtschaftsinteressen sowie einen sozialen Ausgleichseffekt in der von ihm favorisierten Ständegesellschaft.
Durchaus ins „solidaristische Bild" passt auch Udes Kapitalismusanalysen zu diesem Zeitpunkt. 1924 war er noch geneigt, neben der Verurteilung des „unmoralischen, von den Geboten der Nächstenliebe und Gerechtigkeit abgefallenen Kapitalismus"[3] von einem „guten" Kapitalismus zu sprechen. In diesem erblickte er bei Wahrung einer solidaristischen Unternehmermoral, „unter vollster

[1]Vgl. dazu Kap. 8.1.1.
[2]Ude, Wirtschaftsideal S. 14.
[3]Ebd. S. 67.

praktischer Anerkennung und Hebung des Privateigentums den größten Segen für unsere gesamte Volkswirtschaft."[1]
Die bereits bezogene kritische Haltung gegenüber dem Geld- bzw. Zinskapitalismus erfolgte gemäß der thomistischen Lehre. Der grundsätzlich positiven Bewertung der Geldfunktionen stellte auch Ude die „Unfruchtbarkeit" des Geldes gegenüber. Zinswucher wurde verurteilt, Darlehenszins im Falle eines Gewinnverzichts oder Verlustes des Gläubigers aber gut geheißen. Zinsverbote als Lösung des Problems lehnte er ab, glaubte aber in einem von ethischen Grundsätzen reglementierten Produktions- und Konsumsystem den „Kapitalzins ganz von selbst auf Null herabsinken"[2] zu sehen.
Auffallend ist im „Wirtschaftsideal" die häufige Verwendung von Autoren der solidaristischen Schule als Quelle. Zahlreiche Werke von August Lehmkuhl, Joseph Biederlack, Viktor Cathrein, Franz Zehentbauer und natürlich Heinrich Pesch werden von Ude angeführt, wobei sich wie z.B. im Falle von Peschs „Lehrbuch der Nationalökonomie" der Vermerk „äußerst empfehlenswert" findet. Zu der moraltheologischen Dominanz der gemäßigten Kapitalismuskritiker passt auch Udes Berufung auf das eher zurückhaltende Bodenreformkonzept Adolf Damaschkes in dieser Phase.
Wichtig schien es Ude im „Wirtschaftsideal" zu sein, die katholische Reformtradition von „staatssozialistischen" Positionen abzugrenzen. An mehreren Stellen findet sich diese Problematik angesprochen, wobei die kapitalismusfreundliche Variante des Solidarismus die Argumente liefern sollte.
Bei den häufigen Bezügen zum Solidarismus darf aber nicht übersehen werden, dass Ude in seinen Grundzügen sozialreformerisch geprägt war. Mit der Nennung der Romantiker Heinrich Wilhelm Riehl und Adam Müller, des kompromisslosen Thomisten Albert Maria Weiß, des Universalisten Othmar Spann, des später politisch rechts orientierten Nationalökonomen Richard Kerschagl als Quelle wird bereits im „Wirtschaftsideal" Udes sozialreformerisches Profil deutlich.

War Ude also bis etwa 1924 noch größtenteils davon überzeugt, „den Konsum und die Produktion im Geiste der Gerechtigkeit und Nächstenliebe reformieren" und damit „den Fluch des Kapitals in Segen"[3] verwandeln zu können, so trat Mitte der 1920er Jahre ein deutlicher Gesinnungswandel und damit eine Verschiebung der Leitbilder ein.
Der in seiner Wirkung nachhaltigste Moment ergab sich aus Udes Begegnung mit dem Schweizer Freiwirtschafter Jakob Sprenger.[4] Ude setzte sich nun inten-

[1] Ude, Wirtschaftsideal S. 61.
[2] Ebd. S. 70.
[3] Ebd. S. 77.
[4] Senft, Gerhard: Chronik einer Legende. Die Freiwirtschaftsbewegung in Österreich. In: Z. f. Sozök. 28.Jg./91.Folge (1991) S. 25.

siv mit der ökonomischen Theorie Gesells auseinander und versuchte sie mit der zinskritischen christlichen Reformtradition zu verbinden. Künftig sollte die Freiwirtschaftslehre zum dominierenden Element in Udes Reformplänen werden.

Die Verschärfung der ohnehin angespannten wirtschaftlichen Situation in der 2 Hälfte der 1920er Jahre sowie die allgemeine Rezeptlosigkeit der von der solidaristischen Schule stark beeinflussten christlichsozialen Regierungen muss dazu beigetragen haben, dass Ude nun merklich von der sozialpolitischen Linie abrückte und sich wieder stärker der sozialreformerischen Richtung des Sozialkatholizismus zuwandte.
In der 1931 erschienen Schrift „Soziologie", die Udes Gesinnungsentwicklung in den 1920er Jahren deutlich widerspiegelt, findet sich - anders als im „Wirtschaftsideal" - kein Vertreter des Solidarismus mehr im Personen- und Sachregister explizit als Quelleninstanz vermerkt. Hingegen kam er nun zur Einsicht, dass es keinen „guten" Kapitalismus gebe, dass dieser Begriff einen inneren Widerspruch beinhalte.[1] Mit der Feststellung, dass der Kapitalismus, weil auf der Zinswirtschaft fußend, ein in sich unmoralisches Wirtschaftssystem sei, war Ude endgültig im radikal kapitalismuskritischen Lager angelangt. „Christliche Moralisten", die den Zins eine Berechtigung zusprachen, verurteilte er ab jetzt scharf. Und unverrückbar galt nun: „Der Zins (...) ist in jedem Fall als Wucher zu bezeichnen."[2]
Ein sicheres Indiz für Udes Hinwendung zur „katholischen Sozialreform" ist die in der „Soziologie" dargestellte Abhandlung über die historische Entwicklung des Kapitalismus. Gemäß der Vogelsang-Schule und Orels Analysen übernahm auch Ude die so nicht haltbare Ansicht, dass der wirtschaftliche Entwicklungsprozess infolge der Verdrängung germanischer Rechtsauffassungen durch das römische Recht zustande gekommen sei.
Noch deutlicher tritt Udes veränderte Leitbildpositionierung im Werk „Das Geld. Sein Einfluss auf Gesellschaft, Wirtschaft und Kultur", erschienen 1935, hervor. Namentlich nannte er Vertreter der solidaristischen Schule wie Nell Breuning, Pesch, Biederlack, Bischof Waitz, Dobretsberger und Messner, deren Auffassungen von einem „guten" Kapitalismus mit seinem Standpunkt nicht vereinbar seien.[3] Denn für Ude galt: „Die kapitalistische Wirtschaftsordnung können wir nicht verbessern, wir sollen und können sie nur vernichten."[4] Dobretsbergers Krisenanalyse bezeichnete er als „seichte, billige Schwätzereien"[5] und setzte in seiner Selbstbiografie nach: „Wenn Männer wie Universitäts-

---

[1]Vgl.: Ude, Soziologie S. 319ff.
[2]Ebd. S. 331.
[3]Ude, Das Geld S. 5, S. 217.
[4]Ebd. S. 79.
[5]Ebd. S. 135.

professor Dobretsberger (ein Cver) die große Rolle spielen und als katholischer Gelehrte gefeiert wird, dabei aber für den Kapitalismus Stimmung machen, so ist es am besten man stellt sich zu Seite und - schweigt."[1]
Diese scharfe Attacke gegen Dobretsberger, die übrigens keine Einmaligkeit blieb, lässt Udes Positionierung umso klarer erkennen. Dobretsberger hatte sich als Professor an der Grazer Universität durch seine intensive Vorlesungs- und Publikationstätigkeit einen beachtlichen Bekanntheitsgrad als Experte für politische Ökonomie verschafft.[2] Sein Pragmatismus fügte sich nahtlos in die Lehrtradition des Solidarismus. Im Jahr 1935 trat Dobretsberger als Sozialminister in die Regierung Schuschnigg ein. Im Gegensatz zu seinem Vorgänger Neustädter-Stürmer ging er zur heimwehrfaschistischen Ständeordnung auf Distanz und engagierte sich für die Stärkung der Gewerkschaften. Auch fand die „Versöhnungsoffensive" der Regierung gegenüber der linken Arbeiterschaft - diese kam allerdings sehr bald wieder zum Erliegen - in Dobretsberger einen eifrigen Unterstützer. Nach einer nur 8-monatigen Tätigkeit als Minister für soziale Verwaltung schied er im Zuge einer größeren Regierungsumbildung aus dem Kabinett aus.[3]
Neben der Verurteilung der durch die Solidaristen verbreiteten Ansichten brandmarkte Ude den „verderblichen Einfluss der von den Jesuiten vertretenen molinistischen Lehre"[4] bezüglich der aufgeweichten kirchlichen Haltung in der Zinsfrage. Auf der anderen Seite wurde die zinskritische Tradition, vertreten durch Albert Maria Weiß, ausführlich zitiert und Orels „Oeconomia perennis" als vortreffliches Werk gelobt.

Mit Orel gab es überhaupt viele inhaltliche Übereinstimmungen und auffallende Parallelen, was die besondere Position innerhalb des Sozialkatholizismus betraf. Ude teilte ab der 2. Hälfte der 1920er Jahre mit Orel eine Totalopposition zum liberalkapitalistischen Wirtschafts- und Gesellschaftssystem und eine erbitterte Gegnerschaft zum Marxismus. Beiden war gemeinsam, dass ihr Weltbild von einem katholischen Universalismus dominiert wurde, der den Anspruch erhob, aus den Glaubensgrundsätzen der Kirche für alle Bereiche menschlichen Denkens und Handelns eine für alle Zeiten geltende und gleichbleibende Ordnung ableiten zu können.[5] Für beide Persönlichkeiten trifft zu, dass sie ihren Eifer und ihre Energie aus einer tiefen Religiosität schöpften, die sich nicht zuletzt auch in ihrem asketisch-eremitischen Lebensstil verdeutlichte. Die Kompro-

[1]Ude, Erinnerungen S. 245.
[2]Binder, Dieter A.: Karl Maria Stephan. Josef Dobretsberger. Verlorene Positionen des christlichen Lagers. - Wien 1992 S. 35ff.
[3]Zur Person Dobretsberger vgl. weiters Kap. 11.3.
[4]Ude, Das Geld S. 69.
[5]Silberbauer, Gerhard: Kirche und Sozialismus in Österreich 1918-1938. Ein geschichtlicher Rückblick. - Wien 1961 S. 41ff.

misslosigkeit und harsche Kritik an jenen, die von ihren Meinungen abwichen, brachte sie in eine Außenseiterposition und setzte sie scharfen Angriffen seitens der Amtskirche aus.
Orels große Sympathien für Ude wurden deutlich, als er in seinem Blatt „Das neue Volk" eine Kampagne für den wahlwerbenden „Wirtschaftsverein" startete, nachdem das bischöfliche Ordinariat Ude wegen seines politischen Engagements gemaßregelt hatte.
Erwähnt sei hier aber auch, dass das Verhältnis zwischen Ude und Orel nicht immer ungetrübt war. Das gemeinsame Engagement im „Kreuzbündnis" hatte zu einem Streit geführt, dessen gütliche Beilegung Orel von Udes Verzicht auf die Vorstandsfunktion in diesem Antialkoholverein abhängig machte.[1]
Aus Orels Einflussbereich ging unter vielen anderen der katholischer Sozialtheoretiker Ernst Karl Winter hervor, dessen gedankliche Ausrichtung in vielen Dingen mit Udes Vorstellungen identisch war.
Von der Orel-Bewegung kommend, von dieser aber losgesagt, hatte sich eine kleine Gruppe um den Wiener Privatgelehrten Winter im Jahr 1927 zur „österreichischen Aktion" formiert.[2] Diese Sozialtheoretiker versuchten eine Zwischenposition gegenüber der sozialpolitischen und sozialreformerischen Richtung einzunehmen.[3] Einerseits blieben sie der Utopie einer ständisch gegliederten, „sozialen Monarchie" verpflichtet, andererseits strebte Winter nach dem Motto „rechts stehen, links denken" eine Synthese aus christlicher Sozialreform und Sozialismus an. Eine Enteignung der Ausbeuter sollte mit einer Entproletarisierung der Gesellschaft einhergehen.
In diesem Sinne bemühte sich der nach den Februarkämpfen 1934 zum Wiener Vizebürgermeister avancierte Kapitalismuskritiker Winter intensiv um eine Versöhnung zwischen Arbeiterschaft und Ständeregime.[4] Darüber hinaus sondierte Winter Möglichkeiten für eine nachhaltige Konjunkturbelebung der schwer gezeichneten österreichischen Wirtschaft. Ende 1935 ließ er in der Arbeiterkammer eine Enquete im Hinblick auf die Ausarbeitung eines Reformprogrammes durchführen. Bei dieser Gelegenheit trat eine oppositionelle Gruppe von Wirtschaftsexperten mit einer Denkschrift an den Vizebürgermeister heran, welche nach dem Vorbild des Wörgler Freigeldexperiments „eine Ankurbelung der Wirtschaft von der Seite des Binnenmarktes her"[5]in Aussicht stellte.

---

[1]Vgl. dazu: Rosenberger, Josef: Das Wirken von Dr. Max Josef Metzger in seiner Grazer Zeit. Dipl. Arb. - Graz S. 7ff.
[2]Silberbauer, Österreichs Katholiken S. 190f.
[3]Schlagnitweit, Der Kapitalismus S. 97ff.
[4]Vgl. dazu: Silberbauer, Österreichs Katholiken S. 312ff.
[5]Denkschrift an Vizebürgermeister Ernst Karl Winter vom 28. März 1935. Zit. nach: Wolf, Katastrophenwirtschaft S. 108ff.

Inwieweit Winter damit in Regierungskreisen Gehör fand, ist ungewiss, zumal er bereits 1936 politisch ausgeschaltet wurde. Jedenfalls hätte es zwischen ihm und Ude eine Fülle von thematischen Anknüpfungspunkten gegeben. Ude benützte in seinen Hauptwerken die vielfältigen theoretischen Abhandlungen Winters nicht als Quelle. Möglicherweise hat der „Sprung Winters vom nonkonformistischen Kritiker zum hohen Funktionär“[1] der Vaterländischen Front Ude mehr misstrauisch gemacht, als es der geistigen Verwandtschaft zuträglich war. Spuren einer Kontaktaufnahme sind allerdings nach 1945 nachweisbar, als beide Gemeinsamkeiten in ihrer kritischen Haltung zur Atomzivilisation feststellten.[2]

Aus den Zitat- und Quellenangaben der untersuchten Ude-Werke lässt sich entnehmen, dass auch die wichtigsten Vertreter der „Historischen Schule“ und ihre geistigen Erben erkennbar auf Ude eingewirkt haben.
In Udes „Wirtschaftsideal“ tauchen mit Wilhelm Roscher und Gustav Schmoller namentlich zwei der bedeutendsten Vertreter der älteren bzw. jüngeren „ökonomisch-historischen“ Methode auf. Außerdem sind praktisch alle Standardwerke von Werner Sombart im Quellenverzeichnis dieser Schrift angegeben. Auch Sombarts zweibändiges Hauptwerk „Der moderne Kapitalismus“ ist dabei, das Ude in seiner dritten Auflage verwendete. Die Arbeit von Sombart ist stark beeinflusst von Karl Marx, als dessen Fortsetzer und Überwinder er sich selbst sah.[3] Diese Tatsache könnte auch bestimmend für Ude gewesen sein, zumal in seinen Darstellungen des Öfteren Versatzstücke des ökonomisch-klassischen bzw. marxistischen Theorems auftauchen. Durch die Verbindung mit der Freiwirtschaftslehre ergaben sich daraus die für Ude nicht untypischen Bruchlinien in seinen Analysen. Auch in Udes „freiwirtschaftlicher“ Abhandlung „Das Geld. Sein Einfluss auf Gesellschaft, Wirtschaft und Kultur“ wird im Text ein Sombart Zitat verwendet, um die Bedeutung der monetären „Quantitätstheorie“ zu unterstreichen.[4]
Mit Karl Diehl und Rudolf Stammler berief sich Ude im „Wirtschaftsideal“ auf zwei weitere Ökonomen, die von der „Historischen Schule inspiriert waren.

Abgesehen von der eindeutigen Positionierung zu Gunsten der sozialreformerischen Tradition innerhalb der katholischen Soziallehre und der häufigen Rezeption der „Historischen Schule“ wurde die Freiwirtschaft und ihr Begründer Silvio Gesell zu Udes wichtigstem Leitbild.
Bereits in einem der 10 Grundsätze für die im Wahlkampf engagierten Anhänger des „Wirtschaftsvereins“ tauchte 1926 die Forderung nach „Abschaffung

---

[1]Silberbauer, Österreichs Katholiken S. 312.
[2]Vgl. dazu Kap. 6.1.4.
[3]Zit. nach: Schmölders, Historische Schule. In: HdWW Bd. 4. S. 72.
[4]Vgl.: Ude, Das Geld S. 97.

des privaten Geldmonopols und die Einführung der automatischen Geldsteuer"[1] auf. Diese Begriffe stammen jedoch nicht aus der Freiwirtschaftslehre Gesells, sondern von Heinrich Färber, dem Begründer der Ergokratie.[2]

Es ist davon auszugehen, dass zu diesem Zeitpunkt Färbers ergokratische Theorien[3] in Udes politisch aktivem Umfeld noch stärker präsent war als die freiwirtschaftlichen Lehren Silvio Gesells. Dennoch findet sich kein Verweis auf das ergokratische Schrifttum in Udes Werken. Hingegen wurde in der „Soziologie" der Name Silvio Gesell erstmals im Text einer großen Ude-Abhandlung erwähnt. Ude vermutete, dass „das Freigeld mit Festwährung (...), in Verbindung mit entsprechender Erfassung der Grundrente des Bodens für die Allgemeinheit (...) wirklich ein Wirtschaftsmittel zu sein (scheint), das die Übelstände beseitigt."[4]

Die Vermutung wurde schließlich zur Gewissheit und festen Überzeugung. Dazu hat sicher auch das erfolgreich verlaufene „Freigeldexperiment" von Wörgl beigetragen, das Ude mit großem Interesse verfolgte.

Zwischen Ude und dem Wörgler Bürgermeister Unterguggenberger entwickelte sich aus einer Gesinnungsgenossenschaft bald „ein sehr herzliches, von gegenseitiger Hochachtung getragenes Freundschaftsverhältnis."[5] Wie sehr Ude sich als integrierten Teil der Freiwirtschaftsbewegung sah, wird in Briefen Udes an Unterguggenberger deutlich.

Am 29. Mai 1933 teilte er Unterguggenberger mit, von der „Wörgler Aktion" bereits unterrichtet zu sein. Er beklagte, dass in Österreich die Freiwirtschaft „nicht voran will", während „in der Schweiz unsere Sache marschiert."[6]

Verbittert äußerte sich Ude über den „seicht und oft ohne gründliche Kenntnis des Gegenstandes"[7] schreibenden katholischen Gelehrten Dobretsberger. Dieser

---

[1]Zit. nach: Diakow, Ude, der Stumme S. 92.

[2]Vgl. dazu z.B.: Färber, Heinrich: Ergokratie. Die Lösung der sozialen Frage. Automatische Geldsteuer. Die Lösung des Steuerproblems. - Wien 1927.

[3]Heinrich Färber war bei seiner Kapitalismusanalyse zu ähnlichen Ergebnissen wie Silvio Gesell gekommen, was die negativen Auswirkungen des Geldmonopolismus betraf. In der Bekämpfung der Zinswirtschaft sprachen die Ergokraten dem Gesell'schen Freigeld-Festwährungs- und Freilandsystem jegliche Wirksamkeit ab und fochten mit den Freiwirtschaftern eine heftige Kontroverse darüber aus. (Vgl. z.B.: Färber, Heinrich: Die Irrlehre Silvio Gesells 1.Teil. Die richtige Zinslehre. Das „Schwundgeld" - ein Spielzeug. Die Freiwirte auf Irr- und Abwegen 2.Teil. - Wien 1968.)

[4]Ude, Soziologie S. 197.

[5]Briefliche Mitteilung von Lia Rigler (Tochter von Michael Unterguggenberger) an den Verfasser vom 8. Juni 1998).

[6]Die Briefe Udes an Unterguggenberger und dessen Antworten sind im Besitz der ehrenamtlichen Mitarbeiterin des Heimatmuseums Wörgl Frau Veronika Spielbichler, die am Aufbau eines Archivs über das Freigeldexperiment von Wörgl arbeitet. Außer der zitierten Korrespondenz standen dem Verfasser zum gegenwärtigen Zeitpunkt keine weiteren Briefe zur Verfügung.

[7]Brief Udes an Bürgermeister Unterguggenberger vom 29. Mai 1933

„auf sein Wissen eingebildete Fachmann“[1] habe es gewagt, über die Wörgler Aktion, ohne sie gründlich zu studieren, ein endgültiges vernichtendes Urteil zu fällen. Weiters berichtete Ude von - in der Arbeit bereits zitierten - Briefen an Dollfuß und Hitler, in denen beide aufgefordert werden, die Freiwirtschaft zu verwirklichen, „wenn sie die Wirtschaftskrise beheben, wenn sie Arbeit und Brot verschaffen wollen.“[2]
Am 7. Juni 1933 hoffte Ude in einem erneuten Schreiben an Unterguggenberger auf „eine gemeinsame Aktion einiger hundert Bürgermeister“[3], die es der Wörgler Gemeinde gleichtun sollten. „Was könnte die Notenbank AG dagegen machen, wenn z.B. alle Bürgermeister eines Landes sich zur Selbsthilfe entschließen möchten?“[4], mutmaßte Ude. Und mit nahezu überschäumender Begeisterung fügte er hinzu: „Am liebsten möchte ich unserer Regierung den Vorschlag machen, Sie, Herrn Schwarz[5] und mich zu berufen und sofort für ganz Österreich zunächst die ersten zwei FF (=„Freigeld“ und Festwährung“ Anm. Ch. K.) vorzubereiten und zugleich die Einführung des dritten F (=„Freiland“ Anm. Ch. K.) in die Wege zu leiten.“[6]
Dass Ude zu einem restlos überzeugten Freiwirtschafter geworden war, ist natürlich auch an Hand seiner Publikationen seit Ende der 1920er Jahre zu belegen. Besonders deutlich wird dies beispielsweise in seinem umfassenden Werk „Das Geld. Sein Einfluss auf Gesellschaft, Wirtschaft und Kultur“. Darin übernahm er die Freiwirtschaftslehre nicht nur vollständig für sein Reformprogramm, sondern bemühte sich auch um ihre Verbindung mit der päpstlichen Sozialenzyklika „Quadragesimo anno“.[7] Dazu sah er sich genötigt, weil er wegen seines „freiwirtschaftlichen Bekenntnisses“ noch mehr ins Kreuzfeuer kirchlicher und staatlicher Kritik geriet. Ude glaubte dennoch in der Freiwirtschaft das wirksamste Mittel gefunden zu haben, dem Kapitalismus entgegenzutreten. Umso mehr forderte er jetzt von den Vertretern der christlichen Kirchen „die ihrer Sorge anvertrauten Christen darauf hinzuweisen, mit der ‘Natürlichen Wirtschaftsordnung’ die auch vom Christentum geforderte Reform der Wirtschaft in Angriff zu nehmen.“[8] Für Ude war es daher „geradezu unfassbar, dass von Vertretern des Christentums die Anhänger der Freiwirtschaftslehre als Sektierer und als zum Christentum in Widerspruch stehend bezeichnet worden

[1]Brief Udes an Bürgermeister Unterguggenberger vom 29. Mai 1933
[2]Ebd.
[3]Brief Udes an Bürgermeister Unterguggenberger vom 7. Juni 1933.
[4]Ebd.
[5]Fritz Schwarz zählte zu den bedeutensten Vertretern der Schweizer Freiwirtschaft. (Vgl. dazu auch Kap. 8.1.2.).
[6]Brief Udes an Michael Unterguggenberger vom 7. Juni 1933.
[7]Vgl. Kap. 8.2.1.
[8]Ude, Christentum und Natürliche Wirtschaftsordnung, hrsg. v. der Arbeitsgemeinschaft freiwirtschaftlicher Christen (A.f.C.). - Remscheid/Lüttringhausen 1957 S. 3.

sind."[1] Dafür machte er, wie dargestellt wurde, in erster Linie den Einfluss der gemäßigten Kapitalismuskritiker innerhalb der katholischen Soziallehre verantwortlich.
In der heftigen Kritik an der solidaristischen Tradition wird Udes Leitbildentwicklung noch einmal besonders deutlich. Es sei daran erinnert, dass er sich z.B. im „Wirtschaftsideal" noch auf Moraltheologen wie Viktor Cathrein und Heinrich Pesch durch Quellenangaben und Zitate berief. Von seiner Warte als Freiwirtschafter erblickte er genau in diesen Theoretikern nun erst recht „Helfershelfer des Kapitalismus."[2]

[1]Ude, Christentum und Natürliche Wirtschaftsordnung S. 3.
[2]Vgl. z.B.: Ude, Christentum oder Zinswirtschaft. - Bern 1938 S. 35. Weiters: Ude, Christliche Moraltheologen als Helfershelfer des Kapitalismus. Ein Schulbeispiel kapitalistischer Ausbeuterwirtschaft. - Brüggen 1957 S. 18ff.

6. Friedensethische Positionen

„Gewaltlosigkeit war nie als Waffe der Schwachen, sondern der tapferen Herzen gedacht."
(Mahatma Gandhi)[1]

6.1. Vom „gerechten Krieg" zum „Bergpredigtpazifismus"

In Gesamtdarstellungen und in Verzeichnissen wird Ude heute zumeist wegen seiner besonderen Position als Pazifist erwähnt. Sein reichhaltiges Schrifttum zu diesem Thema, viel mehr noch seine zur amtskirchlichen Linie stark divergierende Haltung sowie die außergewöhnlich kompromisslose Position innerhalb des gesamten pazifistischen Spektrums macht dies erklärbar. Wie schon in der Haltung zum Kapitalismusproblem ist auch hier ein spektakulärer Wandlungsprozess zu vermerken, den es gilt nachzuvollziehen.

6.1.1. Die Frage der Erlaubtheit des Tötens und des „gerechten Krieges" bei Thomas v. Aquin und der nachfolgenden Tradition

Die enorme Bedeutung des Aquinaten als Leitbild für Ude macht es notwendig, Thomas' Vorgaben zur Friedensethik herauszustellen, um sie mit Udes Abhandlungen in Beziehung setzen zu können. Soziologische Einflüsse auf Werthaltungen zur Zeit des Thomas v. Aquin, aber auch moraltheologische Interpretationen seiner Aussagen müssen ausgeklammert bleiben.
In der „Summa theologica" bespricht Thomas v. Aquin zunächst weit ausholend und grundsätzlich, ob es erlaubt sei, ein Lebewesen zu töten. Unter Berufung auf ein göttliches Ordnungsprinzip, welches Lebewesen in ihrer Vollkommenheit graduell unterscheidet, ist es nach Thomas erlaubt, „die Pflanzen zu töten zur Nahrung für die Tiere, als auch die Tiere zur Nahrung des Menschen."[2]
Bei der Tötung von Menschen wird differenziert. Thomas' organisches Gesellschafts- und Staatsdenken, das „jede Einzelperson zur Gemeinschaft im Verhältnis des Teiles zum Ganzen"[3] begreift, rechtfertigt unter der Voraussetzung, dass „ein Mensch auf Grund eines Verbrechens der Gemeinschaft zur Gefahr und zum Verderben wird"[4], die Todesstrafe.
Selbstmord und die „Tötung Unschuldiger" wird von Thomas „in keiner Weise erlaubt."[5]

---

[1]Otto, Maria (Hrsg.): Mahatma Gandhi. Worte des Friedens. - Freiburg 1999 S. 43.
[2]Thomas, Summa, Bd.18 S. 153f.
[3]Ebd. S. 156.
[4]Ebd.
[5]Ebd. Bd. 18 S. 170.

Ambivalent sieht er den Tötungsfall im Rahmen der Selbstverteidigung. Die Verteidigung als Seinserhaltung wird als naturhaft legitimiert, vom Verteidiger aber gefordert, sich „im Widerstand gegen die Gewalt (zu) mäßig(en)“[1], sodass die Abwehr keine Tötungsabsicht bezweckt. Exekutivorganen und Soldaten gesteht er diese jedoch zu.
Dahingehend gestaltet sich auch seine Lehre vom „gerechten Krieg“, welche, in der kirchlichen Tradition stehend, durch das Toleranzedikt von 313 bedingt und von Augustinus theoretisch ausgearbeitet wurde.[2]
Damit ein Krieg als gerechtfertigt zu bezeichnen ist, müssen für Thomas drei Bedingungen erfüllt sein: Die Entscheidung zum Krieg und seine Durchführung muss erstens im Bereich der weltlichen Macht stehen. Die Anwendung von Gewalt setzt zweitens einen „gerechten Grund“ voraus. Dieser liegt als Folge einer räuberischen Aggression eines politischen Gebildes vor sowie im Falle einer versäumten Reparation. An anderen Stellen der „Summa“ wird der „gerechte Grund“ noch erweitert. Die Kirche fordert von der weltlichen Autorität, „den Frieden auch gegen die Verweigerung des Glaubens durch Heiden und Juden, gegen die Abkehr der Häretiker und Apostaten vom Glauben und gegen die Schismatiker, die die Einheit der Gläubigen verletzen, zu schützen.“[3]
Schließlich wird drittens von den Kriegführenden mit Rücksicht auf Recht, Ordnung und Friede eine „richtige Absicht“ verlangt.
Thomas sah seine Lehre universell und alternativlos, eingebettet in ein Harmoniemodell zwischen weltlicher und geistlicher Macht. Ein säkulares Friedensfundament, ein Auseinandertreten von privater und öffentlicher Sphäre, von Recht und Moral und besonders die Entstehung souveräner Staaten lag außerhalb seiner Vorstellung.[4] So wirkt denn vom heutigen weltlichen Standpunkt, unter Ausblendung des eschatologischen Faktors Thomas' Rechtfertigung vom Töten und Krieg als exegetisches Dilemma in den konträren Aussagen des Alten und Neuen Testaments. In der Unterscheidung von Kombattanten und Nichtkombattanten und dem strikten Verbot, Unschuldige zu töten, enthielt die thomistische Lehre aber ein vorwärtsweisendes Element.[5]
Die Aussagen des Aquinaten zu Gewaltanwendung und Krieg fanden ihre Bestätigung und Erweiterung sowohl im abendländischen Abwehrkampf als auch in der kolonialen Eroberung. Ausgehend vom Begriff der „Staatssouveränität“ dehnten die Vertreter der spanischen Spätscholastik das Recht der Kriegserklärung auf jeden Souverän - also nicht nur auf Kaiser und Papst - aus und erwei-

---

[1]Thomas, Summa, Bd. 18 S. 175.
[2]Ebd. Bd. 17B S. 446.
[3]Beestermöller, Gerhard: Thomas v. Aquin und der gerechte Krieg. Friedensethik im theologischen Kontext der Summa Theologiae. - Köln 1990 S. 229.
[4]Ebd. S. 230.
[5]Theologische Realenzyklopädie Bd.20., hrsg. v. Robert Balz. - Berlin u.a. 1977ff. S. 37f. Im Folgenden zitiert mit der Abkürzung TRE.

terten den Verteidigungskrieg aus Notwehr um einen gerechten, weil aufgezwungenen Angriffskrieg. Die Hereinnahme völkerrechtlicher Argumente für einen „gerechten Angriffskrieg" implizierte auch ökonomische Bestimmungen, was trotz der scharfen Proteste der Scholastiker im 16. Jahrhundert die brutale Unterwerfung Südamerikas zur Realität werden ließ.

Die Einführung des Souveränitätsbegriffes sprengte somit „die letzten Fesseln, die dem Kriegsführungsrecht der Fürsten durch die Moraltheologie auferlegt waren."[1] Außerdem hatte die Kirche als Mitverursacherin der Konfessionskriege ihre Glaubwürdigkeit als Friedensinstanz verwirkt.
Im 18. Jahrhundert bereiteten Literatur und Philosophie einer regelrechten Kriegsapotheose den Weg. Und in den Konflikten um die Entstehung der Nationalstaaten wirkte die Diskussion um einen „gerechten Krieg" obsolet, zumal der Krieg als „Staatspolitik mit anderen Mitteln"[2] zum Prinzip erhoben wurde. Dazu kam, dass mit dem Wandel vom Söldner- zum Milizheer und mit der Einführung der allgemeinen Wehrpflicht eine neue Situation geschaffen wurde.

Die beiden Weltkriege, die schließlich in der Idee des totalen Krieges gipfelten, bewirkten in der katholischen Kirche ein Umdenken. So zielten die diplomatischen Aktivitäten Benedikt XV., dessen Pontifikat in die Jahre des 1. Weltkrieges fiel, auf die Herbeiführung eines gerechten Friedens und auf die karitative und humanitäre Hilfeleistung für die vom Krieg betroffenen Menschen ab. [3] In seiner am 1. August 1917 „an die Oberhäupter der kriegführenden Völker" gerichteten Friedensnote forderte der Papst von den Kriegsparteien den Verzicht auf wechselseitige territoriale und finanzielle Forderungen. Statt dessen sollte Abrüstung und Schiedsgerichtsbarkeit einen dauerhaften Frieden gewährleisten. Die Vermittlungsversuche scheiterten zwar, die humanitären Bemühungen um Kriegsopfer und die am Kriegsende erhobene Forderung nach Gerechtigkeit auch für die Besiegten blieben aufrecht.
Häufige Friedensappelle kamen auch vom nachfolgenden Papst Pius XII. während des 2. Weltkrieges. Öffentliche Proteste gegen Kriegsgreuel und Massenvernichtung wurden aber zu Gunsten einer unbedingten Neutralität des Heiligen Stuhls vermieden.[4] Immerhin schränkte der Papst nach dem 2. Weltkrieg die thomasischen Bedingungen für die Erlaubtheit eines Krieges deutlich ein. Trotzdem hielt die päpstliche Kurie auch unter dem globalen Bedrohungsszenario der A-B-C-Waffen zunächst prinzipiell an einem sittlich zu rechtfertigenden „gerechten Krieg" fest. Gegen diesen Standpunkt regt sich in der Gegenwart Widerstand von Gruppierungen innerhalb und außerhalb der Kirche. Aber auch

---

[1]TRE Bd. 20 S. 40.
[2]Clausewitz, Karl: Vom Kriege. - Leipzig 1917. Zit. nach: TRE Bd.20 S. 32.
[3]TRE Bd.5 S. 533f.
[4]Ebd. Bd.26. S. 675.

schon in früheren Jahrhunderten gab es Strömungen, die dafür eintraten, die Friedensbotschaft des Christentums - insbesondere den Inhalt der „Bergpredigt" - als buchstäblich-rechtlichen Auftrag zu verstehen und zu praktizieren.

6.1.2. Tendenzen einer radikalen Auslegung des Gewaltlosigkeitspostulates

Seit dem 16. Jahrhundert hat sich der Begriff „Bergpredigt" für die durch den Evangelisten Matthäus (5-7) überlieferte Rede, die Jesus von einem Berg aus an seine Jünger und an das anwesende Volk gerichtet hat, durchgesetzt.[1]
Die radikalen Aussagen, die bestimmte weltliche Werte und Verhaltensweisen negieren und absolute Gewaltlosigkeit und bedingungslose Feindesliebe einfordern, wurden zu einem zentralen Problem christlicher Ethik. Die bis heute längst nicht abgeschlossene Diskussion über die „Bergpredigt" ergibt sich aus dem Umstand, dass der Inhalt nicht auf theoretischen Forderungen basiert, sondern auf ein williges Erfüllungspostulat abzielt.
Einerseits sah sich die Kirche als Institution im Laufe ihrer Geschichte durch diesen Bibelbestandteil ständiger Unruhe ausgesetzt. Proteste gegen die Kirche, zahlreiche religiöse Erneuerungsbewegungen und Abspaltungstendenzen nahmen von da ihren Ausgang. Andererseits stellte und stellt sich für Christen die Frage nach der Interpretation, dem Adressatenbezug und der Umsetzbarkeit.

Die demonstrativ gelebte Armut und das strikte Bekenntnis zur Wehr- und Gewaltlosigkeit der Wandermissionare standen am Beginn der christlichen Verkündigungstradition.[2] Dieses jesuanische Nachfolgemotiv fand seine Fortsetzung vor allem in Teilen der mittelalterlichen Mönchskultur, in der neben der Askese nun auch eine Ethik der Gewaltlosigkeit sichtbarer Ausdruck monastischer Lebensweise wurde.
Aber erst die kriegerische Interessenspolitik der spätmittelalterlichen Dynastien, die Wirren der Reformationszeit und die mit neuartigen Feuerwaffen vorangetriebene Europäisierung der Welt brachte eine reichhaltige Friedenspublizistik hervor. Während der legendäre Arzt Paracelsus Krieg und Todesstrafe in erster Linie wegen des Widerspruchs zu seinen naturphilosophischen Anschauungen ablehnte, versuchte der Humanist Erasmus v. Rotterdam die Verbindung zwischen antropologischen und christologischen Friedensgedanken stärker zu betonen.[3] Beiden blieb zwar ein gänzlicher Gewaltverzicht unvorstellbar, Erasmus

---

[1]TRE Bd.5. S. 603f.
[2]Ebd. Bd.23 S. 680ff.
[3]Standfest, Karin: Die Friedensidee bei Erasmus, Paracelsus und Franck. Eine vergleichende Untersuchung. - Wien 1984 S. 24ff.

gelangte aber zur Überzeugung, dass ein Friede auch einem „gerechten Krieg" letztlich vorzuziehen sei.[1]
In Spanien trat der Scholast Franciscus de Vitoria den Grausamkeiten der Konquistatoren mit einer modifizierten Lehre vom „gerechten Krieg" entgegen. Das Prinzip der „Proportionalität" sollte jeden „gerechten Krieg" als ungerechten ächten, wenn der aus ihm erwachsene Schaden größer sei als der Nutzen.[2]
Neben Paracelsus und Erasmus sprach auch Sebastian Franck in seiner berühmt gewordenen Schrift „Kriegsbüchlein des Friedens" Glaubenskriegen jegliche Berechtigung ab. Seine Projektion der exegetischen Friedensverheißung auf eine diesseitige Welt unterstrich die gänzlich illusionslose Betrachtung des Krieges. Ähnlich sahen es auch die aus dem Täufertum hervorgegangenen „historischen Friedenskirchen". Zu nennen sind die Mennoniten, deren aggressiver Nonkonformismus zur Zeit ihrer Entstehung während der Reformationszeit hervorstach.[3] Neben der Eidesverweigerung und Ablehnung jedes obrigkeitlichen Amtes äußerte sich dieser nach Täufertraditon im strikten Bekenntnis zur Gewaltlosigkeit. In den von der offiziellen christlichen Staatsethik dominierten Systemen, die staatliche Gewaltanwendung und Krieg legitimierten, blieb dieser Menschengruppe zumeist nur die Wahl zwischen Auswanderung oder Anpassung.
Die kontinentale europäische Täufertradition mit ihrer Lebensausrichtung nach dem Vorbild der „Bergpredigt" wirkte auch auf die im 17. Jahrhundert in England entstandenen Quäker.[4] Der Missionseifer führte diese religiöse Bewegung vorrangig in die Neue Welt, wo das politische und soziale Engagement von einem standfesten Zeugnis gegen Gewalt und Krieg getragen war. Im Staat Pennsylvania, benannt nach dem Quäker William Penn, versuchten sie, ein „heiliges Experiment" zu etablieren, das von friedlicher Koexistenz mit den Indianern sowie dem Ersatz von Gericht und Zwang durch Schlichtungseinrichtungen bestimmt war. Kriegssituationen stellten die Quäker schließlich vor eine unüberwindbare Zerreißprobe, die zum Rückzug von allen öffentlichen Verantwortungsbereichen führte. Fortan traten die Quäker nur mehr auf kommunaler Ebene in Erscheinung, und ihr Wirken beschränkte sich auf karitative Tätigkeiten.
In der vielfältigen Friedensbewegung, die sich als Reaktion auf den im 19. Jahrhundert herrschenden Bellizismus und Nationalismus etablierte, wirkte die quäkerische Tradition sichtbar nach. Die amerikanischen und englischen Friedensgesellschaften, die Friedenskongresse, die Gründung des Roten Kreuzes und die Haager Friedenskonferenzen standen unter diesem Vorzeichen.

---

[1]Vgl.: Erasmus v. Rotterdam: Die Klage des Friedens, hrsg. v. Brigitte Hannemann. - Zürich 1998.
[2]TRE Bd.20 S. 39.
[3]Ebd. Bd.22 S. 450ff.
[4]Ebd. Bd.28. S.35ff.

Auch Einzelpersonen übten einen maßgeblichen Einfluss auf das pazifistische Gedankengut aus. Der Literat, Lebensreformer und „radikale Spiritualist“[1] Leo Tolstoi sorgte mit seiner Einschränkung der Lehre Jesu auf die „Bergpredigt“, den für „wahre Christen“ kategorischen Geboten der Nächstenliebe und Gewaltlosigkeit für erhebliches Aufsehen. Seiner Überzeugung nach würden sich in den Aussagen der „Bergpredigt“ Wehrdienst, Eid, Gerichtsbarkeit, Fiskalpolitik, Eigentum und letztlich der Staat selbst auflösen.[2] Und Bertha von Suttners drastische Schilderungen der Kriegsgreuel in ihrem Roman „Die Waffen nieder“ gab den Anstoß zur Gründung der Deutschen Friedensgesellschaft.

Zwar bedeuteten der 1. Weltkrieg, die friedlose Nachkriegsordnung und der aufkommende Faschismus einen schweren Rückschlag für den europäischen Pazifismus. Neue, bis in unsere Tage nachwirkende Impulse für ein radikales Gewaltlosigkeitspostulat kamen aber vom Inder Mohandas Karamchand Gandhi, genannt Mahatma. Gandhis Konzept einer befreiten, gerechten und gewaltlosen Gesellschaftsordnung bot eine Synthese aus religiöser Spiritualität und westlichen sozialreformerischen Ideen. In seiner Annahme, „es müsse einen Hauptschlüssel geben, der die allen Religionen zugrunde liegende Einheit erschließen könnte“, und der Erkenntnis, dass „dieser Schlüssel Wahrheit und Gewaltlosigkeit (sei)“[3], erwies er sich als religiöser Universalist. Von den westlichen Sozialreformern beeindruckte Gandhi am meisten Leo Tolstois konsequente Gewalt- und Kriegsgegnerschaft.[4] Aus der Verbindung zwischen altindischer asketischer Gewaltlosigkeitstradition und christlicher „Bergpredigt“ erwuchs schließlich auch sein im indischen Befreiungskampf so erfolgreich praktiziertes Konzept einer Überwindung der Aggression durch Gewaltlosigkeit.
Hatte Gandhi, anknüpfend an die westlichen nonkonformistischen Traditionen[5], neben der Verweigerung des Militärdienstes viel mehr noch „die Nichtzusammenarbeit mit dem ganzen staatstragenden System“[6] gefordert, so sahen speziell deutsche Theologen noch bis zum 1. Weltkrieg allein im Wehrdienst eine selbstverständliche Bürgerpflicht ohne Ausnahme.[7] In der Zwischenkriegszeit begann sich dann auch im kirchlichen Bereich fallweise die Überzeugung durchzusetzen, Kriege nicht mehr „als in Geduld zu ertragende Schickungen

---

[1]Die Religion in Geschichte und Gegenwart. Handwörterbuch für Theologie und Religionswissenschaft, hrsg. v. Kurt Galling Bd.6. - Tübingen 1986 S. 949.
[2]TRE. Bd.5. S. 614.
[3]Harijan, 13. 7. 1940. Zit. in: Otto, Gandhi S. 17.
[4]Vgl. dazu den Briefwechsel zwischen Gandhi und Tolstoi. Zit. in: Clement, Catherine: Gandhi: der gewaltlose Widerstand. - Ravensburg 1991 S. 146ff.
[5]Vgl. z.B.: Thoreau, Henry David: Über die Pflicht zum Ungehorsam gegen den Staat. Zit. nach: Clement, Gandhi.
[6]Gandhi, Mahatma: Gewaltfrei leben. - Zürich 1992 S. 62.
[7]TRE Bd. 20 S. 44.

Gottes hinzunehmen.“[1] Moralische Kriegsrechtfertigungen wurden zurückgewiesen und der kirchliche Schutz für Kriegsdienstverweigerer eingefordert.[2] Der atomaren Abschreckungsdoktrin in den 1950er und 1960er Jahren trat aus christlichen Kreisen ein prinzipieller Pazifismus entgegen, „der den unbedingten Gewaltverzicht auch für den Bereich politischen Handelns verbindlich zu machen sucht(e).“[3] Verstärkt wurde diese Tendenz durch die Einsicht, dass nachhaltige Friedenskonzepte nur unter Berücksichtigung einer globalen ökonomischen Verteilungsgerechtigkeit und unter Einbeziehung humanökologischer Bedingungen möglich sein kann. Unter diesen Gesichtspunkten verlor die traditionsreiche Lehre vom „gerechten Krieg“ zunehmend an Bedeutung. Während Papst Pius XII. noch Atomwaffenrüstung rechtfertigte und Kriegsdienstverweigerung ablehnte, bahnte sich mit dem Pontifikat Johannes XXIII. eine tiefgreifende Veränderung an. In der 1961 erschienen Sozialenzyklika „Mater et magistra“ gab der Gedanke eines staatlichen Gemeinschaftssystems zur Wohlfahrts- und Friedenssicherung der katholischen Friedensethik eine andere Richtung. Zu einer Fortsetzung und Erweiterung dieser Ideen kam es in der Enzyklika „Pacem in terris“. Die Vorstellung von einer „universalen politischen Gewalt“, die Frieden wirksam absichern könne, ging einher mit der Verneinung, im „Zeitalter der Vernunft, den Krieg noch als ein geeignetes Mittel zur Wiederherstellung verletzter Rechte zu betrachten.“[4]

6.1.3. Udes Pazifismus

Wenn man Udes Auffassungen zum Themenumfeld Krieg/Frieden anhand der im Jahre 1912 in Druck gegangenen Schrift „Ethik“ beobachtet, wird zunächst eine feste Verankerung in der thomistischen Gesellschaftslehre erkennbar.
Den Ausgangspunkt bildet ein naturrechtlich begründetes, wechselseitig wirkendes Pflicht- und Rechtsverhältnis, das menschliches Leben unantastbar macht. Aus der obersten Verpflichtung, „sich unter keinen Umständen dem Dienst und der Verherrlichung Gottes (zu) entziehen“[5], d.h. Leben in jeder Hinsicht zu erhalten, wird ein Notwehrrecht abgeleitet, das Gewaltanwendung und selbst die Tötung eines ungerechtfertigten Angreifers einschließt.
Udes damalige Auffassung vom Staat als „moralische Person“, als „Individuum im höheren Sinn“[6] forderte analog zur individuellen Notwehr im Interesse des

[1] TRE Bd. 20 S. 44.
[2] Vgl. z.B.: Dibelius, Otto: Friede auf Erden? Frage, Erwägungen, Antwort. - Berlin 1930.
[3] TRE Bd.11. S. 634.
[4] Zit. nach: Ebd. Bd. 11. S. 640.
[5] Ude, Ethik. Leitfaden der natürlich-vernünftigen Sittenlehre. - Freiburg i. Breisgau 1912 S. 115.
[6] Ebd. S. 156.

Privatwohls selbiges auch für die Staatsgewalt. Die Verschränkung von Lebenspflicht und -recht schloss daher für ihn die Verhängung der Todesstrafe, die Ausrüstung einer Armee, die bewaffnete Verteidigung, ja selbst einen Angriffskrieg mit ein.

Noch am Beginn des 1. Weltkriegs teilte Ude mit heroischen Phrasen und Durchhalteparolen die in den christlichsozial-klerikalen Kreisen verbreitete Rechtfertigung des Konfliktes.[1] Seine Tätigkeit als Verwundetenbetreuer brachte ihn, „je länger das blutige Gemetzel dauerte", dazu, sich selbst „die ganze Unsittlichkeit und Unvernünftigkeit des Kriegführens"[2] einzugestehen. In den letzten beiden Kriegsjahren lehnte er bereits deutlich Militarismus und Kriegshetze ab und plädierte für einen europäischen Verständigungsfrieden.[3]
Zu der persönlichen, tiefen Betroffenheit durch das Fronterlebnis trat in dieser Phase aber noch ein anderer Aspekt. Ude ortete in der pangermanischen wie auch in der panslawistischen Kriegshetze die gezielte Absicht, „Österreichs katholisches Kaisertum zu zerschlagen. Als überzeugter Monarchist hielt er es für seine Pflicht, „in diesen Tagen schwerster Angriffe, wo gewitterschwarze Wolken hinziehen über Habsburgs Kaiserthron, (...) treu zu meinem Kaiser Karl und auch zu unserer Landesmutter Kaiserin Zita"[4] zu stehen. Jenen „wohlgenährten, vollgegessenen Männern und Frauen, die sicher im Hinterlande sitzen und ihre sicheren großen Einkünfte beziehen"[5], warf er vor, mit ihrer Hetze zum „Siegfrieden" das soziale Elend heraufzubeschwören.
„Das hohläugige Gespenst des Hungers" trage dazu bei, dass „die internationale Sozialdemokratie im Banne des zynischen, mammonistischen Judentums die Revolution"[6] vorbereite. An solchen Aussagen sind Udes klerikal geprägten antisemitischen Verirrungen sichtbar.
Den Nationalitätenspannungen innerhalb der Donaumonarchie glaubte er ein universalistisches Christentum auf der Basis einer umfassenden Lebensreform entgegensetzen zu können. Der Gedanke, allen Völkern der Monarchie einen Ausgleich zu gewähren und sie zu einer großen katholischen „Gottes-Familie" zu vereinen, sollte nicht nur den Frieden sichern, sondern auch die Habsburger-Herrschaft in Österreich retten.
Das von Ude 1917 mitbegründete eucharistische und karitativ wirkende „Weltfriedenswerk vom Weißen Kreuz" sowie der 1918 ins Leben gerufene Verein

---

[1]Farkas, Reinhard: Johannes Ude als christlicher Vorläufer der Friedensbewegung. In: Wiener Blätter zur Friedensforschung Nr. 2. (1997) S. 31
[2]Ude, Erinnerungen S. 46.
[3]Vgl.: Ude, Volk in Not! Ein offenes Wort gegen die nationale Verhetzung und gegen die Kriegshetzer. - Graz 1918. Ude, Kanonen oder Christentum?
[4]Ude, Volk in Not! S. 20.
[5]Ebd. S. 4.
[6]Ebd. S. 6.

„Österreichs Völkerwacht“ schufen Organisationsbasen für den sich radikalisierenden Ude'schen Antimilitarismus.[1]

In Verbindung mit der Lebensreformprogrammatik und dem klarer hervortretenden Antikapitalismus begann Udes Pazifismus im Verlauf der Zwischenkriegszeit spezifische Konturen anzunehmen. An die Stelle der tradierten kirchlichen Lehramtsmeinungen trat schrittweise der Verweis auf die Vorbildfunktion der urchristlichen Lebensformen und des frühchristlichen Märtyrertums sowie eine Hinwendung zur unverkürzten, wörtlichen Geltungsauffassung der christlichen Friedenslehre. Die historische Tatsache der frühchristlichen Heeresdienste[2] blieb dabei ebenso ausgeklammert wie die gegensätzlichen Aussagen zur Gewaltanwendung im Neuen Testament.
In dem 1924 erschienen Werk „Das Wirtschaftsideal des Volks- und Staatshaushaltes“ sah Ude im Krieg ein psychologisches Phänomen in Verbindung mit einer volkswirtschaftlich verfehlten Produktions- und Konsumethik.[3] Zu diesem Zeitpunkt noch von einem „guten“ Kapitalismus überzeugt, musste der plakative Begriff „Mammonismus“ als Erklärung für die Existenz von Militär und Waffen herhalten. Der in der Kapitalismuskritik an und für sich häufig verwendete Terminus „Mammonismus“ steht synonym für Hab- bzw. Geldgier. Das aramäische Wort wurde mit Luthers Bibelübersetzung bekannt und findet sich bei den Evangelisten Matthäus und Lukas, wo es heißt: „Ihr könnt nicht beiden dienen, Gott und dem Mammon.“ (Mat. 6,24/Lk. 16,9.11.13.) Im Neuen Testament ist damit vor allem materieller Besitz gemeint, „der den Menschen bindet und ihn an der klaren Erkenntnis seiner Situation vor Gott hindert.“[4] Für Ude bezeichnete „Mammonismus“ eine in allen Gesellschaftsschichten anzutreffende menschliche Eigenschaft, die, verursacht durch Genusssucht, von einer ausbeuterischen Gesinnung bestimmt werde. Da der „materielle Mammonismus“ Aggression und Abwehr beinhalte, sei der Militarismus und Marinismus die Folge.
Auch Udes wahlwerbender „Wirtschaftsverein für Österreich“ führte in einem der Programmpunkte die Schlagworte „Krieg dem Kriege, Förderung des Weltfriedens und der Völkerverständigung“.[5] Die Einlösung dieses Anspruchs wurde wie bei anderen Problembereichen von der Verwirklichung der Lebensreform abhängig gemacht. Jaromir Diakow, der zeitweilige Obmann in Udes Organisation, bekannte, dass er als Berufsoffizier zunächst „von der Idee der Gewalt völ-

[1]Farkas, Vorläufer S. 32.
[2]TRE Bd. 20 S. 29.
[3]Ude, Wirtschaftsideal S. 350ff.
[4]Koch, Klaus u.a.: Reclams Bibellexikon. - Stuttgart 1978 S. 317.
[5]Wirtschaftsverein für Österreich (Hrsg.): Prof. Dr. Ude. I. Sein Entwurf für ein wirtschaftspolitisches Programm. II. Seine Erläuterungen zum Programmentwurf. - Graz 1926. S. 8.

lig befangen"[1] gewesen sei. Erst Udes sozioökonomische Analyse der Friedensfrage sowie das „eingehende Studium des heldenmütigen Kampfes, den das waffenlose indische Volk für seine Freiheit mit einer waffenstarrenden Welt führt", hätten ihn erkennen lassen, „dass die Gewaltlosigkeit der Gewalt überlegen sei."[2]

Mit großer Sorge beobachtete Ude die innenpolitische Polarisierung in den 1920er Jahren, insbesondere die verhängnisvolle Rolle, die die paramilitärischen Parteischutzformationen dabei spielten. Die wiederholte priesterliche Assistenz bei Feldmessen und Wimpelweihen der Heimwehren nahm Ude zum Anlass, Schutzbund und Heimwehr als „illegitime Formation(en)" und als „eine ungeheure Gefahr für den inneren Frieden Österreichs"[3] zu kritisieren. Aufgabe des katholischen Klerus sei es, „alles aufzubieten, um die Versöhnung der beiden feindlichen Lager herbeizuführen, nicht aber durch Wimpelweihen und Abhaltung von Feldmessen den Zwiespalt zwischen beiden Lagern zu verschärfen und zu vergrößern."[4]

Im Gegensatz zu den Abhandlungen in der „Ethik" ließ Ude 1931 in seiner Schrift „Soziologie" aus einem individuellen und staatlichen Notwehrrecht keine Pflicht mehr zur Notwehr erwachsen.[5] Da es sich bei den heutigen Staaten ausnahmslos um finanzkapitalistische Wirtschaftssysteme handle und die moderne Kriegsführung keine gemäßigte Verteidigung zulasse, könne nicht von einer gerechtfertigten Notwehr gesprochen werden. Das mache Kriegsdienstverweigerung und Abrüstung zur internationalen Pflicht. Der Schweizer Bischof Alois Scheiwiler, der das kirchliche Imprimatur für die „Soziologie" erteilte, merkte in einem Empfehlungsschreiben für dieses Werk an, dass Udes pazifistische Haltung, „durch kräftige Argumente erhärtet"[6], manche überraschen werde. „Mit Rücksicht auf neueste Entwicklungen im Militärwesen" dürften Udes Stellungnahmen zu Krieg und Kriegsdienstverweigerung „nicht leichthin abgetan werden."[7]

Die Druckerlaubnis führte zu einer erheblichen Verstimmung im österreichischen Episkopat. Kardinal Piffl drückte sein Befremden darüber aus, „dass Ude

---

[1]Diakow, Ude, Der Stumme S. 27.

[2]Ebd. S. 30.

[3] Brief Udes an das Bischöfliche Ordinariat Linz vom 4. November 1929 (Personalakt Ude, DAG) Zit. nach: Fakras, Reinhard: Pazifistische Alternativkultur in der Steiermark am Beispiel Johannes Ude. In: A.E.I.O.U. drauß't bist du. Das andere Heimatmuseum 1. Abteilung Katalog, hrsg. v Baustelle Lind. - Neumarkt 1996 o.S.

[4] Brief Udes vom 4. November 1929. Zit. nach: Ebd.

[5]Ude, Soziologie S. 102ff.

[6]Empfehlungsschreiben Sr. Exc. des Bischofs von St. Gallen, Dr. Alois Scheiwiler. In: Ude, Soziologie.

[7]Ebd.

mit Umgehung seines Ordinarius seine „Soziologie“ im Ausland drucken ließ und Bischof Scheiwiler ein empfehlendes Wort dazu schrieb.“[1]

Auch in der Frage der Todesstrafe sprach Ude jeder Befürwortung die moralische Berechtigung ab. Ein ihn persönlich schwer betroffen machendes Erlebnis bestärkte ihn später in der Ablehnung der Todesstrafe. Am 11. Jänner 1934 wurde ein Grazer Brandstifter am Galgen hingerichtet. „Mir will das Herz zerspringen vor tiefem Leid“, schrieb Ude dazu. „Zugleich aber regt sich in mir Verbitterung gegen jene, die das Urteil gefällt, gegen jene, die die Notverordnung herausgegeben, auf Grund derer er verurteilt wurde, und gegen jene, die das Gnadengesuch abgewiesen, gegen alle, die die Einführung der Todesstrafe in Österreich nicht verhindert haben.“[2]
Seine leidenschaftliche Opposition zu diesem Strafvollzug zeigte sich in der Phase der Standgerichtsbarkeit nach den Tagen des Bürgerkriegs 1934. Vehement kritisierte er die gegen Regimegegner verhängten Todesurteile, die er als „Schandfleck für Österreich“, als „ein Kainszeichen auf der Stirne der verantwortlichen Männer in Kirche und Staat“[3] bezeichnete. Abgesehen von öffentlichen Protesten, die Ude über österreichische und Schweizer Zeitungen laut werden ließ, organisierte er für Graz und Umgebung Hilfe für die Hinterbliebenen der Standgerichtsopfer.[4]

Als das kirchliche Redeverbot 1935 wieder aufgehoben wurde, äußerte sich seine pazifistische Gesinnungsentwicklung in dem für Aufsehen sorgenden offenen Brief an Benito Mussolini. Der Brief hatte eine scharfe Verurteilung der militärischen Aggression Italiens gegen Abessinien (Äthiopien) zum Inhalt.
Ude eröffnete das Schreiben vom August 1935 mit der friedensethischen Anklage, dass die Militäraktion nicht nur ein Verbrechen gegen Abessinien, sondern auch ein Verbrechen gegen das italienische Volk, „ja gegen die ganze Welt“[5] sei. Er legte dem Unternehmen „Größenwahn, eine irre gegangene Selbstüberhebung“, einen „widerliche(n), heidnische(n) Imperialismus, wie ihn die einstigen römischen Cäsaren vertreten haben“[6] als Motiv zugrunde. Dieses resultiere aus einer Bankrotterklärung der faschistischen Staatsführung vor den wirtschaftlichen Problemen Italiens. Die Ausdehnung „christlich-europäischer Kultur“ oder die Beschaffung neuen Lebensraumes für ein übervölkertes Land weist Ude als Kriegsgründe zurück. Christliche Kultur lasse sich nicht „mit Ma-

---

[1]Zit. nach: Moritz, Johannes Ude. Ein Leben und Wirken S. 16.
[2]Zit. nach: Ebd. S. 41.
[3]Ude, Erinnerungen S. 215.
[4]Moritz, Johannes Ude. Ein Leben und Wirken S. 27.
[5]Offener Brief Udes an Benito Mussolini. In: Wilner Bote Nr. 127, 23. August 1935. Zit. nach: Abschrift der Freiwirtschaftlichen Bibliothek Varel.
[6]Ebd.

schinengewehren, Kanonen und Giftgasbomben"[1] verbreiten. Italien sei keineswegs übervölkert, vielmehr habe es Mussolini „nicht verstanden, durch eine richtige Wirtschaftspolitik, zu der in erster Linie eine richtige Währungspolitik gehört", das Land „wirtschaftlich höher zu bringen."[2] „Als Anhänger der Goldwährung und als Vertreter der kapitalistischen Wirtschaftsordnung" erscheine Mussolini „selbst das entsetzliche Abenteuer eines unsicheren Krieges als das geringere Übel im Vergleich zur zusammengebrochenen, deflationistischen Wirtschaft"[3] Italiens. Dieses „Kriegsabenteuer" Mussolinis sei eine „Auslieferung der Währung (...) an die Schreckensherrschaft der Inflation."[4] „Statt Kriegsreden zu halten und zu rüsten" empfahl Ude dem Duce, „sich um die Währungs- und Bodenfrage im Sinne der christlichen Gesellschaftslehre (zu) bemühen."[5]

Ude behielt bei dieser Darstellung insofern recht, als die italienische Währungspolitik zur Verhinderung einer Inflation seit Mitte der 1920er Jahre einen rigorosen Deflationskurs gefahren war, der mit einer empfindlichen Konjunkturabschwächung und mit enormen Exportschwierigkeiten bezahlt werden musste.[6] Das Festhalten am Goldstandard und der Verzicht auf eine Währungsabwertung brachten weitere Probleme. Der Militärschlag gegen Abessinien und Italiens Eingreifen in den Spanischen Bürgerkrieg führten zu einer drastischen Staatsverschuldung, die bis zu 30 Prozent durch eine verstärkte Betätigung der Notenpresse abgedeckt wurde.

Trotzdem mutet es fast ein wenig naiv an, wenn Ude glaubte, einem Diktator vom Format eines Mussolini durch die christliche Gesellschaftslehre läutern zu können. Der Duce wird auch kaum von diesen Vorwürfen berührt worden sein, hingegen brachte der vorauseilende Gehorsam des österreichischen Ständestaates gegenüber der „Schutzmacht" Italien Ude große Schwierigkeiten.

Ude seinerseits zog zunächst aus den Ereignissen den Schluss, dass die „kapitalistische Wirtschaftsordnung" - in seinem Verständnis der Zinskapitalismus - für Rüstung und Krieg verantwortlich sei. Er glaubte eine international organisierte Finanzoligarchie erkennen zu können, deren monetäre Transaktionen ein ökonomisch und sozial friedlosen System bewirkten.[7] Von der Umsetzung der Freiwirtschaft, in Verbindung mit dem Entwurf einer christlichen Gesinnungs- und Lebensreform versprach sich Ude deshalb eine Möglichkeit, bewaffnete Konflikte auszuschalten.

---

[1]Offener Brief Udes
[2]Ebd.
[3]Ebd.
[4]Ebd.
[5]Ebd.
[6]Vgl. dazu: Fischer, Wolfram u.a. (Hrsg.): Handbuch der europäischen Wirtschafts- und Sozialgeschichte Bd. 6. - Stuttgart 1987 S. 1041ff.
[7]Vgl. z.B.: Ude, Das Geld S. 149ff.

Indes zog die Veröffentlichung des „Mussolini-Briefes" ein behördliches Strafverfahren und weitere Konsequenzen für Ude nach sich. Über eine im Episkopat diskutierte Neuauflage des Redeverbotes konnten sich die Bischöfe nicht einigen. Obwohl offiziell von den kirchlichen und staatlichen Behörden keine Einschränkung von Udes Auftritten erfolgte, wurden ihm Vorträge nur unter Ausklammerung jeglichen politischen Inhalts gestattet.
In der Zeit vom 28. Juli bis 4. August 1936 wollte Ude an einem internationalen Friedenskongress in Cambridge teilnehmen. Die Bundespolizeidirektion in Graz verweigerte ihm in Einvernehmen mit dem Unterrichtsministerium die Ausstellung eines Passes, was eine Ausreise aus Österreich unmöglich machte.[1]
Der Ständestaat begann nun gezielt, Udes Auftritte in der Öffentlichkeit zu behindern.[2] Predigten auf kirchlichem Boden blieben davon ausgenommen.
Die christliche Grundsatzforderung nach Frieden bot deshalb für Ude weiterhin Möglichkeiten, im Rahmen von Gottesdiensten seine pazifistischen Positionen zu vertreten. In der Wiener Peterskirche erfolgten zur Friedensfrage Predigten, die „nach einem vertraulichen Bericht der Wiener Diözese auch durch Angehörige der verbotenen Linken besucht und selbst 'in Kreisen kommunistischer Parteigänger' empfohlen"[3] wurden. In der Predigt vom 4. Juni 1937 lotete er zum Thema „Der Friede sei mit Euch!" die Akzeptanz von Zivildienst und Kriegsdienstverweigerung durch die Kirche aus.[4] Eine Verurteilung der kirchlichen Politik im Spanischen Bürgerkrieg war ebenfalls Bestandteil eines Predigtinhaltes.[5]
Im Herbst 1937 beschäftigte die Behörden mehrere Wochen lang eine Predigt Udes, die er am 12. September 1937 in der katholischen Kirche im niederösterreichischen Mitterbach gehalten hatte. Nach einem Bericht des Sicherheitsdirektors für Niederösterreich habe Ude in der einstündigen Predigt den Dekalog „vorwiegend nach politischen Gesichtspunkten aus(ge)legt, wobei er die Regierungen aller Länder und insbesondere die österreichische Bundesregierung wiederholt äußerst scharf an(ge)griffen"[6] hätte. Als er im Zusammenhang mit dem 4. Gebot auf die Jugenderziehung zu sprechen gekommen sei, habe er mit erhobener Stimme gerufen: „Diese verfluchte vormilitärische Jugenderziehung ist ein Verbrechen an den Kindern. Sie werden dadurch zum Hasse statt zur Liebe

---

[1]Schriftliche und telefonische Weisung des Bundesministeriums für Unterricht vom 11. Juli bzw. 23. Juli 1936 (ÖStA:BKA Generaldirektion für die öffentliche Sicherheit - im Folgenden abgekürzt mit Gen.dir.f.ö.S. - GZ: 341.310/36).
[2]Vgl. dazu Kap. 8.2.2.
[3]Farkas, Alternativkultur.
[4]Ebd. Vgl. dazu auch: Brief des erzbischöflichen Ordinariats Wien an das bischöfliche Ordinariat Graz vom 15. Juni 1937 (Personalakt Ude, DAG).
[5]Brief des Bischöflichen Ordinariats Wien an das Bischöfliche Ordinariat Graz vom 15. Juni 1937 (Personalakt Ude, DAG). Zit. nach: Farkas, Amtskirche S. 271.
[6]Bericht des Sicherheitsdirektors für Niederösterreich über Udes Predigt in Mitterbach vom 17. September 1937 Aktenzahl S.D.I-12/911 (ÖStA: BKA Gen.f.ö.S. GZ: 356.590-St.B.37ff).

erzogen."[1] Die Erziehungsberechtigten habe er dazu aufgefordert, der Regierung nur soweit zu gehorchen, „als die Gesetze nicht im Widerspruch zu den Lehren Christi stünden."[2] Ude habe weiters die Todesstrafe als „eine Kulturschande für einen zivilisierten Staat, umso mehr, wenn sie von einer ('christlichen') Regierung verhängt werde"[3], bezeichnet. Abschließend habe er betont, sich „vor keinem Papst, vor keinem Herrscher und vor keiner Regierung, sondern nur vor Gott"[4] beugen zu wollen. Nur Gott schulde er Gehorsam, sonst aber gehorche er niemandem. In einer Einvernahme durch die Polizeibehörde am 19. Oktober 1937 bestätigte Ude seine Aussagen. Er schränkte jedoch ein, dass sich seine Ausführungen nicht speziell gegen die österreichische Regierung gerichtet hätten, sondern als allgemein gültiger „sittlich religiöser christlicher Grundsatz, der von der Kirche überall vertreten wird"[5], zu verstehen sei.
Ein besonders vordringliches Anliegen Udes war es, dem kirchlichen Lehramt eine klare Stellungnahme zur der von ihm abgelehnten allgemeinen Wehrpflicht abzuverlangen. Er wandte sich diesbezüglich in einem Brief an Bundespräsident Wilhelm Miklas, der Udes Schreiben durch Kardinal Innitzer an Rom vermitteln ließ. Im Jänner 1938 erhielt das österreichische Staatsoberhaupt von einer anonymen Kurienstelle die Mitteilung, dass „die militärische Verteidigung von Heimat und Vaterland" als „naturrechtliche Verpflichtung" zu gelten habe, Udes Standpunkt hingegen als Ausdruck „vollständige(r) Dekadenz" rundweg abzulehnen sei.[6]

Während des 2. Weltkriegs reifte Udes Einsicht, dass neben der äußeren Umorientierung nur die absolute Beachtung eines einzigen Grundsatzes eine glaubhafte und widerspruchsfreie Friedensethik gewährleisten könne: Mit dem 5. Gebot des Dekalogs, welches ausnahmslos und immer zu gelten habe, schob er nun jedes kasuistische Gedankenspiel um Todesstrafe, Notwehr, Wehrpflicht, Kriegsprävention und den „gerechten Krieg" beiseite.
In seinem 1948 erschienen Monumentalwerk „Du sollst nicht töten" wurden die christlichen Offenbarungschriften als Schlüssel zur Lösung der Friedensfrage gesehen. Ude erklärte darin das Alte Testament in „dieser Frage (für) nicht maßgebend."[7] Statt des „oft mit gewalttätigen Mitteln arbeitenden Alten Testaments" sei einzig „das Neue Testament, (das) Testament der Liebe, mit eigener

[1]Bericht des Sicherheitsdirektors für Niederösterreich (ÖStA).
[2]Ebd.
[3]Ebd.
[4]Ebd.
[5]Niederschrift des Verhörs vom 19. Oktober 1937 durch die Bundespolizeidirektion Graz mit Johannes Ude (ÖStA:BKA Gen.dir.f.ö.S. GZ: 356.590 - St.B./37).
[6]Brief Wilhelm Miklas' an Bischof Pawlikowski vom 4. Februar 1938 (DAG, Personalakt Ude) Zit. nach: Farkas, Alternativkultur S. 4.
[7]Ude, Du sollst nicht töten S. 62.

Betonung der Feindesliebe“[1] relevant. Insbesondere die „Bergpredigt“ wurde fortan zum wichtigsten Leitbild.

Das Veto der Besatzungsmächte gegen die Gründung einer „Friedenspartei“ unter Udes Vorsitz hielt ihn nicht davon ab, die absehbare Remilitarisierung Österreichs mit Nachdruck abzulehnen. Auch Defensivverteidigung kalkuliere einen Krieg ein, deshalb sei ein so genannter „bewaffneter Friede“ nur „die Vorbereitung für den nächsten Krieg.“[2] Ude wollte die Bundesregierung in die Pflicht nehmen, ein Referendum über eine allfällige Aufstellung militärischer Einheiten durchführen zu lassen. Im Detail kritisierte er die Requirierung von landwirtschaftlichen Gründen und die Ressourcenaufwendung für militärische Einrichtungen. Ude vermutete - nicht zu Unrecht, wie die Offenlegung strategischer Pläne aus der Phase des Kalten Krieges heute beweisen - hinter der geplanten „bewaffneten Neutralität“ eine Einbindung Österreichs in kriegstaktische Überlegungen eines Militärblocks, namentlich der NATO.[3] Gegen die „durch die alliierten Besatzungsmächte uns aufgezwungene Aufrüstung“[4] regte er Aktionen nach dem Vorbild der Noncooperation-Bewegung Gandhis an und rief damit „zur gewaltlosen, waffenlosen, christlichen Revolution“[5] auf.
In der sich anbahnenden Diskussion um die Entwürfe einer zivilen Landesverteidigung sprach Ude jedem Staat das Recht ab, „Prüfungskammern für katholische Kriegsdienstverweigerer bei den Bezirkswehrersatzkammern einzurichten, um den Bereich des persönlichen Gewissens katholischer Kriegsdienstverweigerer zu durchforsten.“[6] Die Souveränität des Gewissens und die Gewissensfreiheit sei unantastbar. Die Annahme vom ausnahmslos geltenden Tötungsverbot mache daher Kriegsdienstverweigerung zur Gewissenspflicht. Jeder die zehn Gebote oder irgendein Gebot des Evangeliums Christi verletzender Befehl müsse unter allen Umständen verweigert werden, „mag die Befehlsverweigerung für den Befehlsempfänger noch so furchtbare Folgen haben.“[7] Ude erklärte mit Verweis auf die Erfindung der Atombombe die bis dahin gelehrte christliche Kriegsideologie als gegenstandslos.
Damit trat gegen Ende der 1950er Jahre zur Ablehnung der konventionellen und atomaren Rüstungstechnologie auch eine kompromisslose Verurteilung der atomaren Forschung und Energieproduktion.[8] Die Auseinandersetzung mit der zivilen und militärischen Nutzung der Kernspaltung und ihre klare Ablehnung

---

[1]Ude, Du sollst nicht töten S. 62.
[2]Ude, Gegen die Wiederaufrüstung Österreichs. Meine Stellungnahme zum Weißbuch des österreichischen Friedensrates. - Grundlsee 1952 S. 4.
[3]Ude, „Bewaffnete“ oder „unbewaffnete“ Neutralität? - Grundlsee 1962 S. 5f.
[4]Ude, Gegen die Wiederaufrüstung S. 4.
[5]Ebd. S. 7.
[6]Ude, Befehl ist Befehl - oder? - Grundlsee 1959 S. 6.
[7]Ebd. S. 7.
[8]Farkas, Vorläufer S. 36f.

erhob Ude in letzter Konsequenz zum Prüfstein für das Christentum schlechthin.[1]
Schützenhilfe erhielt Ude in dieser Frage von prominenter Seite. Der allseits vielgeachtete Ernst Karl Winter hatte mit Ude Kontakt aufgenommen, nachdem eine von Winter gestaltete Artikelserie in der Zeitschrift „Die Furche" unter dem Titel „Probleme der Atomzivilisation" erschienen war. Winter erkannte darin „sowohl die ungelösten Probleme der Atomtechnik selbst, als auch die bereits darauf abstellenden und hindrängenden Komplikationen des Voratomzeitalters" als Verursacher für die „Selbstverseuchung der Menschheit (...), indem die Erde, die Luft, das Wasser, der Boden, die pflanzlichen und tierischen Organismen, sowie schließlich auch das geistig-sittliche Leben des Menschen selbst aus dem bisherigen Naturkreislauf und Gleichgewichtszustand hinausgeschleudert erscheinen."[2] Ähnlich wie Ude war auch Winter der Ansicht, dass nur durch ein einfaches Leben auch im Atomzeitalter „die Hypertrophie und Exorbitanz des Technischen (...) auf ein für die Gesamtmenschheit zuträgliches Ausmaß zurückgezwungen werden"[3] könne.
In einem Brief an Winter drückte Ude seine Genugtuung darüber aus, dass seine Arbeit, die nun schon „ein halbes Jahrhundert lang seit dem 1. Weltkrieg" anhalte, bestätigt worden sei.[4] Er äußerte die Hoffnung, „in gemeinsamer Zusammenarbeit aller gut und religiös Gesinnter, die durch die derzeit noch unbeherrschte Atomtechnik geschaffene, äußerst gefährliche Weltlage im Sinne der Lehre Christi in die richtigen Bahnen lenken, und so dem Weltfrieden den Weg bereiten"[5] zu können.

Die eindringliche Warnung vor der alles Leben vernichtenden Radioaktivität und die scharfe Polemik gegen den verantwortungslosen Umgang der Wissenschaft mit dieser Thematik dominierten Udes schriftstellerische Tätigkeit in den letzten Lebensjahren. In einem Offenen Brief, der in der Obersteirischen Zeitung vom 26. Juli 1958 abgedruckt wurde, wandte sich Ude an alle Staatsanwälte der Welt, gegen all jene gerichtlich vorzugehen, „die durch ihre ständigen Explosionsversuche mit atomaren Kernspaltungen - ganz gleich, ob es zu militärischen oder friedlichen Zwecken geschieht - die Staatsverfassung und Staatsgesetze in gröblichster Weise verletzen."[6] Erfinder, Hersteller, Verteiler und Erwerber von Atomwaffen, weiters „alle jene, die solches Tun und Treiben gut

---

[1]Liebmann, Maximilian: Johannes Ude. Sein Leben, sein Wirken und seine Lehren. In: Ausseer Beiträge zur Zeit- und Kulturgeschichte, hrsg. v. Michael Roithner Bd.7 (1985) S. 142.
[2]Winter, Ernst Karl: Probleme der Atomzivilisation. In: Die Furche. Freie kulturpolitische Wochenschrift 12.Jg./Nr.11 (1956) S. 3.
[3]Ebd. 12.Jg./Nr.12 S. 6.
[4]Brief Udes an Ernst Karl Winter vom 31. März 1956 (Dokument des DÖW Nr. 15.060/112).
[5]Ebd.
[6]Offener Brief Udes zit. nach: Bericht des Bundespolizeikommissariat Loeben an das Bundesministeriums für Inneres Gen.dir.f.ö.S. vom 25. 7. 1958 (ÖStA: GZ: 97.841 2A/58).

heißen, empfehlen oder unterstützen, schließlich auch die Errichter von Atomreaktoren"[1] seien strafrechtlich zu belangen.
Auf den Protest gegen die Inbetriebnahme eines Atomreaktors im Wiener Prater im Jahr 1961 folgte ein Jahr später eine Auseinandersetzung mit Fritz Regler, dem damaligen Vorstand des Instituts für Experimentalphysik an der Technischen Hochschule in Wien. Ude warf den Vertretern der Atomwissenschaft vor, mit dem Schlagwort „Atomkraft für den Frieden" die Gefährlichkeit der Radioaktivität zu verharmlosen und die Öffentlichkeit bewusst in die Irre zu führen.[2] Das Argument, dass Kernenergie für medizinische Zwecke, zum Beispiel als Strahlentherapie in der Krebsbekämpfung nutzbringend sei, lehnte Ude ab. „Man kann mit Bestrahlung eines Radio-Isotops wohl ein äußeres Symptom, das ist eine Krebsgeschwulst zum Verschwinden bringen, doch der Krebs ist eine Allgemeinerkrankung des gesamten Körpers"[3], hielt er dagegen. Heilung könne hingegen nur eine „bedingungslose Rückkehr zu der von Gott gesetzten Ordnung, das ist eine gründliche Umstellung in der gesamten bisherigen Ernährung und Umstellung der gesamten Lebensführung"[4] bringen.

Von der Bestrahlungsmedizin stellte Ude die Verbindung zu anderen medizinisch-wissenschaftlichen Teildisziplinen her, die sich mit seinem ganzheitlichen Pazifismus nicht vereinbaren ließen. Besonders scharf attackierte er den Viviosektionismus, den er mit Gandhi als „das schwärzeste Verbrechen der Menschheit"[5] bezeichnete.
Am Beispiel der wissenschaftlich betriebenen Heilkunde versuchte Ude zu verdeutlichen, dass „ein in sich sittlich nicht einwandfreies Mittel für den besten Zweck nicht verwendet werden (dürfe), denn der beste Zweck heilig(e) ein in sich sittlich nicht einwandfreies Mittel niemals."[6] Übrig bleibe die Verantwortung aller „an der Atomforschung und an der Atomtechnik Beteiligten" für das Grauen in Hiroshima und Nagasaki, die Mitverantwortung „an all diesen Schäden, die bereits angerichtet worden sind und weiterhin angerichtet werden."[7] Die Forderung nach Ausweitung der Befriedung auf die gesamte Natur rundete Udes rigoristischen Pazifismus ab.

---

[1]Offener Brief Udes
[2]Ude, Atomwissenschaft, Atomwissenschafter und deren Anhang vor dem Richterstuhl des Sittengesetzes. Offener Brief. - Grundlsee 1962. S. 13ff.
[3]Ebd. S. 32.
[4]Ebd.
[5]Ebd. S. 33.
[6]Ebd. S. 35.
[7]Ebd. S. 23.

Mörder unter uns!

Von Univ. Prof. Dr. Johannes Ude
Grundlsee, Steiermark, Österreich

„Jeder aber, der seinen Bruder haßt,
ist ein Mörder" (I. Jo 3,15).

Titelblatt der Broschüre „Mörder unter uns“ aus dem Jahr 1963.

Natürlich war Ude bemüht, die pazifistische Tradition der altchristlichen Schriftsteller sowie päpstliche Äußerungen zur Friedensfrage für die Untermauerung seiner Position hervorzuheben.[1] Auf eine eindeutige Stellungnahme des kirchlichen Lehramtes zu der ihm so wichtigen Frage, ob das Tötungsverbot ausnahmslos zu gelten habe, wartete er jedoch vergeblich. Nach Udes Ansicht stehe es im Falle einer „strittigen Frage“ „jedem katholischen Christen frei, sich jener Ansicht anzuschließen, die ihm auf Grund der hierfür vorgebrachten Beweise als die richtigere erscheint.“[2]
Auf gänzliche Ablehnung stieß bei Ude die Weihnachtsbotschaft Pius XII. aus dem Jahr 1956. Darin erneuerte der Papst die Doktrin vom „gerechten Verteidigungskrieg“ und sprach den Katholiken das Recht ab, sich auf das Gewissen zu berufen, um gesetzlich festgelegte Dienste zu verweigern. Das Festhalten am ausnahmslos geltenden Tötungsverbot rechtfertigte Ude mit dem Argument, dass es sich bei der Darlegung des Papstes um keine „Ex cathedra-Entscheidung“ gehandelt habe. Die Botschaft sei ohne Berufung auf das un-

[1]Vgl.: Ude, Du sollst nicht töten. S. 106ff.
[2]Ude, Mörder unter uns. - Grundlsee 1963 S. 33.

fehlbare Lehramt der Kirche erfolgt, daher eine privat geäußerte Anschauung, die wie jede andere einem Irrtum unterliegen könne. „Wo in aller Welt", fragte Ude, könne es im Atomzeitalter „irgendeinen Staat (geben), der mit Recht sagen darf, er führe einen gerechten Verteidigungskrieg".[1] Niemals könne das Gewissen „eines Machthabers in West- oder Ostblock das eigene Gewissen ersetzen." Darum dürfe „kein Katholik, und das gleiche gilt auch für alle anderen Nichtkatholiken und Nichtchristen, blindlings dem Befehl irgendeines Vorgesetzten folgen, sondern er muss sein eigenes Gewissen einschalten und trägt für seine Entscheidung die Verantwortung."[2]

Ude gestand ein, dass er zu einer Minorität gehöre, die mit dem Satz „Das Gebot, Du sollst nicht töten, gilt ausnahmslos" die Kontradiktion zu den „offiziellen Vertreter(n) der Kirche, angefangen vom Papst und den Bischöfen bis herab zu den Moraltheologen und Priestern und katholischen Theologiestudenten, die es so lernen"[3], repräsentiere. Abgesehen von den bezeichnenden Stellen des Neuen Testaments blieben Ude als Orientierung zumeist nur pazifistische Vertreter, die außerhalb der amtskirchlichen Struktur standen. In „Du sollst nicht töten" nannte er hierfür die verfolgten Quäker, personifiziert in der berühmten Figur William Penn, und andere Gruppierungen, insbesondere die Satyagraha-Bewegung Mahatma Gandhis.
Gandhis Philosophie kam Udes ganzheitlichem pazifistischem Ansatz auch tatsächlich am nächsten. Für Gandhi waren die Textstellen der „Bergpredigt" ein „mächtiges Instrument für eine soziale und kollektive Umgestaltung."[4] Gewaltlosigkeit bedeutete daher nicht nur eine Methode der politischen Konfrontation, sondern ein alle Lebensbereiche betreffender Grundsatz.[5] In Udes ständig wiederholter Aufforderung „alles in Christo erneuern", fand dieser Gedanke seine Entsprechung. Kapitalismuskritik, Technologieskepsis und die Vorstellung von autonomen, dörflich strukturierten Landkommunen auf Basis einer genossenschaftlichen Arbeits- und Besitzorganisation kennzeichneten sowohl Gandhis als auch Udes Bild von einer friedfertigen Gesellschaft.

Es erübrigt sich fast zu sagen, dass die Kirchenhierarchie Udes Pazifismus wenig abzugewinnen vermochte. Bezeichnend ist dafür die Stellungnahme des Salzburger Bischofs: „Ich muss gestehen, dass auch ich persönlich einem Buche oder einer Schrift, die die absolute Unerlaubtheit des Krieges, der Notwehr, des Zinsnehmens u. dgl. vertritt, nicht die kirchliche Druckerlaubnis geben könnte."[6]

---

[1]Ude, Mörder S. 34.
[2]Ebd.
[3]Ebd. S. 33.
[4]King, Martin Luther: Freiheit. Zit. nach: Clement, Gandhi S. 179.
[5]Clement, Gandhi S. 161.
[6]Brief des Salzburger Bischofs Andreas Rohracher an Ude vom 26. Juni 1946 (Personalakt Ude, DAG).

Viele Vorbehalte kreisten um die Befürchtung, Ude könnte mit seinem Friedensengagement der kommunistischen Interessenspolitik dienen. In schriftlichen Stellungnahmen versuchte er sich von diesem Vorwurf zu distanzieren.[1] Dennoch beobachtete man besorgt jede Aktivität. So verbot ihm beispielsweise sein Bischof ausdrücklich, bei dem für Dezember 1952 in Wien stattfindenden „Völkerkongress für den Frieden“ als Redner aufzutreten.[2] Beschwichtigend gab Ude dazu an, dass ein Auftritt seinerseits nicht geplant sei.[3]

[1]Vgl. z.B.: Ude, Ich - ein Kommunist? - Grundlsee 1952 (Nachlass Stefan Matzenberger).
[2]Brief Bischof Pawlikowskis an Ude vom 17. November 1952 (Personalakt Ude, DAG).
[3]Brief Udes an Bischof Pawlikowskis vom 10. Dezember 1952 (Personalakt Ude, DAG).

3. Teil: Programmatik

7. Das Reformprogramm

> „Wie kann man den Himmel kaufen oder verkaufen - oder die Wärme der Erde? Diese Vorstellung ist uns fremd. Wenn wir die Frische der Luft und das Glitzern des Wassers nicht besitzen - wie könnt ihr sie von uns kaufen?
> (Chief Seattle)[1]

Wenn Ude etwa Ende der 1920er Jahre seine von Anfang an erhobene Forderung nach Verankerung der christlichen Moral im Wirtschaftsleben bekräftigte, so geschah dies zu einem Zeitpunkt, da sich nach einem beträchtlichen Wandlungsprozess auch seine Vorstellungen über eine umfassende ökonomische und soziale Reform zu festigen begannen. Wissend um die Reaktionen, war er um Argumente bemüht, die sein Vorhaben rechtfertigen sollten. Mit Berufung auf päpstliche Rundschreiben vertrat er die Ansicht, dass dort, wo sich die Lehren der christlichen Offenbarung nicht eindeutig äußern und eine endgültige Auslegung durch das Lehramt der katholischen Kirche noch aussteht, es jedem Katholiken anheim gestellt sei, „jener Meinung zu folgen, die ihm auf Grund seiner vernünftigen Ansicht als die richtige erscheint.“[2]
Ude ortete also genügend Spielraum für seine Darlegungen, zumal jene neutestamentarischen Stellen, auf die er sich berief, und selbst die zu wirtschaftlichen und sozialen Fragen geäußerte Meinung der Kurie einiges an Interpretationsmöglichkeiten zuließen.
Das vorliegende Kapitel bringt eine Zusammenstellung seiner wichtigsten Reformgedanken, wobei der Schwerpunkt bei den in der gedanklichen Entwicklung abgeschlossenen Ansichten liegt. Die Auswahl des Quellenmaterials richtet sich deshalb nach dem Entwicklungsstand der Reformpläne. Eine kritische Analyse der Programmatik ist einem gesonderten Abschnitt vorbehalten. Es erscheint jedoch angebracht, bei wichtigen ökonomischen Begriffen und Grundsätzen auf jene gedanklichen Ursprünge zu verweisen, die Ude bei seiner Darstellung einfließen hat lassen. Es sind dies vor allem die thomistisch-scholastische Wirtschaftslehre und die Theorien der ökonomischen Klassiker.

---

[1]Chief Seattle: Wir sind ein Teil der Erde, und sie ist ein Teil von uns. Rede des Häuptlings der Duwamish-Indianer. Zit. in: Barisch, Hilde: Leben in Gefahr. Einführung in die Ökologie. - Würzburg 1980 S. 61ff.
[2]Ude, Du sollst nicht töten. S. 3.

7.1. „Panbiologie“

„Von Gott durch Gott zu Gott sei und bleibe unser Losungswort.“[1] In diesem Zitat konzentriert sich Udes Gedankenwelt, es ist gewissermaßen die Quintessenz seiner Philosophie, die mit dem Begriff „Panbiologie“ einen Rahmen erhält, in dem sich das Reformwerk entfaltet.
Die beiden griechischen Wörter „Pan“ bzw. „Biologie“ werden von Ude als „Lehre vom Leben des Alls“[2] verstanden. Das Weltall, in dem lebende, beseelte Wesen neben lebloser, naturgesetzlicher Materie existieren, begreift er als einheitlichen, detailliert geordneten Kosmos, an dessen Beginn ein göttlicher Schöpfungswille steht.
Der Urgrund allen Lebens ist demnach Gott selbst. „Pan“ bildet die Hülle für alles Bestehende, in dem sich Lebendes und Lebloses als göttliche Gedanken widerspiegeln.
Dem göttlichen Ordnungsprinzip entsprechen im All Naturgesetze, denen die Dinge unterworfen sind. In drei Naturreichen, namentlich im Mineral-, Pflanzen,- Tierreich und in der menschlichen Sonderstellung, sieht Ude die Naturgebung Gottes wirken. Neben dem leiblichen, materiellen Bestandteil schreibt Ude Pflanzen, Tieren und Menschen eine den Körper aufbauende und organisierende seelische Lebensregel zu. Die auf der untersten Stufe einer Lebenspyramide stehende Pflanzenseele äußert nach Udes Ansicht nur vegetative Tätigkeiten und bildet die Grundlage für tierisches und menschliches Leben. Bei der über der Pflanze stehenden Tierseele treten zur vegetativen Wirkung kognitive Fähigkeiten und instinktives Wollen. Die als rein geistig, unteilbar und unsterblich erachtete Menschenseele wird als Spiegelbild der Lebenshierarchie schlechthin gesehen.

Im Wesen des Menschen überragen die geistigen Fähigkeiten, und zwar die Vernunft und der freie Wille, das vegetative bzw. sinnliche Vermögen. Aus der Vernunfterkenntnis als Wissenserwerb und als ethisches Urteilsvermögen resultiert für Ude das freie menschliche Wollen. Nach seinem christlichen Weltbild gebiete die Vernunft ein Erkennen des Waltens Gottes in der Natur. Ein Zuwiderhandeln gegen diese Gesetzlichkeit habe deshalb unweigerlich einen kranken Organismus, eine zerstörte Volkswirtschaft oder Gesellschaft zur Folge. Da der Mensch in besonderer Weise ein Nachbild göttlicher Gedanken sei, könne nur die genaue Beobachtung des von Gott abgeleiteten Naturrechts Sicherheit für ein naturgemäßes, „ein in Gott gesundes Leben“[3] bieten.

---

[1]Ude, Natur, Pflanze S. 42.
[2]Ebd. S. 40.
[3]Ebd. S. 11.

Der von Ude kreierte Begriff „Panbiologie“ könnte angelehnt sein an ein zweibändiges Werk mit dem Titel „Panökonomie“, welches unmittelbar nach dem 2. Weltkrieg erschien. Der Autor dieser Schrift, ein gewisser Robert Keller, veranschaulicht an Hand eines fiktiven Staatsgebildes namens „Irgendland“ die zerstörerische Wirkung des kapitalistischen Systems, insbesondere durch den Kapitalzins.[1] Kellers panökonomische Wirtschaftsreform, für die neben anderen Silvio Gesell und Heinrich Färber als „geistige Paten“ genannt werden, verspricht sich überwiegend von ergokratischen Zielsetzungen wie z.B. der Verstaatlichung des Geldwesens oder der gesetzlichen Beschränkung des Zinsfußes die Lösung aller Probleme.
Aus Briefwechseln geht hervor, dass Ude die „Panökonomie“ gut gekannt haben muss und mit dem Verfasser dieses Buches in Kontakt stand.[2]
Während also die „Panökonomie“ eher nach Färbers Konzeption ausgerichtet ist, orientierte sich Udes Entwurf eindeutig an Silvio Gesell.
Panbiologisches Denken als religiöses Denken manifestiert sich für Ude in einer „Verbindung mit Gott und Verbundenheit mit allen Wesen des Alls gemäß der kosmologischen Ordnung im Sinne eines naturgemäßen Lebens. Das Endergebnis einer vom panbiologischen Denken durchdrungenen und danach lebenden Menschheit ist der Friede. Wer sich also bemüht, sein Leben demgemäß einzurichten, handelt in der gesamten Schöpfung als verantwortungsvoller Sachwalter und verlässlicher Treuhänder Gottes, der die Liebe selbst ist.“[3]

7.1.1. Das dualistisch-teleologische Weltbild

In einer der zahlreichen Abhandlungen, in denen sich Ude mit der Beziehung von naturwissenschaftlichen und religiösen Problemstellungen beschäftigte, machte er klar, dass die reformerische Zielorientierung des „Wohin?“ zuerst die Beantwortung der Grundsatzfrage des „Woher?“, also die Klärung über den Ursprung des menschlichen Seins voraussetze.[4]
Ohne auf theologische Detailprobleme eingehen zu wollen, sei hier nur kurz das Fundament von Udes „panbiologischem“ Denken skizziert.
Udes philosophische Betrachtung geht von der Annahme aus, dass eine sichere objektive Erkenntnis der Außenwelt möglich sei. Weiters gilt ihm das Kausalprinzip als ein unmittelbar evidentes Verhältnis, das erst eine gesetzmäßige Abfolge im Naturgeschehen begreiflich mache.

---

[1] Keller, Robert: Panökonomie. Die Weltwirtschaft der Zukunft. Bd.1: Die Lösung des Verteilungsproblems. Bd.2: Der gerechte Kapitalismus. - Wien 1947.
[2] Vgl. z.B.: Brief Udes an Paul Bauschulte vom 29. 8. 1962 (Nachlass Ernst van Loen).
[3] Ude, Du sollst nicht töten! In: Kern, Elga: Wegweiser in die Zeitenwende. - München u.a. 1955 S. 93.
[4] Ude, Kann der Mensch vom Tiere abstammen? - Graz 1926 S. 2.

Davon abgeleitet bietet Ude zwei voneinander verschiedene Prinzipien für die Welterklärung an: eine Seele neben der Materie, einen persönlichen Gott neben der Welt.[1]

Materie definiert er - wie oben bereits angedeutet - als „gemeinsame reale Unterlage", als Substrat, „an dem sich das Werden und Vergehen, das wir beobachten, abspielt."[2] Niemals aber könne die Materie die Ursache der Lebensvorgänge sein. Erst die Seele, die weder als Fluidum, feinerer Lebensstoff noch als unsichtbares Gas zu denken sei, verleihe der Materie ein inneres substanzbildendes Prinzip.

Der menschlichen Seele schreibt er ein geistiges Wesen zu, welches sich aus der höheren immateriellen Tätigkeit des Denkens und Wollens erschließe.

Damit steht Ude vor der alles entscheidenden Frage: Gab es eine „Urzeugung", „das heißt, das Organische hat sich von selbst mechanisch aus dem organischen Stoff gebildet, oder hat ein Schöpfer hier eingegriffen, eine außerweltliche Ursache dem leblosen Stoffe das Leben eingehaucht."[3] Da die Einheit des Kosmos und die in ihm auftretenden Naturphänomene auf Bewegung zurückzuführen seien, könne „die erste Bewegung im Weltall nur durch eine außerweltliche Ursache, nur durch einen vom Weltall verschiedenen Gott begreiflich und möglich"[4] sein.

Die menschliche Vernunft gelange vom Verstehen der zweckmäßig veranlagten Einzeldinge zur Erkenntnis des Kosmos als planmäßig und einheitlich geordnetes Weltganzes, von da zum Ursprung des ersten Lebens und Auftreten der ersten Bewegung und schließlich zu einem persönlichen Schöpfer, einem ersten Beweger, zur Quelle des Lebens.[5] Damit sei der Mensch selbst ein lebender Gottesbeweis, „ein Beweis der Wahrheit der dualistischen Weltanschauung."[6]

Die teleologische Annahme vom „Bestehen einer über dem Weltsein und Weltgeschehen liegenden zwecksetzenden Ursache"[7], aus der eine Zielstrebigkeit in der Natur beobachtbar sei, rechtfertigt für Ude den Entwurf für ein planwirtschaftlich orientiertes Reformprogramm.

---

[1]Ude, Materie und Leben. - Graz 1923 S. 142.
[2]Ebd. S. 11f.
[3]Ebd. S. 123f.
[4]Ude, Monistische oder teleologische Weltanschauung? Vorlesungen gehalten für Hörer aller Fakultäten an der k.k. Karl-Franzens-Universität in Graz. - Graz 1907 S. 48.
[5]Ude, Materie S. 137.
[6]Ebd. S. 142.
[7]Ude, Monistische S. 14.

7.1.2. Kritik des naturwissenschaftlichen Denkens

Als junger Universitätslehrer musste sich Ude wie viele seiner wissenschaftlich tätigen Zeitgenossen mit den erkenntnistheoretischen Erfolgen des Darwinismus auseinander setzen. Darwins Lehre, besonders die der Abstammungslehre zu Grunde gelegte „Selektionstheorie", bedeutete für Ude eine große Herausforderung, stand doch Darwins Erklärung von der Entstehung der Arten seiner teleologischen Weltanschauung diametral gegenüber.

Während Darwin in seinen Erkenntnissen das Wirken eines Schöpfers nicht grundsätzlich ausschloss, rückten Darwinisten wie Ernst Haeckel oder Ludwig Büchner u.a. von der Vorstellung einer personifizierten Gottheit deutlich ab.

Besonders Haeckels Monismus verabscheute Ude zutiefst. Die Annahme einer Einheit von Gott, Welt, Geist, Materie, Seele und Leib sei als Welt- und Lebensanschauung wissenschaftlich unhaltbar, da sie das Welt- und Lebensproblem nicht lösen könne und in vielen Behauptungen mit sich selbst in Widerspruch stehe.[1] Die Erklärung einer Weltentwicklung als chemisch-physikalischen Prozess ohne Berücksichtigung einer darüber hinausgehenden metaphysischen Ursache sowie die Vorstellung von einer ewig bewegten Materie wurde von Ude heftig kritisiert.

Da die mechanische Naturerklärung von einem Bewegungsende im Weltall spreche, müsse auch ein Bewegungsanfang angenommen werden. Nach Udes Ansicht vermag es die kausal-mechanische Weltanschauung nicht, „die erste Bewegung, und mithin auch die daraus sich ergebende Weltentwicklung genügend zu erklären."[2]

Vor allem das „Zufallsprinzip" lehnte er als „höchst unwissenschaftlich" und als ein Verfahren, „das Grundlegendste einer Weltanschauung stützen und begreiflich machen zu wollen"[3], ab.

Die zunehmende Dominanz des Darwinismus erklärte sich Ude mit der Einflussnahme auf die Entdeckungs- und Forschungsresultate der diversen wissenschaftlichen Disziplinen, insbesondere aber in der „psychologischen Tendenz (...), den Darwinismus als Waffe gegen die Religion" einzusetzen, in der Hoffnung, „alle Welträtsel 'im Namen der Naturwissenschaft' lösen zu können."[4]

Ude schien es zunächst noch ein Leichtes, der am Beginn des 20. Jahrhunderts empirisch noch relativ wenig abgesicherten Evolutionstheorie mit der Schöpfungsgeschichte entgegenzutreten. Die Erklärung der Weltentstehung mittels einer modifizierten Bibelexegese war darin ebenso enthalten, wie eine physi-

---

[1] Ude, Der Darwinismus und sein Einfluss auf das moderne Geistesleben. - Graz u.a. 1909 S. 116.
[2] Ude, Monistische S. 39.
[3] Ebd. S. 29.
[4] Ude, Der Darwinismus S. 75f.

sche und seelische Verbindung zwischen Tier und Mensch kategorisch ausgeschlossen wurde.[1]

Für den Gesamtprogrammentwurf ist Udes distanziertes Naturwissenschaftsbild von Bedeutung. Natürlich ist er als ausgebildeter Naturwissenschafter weit davon entfernt, die Naturwissenschaften grundsätzlich zu verurteilen. Was er aber beklagt, ist die Dominanz naturwissenschaftlicher Disziplinen im Verhältnis zu den Geisteswissenschaften. Eine Erklärung der Welt unter Verzicht auf Philosophie und Theologie ist für Ude undenkbar. Dem entspricht auch die starke Betonung von ethischen Werten in der ökonomischen Analyse. Auch findet die Projektierung einer bewusst einfach gestalteten Lebensweise sowie die deutliche Technologieskepsis in den Einwänden gegen eine unkritische wissenschaftliche Fortschrittshuldigung ihre Erklärung.
Als richtungsweisend für sein Programm kann gelten: „Wenn nur mehr das Mikroskop und das Fernrohr und die Retorte und der Schmelztiegel und das Seziermesser (...), wenn nur mehr die Naturwissenschaft als die einzige Regel und Richtschnur unseres Denkens und Erkennens ausgegeben wird, so ist das eine Tatsache, welche jeden ideal denkenden Menschen mit ernster Besorgnis für die Zukunft erfüllen muss.“[2]

7.2. Normative Größen der Wirtschaftsethik

Udes teleologische Betrachtungsweise unterscheidet zwei, dem Schöpfungsplan immanente Gesetzmäßigkeiten: das Naturgesetz und das Sittengesetz.
Für jene irdischen Lebewesen, deren seelische Fähigkeiten nicht über den vegetativen oder sinnlichen Bereich hinausgehen, sind im Naturgesetz die Richtlinien des göttlichen Willens festgelegt. Die „vernünftig-freie“ Seele des Menschen begreift sich kraft ihrer Vernunfteinsicht als Geschöpflichkeit und erkennt deshalb ihren freien Willen.
Nach Udes Logik führt die in der abstrahierenden Einsicht der Vernunft gründende Freiheit zu einer „freiwilligen“ Anerkennung und Verherrlichung des göttlichen Prinzips, das als „oberstes Ziel“, als der eigentliche Daseinszweck ausgewiesen wird.
Die Erkenntnis, dass der Mensch innerhalb der von Gott gesetzten Ordnung steht, naturgesetzlich gebunden ist, bedingt eine ethische Verpflichtung, nämlich ein „natürliches Sittengesetz“. Dieses Sittengesetz ist in den Forderungen des Dekalogs normiert und wird durch das menschliche Gewissen als Urteilsinstanz zur Anwendung gebracht.

---

[1]Vgl. dazu: Ude, Die Erschaffung der Welt. - Graz 1923 S. 53ff. Weiters: Ude, Kann der Mensch S. 134f.
[2]Ude, Der Darwinismus S. 125.

Ude füllt nun das natürliche Sittengesetz mit dem Begriff eines „christlichen Sittlichkeitsideals“, welches, verkörpert durch die Offenbarungsschriften und die Persönlichkeit Christi, zum erzieherischen Leitbild für Christen im Hinblick auf das „oberste Ziel“ wird. Als Grundsatz habe daher zu gelten, dass „das individuelle Leben des Menschen mit seinen Teilzielen und Teilzwecken sowie das gesamte Gemeinschaftsleben, das ist das Gesellschaftsleben in der Ehe, in der Familie, im Staat, nach den Forderungen des Sittengesetzes zu regeln (sei).“[1]
Zusätzlich verankert Ude den traditionsreichen katholischen Terminus des „Naturrechts“. Das natürliche Recht bestehe unabhängig von jeder positiven, also menschlichen Gesetzgebung. Das Naturrecht resultiere „aus der Wesenheit der Menschennatur und (der) mit ihr gegebenen, den Menschen im Gewissen verpflichtenden allgemeinen Rechtsgrundsätze, die das soziale Zusammenleben der Menschen in Hinsicht auf das, was gerecht ist, unter Wahrung der persönlichen Freiheit nach den Grundsätzen des natürlichen Sittengesetzes regeln.“[2]

Es sind daher die ethischen Forderungen und nicht die volkswirtschaftlichen, die in dem engen Beziehungsgeflecht zwischen Ökonomie und Sittengesetz den Maßstab vorgeben. Ude weist der Volkswirtschaftslehre als wissenschaftliche Disziplin die Ermittlung des Ist-Zustandes und allenfalls die Prognostik als Betätigungsfeld zu. Nicht, was wirtschaftlich machbar ist, sei gefragt, sondern, was ethisch sein soll, sein darf.
Gemäß dem Evangelistenwort „Suchet zuerst das Reich Gottes und seine Gerechtigkeit“ erteilt Ude jeder Annahme von einer wirtschaftlichen Eigengesetzlichkeit eine Absage. Im Sinne des natürlichen Sittengesetzes erhebt er so genannte „Ewigkeitswerte“ wie „Nächstenliebe“ und „Gerechtigkeit“ zu den entscheidenden Antriebsmomenten wirtschaftlichen Handelns. „Nächstenliebe“ steht für sich als: „Liebe deinen Nächsten wie dich selbst!“ An dem Begriff „Gerechtigkeit“ ist im Grunde Udes gesamte Reformprogrammatik aufgehängt.

Ein Blick auf das Lehrgebäude des Thomas v. Aquin zeigt, dass Udes Darlegung der ökonomischen Ausgangspositionen eine fast spiegelbildliche Wiedergabe der thomistisch-scholastischen Wirtschaftsgrundsätze bringt.
Schon in den „Summen“ wird das Prinzip „Gerechtigkeit“ zum verpflichtenden Leitbild für die wirtschaftliche Betätigung erhoben.[3] Thomas fasst die Wirtschaft als einen Teilbereich der Gesellschaft auf, der an die sozialen Ansprüche gebunden bleibt. Vernunft und freier Wille würden es dem Menschen gestatten, von den durch Gott geschaffenen Dingen „Gebrauch“ zu machen.

---

[1]Ude, Wirtschaftsideal S. 381.
[2]Ude, Ethik S. 103.
[3]Vgl.: Thomas, Summa Bd. 18 S. 194ff.

Entscheidend ist, dass Thomas die streng naturrechtliche Ausrichtung der Kirchenväter abschwächte, indem er die Güterverteilung und den Güterbesitz nicht dem Naturrecht, sondern einem „positiven" Rechtsvollzug zuschrieb.[1]

7.2.1. Die Grundlagen des Wirtschaftens

Mit dem Satz „Was ethisch falsch ist, kann nie volkswirtschaftlich richtig sein"[2] ist der Zweck, der in Udes Programmatik enthalten ist, vorgegeben. Seine Wirtschaftslehre im Sinne des natürlichen Sittengesetzes ordnet das Wesen und die Grundlagen des Wirtschaftens den ethischen Vorgaben unter.
Wirtschaften ist für Ude ein planmäßiges Disponieren der nur in beschränktem Maß zur Verfügung stehenden materiellen Mittel. Eine Gliederung bzw. Rangordnung ökonomischer Tätigkeiten und Produkte sei deshalb erforderlich, weil es gelte, zuerst die notwendigen und vordringlichsten Bedürfnisse in einer Volkswirtschaft zu befriedigen. Es müsse unbedingt erkannt werden, dass sich „Bedürfnisse der einen Art nur auf Kosten der Bedürfnisse einer anderen Art befriedigen"[3] ließen. Das oberste Wirtschaftsziel könne daher nicht utilitaristischen Prinzipien verpflichtet sein, sondern nur der „Ermöglichung eines menschenwürdigen Daseins" unter genauer Beobachtung des natürlichen Sittengesetzes.
Damit das höchste Ziel erreicht werden kann, muss Ude vorerst die Grundlagen jeder wirtschaftlichen Produktion nennen und definieren. Es sind dies die menschliche Arbeit und die Natur.

Arbeiten wird als menschliche Kulturaufgabe bezeichnet, welche sich aus der Gottesebenbildlichkeit, es ist dies die Vernunftbegabung, des Menschen stellt.[4] Die Kulturaufgabe differenziert sich in geistige Tätigkeiten, als Kulturarbeit im eigentlichen Sinn, und als wirtschaftliche Arbeit oder Produktionsarbeit. Die Tätigkeit der Bedürfnisgüterproduktion unterscheidet hinsichtlich der ethischen Bewertung der Güter noch eine lang- bzw. kurzfristige Arbeit.[5]
Grundsätzlich umfasst die produktive Arbeit die Bereiche „Besitzergreifung, „Spezifikation" im Sinne von stofflicher Bearbeitung und „Fruktifikation", den großen Bereich agrarischer Tätigkeiten.

---

[1]Metternich, Ralph K.: Die Entwicklung der Werttheorie und ihre Beziehung zum Gewinnstreben. Eine dogmengeschichtliche Analyse bis zu den Klassikern und Neoklassikern der Nationalökonomie. Diss. - Köln 1993 S. 114.
[2]Ude, Wirtschaftsideal. S. 88ff.
[3]Ude, Soziologie S. 128.
[4]Ude, Das Recht auf Arbeit. - Grundlsee 1946 S. 5ff.
[5]Siehe dazu das Kap. 7.3.2.

Ude lehnt es strikt ab, Arbeit restlos in kausal-mechanischen Formeln auszudrücken und sie als Ware zu verstehen. Hingegen will er unbedingt bei einer allfälligen volkswirtschaftlichen Sanierung ein „Gesetz von der ethischen Arbeitswertung“ wirksam werden lassen. Zu erkennen und dementsprechend im Reformprogramm zu berücksichtigen sei „ethisch einwandfreie“ und „ethisch verwerfliche“ Arbeit in Bezug auf das oberste Wirtschaftsziel.
Ein weiterer wirtschaftsethischer Grundsatz betrifft das allgemeine Recht auf Arbeit, aus dem sich zugleich eine sittliche Verpflichtung zur Arbeit ableitet. Erst daraus könne ein Anspruch auf die zu einem menschenwürdigen Dasein notwendigen materiellen Bedürfnisgüter erhoben werden.

Der ökonomische Faktor „Arbeit“ erlangte auch im Thomismus einen bedeutenden Stellenwert. Gemäß des mittelalterlich-christlichen Weltbildes ist im Arbeitsbegriff des Thomas v. Aquin ein großer kontemplativer Spielraum enthalten. Ude hingegen betont, dass erst die wirtschaftliche Arbeit die „Kulturarbeit im eigentlichen Sinn“ ermöglicht. Da eine sittliche Verpflichtung zur Arbeit bestehe, erscheint die Pflege beider Arten von Arbeit gleichwertig. Eine Annäherung an die scholastische Arbeitsbewertung erfolgt insofern, als die „Kulturarbeit im eigentlichen Sinn“ als „Pflege der Gottesebenbildlichkeit“ dargestellt wird. Diese „Vertiefung und Vervollkommnung der Gottähnlichkeit in uns und um uns“ ist für Ude eine „bewusst von Menschen vollzogene Verherrlichung Gottes in der Schöpfung und durch die Schöpfung, wie sie zum Ausdruck kommt durch Religion, Wissenschaft und Kunst.“[1]
Ungeachtet dessen können Thomas „Vorstellungen von der Arbeit als einem abstrakten wertbildenden Faktor“[2] als maßgebliche Anstöße zu Udes Arbeitswertkonzeption aufgefasst werden.
Die zweite, die menschlichen Tätigkeiten voraussetzende Grundlage des Wirtschaftens umschreibt Ude mit den Begriffen „Natur“, „Stoff“, „Materie“. Nach den panbiologischen Vorstellungen verleiht Gott jedem Ding eine Natur, die dessen Tätigsein bestimmt und seine Natur, seinen Wert erkennen lässt. Davon hängt die wirtschaftliche Arbeit entscheidend ab, zumal die materiellen Naturgüter nur in begrenztem Ausmaß vorhanden sind.
Ude zählt zu den Naturdingen jene, die selbsttätig, zumeist aber unter Mithilfe menschlicher Arbeit neue Werte hervorbringen. Grund und Boden, Wasser, die verschiedenen Produkte der Pflanzen- und Tierwelt gehören dazu. Auch unfruchtbare Dinge, aus denen nur menschliche Arbeit Werte schafft, werden unter die wirtschaftlichen Grundlagen „Natur“ eingereiht. Bereits durch wirtschaftliche Arbeit geformte Hilfsmittel, die zur weiteren Produktion verwendet werden, sind damit gemeint.

---

[1]Ude, Soziologie S. 179.
[2]Metternich, Entwicklung der Werttheorie S. 129f.

Als äußerst sensiblen Bereich erkennt Ude den Boden. Da er überhaupt für jede Art menschlicher Betätigung die Voraussetzung sei und Monopolcharakter besitze, habe jeder Mensch einen naturrechtlichen Anspruch auf seine Benützung und seine Produkte.
Die zunächst als ethisch indifferent angesehenen technologischen Hilfsmittel erfahren ebenso eine gesonderte Bewertung. Nur wenn eine Maschine ausschließlich dem obersten Wirtschaftsziel diene, sei sie als Wirtschaftsmittel begrüßenswert.
Mit dem Geld, das auch als Substrat im Rahmen des Begriffs „Natur" fungiert, schneidet Ude ein problematisches Kapitel an. Die Festlegung auf eine in sich selbst unfruchtbare Wirtschaftsgrundlage, in seiner Verwendung als Tausch-, Zahlungs-, Wert- und Preisbestimmungsmittel strebt eine Sozialisierung des Geldes als Reformziel an.
Ude macht wiederholt die Höchstleistung, den Maximaleffekt einer Wirtschaft, nicht nur von Menge, Art und Kombination der wirtschaftlichen Grundlagenmittel abhängig. Viel mehr sei eine nach sittlichen Kriterien festgelegte Verwendung der Wirtschaftsgrundlagen sowie eine auf Qualität ausgerichtete Güterproduktion bei optimaler Verteilungsgerechtigkeit zu verlangen.
Damit wird deutlich, dass die Reform einen planwirtschaftlichen Charakter erhält.

7.2.2. Eigentum und Erwerbstitel

Wirtschaften lässt, davon ist Ude überzeugt, jedes Wirtschaftssubjekt an den Erwerb von Eigentum denken. Abgesehen von der sittengesetzlichen Bewerkstelligung des menschenwürdigen Daseins streben die Menschen entweder nach direktem Erwerb von Eigentum oder nach Eigentumsentschädigung durch Leistungsentlohnung.
Ude ist es besonders wichtig zu betonen, dass Privateigentum eine für den Menschen entwicklungsgeschichtliche Erfahrungstatsache sei. Um dies zu untermauern, wird den Menschen gemäß ihrer Kulturaufgabe ein naturrechtliches Benützungs- oder Gebrauchsrecht auf alle von Gott zur Verfügung gestellten Naturdinge zuerkannt. Abhängig ist das Recht jedoch von der physischen Eignung des Gebrauchers, der Berücksichtigung des Benützungsrechtes anderer und von der Akzeptanz der im Recht beinhalteten sozialen Verpflichtungen. Diese schließen jede überproportionierte persönliche Bedürfnisbefriedigung genauso aus, wie andererseits der Überfluss als Benützungsrecht auf die Besitzlosen übergeht.
Dieselben ethischen Maßstäbe legt Ude beim Eigentumsrecht, das als Verwaltungs- und Verfügungsrecht über irdische Güter definiert wird, an. Hinzu

kommt, dass vorrangig die Arbeit die Herrschaft des Menschen über die Naturdinge begründet.

Die reine Existenz von Privat- bzw. Kollektiveigentum erkennt Ude nicht an. Es gebe nur ein Eigentum als Synthese insofern, als Privateigentum an eine soziale Verantwortung, Kollektiveigentum an die Gewährung des uneingeschränkten Benützungsrechtes für alle gebunden sei. Ein mit sozialen Pflichten belastetes Privateigentum, von einem allgemeinen Menschenrecht abgeleitet, sei aber wegen der Sicherung der sozialen Ordnung, des sozialen Friedens, der stärkeren Arbeitsmotivation und wegen der besseren Absicherung des allgemeinen Benützungsrechtes von Vorteil.

Eigentum zu erwerben bleibt aber, wie bereits angedeutet, einzig und allein an eine „vernünftig-freie Tätigkeit" des Menschen, also an Arbeit gebunden. Die proportionierte Ebenbildlichkeit des göttlichen und menschlichen Eigentumsrechts begründet für Ude diese Gesetzlichkeit. Analog zu Gottes Tätigsein beim Schöpfungsakt, der Schöpfungserhaltung und dem davon abgeleiteten Eigentum über alle Dinge könne nur eine ethisch einwandfreie Arbeit mit sozialer Verpflichtung der einzige menschliche Erwerbstitel für Eigentum sein. Alle anderen erstmals Eigentum schaffenden Erwerbstitel wie die Besitzergreifung herrenlosen Gutes oder der natürliche Frucht- und Wertzuwachs werden als solche nur anerkannt, wenn sie in einer Beziehung zur Arbeit stehen. Selbiges gilt auch für Übertragung, Erweiterung oder Verminderung von Eigentum und Eigentumsrechten. Die solcherart abgeleiteten Erwerbstitel sind durch das positive Gesetz geregelt, müssen aber naturrechtlich direkt oder indirekt auf die Arbeit bezogen sein.[1]

7.2.3. Die Wert- und Rentenlehre

Ude legt in seiner panbiologischen Philosophie dar, dass Gott den Dingen des Alls eine Natur gegeben hat, welche die Eigenschaft besitzen, durch direkte oder indirekte Bearbeitung der menschlichen Bedürfnisbefriedigung zu dienen. Der Sinn, den Dingen eine Natur als Gebrauchsgüter zu geben, ist der Mensch. Die daraus resultierende Pflicht zur Bearbeitung der Dinge sei ein wesentlicher Teil der von Gott an die Menschen herangetragenen Kulturaufgabe.

Von der Fähigkeit der Dinge, Bedürfnisse zu befriedigen, leitet Ude den Begriff „Gebrauchswert" ab. Im Gebrauchswert ist der „Natur-Gebrauchswert", auch „Naturrente" genannt, enthalten. Darunter versteht Ude ein von Gott mit der Natur in die Dinge hineingelegte und an die Menschen umsonst vergebene Größe.

---

[1]Vgl. dazu wieder die identen Darlegungen in der thomistischen Gesellschafts- und Wirtschaftslehre.

Andererseits entsteht durch menschliche Bearbeitung ein weiterer Gebrauchswert, der „Arbeits-Gebrauchswert“ oder „Arbeitsrente“ genannt wird.
Während also der Natur-Gebrauchswert ohne menschliches Zutun besteht, ist der Arbeits-Gebrauchswert „der durch die menschliche Arbeit in den Dingen geschaffene Gebrauchswert“[1], welcher eigentumsbildend wirkt.
Bei der Beantwortung der Frage, wem nun die Naturrente als Eigentum zusteht, ist Ude zunächst geneigt, von einer „res nullis“, einer „herrenlosen Sache“ zu sprechen.[2] Wenn aber das Ausmaß des natürlichen Wert- und Fruchtzuwachses Ausdruck menschlicher Arbeit sei, könne die Naturrente als ein auf Arbeit abzielender Erwerbstitel aufgefasst werden.
Der „urrechtliche“ Anspruch jedes Menschen auf Boden macht es für Ude notwendig, den Begriff „Naturrente“ zu nuancieren. Er spricht von „Grundrente“, die nach seiner Definition die einem Boden ohne Zutun der menschlichen Arbeit von Natur aus zukommende Ertragsfähigkeit bezeichnet. Weiters nennt er die „Zuwachsrente“, die im wachsenden Bodenpreis zum Ausdruck komme und durch die Zusammenarbeit der Allgemeinheit erzielt werde. Beide, Grund- und Zuwachsrente, könnten nicht Sondereigentum sein, sondern müssten zu Gunsten der Allgemeinheit abgeschöpft werden. Diese sowie die Annahme, dass es gar keinen Privatbesitz von Boden gebe, veranschaulichen sich in seiner nach freiwirtschaftlichem Muster ablaufenden Bodenreform.

Udes Definition der Grund- bzw. Zuwachsrente ist inhaltlich sehr knapp gehalten. Welchen der Grundrententheorien sie zugeordnet werden kann, ist nicht so ohne weiteres feststellbar. Am ehesten könnte sie der Annahme von der „absoluten Grundrente“ entsprechen wie sie z.B. von Franz Oppenheimer[3], aber auch im Marxismus vertreten wurde. Im Gegensatz dazu erklärte der ökonomische Klassiker David Ricardo die Existenz der Bodenrente durch das „Differenzialrenten-Prinzip“.[4]
Während sich die „absolute Grundrente“ aus der Monopolstellung von allen Böden, auch der schlechtesten, ergibt, entsteht nach Ricardo die Grundrente nur in jenen Betrieben, die unter besseren Bedingungen, mit geringeren Produktionskosten produzieren als die Betriebe mit den schlechtesten Produktionsbedingungen. Die Unvermehrbarkeit von Grund und Boden mache die Grundrente zu einem Dauereinkommen, wenn der so genannte Grenzproduzent, also der

---

[1]Ude, Soziologie S. 180f.
[2]Ebd. S. 241ff.
[3]Oppenheimer fasst die Ricardo'sche Lehre von der Grundrente als durchaus richtige „Teiltheorie“ auf. Diese sei aber nur unter der Voraussetzung gültig, dass man die vorhandene Grundeigentumsverteilung als gegeben hinnehme. Vgl. z.B.: Oppenheimer, Franz: Weder Kapitalismus noch Kommunismus. - Jena 1932 S. 69f.
[4]Vgl. z.B.: Ricardo, David: Über die Grundsätze der politischen Ökonomie und der Besteuerung. - Berlin 1959 S. 318ff.

Produzent mit den höchsten Kosten, seine Kosten nicht senken kann und seine Güter noch am Markt nachgefragt werden. Die Kostendifferenz zum Grenzproduzenten ergebe die Höhe der Rente für die übrigen Hersteller.
Bemerkenswert ist nun, dass Silvio Gesell in seiner Analyse des Bodenproblems die Differenzialrententheorie würdigte, hingegen die Existenz einer „absoluten Bodenrente“ verneinte.[1]

Die begriffliche Auffächerung der Gebrauchswerte dient Ude dazu, seiner Planwirtschaft ein bedarfsdeckendes Prinzip zu verleihen. Das Ausmaß der volkswirtschaftlichen Bedarfsdeckung will er durch den Gebrauchswert der Dinge bestimmen lassen. Dabei sei es nicht der unverkäufliche Natur-Gebrauchswert, sondern nur der Arbeitsgebrauchswert - er entspricht der für die Schaffung eines Gebrauchswertes geleisteten Arbeit - ‚der als gemeinsamer Vergleichsmaßstab zur Wertabschätzung der Tauschobjekte bleibt. Damit ist der „Tauschwert“ eines Gutes als relative Größe festgelegt. Ude definiert: „Der Tauschwert ist das reale, durch die geleistete Gesamtarbeit geschaffene Verhältnis, durch das ein Sachgut einer Wirtschaft irgendeinem anderen Sachgut als Äquivalent gegenübersteht und so mit ihm getauscht werden kann.“[2]

In der thomistischen Werttheorie bildet der Begriff der wirtschaftlichen Äquivalenz ein zentrales Axiom.[3] Vorweg gilt der Grundsatz, dass sich beim Warentausch Leistung und Gegenleistung absolut gleich sein müssen, auch wenn gänzlich verschiedene Produkte zum Austausch gelangen. Weiters ist bei Thomas v. Aquin bereits ein klarer Unterschied zwischen Gebrauchs- und Tauschwert getroffen. Er erkannte, dass der Gebrauchswert zunächst von einem subjektiven Bedürfnis der Tauschpartner getragen wird. Allerdings erscheinen bei Thomas die subjektiven Bedürfnisintensitäten kraft der kirchlichen Autorität für die mittelalterliche Lebens- und Seelenordnung stark eingeschränkt.[4] Bedürfnisse sind daher nur Bedingungen für den Tausch, nicht aber Größen der Wertbemessung. Die Zurückdrängung subjektiver Wertmaßstäbe findet sich, wie zu zeigen sein wird, auch bei Ude, der die individuelle Bedürfnisbefriedigung durch planwirtschaftliche Vorgaben in die Schranken weist.
Für einen objektiven werttheoretischen Ansatz nach dem Äquivalenzprinzip bleiben bei Thomas v. Aquin in erster Linie die für die Güterherstellung aufgewendeten Arbeitszeiten und die Produktionskosten. Der solcherart ausgedrückte Tauschwert eines Gutes soll nun auch den „gerechten Preis“ desselben bestimmen.

---

[1]Senft, Weder Kapitalismus S. 117ff.
[2]Ude, Soziologie S. 259.
[3]Metternich, Entwicklung der Werttheorie S. 118ff.
[4]Ebd. S. 125.

Thomas v. Aquin bezieht das Wertverhältnis des Warentausches auf die in die Produkte investierten Arbeitszeiten. Auch Ude spricht immer wieder von der Arbeit als Maßstab des Wertes, wobei aber dieser wertbildende Faktor stark abstrahiert bleibt. Offensichtlich nimmt er, übrigens ähnlich wie Adam Smith, „eine hypothetische Arbeit von durchschnittlicher Qualität, von mittlerem Werte an und führt damit den Wert der Waren auf die Quantität der Arbeit zurück."[1]
Zusätzlich hebt Ude hervor, dass bei der Bewertung der Güter die Gesamtarbeit, d.h. die soziale Zusammenarbeit zu berücksichtigen sei, da die einzelnen Arbeits-Gebrauchswerte nur durch die Arbeit der Gesamtheit zustande kämen. Weiters müsse die Arbeitsleistung, die zur Erfüllung des „obersten Wirtschaftszieles" getätigt werde, bei der Tauschwertbemessung einfließen.
Um die komplexe Wert-Begrifflichkeit und ihre Bedeutung zu veranschaulichen, erstellt Ude eine Formel:

$$A = T = g + G$$

geleistete Arbeit = Tauschwert = Naturgebrauchswert + Arbeitsgebrauchswert

Daraus leitet Ude ab, dass in einer Tauschwirtschaft die Güter nach ihrem Gesamtgebrauchswert ($g+G$) getauscht werden. Gemäß der Arbeitswertlehre wird der Tauschwert nur durch die geleistete Arbeit bestimmt.
Ist bei Thomas v. Aquin „die Wertermittlung durch subjektive Schätzung auf Grund objektiver Anhaltspunkte"[2] erfolgt, meint Ude in seinem idealistischen Ansatz, Tausch- und Gebrauchswert zur Übereinstimmung bringen zu können.

Im Preis, der am Geld als einheitlichem Wertmaß gemessen wird, kommt für Ude der Wert eines Sachgutes zum Ausdruck. Seiner Wertlehre entsprechend bleibt das Ideal der Preisbestimmung der von der Gesamtarbeit geschaffene Gebrauchswert der Waren. Der Preis soll demzufolge bestimmt werden „durch die Gesamtarbeit, die aufgewendet wird, um ein Sachgut herzustellen."[3]
Bei Thomas v. Aquin treten bei der Bestimmung des „gerechten Preises" zum Faktor „Arbeit" noch die Kosten und die Qualifikation hinzu. Der Kostenfaktor stellte in der mittelalterlichen Wirtschaft jedoch kein vordringliches Problem dar, da das Zunftwesen für einen weitgehenden Ausgleich der Produktionsverhältnisse sorgte.
Ude anerkennt zwar den Kostenfaktor, erblickt aber in den „gesamten Kosten, die neben der Herstellungsarbeit eines Sachgutes aufgewendet werden, ja auch nur von irgendjemandem geleistete Arbeit."[4]
Der vom Aquinaten berücksichtigte Begriff der Qualifikation, der den Wert einer Person und seiner Leistung von der gesellschaftlichen Bedeutung abhängig

---

[1]Hanisch, Georg: Die klassischen Werttheorien. - Berlin 1913 S. 28.
[2]Metternich, Entwicklung der Werttheorie S. 143.
[3]Ude, Das Geld. Währungsfragen und Währungspfuschereien. - Salzburg 1946 S. 18.
[4]Ude, Soziologie S. 264

macht[1], klingt bei Ude in der Forderung nach „Ermöglichung eines menschenwürdigen, *standesgemäßen* Daseins für jeden einzelnen Menschen" an. Die „geleistete Arbeit des arbeitenden Menschen und der Tauschwert, den er hervorbringt" müsse „gemessen werden an der Höhe des Kulturaufgabe, die er erfüllt. Denn je vollkommener und umfassender die Ebenbildlichkeit des einzelnen Menschen in seiner Tätigkeit ist, desto wertvoller ist seine Arbeit, desto größer ist der durch diese Arbeit hervorgebrachte Tauschwert."[2] Auch bei Udes Überlegungen zum „Existenzminimum" fließt dieses Kriterium ein.[3]

Gerade diese Stellen verdeutlichen, wie sehr Ude im ständischen Denken verhaftet war. Mit dem Begriff „standesgemäß" kommt aber noch ein anderer wichtiger Aspekt zum Tragen, nämlich jener der Gerechtigkeit. Thomas v. Aquin unterscheidet bei der Betrachtung des Gemeinwohls die „justitia commutativa" und justitia distributiva", die ausgleichende und austeilende Gerechtigkeit.[4] Damit übernahm die christliche Tradition die antiken Grundlagen der Gerechtigkeitslehre. Nach der aristotelischen Ethik sollte die Verteilung der Güter durch das Gemeinwesen nach einer proportionierten Gleichheit, „d.h. mit Berücksichtigung der faktisch vorhandenen Ungleichheiten"[5] erfolgen. In Udes Definition der „austeilenden Gerechtigkeit" ist der Begriff „standesgemäß" insofern enthalten, als er von der Bereitschaft einer Staatsgewalt spricht, „in der Verteilung von Gütern und Lasten und Leistungen jedem Untergebenen das Seine zukommen zu lassen."[6]

Zur Preisbestimmung durch das Marktprinzip „Angebot und Nachfrage" geht Ude auf Distanz. Eine solche Preisbestimmung sei in sich falsch, weil sie voraussetze, dass sich Angebot und Nachfrage nicht regeln ließen oder die Willkür der Wirtschaftssubjekte zum bestimmenden Faktor werde. In einer nach dem Sittengesetz normierten Wirtschaft müsse der Weg der Bedürfnisgüter von der Produktion zum Handel bis hin zum Konsum eine planmäßige Regelung erfahren. An die Stelle von Angebot und Nachfrage müsse der reibungslose Austausch von Äquivalenten der geleisteten Tagesarbeiten treten, „dass also jeder Arbeit Tag für Tag der ihr zustehende, volle Lohn werde."[7]

Den Einwand der Preisschwankungen auf Grund von Lagerung und Veralterung der Güter lässt Ude nicht gelten, weil in seinem ethisch normierten System vorrangig Bedarfsdeckung und nicht Bedarfsweckung vorherrscht. Ebenso lehnt er Nutzwerttheorien, vor allem die Grenznutzentheorie[8], ab. Sie sind seiner An-

---

[1]Vgl.: Thomas, Summa Bd.18 S. 96ff.

[2]Ude, Soziologie S. 263.

[3]Vgl.: Kap. 7.3.1.

[4]Vgl.: TRE Bd.12 S. 424ff.

[5]Ebd. 441.

[6]Ude, Wirtschaftsideal S. 324.

[7]Ude, Soziologie S. 265.

[8]Der Wert eine Gutes wird durch die Nutzenschätzung der Verbraucher bestimmt. Der Nutzen hängt von der Bedürfnisdringlichkeit und der vorhandenen Menge ab.

sicht nach keine Wert-, sondern Preistheorien und würden wieder in der Preisbestimmung durch Angebot und Nachfrage münden.
Voraussetzung für den Ersatz des konventionellen Marktregulativs seien die wirtschaftsethischen Normen im Rahmen eines planwirtschaftlichen Gebildes. Um seine Preisbemessung nach der Gesamtarbeit zu unterstreichen und die Reformabsichten zu verdeutlichen, bedient er sich der allgemein üblichen Relation:

$$P = \frac{G \cdot U}{W} \quad Warenpreis = \frac{umlaufende\,Geldmenge \cdot Umlaufgeschwindigkeit\,des\,Geldes}{Warenmenge}$$ [1]

Aus dieser Berechnungsformel gewinnt er die Erkenntnis, dass die Beherrschung von *„G"* und *„U"* die Preisbildung und die gesamte Wirtschaft beeinflusst. Das Verhältnis der umlaufenden, „kaufenden" Geldmenge - sie repräsentiert die Nachfrage - zur Warenmenge, dem Angebot, entscheidet über gehemmten oder reibungslosen Güterabsatz, über stabilen oder schwankenden Preisstand, über inflationäre oder deflationäre Erscheinungen. Da die Gerechtigkeit einen festen Preisstand fordere und eine Regulierung der Warenerzeugung nicht so leicht möglich sei, könne das Problem rasch und wirksam nur von der Nachfrageseite her gelöst werden. Mit „Freigeld" und „Festwährung" glaubt Ude „die Nachfrage gemäß der Formel $P = \frac{G \cdot U}{W}$ derart zu regeln, dass der Preisstand der Wirtschaft festbleibt."[2]
Angebot und Nachfrage sind aber nur Berechnungs-, Beobachtungsrelationen. In Udes Reformökonomie wird der Faktor „Arbeit" zum alles bestimmenden Wertmaßstab. „Soll der Preis gerecht sein", hält Ude fest, „so muss Leistung (die zur Herstellung der Ware geleistete Arbeit) und Gegenleistung (in unserem Fall durch das hierfür ausgelegte Geld bewertet) einander zum Gleichwert entsprechen."[3]

In Übereinstimmung mit der scholastischen Wirtschaftslehre begründet Ude den Wert einer Ware im Wesentlichen durch den Faktor „Arbeit", der damit gleichzeitig den „gerechten Preis" ausdrückt. Das Problem, „wie angesichts der Verschiedenheit der Bedürfnisse die Nützlichkeit einem jeden Ding innewohnen soll"[4], umging Thomas v. Aquin durch die sozioökonomischen Realitäten des Mittelalters und Ude durch die rigoristischen Vorgaben seiner „sozialen Planwirtschaft".
Die Arbeitswerttheorie bildete auch ein zentrales Element in den Abhandlungen der ökonomischen Klassiker. Adam Smith unterschied sehr deutlich zwischen einem Gebrauchs- und Tauschwert. Konnte er den Begriff Gebrauchswert noch schlüssig als subjektive Einschätzung der Brauchbarkeit eines Gegenstandes

---

[1]Ude, Das Geld S. 21ff.
[2]Ebd. S. 27.
[3]Ude, Das Geld. Währungsfragen S. 18.
[4]Metternich, Entwicklung der Werttheorie S. 128.

erklären, so blieb die Darstellung des Tauschwertes mit vielen Unklarheiten behaftet.
Als Arbeitswerttheoretiker ist auch David Ricardo zu bezeichnen. Ricardo kritisierte die Zweideutigkeit der Warenwertbemessung bei Smith und legte für sich den Wert eines Gutes auf die für seine Produktion erforderliche Arbeitsmenge fest.[1]
Was die ökonomische Klassik zu wenig berücksichtigte, war der Umstand, dass die volkswirtschaftliche Produktion nicht nur Arbeit, sondern auch Kapitalverwendung beinhaltet.[2] Diese muss aber in einer arbeitsteiligen Wirtschaft bei der Tauschwertbemessung einbezogen werden, zumal „vom Käufer auch die kapitalistischen Kosten gezahlt werden.“[3] Es sei nur am Rande erwähnt, dass Karl Marx die Arbeitswerttheorie von Ricardo mit nur geringfügigen Modifikationen übernommen hat.
Nun könnte man Ude zugute halten, dass ihm mit der Freiwirtschaftslehre die Ausschaltung der wesentlichsten „kapitalistischen Kosten“, nämlich Grundrente und Geldzins, gelungen ist. Ob dies ausreicht, um die Arbeitswertlehre ungebrochen aufrecht zu erhalten und vor allem ob ihre Umsetzung in einer marktwirtschaftlichen Ordnung überhaupt möglich sein kann, wird zu prüfen sein.[4]

7.3. Organisation einer „sozialen Planwirtschaft“

Sind Udes ökonomische Grundsatzforderungen noch stark von der thomistisch-scholastischen Wirtschaftslehre geprägt, gewinnt sein Konzept einer „sozialen Planwirtschaft“ eigenständigere Konturen.
Bei Udes wirtschaftstheoretischen Abhandlungen stand der Einzelhaushalt, die Einzelwirtschaft gleichsam als Erklärung und Modell für ein idealtypisches Funktionieren von komplexen Wirtschaftssystemen. So wie ein Einzelhaushalt planmäßig an Erzeugung bzw. Erwerb und Verteilung der zur Bedürfnisbefriedigung notwendigen Güter herangehen müsse, könnten die zu einer Volkswirtschaft zusammengefassten Einzelwirtschaften nur durch ein verbindendes Interesse Bestand haben. Der Zusammenhalt in der heterogenen ökonomischen Welt ist für Ude am besten durch eine theozentrische Sicht der Wirtschaft gewährleistet. Ein menschenwürdiges Dasein zu schaffen und Gott zu verherrlichen könne nur in einer durch das natürliche Sittengesetz geregelten, planmäßig gestalteten Bedarfswirtschaft vonstatten gehen. Voraussetzung dafür sei, dass der „höchste leitende Wille der Wirtschaft das Wirtschaftsziel und den Wirt-

---

[1] Ricardo, Über die Grundsätze S. 6ff.
[2] Hanisch, Werttheorien S. 26ff.
[3] Ebd. 37.
[4] Vgl. dazu die Kap. 8.3.1. sowie 9.3.1. und 9.3.4.

schaftsplan in seinen höchsten richtungsgebenden Linien"[1] erfasst hat, ohne Totalität und Diktatur gegenüber der Wirtschaft und Gesellschaft zu behaupten.

7.3.1. Wirtschaftliche Bilanzierungen

Damit eine Reform effizient, „planmäßig" durchgeführt werden kann, muss zunächst statistisches Material zusammengetragen werden. In einem Geldwert ausgedrückt soll daraus hervorgehen, was an Vermögenswerten und Verbindlichkeiten in einer Volkswirtschaft vorhanden ist, wo die Reform ansetzen muss.
Ude ist sich der schwierigen Erfassung dessen bewusst, was z.B. „die zur Verfügung stehenden Arbeitskräfte nach Maßgabe der zur Verfügung stehenden Produktionsmittel unter bestimmten, gegebenen Verhältnissen erzeugen und so das reale Vermögen vermehren können."[2] Trotzdem sei dies für eine möglichst gerechte Verteilung des Volksvermögens zwingend notwendig. Außerdem müsse damit eine heikle Frage, nämlich die nach dem Existenzminimum, beantwortet werden. Zur Bestimmung des menschenwürdigen Daseins gilt dieser Begriff als Richtlinie. Ude versteht darunter nicht nur bloße Lebensermöglichung, sondern auch Qualitäten, die mit „erträglich" und „behaglich" umschrieben werden. Bei aller Relativität sei die Ermittlung von Durchschnittswerten „für eine gegebene Zeit, eine bestimmte Berufsklasse, unter bestimmten örtlichen Voraussetzungen"[3] anzustreben. Erst wenn das Existenzbedürfnis aller abgesichert ist, dürfe an die Herstellung anderer, die Lebensansprüche befriedigende Güter gedacht werden.

Der erste Schritt, um das „menschenwürdige Dasein" abzusichern, ist die kritische Prüfung der Volks- und Staatshaushaltsbilanzen. Die Daten der Produktion und des Konsums sollen durch eine Vermögens- und Betriebsbilanz festgehalten und das Staatsbudget saldiert werden.
Die Vermögensbilanz bringt eine Verbuchung des verfügbaren Geldes und die Darstellung sämtlicher Werte aus Land- und Forstwirtschaft, Bergbau und Industrie. Weiters bilden alle Transport- und Verkehrseinrichtungen, die Kunstwerte, alle Bauten samt Einrichtungen, die Geld- und Leistungsforderungen ans Ausland sowie noch nicht ausgenützte Bodenschätze und Naturkräfte Aktivposten. Ergänzt werden diese durch die Berechnung der Normalleistung der verfügbaren Arbeitskräfte und durch Schätzwerte der Nachwuchsfähigkeiten.

---

[1]Ude, Die soziale Planwirtschaft. - Salzburg 1947 S. 8.
[2]Ude, Soziologie S. 157.
[3]Ebd. S. 166.

Dem stehen sämtliche Staats-, Länder- und Gemeindeschulden, aber auch andere Geldschulden und Leistungsverpflichtungen ans Ausland als Passiva gegenüber.
Die Betriebsbilanz beziffert sämtliche Erträge aus den land- und forstwirtschaftlichen Produktionssparten, aus dem Bergbau und der Industrie abzüglich der Rohstoffe. Aufzulisten seien auch die Einnahmen aus der Luxus-, Alkohol- und Tabakerzeugung. Handel, Verkehr und die Forderungen ans Ausland nennen weitere Einnahmequellen.
Die Liste der Ausgaben hat alle Auslandszinsendienste und die Steuerabgaben an Staat, Länder und Gemeinden zu enthalten. Schließlich soll der Gesamtaufwand der Staatsangehörigen für Wohnung, Nahrungsmittel, wobei diese detailliert anzugeben sind, Kleidung, Alkohol, Tabak, Verhütungsmittel, Unterhaltung, medizinische Versorgung, Reisen, Körperpflege, Sport und kulturelle Zweck erfasst werden.
Aufgabe der planwirtschaftlich orientierten Staatsautorität sei es nun, die drei Kontos unter Bedachtnahme auf das „oberste Wirtschaftsziel" in Evidenz zu halten, dem Stand der Reformentwicklung entsprechend zu ergänzen und aufeinander zu beziehen. Ist die Sanierung angelaufen, verlangt die Reformplanwirtschaft die Erstellung eines volkswirtschaftlich-ethisch „richtigen" Jahres-Haushaltsplanes, der einem strengen Etatismus verpflichtet bleibt.

7.3.2. Das „warenökonomische Problem" und seine Lösung

In der Warenökonomie, die im Spannungsfeld zwischen Produktion, Konsumtion und Warenverteilung angesiedelt ist, erblickt Ude neben dem Zinskapitalismus das Zentralproblem der Wirtschaftsethik. Aus der Tatsache, dass wirtschaftliche Bedürfnisbefriedigung zwangsläufig den Aufschub oder Verzicht anderer ökonomischer Ziele bewirke, ergebe sich die alles entscheidende Frage: „Welche Bedürfnisgüter sollen in einer Wirtschaft hergestellt bzw. verbraucht und in den Handel gebracht werden und in welchem Ausmaß."[1]

Ude trennt grundsätzlich die Bedürfnisgüter - er nennt sie Waren - in „sozial gute" und „sozial schlechte". Weiters wird zwischen langfristigen und kurzfristigen Genussgütern, ebenso als Waren bezeichnet, unterschieden, wobei sich darin sowohl die Zeitspanne für die Warenerzeugung als auch die Dauer der Genussbefriedigung ausdrückt. Auch diese werden in „sozial gute" und „schlechte" geteilt.
Ziel eines der Ethik verpflichteten Haushaltes sei es nun festzulegen, welche Waren vor dem Sittengesetz bestehen und welche Warenproduktion als unsozial und daher entbehrlich einzustufen ist. Abgesehen von der zwingenden Notwen-

[1]Ude, Soziologie S. 280.

digkeit, lebensnotwendige Güter zuerst und in jedem Fall zu produzieren, ergebe sich die Verpflichtung, das Verhältnis zwischen „sozial guten“ und „schlechten“, zwischen lang- und kurzfristigen Waren auf das gesetzte Wirtschaftsziel hin zu orientieren. Dabei gelte es, die Relation zwischen Aufwand und Leistung der Gesamtproduktion nach dem Wirtschaftlichkeitsprinzip insofern abzuwägen, als der Wert der Endprodukte über dem der zur Erzeugung aufgewendeten liegen soll. Auf ein gesteigertes Volkseinkommen bezogen ließe sich dieser Wert nur aus der Zeitspanne der Herstellung und Genussgewährung sowie aus der sozialen Qualifizierung der Waren errechnen.
Ude stuft jene Waren als unsoziale Güter ein, die von allen Produktionsfaktoren derart viele Kapazitäten abziehen, dass für die Erzeugung von notwendigen und nützlichen Bedürfnisgütern zu wenig oder keine Mittel zur Verfügung stehen.
Neben einer quantitativen Überproduktion an Bedarfsgütern, die als Verschwendung bezeichnet wird, misst er der überschüssigen qualitativen Warenfertigung - Ude nennt sie Luxusgüter - eine besondere Bedeutung bei.
Verschwendung und Luxus stünden nicht im Einklang mit einem naturgemäßen Wirtschaften, seien in ihren Folgen für die Gesamtheit lebenshemmend, daher ungerecht und moralisch verwerflich.

Für die Warenökonomie kristallisieren sich damit drei wichtige Angriffspunkte heraus: die Alkohol-, Tabak- und Fleischerzeugung. Weitere volkswirtschaftliche Probleme ergeben sich für Ude aus den Auswirkungen einer verfehlten Sexualmoral.
Außer der pervertierten Geldwirtschaft machte er unter dem Schockerlebnis der Hyperinflation in den 1920er Jahren „die unsozialen, nicht notwendigen und obendrein noch schädlichen Genüsse“[1] für die Teuerung verantwortlich. Für ein Brot sei „im Kaufpreis des Brotes (der) Schnaps mit(zu)bezahlen, ohne den der Bauer und sein Knecht die Kornsaat und die Kornernte nicht verrichten zu können glauben.“[2] In den zu entrichtenden Steuern sei enthalten, „was der eine und andere ausgibt für den Besuch von Schundfilmen und für die Befriedigung seiner Unsittlichkeit, für Mode, für geburtenverhindernde Mittel, für Pornografie.“[3]

7.3.2.1. Abstinenz und Vegetarismus

Der Alkohol ist für Ude ein Paradebeispiel eines langfristigen Arbeitsproduktes und gleichzeitig ein äußerst kurzfristiges Genussobjekt. „Unzählige Menschenhände schöpfen unaufhörlich tagaus tagein mit Aufopferung ihrer ganzen Kraft,

---

[1]Ude: Wirtschaftsideal S. 251.
[2]Ebd.
[3]Ebd.

ihres ganzen Lebens in das Fass des Alkoholismus, und wenn sie nach des Tages oder des Jahres Last und Mühe in das Fass blicken, so ist trotz allen Schweißes nicht mehr darin wie am Tage oder Jahre vorher"[1], beschreibt er das Luxusprodukt Alkohol.
Eine Ächtung der Alkoholproduktion nimmt seinen Anfang bei volkswirtschaftlichen Überlegungen.
Ude rechnet vor, dass sich beispielsweise im Jahr 1922 die Gesamtausgaben für alkoholische Getränke in Österreich auf 4.500 Milliarden Kronen beliefen. Diesen Ausgaben stellt er das Gesamtdefizit des Staates mit 2.600 Milliarden Kronen gegenüber.
Anschließend geht er dazu über, anhand des Bierbrauprozesses den Nährstoffverlust für die Lebensmittelerzeugung zu quantifizieren. Mit der Feststellung, dass beim Brauen von 100 Kilogramm Gerste 54 Kilogramm Getreidebestandteile der direkten Volksernährung entzogen werden, beklagt er den Verlust des mittleren Jahresbedarfs an Nahrungsmitteln für 41.190 Erwachsene und den Nachfrageverlust von Eiweißstoffen für 74.891 Menschen als Folge der Bierproduktion. Und das „im Jahr 1921 (...) im kleinen, hungernden, schweren Brotmangel leidenden Österreich"[2], ist Ude empört. „Ohne Bier kann ein Volk leben, ohne Brot aber nicht"[3], steht für ihn das warenökonomische Problem fest. Abgesehen vom unverzeihlichen „Raubbau an der Volksernährung" geißelt Ude in aller Schärfe die Belastung des Volkshaushaltes durch die vom Alkoholismus[4] verursachten Schäden am gesamten Volkskörper.

Einen besonderen „seuchenhaft wirkenden Schädling der Volksgesundheit"[5] macht er im Tabakkonsum aus. Die gesamte Bandbreite gesundheitlicher Risiken für den menschlichen Organismus bleibt dem Leser seiner Broschüren zu diesem Thema nicht vorenthalten. Weiters sollen zitierte Zahlenrelationen die ethische Bewertung der Ware „Tabak" erleichtern. Im Jahre 1923 hätten die österreichischen Raucherinnen und Raucher für ihre Sucht eine neunmal höhere Geldsumme ausgegeben, als für das gesamte Bildungswesen veranschlagt worden sei.
Ude beziffert den weltweiten Verlust von Kulturland durch den Tabakanbau in den ersten Jahrzehnten des 20. Jahrhunderts mit 10.000 Quadratkilometer Land. Dies entspreche für die 1920er Jahre der Hälfte des bebauten Bodens der Schweiz, eine unverantwortlich große Menge, die der Volksernährung entzogen

---

[1] Ude: Wirtschaftsideal S. 110.
[2] Ebd. S. 136.
[3] Ebd. S. 139.
[4] Ude verwendet den Begriff undifferenziert und setzt den Konsum mit den pathologischen Auswirkungen gleich.
[5] Ude, Wirtschaftsideal S. 176.

werde. Unerwähnt lässt Ude hierbei, dass es in den USA, Kanada und Australien gleichzeitig zu Reduzierungen der Anbauflächen kam.
Die Verminderung der Arbeitsleistung durch Energieverlust und die durch das Rauchen entstandenen Arbeitspausen werden für die 1920er Jahre mit einem täglichen Verlust von 670.000 Arbeitsstunden angegeben.
Außerdem stellt Ude einen Zusammenhang zwischen Wohnungsnot und Wohnungselend der Zwischenkriegszeit und dem Tabak- bzw. Alkoholkonsum her. Mit dem Geld, das das österreichische Volk jährlich in Rauch- und Trinkwaren anlegte, könne man jährlich 60.000 Einfamilienhäuser mit Garten und Einrichtung herstellen - mit anderen Worten: „In Österreich werden täglich 164 Einfamilienhäuser vertrunken und verraucht"[1], kann er die ethische Gleichgültigkeit vieler Menschen nicht verstehen.
Auch für die Zeit nach dem 2. Weltkrieg muss Ude feststellen, dass die systematische „Volksvergiftung" durch Alkohol und Tabak und die dafür aufgewendeten Geldsummen keineswegs abgenommen haben. Im Jahr 1957 hätte man in Österreich für Tabak und Alkohol zusammen 7 Milliarden Schilling ausgegeben, es seien also täglich 19,5 Millionen verschwendet worden.[2]
Das warenökonomische Problem gipfelt für Ude letztlich in der Ernährungsfrage.
„Ich bin zutiefst überzeugt, dass wir das Problem des warenökonomisch so verwerflichen Alkoholismus und Nikotinismus sowie das Problem der Sittlichkeit nicht befriedigend lösen können, wenn wir nicht vorangehend schon das Problem der vegetarischen Lebensweise unsere vollste Beachtung schenken"[3], hebt er die besondere Bedeutung dieser Sichtweise hervor.
In Anlehnung an den sokratischen Gedanken „Der Mensch lebt nicht, um zu essen, sondern er soll essen, um zu leben und zu arbeiten" erweise sich nach volkswirtschaftlichen Überlegungen nur die vegetarische Ernährung als einzig richtige. Denn die Anforderungen an die Nahrung, gesund zu sein, leistungsfähig zu machen und zu erhalten sowie die Passivseite des Volkshaushaltes nicht auf Kosten anderer, notwendiger Bedürfnisse zu belasten, könne nur der Vegetarismus erfüllen.
Ude appelliert bei seinem Plädoyer für „eine harnsäurefreie, basenreiche, fleischlose Diät"[4] einmal mehr mit beeindruckendem Zahlenmaterial an den rationalen Verstand der Menschen.[5] Um 10 Kilogramm Fleisch Lebendgewicht zu erzielen, müssten 50 Kilogramm Getreide aufgewendet werden, wobei diese Fleischmenge nur 4 Kilogramm, hingegen das verfütterte Getreide 38 Kilo-

[1]Ude, Die Stellung der Gemeinschaft zur Wohnungsfrage S. 19.
[2]Ude, Atomwissenschaft S. 75f.
[3]Ude, Der ideale Staatsbürger S. 172.
[4]Ude, Wirtschaftsideal S. 195.
[5]Vgl. dazu: Ude, Die volkswirtschaftliche Bedeutung des Vegetarismus. - Graz o.J. S. 4ff.

gramm an ausnützbaren Nährstoffen zu bieten hätte. Der Acker, dessen Ertrag einige Schweine oder einen Mastochsen am Leben erhält, könne durch Anbau von Getreide, Gemüse und Obst mindestens 50 Menschen ernähren. Im Vergleich zur viehlosen Bodennutzung müsse mit einer fünfmal größeren Bodenfläche gerechnet werden, um die gleiche Nährwertmenge in Fleisch zu erhalten. Auf den Außenhandel bezogen, verspricht er sich bei einer reformierten Nahrungsmittelproduktion eine weitgehende Verringerung der Importabhängigkeit kleiner Staaten wie Österreich. Mit Bedacht auf die Verschwendung der für die Fleischerzeugung bestimmten Vegetablien führt er als Beispiel die Getreideeinfuhren in der Zwischenkriegszeit an. Im Jahr 1923 habe Österreich über 67 Prozent seines Weizen- und an die 27 Prozent des Roggenverbrauches aus dem Ausland bezogen. „Dass Österreich bei solcher Wirtschaft sich trotz aller Kredite nie wird sanieren können, sieht man wohl ohne weiteres ein“[1], unterstreicht er die Notwendigkeit, das Problem anzupacken.
Der Vegetarismus leiste daher für die „Lösung des warenökonomischen Problems mit dem Rechenstift in der Hand“[2] einen entscheidenden Beitrag.
Auch aus der Sicht der individuellen Gesundheit, des Wohlbefindens und der körperlichen Leistungsfähigkeit erfährt die vegetarische Ernährung eine umfassende Würdigung.
Das zum Teil bis heute aufrecht erhaltene Dogma vom Fleisch als dem besseren Kraft- und Energiespender lehnte Ude bereits in den 1920er Jahren kategorisch ab. Die für die Vollbringung der gesamten Arbeitsleistung unersetzlichen Eiweißbestandteile könnten ausreichend durch Vegetablien bereitgestellt werden. Zwar sei im Schlachtfleisch Eiweiß in großer Menge vorhanden, es sei leicht verdaulich und daher kurzzeitig für die Umsetzung in kinetische Energie verfügbar. Jedoch gehe die Ausscheidung des Stoffwechselproduktes Harnstoff bei dieser Art der Eiweißverbrennung rasch zurück. Das würde zur Harnsäureanreicherung im Blut und damit zur baldigen Ermüdung führen. Der Grund dafür sei die Verschließung der Kapillargefäße durch die Harnsäure, was die Zufuhr von Nahrungseiweiß zu den Geweben unterbinde. Mittelfristig seien durch Harnsäurevergiftung Herz-Kreislauf-Erkrankungen, langfristig rheumatische Beschwerden zu erwarten. Abhilfe dagegen schaffe nur die vegetarische Lebensweise.
Wenn auch viele über die Gesundheitsfrage zum Vegetarismus fänden, so sei doch das Ideal im ethischen Moment der Ernährungsproblematik zu sehen. Da „jedes Leben heilig, jedes Leben Anteilnahme am göttlichen Leben“[3] sei, werde die vegetarische Lebensweise zur christlichen Pflicht.[4] Der Umstand, dass beispielsweise ein Amerikaner im Laufe seines Lebens 3.375 Tierleichen verzeh-

[1]Ude, Wirtschaftsideal S. 208.
[2]Ude, Der ideale Staatsbürger S. 48.
[3]Ude, Natur, Pflanze S. 36.
[4]Vgl. dazu Kap. 4.1.4.

re[1], lasse sich weder mit dem 5. Gebot des Dekalogs noch mit dem göttlichen Speisegebot im Schöpfungsbericht der Bibel vereinbaren. Das „heute vielgebrauchte Wort 'Ehrfurcht vor dem Leben' (sei) zu einer nichtssagenden Redensart, zu einem inhaltlosen Schlagwort herabgesunken."[2]
Udes vegetarische Gesinnungsreform setzt konkret bei dem an der christlichen Metaphorik angelehnten Begriff „Tempelreinigung" an. Die Annahme vom menschlichen Körper als Tempel Gottes legt drei Stufen zur Vervollkommnung eines „idealen Vegetarismus" fest.[3]
Auf der ersten Stufe hat der schrittweise Verzicht auf Fleischprodukte, Alkohol, Nikotin sowie die Reduktion von Kochsalz und scharfen Gewürzen zu erfolgen. Fastenübungen, die Gewöhnung an Vollkornprodukte und das eifrige Studium der Diätregeln begleiten den „Tempelreiniger" in dieser Phase.
Der Versuch, den Suppen-, Milch-, Mehlspeise-, Brei-, Käse- und Eier-Vegetarismus zu überwinden, steht auf der zweiten Stufe. Diese „argen Schleimbildner und Erzeuger von riesigen Stoffwechselrückständen"[4] sollen sukzessive durch „rohes Blattgemüse, rohe Wurzeln und Knollen und Obst"[5] ersetzt werden. Eine große Bedeutung kommt dabei der Kartoffel zu. Pflanzenöle bestreiten den Fettbedarf. Mit der Reduktion des Milchkonsums hat sich auch der Kaffee- und Schwarzteegenuss endgültig erledigt.
Auf der dritten Stufe erfolgt „die völlige Befreiung des Tempelreinigers vom Kochtopf und von der Bratpfanne."[6] Mit diesem immer auf die individuelle innere Harmonie abzustimmenden, jahrelang dauernden Übergang zu einer veganen Rohkostdiät sei der Augenblick der „Tempelweihe" gekommen.

7.3.2.2. Sexualhygiene und Warenökonomie

Die Sittlichkeitsfrage zu stellen heißt für Ude „den gesamten Komplex der volkswirtschaftlichen Reformfragen ins Rollen (bringen)."[7] Die Probleme der Volkswirtschaft und Volkssittlichkeit bedingten einander, die einen seien ohne die anderen nicht zu lösen.
Unter Heranziehung einer umfangreichen Statistik ist Ude bemüht, die Unsittlichkeit, gemäß seines Moralempfindens, als schwere Belastung des Haushaltsbudgets darzustellen. Allein dem Land Steiermark sei im Jahre 1910 ein volks-

---

[1]Ude, Natur, Pflanze S. 32.
[2]Ebd. S. 34.
[3]Ude, Tempelreinigung und Tempelweihe. Beantwortung der Frage: Wie wird man Vegetarier. - Graz 1927 S. 8ff.
[4]Ebd. S. 10.
[5]Ebd.
[6]Ebd. S. 14.
[7]Ude, Wirtschaftsideal S. 233.

wirtschaftlicher Schaden, direkt oder indirekt zurückgeführt auf Promiskuität und Prostitution, von über 1,6 Millionen Friedenskronen erwachsen.
Vom Standpunkt des christlichen Sittengesetzes komme deshalb nur ein Reformprogramm in Frage, das die Einehe mit lebenslänglicher Treueverpflichtung, den Kampf gegen die reglementierte Bordellierung sowie drakonische Maßnahmen gegen das „Vorbordellleben" auf seine Fahnen heftet. Ude sieht „unsittliches Theater und Kino", „Schmutz in Wort und Bild", die Herstellung und den Vertrieb von Verhütungsmittel, den Alkohol- und Tabakkonsum, „die schamlose Frauenmode und den Fleischwahn" unweigerlich in der Prostitution enden.[1]
Seine gesamte christliche Lebensreform, allen voran die Lösung des Bodenproblems, ist als Gegengewicht zu der seiner Meinung nach unmoralischen Daseinsgestaltung zu verstehen. Im Hinblick auf Sexualhygiene und dem warenökonomischen Problem werde es „erst von der hohen Warte der metaphysisch-ethischen Betrachtungsweise möglich, voll und ganz einzusehen, dass das, was ethisch falsch ist, niemals volkswirtschaftlich richtig sein kann."[2]

Bei der Erfassung des warenökonomischen Problems hat nach Ude zu gelten, dass auch staatliche Gewinne aus der Luxusproduktion unter allen Umständen unmoralisch und daher abzulehnen sind. Man könne sich nicht davon beeindrucken lassen, dass die Luxusindustrie vielen Menschen Arbeitsplätze biete und als Geldverteiler wirke. Der Schaden an der physischen und moralischen Lebensführung neutralisiere diesen vermeintlichen Vorteil.
Für das Gelingen der Reform müsse ein Problembewusstsein geschaffen werden, damit ein zielgerichtetes Zusammenwirken aller an der Volkswirtschaft Beteiligten erfolgt. Zu berücksichtigen ist, dass den betroffenen Luxusbetrieben Zeit zur Umstellung auf sozial nützliche Erzeugnisse gewährt werden muss.
Um Verständnis zu erzielen, bedürfe es, noch bevor allfällige prohibitive Maßnahmen gesetzt werden, einer ausgedehnten und vertieften Aufklärungsarbeit. Ude setzt dabei vor allem auf die Jugend. „Die im Sinne einer ethisch richtigen Warenökonomie aufgeklärte und in diesem Sinn erzogene Jugend wird, wenn sie einmal in das traurige, wirtschaftlich auf und auf verelende Erbe ihrer Eltern und Voreltern eintritt, falls dies bis dorthin noch nicht völlig zu Grunde gegangen ist, den Volkshaushalt und den Staatshaushalt im Sinne einer einwandfreien Warenökonomie gestalten"[3], ist er überzeugt, den Hebel an der richtigen Stelle angesetzt zu haben.
Weitblickend ist Ude, wenn er die Internationalisierung des warenökonomischen Problems anregt, besonders im Hinblick auf die „narkotischen Genuss-

---

[1]Ude, Wirtschaftsideal S. 236.
[2]Ebd. S. 248.
[3]Ebd. S. 174.

mittelgifte", die vom Produzenten bis zum Endverbraucher einen langen, verhängnisvollen, von eigenstaatlichen Interessen getragenen Weg nehmen.
Die Berichtigung der Warenökonomie setzt eine tiefgreifende Gesinnungsreform voraus. Dabei überwiegt in seiner Einschätzung der menschlichen Verhaltensgewohnheiten der Zweckpessimismus, zumal er die Dauer bis zum Eintritt der idealisierten Gesinnungsänderung für den Fortbestand eines Wirtschaftssystems als gefährdend erachtet. Der Ernst der Lage erfordere vielmehr eine massive Kampfansage an den Kapitalismus, der neben einer fehlgeleiteten Produktions- und Genussethik als eigentlicher Grund der wirtschaftlichen und sozialen Übel angesehen wird.

7.3.3. Die Überwindung des Kapitalismus durch die Freiwirtschaft („FFF")

Udes Kapitalismuserklärung unterscheidet zunächst zwischen einem Produktions- und einem Zinskapitalismus, die einander bedingten. Seine historische Voraussetzung habe der Produktionskapitalismus in der durch die monopolisierte Geldwirtschaft hervorgerufenen Trennung der Produktionsmittel von der Arbeitskraft. Der Kapitalismus werde erst zu einem solchen, wenn in der gesellschaftlichen Aufspaltung in die Gruppe der Produktionsmittelbesitzer und in die Gruppe jener, die nur ihre Arbeitskraft besitzen, die als Sondereigentum besessenen Sachgüter Kapital werden. Als Kapital definiert Ude jenes Produktionsmittel, das als Privateigentum vom Besitzer dazu verwendet wird, um die vom freien Arbeiter durch seine Arbeitskraft geschaffenen Werte als arbeitsloses Einkommen völlig unrechtmäßig einzustreifen.
In der Einschätzung des Verhältnisses zwischen dem Privateigentümer der Produktionsmittel und dem nur seine Arbeitskraft besitzenden Arbeiter favorisiert Ude den Begriff des „Darlehensvertrages". Dabei entlehne der Arbeiter vom Produktionsmittelbesitzer jene Betriebsmittel, die er benötigt, um Waren herstellen und verkaufen zu können. Für die Bereitstellung der Produktionsmittel und deren Benutzung verlange deren Eigentümer einen Betrag, der über eine Abnützungsentschädigung weit hinausgehe. Der Betrag entspreche mindestens dem „Zins" des Kapitalwertes der Produktionsmittel. Demzufolge sei der Kapitalismus in erster Linie ein „Zinskapitalismus", der seine Ursachen in der monopolistischen Geldwirtschaft habe.

Ude folgt wortgetreu den Gedanken Gesells, wenn er den Monopolcharakter des Geldes mit dem Begriff der „Streikfähigkeit des Geldes" erklärt. Das von Ude auch als „Dauergeld" bezeichnete und auf Grund bestimmter innerer Gesetzmäßigkeiten der Ware und Arbeitskraft überlegene Medium bewirke eine Ausbeutung des Arbeiters in zweifacher Hinsicht: Einmal, wenn ihm der Kapitalbesitzer auf den bloßen Titel hin, Sondereigentümer von Sachgütern zu sein, einen

Teil seines Arbeitsertrages durch den Zins aus dem Darlehensvertrag nimmt; und schließlich wieder, wenn er im gleichen Verhältnis mehr Arbeitsleistung erbringen muss, als der Zins die von ihm konsumierte Ware verteuert. Der in der Gesell'schen Theorie so wichtige Begriff des „Urzinses" bzw. seine Übertragung auf die Waren findet damit bei Ude seine Entsprechung. Auch die Unterscheidung zwischen „Urzins" und „Darlehenszins", jener Abgabe, die der Schuldner von Dauergeld für Darlehen dem Gläubiger leisten muss, wird von Ude übernommen.
In jedem Fall halte der Arbeiter im kapitalistischen System niemals den ihm als Eigentümer zustehenden vollen Arbeitsertrag in seinen Händen. Der Unternehmer wälze die Zinslasten auf den Warenpreis bzw. auf den Arbeiterlohn ab, indem er diesen drücke. Der Arbeiter sei gezwungen das in Kauf zu nehmen, da er mangels anderer Besitzungen seine Arbeitskraft in jedem Fall zur Verfügung stellen muss.

Damit kommt Ude an den Punkt, im Kapitalismus ein System zu erkennen, das zwangsläufig die Wirtschaftskrise braucht, um bestehen zu können. Deflation und Inflation seien von der Geldseite unmittelbar herbeigeführte, ausschließlich auf die eigene Profitsteigerung bedachte Manipulationen des Dauergeldes mittels des Zinses. Die Streikfähigkeit des Geldes mache beliebig lenkbare Zinsgewinne möglich, denen soziale Verelendung und die Vernichtung des Volksvermögens gegenüberstehen.
Für Ude ist der Kapitalismus deshalb ein in sich friedloses System, das nach innen soziale Zerrüttung und nach außen letztlich den Krieg zur Folge hat. Gelenkte Geldströme würden einen Wettbewerb der zinsheischenden Kapitalinteressen auslösen, den die einzelnen Staaten durch Hochrüstung für sich zu entscheiden suchten. Zur Ablenkung von der Mangelwirtschaft im eigenen Land komme ein äußerer Konflikt nur recht, da „Kriege heute das letzte Auskunftsmittel unserer Politiker sind, durch die sie ihre Unfähigkeit nachweisen, die Wirtschaftskrise auf andere Weise zu beheben."[1] Der Gewinn für den Kapitalismus sei wiederum ein zweifacher, wenn die kostspielige Hochrüstung und der nach der Zerstörung einsetzende Wiederaufbau durch die Verzinsung des Kapitals eine unvorstellbare Gewinnmaximierung garantiere. Wolle man Kriege nachhaltig verhindern, so nur durch die Brechung der Zinswirtschaft und der damit erfolgten Entmachtung der kapitalistischen Hochfinanz.
Die allgemeinen Rechtfertigungsargumente der Zinsbefürworter[2] lässt Ude nicht gelten. Der Zinsbejahung begegnet er mit der thomistische Auffassung von der „Unfruchtbarkeit" des Geldes. Jedes Einkommen, das über eine berechtigte Abnützungsentschädigung hinausgeht und nicht in der Arbeitswerttheorie verankert ist, sei ungerecht und unmoralisch.

---

[1]Ude, Das Geld S. 150.
[2]Vgl. dazu Kap. 9.3.3.

Resümierend kommt Ude zu dem Schluss, dass das „oberste Wirtschaftsziel" niemals verwirklicht werden kann, „solange das kapitalistische Wirtschaftssystem und das warenökonomische Problem nicht im Sinne der Lehre Christi gelöst sind."[1]
Da bloße Zinsverbote nicht zum Ziel führen und in Ermangelung eines anderen, von der thomistischen Wirtschaftslehre namhaft gemachten Mittels, sieht Ude nur in der Freiwirtschaft die Möglichkeit, dieses Ziel zu erreichen.

7.3.3.1. Freigeld und Festwährung

Ude erklärt eine Wirtschaft als störungsfrei, wenn das Warenangebot der Geldmenge entspricht bzw. wenn die Umlaufgeschwindigkeit des Geldes einen ununterbrochenen Absatz der erzeugten Waren garantiert. Die Stabilität der Geldkaufkraft ist dafür die Vorbedingung.
Zunächst muss das Gesell'sche „Freigeld" bereitgestellt werden. Es ist dies ein nur durch Waren gedecktes, mit einem Umlaufantrieb ausgestattetes Papiergeld. Damit ergibt sich eine regelmäßige Geldzirkulation, was für beständigen Warenabsatz, angekurbelte Güterproduktion und Vollbeschäftigung sorgt. Das Bargeldangebot kann infolge des Umlaufzwanges nicht mehr verknappt werden, der Zins sinkt, bis er fast gänzlich verschwindet. Ude erklärt dieses Phänomen mit der großen Menge an Spargeldern, die nun zur Verfügung steht. Um die mit dem Umlaufantrieb zusammenhängende Einbuße nicht tragen zu müssen, geben die Geldbesitzer das Bargeld, das sie nicht durch den Warenkauf verbraucht haben, an die Banken weiter. Diese stellen nun das Geld wieder rasch, d.h. günstig, zu einem geringen Zinssatz oder sogar zinslos der Wirtschaft zur Verfügung. „Der Zins", so folgert Ude, „wird in der Menge des vorhandenen Spargeldes und in der Masse der vorhandenen Bedarfsgüter sozusagen ertränkt."[2]
„Freigeld aber", erklärt er, „heißt dieses Geld, weil es befreit ist von der Vormachtstellung der Hamsterei und der Zinserpressung; Freigeld heißt es, weil es frei und ungehindert in der Wirtschaft umläuft; Freigeld heißt es, weil es befreit ist von der Willkür der Geldbesitzer, die das Geld heute benützen, um den Zins zu erpressen, und ihn erpressen können, weil das heutige Geld Dauergeld, weil es ausgesprochen kapitalistisches Geld ist."[3]
Das zweite „F", die „Festwährung", gibt nun dem Freigeld seine eigentliche feste Kaufkraft. Gemäß dem umgekehrten Verhältnis zwischen Kaufkraft und Warenpreis, ausgedrückt in der Beziehung

$$Kaufkraft = \frac{Warenmenge}{Geldmenge \cdot Umlaufgeschwindigkeit},$$

[1] Ude, Eigentum, Kapitalismus, Christentum. - Graz 1930 S. 40.
[2] Ude, Das Geld. Währungsfragen S. 14.
[3] Ebd. S. 15.

verhindert eine genau dem Bedarf angepasste Geldemission Inflation und Deflation. Als Bedarfsindikator dienen die Preise des Großhandels. Steigt der Index, muss die Geldzufuhr gedrosselt werden. Und umgekehrt: Sinken die Preise, wird mehr Geld emittiert.
Erst ein Freigeld mit Festwährung macht im Unterschied zum krisenanfälligen Dauergeld das Sparen sinnvoll, da damit ein zwar zinsloses, dafür aber beständiges Wertaufbewahrungsmittel geschaffen wird. Die Veränderung des Bankensektors zeigt sich dann auch deutlich in der Beseitigung der Privataktiengesellschaft der Nationalbank, die ihr Notenprivileg verliert und die Geldschöpfung dem arbeitenden Volk, repräsentiert in einem staatlichen Währungsamt, überlassen müsste. Den Privatbanken werden die Schulden bei der Nationalbank gestrichen und gleichzeitig die von den Banken ausgestellten Wechsel vernichtet. Das an die Stelle der Nationalbank getretene Währungsamt diskontiert an die Banken keine Wechsel mehr, sondern überlässt dieses Geschäft ihnen selbst. Den Privatbanken obliegt gegen eine entsprechende Entschädigung für die von ihnen geleistete Arbeit - aber nur für diese - die Geldverwaltung und das Darlehensgeschäft.
Für das Gelingen der Geldreform ist weiters entscheidend, dass das Freigeld gemäß seiner Bestimmung frei von diversen Bindungsvorschriften wie Gold etc. bleibt und seine Deckung nur durch die produzierten Güter erhält.
Aus den bitteren Erfahrungen mit der Währungspolitik der Zwischenkriegszeit fordert Ude als „erste, heilige Pflicht einer Regierung“[1], auf die Inlandskaufkraft des Geldes zu achten und nicht die Festigung der Kaufkraft mit der Erhaltung des Wechselkurses bewerkstelligen zu wollen.

Den Übergang vom kapitalistisch wirtschaftenden Staat zum Freiwirtschaftsstaat will Ude in mehreren Schritten vollziehen.[2]
Nachdem die Nationalbank AG vom Währungsamt abgelöst wurde, sämtliche Aktiva und Passiva vom Staat übernommen sind, werden an einem bestimmten Stichtag die umlaufenden Banknoten zum Einwechseln gegen vorbereitete Freigeldnoten aufgerufen und ausgetauscht. Ude geht davon aus, dass bei einem solchen Verfahren gewaltige Geldmengen losgetreten würden. Um einer Inflation vorzubeugen, dürfe beim Umtausch mindestens neun Zehntel der inflationistischen Geldmasse nicht mehr ersetzt werden. Kleinere Sparguthaben bis zu einer festgesetzten Höhe blieben dabei unangetastet, während Geldbesitzer mit höheren Beträgen progressiv zu besteuern wären. Wenn nun das Währungsamt anhand des Großhandelsindexes penibel genau die Notenmenge und den Notenumlauf reguliere, könne das Freigeld seine prognostizierte Wirkung entfalten und die Wirtschaft in Schwung bringen. Es falle in die Kompetenz des Währungsamtes, dem nach Udes Meinung der Finanzminister vorstehen sollte, per Gesetz die Höhe des Freigeld-Umlaufantriebs nach Bedarf zu verändern. Schei-

[1]Ude, Die große Not unserer Zeit und deren Überwindung durch FFF. - Graz 1934 S. 33.
[2]Vgl. Ude, Das Geld. Währungsfragen S. 49ff.

demünzen blieben bestehen, wären aber ebenso einem regelmäßigen Münzverruf durch das Währungsamt unterworfen.

7.3.3.2. Freiland

Im kapitalistischen Missbrauch von Grund und Boden, wenn dieser zu Kapital gemacht und damit wiederum zu arbeitslosem Einkommen wird, erblickt Ude ein Übel der schlimmsten Sorte.
Anders als die entartete Geldwirtschaft stelle der Boden ein natürliches Monopol dar, weil er ohne menschliches Zutun von der Natur gegeben und weder vermehr- noch verminderbar ist, nicht erarbeitet, jedoch bearbeitet werden kann. Da er im wahrsten Sinn des Wortes die Grundlage für das gesamte menschliche Sein und Tätigsein bildet, sei es seitens des natürlich-vernünftigen Sittengesetzes nicht vertretbar, dem Kapitalbesitzer Boden als Sondereigentum zu überlassen. Denn in diesem Fall eröffne sich wie beim Dauergeld die Erpressung durch Zins, sei es durch Miete, Pacht oder Grundrente.
Die zwischenkriegszeitliche soziale Katastrophe aus Wohnungselend, Wohnungsnot und Bodenwucher beweist für Ude, dass eine Lösung der Bodenfrage auf Basis des freiwirtschaftlichen „Freilandes“ dringend vonnöten ist.
Den freiwirtschaftlichen Gedanken versieht er mit der christlichen Forderung, das von Gott gegebene Benützungs- und Gebrauchsrecht am Boden den Menschen wieder zurückzugeben. In Übereinstimmung mit der Freiwirtschaft kann dies nur wie beim Geld durch eine Sozialisierung des gesamten Bodens und der Bodenschätze geschehen. Der Staat, der den Boden für das Volk kauft und die vorherigen Privatbesitzer entschädigt, tritt in der Folge als alleiniger Eigentümer auf und vergibt nun seinerseits den gesamten Boden auf dem Erbpachtprinzip an die einzelnen Volksangehörigen. Das solcherart durch ein Benützungsrecht ersetzte Privatbesitzrecht am Boden bleibt an eine Benützungspflicht gebunden, das dem Pächter die von ihm erarbeiteten Erträge als Sondereigentum garantiert.
Die Einnahmen aus der Bodenpacht werden vorderhand für die Bodenablöse verwendet. Ist diese abbezahlt, fließt die aus dem Freiland erzielte Grund- und Zuwachsrente der Förderung des Allgemeinwohls zu.
„Erst dann, wenn zu Freigeld und Festwährung auch Freiland hinzukommt, dann ist die kapitalistische Wirtschaft völlig gebrochen“[1], sieht Ude die freiwirtschaftlichen Forderungen durch das dritte „F“ gekrönt.
Durch die freiwirtschaftliche Reform will Ude jedem Menschen das „heilige Anrecht auf Boden, auf Licht, Luft und Sonne“[2] geben. Die Bodenreform weise den richtigen Ausweg aus der Wohnungsnot und dem Wohnungselend, die

[1]Ude, Das Geld S. 195.
[2]Ude, Wirtschaftsideal S. 234.

„vielfach die Quelle und Wurzel von physischen und moralischen Krankheiten aller Art“[1] seien. Eubiotische Siedlungsunternehmungen unter Vermeidung des „modernen Großstadtelends“ und Familiengründungen mit zahlreicher Nachkommenschaft würden möglich werden.

Heute Die Arbeit Unter der Freiwirtschaft

Freie Marktwirtschaft durch „FFF“.
(Quelle: Katalog der freiwirtschaftlichen Bibliothek S. 39)

7.3.4. Genossenschaftlich-ständische Gliederungen als Modell für eine Weltplanwirtschaft

Die Buchhaltung der wirtschaftlichen Bilanzen dient zur Feststellung der Reformdringlichkeit, des Ressourcenspielraums und der aufzubringenden Menge an notwendigen Bedarfsgütern. Damit gelangt Ude zu der wichtigen Frage, wie die Arbeit organisiert werden muss, um die planwirtschaftlichen Vorgaben zu erfüllen. Diese Aufgabe will er ausnahmslos einem genossenschaftlich aufgebauten und berufsständisch gegliederten System anvertrauen.

Die ethischen Merkmale einer solchen Organisation, als da sind Gemeinsinn und Hilfsbereitschaft, seien besonders gut geeignet, die Warenökonomie und das Lohn-Leistungs-Verhältnis im Sinne christlicher Gerechtigkeit und Nächstenliebe zu regeln.

Er kann sich vorstellen, dass wenigstens vier aufeinander abgestimmte Kooperativen zum Einsatz kommen.[2]

---

[1]Ude, Soziologie S. 316.
[2]Ebd. S. 289ff.

Eine Kreditgenossenschaft hat die vorrangige Aufgabe, ihren Mitgliedern zinslose Darlehen für Betriebsinvestitionen zu Verfügung zu stellen.

Für die Warenbereitstellung zum Selbstkostenpreis mit einem geringen Spielraum für Regieaufschläge muss eine Konsumgenossenschaft sorgen. Durch Ausschaltung des Zwischenhandels, der Frachtspesen und Eindämmung der Lagerspesen durch Barzahlung könne dies erreicht werden. Darüber hinaus verbillige eine Zentralisierung von Einkauf und Verkauf auf internationaler Ebene die Produkte durch den Wegfall der Zollschranken. Selbstverständlich schließe der gemeinnützige Grundsatz den Handel mit „sozial schlechten" Waren aus. Gewerbe, Industrie und landwirtschaftliche Erzeugung erhielten die beste Förderung in einer Produktionsgenossenschaft. Dort, wo es möglich ist, erfolge ein Zusammenschluss der Verarbeitungs-, Lager- und Verkaufsstätten. Zusätzlich gewährleiste ein gemeinsamer Maschinen- und Fuhrpark die Senkung der Produktionskosten und die Vergünstigung der Güter für den Konsumenten. Weiters regt Ude eine Geschäftsbeteiligung der Arbeitnehmer an und legt es in den Verantwortungsbereich dieses Zweiges, Vorsorge für Arbeitsplätze und soziale Arbeitsverhältnisse zu treffen.

Schließlich hat eine gemeinnützige Versicherungsgenossenschaft nach dem Prinzip einer „Versicherung auf Gegenseitigkeit" dafür zu sorgen, dass Beitragsüberschüsse den Versicherungsnehmern wieder in Form von Rückvergütungen oder Prämienermäßigungen zugute kommen.

Der horizontalen Organisationsauffächerung ordnet er noch eine vertikale Struktur zu. Ortsgenossenschaften schließen sich zu Bezirksgenossenschaften und diese zu Reichs-(Staats-)genossenschaften zusammen.[1] Letzteren falle unter Aufsicht und Lenkung des Staates die planmäßige Regulierung der gesamten Volkswirtschaft zu. Produktions- und Beförderungsmittel erwerben die Genossenschaften selbst und geben sie ebenfalls zum Selbstkostenpreis an ihre Mitglieder ab. Bedarfsgüterüberschüsse sind für den Binnen- oder Außenhandel vorgesehen.

Um die staatliche Fürsorge zu entlasten, werden auf Bezirksebene Fonds eingerichtet, die durch Zahlungen der Genossenschafter gespeist werden. Infrastrukturelle Investitionen, soziale Vor- und Nachsorge seien damit zu finanzieren.

Das Ideal der Genossenschaft ist für Ude komplettiert, wenn sich Dienstleistungsträger und freiberuflich Tätige unter der Voraussetzung, ihre Arbeitsleistung zur Verfügung zu stellen, der Genossenschaft anschließen.

Der Staatsführung komme die Aufgabe zu, die Berufe ständisch zusammenzufassen und nach dem volkswirtschaftlichen Bedarf den Orts- und Bezirksgenossenschaften einzugliedern.

An den Gewinnen, Verlusten und Kosten des Genossenschaftsbetriebes sind die einzelnen Genossenschafter im Verhältnis ihrer eingebrachten Leistung beteiligt.

---

[1]Vgl. Ude, Planwirtschaft S. 16ff.

Für die Preisbemessung der genossenschaftlich erzeugten Produkte möchte Ude wiederum die Arbeitsleistung der Mitglieder und die damit in Zusammenhang stehenden Kosten heranziehen.
Bei der Betriebsform innerhalb der Genossenschaften sei die privatwirtschaftliche wegen ihrer größeren Flexibilität zu bevorzugen. Nach Udes Vorstellungen sollen Arbeitgeber und Arbeitnehmer zu einer innerbetrieblichen Arbeitsgemeinschaft, die auf der Proportion von Arbeitsleistung und „gerechtem Lohn" fußt, zusammenwachsen.
Der Arbeitsvertrag, der Leistung, Zeit, Lohn, Interessensvertretung, soziale Absicherung usw. enthält, müsse gesetzlich geregelt und staatlich überwacht sein. Der Arbeitsmarkt ist männlich dominiert. Ude fordert „die Ausschaltung der Frau als Konkurrentin des Mannes."[1] Neben der für Ude bedeutsamen gesellschaftlichen Position als Friedenserzieherinnen bleibt den Frauen, „ihren Pflichten als Gattin und Mutter nachzukommen."[2] Die Entlohnung der Staatsangestellten richtet sich nach dem Grundsatz der Familienerhaltung, was wiederum frühe Verheiratung und Kinderreichtum ermöglichen soll.
Den Umfang der Arbeitsjahre, in dem ein Arbeiter für die Genossenschaft tätig ist, bemisst Ude etwa mit 44 Jahren, zwischen dem 15. und 59. Lebensjahr. Die tägliche Arbeitszeit erstreckt sich auf 8 Stunden, und ein achtwöchiger Urlaubsanspruch pro Jahr soll dem Arbeitnehmer Erholung, Weiterbildung oder Nebenerwerb ermöglichen. Kritiker, die eine derartige Arbeitszeitgestaltung als Utopie abtun, verweist Ude auf sein freiwirtschaftliches Geld- und Bodenreformprojekt. Wenn damit der allgegenwärtige Zinsdruck von der Wirtschaft genommen werde, könne das ausbeutungsfreie, soziale Element der Planwirtschaft zur Entfaltung kommen.

Ude ist es wichtig, genau zwischen seinem planwirtschaftlich orientierten Bedarfsdeckungssystem und der Gewinnwirtschaft - ein Synonym für den Kapitalismus - zu unterscheiden. Der mit der Zinswirtschaft idente Kapitalismus verschaffe sich „arbeitslosen Gewinn auf Kosten der Arbeit anderer ohne Gegenleistung."[3] Um den Gewinn zu halten oder zu steigern, würden in diesem System z.B. Nahrungsmittel gezielt vernichtet, während in anderen Teilen der Welt Menschen verhungern. Die genossenschaftlich eingerichtete, ständisch gegliederte Wirtschaft dient Ude als ethisches Gegenmodell zum Kapitalismus. Zollschranken müssten abgebaut, globalisierte Märkte angestrebt werden. Das Ziel sei eine soziale Weltplanwirtschaft mit einem gerechten Bedarfsgüteraustausch für die gesamte Menschheit. Eine an die 10 Gebote Gottes gebundene Bedarfswirtschaft, in der „sozial schlechte" Waren ausgeschaltet sind, in der „zuerst die zum Leben notwendigen, dann die nützlichen und, wenn es noch reicht, die an-

---

[1]Ude, Das Geld. Währungsfragen S. 62.
[2]Ebd.
[3]Ude, Planwirtschaft S. 7.

genehmen Bedürfnisgüter hergestellt"[1] und gerecht verteilt werden, verbürge ein menschenwürdiges Dasein.

7.4. Die gesellschaftlichen Rahmenbedingungen in der „sozialen Planwirtschaft"

Wie für den gesellschaftlichen Ausdruck der Wirtschaft im Besonderen, so gelten auch für die Gesellschaft im Allgemeinen die Vorgaben der natürlich-christlichen Sittenlehre. Der von seinem Wesen her nach Gemeinschaft strebende Mensch erkenne vernunftbedingt auch dabei das göttliche Prinzip und die sich daraus ergebenden Forderungen.

Individualität bewahren, gleichzeitig aktiver Teil der Gemeinschaft sein, am Allgemeinwohl mitwirken, um das persönliche Wohl zu beanspruchen, bilden ein durch die Natur bestimmtes sittliches Beziehungsverhältnis zwischen Einzelperson und Gemeinwesen.[2]

Aus der Pflicht des Einzelnen, seinen Teil für ein menschenwürdiges Dasein beizutragen, ergibt sich das Lebensrecht, das Arbeitsrecht und das Eigentumsrecht auf die durch die Arbeit neu geschaffenen Werte.

Kein religiöses, ethnisches oder nationales Motiv, sondern nur die Tatsache, dass Menschen naturnotwendig aufeinander angewiesen sind, bildet für Ude den Grund für die Entstehung von Gemeinwesen. Da die menschliche Sozietät naturrechtlich, also von Gott gewollt, begründet sei, entspreche auch ein planmäßiger, autoritativ wirkender Wille, eine Gewalt, innerhalb des gesellschaftlichen Gebildes einer naturrechtlichen Notwendigkeit. Unter Gewalt versteht Ude „wollen, vorkehren, ordnen, planmäßig zum Ziel führen, mit Gerechtigkeit und Liebe zu Werke gehen."[3]

Staatstotalitarismus und autoritäre Systeme, auch solche, die den Weg dafür bereiten, lehnt Ude für seine Reformplanung ab. Autorität habe nur dort Recht und Pflicht zu wirken, wo die Gemeinschaftsmitglieder ihre Probleme nicht selbst lösen können. Ein Gemeinwesen und die in ihm waltende Autorität muss unter dem Vorzeichen der absoluten Meinungsfreiheit, Religions- und Gesinnungstoleranz, der planwirtschaftlichen Überlegungen, insbesondere der Beseitigung des Kapitalismus stehen, um vor dem natürlichen Sittengesetz bestehen zu können.

Eine Gesellschaft, die „auf Wissen, auf Wahrheit, auf Ehrlichkeit, auf gegenseitige Duldung, auf Gerechtigkeit und Nächstenliebe"[4] aufbaut, könne nur in Form einer Demokratie existieren. Losgelöst von den in der Zwischenkriegszeit

---

[1]Ude, Planwirtschaft S. 7.

[2]Ude, Naturrecht, Christentum und Demokratie. - Salzburg 1946 S. 7ff.

[3]Ebd. S. 12.

[4]Ebd. S. 19.

eingenommenen Standpunkten vertritt Ude nun die Ansicht, dass „kein Staat ohne irgendeinen Einschlag von Demokratie bestehen“[1] könne. Obwohl vormals bekennender Monarchist, ringt er sich zur Überzeugung durch: „eine gute Demokratie steht höher als eine Monarchie.“[2] Er möchte aber seine Vorstellungen von einer „idealen-christlichen Demokratie“ nicht mit den bestehenden Demokratien gleichgesetzt wissen, denn diese seien genauso wie Diktaturen dem Materialismus und der rohen Gewalt verpflichtet.

7.4.1. Die „ideale-christliche Demokratie“

Voran steht die Erkenntnis, dass man nicht als Demokrat geboren werde, sondern dazu erzogen werden müsse. Udes Demokratie steht mit einer tiefgreifenden Gesinnungsreform, mit einer umfassenden staatsbürgerkundlichen Schulung in Verbindung. Weiters wird vorausgesetzt, dass „nach naturrechtlich-christlicher Auffassung ein Mensch, der die kapitalistische Wirtschaft, das ist das Zinsnehmen, verteidigt, also ein Kapitalist, nie ein wahrer Demokrat sein“[3] kann. Ebenso sei ein das Sondereigentum negierender Kollektivismus mit der „idealen-christlichen Demokratie nicht vereinbar.

Die Parteiendemokratie, das Listenwahlsystem verwirft Ude zu Gunsten eines reinen Persönlichkeitswahlrechtes. Die von den Mitgliedern des Gemeinwesens direkt oder indirekt berufenen Volksvertreter dürfen keiner Partei angehören. Sie sind nur einer Ideologie, nämlich jener der 10 Gebote Gottes verpflichtet. Der Dekalog bildet demnach den Verfassungsgrundsatz einer Art „radikalen“, unmittelbaren Demokratie, in der sämtliche legislativen und exekutiven Volksentscheidungen an die 10 Gebote gebunden sind. Als „wahren Demokraten“ definiert Ude nur jemanden, der sich, so wörtlich, „der Diktatur des Guten, d.i. der Diktatur der zehn Gebote Gottes“[4] beugt.

Die Akzeptanz der christlichen Sittlichkeitsforderungen sei der Garant, dass es zu keinen ideologischen Gegensätzen, zu Meinungsverschiedenheiten nur hinsichtlich der Durchsetzungsmittel kommen könne. Ein nicht durch feindlich gegenüberstehende Parteien gespaltenes Gemeinwesen bilde „eine große, für das Volkswohl besorgte, einträchtig zusammenarbeitende Gemeinschaft.“[5]

Das zehnfache „Du sollst, du sollst nicht“ als naturrechtliche Grundsätze einer „richtigen demokratischen Politik“ setzt Ude mit dem Reformvorhaben der „sozialen Planwirtschaft“ gleich. Eine durch das Gemeinwesen bewirkte Für- und Vorsorge für die gemeinschaftliche „Urzelle“, die Familie“, wird besonders be-

[1]Ude, Naturrecht S. 19.
[2]Ebd.
[3]Ebd. S. 19f.
[4]Ebd. S. 31.
[5]Ebd.. S. 19.

tont. Kindererziehung sei unveräußerliches und unantastbares Recht der Eltern. Die Schulen hätten sich an den Wertvorstellungen der Erziehungsberechtigten zu orientieren. Sie seien daher durchwegs konfessionelle Schulen im Sinne irgendeiner ethischen Bindung, die nicht zwingend die christliche sein müsse. Von Bedeutung sei auch die idealistische Einstellung der „echten Demokraten", zumal es nicht um Macht, Pfründe und Postenschacher gehe, sondern ausschließlich um das Allgemeinwohl.

Udes Auseinandersetzung mit den Faschismen der Zwischenkriegszeit bringt große Vorbehalte gegenüber dem polizeilichen Exekutivbereich, vor allem gegenüber den geheimen Überwachungseinrichtungen. Auch sei das Justizwesen und der gängige Strafvollzug zu überdenken. Eine Gerichtspraxis, in der die Todesstrafe vorgesehen ist, kommt für Ude unter keinen Umständen in Frage.

Zum wichtigsten Prüfstein für „das hohe Ehrenwort 'demokratisch'"[1] wird schließlich die Einstellung zu Wehrpflicht, Krieg und Militarismus. Nur die restlose Umsetzung der „Bergpredigt", das absolute Bekenntnis zur Gewaltlosigkeit und zur Feindesliebe kommt für einen naturrechtlich-christlich eingestellten Demokraten in Betracht. Das schließt nicht nur Kriegsgegnerschaft, sondern auch Kriegsdienstverweigerung, die Ablehnung der allgemeinen Wehrpflicht und den Arbeitsboykott in Rüstungsbetrieben mit ein.

Der Entwurf einer „idealen-christlichen Demokratie" verbürgt für Ude eine besonders effektive Friedenssicherung. Da es sich um eine direkte Demokratie handelt, bleibe das gesamte Volk Träger der Hoheitsrechte und könne sich die schwerwiegenden Entscheidungen über Krieg und Frieden, über Rüstung und Wehrdienst selbst vorbehalten. Die Schwerfälligkeit der demokratischen Entscheidungsfindung werde durch die größere Gründlichkeit der Meinungsbildung für diesen sensiblen Verantwortungsbereich wieder ausgeglichen.

7.4.2. Pazifistische, enttechnokratisierte Agrarkommunitäten

Das planwirtschaftliche Etat sieht keinerlei Mittel für Waffen und Militärangelegenheiten vor. „Christentum und Wehrpflicht, Christentum und Krieg, Christ sein und Soldat sein, also auf Befehl Morden, Töten und Vernichten, sind miteinander unverträglich"[2], lautet Udes Erklärung dafür. Durch ein in diesem Geist reformiertes Erziehungs- und Schulwesen hofft er, bei den Menschen einen tiefgreifenden Gesinnungswandel herbeiführen zu können. „Das militärische Spielzeug wird aus den Kinderstuben verschwinden. Die Geschichts- und Schulbücher usw. werden das Kriegführen nicht mehr als Heldentum feiern. An

[1]Ude, Naturrecht S. 32.
[2]Ude, Planwirtschaft S. 19.

die Stelle der Wehrpflicht und des Dienstes mit der Waffe wird der soziale Arbeitsdienst treten“[1].

Das Gebot „Du sollst nicht töten“ gilt für Ude ausnahmslos. Es ist seiner Ansicht nach ein unhaltbarer Zustand, dass die Amtskirche das göttliche Tötungsverbot zu einer „strittigen Frage“ erklärt. Allein die horrend hohe Zahl der Menschenopfer und die kaum mehr bezifferbaren Kosten der Kriegsschäden in den bewaffneten Konflikten der Menschheitsgeschichte müssten verdeutlichen, „dass der Wahnsinn der Vater des gesamten Militarismus ist und dass die gesamte Männerwelt mit ihrem Pochen auf Wehrhaftigkeit und auf ihren oft so kindischen Heldendünkel bis auf den heutigen Tag völlig versagt hat.“[2] Für den Wankelmut der Kirche macht Ude das konstantinische Edikt von 313 verantwortlich, welches die vormals streng nach dem Tötungsverbot lebenden Christen zu Soldaten des heidnischen Kaisers gemacht habe. Selbst von seinem größten Vorbild Thomas v. Aquin wendet er sich in dieser Frage ab. Die in diesem Sinn wirkenden katholischen Theologen und Schriftsteller seien dafür zu belangen, dass innerhalb der Kirche eine Kriegsideologie bis heute Gültigkeit besitze.

Ein Ärgernis der allergrößten Art ist Ude die These „Willst Du den Frieden, so bereite den Krieg vor, sei gerüstet.“ Hätte dieser Satz seine Berechtigung und beruhe er auf Wahrheit, so gäbe es in dieser von überquellenden Waffenarsenalen strotzenden Welt des 20. Jahrhunderts keine Kriege mehr. Das Gegenteil sei der Fall. Eine besondere Perfidität erhalte diese Ansicht unter dem Aspekt der Atomwaffenpotenziale. In einem zukünftigen Krieg, in dem „dann die Atomwaffen hüben und drüben das letzte Wort sprechen, (werde) zwar auch Friede sein, aber der unheimliche Friede des Friedhofs auf verbrannter Erde, auf der dann alles Leben vernichtet sein wird.“[3] Eine von den naturwissenschaftlichen Erfindungen geblendete und berauschte Menschheit erkenne nicht ihre Besessenheit vom „Luzifergeist“, jener gotteslästerlichen Selbstüberhebung, in der der fortschrittshörige Mensch zu wissen glaubt, „was der Menschheit frommt.“[4] Begonnen habe der „Sündenfall“ mit der Auslieferung der Atomforschungskenntnisse an die Politiker. Hinter diesen und den „größenwahnsinnigen Machthabern sämtlicher Staaten der Welt“ stehe „als Drahtzieher das international zusammenarbeitende Finanzkapital“[5], das die Aufrüstung mit den atomaren Waffen zu einem riesigen Geschäftsunternehmen gemacht habe. Ude mahnt in markigen Worten die Verantwortung der Naturwissenschafter für alles Leben

---

[1]Ude, SOS-Ruf an alle Friedensfreunde der Welt! In: Drei SOS-Rufe! - Grundsee 1960 S. 6.
[2]Ude, Das Gebot „Du sollst nicht töten“ gilt ausnahmslos. - Grundlsee 1962 S. 5.
[3]Ude, Vom fünften Gebot Gottes bis zum erzwungenen Wehrdienst. Die Forderung an die Christen der Zukunft. - Wien 1956 S. 5.
[4]Ude, Atomare Götzendämmerung. Der Tag X. Metanoeite. Ein SOS-Ruf an die gesamte Menschheit. - Grundlsee 1958 S. 4.
[5]Ebd. S. 3.

auf dieser Erde ein. Ein gerechter Gott habe bereits sein „Mene-Tekel-Uphrarsin auch auf die Türen und Tore der Laboratorien und Atomreaktoren geschrieben."[1] „Als Rufer in der Wüste" seiner christlichen Gewissensüberzeugung könne er die Vertreter der Atombombe nur als Verbrecher, als Mörder bezeichnen und ihnen ein „non licet" (es ist nicht erlaubt) ins Gesicht schleudern. Mit dem biblischen „Metanoeite" (denket um, bekehret euch) wird zur „sofortigen Abkehr vom verbrecherischen Tun und Treiben der Atomwissenschaft"[2] aufgerufen.

Die Umkehr zum „Frieden Christi" könne nur durch die Beseitigung der Kriegsursachen, nämlich durch die Lösung der „sozialen Frage" beginnen. Kritisch merkt Ude an, dass das, „was die gesamte Christenheit zur Bekämpfung der sozialen Not auf karitativem Weg tut, das soziale Problem kaum (streife)."[3] Altruistisches Handeln ist für Ude eine wichtige Voraussetzung, genügt aber nicht, „weil damit nur teilweise die äußeren Symptome, die Folgen angerührt sind, die tiefen und letzten Ursachen in ihrer ganzen Schwere aber bestehen bleiben."[4] Maßnahmen, die „der mit Geld und Boden arbeitenden Zinswirtschaft ihr verbrecherisches Handwerk"[5] legen können, sind an die Lösung der sozialen Frage zu knüpfen. Von noch größerer Bedeutung sei aber ein gesinnungs- und lebensreformerisches Beginnen, das „die Menschheit (zu einem) in jeder Hinsicht naturgemäße(n), das ist ein in Gott gesundes Leben führt."[6]
Nicht in der Technik, der Industrie oder im Handel, sondern in der Landwirtschaft sieht Ude den Ansatzpunkt für das Gelingen einer tiefgreifenden Reform. Den Stand der landwirtschaftlichen Arbeiter als „Urstand" nimmt Ude als Leitbild für das Leben in der „sozialen Planwirtschaft". Zwei Reformstrategien werden dabei verfolgt.
Einerseits muss direkt in den landwirtschaftlichen Betrieben Überzeugungsarbeit geleistet werden. Es sei darzulegen, dass der volkswirtschaftliche Nutzen der Schlachtviehzucht in einem negativen Verhältnis zu Arbeitsaufwand, Rohstoff- und Bodenverbrauch steht. Hingegen müsse den Bauern verdeutlicht werden, dass der auf eine direkte vegetarische Nahrungsmittelversorgung ausgerichtete Ackerbau dem Gesetz vom geringsten Kraftaufwand bei höchstmöglichem Ertrag entspricht. Andererseits soll unter dem Motto „Eigenheim und Eigenland für jede Familie" ein Großteil der Menschen „mit der Scholle verwurzelt" werden. Nachdem eine Bodenreform genügend „Freiland" geschaffen hat, erschließt Innenkolonisationsarbeit neuen Boden bzw. neue Siedlungsgebiete.

[1]Ude, Atomare Götzendämmerung S. 6.
[2]Ebd. S. 8.
[3]Ude, Du sollst nicht töten! In: Kern, Wegweiser S. 91.
[4]Ebd.
[5]Ude, Atomare Götzendämmerung S. 9.
[6]Ebd. S. 9.

Bei den projektierten Siedlungen sind aber keinesfalls Großstädte mit Wohnblockbauweise, diese „Massengräber der Kulturmenschheit"[1], anzustreben, sondern überschaubare Gartenstadtgemeinden. Von den Einfamilienhäusern mit Gartenanlagen verspricht sich Ude eine physisch und psychisch höhere Lebensqualität. Den in den Genossenschaften arbeitenden Menschen soll durch die Eigengärten, in denen Obst- und Gemüseanbaubetrieben wird, vor allem eine Basis zur Selbstversorgung ermöglicht werden. Die Interessen der Gartenstadtgemeinden genießen gegenüber der Industrie Priorität.
Technischer Fortschritt und Wissenschaft finden nur soweit Akzeptanz, als sie „dazu dienen, das von Gott geschaffene Leben und die hiezu erforderlichen Lebensbedingungen auf Erden in richtiger, von Gott gewollter Weise zu erkennen und zu erhalten."[2] So wie in der militärischen Nutzung der Atomenergie sieht Ude auch in der zivilen Anwendung der Kernspaltung einen „luziferischen" Geist wirken. „Jeder Reaktor ist so 'ungefährlich' wie eine Atombombe, solange diese noch nicht explodiert"[3], unterstreicht Ude seine Haltung. Und mit der Feststellung, dass „die gesamten Atomreaktoren Stätten (seien), die nicht dem Aufbau des Lebens dienen, sondern dem Tod und der Vernichtung"[4], erfolgt eine schonungslose Abrechnung mit dem Atomzeitalter. Das bekundete Interesse an Alternativ- bzw. Biotechnologie deutet jedoch an, dass Udes Bedenken gegenüber der technischen Entwicklung nicht grundsätzlich und ausschließlich einer rückschrittlichen Geisteshaltung entspringen.
In der Gegnerschaft zur Vivisektion bleibt aber die Ablehnung der Technik und Wissenschaft aufrecht. Udes „vegetarischer Pazifismus" ist durchdrungen von der „Heiligkeit jeden Lebens". Das mache deutlich, dass Tierversuche kein „wissenschaftliches Forschen, keine Arbeit im Interesse der leidenden Menschheit", sondern „im Regelfall teuflischer Sadismus und gemeines Verbrechen"[5] seien.

Große Skepsis zeigt Ude auch gegenüber der so genannten „Schulmedizin". In seinem System ersetzt eine nach homöopathisch-lebensreformerischen Grundsätzen ausgerichtete Ganzheitsmedizin die auf Symptombekämpfung spezialisierten wissenschaftlich-technischen Heilverfahren.
Die aus der Beseitigung des Militarismus, der Atomwissenschaft und der anderen, von der Technik stark beherrschten Disziplinen frei gewordenen Finanzka-

---

[1]Ude, Wirtschaftsideal S. 234.
[2]Ude, Atomwissenschaft S. 64.
[3]Ude, Christ oder Antichrist S. 5.
[4]Ude, Atomwissenschaft S. 64.
[5]Ude, Natur, Pflanze S. 34.

pazitäten sind für die Beseitigung des weltweiten Hungerproblems, des Wohnungselends und für Bildungsoffensiven zweckgebunden.[1]
Udes Reformentwurf soll die Existenzmöglichkeit einer gänzlich nach den Werten der christlichen Ethik lebenden Gesellschaft vermitteln. Die Bedingungen der „sozialen Planwirtschaft“ ermöglichen nach seiner Vorstellung ein sehr einfaches, bescheidenes Leben, versprechen aber auch die Verhinderung von sozialer Ungerechtigkeit und Not, wie sie im gewinnwirtschaftlich orientierten Kapitalismus zwangsläufig gegeben sind.
In symbolischer und konkreter Weise werden die Menschen zu ihren ureigensten Lebensgrundlagen, dem Boden und der Natur, geführt. Die Menschen leben in enttechnokratisierten, genossenschaftlich gestalteten Agrarkommunitäten, die in radikaldemokratischer Autonomie Wirtschaft und Gesellschaft organisieren.
An die Stelle des Militarismus tritt ein friedenspädagogischer und friedenspolitischer Aktionismus, der, getragen von lebensreformerischen Lehrern, Ärzten, Priestern und vor allem von Frauen, sämtliche Gartenstadtsiedlungen spirituell verbindet. Das ansonsten eher paternalistisch orientierte System misst den Frauen speziell in der Friedenserziehung eine besondere Bedeutung bei, zumal „die Männerwelt mit ihrem wahnsinnigen, verbrecherischen Militarismus bis heute versagt“[2] habe. Um weibliche Friedensarbeit wirksam werden zu lassen, müsse den Frauen - „aber immer unbeschadet ihrer mütterlichen Sendung“[3] - politische Gleichberechtigung zugestanden werden.
Emphatisch ruft Ude zur „Gesinnungsänderung im Sinne der Forderungen der zehn Gebote Gottes und der Weisungen des Evangeliums Christi (als) Forderung der Stunde“ auf, „wenn wir nicht Sklaven der Technik sein und mit ihr und durch sie nicht zu Grunde gehen, sondern in wahrem Frieden glücklich auf Erden leben wollen.“[4]

7.4.3. Kosmopolitische Visionen

Udes Reformprogramm entspringt, wie er selbst definiert, einer „idealistischen Weltanschauung.“[5] Der Idealismus, den er mit dem „unwandelbaren Naturrecht“ und dem Christentum gleichsetzt, dient ihm zur Abgrenzung gegenüber der „materialistischen Ideologie“. Unter „Materialismus“ subsumiert er den Kapita-

---

[1]Vgl. dazu: Ude: Auf welche Art und Weise könnten und sollten, unter Voraussetzung völliger Abrüstung in der ganzen Welt, die dadurch ersparten materiellen Mittel zum Besten der gesamten Menschheit verwendet werden? - In: Drei SOS-Rufe! - Grundlsee 1960 S. 11ff.
[2]Ude, Christ oder Antichrist S. 21.
[3]Ude, Atomare Götzendämmerung S. 12.
[4]Ebd. S. 8.
[5]Ude, Der Weg zum Völkerfrieden und zur Schaffung einer Weltregierung. - Grundlsee 1951 S. 3ff.

lismus und den bolschewistischen Kommunismus. Die Genannten seien, weil ohne ethische Bindung, friedlose Systeme.
Da für Ude „der Friede in den Herzen der Menschen geboren"[1] wird, könne nur der idealistische Weg das Friedensproblem lösen. Die zehn Gebote und die Bergpredigt geben das Friedensprogramm vor. Am Beginn steht eine „Selbstreform im Sinne naturgemäßer Lebensweise", um „ein vollwertiger Kämpfer für den Frieden (zu) sein."[2] Die Selbstreform sei aber nur der erste Schritt zur Weltreform. Die Maximen der „sozialen Planwirtschaft" dienen dazu, den Menschen ein naturgemäßes, selbstreformerisches Leben zu ermöglichen. Ude ist jedoch davon überzeugt, dass man insbesondere der Friedensfrage nur auf multinationaler Ebene begegnen könne.
Sein Reformprogramm konsequent weiter und zu Ende gedacht ergibt die Vision einer ethisch verpflichteten Weltregierung, die einem lebensreformierten Weltstaat vorsteht. Nach dem Abbau nationaler Souveränität erfolgt nach Udes Plänen ein staatlicher Zusammenschluss auf föderativer und - ungeachtet der Staatsgröße - gänzlich gleichberechtigter Grundlage. Das globale Vollzugsorgan werde aus den von den einzelnen Staaten gewählten parteilosen Vertretern gebildet. Die wichtigste Aufgabe der Weltregierung sei „die Weltwirtschaft planmäßig so zu regeln, dass die Bodenschätze und die Erzeugnisse der Landwirtschaft und der Industrie durch den Handel auf dem Tauschwege und mittelst wertbeständigen Geldes klaglos von den einzelnen Staaten in Hinblick auf die Versorgung aller Menschen der Welt erworben werden können."[3]

„Alles in Christo erneuern" - so lautet Udes Übersetzung des Verses 1,10 aus den paulinischen Briefen an die Epheser. Es ist dies der apodiktische Leitgedanke, der sein gesamtes Reformwerk beherrscht. Über die Lösung der sozialen Frage geht es in letzter Konsequenz darum, eine restlos befriedete Welt zu schaffen. Unter „Friede" versteht Ude daher einen ganzheitlichen, totalen Endzustand, „der dadurch zustande kommt, dass jeder einzelne Mensch sein gesamtes privates Leben und sein gesamtes soziales Leben, also das Leben im Ehestand, das Leben in der Familie, das Leben im Volk und das Leben im Staat, also das politische, wirtschaftliche und internationale Leben, restlos im Sinne der Forderungen der zehn Gebote Gottes und der Weisungen des Evangeliums Christi einrichtet und regelt."[4]

---

[1]Ude, Der Weg S. 5.
[2]Ebd. S 5.
[3]Ebd. S. 8.
[4]Ude, Atomare Götzendämmerung S. 8.

8. Die Einordnung von Udes Programm in das Spektrum der Freiwirtschaft

„Es war Haderstoff, was ich untersuchte. Konnte ich wissen und vermeiden, dass das, was ich finden sollte, ein revolutionärer Brander sein würde.“
(Silvio Gesell)[1]

8.1. Kleines Panorama der Freiwirtschaftsbewegung

Am 5. internationalen Kongress der INWO[2] in Wien Ende August 1999 hielt der Präsident der INWO-Österreich, Adolf Paster, ein Referat zur Durchsetzbarkeit einer gerechten Wirtschaftsordnung. Ein Satz seines Vortrages lautete: „Wer sich mit den Reformgedanken Silvio Gesells tatsächlich auseinander setzt, mit Freunden strittige Punkte abklärt und dadurch eine gewisse Festigkeit in seinem Denken gewinnt, der weiß, dass seine Zukunftsvision keine Utopie bleibt, sondern reale Wirklichkeit wird.“[3]
Man muss in der Geschichte an die Wende vom 19. zum 20. Jahrhundert zurückgehen, um an den Ursprung der von der Lehre Silvio Gesells ausgehenden Bewegung zu gelangen, die im Laufe der Zeit mit dem Begriff „Freiwirtschaft“ gleichgesetzt wurde.
So wie die Teilnehmer am Wiener INWO-Kongress einen Querschnitt aus allen Gesellschaftsschichten und Weltanschauungen boten, war auch die Anhängerschaft Gesells in jeder Phase ihres Bestehens von einer schillernden ideologischen Vielfalt gekennzeichnet. Zu einer breiten Massenbewegung ist die Freiwirtschaft im Verlauf ihrer Entwicklung im 20 Jahrhundert vielleicht auch aus diesem Grund nicht geworden. Von den großen etablierten Geistesströmungen entweder stark angefeindet oder in arroganter Verständnislosigkeit verspottet, blieben die Freiwirtschafter in ihrem Wirkungsbereich auf Kleingruppen und dadurch zumeist auf regionale Erfolge beschränkt. Demgemäß schwankte der emotionale Pegel ihrer Vertreter zwischen einem nachdenklich-resignativen Gefühl und einer optimistischen Aufbruchsstimmung, in naher Zukunft doch einen Beitrag zu einem gerechteren Gesellschafts- und Wirtschaftssystem leisten zu können.
Letzteres empfand wahrscheinlich auch jener legendäre Künstler- und Gelehrtenzirkel, der um 1900 vornehmlich die München-Schwabinger Intellektuellen-

---

[1]Gesell, Silvio:Die neue Lehre vom Geld und Zins. In: Silvio Gesell: gesammelte Werke (SGW), hrsg. v. Werner Onken Bd.6 S. 18.
[2]INWO = Internationale Vereinigung für Natürliche Wirtschaftsordnung.
[3]Paster, Adolf: Wie kann sich eine arbeitsorientierte, natürliche und gerechte Wirtschaftsordnung durchsetzen ? In: Zukunftsfähige Gesellschaft. Globalisierung und Geldreform. Hrsg. v. INWO. - Aarau 1999 S. 102.

szene zum Zentrum der politisch linken Avantgarde in Deutschland gemacht hatte.[1] Von der Sozialdemokratie ausgegrenzt, gingen unabhängige Sozialisten wie Gustav Landauer oder Erich Mühsam daran, mit der solipsistischen Philosophie Max Stirners und dem „Freigeld-Freiland-System" von Silvio Gesell ein anarchistisches Gegenmodell zum Marxismus zu entwerfen.
Gesells antikapitalistisches Reformprojekt hatte damit konsequenterweise bei den damals „jungen Linken" einen starken Widerhall gefunden. Es mag rückblickend in der historisch Betrachtung - je nach eingenommenem Standpunkt - eine Schwäche oder aber ein Vorteil der Freiwirtschaftsbewegung gewesen sein, dass sich für fast alle weltanschaulichen Richtungen an Gesells Gedankengut Anknüpfungsmöglichkeiten ergaben.

8.1.1. Silvio Gesell - der Begründer der Freiwirtschaft und seine Weltanschauung

Einige Jahre nach Gesells Tod erschien ein wirtschaftswissenschaftliches Standardwerk von John Maynard Keynes, in dem der bedeutende Ökonom auch ein Kapitel dem Freiwirtschaftsbegründer widmete. Keynes gelangte dabei zur Ansicht, „dass die Zukunft mehr vom Geiste Gesells als von jenem von Marx lernen wird."[2] So viel Anerkennung von Seiten der akademischen Elite ist Gesell zu Lebzeiten nie zuteil geworden.

Im Jahre 1862 in St. Vith im Kreis Malmedy an der belgisch-deutschen Grenze geboren, führte ihn sein Werdegang als Kaufmann über Malaga, Berlin, Braunschweig schließlich nach Argentinien, wo er ein florierendes Unternehmen begründen konnte. Autodidaktische Studien der Nationalökonomie mündeten in theoretischen Abhandlungen über die soziale Frage in Verbindung mit dem Geldwesen.
Als er um die Jahrhundertwende nach Europa zurückkehrte, vertiefte er seine Studien mit den Schriften des Sozialisten Pierre Joseph Proudhon, des Bodenreformers Henry George sowie der Ökonomen Adam Smith und Karl Marx.[3]
Über eine von Gesell in der Schweiz herausgegebene Zeitschrift, die sich der Geld- und alsbald auch der Bodenreform annahm, konnte eine Verbindung zu den deutschen Libertärsozialisten hergestellt werden. Von dieser Seite erging an ihn der Ruf, als „Volksbeauftragter für Finanzen" die im Jahr 1919 proklamierte bayrische Räterepublik mitzugestalten. Die sich überstürzenden politischen Er-

---

[1] Senft, Weder Kapitalismus S. 24ff.
[2] Keynes, John Maynard: Allgemeine Theorie der Beschäftigung, des Zinses und des Geldes. - Berlin 1952 S. 300ff.
[3] Wolf, Siegbert: Silvio Gesell. Eine Einführung in Leben und Werk eines bedeutenden Sozialreformers. - München 1983 S. 23.

eignisse in München vereitelten aber die Gelegenheit, die Reformtheorien erstmals in der Praxis zu erproben.
Vortragsreisen, vielfältige schriftstellerische Tätigkeiten, Aktivist in den sich etablierenden freiwirtschaftlichen Bünden, Siedler in der Obstbaukommune Eden-Oranienburg bei Berlin - all das bringt eine kleine Auswahl von Schlagwörtern, die Gesells Schaffenshöhepunkte markieren und sein Leben umreißen.
„Von der offiziellen Öffentlichkeit wenig betrauert, von der damaligen Frankfurter Zeitung in einem Nachruf im geringschätzig-spöttischen Sinn als 'Apostel' eingestuft“[1], verstarb Silvio Gesell am 11. März 1930 in Berlin.

Reaktionen wie die zitierte Pressenotiz sind bezeichnend dafür, wie wenig Bereitschaft bisher speziell in den Wirtschaftswissenschaften bestand, sich mit der Tragweite von Gesells Reformansatz auseinander zu setzen. Noch viel mehr birgt der Versuch, Gesells Weltanschauung zu erfassen, eine beständige Gefahr von Missverständnissen und Fehlinterpretationen.
Die Wandlung vom Kaufmann zum Sozialreformer begleitete der Gedanke, die in der Natur waltenden Ordnungsprinzipien auf das Wirtschaftsleben zu übertragen.[2] In seinem Konzept sollte insbesondere das Geld wie alles Stoffliche vergänglich sein und der Boden, für Gesell ohnedies nur ein Produkt der Natur, der Willkür des Privatbesitzes entzogen werden.
Die zu seiner Zeit weit verbreitete mechanistisch-technokratische Auffassung von Wirtschaft und Gesellschaft lehnte er ab. Statt dessen sah Gesell darin einen sich selbst steuernden Organismus, aus dem „eine wirtschaftliche Rahmenordnung für die Selbstentfaltung der menschlichen Natur und die Selbstorganisation freier, gleichberechtigter Individuen zu einem gleichgewichtig-stabilen Sozialgefüge“[3] abgeleitet werden sollte.

Als einer der wichtigsten Vorläufer der Gesell'schen Theorie gilt der französische Libertärsozialist Pierre Joseph Proudhon. Abgesehen davon, dass Proudhon mit der Formel „Eigentum ist Diebstahl“ „eines der einprägsamsten Schlagwörter der Sozialphilosophie geschaffen“[4] hatte, gab es in der ökonomischen Analyse deutliche Parallelen zu Gesell. Proudhons These von der Überlegenheit des Geldes gegenüber Arbeit und Ware, der daraus resultierenden Wirkung des Zinses bzw. Mehrwertes sowie die Ablehnung einer durch Gold ge-

---

[1]Binn, Felix: Silvio Gesell und die heutige Zeit. In: Silvio Gesell. Der verkannte Prophet - ein Beitrag zur Dogmen- und Wirtschaftsgeschichte des 20. Jahrhunderts mit aktuellen Bezügen, hrsg. v. Felix Binn. - Münden 1978 S. 3.
[2]Onken, Werner: Silvio Gesell und die Natürliche Wirtschaftsordnung. Eine Einführung in Leben und Werk. - Lütjenburg 1999 S. 6ff.
[3]Ebd. S. 129.
[4]Die Philosophie der Neuzeit 4. Positivismus, Sozialismus und Spiritualismus im 19. Jahrhundert. In: Geschichte der Philosophie Bd. 10., hrsg. v. Wolfgang Rad. - München 1989 S. 181.

deckten Währung würdigte Gesell ausdrücklich als Erkenntnisse in seinem Sinn.[1]
Auch in der Kritik am Staat und letztlich in seiner gänzlichen Verwerfung stimmte Gesell mit Proudhon überein. Der französische Sozialrevolutionär erklärte die Aufhebung von staatlicher Autorität und Gewalt zu einer Überlebensfrage für die individuelle und kollektive Freiheit.[2] An die Stelle des Staates tritt bei Proudhon ein egalitäres anarchistisches System, das der Gesellschaft lediglich in der Verpflichtung zur Vertragstreue eine Rechtsnorm auferlegt.
Um sich vom Attentats- und Bombenanarchismus bzw. den anarcho-kommunistischen Modellen eines Bakunin und Kropotkin abzugrenzen, bezeichnete Gesell in späteren Jahren seinen „Abgebauten Staat" als „Akratie", eine auf Eigengesetzlichkeit beruhende herrschaftslose Sozialordnung.[3] Der Staat, von Gesell als „Scheusal, Kind der großen Hure, des Landraubes, des Privatgrundbesitzes"[4] bezeichnet, sollte durch die Überwindung des Geld- und Bodenmonopols einem Zusammenleben freier Individuen weichen.

In der starken Betonung des individualistischen Prinzips ist der Einfluss der Philosophie Friedrich Nietzsches, mehr noch jener Max Stirners nicht zu übersehen. In seinem Hauptwerk „Der Einzige und sein Eigentum" ließ Stirner ausschließlich egoistische Motive als Bewertungsmaßstab für menschliche Handlungen gelten.[5] Nachdem nur das Sinn macht, was dem „Ich" zugute kommt, könne nur eine Loslösung von tradierten Werten wie Religion, Familie, Staat usw., aber auch die Befreiung der Arbeit durch eine neue Geld- und Bodenordnung den „Einzelnen" zu einer selbstbestimmten Daseinsform führen.[6]
Es war weniger Gesell selbst als vielmehr Teile seiner Anhängerschaft, die den philosophischen Standpunkt Stirners im Zusammenhang mit der zeitgeistigen Stirner-Rezeption um die Jahrhundertwende in die Freiwirtschaft einbrachten. Gesell sah sich durch Stirners Denkansatz zumindest in seiner eigenen Beobachtung bestärkt, dass sich die unter dem Einfluss des Kapitalismus gewordene egoistische Natur des Menschen nicht durch „Moral- und Moralinfabrikanten"[7] umerziehen lasse. Erst die Beseitigung des Kapitalismus könne der Menschheit

---

[1]Senft, Weder Kapitalismus S. 71ff.
[2]Tutschek, Dagmar: Die Flucht aus der historischen Erfahrung: Proudhon und sein Einfluss auf die Lebensreformbewegung in Deutschland. Dipl. Arb. - Wien 1987 S. 34.
[3]Onken, Silvio Gesell S. 113.
[4]Gesell, Silvio: Der Abbau des Staates nach Einführung der Volksherrschaft. In: SGW Bd. 10 S. 238.
[5]Vgl.: Senft, Gerhard: Der Schatten des Einzigen. Die Geschichte des Stirnerschen Individual-Anarchismus. - Wien 1988 S. 20ff.
[6]Engert, Rolf: Die Freiwirtschaft. Ein praktischer Ausdruck der Stirnerschen Philosophie. - Erfurt 1921 S. 9ff.
[7]Gesell, Silvio: Der Aufstieg des Abendlandes. SGW Bd. 14 S. 205.

die Möglichkeit eröffnen, „sich auf dem neuen 'moralischen Untergrund' auch selbst moralisch zu vervollkommnen.“[1]

Gesells ethische Bewertungen waren gelegentlich von Begriffen wie „Zuchtwahl“ und „Hochzucht“ durchdrungen. Daraus ist ersichtlich, dass auch bei ihm der zu seiner Zeit eifrig rezipierte Darwinismus Spuren hinterlassen hatte. Sozialdarwinistischen, völkisch-rassezüchterischen Ansinnen stand er als Weltbürger dennoch fern.[2] Die zu erwartenden positiven Effekte aus der Geld- und Bodenreform dachte Gesell nie einer Rasse oder Nation, sondern immer der ganzen Menschheit zu. „Moralische Hochzucht“ zielte bei ihm nicht zuletzt auch auf eine Befreiung der Frauen von materiellen Zwängen und gesellschaftlichen Konventionen ab. Nach der Rückführung des Bodens in Gemeindeeigentum sollten Mütter - und zwar „einerlei woher sie komme(n)“[3] - die Grundrente für die Geburts- und Erziehungsleistung erhalten. Er begründete dies damit, dass Frauen „für die Moralisierung der Gesellschaft für die Veredelung der Sitten in einer Generation mehr tun, als die Predigten der Moralisten, Ästhetiker, Dichter aller vergangenen Jahrhunderte.“[4]
Da Gesell selbst auch von „Zinsknechtschaft“ sprach, wurde und wird er häufig des Antisemitismus geziehen und in die Nähe völkisch-faschistoider Kreise gerückt. Richtig ist, dass ein Teil seiner Anhängerschaft dem Geld- und Bodenreformkonzept eine nationalistische Ideologie überstülpte.
Er selbst distanzierte sich in mehreren Stellungnahmen von diesen Tendenzen.[5] Eine Überprüfung seiner Äußerungen zum Antisemitismus und Rassismus, Nationalsozialismus und Sozialdarwinismus erbringt den Nachweis, „dass er in diesen buchstäblich ver-rückten Zeiten ein in sich ausgewogenes Gedankenge-

[1]Onken, Silvio Gesell S. 91.
[2]Ebd. S. 41ff.
[3]Gesell, Silvio: Die Natürliche Wirtschaftsordnung durch Freigeld und Freiland In: SGW Bd. 11 S. 72.
[4]Gesell, Silvio: Die Auslese durch das Christentum, den Krieg und den physiokatischen Frieden (II). In: SGW Bd. 7 S. 224.
[5]Vgl. dazu z.B folgende Aussagen: Zu Antisemitismus: „Die Judenhetzerei ist eine kolossale Ungerechtigkeit und eine Folge einer ungerechten Einrichtung.“(Gesell, Nervus rerum. In: SGW Bd. 1 S. 140.) Zu Rassismus: „Wer aber weiß, was es bedeutet, wenn man einen Menschen in seinen Rasseeigenschaften beanstandet, der hat eine Ahnung von dem, wie tief diese Menschen sich verletzt fühlen müssen. Wer das weiß, der sieht am blutroten Horizont die Konturen des entsetzlichsten Dramas aufsteigen, (...) den fürchterlichsten, den unbarmherzigsten Krieg, den Rassenkrieg, der nur als Ausrottungskrieg einen Sinn hat.“(Gesell, Drohender Rassekrieg zwischen Amerikanern und Mongolen. In: SGW Bd. 15 S. 246.) Zu Nationalismus: „Man wird (...) zu den bewährten Mitteln greifen, die Völker zu verhetzen, und an die niedrigsten Instinkte wird man appelieren. Alles, was das Ausland Gutes schafft, wird entweder verschwiegen oder herabgesetzt, während das Ungünstige breitgetreten wird. Dann ist die Stimmung wieder bald reif für einen Krieg.“ (Gesell, Aufstieg des Abendlandes. In: SGW Bd. 14 S. 206).

bäude errichtete und rechtzeitig Wege wies, auf denen die Katastrophe des Nationalsozialismus vielleicht hätte vermieden werden können."[1]
Aber auch die Rechtsradikalen und völkischen Gruppierungen lehnten Gesells Lehre als „proletarisch-kommunistische Ideenwelt"[2] rundweg ab. Der nationalsozialistische Wirtschaftstheoretiker Gottfried Feder zählte Gesell „zu den höchst problematischen Existenzen, die in den schlimmen Zeiten der Münchner Räterepublik an die Oberfläche geschwemmt worden sind." Silvio Gesell habe, „in seinen Gedankengängen international eingestellt, mit den damaligen jüdischen Bluthunden gemeinsame Sache gemacht."[3]
Obwohl Gesell in seiner politischen Ausrichtung grundsätzlich auf einem antimonarchistischen, republikanischen Fundament fußte, gab es Phasen, in denen er zu autoritären Lösungen neigte. Wie viele seiner Zeitgenossen empfand auch Gesell angesichts der immer drückenderen Wirtschaftsprobleme und dem hilflosen „Parteiengezänk" eine zunehmende Entfremdung gegenüber dem Parlamentarismus.
In diesem Sinne sprach man sich z.B. 1921 auf dem Kongress des „Freiwirtschaftsbundes" für eine „Diktatur des Gemeinwohl" aus.[4] Zur Durchsetzung der freiwirtschaftlichen Reformen sollte diese „Diktatur" von einer Notstandsregierung, die auf einem breiten gesellschaftlichen und politischen Konsens basiert, errichtet werden.

Im Fall von Gesells Weltanschauung ist es keineswegs angebracht - und eigentlich auch gänzlich unmöglich - , sein Denken in eine bestimmte ideologische „Nische" zu stellen. Religiös-ethisch dominierte Werte beherrschten seine Gedankenwelt ebenso, wie er von der säkularisierte aufklärerische Philosophie beeinflusst war. Beides fand Eingang in seine Ideen zur Überwindung „der strukturellen Macht des Bodenprivateigentums und des zinstragenden Geldes."[5]

8.1.2. Hauptströmungen und Gruppierungen der Freiwirtschaftsbewegung

Die Herausgabe von Gesells Zeitschrift „Geldreform" in der Schweiz zwischen 1902 und 1904 war ein kolossaler Misserfolg. Als Gesell das Erscheinen der Zeitschrift wieder einstellte, hatte er lediglich drei Abonnenten gewonnen. So-

---

[1]Onken, Werner: Silvio Gesells kritische Distanz zum Rechtsextremismus in der Weimarer Republik. In: Z. f. Sozök. 32.Jg 106. Folge (1995) S. 14.
[2]Claaßen, W.: Ein neuer Lebensreformer. In: Hammer. Parteilose Zeitschrift für nationales Leben. 19Jg./Nr.222 (1911) S. 480-483. Zit. nach: Onken, Silvio Gesell S. 39f.
[3]Feder, Gottfried: Der deutsche Staat auf nationaler und sozialer Grundlage. Neue Wege in Staat, Finanz und Wirtschaft. - München 1923 S. 171.
[4]Vgl.: An das deutsche Volk! Kundgebung auf dem Kongress in Hannover. In: SGW Bd.12 S. 297ff.
[5]Onken, Silvio Gesell S. 130.

wohl auf Gesells Denken als auch auf die gesamte geistige Ausrichtung der Freiwirtschaft sollten diese drei aber einen nachhaltigen Einfluss ausüben.

Einer davon, der Berliner Georg Blumenthal, war über Adolf Damaschkes Bodenreformbewegung an Gesells „Geldreform" gelangt. Blumenthals Kontakte zu dem Nationalökonomen Benedikt Friedländer, zu Gustav Landauer, den Schriftstellern Bruno Wille und Henry Mackay schlug die Brücke zwischen Gesell und dem Lager des libertären Sozialismus.[1]
Während Georg Blumenthal die Philosophie Max Stirners und Friedrich Nietzsches in die Freiwirtschaft einbrachte, fand Gesell durch den zweiten Abonnenten seiner Zeitschrift, dem Schweizer Ernst Frankfurth, Zugang zur Evolutionslehre Charles Darwins.
Damit war Gesells „Anschluss an den Strom der zeitgenössischen europäischen Geistesgeschichte" vollzogen und mit Stirners, Nietzsches und Darwins Lehre „das geistige Flussbett (gebildet), in dem die Geld- und Bodenreform sich ihren weiteren Weg in die Öffentlichkeit bahnte."[2] Von zentraler Bedeutung ist weiters, dass besonders Georg Blumenthal die Adressaten für die Reformen weniger in den bürgerlichen Schichten als vielmehr in den proletarischen Kreisen suchte.
Schließlich wurde mit dem dritten Abonnenten, Gustav Simons, der in Eden-Oranienburg lebte, auch eine Verbindung zur Lebensreformbewegung hergestellt.
Gesells Absichten, allen Menschen ohne Unterschied ihrer Herkunft einen gleichberechtigten Zugang zu Grund und Boden zu verschaffen und im Zinsnehmen keine spezifisch jüdische Eigenart zu sehen, ließ den Kontakt zu Gustav Simons bald abkühlen.[3] Als Leiter des „Deutschen Kulturbundes für Politik" und Herausgeber der Zeitschrift „Deutsche Kultur" spannte Simons die lebensreformerischen Ideale vor eine völkische Weltanschauung.

Zu einem engen geistigen und persönlichen Naheverhältnis kam es hingegen zwischen Georg Blumenthal und Gesell. Blumenthal vermeinte in Gesells Überlegungen das geistige Erbe der „Physiokraten", einer im 18. Jahrhundert um den Wirtschaftstheoretiker Francois Quesnay entstandenen Bewegung, zu erkennen. Zwar bestand durch Quesnays starker Bewertung des Produktionsfaktors Boden und der davon abgeleiteten Idee einer einzigen Steuer eine weit entfernte, indirekte Verbindung zwischen den „historischen" Physiokraten und der Freiwirtschaftslehre. Was die Beurteilung von Geld und Zins anbelangt, ergaben sich aber in wesentlichen Punkten sogar deutliche Unterschiede zu Gesells Auffas-

[1]Senft, Weder Kapitalismus S. 33.
[2]Onken, Silvio Gesell S. 28.
[3]Ebd. S. 38.

sungen.[1] Ungeachtet dessen gründete Georg Blumenthal 1909 die „Physiokratische Vereinigung", der sich auch Gesell anschloss. Diese Gruppierung wurde zu einem Sammelbecken individual-anarchistischer Gesinnungen. Daneben etablierte sich, ausgehend von Ernst Frankfurth, ein eher bürgerlich orientierter „Freiland-Freigeld-Bund", den der ehemaligen Priester Paulus Klüpfel gründete. Am politisch rechten Rand komplettierte nach dem 1. Weltkrieg der völkische „Bund für Freiwirtschaft" die Hauptströmungen der physiokratisch-freiwirtschaftlichen Bewegung in Deutschland.[2]
Nach einem vorübergehenden Zusammenschluss fast aller Gruppen zum „Freiwirtschaftsbund FFF" zerbrach das Bündnis um 1924 wieder an den weltanschaulichen Zentrifugalkräften. Vor allem der heftig umstrittene Programmpunkt „Freiheit in allen Kulturfragen"[3], mit dem die Freiwirte auch in die Reichstagswahlen gezogen waren, ließ Radikale und Gemäßigte künftig getrennte Wege gehen.
Die „Linken" sammelten sich im „Fisiokratischen Kampfbund" unter der Führung des überzeugten Stirnerianers Hans Timm. Ablehnung des Parlamentarismus, politischer Aktionismus und Agitation gehörten zu seinem revolutionären Credo. Für Aufsehen sorgte das zwischen 1929 und 1931 von Hans Timm initiierte Wära-Projekt, das in einigen deutschen Städten nach dem Muster von Gesells Freigeld als Komplementärwährung wirksam wurde.
Auch der reorganisierte „Freiwirtschaftsbund" setzte neben Wahlbeteiligung auf Selbsthilfeprojekte. Beides gestaltete sich wenig erfolgreich.
Mit dem „Bund für krisenlose Volkswirtschaft" hatten sich auch die völkischen Freiwirtschafter gefunden.
Trotz dieser scheinbar klaren Lagerteilung, die bis zur ersten Anhängerschaft Gesells zurückverfolgt werden kann, bot die deutsche Freiwirtschaftsbewegung insgesamt und auch innerhalb ihrer Hauptströmungen während der Weimarer Republik bis zu ihrer Auflösung durch den Nationalsozialismus ein äußerst heterogenes Bild. Allein im „physiokratisch" dominierten linken Flügel, dem Gesell selbst in weltanschaulichen Fragen wahrscheinlich am nächsten stand, rangen kommunistisch orientierte Gruppen mit Anarchisten und Lebensreformern um Einfluss.[4]

Eine ähnliche Situation entstand auch in anderen Ländern, in denen die Freiwirtschaft Fuß fassen konnte.

---

[1]Senft, Weder Kapitalismus S. 68ff.
[2]Onken, Silvio Gesell S. 117.
[3]Ergänzt wurde der Punkt 4 des Programms durch die Formulierung: „Schule, Fachbildung, Heilkunde, Kirche, Wissenschaft, Kunst, Ehe usw. sind vom Staat umd dessen Einflüsse zu lösen." Zit. nach: Onken, Silvio Gesell S. 99.
[4]Vgl. dazu: Bartsch, Günter: Stirners Anti-Philosophie & Die revolutionären Fisiokraten. - Berlin 1992 S. 33ff.

Analog zu Deutschland spaltete sich um das Jahr 1925 in der Schweiz ein „physiokratischer“ Block vom etablierten „Schweizerischen Freiwirtschaftsbund“ (SFB) ab.[1] Der Einfluss der Schweizer Physiokraten blieb aber äußerst gering. Am stärksten war die eidgenössische Freiwirtschaft in der reformpädagogischen, der Sozialdemokratie nahestehenden Lehrerschaft verwurzelt. Von da aus gab es intensive - letztlich aber erfolglose - Bemühungen, die Sozialdemokraten für Gesells Sache zu gewinnen.
Neben dem Lehrer Fritz Schwarz zählten der Theologe und Jurist Hans Konrad Sonderegger, weiters der aus prominenter Familie stammende Wissenschafter Hans Bernoulli sowie der Gesell-Biograf Werner Schmid zu den dominierenden Persönlichkeiten des „SFB“ in der Zwischenkriegszeit.[2] Durch eifrige Veranstaltungstätigkeit und geschickte Vortragsrhetorik gelang es dem Bund, in den 1930er Jahren ein breites mittelständisches Publikum für freiwirtschaftliche Themen zu interessieren.
Mit Werner Zimmermann waren auch Lebensreform und Pazifismus engagiert vertreten. Zimmermanns betont lebensreformerische Aktivitäten sorgten allerdings innerhalb der Bewegung für Polarisierung.
In der Durchsetzungsstrategie verfolgte die Schweizer Freiwirtschaft verstärkt das Mittel des „Urnengangs“ bei Gemeinderats-, Kantonsrats- und Bundesratswahlen. Sehr zum Ärgernis Gesells hatte man in den 1920er Jahren aus wahltaktischen Überlegungen die Forderungen nach „Freigeld“ abgeschwächt und das „Freiland“-Postulat gänzlich fallen gelassen.[3] So wie Gesell entschieden gegen Adolf Damaschkes „Bund deutscher Bodenreformer“ auftrat, „weil er den Privatgrundbesitz, diese ‘räudige Krätze’ des sozialen Organismus, erhalten und nur den Bodenwertzuwachs besteuern wollte“[4], verwehrte er sich dagegen, „die großartigen Ausblicke, die der Freilandgedanke (...) bietet, (durch) den auf dem Wege der Kompromisse zu gewinnenden schmutzigen Stimmzettel stumpfer Massen, verblödeter Philister aufwiegen“[5] zu lassen.

Gesells Anspruch, „Freiland (zum) Prüfstein freiwirtschaftlichen Denkens“[6] zu machen, blieb auch in den seit 1922 entstandenen ersten österreichischen Freiwirtschaftsorganisationen unwidersprochen, zumal in Österreich durch Theodor Hertzkas Freilandbewegung die gedankliche Sensibilisierung in dieser Hinsicht bereits weit gediehen war.[7] Der wirtschaftswissenschaftlich gebildete Publizist

[1]Werner, Hans-Joachim: Geschichte der Freiwirtschaftsbewegung. 100 Jahre Kampf für eine Marktwirtschaft ohne Kapitalismus. - Münster u.a. 1990 S. 26ff.
[2]Schärrer, Markus: Geld- und Bodenreform als Brücke zum sozialen Staat. Die Geschichte der Freiwirtschaftsbewegung in der Schweiz (1915-1952). Diss. - Zürich 1983 S. 47ff.
[3]Onken, Silvio Gesell S. 102f.
[4]Zit. nach: Ebd. S. 103.
[5]Gesell, Silvio: Freiland, der Prüfstein! In: SGW Bd.15 S. 377.
[6]Ebd. S. 378.
[7]Senft, Chronik einer Legende S. 21ff.

Georg Hanisch verband schließlich Hertzkas „liberalsozialistischer Utopie und Gesells konkrete(s) liberalsozialistische(s) Programm“[1].
In den 1920er Jahren bestand zunächst nur ein loser Kontakt zwischen den in den einzelnen Ortsgruppen wirkenden Freiwirtschaftern. Diese rekrutierten sich hauptsächlich aus einem mittelständisch-lebensreformerischen Umfeld, wobei Vertreter des Bildungsbürgertums zumeist leitende Funktionen besetzten. Auch von Seiten der Gewerbetreibenden wurde lebhaftes Interesse bekundet.
Agitationsbemühungen im christlichsozialen und sozialdemokratischen Lager fruchteten kaum. Probleme für die freiwirtschaftliche Öffentlichkeitsarbeit bereitete auch die teils polemisch geführte inhaltliche Kontroverse mit Heinrich Färbers „Ergokratischem Verband“. Erst das international viel beachtete Wörgler Freigeldexperiment brachte auch für die österreichische Freiwirtschaft starke Impulse.
Im Jahr 1933 entstand der „Österreichische Freiwirtschaftsverband-Bund für krisenlose Volkswirtschaft“. Und mit dem in Westösterreich erscheinenden Wochenblatt „Freiwirtschaft. Organ des österreichischen Freiwirtschaftsverbandes“ bzw. der Wiener Monatsschrift „Freies Volk auf freiem Grund“ erhielten die österreichischen Freiwirte auch eine publizistische Plattform.
Gegen Ende der 1920er Jahre hatte dann der wortgewaltige Johannes Ude begonnen, an einer programmatischen Synthese aus christlicher Lebensreform, sozialkatholischer Zinskritik und Freiwirtschaft zu arbeiten. Die episkopalen „Maulkorberlässe“ gegen Ude vereitelten allerdings einen Durchbruch der freiwirtschaftlichen Anliegen in der Öffentlichkeit. Die Prominenz Udes als Universitätsprofessor und als international renommierter Redner hätten hierfür einige Möglichkeiten geboten.
Wie in Deutschland auch, so bereitete der Nationalsozialismus den Aktivitäten der freiwirtschaftlichen Verbände in Österreich ein jähes Ende.

Außerhalb des deutschsprachigen Raumes stieß die praktische Bewährung der Freiwirtschaft auch in Frankreich auf großes Interesse.[2] Die enge geistige Verwandtschaft zwischen Proudhon und Gesell machte es möglich, dass von einer in Paris gegründeten privaten Tauschgesellschaft umlaufgesicherte „Valor“-Scheine an die Mitglieder als Zahlungsmittel ausgegeben werden konnten. Ein am 31. Juli 1935 ausgesprochenes Verbot durch das Innenministerium beendete die französische Freigeldaktion.
Gesells Bevorzugung der „angelsächsischen Liberalität und Weltoffenheit (gegenüber) dem geistig und politisch hinterher hinkenden Deutschland“[3] führte bereits zu Lebzeiten des Reformers zu dem Versuch, durch die Übersetzung seines Hauptwerkes in den britischen und angolamerikanischen Sprachraum

[1]Senft, Chronik einer Legende S. 22.
[2]Onken, Ein vergessenes Kapitel S. 13f.
[3]Onken, Silvio Gesell S. 123.

vorzudringen. Immerhin fand daraufhin eine lebhafte Diskussion innerhalb der Labour-Party statt, das Freigeld-Freiland-Konzept in das Parteiprogramm aufzunehmen.[1] Weiters trug die positive Bewertung der Gesell'schen Reform durch die Nationalökonomen Irving Fisher und John Maynard Keynes dazu bei, dass die englischsprachige Wissenschaftsliteratur dem Freiwirtschaftstheorem mit weit weniger Vorbehalten als die deutschsprachige gegenüberstand.
Das erklärt möglicherweise auch den Umstand, dass in den letzten Jahrzehnten in England, den USA, Kanada und Australien monetäre Selbsthilfeprojekte in großer Zahl entstanden sind.[2]
Von da fand der Freigeld-Gedanke den Weg wieder zurück in den deutschsprachigen Raum, wo er auf eine bereits wieder vielfältig organisierte Freiwirtschaftsbewegung stieß. In ihrem weiteren Umfeld hatte sich ein beständig wachsendes Netzwerk von Ergänzungswährungen gebildet, mit dem Ziel, entweder „soziale und nachhaltige Strukturen (zu) schaffen und (zu) fördern bzw. der Wirtschaft die Möglichkeit (zu geben), ihr Angebot flexibler zu gestalten sowie Überkapazitäten sinnvoll einzusetzen."[3]
Eine Schweizer Langzeiterfolgsgeschichte stand dabei Pate. Anders als die meisten Geldinitiativen hatte es der 1934 von Werner Zimmermann und Paul Enz gegründete „Wirtschaftsring" (WIR) geschafft, durch die Kreierung von umlaufgesichertem Buchgeld auf Basis der Schweizer Währung der Nationalbank keinen Anlass zum Einschreiten zu bieten.[4] Dabei scheint das bis heute bestehende und in der Schweiz mittlerweile zu einer respektablen volkswirtschaftlichen Größe angewachsene WIR-System die Kernforderung der Gesell'schen Reform erfolgreich zu verwirklichen: Der Wirtschaftsring „zeigt deutlich, wie eine Wirtschaft aussehen könnte, in der das Geld nicht im Mittelpunkt steht, nicht Maßstab aller Dinge ist. Produkte und Dienstleistungen , d.h. Arbeit und Ressourcen sind das wirklich Wertvolle. Das Geld dient nur dem Austausch dieser benötigten und begehrten Dinge und ist an sich wertlos."[5]

8.1.3. Religiöse Spuren in der Freiwirtschaft

Die mit Individualisten reichlich gesegnete Freiwirtschaftsbewegung wurde durch Johannes Ude um eine spektakulär-skurrile Persönlichkeit bereichert.

[1] Werner, Geschichte der Freiwirtschaftsbewegung. S. 102.
[2] Nach einer Meldung der Neuen Zürcher Zeitung vom 29. 3. 1999 sind in den USA mindestens 65 lokale Komplementärwährungen im Umlauf. Am Beispiel des nordkalifornischen Küstenortes Mendocino ist ersichtlich, dass sich neben Privatpersonen auch eine große Zahl von Unternehmern der alternativen Währung bedienen.
[3] Hämmerli, Martina: Initiative Währungen. In: Zukunftsfähige Gesellschaft S. 105.
[4] Vgl.: Schärrer, Geld- und Bodenreform S. 201ff.
[5] Hämmerli, Initiative Währungen S. 105.

Weder vor ihm noch nach ihm hat jemand derart leidenschaftlich im Namen des Christentums für die Freiwirtschaft gefochten.
Dass Ude als konservativ-katholischer „Hardliner" mit größtenteils überzeugten Agnostikern eine Verbindung eingehen konnte, mag auf den ersten Blick verwundern. Diese alles andere als konfliktfrei ablaufende Beziehung konnte aber trotzdem bestehen.
Wenn auch eine Annäherung in Kulturfragen mühsam blieb, so stand man sich im Kern der Sache, etwa in der Zinskritik oder in dem Willen zu einer allumfassenden Neugestaltung der Lebensweise, schließlich mit dem Anspruch, diese Welt gerechter und damit besser machen zu wollen und auch zu können, sehr nahe.
Nicht zufällig hat selbst der als Atheist verschrieene Silvio Gesell immer wieder deutliche Signale in Richtung der christlichen Kirchen ausgesandt. Der Grund, warum die Kirchen darauf überwiegend ablehnend reagierten, lag weniger an der Unvereinbarkeit der Weltanschauungen, als viel mehr daran, dass Gesell die Diskrepanz zwischen offenbarter christlicher Botschaft und der tatsächlich praktizierten amtskirchlichen Glaubenshüterschaft sehr deutlich aufzeigte.

Dennoch kamen jene, die zuerst Gesells Erkenntnisse zu schätzen wussten, aus dem christlichen Umfeld. Während sein Werk „Die Anpassung des Geldes ..." , das in Argentinien und Deutschland erschienen war, von den Wirtschaftsexperten entweder gar nicht oder nur sehr oberflächlich registriert wurde, erfuhr das Buch durch die christlich-pazifistische „Egidybewegung" eine wohlwollend kritische Würdigung.[1] Diese christliche Vereinigung gründete auf den Gedanken des ehemaligen Offiziers Moritz v. Egidy, der als Pazifist die Lösung der Friedensfrage an eine Überwindung der sozialen Probleme knüpfte.[2] Neben den Themen Antisemitismus und Frauenemanzipation galt sein besonderes Augenmerk und Engagement der Arbeiterschaft. Von Egidy-Anhängern dürfte Gesell auch die Anregung erhalten haben, sich mit Proudhon auseinander zu setzen.[3]
Als Gesell im Jahr 1898 das erste Mal von Argentinien nach Europa zurückkehrte, brannte er darauf, Moritz v. Egidy persönlich kennen zu lernen. Enttäuscht musste er aber feststellen, dass dieser kurz vor seiner Ankunft gestorben war.

Vor dem 1. Weltkrieg - die Freiwirtschaft hatte mit der „Physiokratischen Vereinigung" eben erst den Grundstein für eine Bewegung gelegt - tauchte mit Paulus Klüpfel erneut ein Mann aus dem christlichen Umfeld auf, der neben Georg Blumenthal für kurze Zeit zum wichtigsten Partner Gesells wurde.

---

[1]Onken, Silvio Gesell S. 21f.
[2]Donat, Helmut u.a. (Hrsg.): Die Friedensbewegung. Organisierter Pazifismus in Deutschland, Österreich und der Schweiz. - Düsseldorf 1983 S. 95f.
[3]Onken, Silvio Gesell S. 22.

Eine unerfüllte Liebe und der Wunsch, über die Seelsorge hinaus ein „Christentum der Tat" zu praktizieren, veranlassten den katholischen Geistlichen dazu, sein Priesteramt niederzulegen und nach Berlin zu gehen.[1] Dort ließ ihn der Anschluss an Damaschkes Bodenreformorganisation und die Beschäftigung mit Franz Oppenheimers Analysen „umsonst", wie er sich selbst eingestand, „seit Jahren in allen Fächern der Wirtschaftslehre herum(tappen), lediglich aus dem Bedürfnis, Sinn und Zusammenhang zu begreifen."[2]
Ein öffentlicher Vortrag der „Physiokratischen Vereinigung" und das Studium einer Gesell-Schrift brachten ihm die Erkenntnis, „dass unsere Wirtschaft noch gar keine Wirtschaft ist, sondern erst eine werden muss - aber gottlob auch eine werden kann."[3]
Von Gesells Gedanken ausgehend, definierte er das Wirtschaftswesen, gemäß einer ihm zugrunde liegenden Notwendigkeit, als „organisierte Selbsterhaltung", die durch die menschliche Tätigkeit zum Ausdruck komme.[4] Die Eigengesetzlichkeit mache Wirtschaft „in sich frei", „natürlich", meinte Klüpfel. „Frei-Wirtschaft" könne nicht durch moralische oder andere Richtlinien entstehen, sondern nur durch die Entfaltung ihrer Eigengesetzlichkeit.[5] Dafür sei freier Wettbewerb als „innere Selbststeuerung" Voraussetzung, um „Arbeit und Tausch mit ständig ausgewogenem Gleichgewicht sicher und störungsfrei"[6] aufrecht zu erhalten.
Mit Klüpfel hielt ein betont altruistisches Element Einzug in die Freiwirtschaft. Von der Übertragung darwinistischer Grundsätze auf die Wirtschaft sowie von reinem Eigennutzdenken distanzierte er sich. Nicht in der Selbstsucht als „Selbsterhaltung auf Kosten fremder Arbeit", sondern in der „Selbsterhaltung - durch Arbeit allein - erhöht durch optimale Arbeitsteilung und geschmeidigsten Tausch"[7], erblickte er das beste Wirtschaftsprinzip.
Klüpfels universalistischer Spiritualismus baute eine äußerst interessante gedankliche Brücke zwischen fernöstlicher Religionsphilosophie und Christentum. Da wie dort ortete er den „gewaltige(n) Gedanke(n) der Allgesetzlichkeit (...), das Leben zu einer Ordnung kommen (zu) lassen, alles tun, wie es will, nicht wie unsere Willkür möchte."[8] Jedoch sei im östlichen Kulturkreis - „Asien der Lahme" - über der Erkenntnis der Eigengesetzlichkeit der aktive gestaltende

---

[1]Bartsch, Günter: Freiwirtschaft als innere und äußere Weltaufgabe. Versuch eines Portaits von Paulus Klüpfel. In: Z. f. Sozök. 27.Jg/87.Folge (1990) S. 3-12.
[2]Brief von Paulus Klüpfel an Silvio Gesell. Zit. in: Ebd. S. 6 (ohne Angabe des Datums).
[3]Ebd.
[4]Vgl.: Klüpfel, Paulus: Vorwort zur 2. Auflage der „Natürlichen Wirtschaftsordnung". Zit. in: Gesell, Silvio: Die Natürliche Wirtschaftsordnung. Durch Freiland und Freigeld. - Lauf 1984 S. 21ff.
[5]Die Begriffe „Freigeld" und „Freiwirtschaft" dürften von Paulus Klüpfel stammen.
[6]Klüpfel, Vorwort S. 22.
[7]Ebd.
[8]Ebd. S. 22f.

Wille, die „Weltarbeit" vergessen worden, während es dem Westen - „Europa der Blinde" - an der Einsicht in den göttlichen Weltplan mangle.
Mit der Freiwirtschaft glaubte Klüpfel Menschen aus unterschiedlichen Kulturkreisen einen Zugang zu „einer sich selbst ordnenden und zugleich vom Menschen partnerschaftlich mitgeordneten Wirtschaft"[1] verschaffen zu können.
1914 suchte er die Nähe Gesells in der Obstbaukolonie Eden-Oranienburg, wo er zu Gesells persönlichem Lektor wurde.[2]
Die Gründung des „Freiland-Freigeld-Bundes" (FFB) im Jahr 1915 kann als Versuch Klüpfels gewertet werden, die Freiwirtschaft in eine gesamte Kulturphilosophie einzubauen. Die Annahme, „dass ununterbrochener Aufstieg und volle Entfaltung der Kultur nur möglich werden, wenn alle wirtschaftlichen Hemmnisse beseitigt sind"[3], unterstrich die Bedeutung, die er dem kulturellen Aspekt beimaß.
In der Frage der Lebensgemeinschaft zwischen Mann und Frau, welche die gesamte Freiwirtschaftsbewegung einer starken Zerreißprobe aussetzte, sprach sich der Klüpfel-Bund, anders als Gesell und die „Physiokraten", für die Monogamie und das traditionelle Eheinstitut aus.[4] Jede menschliche Verbindung, ob Ehe, interkulturelle Zusammenführung oder freiwirtschaftliche Gesinnungsgenossenschaft, verstand Klüpfel als seelisches Bündnis. Darauf basiere das geforderte „tiefgehorsame Mittun, die Weltarbeit", welche „die Welt erst Ausdruck ihrer Idee werden"[5] ließe.
Im selben Jahr, in dem Klüpfel „seine" freiwirtschaftliche Organisation gründete, holte ihn der Krieg ein. Er erhielt den Einberufungsbefehl. Während seines Garnisonsdienstes in Berlin konnte er zwar seine Kontakte weiter pflegen, die kriegsbedingten Hungerjahre und sein freiwilliges Fasten als „Antwort auf das 'kalte Morden' an den Fronten"[6] führten zur Erkrankung an Tuberkulose, der er im Juli 1918 erlag.
Nach seinem Tod mussten sich die Freiwirte eingestehen: „Wir haben niemanden, der so wie er philosophisch denkt."[7]

Auch in der Schweiz gelang es einzelnen Persönlichkeiten relativ bald, die Freiwirtschaftslehre an christlich gesinnte Menschen heranzutragen. Zu nennen sind vor allem der protestantische Berner Stadtpfarrer Eduard Burri und der katholische Domkaplan Viktor Pfluger aus Solothurn, die seit den 1920er Jahren

---

[1]Onken, Silvio Gesell S. 52.
[2]Schmid, Werner: Silvio Gesell. Die Lebensgeschichte eine Pioniers. - Bern 1954 S. 115ff.
[3]Wortlaut des §1 der FFB-Satzung. Zit. nach: Bartsch, Günter: Die NWO-Bewegung Silvio Gesells. Geschichtlicher Grundriss 1991-1992/93. - Lütjenburg 1994 S. 25.
[4]Ebd.
[5]Klüpfel, Vorwort S. 23.
[6]Bartsch, Freiwirtschaft S. 11.
[7]Schreiben von Theophil Christen, einem engen Mitarbeiter Gesells aus der Schweiz, an Georg Blumenthal vom 18. 8. 1918. Zit. nach: Bartsch, Die NWO-Bewegung S. 33.

die Freiwirtschaft „als Fortsetzung des jahrhundertelangen, aber aus Mängel an einer tauglichen Alternative erfolglosen Kampfes der christlichen Kirche gegen den Zins verstanden."[1]
Burris Schriften bildeten ein wirtschaftsethisches Kaleidoskop mit allen Versatzstücken traditioneller und zeitgenössischer christlicher Kapitalismuskritik. So wurde etwa die Preisgabe des urchistlichen Pazifismus als „Sündenfall" mit der kirchlichen Kapitulation vor dem „Vater jedes Kapitalismus, dem Zins" gleichgesetzt.[2] Der Hinweis darauf, dass „die ganze Haltung des Alten und des Neuen Testaments ein einziger Protest gegen den Zins"[3] darstelle, fehlte ebenso wenig, wie die Ableitung des Eigentumsrechtes von der Arbeit als einzige Bezugsquelle.
Mit Hans Konrad Sonderegger, der einige Jahre als protestantischer Pfarrer im Engadin gewirkt hatte, stand eine weitere Person zur Verfügung, die diese Thematik abdecken konnte. Sonderegger trat auch des Öfteren als ein vom Publikum akzeptierter Ersatzmann für Ude auf, als diesem die Einreise in die Schweiz verboten wurde.[4]
In den einschlägigen Zeitungsbeiträgen und Publikationen sowie bei den Veranstaltungen des „SFB" war die thematische Verknüpfung zwischen Christentum, Zins und Freiwirtschaft keine Seltenheit.
Auch ein Mann wie Fritz Schwarz, der eigentlich aus der Sozialdemokratie kam, sich aber als „reformierter Christ"[5] verstand, widmete dem konfessionellen Blickwinkel auf die Freiwirtschaft große Aufmerksamkeit.[6] Ähnliches versuchte auch Benedikt Uhlemayr in Deutschland.[7] Uhlemayr warnte überdies die Freiwirtschaftsbewegung eindringlich davor, auf Hitler und die Nationalsozialisten zu setzen.[8] Ein Teil der Gruppierungen war diesen Versuchen aber trotzdem erlegen.

Neben den Genannten mag auch Udes Wirken wesentlich dazu beigetragen haben, dass sich heute der freiwirtschaftliche Anhang zu einem nicht unerheblichen Teil aus gläubigen Menschen zusammensetzt. Insbesondere bei der Verbreitung des Gesell'schen Gedankengutes in Osteuropa scheint dieser Umstand zunehmend an Bedeutung zu gewinnen.

---

[1] Schärrer, Geld- und Bodenreform S. 67.
[2] Burri, Eduard u.a: Der Zins vom Standpunkt der christlichen Ethik, der Moral und der Volkswirtschaft. - Bern o.J. S. 6ff.
[3] Ebd. S. 24.
[4] Schärrer, Geld- und Bodenreform S. 160ff.
[5] Onken, Silvio Gesell S. 55.
[6] Vgl. dazu die gemeinsame Autorenschaft mit Eduard Burri sowie: Schwarz, Fritz: Der Christ und das Geld. Eine Übersicht. - Bern 1959
[7] Vgl. z.B: Uhlemayr, Benedikt: Christliche Wirtschaftsordnung. - Lauf 1933.
[8] Bartsch, Die NWO-Bewegung S. 104ff.

Trotzdem blockierte nicht selten die Dominanz des darwinistischen bzw. solipsistischen Gedankengutes den christlichen Zugang zur Freiwirtschaft. Nur zu oft konnte die ohnedies mühsame Überzeugungsarbeit durch die kirchliche Gegenagitation leicht zunichte gemacht werden.
Gesell deshalb kurzerhand als Atheisten abzustempeln wird seiner komplexen Weltanschauung keineswegs gerecht. Vielmehr ist gerade wegen seines persönlichen Interesses an theologischen Fragen eine differenzierte Betrachtungsweise seines Werkes angebracht.
Die Bibel, vor allem die Schriften des Alten Testaments, gehörten zu seiner bevorzugten Lektüre. In den Zins- und Landkaufverboten der mosaischen Gesetzgebung sah er sich im eigenen Lehransatz bestätigt. Die heftig geführte Anklage gegen die Verfälschung der christlichen Lehre zu Machtzwecken diente Gesell nicht vorrangig dazu, „die Existenz Gottes in Frage (zu) stellen, sondern das Renommee Gottes als eines vor allem gerechten Wesens von greulichen Taten (zu) entlasten.“[1]
So ist auch der von ihm geprägte und verwendete Begriff „physiokratische Religion“[2] nicht unbedingt als Glaubenssubstitut zu verstehen. Dahinter steht eher der etwas eigenwillige Versuch, einen Ausgleich zwischen Evolutionslehre und Religion herbeizuführen.[3]
Die späteren Gesell-Schriften verdeutlichen wiederum eine stärkere Einbeziehung des Christentums in ein sozialpolitisches Lösungskalkül.[4] In der akratischen Schrift „Der abgebaute Staat“ wählte Gesell mit Vorbedacht „das Christentum als Sturmbock gegen die Parteipolitik.“[5] Die Abhandlung bringt eine fiktive Debatte im deutschen Reichstag, bei der ausgerechnet die emotionelle Rede eines Vertreters der christlich orientierten Fraktion der Freiwirtschaft zum Durchbruch verhilft.
Gesells Verhältnis zu den Kirchen blieb dennoch auf Grund von persönlichen Erfahrungen äußerst distanziert.[6] In der Einschätzung einer möglichen kirchlichen Unterstützung seiner Bestrebungen überwog der Pessimismus. Seinen in dieser Richtung bemühten Mitarbeitern empfahl er mit Nachdruck, „keine Zeit mehr damit (zu) verlieren, im Theologenteich zu fischen.“[7]

---

[1]Vgl.: Gesell, Silvio: Kannte Moses das Pulver ? War die Bundeslade ein Laboratorium ? Eine zeitgemäße Kritik der moralischen, hygienischen und sozialen Vorschriften Moses. In SGW Bd.5 S. 41ff. Zit. nach: Onken, Silvio Gesell S. 32.
[2]Gesell, Silvio: Der Physiokrat als linker Flügelmann der politischen Pateien. In: SGW Bd.7 S. 261.
[3]Onken, Silvio Gesell S. 43.
[4]Ebd. S. 114.
[5]Gesell, Silvio: Der abgebaute Staat. Ein Leben und Treiben in einem gesetz- und sittenlosen hochstrebenden Kulturvolk. In: SGW Bd.16 S. 258.
[6]Onken, Silvio Gesell S. 118f.
[7]Gesell, Silvio: Die Kirche und der Zins. In: SGW Bd.17 S. 64.

8.2. Udes christliche Auslegung der Freiwirtschaft

Unmittelbar nach dem 1. Weltkrieg hielt Johannes Ude in Bern am Rande einer Völkerbundkonferenz Vorträge, die den Anthroposophiebegründer Rudolf Steiner zu einer kritischen Analyse veranlassten.[1]
Geblendet vom „jesuitischen Temperament", mit dem Ude sein christliches Glaubensbekenntnis „in die Menge hineingeworfen" habe, sei kaum jemandem bewusst geworden, so Steiner, „wie sinnlos es ist, nach der großen Weltkatastrophe und mitten drinnen die Dinge, die so stark ihre Fruchtlosigkeit bewiesen haben, immer wieder und wiederum in die Menge hineinzuschreien."[2]
Auch von „einer anderen Rede desselben Grazer Universitätsprofessors über die soziale Frage" weiß Steiner zu berichten: „Und diese Rede war vom Anfange bis zum Ende ohne jeden Hinweis darauf, was eigentlich geschehen soll, was geschehen muss, war lediglich eine Art Verurteilung mancher ja gewiss vorhandener Unsitten, die in der Gegenwart herrschen."[3] Trotzdem kam Steiner zu dem Schluss, dass „unter den Reden, die in Bern gehalten wurden von allen Seiten, die des Grazer Professors Ude weitaus die besten waren, denn sie kamen wenigstens aus einer Weltanschauung heraus, wenn auch aus einer Weltanschauung, die, heute propagiert, gerade gefährlich werden muss."[4]
Abgesehen von seiner pointierten, aber doch wohlwollenden Kritik macht diese Beurteilung Udes reformerischen Entwicklungsprozess deutlich: Aus einem fundamentalen christlichen Weltbild erwuchs in Verlauf vieler Jahre mit der an der Aszese orientierten Lebensreform, der immer stärker konturierten Kapitalismuskritik, dem Bergpredigtpazifismus und vor allem mit der Freiwirtschaftslehre ein eigentümliches Reformkonzept.

Bei einem dieser Aufenthalte in der Schweiz kam es wahrscheinlich auch zur Begegnung zwischen dem unter dem Pseudonym Theseus publizierenden christlichen Freiwirtschafter Jakob Sprenger und Ude. Daraus erwuchs eine Verbindung, die für Udes freiwirtschaftliche Prägung von Bedeutung gewesen sein dürfte.

Wie bereits dargestellt, begann Ude in der zweiten Hälfte der 1920er Jahre die freiwirtschaftlichen Reformvorschläge zu rezipieren. Vor 1926 bestehen in seinen Schriften keinerlei Anzeichen dafür, dass er der Freiwirtschaftslehre etwas abzugewinnen vermochte. Unbekannt war sie ihm aus mehreren Gründen dennoch nicht.

---

[1] Zu Rudolf Steiner und zur Anthroposophie vgl. das Exkurskap. „Anthroposophie und (christliche) Freiwirtschaft".
[2] Steiner, Rudolf: Die soziale Frage als Bewusstseinsfrage. Acht Vorträge, gehalten in Dornach zwischen dem 15. Februar und 16. März 1919. - Dornach 1980 S. 139.
[3] Ebd.
[4] Ebd.

Verhältnismäßig früh hatte in Österreich eine Auseinandersetzung mit der Theorie Silvio Gesells auf akademischer Ebene eingesetzt.[1] Während der Universalist Othmar Spann den Gedanken des Freigelds als grotesk verwarf, befand der ebenfalls ständestaatlich orientierte Volkswirt Richard Kerschagl das Festwährungskonzept und Gesells Geldschöpfungsthesen als „außerordentlich interessante Erscheinungen."[2] In der 1922 veröffentlichten Schrift „Die Lehre vom Gelde in der Wirtschaft" widmete Kerschagl dem als sozialistischen Theoretiker eingestuften Silvio Gesell eine relativ umfangreiche und überwiegend positive Betrachtung. Auch in Kerschagls „Theorie des Geldes und der Geldwirtschaft" von 1923 ergänzen an mehreren Stellen Gesell-Zitate die Abhandlung. Dieses Werk fand auch in Udes „Wirtschaftsideal" als Literatur Verwendung.

Vielleicht hat dies Sprengers Überzeugungsarbeit erleichtert, als er Ude im Hinblick auf dessen frühere Ansicht vom „guten" Kapitalismus mit der Frage herausforderte, ob es „einen guten Teufel" gebe, ob „die Grenze des Bösen" bestimmbar sei.[3] Vermutlich stellte auch Jakob Sprenger die Kontakte zum St. Gallener Bischof Scheiwiler her, der Ude zeitweilig protegierte, als er in Österreich mit dem episkopalen Bann belegt war.

Betrachtet man Sprengers Schriften, so wird sofort deutlich, dass er von einem christlichen Standpunkt aus einen Weg zur Freiwirtschaft suchte.

So wie in der antiken Sage Theseus den Ariadne-Faden benützt, um sein Problem zu lösen, sollten „auf den Wanderungen durch die zahllosen Irrgänge der mammonistischen Weltanschauung"[4] die göttliche Offenbarung und die Vernunft als Leitfäden dienen.

Der Dekalog und die Lehre Jesu werden der „Mammonsdienerschaft" - gemeint ist die begrifflich an das biblische Reichtumssymbol angelehnte ausbeuterische und arbeitslose Besitzvermehrung durch den Zins - entgegengehalten.

Für die Aufweichung des seiner Ansicht nach in den Offenbarungsschriften klar ausgedrückten Verbots der Kapitalakkumulierung machte auch er die Rezeption des altrömischen Rechts und die Verdrängung der germanischen Rechtsauffassung verantwortlich. Scharf verurteilte er die verhängnisvolle Rolle, die die Kirche dabei gespielt habe. Um hilfsbedürftige Menschen gegen die bereits im Mittelalter ausartenden Wucherpraktiken zu schützen, hätte der Franziskanerorden „Pfandleihanstalten" gegründet. Mit den ursprünglich jährlich nur mit ein viertel Prozent zu verzinsenden Krediten sei aber „die Schranke, einer Bereicherung auf Kosten wirtschaftlich Schwacher, welche bisher als Wucher gegolten,

---

[1]Senft; Chronik S. 24.
[2]Vgl.: Kerschagl, Richard: Die Lehre vom Gelde in der Wirtschaft. - Wien 1922 S. 40ff.
[3]Zit. nach: Moritz, Johannes Ude 2.Teil S. 13.
[4]Theseus (Jakob Sprenger): Zins ist Diebstahl! Lasst los, dann fällt er! - Gams 1915 S. 21.

gefallen."[1] „Der Tanz um das goldene Kalb, ohne dass man in den Verdacht kam, als Wucherer zu gelten"[2], habe damit beginnen können.
Sprengers genaue begriffliche Trennung in „Fabrikationskapitalismus" und „Zinskapitalismus" sowie die ausführliche Darstellung des Zusammenwirkens und der Folgen beider „Raubwirtschaften" könnte Udes Abwendung von der Vorstellung eines „guten" Kapitalismus beeinflusst haben.
Obwohl Sprenger in seiner „Mammonismus-Analyse" mehrmals das mittelalterliche Zinsverbot lobend hervorhob, schien er nicht einer restaurativen Ständestaat-Utopie erlegen zu sein. „Die Regierungsform des Staates bleibt sich gleich", sofern „die Gebote Gottes die ganze Staatsverfassung beherrschen"[3], lautete Sprengers Vorgabe. Ähnlich umriss auch Ude seine konstitutionellen Vorstellungen, allerdings mit einer weit stärkeren Betonung ständestaatlicher Prinzipien.
Rationalistisch-materialistisches Gedankengut - als „erblich belastete Kinder des kapitalistischen Zeitgeistes"[4] - fand in Sprengers Weltanschauung keinen Platz. Als besonders „missglückten Versuch der Besserung" bezeichnete er die Sozialdemokratie, der „die Lösung der sozialen Frage wie ein Rätsel vor(komme), zu welchem der Schlüssel fehlt."[5]
Auf der eigenen Suche nach einer Lösung dürfte Sprenger während des 1. Weltkrieges oder unmittelbar danach auf Gesells Lehre gestoßen sein. Um eine rasche Einführung der „Natürlichen Wirtschaftsordnung" zu gewährleisten, wurde am 25. Dezember 1920 der „Internationale Siegfriedbund" gegründet. Diese christlich orientierte Organisation verstand sich als eine Art Dachverband oder Plattform für alle freiwirtschaftlichen Gruppierung und gesinnungsverwandten Bünde.[6]
Die Internationalität wurde durch statuarische Festlegung der Kunstsprache „Volapük" „als integrierenden Bestandteil der Organisation" unterstrichen. Sprenger dachte an die Errichtung einer „Weltbücherei", die allen Mitgliedern freiwirtschaftliche Literatur in den „Natursprachen" und in „Volapük" zur Verfügung stellen sollte.
Direkt an den „Siegfriedbund" angeschlossen waren die „Internationale Siegfriedgenossenschaft" und die „Internationale Christgenossenschaft". Für letztere wurde Ude als Verbindungsmann für lebensreformerische Zielsetzungen genannt.[7] Das belegt, dass Ude bereits sehr früh mit freiwirtschaftlichem Gedankengut in Berührung kam.

---

[1]Theseus, Zins S. 58.
[2]Ebd.
[3]Ebd. S. 111.
[4]Ebd. S. 107.
[5]Ebd.
[6]Theseus (Jakob Sprenger): Der Weg zum Ziel. Einführende Schrift in die natürliche Wirtschaftsordnung: Freigeld, Absolute Währung, Freiland. - Gams 1921 S. 92ff.
[7]Theseus, Der Weg S. 96.

Später nannte sich Sprengers Organisation „Internationaler Befreiungsbund", dem die „Internationale Christgenossenschaft" angegliedert war. In den Statuten der beiden Bünde fand sich teils wortwörtlich Udes szioökonomisches Reformprogramm zitiert.[1] Auch wurden den Mitgliedern Udes Werke „Soziologie", „Das Geld" und „Du sollst nicht töten" als Grundlagenliteratur, die den Sinn und Geist der Bünde widerspiegeln sollte, empfohlen.

8.2.1. Die „freiwirtschaftliche Lesart" der päpstlichen Enzykliken

Die gegen Ude verhängten Disziplinarstrafen seitens der kirchlichen Stellen sind - wenngleich nicht vorrangig - so doch auch zu einem nicht unwesentlichen Teil auf sein freiwirtschaftliches Engagement zurückzuführen. Zumindest schuf die Hereinnahme von Gesells Lehre einen weiteren Konfliktherd in der durch schwere Auseinandersetzungen stark belasteten Beziehung zwischen Ude und dem kirchlichen und weltlichen Establishment.

Als der Militärseelsorger, passionierte Raucher und Alkoholkonsument Bischof Pawlikowski einem Amtskollegen klagte, dass vor Ude noch kein Priester so oft gemahnt, über keinen Diözesan-Geistlichen ein derart umfangreicher Personalakt angelegt worden sei, es sich bei seiner Person um ein „pathologisches Rätsel" handle[2], mag darin neben dem Unverständnis gegenüber lebensreformerischen und pazifistischen Haltungen auch eine Ablehnung von Udes freiwirtschaftlicher Anwaltschaft enthalten gewesen sein.

Udes reaktionärer Moralkodex und Askesemystizismus stieß innerhalb der Kirche teils auf Anerkennung und Unterstützung, teils auf vehemente Gegnerschaft.[3]

Hingegen war der österreichische Klerus mehrheitlich nicht gewillt, Udes gedankliche Querverbindung zwischen katholischer Soziallehre und Freiwirtschaft nachzuvollziehen. Udes Ruf nach einer tiefgreifenden Geldreform zur Unterbindung von arbeitslosem Zinseinkommen musste bei einer Institution, die selbst zu den Kapitalrentiers gehörte, auf wenig Gegenliebe stoßen. Noch weniger konnte die katholische Kirche als traditionelle Repräsentantin des Feudal-

---

[1]Vgl.: Theseus (Jakob Sprenger): Vom Unsinn und von den Verbrechen des Zinses dem Haupturheber der Kriege und Revolutionen. - Gams 1946 S. 29ff.

[2]Brief Pawlikowskis an den St. Pöltner Bischof Michael Memelauer vom 3. Februar 1930 (Personalakt Ude DAG).

Vgl dazu auch: Farkas, Johannes Ude und die Amtskirche S. 253ff.

[3]1921 wurde Ude wegen seines Abolitionismus von Papst Benedikt XV. in Privataudienz empfangen, belobigt und mit einer Geldspende bedacht. (Vgl. Kap. 3).

Andererseits bezichtigte Kardinal Piffl Ude wegen dessen verschärften Einsatzes in Sittlichkeitsfragen sadistischer Neigungen. Ude ließ daraufhin beim Grazer Psychiater Univ. Prof. Dr. di Gaspero über sich ein Psychogramm erstellen, das die Unhaltbarkeit der Vorwürfe beweisen sollte. (Vgl.: Ude, Erinnerungen S. 74ff.)

systems das Reformvorhaben einer Sozialisierung des gesamten Grund und Bodens akzeptieren.
Unter diesen Gesichtspunkten ist Bischof Pawlikowskis Einschätzung, dass „die konsequente Durchführung seiner (=Udes) Ideen zum Kommunismus führt“[1], zu sehen. Von der Unrealisierbarkeit der Reformvorschläge Udes überzeugt, suchte der Bischof aber vorsorglich auch nach wirtschaftstheoretischen Argumenten, um einhaken zu können.[2] Unterstützung fand er hierfür bei dem der solidaristischen Schule zuordbaren Ökonomen Josef Dobretsberger.
Indem Gesells Verbalattacken gegen die Kirche als radikaler Antiklerikalismus aufgefasst wurde, konnte eine inhaltliche Auseinandersetzung mit der Freiwirtschaftslehre unterbleiben und die gesamte Bewegung als gefährliches Sektierertum eingestuft werden. [3]

Ude seinerseits war intensiv bemüht, der kirchlichen Kritik an der Freiwirtschaft die Grundlage zu entziehen. Er benützte dazu keine geringeren Dokumente als die päpstlichen Wirtschafts- und Sozialenzykliken „Rerum novarum“ und „Quadragesimo anno“, jene Schriften also, die sich mit der Etablierung des Kapitalismus beschäftigten. Ude ging soweit, in der Freiwirtschaft letztlich das einzige Mittel zu sehen, das eine Realisierung der in den Enzykliken geforderten Maßnahmen ermöglicht.
Den Umstand, dass eine ganze sozialkatholische Denkschule aus den Rundschreiben sogar eine Rechtfertigung der bestehenden ökonomischen Praxis ableitete, versuchte Ude damit zu erklären, „dass eine Anzahl von Stellen der ‘amtlich deutschen Übersetzung’ teils falsch und irrig, teils irreführend und nicht ganz treffend übersetzt sind.“[4] Anhand „von wenigstens 25 Stellen“ könne er diese Behauptung nachweisen. Davon seien vor allem jene Stellen betroffen, an denen das Rundschreiben auf den Kapitalismus zu sprechen komme. Ob es sich dabei schlicht um Übersetzungsfehler handelt oder ob die Wiedergabe absichtlich verzerrt worden sei, ließ er offen.

Um für seine spezielle Lesart der Enzykliken Verständnis zu wecken, hielt Ude es für angebracht, zwölf, auf naturrechtlicher Grundlage fußende Leitsätze zu formulieren. Diese sollten das geistige Substrat bloßlegen, von dem „Quadragesimo anno“ seinen Ursprung genommen habe. Im Wesentlichen handelte es sich dabei um Udes Darlegung einer „naturrechtlich-christlichen Wirtschaftslehre“, die eine Zusammenfassung bzw. einen Forderungskatalog der eigenen Reformprogrammatik bot:[5]

---

[1]Brief Pawlikowskis an Bischof Gföllner vom 30. Jänner 1930 (Personalakt Ude, DAG).
[2]Brief Pawlikowskis an Josef Dobretsberger vom 26. Jänner 1934 (Personalakt Ude, DAG)
[3]Vgl.: Ude, Christentum und Natürliche Wirtschaftsordnung S. 3.
[4]Ude, Das Geld S. 222.
[5]Ude, Die große Not S. 12ff.

1. Zum Zwecke eines menschenwürdigen Daseins und zur Erfüllung der Kulturaufgabe hat Gott die irdischen Güter den Menschen umsonst überlassen.
2. Unter Einschränkung des Missbrauchs bzw. der Rechtsverletzung anderer hat jeder Mensch ein naturrechtliches Gebrauchs- und Eigentumsrecht an irdischen Gütern.
3. Im Hinblick auf den gesellschaftlichen Frieden und einer erhöhten Arbeitsmotivation wegen ist das Recht auf Privateigentum (Sondereigentum) dem Kollektiveigentum prinzipiell vorzuziehen.
4. Das menschliche Eigentumsrecht stellt eine lehensrechtliche Abhängigkeit des Menschen von Gott dar.
5. Die Arbeit ist der erstmalige und einzige Erwerbstitel für Eigentum. Daraus leitet sich das Recht des Arbeiters auf den vollen Arbeitsertrag (Lohn) ab.
6. Es besteht Arbeitspflicht, aber auch das Recht auf Arbeit und die zur Erfüllung der Arbeitspflicht notwendigen Arbeitsmittel (Boden und Bodenerzeugnisse).
7. „Eigentum und Eigenland für jede Familie" ist ein Naturrecht.
8. Es besteht eine Gewissensverpflichtung zur Abtretung des Überflussbesitzes an Besitz- und Arbeitslose.
9. Produktion und Konsum sind, was ihre Nützlichkeit betrifft, einer ethischen Graduierung unterworfen.
10. Der Staat hat das Recht, Sondereigentum, welches für die Gesellschaft schädigend sein könnte, zu sozialisieren.
11. Die Zinswirtschaft muss vernichtet werden.
12. Der Mensch ist der Gestalter der Wirtschaftsordnung, eine Eigengesetzlichkeit der Wirtschaft gibt es nicht.

Nach Udes Ansicht zöge „Quadragesimo anno" seine Schlussfolgerungen für das gesellschaftliche und wirtschaftliche Leben aus eben diesen Leitsätzen. Daraus wiederum sei ersichtlich, dass den Rundschreiben die thomistische Wirtschaftslehre zu Grunde liege.[1] Ohne auf die Ambivalenz beispielsweise in der Zinsfrage[2] einzugehen, resümierte Ude die Lehre des Thomas dahingehend, dass in ihr weder die Anerkennung eines „guten" Kapitalismus, eine Eigengesetzlichkeit der Wirtschaft noch die Berechtigung für ein arbeitsloses Einkommen enthalten sei. Hingegen beinhalte der Thomismus die Arbeitswertlehre mit all den sozialen und ethischen Komponenten für den Umgang mit Eigentum.
Ude ist daher der Überzeugung, dass die Lehre des Aquinaten und die Freiwirtschaft in ihren Aussagen und Zielsetzungen ident seien. Aus diesem Grund stehe „die Freiwirtschaft völlig auf streng thomistischem, kirchlich-katholischem

[1] Ude, Das Geld S. 223ff.
[2] Vgl. Kap. 5.1.

Boden, bewegt sich also ganz im Rahmen der von 'Quadragesimo anno' vertretenen Anschauungen."[1]
Auf die Forderung des Rundschreibens, man möge „nicht sich und das Seinige suchen, sondern nur die Sache Jesu Christi; man möge nicht die (eigenen Pläne)[2] um jeden Preis durchsetzen, sondern man möge bereit sein, auch die besten (nämlich „Pläne") zurückzustellen, wenn das große Gut des Allgemeinwohles dieses zu fordern scheint"[3], antwortete Ude: „Gerade das Allgemeinwohl erfordert, dass die kapitalistische Wirtschaft beseitigt und die individuelle und soziale Gerechtigkeit in der Wirtschaft die Führung erhalte."[4] Auch zeige der Widerstand der kapitalistischen Kreise, dass man mit der Freiwirtschaft am richtigen Weg sei.

Ude greift nun aus „Rerum novarum" und „Quadragesimo anno" Kernsätze, die von ihm selbst und seines Erachtens treffender übersetzt sind, heraus, um zu zeigen, wie eine Verwirklichung dieser Forderungen durch die Freiwirtschaft möglich wäre.[5] Aus der Fülle von Zitaten seien - bezogen auf „Arbeit, „Geld" und „Boden" - folgende exemplarisch dargestellt:
Zum Problem des „gerechten Lohnes" übersetzte Ude aus „Rerum novarum":
„Vor allem ist es Pflicht des Arbeitsherrn, den Grundsatz: Jedem das Seine, stets vor Augen zu behalten. (...) Dem Arbeiter den ihm gebührenden Verdienst vorenthalten ist eine Sünde, die zum Himmel schreit."
Eine Stelle aus „Quadragesimo anno" zu diesem Thema lautet bei Ude:
„Dem Arbeiter ist ein Lohn zu geben, der seinem und seiner Familie Unterhalt angemessen ist."
Während in der amtlichen deutschen Übersetzung des Rundschreibens nur davon die Rede ist, dass dem Arbeiter ein ausreichender Lohn „für seinen und seiner Familie Lebensunterhalt"[6] zustehe, verwendete Ude zusätzlich den problematischen Begriff „angemessen", ohne diesen allerdings näher zu erklären. Eine Variation zu der ebenfalls häufig verwendeten Formulierung „standesgemäßes Dasein" ist in diesem Fall anzunehmen.[7]
Möglicherweise war es Ude darum zu tun, zwischen der in den Rundschreiben angesprochenen Problematik des so genannten „gerechten Lohnes" und Silvio Gesells „Mehrwert-Theorie" eine Verbindung herzustellen.

---

[1]Ude, Das Geld S. 224.
[2]Der Wortlaut stammt aus Udes Übersetzung. In der „amtlich deutschen Übersetzung" ist von der „eigenen Meinung" die Rede. (Vgl. Pius XI., Rundschreiben S. 115.)
[3]Ude, Das Geld S. 225f.
[4]Ebd. S. 226.
[5]Vgl.: Ebd. S. 227ff.
[6]Pius XI., Rundschreiben S. 55.
[7]Vgl. Kap. 7.2.3.

Proudhon und Gesell setzten den Begriff „Mehrwert" mit dem Geldzins bzw. der Grundrente gleich. Daraus ergab sich für Gesell, dass dem Produktionsfaktor „Arbeit" im kapitalistischen System der „volle Arbeitsertrag" vorenthalten bleibe.
Bei Gesell ist der Arbeitsertrag das, „was man mit dem Arbeitserlös[1] kaufen und an den Ort des Verbrauches schaffen kann."[2]
Da weder Ude noch die Enzykliken die Begriffe so sorgfältig trennen und definieren, wie Gesell dies vornimmt, kommt es auf den ersten Blick zu einer terminologischen Verwirrung. In „Quadragesimo anno" wird nämlich betont, dass der Lohnarbeiter keineswegs einen Rechtsanspruch auf den „vollen Arbeitsertrag" habe.[3] Dies wird damit begründet, dass „Kapital" und „Arbeit" aufeinander angewiesen seien. Daher könne sich keine der beiden Seiten „die Alleinursächlichkeit an dem Ertrag ihres Zusammenwirkens zuschreiben."[4] Papst Pius XI. räumte allerdings ein, dass in der Realität die Kapitalakkumulierung in einem „Übermaß" beim Kapitalbesitzer erfolge. Ude legte den in „Quadragesimo anno" verwendeten Begriff „Arbeitsertrag" dahingehend aus, dass er damit den gesamte Arbeitsertrag des Unternehmens bezeichnete, also auch den Unternehmergewinn. Für Ude ist im Unternehmergewinn der „Lohn für die vom Unternehmer selbst in seinem Unternehmen geleistete Arbeit (enthalten), ferner de(r) Ersatz für die Abnützung der von ihm beigestellten Warenerzeugungsmittel und der Anspruch auf jene Mittel, die nötig sind, den Betrieb weiter zu erhalten."[5]
In „Rerum novarum" wird aber dazu betont, dass ein Betriebsherr sich „am Eigentum des Arbeitenden vergreift, sich gegen die Gerechtigkeit des Lohnes vergeht", wenn er den Arbeitsertrag des Unternehmens „zur Auszahlung arbeitslosen Gewinnes, d.h. durch Auszahlung von Ertragsteilen an solche, die darauf kein wirkliches Recht haben", verwendet.[6] Es scheint also im Wesentlichen um die soziale Problematik des Mehrwertes zu gehen, welcher in der Freiwirtschaftslehre mit dem Zins erklärt wird.
Daher unterstrich Ude jene Stellen in den Rundschreiben, die seiner Meinung nach die Pervertierung der Geldwirtschaft ansprechen.
Aus „Rerum novarum" übersetzte er: „Das (wirtschaftliche, durch den Liberalismus verursachte) Übel vermehrte der gefräßige Zins, der, nicht nur einmal durch den Urteilsspruch der Kirche verdammt, dennoch von habgierigen und gewinnsüchtigen Menschen unter einer anderen Maske verlangt wird."

---

[1]Als Arbeitserlös definierte Gesell „das Geld, das der Verkauf des Arbeitsproduktes oder der Lohnvertrag einbringt" - also Lohn, Gehälter, Honorare -, aber „auch der Unternehmergewinn und der Handelsprofit nach Abzug der Kapitalzinsen oder Grundrenten." (Gesell, Die natürliche Wirtschaftsordnung In: SGW Bd.9 S.1.

[2]Ebd.

[3]Pius XI., Rundschreiben S. 53f.

[4]Ebd. S. 45.

[5]Ude, Das Geld S. 19.

[6]Lugmayer, Karl: Leos Lösung der Arbeiterfrage. Arbeiterrundschreiben. - Wien 1927 S. 70.

Und in „Quadragesimo anno" sei zu lesen: „Die (wirtschaftlich-kapitalistische) Macht wird von jenen am stärksten ausgeübt, die, weil sie die Gelder in Händen haben und über dieselben herrschen, sich auch des Kredites bemächtigt haben und die Kreditverleihung beherrschen, (...) und mit ihren Händen gleichsam die Seele der Wirtschaft hin und herdrehen, sodass gegen ihren Wink niemand atmen kann."
Für Ude stand fest, dass diesem Übel nur durch Gesells „Freigeld-, Festwährungs-und Feiland-Konzept" beizukommen ist.
Die freiwirtschaftliche Forderung nach Sozialisierung des Geldes und des Bodens sah er in „Quadragesimo anno" durch folgende Stelle im Einklang: „Mit Recht behauptet man, dass gewisse Arten von Sachgütern dem Staat vorbehalten werden müssen, da sie eine so große Machtstellung verleihen, wie sie Privatmenschen, ohne den Staat zu gefährden, nicht überantwortet werden kann."
Ude las daraus insbesondere den Aufruf zur Vergesellschaftung des Bodens heraus. „Oder will mir jemand den Nachweis bringen", fragte er, „dass der Boden als Sondereigentum in der Hand verhältnismäßig weniger nicht eine übergroße Macht verleiht?"[1] Im Übrigen könne damit ein wesentlicher Beitrag zu einer der Hauptforderungen des päpstlichen Lehramtes, nämlich der „Entproletarisierung des Proletariats" geleistet werden.[2]
Zusammenfassend plädierte Ude nochmals unter Einbeziehung der Weisungen und Forderungen des päpstlichen Rundschreibens „Quadragesimo anno" für die Einstellung der Regierungen auf die drei „F".[3] Abgesehen von der inner- und zwischenstaatlichen stabilisierenden Wirkung für Ökonomie und Soziales könne die Freiwirtschaft die so wichtige Gesinnungsänderung „selbst bei jenen, die heute noch nicht die richtige Gesinnung haben", herbeiführen. Denn, davon war Ude überzeugt, „der Erfolg, welchen die Freiwirtschaft (...) erzielen wird, wird der beste Beweis sein für die Richtigkeit der sittlichen Grundsätze, in deren Geist diese Mittel angewendet werden."[4] Deshalb sei die Freiwirtschaftslehre „gesellschaftlich, wirtschaftlich und kulturell von geradezu grundlegender Bedeutung; denn sie führt alle Menschen über alle nationalen, religiösen, politischen und beruflichen Unterschiede hinweg zusammen."[5]

8.2.2. Ude ein „Märtyrer" der Freiwirtschaft?

Udes Instrumentalisierung der freiwirtschaftlichen Argumentationslinie lässt seinen Maßregelungen und der Relegation auch aus diesem Blickwinkel mehr Bedeutung zukommen.

---

[1]Ude, Die große Not S. 43.
[2]Ebd. S. 47ff.
[3]Ebd. S. 238ff.
[4]Ebd. S. 239f.
[5]Ebd. S. 242.

Nachdem bereits im Juli 1926 das Seckauer Ordinariat Ude die parteipolitische Aktivität im Rahmen des „Wirtschaftsvereins“ verboten hatte, folgte im Dezember 1929 nach einer kurzzeitigen Lockerung der Maßnahmen das für alle Diözesen geltende Rede-, Predigt- und Publikationsverbot.[1] Eine kircheninterne Stellungnahme jener Kommission, die die Möglichkeiten eines Teilnahmeverbotes der theologischen Hörerschaft an Udes Lehrveranstaltungen ausloten sollte, sprach von Udes „abnormale(m) Geisteszustand“ und „Extremismus“[2]. Weiters wurde auf die „alte Klage“ verwiesen, „dass Ude in allen Vorlesungen immer wieder zu seinen Lieblingsthemen abschweift, so dass der Umfang des vorgelegten Stoffes stets sehr gering ist.“[3] Außerdem betonte man, dass Udes „wirtschaftliches Programm heller Unsinn“ sei, „jeder Unsinn seine Hörer findet“ und „sein Tätigsein Verwirrung“ gebracht habe.[4]

Von den nun wirksam werdenden Maßnahmen waren zunächst mehrere Publikationen betroffen, darunter das in vieler Hinsicht beachtenswertes Buch „Soziologie“. Darin hatte Ude eine deutliche Präferenz für die Freiwirtschaft bekundet.[5] Der St. Pöltner Bischof Memelauer musste die bereits zugesicherte Druckerlaubnis wieder zurückziehen, weil Kardinal Piffl und Pawlikowski als zuständiger Diözesanbischof 1930 die Einstampfung des Werkes anordneten.[6] Bekanntlich erschien Udes „Soziologie“ ein Jahr später, versehen mit der Imprimatur des St. Gallner Bischof Scheiwiler in der Schweiz.
Scheiwilers persönliches Vorwort würdigte nicht nur Udes pazifistischen Standpunkt, sondern drückte auch vor seiner im Kontext mit anderen „namhaften katholischen Autoren“ erhobenen Kritik am Zinssystem Respekt aus.[7]
Bischof Pawlikowski versuchte den Aussagegehalt von Udes „Soziologie“ deutlich herunterzuspielen. „Das Buch selbst wird kaum große Wellen schlagen“, war Pawlikowski überzeugt. „Es beinhaltet die altbekannten Schlager und ist in der Art eines rein philosophischen Schulbuches geschrieben, das neugierige Leser schnell beiseite legen werden.“[8]
In jedem Fall erregte Udes Knebelung enormes mediales Interesse. In der Berichterstattung der in- und ausländischen Presse überwog die Kritik an den Maßnahmen des österreichischen Klerus, aber auch Udes Standpunkte fanden

[1] Vgl. Kap. 3.1.3.
[2] Visitator Karl Spiegl: Causa Prof. Ude vom 12. Dezember 1929 (Personalakt Ude, DAG).
[3] Priesterhausdirektor Karl Krenn: Causa Prof. Ude vom 2. Dezember 1929 (Personalakt Ude, DAG).
[4] Brief Bischof Pawlikowskis an den Tiroler Landeshauptmann Franz Stumpf (Personalakt Ude, DAG).
[5] Vgl. Kap. 5.2.3.
[6] Farkas, Amtskirche S. 265.
[7] Ude, Soziologie Vorwort.
[8] Brief Pawlikowskis an Bischof Sigismund Waitz vom 1. September 1931 (Personalakt Ude, DAG).

keineswegs ungeteilte Zustimmung.[1] Unter anderem wurde die Kirche daran erinnert, dass neben der physischen Vernichtung ein „Schweigegebot das wirksamste Mittel ist, Märtyrer zu schaffen."[2]
Indes schienen alle weiteren Ereignisse dazu angetan, aus Ude einen ebensolchen zu machen.

Trotz zahlreicher Protestversammlungen von pazifistischen Gruppen und Lebensreformbünden, versammelt in der „Arbeitsgemeinschaft vereinter Ude-Freunde", in der ersten Hälfte des Jahres 1930 blieben die Reglementierungen aufrecht.
Udes Anhänger vermeinten 1931 eine Chance zu sehen, die Isolation ihres Vorkämpfers zu durchbrechen. In diesem Jahr standen Bundespräsidentschaftswahlen an, denen nach der Verfassungsreform von 1929 große Bedeutung beigemessen wurde.[3]
Seit Februar 1931 gab es Aufrufe und Versammlungen, die sich eifrig um die Kandidatur Udes bemühten.[4] Bedenken wegen des Rede- und Schreibverbotes schob man mit Berufung auf einen Experten des Kirchenrechtes beiseite. Demzufolge sei zwar die Wahl eines Priesters in eine Deputiertenkammer von der Zustimmung seines Bischofs abhängig, nicht aber eine allfällige Wahl zum Bundespräsidenten.[5]
Einen Monat vor dem geplanten Urnengang trat der Ude-Verband mit einem 10. Punkte umfassenden Wahlprogramm an die Öffentlichkeit.[6] Angeführt wurde Udes „Wahl-Dekalog" von den Schlagwörtern „Überwindung des Kapitalismus" und „Bodenreform". Auch die anderen Programmpunkte standen im Zeichen eines Sofortmaßnahmenpakets zur Linderung der ärgsten Auswirkungen der Wirtschaftskrise.
Allerdings fand dann weder im Oktober 1931 noch in den restlichen Jahren der 1. Republik eine Präsidentschaftswahl durch das Volk statt. Wegen der angespannten ökonomischen und politischen Lage[7], aber auch aus parteitaktischen

[1]Farkas, Amtskirche S. 266f.
[2]Francesco, Grete von: Der Savonarola von Graz. In: Berliner Tagblatt, 20. März 1930. Zit. in: Österreichischer Bund (im Folgenden abgekürzt mit Ö.B.) 5.Jg./Nr.7 (1930) S. 3.
[3]Die Bundesverfassungsnovelle (BGBL. Nr. 392) wertete das Amt des Bundespräsidenten durch Volkswahl, Notverordnungsrecht, Oberbefehl über das Bundesheer, Ernennung der Bundesregierung, Recht zur Auflösung des Nationalrates, Ausdehnung der Amtszeit von bisher vier Jahren auf sechs Jahre u.a. stark auf. (Lehner, Oskar: Verfassungsentwicklung. In: Handbuch des politischen Systems Österreichs. Erste Republik. S. 52f.).
[4]Vgl. Ö.B. 6.Jg/Nr.4 (1931)ff.
[5]Ö.B. 6.Jg./Nr.9 (1931) S. 1.
[6]Ebd. 6.Jg./Nr.17 (1931) S. 2.
[7]Im September 1931 hatte die Republik eben erst den Putschversuch des steirischen Heimwehrführers Walter Pfrimer überstanden.

Gründen beschloss das Parlament Übergangsbestimmungen, die die Einführung der Volkswahl aussetzten.
Zu dieser Enttäuschung gesellte sich für Ude ein weiteres Problem. Selbst bei Vortragsreisen im Ausland wurde er nun zusehends vom Redeverbot eingeholt.

Auf Vermittlung eines hohen Brüsseler Klerikers sollte Ude zwischen dem 16. und 23. März 1932 in mehreren holländischen Städten Vorträge zu Fragen der Lebensreform und des Kapitalismus halten.[1] Der Erzbischof von Utrecht sowie der Bischof von Haarlem ließen Ude über katholische Zeitungen wissen, dass seine Reden in den jeweiligen Bistümern nicht gestattet würden. Da eine Begründung für das Redeverbot ausblieb und Ude sich den Anweisungen der Bischöfe nicht verpflichtet fühlte, kam es zur Abhaltung von 3 Vorträgen. Erst die Androhung, dass man ihn nötigenfalls mit Polizeigewalt aus Holland ausweisen werde, und ein per Telegramm übermittelter Heimreisebefehl Pawlikowskis zwangen Ude zum Abbruch der Vorträge.[2] Zahlreiche Presseartikel und der Rundfunk informierten die niederländische Öffentlichkeit über den Vorfall.

Noch im Jahr 1931 hatte Ude in Liechtenstein unbehelligt einen Vortrag über die „Zinsfrage" halten können.[3]
Als eine Delegation des Liechtensteiner Freiwirtschaftsbundes wegen einer geplanten Vortragsreise Udes im September 1932 zum Thema „Die Freiwirtschaft (FFF) als Mittel zur Überwindung des Kapitalismus und der Weltwirtschaftskrise" bei den Behörden vorstellig wurde, erhielt sie einen abschlägigen Bescheid. Als Begründung wurde angegeben, dass Ude im Jahr 1931 dem damaligen Bischof von Chur in der Streitfrage über die Erlaubtheit des Zinses heftig widersprochen habe, weswegen der jetzige Bischof nicht willens sei, ihn in seiner Diözese sprechen zu lassen. Außerdem sehe man in der Freiwirtschaft eine Utopie, Udes Auffassung über den Zins sei falsch, und seine Darlegungen würden bei den Zuhörern Verwirrung auslösen.[4] Weiters hatte man seitens der Regierung die Sorge, Ude könnte die in Liechtenstein ansässigen „Holdinggesellschaften" attackieren, die im Verdacht standen, als Hort für Kapitalflucht und Steuerhinterziehung zu dienen.

---

[1]Das neue Volk. Halbmonatsschrift für lebendiges Christentum 27.Jg/Heft 7 (1932) S. 53f.
[2]Vgl. dazu: Telegrammabschrift der Erzbischofs von Utrecht vom 15. März 1932 sowie den Brief des Bistums Utrecht an Bischof Pawlikowksi vom 18. März 1932 (beide: Personalakt Ude, DAG).
[3]Kabelka, Fall Ude S. 10ff.
[4]Ude, Gedächtnisprotokoll über die Vorfälle in Liechtenstein vom September 1932. Zit. in: Kabelka, Fall Ude S. 29ff. Vgl. weiters: Mitteilung des Regierungschefs des Fürstentums Liechtenstein an Bischof Pawlikowski vom 16. September 1932 mit der Abschrift der Ausweisungsverfügung gegen Ude sowie die Abschrift des „Tatbestandes und Gründe für die Ausweisung" (Personalakt Ude, DAG).

Ob sich der Bischof von Chur tatsächlich für ein Redeverbot ausgesprochen hatte, bleibt offen. Diesbezügliche Pressemitteilungen widersprechen einander. Da aber Ude keine ehrenwörtliche Zusicherung geben wollte, dass er trotz des Verbotes nicht doch seine Vorträge abhalten werde, wurde er in Begleitung von Polizeibeamten nach Österreich abgeschoben.
Ein von der Schweizer Freiwirtschaft kurzfristig organisierter Ersatzvortrag in St. Gallen konnte ebenfalls nicht stattfinden, denn auch die Berner Regierung verweigerte Ude die Einreise. Entrüstete Pressestimmen wandten sich daraufhin gegen die „eines freien Staates unwürdige Maßregel“[1], und zwei Interpellationen, die gegen das Einreiseverbot protestierten, beschäftigten den Nationalrat in Bern. Ude erhielt alsbald von einem Regierungsmitglied die Verständigung, dass dem „stürmischen allseitigen Verlangen“[2] nach Aufhebung der Entscheidung vom 12. September 1932 stattgegeben wurde.

Bisher war Ude in der Schweiz noch nie auf eine behördliche Zurückweisung gestoßen. Wie auch anderswo hatten Udes Vorträge zum Thema Freiwirtschaft auch bei den eidgenössischen Zuhörern „die Emotionen zu schüren vermocht wie kaum ein freiwirtschaftlicher Referent vor oder nach ihm.“[3] Udes christliche Interpretationen der Lehren Gesells fanden bei seinen Vortragstourneen 1932 und 1933 vor allem in den konfessionell gemischten Regionen der Ostschweiz großen Anklang.[4]
Im August 1933 planten die SFB-Kantonalsverbände Zürich, Thurgau und Schaffhausen zu den Themen „Christentum, Zins und Freiwirtschaft“ eine speziell auf die Jugend abgestimmte Großveranstaltung.[5] Erneut wurde Ude und anderen Gesinnungsgenossen aus Österreich und Deutschland von der Schweizer Bundesanwaltschaft die Einreise verwehrt.
Ein Jahr später zogen auch die kirchlichen Stellen in St. Gallen ihre Unterstützung für Ude endgültig zurück. Seit 1931 hatte Kardinal Piffl auf Bischof Scheiwiler indirekt moralischen Druck ausgeübt, die gegen Ude verhängten Disziplinarstrafen nicht durch Sympathiebezeugungen für den steirischen Theologen zu unterlaufen. In der Folge ging das St. Gallener Diözesanoberhaupt zu Ude merklich auf Distanz. Scheiwiler entschuldigte diesen Schritt mit der Sorge, dass seine Unterstützung „fast wie ein feindlicher Akt gegen die Mitbrüder in Österreich angesehen werden könnte, den (er) doch gar nicht begehen (wolle).“[6]

---

[1]Zit. nach: Kabelka: Fall Ude S. 20.
[2]Ebd.
[3]Schärrer, Geld- und Bodenreform S. 206.
[4]Ebd.S. 208.
[5]Ebd. S. 165.
[6]Brief Bischof Scheiwilers an Ude vom 29. Jänner 1932. Zit. nach: Moritz, Johannes Ude 2. Teil S. 17.

Hatte der Bischof noch im Februar 1931 davon gesprochen, mit Ude dessen „Grundstandpunkte“ zu teilen[1], so äußerte er nun Bedenken, „ob die Forderung auf Sozialisierung des Bodens nicht den päpstlichen Enzykliken und der traditionellen kirchlichen Auffassung widerstreitet.“[2]
Die Gesinnungsänderung der St. Gallener Kirchenadministration dürfte zudem auch von der 1933/34 in der Schweiz einsetzenden massiven antifreiwirtschaftlichen Agitationstätigkeit beeinflusst worden sein.[3] Auf Initiative der Schweizer Nationalbank war die „Vereinigung für gesunde Währung“ (VfgW) entstanden, die den Kampf gegen die Freiwirtschaft führen sollte. Die aus fast allen bedeutenden Parteien und Interessensgruppen der schweizerischen Politik zusammengesetzte Organisation versuchte durch gezielte Flugblattaktionen die Öffentlichkeit von der Sinnhaftigkeit der Nationalbankpolitik im Zusammenhang mit dem Festhalten an Goldbindung und Parität zu überzeugen. Die Freiwirtschaftsbewegung wurde pauschal als bolschewistische Gefahr für die Währung und den Privatbesitz hingestellt.
Der Sekretär der VfgW, Theo Keller, hatte es übernommen, den konfessionellen Widerstand gegen die Freiwirtschaft anzustacheln. Im August 1934 erwirkte er beim Bischof von St. Gallen ein Publikationsverbot für den freiwirtschaftlich gesinnten Solothurner Domkaplan Viktor Pfluger und ein bischöflich sanktioniertes Auftrittsverbot für Johannes Ude. Die im darauffolgenden Jahr ausgesprochene Verurteilung der freiwirtschaftlichen Aktivitäten durch die schweizerische Bischofskonferenz bedeutete einen schweren Rückschlag für den SFB.
Um künftig Vorträge in der Schweiz hintan zu halten, ließen die Bischöfe von Chur und Basel die kirchlichen Stellen in Graz wissen, dass sie es „nicht wünschen, dass Professor Ude in diesen beiden Bistümern öffentlich auftritt, solange sein eigener Bischof ihm das Redeverbot aufrecht erhält.“[4] Klage wurde vor allem darüber geführt, „dass sein Auftreten in der Schweiz bereits viele Katholiken gespaltet hat, die an unseren christlichsozialen Organisationen nun irre werden.“[5]
Die Aufhebung des Redeverbots in Österreich bewog die einstmaligen Förderer in der Schweiz nicht dazu, Ude auf kirchlichem Boden noch einmal Öffentlichkeit zu bieten. Udes angekündigte Mitarbeit an der Schweizer Zeitschrift „Jugend am Werk“ sollte untersagt werden. „Dr. Ude hat das Redeverbot in der Schweiz, wird aber gerade deshalb von gewissen, man muss sagen dubiosen

---

[1]Brief Bischof Scheiwilers an Ude vom 15. Februar 1931. Zit. nach: Moritz, Johannes Ude 2. Teil S. 15.
[2]Brief Bischof Scheiwilers an Ude vom 29. Jänner 1932. Zit. nach: Ebd. S. 18.
[3]Vgl. dazu: Schärrer, Geld- und Bodenreform S. 251ff.
[4]Brief der bischöflichen Kanzlei Chur an Bischof Pawlikowski vom 29. September 1934 (Personalakt Ude, DAG).
[5]Brief der bischöflichen Kanzlei Chur an Bischof Pawlikowski vom 14. Dezember 1934 (Personalakt Ude, DAG).

Kreisen, die stark zu Sektiererei neigen, geradezu als einziger rechter Priester bezeichnet und umschwärmt. Er hat uns schon sehr viel geschadet und würde durch eine solche Mitarbeit weiterhin großen Schaden anrichten"[1], lautete die Begründung. Neuerliche Empörungen kirchlicher Kreise lösten Ude-Vorträge in Zürich und anderen Orten aus. „Ärger als Ude es getan, hätte kein Sozialist über Kirche und Christentum herfallen können"[2], hieß es in der Beschwerde.
Auch nach 1945 ging in Schweizer Kirchenkreisen die Angst vor Ude um. Ein geplanter Ude Vortrag, organisiert von der freiwirtschaftlichen Parteiorganisation in Zürich, rief im Klerus „große Erregung" darüber hervor, „dass ein katholischer Priester sich mit einer feindlichen Partei zu einer solchen Veranstaltung zusammentut."[3]

In Österreich stand in den 1930er Jahren Udes konfliktreiche Auseinandersetzung mit dem Ständestaat im Vordergrund. Dabei spielte neben ethischen und pazifistischen Aspekten auch seine freiwirtschaftlich motivierte Kritik an der unscharfen antikapitalistischen Haltung des Regimes eine maßgebliche Rolle.[4]
Die im Mai 1934 wirksam gewordene Suspendierung vom Universitätsdienst zog noch weitere Konsequenzen nach sich. Vorträge auf universitärem Boden, die vom kirchlichen Redeverbot nicht betroffen waren, konnten nun entweder gar nicht oder nur unter genauer staatspolizeilicher Überwachung stattfinden.[5]
Auch Udes freiwirtschaftliche Schriften fielen unter die Zensur. Die Grazer Staatsanwaltschaft ließ seine in vierter, unveränderter Auflage erschienene Broschüre „FFF Geld oder Gold?" sowie die zweite, unveränderte Auflage seiner Schrift „Die große Not unserer Zeit und ihre Überwindung durch FFF" beschlagnahmen. Als Tatbestand, den der Staatsanwalt aus dem Inhalt der Schriften ableitete, galt ein Vergehen gegen die öffentliche Ruhe und Ordnung.
Nach der Beschlagnahmung forderte Ude den Gamser „Siegfried-Verlag", in dem die Schriften erschienen waren, dazu auf, „an die Schweizer Behörden zu apellieren, um die Freigabe der Broschüren durchzusetzen."[6] Daraufhin verhängte der Grazer Bundespolizeidirektor über Ude eine Geldbuße von 500 Schilling wegen Ruhestörung.[7]

---

[1]Brief des bischöflichen Ordinariats St. Gallen an das bischöfliche Ordinariat Seckau vom 8. Jänner 1936 (Personalakt Ude, DAG).
[2]Brief des bischöflichen Ordinariats Chur an das bischöfliche Ordinariat Seckau vom 18. Dezember 1937 (Personalakt Ude, DAG).
[3]Bericht des Generalvikars Jakob Weinbacher in Wien an das Ordinariat in Graz vom 23. September 1948 (Personalakt Ude, DAG).
[4]Vgl. Kapitel 4.2.2.1.
[5]Vgl. dazu die div. Aktenvermerke des BKA Gen.dir.f.ö.S. vom Mai und Juni 1934: GZ: 181.604/34ff.(ÖStA).
[6]Deutsche Tages-Zeitung, 26. April 1936 als Beilage zum Ude-Akt: (ÖStA: BKA Gen.dir.f.ö.S. GZ: 330.706/36).
[7]Brief des Unterrichtsministers Hans Pernter an Bischof Pawlikowski vom 24. Juli 1936 (Personalakt Ude, DAG).

Im Februar 1936 sollte ein Gerichtsprozess stattfinden, der wegen der Beschlagnahmung angestrengt wurde. Ude entwarf vorsorglich eine Verteidigungsrede, in der er seine ganze Autorität als Ökonom und Theologe für die Freiwirtschaft geltend machte.[1]

Seine Argumentation gegen Zins und Kapitalismus spannte sich von der Kirchenväterliteratur, über Synodenbeschlüsse bis hin zum päpstlichen Rundschreiben „Quadragesimo anno“. Neben den Bestrebungen, seine Ansichten auf „göttlichem Recht“ fußend darzustellen, zielte sein Plädoyer auf das Gewissen von Richter, Schöffen und Staatsanwalt ab, indem er „das vom Kapitalismus angerichtete Elend“ der österreichischen Verhältnisse ausführlich erörterte.

Geschickt sprach Ude dem Staatsanwalt die Kompetenz ab, den vollen Aussagegehalt des „christlichen Eigentumsrechts“ erfassen und damit die Tragweite der freiwirtschaftlichen Forderungen nach Sozialisierung des Geldwesens und des Bodens richtig einschätzen zu können.

Die Urteilsfindung sollte nach Udes Wunsch von einer Grundsatzentscheidung getragen sein: „Wenn Sie der Ansicht sind, dass die kapitalistische Wirtschaft und das heute geltende Bodenrecht ein Segen für die Staaten und Völker sind“, führte er aus, „(...) wenn Sie meinen, dass man guter Christ und Kapitalist, dass man guter Christ und Bodenspekulant und Bodenwucherer in einer Person sein kann, dann allerdings mögen Sie mich verurteilen. (...) Wenn Sie aber der Ansicht sind, dass ich mit meinem Kampf gegen die kapitalistische Wirtschaftsordnung im Rechte bin (...), dann werden Sie es mir auch nicht als Verbrechen anrechnen, dass ich mich offen auf die Seite der vom Zins ausgebeuteten Proletarier stelle, dass ich (...) in erster Linie für die Armen und Unterdrückten die Stimme erhebe.“[2]

Das gerichtliche Verfahren wurde schließlich wieder eingestellt und die Broschüren im November 1936 wieder freigegeben.[3]

Selbst als nach der Affäre um den „Mussolini-Brief“ der in Aussicht gestellte Entzug der Lehrbefugnis zurückgezogen wurde, blieb die Wirkung seiner Öffentlichkeitsarbeit stark beschränkt.[4] Daran änderte auch die Aufhebung des bischöflichen Redeverbotes nichts.

Eine gut besuchte Vortragsreise Udes im sudetendeutschen Gebiet Ende März 1936 lief zunächst noch ohne Zwischenfälle ab.[5]

---

[1]Vgl.: Ude, Prof. Dr. Ude vor Gericht: Seine Verteidigungsrede. - Bern 1936.
[2]Ude, Prof. Dr. Ude vor Gericht S. 9f.
[3]Vgl.: (ÖStA: BKA Gen.dir.ö.f.S. GZ: 362.730/37).
[4]Farkas, Amtskriche S. 269ff.
[5]Vgl.: Ude-Akt (ÖStA: BKA Gen.dir.f.ö.S. GZ: 329.112/36).

Dieses Exemplar lag anderthalb Jahre lang in einem österreichischen Polizeikeller

beschlagnahmt!

ZEITSCHRIFT
FÜR VOLKSSITTLICHKEIT U. VOLKSAUFKLÄRUNG

7. JAHRGANG 1934 2. HEFT

F F F

GELD oder GOLD ?

Der Weg zur Überwindung der Weltwirtschaftskrise

von

Dr. Johannes Ude

Universitätsprofessor, Graz

4. Auflage

Siegfried-Verlag, Gams (St. Gallen, Schweiz).
Verantwortlicher Redakteur: Jakob Sprenger, Gams (St. Gallen).

Eigentümer, Herausgeber und Auslieferungsstelle: Österreichs Völkerwacht, Graz, Richard-Wagner-Gasse Nr. 36. — Druck Heinrich Stiasnys Söhne, Graz, Volksgartenstraße Nr. 12

Eine der beiden im Jahr 1934 beschlagnahmten freiwirtschaftlichen Broschüren Udes.
(Quelle: Katalog der freiwirtschaftlichen Bibliothek S. 106.)

Zu einem Eklat kam es im November 1936, als Ude in mehreren Orten Vorarlbergs zu freiwirtschaftlichen Themen Vorträge hielt. Angehörige der Vaterländischen Front, die Udes Reden beobachteten, beschwerten sich darüber, dass seine Referate „in hohem Maße geeignet“ gewesen seien, „die Stimmungskrise unter unserer Arbeiterschaft nicht zu verbessern, sondern zu verschlechtern.“[1]
Es sei „bezeichnend, dass sich auch sehr viele nationalsozialistisch gesinnte Kreise die Gelegenheit nicht entgehen ließen, die Versammlungen zu besuchen und ihren demagogisch-negativen Ton demonstrativ auszuwerten.“[2]
Die staatlichen Behörden sahen nun den Zeitpunkt für geeignet, durch eine inoffizielle Weisung allen weiteren Auftritten Udes einen Riegel vorzuschieben. Sehr zum Ärgernis der verantwortlichen Beamten sickerten Informationen über den ausgegebenen „Geheimerlass“ an die Printmedien durch, die in Pressemeldungen das Gerücht lancierten, dass von offizieller Seite gegen Ude neuerlich ein Redeverbot verhängt worden sei.[3] Ude fragte daraufhin bei der Grazer Polizeidirektion an, ob nun tatsächlich ein Geheimerlass bestehe, der ihm „das Reden in öffentlichen Versammlungen in Österreich von Fall zu Fall unmöglich (mache).“[4] Sei dem so, müsse er sich „darüber wundern, dass man nicht den Mut hat, offen gegen mich vorzugehen, sondern den Dolchstoß im Verborgenen führt.“[5]
In einem Antwortschreiben verwies der Sicherheitsdirektor auf den Zuständigkeitsbereich der jeweiligen Bezirksverwaltungsbehörde und die Möglichkeit, den Rechtsweg zu beschreiten. Behördenintern erfolgte die Klarstellung, dass „gegen Univ. Prof. Dr. Johannes Ude zwar kein direktes Redeverbot erlassen“ worden sei, „jedoch Versammlungen, in denen Dr. Ude als Redner auftritt, bis auf weiteres nicht mehr zugelassen“ werden.[6]
Ude wandte sich in Briefen auch an Bundespräsident Miklas mit der Bitte, „Herr Bundespräsident mögen sich wiederum, wie schon einst[7], meiner annehmen und mögen dahin wirken, dass dieser mich als Priester und Professor und als Mensch kränkender Geheimerlass (...) aufgehoben und ich nicht als Staatsbürger zweiter Güte im katholischen Österreich behandelt werde.“[8]

---

[1]Beschwerdebrief der Vaterländischen Front-Vorarlberg Landesführung an das Bundeskanzleramt Staatspolizeiliches Büro vom 24. November 1936. (ÖStA: BKA Gen.dir.f.ö.S. GZ: 371.549/36).
[2]Ebd.
[3]Vgl.: (ÖStA: BKA Gen.dir.f.ö.S. GZ: 306.793/37ff).
[4]Brief Udes an den Grazer Sicherheitsdirektor vom 29. Jänner 1937. (ÖStA: GZ: 308.006/37).
[5]Ebd.
[6]Weisung des BKA (ÖStA: BKA Gen.dir.f.ö.S. GZ: 318.000/37).
[7]Ude bezog sich dabei auf die erfolgreiche Intervention des Staatsoberhauptes zur Aufhebung seiner Suspendierung vom Universitätsdienst.
[8]Brief Udes an Bundespräsident Miklas vom 4. März 1937 (ÖStA: BKA Gen.dir.f.ö.S. GZ: 318.000/37).

Derselbe Wortlaut ging auch an Bundeskanzler Schuschnigg, der in einem Antwortschreiben beteuerte, vom Geheimerlass der Behörden nicht informiert gewesen zu sein.[1]
Noch einmal setzte Ude seine Hoffnungen auf den Bundespräsidenten, als er diesen bat, ihm gegen das bereits ausgesprochene Verbot doch noch zu seinen angekündigten Referaten auf der „Alkoholgegnerwoche" vom 12. bis 18. April 1937 zu verhelfen.[2] Die fallweisen Genehmigungen von Ude-Auftritten lassen auf eine erfolgreiche Intervention von Miklas schließen.

Es entbehrt nicht einer gewissen Ironie, wenn man Ude einerseits vorwarf, durch seine freiwirtschaftlichen Redeinhalte Nationalsozialisten zu begeistern, andererseits aber zu beobachten vermeinte, dass seine „Stellungnahme(n) zur kapitalistischen Wirtschaftsordnung (Zinswirtschaft) das Interesse linksgerichteter, insbesondere kommunistischer Kreise (...) wachrufen."[3]

Nach 1945 unternahm Ude neben den intensiven Bemühungen um eine Rückkehr an die Grazer Universität auch Anstrengungen, als christlicher Freiwirtschafter wieder geistiges Terrain zu gewinnen. Seine Exilierung in Grundlsee erwies sich dafür als äußerst hinderlich.
Zunächst scheiterte der Versuch, eine Friedenspartei zu gründen, am Veto der Besatzungsmächte. In den Programmentwürfen traten zur bekannten pazifistischen und lebensreformerischen Akzentuierung erstmals - sieht man von den Tagen des „Wirtschaftsvereins" ab - freiwirtschaftliche Reformgrundsätze im Rahmen eines politischen Manifests.[4]
Auch die öffentlichen Auftritte Udes standen weiterhin unter genauer Beobachtung der Behörden. Im November 1947 referierte er auf Einladung der Linzer „Freiwirtschaftlichen Sozialisten" zum Thema „Soziale Gerechtigkeit". Nach dem Bericht des staatspolizeilichen Informanten habe Ude im Zusammenhang mit dem Währungsschutzgesetz[5] gesagt, dass mit diesem Gesetz „der größte Raub und Diebstahl an den kleinen Sparern begangen worden sei und dass Finanzminister Dr. Zimmermann, die Regierung und alle wie sie im Parlament oben heißen, welche für dieses Gesetz stimmen, Verbrecher seien."[6]

---

[1]Der Brief Schuschniggs an Ude vom 30. März 1937 ist in vollem Wortlaut in einem zweiten Brief Udes an Miklas vom 5. April 1937 wiedergegeben. (ÖStA : BKA Gen.dir.f.ö.S. GZ: 355.146/37).
[2]Ebd.
[3](ÖStA: BKA Gen.dir.f.ö.S. GZ: 362.730/37).
[4]Vgl: Ude, Das Geld. Währungsfragen S. 59ff.
[5] Das am 10. Dezember 1947 verabschiedete „Währungsschutzgesetz" zielte auf eine Geldabschöpfung ab, um eine drohende Inflationsgefahr zu vermeiden. Dabei wurde das umlaufende Bargeld im Verhältnis 1:3 auf neue Schilling umgetauscht sowie alle Bank- und Sparkassenguthaben eingezogen.
[6]Bericht und Anklageentwurf der Staatsanwaltschaft Wels gegen Johannes Ude vom 13. 1. 1948 und 8. 4. 1948 zit. in: (ÖStA: Bundesministerium für Justiz GZ: 35.832/48).

Von der zunächst erwogenen Anklage wegen Aufwiegelung nahmen die Behörden wieder Abstand, da man befürchtete, „der Fall würde dadurch nur in die Presse getragen und damit den Intentionen des Dr. Ude Vorschub geleistet werden."[1]
Mit Udes Entschluss, bei den Bundespräsidentschaftswahlen 1951 zu kandidieren, wurde eine neue Phase der Konflikte mit den kirchlichen Stellen eröffnet.[2] Bischof Pawlikowski war durch ein Proponentenkomitee und von Ude selbst um die Genehmigung der Kandidatur gebeten worden. Mit Hinweis auf das von der Bischofskonferenz und dem Vatikan erlassene Verbot der Annahme politischer Ämter lehnte der Bischof jegliche Bestrebungen in dieser Richtung ab.[3] Ein definitiv ausgesprochenes Verbot ignorierte Ude, was eine vorübergehende Suspendierung nach sich zog.
Zwischen der Bekanntgabe der Kandidatur im Februar 1951 und dem Tag des Urnengangs am 6. Mai war er selbst nur sehr spärlich öffentlich in Erscheinung getreten. Der Wahlkampf beschränkte sich auf die Ausarbeitung von Rundfunkansprachen, Zeitungsinterviews und vereinzelte Plakataktionen. Unterstützt wurde er dabei von einem überparteilichen Personenkreis aus dem pazifistischen und freiwirtschaftlichen Gesinnungsumfeld. Im Wiener Raum traten namentlich Prof. Peter Marchl und Franz Newerkla wiederholt als Wahlwerbende für Ude in Erscheinung.[4]
Die Trias seiner Lebensideale - Pazifismus, Lebensreform und Freiwirtschaft - steckten das Programm ab. Niemals, so beteuerte er, wolle er Gesetze wie das „Währungsschutzgesetz" als Bundespräsident unterzeichnen, dieses „sei ein Riesenbetrug am ganzen Volk."[5] Die Forderung nach einer festen Inlandskaufkraft des Schillings, dem vollen, gerechten Arbeitslohn, dem wahren, festen und gerechten Preis sowie einem strengen Etatismus brachten bekannte freiwirtschaftliche Postulate.
Voll Zuversicht wandte er sich an seinen kirchlichen Vorgesetzten: „Falls mir Exzellenz die Kandidatur gestatten, würde, so glaube ich ohne Überhebung sagen zu dürfen, der österreichische Episkopat nur dem Willen eines großen Teils unseres Volkes entgegenkommen. Denn in stiller, unauffälliger Vorarbeit hat das Proponentenkomitee in Wien (...) für eine allfällige Wahl schon 700.000 Stimmen sichergestellt."[6] Kirchenintern ließ man sich davon keineswegs beein-

---

[1]Bericht und Anklageentwurf der Staatsanwaltschaft Wels gegen Johannes Ude.
[2]Farkas, Amtskirche S. 273ff.
[3]Oberösterreichische Nachrichten, 5. April 1951.
[4]Behördenbericht über ein Versammlung des Ude-Wahlkomitees: (ÖStA: Bundesministerium für Inneres Gen.dir.f.ö.S. GZ:78.514-2/51).
[5] „Der Präsident der zehn Gebote". Gespräch mit Professor Dr. Johannes Ude - Oberösterreichische Nachrichten, 24. April 1951. Weiters: Udes Radioansprache vom 2. Mai 1951. Zit. nach: Oberösterreichische Nachrichten, 4. Mai 1951.
[6]Brief Udes an Bischof Pawlikowskis vom 2. April 1951 (Personalakt Ude, DAG).

drucken. Viel mehr wurde versucht, einen möglichen Stimmenverlust des ÖVP-Kandidaten wegen Udes Kandidatur zu verhindern.[1]

Die Illusion, dass Udes integerer Charakter und der Idealismus seiner Anhänger die starke mediale Präsenz der Spitzenkandidaten von SPÖ und ÖVP wettmachen könnte, erwies sich als peinlicher Irrtum. Mit den nur 5.411 auf Ude abgegebenen Stimmen musste der Traum von einem „Präsidenten der 10. Gebote" endgültig begraben werden.

Selbst als Ude schon in einem hochbetagten Alter stand, scheint man seine Auftritte auf kirchlichem Boden gefürchtet zu haben. Als die „Arbeitsgemeinschaft freiwirtschaftlicher Christen" vom 1. bis 4. September 1960 im Silvio-Gesell-Heim am Asbruch bei Neviges ihr zehnjähriges Bestehen feierte und dazu ihren Protektor Johannes Ude ins Rheinland einlud, wollte dieser in Neviges eine Sonntagsmesse lesen. Das erzbischöfliche Generalvikariat in Köln ließ Ude wissen, dass dies nicht erwünscht sei, und verbot ihm ohne Angabe von Gründen den Aufenthalt in der Diözese.[2]

Ob Ude als Märtyrer im Sinne seines Selbstverständnisses als christlicher Freiwirtschafter zu bezeichnen ist, mag der individuellen semantischen Gewichtung des Begriffes vorbehalten bleiben. Vielleicht lässt sich an Udes Schicksal aber ermessen, wie eng die Grenzen für geistige Freiheit sowohl in autoritären als auch in liberal-demokratischen System sein können, wenn das kapitalistische Prinzip an seinen neuralgischen Punkten, nämlich der Geld- und Bodenordnung, ernsthaft in Frage gestellt wird.

8.3. Ude und die Freiwirtschaft - ein Verhältnis zwischen Konvergenz und Konflikt

Udes flammendes Bekenntnis zur Freiwirtschaft darf aber nicht den Blick darauf verstellen, dass es in weltanschaulichen Fragen, aber auch im Bereich ökonomischer Grundsätze zu zum Teil beachtlichen Auffassungsunterschieden zwischen seinen Standpunkten und Gesells Lehrmeinung kam.

Ude ließ keine Gelegenheit aus zu betonen, dass die Freiwirtschaft für ihn niemals den Stellenwert einer Weltanschauung erlangen könne. Gesells Analysen, die er in jedem Fall schätzte und respektierte, blieben für ihn immer nur das wirksamste Mittel, um den katholischen Wertedogmen einen Realisierungszweck an die Seite stellen zu können.

---

[1] Weisung Nr. 16 des fürstbischöflichern Gurker Ordinariates vom 24. April 1951: „Kann ein Katholik Professor Ude wählen? Nein. Er hat als katholischer Priester weder die Erlaubnis von seinem Bischof erbeten noch eine solche Erlaubnis erhalten." (Personalakt Ude, DAG).

[2] Neue Volksgesundheit Nr. 19 (1960) S. 2f.

Wo immer Ude religiöse Werte relativiert sah, trat er auch freiwirtschaftlichen Gesinnungsgenossen in dem ihm eigenen wortgewaltigen Rigorismus entgegen. Es bedurfte oft mühsamer Vermittlungsversuche und nachgereichter Erklärungen, um die emotionell hochgegangenen Wogen wieder zu glätten.
Weit weniger augenfällig, aber um nichts weniger problematisch erwies sich Udes Versuch, Versatzstücke der ökonomischen Klassik mit konservativ-katholischer Wirtschafts- und Sozialethik und diese wiederum mit der Freiwirtschaftslehre zu verknüpfen. Dieser Theoriepluralismus wirkt störend und beeinträchtigt somit auch die Qualität des Reformprojekts.

8.3.1. Die ökonomische Analyse

In einem direkten Vergleich zwischen Udes und Gesells Definitionsgehalt von Wirtschaft treten zunächst einmal doch recht beachtliche Unterschiede auf.
Udes Wirtschaftsordnung ist von einem altruistisch-solidaristischen Prinzip beherrscht, das einer dirigistischen Zielorientierung der Güterproduktion und Güterverteilung folgt. Udes Planwirtschaft sieht eine ethische Graduierung der Bedürfnisgüter vor, die von der Einzel- bis zur Weltwirtschaft alle ökonomischen Handlungen leitet.
Die menschliche Arbeit ist in Udes System das alles bestimmende Wirtschaftsmittel. Ansprüche auf Gütererwerb, Eigentumsbildung, Tauschwertbemessungen usw. sind vom Faktor „Arbeit“ abhängig.
Mit der Bevorzugung der Landwirtschaft sind eindeutige Prioritäten gesetzt, und das Ideal einer genossenschaftlich-ständischen Gliederung konkretisiert den wirtschaftlichen und gesellschaftlichen Organisationsrahmen.
Gesells Darstellung von Wirtschaft geht hingegen vom Eigennutzdenken des Menschen aus. Er verstand unter einer „Natürlichen Wirtschaft“ eine Ordnung, „in der die Menschen den Wettstreit mit der ihnen von der Natur verliehenen Ausrüstung auf vollkommener Ebene auszufechten haben, (...) wo jedes Vorrecht aufgehoben ist und der Einzelne, dem Eigennutz folgend, geradeaus auf sein Ziel lossteuert, ohne sich in seiner Tatkraft durch Rücksichten ankränkeln zu lassen, die nicht zur Wirtschaft gehören.“[1]
Gesell sah im bestehenden Wirtschaftssystem zwar den Eigennutz bereits erfüllt, jedoch auch die Notwendigkeit gegeben, „alle Vorrechte, die das Ergebnis des Wettbewerbes fälschen könnten“[2], durch „Freiland“ und „Freigeld“ zu beseitigen.
Das freiwirtschaftliche System Gesells macht außer dem Genannten und der Akzeptanz von Natur- und Marktgesetzen keinerlei Vorgaben für die Gestaltung der Wirtschaft.

---

[1]Gesell, Natürliche Wirtschaftsordnung. Vorwort zur 3. Auflage XVII.
[2]Ebd.

Aus Sorge darüber, dass dieses Eigennutz-Dogma mit Egoismus verwechselt werden könnte, ist Ude dieses Element an der Freiwirtschaftslehre immer suspekt geblieben. Zwar gestand er ein, dass menschliche Tätigkeiten vielfach von eigennützigen Motiven bestimmt seien, eine naturgegebene Eigenschaft wollte er dabei nicht anerkennen.[1] Nach Udes Ansicht sei Eigennutz durch eine Gesinnungsreform im Sinne von „Gerechtigkeit und Nächstenliebe" bezähmbar.
Auch bedauerte Ude sehr, dass Gesells Lehre im Unterschied zu seiner ausführlichen Darstellung des „warenökonomischen Problems" keine qualitative Normierung der Gütererzeugung kenne. So stand Gesell beispielsweise den Bestrebungen des Vegetarismus und der Abstinenzbewegung zwar durchaus aufgeschlossen gegenüber, versprach sich aber davon alleine noch keinen durchschlagenden Erfolg etwa in der Friedensproblematik.[2] Pauperismus, Alkoholismus und Kapitalismus seien nur Nebenerscheinungen des bestehenden Geld- und Bodenrechts und könnten deshalb auch nur mit „FFF" ausgemerzt werden.[3] Genau dagegen hat sich Ude strikt verwehrt. Er kritisierte die Durchführung der drei „F" unter Ausklammerung des „warenökonomischen Problems" als trügerische Hoffnung auf ein „Wirtschaftsparadies".[4]
Abgesehen von diesen grundsätzlichen Divergenzen gab es auch in einigen ökonomischen Detailfragen Auffassungsunterschiede. Als Beispiel soll die Kontroverse um den Wert-Begriff kurz dargestellt werden.
Udes Betrachtung der Kapitalismusgenese[5] nahm zunächst starke Anleihen an der klassischen ökonomischen Theorie, und damit auch an der marxistischen Mehrwerttheorie. Dies ist mit ziemlicher Sicherheit auf Werner Sombarts Einfluss zurückzuführen.[6]
Als Erklärung für die Ausbeutung der Arbeiterschaft in der Produktionssphäre der Wirtschaft nahm Ude den Missbrauch der Maschinen, der Technik und der Arbeitsteilung an.[7] Gemäß der marxistischen Mehrwerttheorie sprach auch Ude von dem Missverhältnis zwischen dem im Lohn ausgedrückten Reproduktionswert zur Erhaltung der menschlichen Arbeitskraft und den über diese Zeitspanne hinaus von den Arbeitern produzierten Werten, die den Unternehmern als kostenloser Gewinn zufallen, ohne im Lohn berücksichtigt zu werden. Karl Marx interpretierte das Zustandekommen dieser Ausbeutung aus dem Umstand, dass der Masse von lohnabhängigen Arbeitern eine Minorität von Produktionsmittelbesitzern gegenüberstünden. Ude folgte fast wortgetreu dieser Annahme.

---

[1]Ude, FFF S. 30.
[2]Gesell, Natürliche Wirtschaftsordnung S. 56f.
[3]Vgl. z.B.: Gesell, Aufstieg des Abendlandes. Vorlesung gehalten zu Pfingsten 1923 in Basel auf dem 1. Internationalen Freiland-Freigeld-Kongress. In: SGW Bd.14. S. 208.
[4]Ude, FFF S. 27f.
[5]Vgl. Kap. 7.3.3.
[6]Vgl. Kap. 1.2.2. und Kap. 5.2.3.
[7]Ude, Soziologie S. 322ff.

Während der Marxismus es im Grund dabei beließ, die Ausbeutung als ungerechtfertigte Aneignung des Wertzuwachses aus dem Produktionsprozess darzustellen, schwenkte Ude im Sinne der Freiwirtschaftslehre auf den Begriff des „Zinskapitalismus" ein. Gesell hatte von Anfang an „den 'Mehrwertverdacht' vom Industriekapital auf das Bankkapital"[1]gelenkt. Indem er den Begriff des „Urzinses" einführte, also den Zins, den Geld wegen seiner tauschdynamischen Überlegenheit erpresst, konnte er den Renditezwang der Maschinen, Fabriken, Häuser - von ihm als Realkapital bezeichnet - erklären.[2]

Folgerichtig gelangte auch Ude zu der Einsicht, dass sich der Produktionskapitalismus auf den Zinskapitalismus zurückführen lasse. Analog zu Udes Aussage, „wer nicht Zins zahlt, bekommt kein Geld"[3], heißt es bei Gesell:

„Wenn aber das Geld sich nicht hergibt für den Bau von Häusern, falls diese nicht den gleichen Zins, den das Geld von den Waren erhebt, erzielen können, so ruht die Bautätigkeit, und der alsbald einsetzende Mangel an Häusern treibt dann den Mietzins herauf, genau wie der Mangel an Fabriken den Lohn drückt. Also muss es gesetzmäßig dahin kommen, dass die Häuser, Schiffe, Fabriken, kurz, das gesamte so genannte Realkapital den gleichen Zins einträgt, den das Geld dem Warenaustausch als Urzins aufbürden kann."[4]

In späteren wirtschaftswissenschaftlichen Abhandlungen schwächte Ude den Begriff des „Produktionskapitalismus" deutlich ab bzw. ließ ihn gänzlich fallen.[5] Es erhebt sich dabei natürlich die Frage, warum er zur Darstellung der Freiwirtschaftslehre auf das für diesen Zweck ungeeignete marxistische Mehrwert-Theorem zurückgriff. Möglicherweise war dafür die für ihn so wichtige Arbeitswertlehre ausschlaggebend, die ja auch in der ökonomischen Klassik und im Marxismus eine entscheidende Parameterfunktion für die Preisbestimmung und Mehrwerterklärung erfüllt. Auch Sombarts Einfluss kann hier wieder geltend gemacht werden.

Weder Kapital noch Boden, sondern ausschließlich die menschliche Arbeitskraft sind bei Karl Marx - und auch in ähnlicher Weise bei Ude - wertschöpfend. Demzufolge basiert der Warenpreis, den die Klassiker und Marx mit dem Tauschwert identifizierten, auf der zur Herstellung aufgewendeten Arbeit.

Abgesehen davon, dass Ude mit der Arbeitswertlehre alle ihre Widersprüche übernahm[6], geriet er damit in schroffem Gegensatz zu Gesells Ansichten. Gesell negierte jede Form einer objektiven Wertlehre. Statt dessen ließ er nur das Angebots- und Nachfrageprinzip als Bestimmungsmittel für den Warenpreis gelten. Gleichzeitig machte Gesell aber deutlich, dass sich hinter dem abstrakten

---

[1]Senft, Weder Kapitalismus S. 112.
[2]Vgl.: Gesell, Natürliche Wirtschaftsordnung S. 324ff.
[3]Ude, Soziologie S. 326.
[4]Gesell, Natürliche Wirtschaftsordnung S. 339.
[5]Vgl. z.B.: Ude, Das Geld S. 74ff.
[6]Vgl. Kap. 9.3.1.

Begriff „Marktverhältnisse" handelnde Personen verbergen, also alle, die am Marktgeschehen teilnehmen. Dabei seien alle „von demselben Geist beseelt", nämlich „so hohe Preise zu fordern, wie es die Marktverhältnisse irgend gestatten."[1] Daher galt für Gesell: „Das Streben, für eine möglichst geringe Leistung eine möglichst große Gegenleistung herauszuholen, das ist die Kraft, die den Austausch der Güter leitet und beherrscht."[2]

Scharf rechnete Gesell mit der marxistischen Wertlehre im Besonderen, aber auch mit anderen Wertlehren ab, die nur „Hirngespinste, ein jeder Wirklichkeit bares Erzeugnis der Einbildung"[3] seien. Keinem der Wertforscher sei es jemals gelungen, das Stoffliche und die Eigenschaft einer Sache durch den Wertbegriff sinnfällig zu verbinden. Wenn der Kaufmann vom Wert einer Sache spreche, so denke er dabei an den durch Angebot und Nachfrage bestimmten Preis. Diesen Preis könne man genau messen, den Wert nur schätzen. Daher müsse die Erklärung vom Wesen des Preises sowohl auf den Preis wie auf den Wert anwendbar sein.

Es muss nochmals darauf verwiesen werden, dass Gesell das Ausmaß der Warennachfrage von der Größe des Geldbestandes bzw. von der Umlaufgeschwindigkeit des Geldes abhängig machte. Auf diese Erkenntnis bauen sich die Reformgedanken des „Freigeldes" und der „Festwährung" auf, denen auch Ude wiederum inhaltlich voll zustimmte. Auch sonst übernahm er alle konkret umsetzbaren Reformvorschläge Gesells, setzte aber in ihrer gesellschaftlichen Bewertung und Anwendung eigene Maßstäbe.

8.3.2. Gesellschaftliche Fragen

Am 8. Internationalen Vegetarierkongress, der im Jahr 1932 in Eden-Oranienburg stattfand, kam es zu einer denkwürdigen Begegnung zwischen Johannes Ude und dem Schweizer Freiwirt Werner Zimmermann.[4]

In den Reden, die beide hielten, ging es zwar nicht explizite um freiwirtschaftliche Inhalte, dennoch entfachten diese einen Streit, der die weltanschaulichen Polaritäten der Freiwirtschaftsbewegung offenbarte. Mit Johannes Ude und Werner Zimmermann waren zwei Persönlichkeiten aufeinandergeprallt, deren Zugang zur Lehre Gesells vordergründig nicht gegensätzlicher sein konnte.

Der Reformpädagoge Zimmermann hatte nach dem 1. Weltkrieg Silvio Gesell kennen gelernt und die Freiwirtschaftslehre als Impuls für eine stark esoterisch

[1] Gesell, Natürliche Wirtschaftsordnung S. 131.
[2] Ebd. S. 132.
[3] Ebd. S. 122.
[4] Vgl. dazu: Schulze-Sölde, Max: Bericht über den 8. Internationalen Vegetarier-Kongress in Eden. In: Edener Monatsschrift mit Bildern. 27.Jg./Nr.10. (1932) S. 226ff.

geprägte Lebensreformideologie aufgefasst.[1] Sein Denken, das starken Einfluss auf die Jugendbewegung der 1920er Jahre in der Schweiz und in Deutschland gewann, kreiste um den Versuch, den Individualismus Stirner'scher Prägung durch einen konsequent weiterentwickelten Akratismus in einen freiheitlichen Sozialismus einzufügen.[2] Weiters verband Zimmermann, der gute Kontakte zu Mahatma Gandhi pflegte, taoistische Mystizismen mit physiokratischen Ansätzen und den Ideen der Wandervogelbewegung. Neben Vegetarismus, Abstinenz, Pazifismus und ökologischer Landwirtschaft propagierte Zimmermann die Freikörperkultur und forderte eine gesellschaftliche Neuorientierung im Umgang mit der Sexualität.[3]
Besonders Letzteres erregte das Missfallen Udes, der Zimmermann einen gottlosen Jugendverführer nannte und die Verbindung zwischen Erotik und Vegetarismus als ein dem ethischen Gehalt der Sache abträgliches Unterfangen kritisierte.
In ungemein scharfen Worten konterte Zimmermann und charakterisierte Udes Religiosität als „katholisch-dogmatische Diktatur", deren intolerante Engstirnigkeit „als Lästerung des Lebendigen Gottes, des Heiligen Geistes empfunden werden"[4] muss.
Erst weitere Briefwechsel führten zu einer Deeskalierung des Konfliktes und brachten durch das Ausräumen von Missverständnissen sogar Annäherungen in einigen Standpunkten.
Es ist hier nicht der Raum, im Detail auf die einzelnen Streitinhalte einzugehen. Für die in diesem Kapitel aufgeworfene Fragestellung kann aber daraus Folgendes abgeleitet werden:
Zunächst fällt auf, dass sich Ude und Zimmermann trotz aller scheinbarer Gegensätze in vielen Bereichen sehr nahe kamen. Da wie dort galt der Lebensreform das vorrangige Interesse. Der Freiwirtschaft kam die Rolle eines zwar wichtigen, aber eigentlich peripheren programmatischen Instrumentariums zu. Pazifismus und Gegnerschaft zur Kernenergie[5], aber auch tiefe Spiritualität prägten ihr Wirken.

---

[1]Vgl. dazu: Bartsch, Günter: Weltvagant und Große Seele der Freiwirtschaft - Werner Zimmermann. Teil 1 und 2. In: Z. f. Sozök. 30.Jg./98.Folge (1993) S. 23-27. bzw. 30.Jg./ 99.Folge (1993) S. 27-32. Weiters: Schärrer; Geld- und Bodenreform S. 65f.
[2]Vgl.: Zimmermann, Werner: Sozialismus in Freiheit. - Bern 1919. Weiters: Ders.: Ich und Wir. - Lauf o.J.
[3]Zu Zimmermanns lebensreformerischen Schriften vgl. den Bestandskatalog der freiwirtschaftlichen Bibliothek, hrsg. v. Werner Onken. - Hannover 1986 S. 194ff.
[4]Brief Werner Zimmermanns an Ude vom 20. September 1932. Zit. in: Edener Monatsschrift S. 230.
[5]Noch als 80jähriger stand Werner Zimmermann an der Spitze der deutschen Anti-AKW-Bewegung. Zu den einschlägigen Schriften vgl.: Bestandskatalog der freiwirtschaftlichen Bibliothek S. 194ff.

Andererseits trat damit auch das Hauptproblem, das Ude mit der Freiwirtschaft hatte, zu Tage. Für ihn war sein katholisches Weltbild mit den stirnerschen bzw. darwinistischen Elementen unvereinbar. Hatte er bereits im ökonomischen Bereich schwere Bedenken dagegen angemeldet, so sah er nun auch das gesellschaftliche Gefüge bedroht.
Gesell und mit ihm viele seiner Anhänger, allen voran Werner Zimmermann[1], traten für die von kirchlicher Moral und staatlicher Gesetzgebung losgelösten „freien Liebe" zwischen Mann und Frau ein. Das den Frauen aus der Bodenrente zugedachte Erziehungsgeld sollte ihre gesellschaftliche Emanzipierung vorantreiben und das freie Partnerwahlrecht - „dieses wichtigste Sieb bei der Auslesetätigkeit der Natur"[2] - verbürgen. So wie „die Wahl und gegebenenfalls auch der Wechsel von Partnern" dadurch den Frauen vorbehalten bliebe, seien auch „die Entscheidung über Empfängnisverhütung und Abtreibung allein private Angelegenheiten der betroffenen Frauen, in die sich weder die Kirche noch der Staat einmischen dürften."[3]
Obwohl sich Gesell persönlich gegen eine Verweigerung von Schwangerschaft aussprach und „die heute so viel geübte Abtreiberei für das größte Leid, das über eine Frau kommen kann"[4], hielt, lief dieses freiwirtschaftliche Gesellschaftsbild allen Moralmaximen zuwider, für die Ude so vehement eingetreten war. Deshalb verwehrte sich Ude auch dagegen, die abgeschöpfte Bodenrente an Frauen auszuzahlen, weil er damit „die Ehe, die Grundlage der gesamten Gesellschaft" angetastet sah.[5] Ude trat Gesells Ansicht entgegen, wonach „die Höhe der Bodenrente von der Bevölkerungsdichte, letztlich also von der Bereitschaft der Frauen abhinge, Kinder zur Welt zu bringen und aufzuziehen."[6] Es seien nicht nur die Mütter alleine, sondern die Allgemeinheit, die auf die Bodenrente Einfluss und daher Anspruch habe. Indem er sich dafür einsetzte, „allen in der Gemeinschaft Lebenden und Schaffenden" die Bodenrente zukommen zu lassen, erhoffte er sich eine Stärkung des traditionellen Familien- und Eheverbandes.
Den Begriff „freie Liebe" setzte Ude mit Promiskuität und Prostitution gleich, wobei seine sture Frauenfeindlichkeit dafür eine eindeutige Schuldzuweisung parat hatte. „Die feile, bezahlte Presse im Solde des Unzuchtskapitals", die kapitalistische Filmindustrie sowie „eine durch und durch sexuell-orgiastische, geradezu viehische und gemeine Tanzwut" hätten eine vom reinen Zeugungswillen entkoppelte Sexualität zu verantworten.[7]

---

[1]Vgl. dazu: Zimmermann, Werner: Die Befreiung der Frau. - Berlin/Bern 1922.
[2]Gesell, Natürliche Wirtschaftsordnung. Vorwort zur 3. Auflage XXI.
[3]Onken, Silvio Gesell S. 119.
[4]Brief Silvio Gesells an Charlotte Blumenthal-Spörry (undatiert). Zit. in: SGW Bd.18 S. 326.
[5]Ude, Das Geld S. 194.
[6]Onken, Silvio Gesell S. 45.
[7]Vgl.: Ude, Freie Liebe oder Einehe mit lebenslänglicher Treueverpflichtung? - Graz o.J. S.4ff.

Udes exzentrische Argumentation machte auch vor der Anatomie nicht Halt. Der menschliche Geschlechtstrieb könne für sich alleine keine Rechte in Anspruch nehmen, da „die sexuelle Sphäre durch eine reichverzweigte Innervation mit dem Großhirn, also mit dem Sitz der geistigen Antriebs- und Hemmungszentren in Verbindung“ stehe.[1]
Schließlich sollte aber die exegetische Beweisführung Udes Idealbild der unauflöslichen Einehe mit lebenslänglicher Treueverpflichtung von anderen partnerschaftlichen Beziehungsformen abgrenzen.[2]
Besonders schwer dürfte es Ude auch gefallen sein, für den anarchistischen Gesellschaftsentwurf, wie er speziell in der Denkweise eines Werner Zimmermann vorkam, Verständnis zu erlangen. Das lang nachwirkende legitimistische Ideal, die Ständestaatattidüden, die phasenweise Huldigung der nationalsozialistischen Autorität machen seine Sympathien für einen „starken Staat“ deutlich. Selbst in der geläuterten demokratischen Phase mit der Betonung eines subsidiären Genossenschaftswesens blieb der Staat als ideeller Hintergrund bestehen. Eine akratische Gesellschaftsordnung stand wohl doch eher abseits von Udes Vorstellungen, obwohl seine gelegentlichen Exemplifikationen der urchristlichen Gemeinwesen zumindest eine theoretische Erwägung möglich gemacht haben müsste.

Die Diskussionen darüber, ob Stirners Solipsismus als freiwirtschaftliche Sozialphilosophie identifizierbar sei, ob sich überhaupt aus Gesells „Natürlicher Wirtschaftsordnung“ eine Eigennutz- versus Gemeinnutzdebatte ableiten lasse, gingen weit über Ude hinaus und beherrschen zum Teil auch heute noch massiv das freiwirtschaftliche Publikum.[3]
Festzuhalten ist, dass Gesell ausdrücklich davor gewarnt hatte, „Eigennutz“ mit „Selbstsucht“ zu verwechseln. „Der Kurzsichtige ist selbstsüchtig, der Weitsichtige wird in der Regel bald einsehen, dass im Gedeihen des Ganzen der eigene Nutz am besten verankert ist“[4], hieß es als vorangestellte Erklärung seines Hauptwerkes.
Dass sich die „Natürliche Wirtschaftsordnung“ nicht nur auf eine Eigennutz-Komponente reduzieren lässt, sondern auch eine deutliche Gemeinwohlorientierung enthält, beweist folgende Stelle:
„Soll sich der Mensch seiner Natur entsprechend gebärden dürfen, so müssen ihm Recht, Sitte und Religion in Schutz nehmen, wenn er bei seinem wirtschaft-

---

[1]Ude, Freie Liebe S. 8.
[2]Ebd. S. 14ff.
[3]Vgl. z.B. die Diskussionsbeiträge in der Zeitschrift „Der Dritte Weg“ am Beginn der 1990er Jahre.
[4]Gesell, Natürliche Wirtschaftsordnung. Vorwort zur 3. Auflage S. 14.

lichen Tun dem berechtigten Eigennutz, dem Ausdruck des naturgegebenen Selbsterhaltungstriebes, nachgeht."[1]
Und weiter: „Solche auf dem Eigennutz errichtete Wirtschaftsordnung stellt sich dabei in keiner Weise den höheren, arterhaltenden Trieben in den Weg. Im Gegenteil, sie liefert dem Menschen nicht nur die Gelegenheit zu uneigennützigen Taten, sondern auch die Mittel dazu."[2]
Damit erweist sich der Versuch, in der „Natürlichen Wirtschaftsordnung" einen Antagonismus der Nutzbestrebungen herausstreichen zu wollen, eigentlich als überflüssig.[3] Das wiederum lässt über den ersten flüchtigen Eindruck des Gegensatzes hinweg - sieht man von ökonomischen Detailproblemen ab - Gesells und Udes Vorstellungen einer „Natürlichen Wirtschaftsordnung" zusammenrücken. In Udes ganzheitlichem Reformgebilde wird das Prinzip „Nächstenliebe" nicht eingrenzend von wirtschaftlichen Handlungen gefordert, sondern als Sittengesetz des gesamten gesellschaftlichen Wirkungsbereichs begriffen, von dem die Ökonomie nur ein Teilbereich ist. Wäre Ude der Illusion erlegen, eine Wirtschaftsordnung nur mit den Forderungen des Dekalogs alleine sanieren zu können, hätte er sich nicht der drei „F" bedient. Andererseits hat auch, wie die zitierten Stellen belegen, Gesell zum Ausdruck gebracht, dass Gerechtigkeit der Gegenseitigkeit bedarf, dass auch einer „Frei-Wirtschaft/Gesellschaft" ein ethisches Prinzip zu Grunde liegen muss.

---

[1] Gesell, Natürliche Wirtschaftsordnung. Vorwort zur 3. Auflage. S. 13.
[2] Ebd.
[3] Vgl. dazu: Heinrichs, Johannes: Was ist das Natürliche an der Natürlichen Wirtschaftsordnung ? In: Z. f. Sozök. 32.Jg/107.Folge (1995) S. 20ff.

9. Kritische Würdigung der programmatische Thesen Udes unter Berücksichtigung gegenwärtiger Sichtweisen und Entwicklungstendenzen

> „Wenn die Menschen einen Schritt vorwärts tun wollen zur Beherrschung der äußeren Natur durch die Kunst der Organisation und die Technik, dann müssen sie vorher drei Schritte der ethischen Vertiefung nach innen getan haben."
> (Novalis)[1]

Sir Karl Popper hat einmal Theorien mit Netzen verglichen, die dazu dienen, die wirkliche Welt einzufangen. Es sollte auch einer historischen Arbeit gestattet sein, Theorien - oder in diesem Fall Reformthesen - nicht nur im geschichtlichen Kontext darzustellen, sondern ihre Sinnhaftigkeit und Verwendbarkeit unter dem Blickwinkel gegenwärtiger und zukünftiger Problemstellungen zu beurteilen.
Udes Programm wird daher an Hand folgender ausgewählter Schwerpunkte zu prüfen sein: Wissenschafts- und Fortschrittsverständnis treten in Beziehung zu der Frage, ob die eindringliche Forderung nach einer tiefgreifenden Umgestaltung der Lebensweise berechtigt ist. Die Hinterfragung des Friedenspostulates und der antikapitalistischen Strategien soll in einer Gesamtbeurteilung des Reformprogramms münden.

9.1. Antidarwinismus und Bioethik

Während Udes Promotionsfeier zum Doktor der Naturwissenschaften kam es am 27. Oktober 1907 auf dem Boden der Grazer Karl-Franzens-Universität zu einem denkwürdigen Zwischenfall. Angehörige der Studentenverbindung „Carolina" lieferten sich mit der freisinnigen Studentenschaft eine Prügelei, die Ude als „wüsten Überfall" auf seine Bundesbrüder der Carolina bezeichnete.[2] Seitens der akademischen Behörde wurde dem „von Selbstüberhebung triefenden Mann" Ude vorgeworfen, er habe seine Promotion dazu missbraucht, „um Parteipolitik auf der Gasse zu treiben."[3] Über das Ereignis sei, so erzählt Ude, „in der gesamten Presse des Inlandes und selbst im Ausland" kontroversiell berichtet worden - „mein Name wurde, ohne dass ich es wollte, bekannt."[4]
Was Ude in seiner Version der Darstellung freilich verschweigt, ist die Tatsache, dass der Wirbel rund um die Promotionsfeier weniger ihn persönlich, als

[1] Zit. nach: Zülicke, Freddy: Bioethik. Beiträge zu philosophisch-ethischen Problemen der Biowissenschaften. - Cuxhaven 1996.
[2] Vgl. dazu: Ude, Erinnerungen S. 18.
[3] Zit. nach: Liebmann, Johannes Ude. Sein Leben, sein Wirken und seine Lehren S. 128.
[4] Ude, Erinnerungen S. 18.

vielmehr die Skandalisierung seines naturwissenschaftlichen Doktorates zur Ursache hatte.[1] Liberale und Fortschrittliche brachten ihren Unmut darüber zum Ausdruck, dass ausgerechnet einem kirchlichen Vertreter, der die naturwissenschaftlichen Erkenntnisse eines Darwin und Haeckel rundweg ablehnte, diese akademische Graduierung zuteil werden konnte.
Wenn auch Ude in späteren Jahren nicht mehr mit derselben Intransigenz eine „fundamentalistische Hermeneutik des Schöpfungsberichtes"[2] gegen die darwinistische Deszendenzlehre ins Treffen führte, so blieb der Vorbehalt gegenüber dem naturwissenschaftlich-technischen Fortschritt wesentlicher Bestandteil seiner Reformthesen. Eine generelle Ablehnung des Modernismus ist Ude aber nicht zu unterstellen. Teile seiner Lebensreformkonzeption haben mit bloßem reaktionären Denken wenig zu tun. Das verleiht seinen Gedanken eine aktuelle Dimension, die Beachtung verdient.

Zunächst ist festzustellen, dass die einstmalige aggressive kirchliche Kampfansage an den Darwinismus der Ansicht von einer „gut bestätigten Erklärung und Veränderung der Lebensformen"[3] gewichen ist. In der modernen Theologie, die Schöpfung als dynamische und lebendige Realität erklärt, ist die naturwissenschaftliche Kategorie der Evolution zumindest als „Erklärung der Veränderung durch materielle Kräfte"[4] kein Gegensatz mehr.
Speziell im Hinblick auf die Umweltproblematik wird deutlich, dass die heutige christliche Auffassung von Schöpfung nicht nur eine singuläre Genesis meint, sondern „eine lebendige, ethisch relevante Hinordnung der Weltwirklichkeit auf den in ihr gegenwärtigen Gott."[5] Auch in nicht konfessionell gebundenen Parteibewegungen wird die „Bewahrung der Schöpfung" durchaus als weltlich-politisches Engagement, als Verantwortung für die Natur jenseits ökonomischer Nutzkalküle verstanden.[6]
Vielfach ähnliche Signale kommen auch aus den Reihen der eher pragmatisch und streng empirisch ausgerichteten Naturwissenschaften. Trotz enormer Fortschritte z.B. bei der rein physikalisch-materiellen Erklärung über den Ursprung des Universums neigen nicht wenige Forscher dazu, im Einklang mit den Naturgesetzen ein höheres, göttliches Wesen wirken zu sehen.[7] Eine im Jahr 1998 durchgeführte Untersuchung auf amerikanischen Universitäten, welche eine Be-

---

[1]Hodina, Zwischen Selbstreform S. 3f.
[2]Ebd. S.3f.
[3]Vogt, Markus: Schöpfung und Evolution. In: Lexikon für Theologie und Kirche Bd.3. - Freiburg 1995 S. 236.
[4]Ebd. S. 238.
[5]Ebd. S. 239.
[6]Vgl. dazu z.B. die Aussagen des Parteivorsitzenden der österreichischen „Grünen" Alexander van der Bellen im Nationalratswahlkampf 1999.
[7]Vgl. dazu: Baykal, Hakan u.a.: Gott im Labor. Naturwissenschaft und Religion. In: Profil Nr.51 (1998) S. 108-113.

fragungsmethode von Wissenschaftlern aus dem Jahr 1914 wiederholte, ergab ein nahezu identes Ergebnis.[1] Vier von zehn Wissenschaftlern der USA sind gläubig. Damit bestätigte sich die Prognose, dass der Atheismus unter amerikanischen Wissenschaftlern zunehmen werde, nicht. Sichtbar wurde aber, dass die Sorge um die Umwelt der Religion und Wissenschaft eine gemeinsame Plattform bietet. Manche gehen sogar so weit, Theologie und Religion weniger als Teile der Ethik als vielmehr als Zweige der Naturwissenschaften zu sehen.[2] Dass damit alle Streitfragen zwischen Theologie und Naturwissenschaften ausgeräumt wären, ist aber nicht anzunehmen. Vielmehr entfachte die Annäherung bei einigen Themen in den letzten Jahren erneut heftige Debatten, die an Intensität eher noch zunehmen werden.[3]
Die scheinbar unbegrenzte Forschungsausweitung in manchen naturwissenschaftlichen Disziplinen zwingt auch verstärkt dazu, die ethische Dimension im Auge zu behalten. Dabei kommt besonders der Biologie im Sinne einer Art „Leitwissenschaft" eine entsprechende Bedeutung zu.[4]
So gesehen vermag die eindringliche Warnung des „Biologen" Ude vor so manchen existenzbedrohenden Folgeerscheinungen des Industriezeitalters, seine Verurteilung eines hemmungslosen Anthropozentrismus auch von seiner Warte als „Antimodernist" Denkanstöße zu leisten, auf der Suche nach Lösungsansätze für die Probleme der wissenschaftlich-technischen Zivilisation.

9.1.1. Technologieskepsis

Vieles von dem, was noch vor einigen Jahrzehnten oder Jahren nach phantastischer technologischer Utopie klang, gehört heute zu einer allseits akzeptierten Realität. Die ansatzweise Nachvollziehbarkeit der so genannten Urknall-Theorie im Laborversuch, die Entschlüsselung des menschlichen „Genbauplanes" oder die diversen elektronischen Innovationen als Beispiele lassen das Fortschrittstempo des 21. Jahrhunderts erahnen.[5]
Angesichts dieser Entwicklung erhebt sich natürlich die berechtigte Frage nach der Relevanz von Udes kritischem Wissenschaftsverständnis. Dass Udes Antidarwinismus - außer in den extremen Ausprägungen des „Kreationismus" -

---

[1] Larson, Edward J. u.a.: Naturwissenschaftler und Religion in Amerika. In: Spektrum der Wissenschaft November (1999) S. 74ff.
[2] Vgl. z.B.: Tipler, Frank J.: Die Physik der Unsterblichkeit. Moderne Kosmologie, Gott und die Auferstehung der Toten. - München 1996 S. 395ff.
[3] Vgl. z.B.: Breuer, Reinhard u.a.: „Die Flucht ins Mysterium löst nicht die Probleme der Logik". In: Spektrum der Wissenschaft Juni (2000) S. 82ff.
[4] Engels, Eve-Marie: Natur- und Menschenbilder in der Bioethik des 20. Jahrhunderts. In: Biologie und Ethik, hrsg. v. Eve-Marie Engels. - Stuttgart 1999 S. 8ff.
[5] Vgl. dazu: Hamm, Horst u.a.: Medizin, Natur, Technik. Ausblick ins nächste Millennium. In: Natur und Kosmos Jänner (2000) S. 29-39.

kaum Widerhall finden wird, ist einsichtig. Die Geschichte des 20. Jahrhunderts hat jedoch nur allzu deutlich gezeigt, dass technische Fortschrittsleistungen, die mit einer regelrechten Heilserwartung verknüpft waren, zu einer globalen Lebens- und Überlebensfrage werden konnten. Ein Beispiel dafür ist die Atomtechnologie.

9.1.1.1. Der atomare Albtraum des 20. Jahrhunderts

Es bedarf keiner auf Effekte abzielenden Beschwörung jener entsetzlichen Bilder der atomaren Apokalypse von Hiroshima und Nagasaki, um vom heutigen Wissensstand die Kernenergie als tödliche Sackgasse der Menschheit zu bezeichnen.
Umso mehr stimmt es bedenklich, dass die Atomindustrie trotz der verheerenden Katastrophen technologische Ausstiegsszenarien nur sehr zögerlich und langfristig zu akzeptieren scheint.
Betrachtet man Udes ablehnende Argumentation zur Atomfrage aus den 1950er Jahren und die der nachfolgenden Kritiker, so wird deutlich, dass sich alle genannten Zweifel und Befürchtungen weitgehend als berechtigt erwiesen haben.[1]
An dieser Stelle seien einige der Argumente genannt, die im Rückblick die Atomtechnologiegegner von einst bestätigen.

Das Problem - oder treffender der Wahnsinn - der nuklearen Technologie beginnt schon bei der Gewinnung des spaltbaren Materials, nämlich im Uranbergbau. Seit dem 2. Weltkrieg, als der „Kalte Krieg" den Rüstungswettlauf zwischen den USA und der Sowjetunion entfachte, wird ohne Rücksicht auf die Umwelt, die Gesundheit der Bergleute und Anwohner nach Uran geschürft. Besonders davon betroffen waren und sind die Ureinwohner der Kontinente, die man gänzlich unaufgeklärt den horrenden Gefahren aussetzte.[2]
Abgesehen von der Freisetzung des hoch radioaktiven Radongases während des Abbaus in den Gruben können nur 5 Prozent des Urangesteins für einen Reaktorbetrieb verwendet werden. Ein überwiegender Teil des radioaktiven Materials wird also in der Landschaft abgelagert.[3] Zumeist handelt es sich dabei um Abfallschlamm, der 85 Prozent der ursprünglich im Erz vorhandenen Radioak-

---

[1]Vgl. dazu neben Udes Abhandlungen zur Atomfrage z.B.: Schmitz, Elisabeth (Hrsg.): Wir tragen Verantwortung für die Welt von morgen. Energie und Umwelt im Sonnenzeitalter. 1. Internationales Atomgegnersymposium. - Wien 1978.
[2]Vgl.: Biegert, Claus u.a. (Hrsg.): Der Tod, der aus der Erde kommt. Zeugnisse nuklearer Zerstörung - Ureinwohner der Erde beim World Uranium Hearing. - Salzburg u.a. 1993 S. 75ff.
[3]Bossew, Peter u.a.: Was kostet der Atomstrom. In: Der Montag, der die Welt veränderte. Lesebuch des Atomzeitalters, hrsg. v. Claus Biegert u.a. - Hamburg 1996 S. 198f.

tivität enthält und wegen seiner leicht mobilisierbaren Form eine besondere Gefahr für die Umwelt darstellt.[1]
Aber auch die Atomkraftwerke selbst bedeuten ein nicht kalkulierbares Risiko für das Leben auf dieser Erde. Entgegen allen Beteuerungen von AKW-Betreibern steht heute fest, dass weltweit nur AKW mit hohem Katastrophenpotenzial existieren.[2] Da die Bauzeiten der Anlagen bis zu 15 Jahren betragen, sind auch jene als absolut sicher gepriesenen Konzepte auf einem zwanzig oder mehr Jahre zurückliegenden technischen Stand. Seit es Kernkraftanlagen gibt, setzten viele Störfälle gewaltige Mengen an Radioaktivität frei, allein jene aus der Tschernobyl-Katastrophe entsprach der von etwa 1.000 „Hiroshima-Bomben".[3] Außerdem tragen die Emissionen der AKW und Wiederaufbereitungsanlagen zu einer beträchtlichen Kontaminierung der Biosphäre bei.
Eine äußerst bedenkliche Komponente ist das Problem der Endlagerung, weil davon nicht nur gegenwärtige, sondern in einem weit größeren Ausmaß künftige Generationen betroffen sind. Bekanntlich beträgt die Halbwertszeit mancher radioaktiver Stoffe Zehntausende bis Millionen von Jahren, was den Begriff Sicherheit in dem Zusammenhang zu einer hohlen Phrase werden lässt.
Welche tödliche Hypothek das 20. Jahrhundert mit den in den Ozeanen „endgelagerten" Abfällen, dem Ausstoß von reaktorbetriebenen Kriegsschiffen und den aus Atom-U-Booten und atomwaffentragenden Flugzeugen gesunkenen und korrodierenden Kernwaffen hinterlassen hat, ist gar nicht abschätzbar.[4]
Wie zynisch klingt dazu die Argumentation von der Kernenergie als „saubere" und volkswirtschaftlich „günstige" Energieform. Eine Megawattstunde Atomstrom wird heute mit 60-100 Dollar berechnet, was etwa den Kosten für Windenergie und geothermische Energie entspricht.[5] Setzt man dazu das Energieeinsparungspotenzial in Beziehung, könnte allein in der ehemaligen Sowjetunion auf 90 Prozent der Atomkraftkapazität verzichtet werden, ohne einen Technologierückschritt zu riskieren.
Die wohl perfideste, zumeist von politischer Seite vorgebrachte Lüge ist jene von der Existenz einer rein zivilen Nutzung der Kernenergie. Wahr ist hingegen, dass die Entwicklung der Atomtechnologie vom militärischen Bereich aus-

---

[1]Diehl, Peter: Risiko von Beginn an: Uranbergbau. In: Tschernobyl und kein Ende? Argumente für den Ausstieg; Szenarien für Alternativen. - Münster 1997 S. 113ff.
[2]Küppers, Christian: Unsicherheit der Atomkraftwerke. In: Tschernobyl und kein Ende? S. 107ff.
[3]Vgl.: Berg, Hermann u.a. (Hrsg.): Strahlen und Wellen. Einführung in die Radioökologie. - Stuttgart u.a. 1999 S. 94ff.
[4]Berg, Strahlen S. 90ff.
[5]Bossew, Was kostet der Atomstrom S. 202f. („Um den Bau des AKW Laguna Verde zu finanzieren, musste Mexiko Erdöl in einem Ausmaß exportieren, dass dessen Energieausbeute höher war, als die Energie, die je im AKW erzeugt werden kann." Zit. in: Högelsberger, Heinz (Hrsg.): Das AAI-Atomhandbuch. - Wien 2000 S. 44.)

ging.[1] „Noch ein Jahrzehnt nach Hiroshima existierte praktisch keine zivile Nuklearentwicklung.“[2] In späteren Jahren bildeten die Urananreicherung und die Wiederaufbereitungstechnologie die sensitivste zivil-militärischen Grauzone. Damit war es bisher ein Leichtes, von zivilen Nuklearprogrammen Menschen und Material für geheime militärische Ambitionen abzuziehen.[3]
Die seit den 1980er Jahren angelaufenen Abrüstungsbemühungen konnten nicht verhindern, dass „die Zahl der Länder, die an der Schwelle einer nuklearen Entwicklung stehen, ständig (zunimmt), und der Druck, in dieser Richtung weiterzumachen, steigt.“[4] Zwar kam es seit Hiroshima und Nagasaki zu keinem Einsatz von Atomwaffen in einem Konfliktfall, allein die Tests der Kernwaffen haben zu einer enormen globalen Verseuchung beigetragen. Bisher gab es etwa 2.000 bekannt gewordene Atomwaffentests, von denen 400 oberirdisch stattfanden.[5] Nach Schätzungen wird der damit verursachte Anstieg der Radioaktivität in der Biosphäre „zu einer Million schwerer Missbildungen bei Kindern sowie zu zwei Millionen embryonaler und frühkindlicher Todesfälle führen.“[6] Wie sich die unterirdisch zur Explosion gebrachten Bomben mit den in den Gesteinskavernen eingeschlossenen Radionukliden einmal auswirken werden, wagt niemand zu prognostizieren.
15.000 Menschen sind es im Jahr 2000, die an den Spätfolgen der bislang größten Katastrophe der Atomenergiegewinnung, bei der am 26. April 1986 erfolgten Reaktorexplosion in Tschernobyl, gestorben sind.[7] 3,5 Millionen an Strahlenschäden erkrankte Urkainer - davon ein Drittel Kinder - 2,1 Millionen Weißrussen, die auf verseuchtem Gebiet leben, stehen einer davon gänzlich unbeeindruckten Atomlobby gegenüber.
Stellt man in Rechnung, dass Johannes Ude ein nur spärliches wissenschaftlich-statistisches Quellenmaterial zur Verfügung stand, so ist sein seit den 1950er Jahren geführter Kampf gegen die Nukleartechnologie von einer erstaunlichen Weitsicht gewesen. Nach dem heutigen Wissensstand muss dies als großes Plus im Kanon seiner Reformthesen gewertet werden.

---

[1]Vgl.: Streich, Jürgen: Kettenreaktion. Eine kurze Geschichte der Atomrüstung. In: Biegert, Der Montag S. 35ff.
[2]Kollert, Roland: „Atoms for Peace“, der politische Betrug oder Wie Regierungen in Westeuropa ihre militärisch orientierten Atomenergieprogramme tarnten. In: Tschernobyl und kein Ende? S. 163.
[3]Vgl. dazu z.B. die gut dokumentierte „Dual-Use-Atomtechnologiepolitik“ Schwedens. In: Kollert, Atoms S. 167f.
[4]Falk, James Edward: „Im Namen des Weltfriedens“ - Atomtests in beiden Hemisphären. In: Der Tod S. 37. Vgl. dazu auch die Statistik von Carnegie Endowment for International Peace. Zit. in: Hamann, Sibylle: Das große Kribbeln. In: Profil Nr.43 (1999) S. 93-95.
[5]Falk, Im Namen S. 36f.
[6]Ebd.
[7]Vgl.: Alexijewitsch, Swetlana: Tschernobyl. Eine Chronik der Zukunft. - Berlin 2000.

Schätzenswert ist sein Vordenken für die heute allseits geforderte Integration von Human- und Natursystem, die, wenn sie gelingen soll, mit einer tiefgreifenden Reform des Wert-, Rechts- und Wirtschaftssystem einhergehen muss.[1] Ude hat völlig zu Recht erkannt, dass die kulturelle Nachhaltigkeit nur durch ein Friedenssystem unter Berücksichtigung der ökologischen Dimension gewährleistet sein kann.
Er vermochte des Weiteren schlüssig zu erklären, dass die Atomtechnologie ein für das kapitalistische System typische Einrichtung darstellt. Durch die hohen Kosten der Atomkraft wird Geldkapital gebunden, das wiederum langfristig einen großen Zinsgewinn verspricht. Eine Verbindung von Menschen- und Kreaturwürde im Sinne einer nachhaltigen Verantwortungsethik hat im ausschließlich profitorientierten Kapitalismus keinen Platz.

Von der Anklage der Kernwaffen kam Ude zur kritischen Betrachtung im Niedrigdosisbereich, wie er im Umfeld von Kernkraftwerken, aber auch in der medizinischen Diagnostik- und Therapieanwendung auftritt. Wurde in den 1950er Jahren zum Beispiel Röntgenbestrahlung noch ohne Rücksicht auf etwaige negative Folgewirkungen eingesetzt, hat man heute von einer verharmlosten Darstellung der medizinischen Strahlenanwendung Abstand genommen.[2] Für Ude war dies unter anderem auch der Anlass, den Stellenwert einer hochtechnisierten, naturwissenschaftlichen Medizin kritisch zu hinterfragen.

9.1.1.2. Medizin am Scheideweg

Die Erfolgsmeldungen aus dem Bereich der Medizin haben in den letzten Jahren einander förmlich übertroffen. Angeführt werden die medizinischen Sensationen von der Transplantationschirurgie, gefolgt von der Krebsbekämpfung und der Genforschung, welche allen Ernstes mit dem Anspruch angetreten ist, alle körperlichen Defekte zu beseitigen, gänzlich hintanzuhalten und der Menschheit „ewiges“ Leben in Aussicht zu stellen.[3] Voraussetzung dafür ist eine High-Tech-Medizin, welche ihre sich stetig beschleunigenden Forschungsergebnisse zumeist den elektronisch-technischen Neuerungen verdankt.
Dem Forscherdrang wie auch der Erreichbarkeit seiner Zielsetzungen scheinen heute kaum mehr Grenzen gesetzt. Wachsendes Unbehagen macht sich aber bei vielen Menschen wegen der teilweise gravierenden Nebenwirkungen der phar-

---

[1] Altner, Günter: Anmerkungen zum Risiko der nuklearen Spaltstoffspirale. Eine gesamtökologische Betrachtung. In: Tschernobyl und kein Ende? S. 79ff.
[2] Vgl. z.B.: Scholz, Roland: Bedrohung des Lebens durch radioaktive Strahlung. Eine Studie im Auftrag der Internationalen Ärzte für die Verhütung des Atomkrieges, Ärzte in sozialer Verantwortung (IPPNW). - Berlin 1995 S. 15ff.
[3] Vgl. z.B.: Hefner, Claudia u.a.: Wunder der Medizin. In: Profil Nr.15 (2000) S. 134-140.

mazeutischen Produkte und der „Aufweichung ethischer Grenzen in der wissenschaftlichen Forschung“[1] breit. Auch könnte die Finanzierbarkeit dieser Art von Medizin - will sie einmal allen Menschen, ohne Unterschied ihrer materiellen Voraussetzungen zugänglich sein - ein nicht zu unterschätzendes Hindernis darstellen.
Ude hat diese Entwicklung in der Medizin aus den verschiedensten Gründen abgelehnt. Einer der Hauptkritikpunkte an der orthodoxen Medizin galt der seiner Meinung nach zu starken Berücksichtigung der Symptombekämpfung. Ude vertrat die Ansicht, dass Kapital und Wissen mehr in die Ursachenerforschung von Krankheiten und in die Krankheitsprävention investiert werden sollte, was weniger eine technische Apparatemedizin, als viel mehr eine ganzheitliche Sicht von Leben voraussetzt. Seine Präferenz lag dabei eindeutig bei alternativen Heilmethoden wie den Naturheilpraktiken und der Homöopathie.[2] Da er beide Verfahren nebeneinander stellt, erweckt dies den Eindruck, als habe er hierbei wenig differenziert. Keineswegs handelt es sich aber dabei um ein und dasselbe. Nachdem er die Homöopathie besonders lobend erwähnte, soll diesem Bereich eine stärker Aufmerksamkeit gewidmet sein.

Als Begründer der Homöopathie, der Lehre vom „ähnlichen Leiden“, gilt der an der Wende vom 18. zum 19. Jahrhundert wirkende deutsche Arzt, Apotheker und Chemiker Christian Friedrich Samuel Hahnemann.[3]
Aus Unzufriedenheit über die ärztlichen Behandlungsmethoden seiner Zeit, die im Wesentlichen nur auf Spekulationen fußten, begann Hahnemann mit Selbstversuchen, die ihn schließlich zum wichtigsten homöopathischen Prinzip, der „Simile-Regel“ (=Similia similibus curentur - Ähnliches mag Ähnliches heilen) führten. „Um sanft, schnell, gewiss und dauerhaft zu heilen“, sollte „in jedem Krankheitsfall eine Arznei (gewählt werden), welche ein ähnliches Leiden für sich erregen kann, als sie heilen soll.“[4]
Hahnemanns Thesen gingen von der Überlegung aus, dass in einem Organismus nicht gleichzeitig zwei den Symptomen nach idente Krankheiten auftreten können.[5] Das Heilmittel als „künstliche“ Krankheit sollte sich daher mit der „natürlichen“ Krankheit aufheben, insbesondere durch „Reizung“[6] der im Körper wirkenden Selbstheilungsprozesse.

---

[1]Ginglas, Hanna: Die sanfte Art des Heilens. Homöopathie. - Niederhausen 1998 S. 8.
[2]Vgl.: Ude, Geistige und körperliche Mehrleistung S. 33ff.
[3]Vgl. dazu: Tischner, Rudolf: Geschichte der Homöopathie. - Wien u.a. 1998 S. 101ff.
Weiters: Jütte, Robert: Wo alles anfing: Deutschland. In: Weltgeschichte der Homöopathie. Länder-Schulen-Heilkundige, hrsg. v. Martin Dinges. - München 1996 S. 19ff.
[4]Hahnemann, Samuel: Organon der Heilkunst. Textkritische Ausgabe der von Samuel Hahnemann für die sechste Auflage vorgesehene Fassung, bearb. u. hrsg. v. Josef M. Schmidt. - Heidelberg 1992 S. 54.
[5]Ginglas, Die sanfte Art S. 16ff.
[6]Eine andere Bezeichnung für Homöopathie ist auch „Reiz- oder Regulationstherapie“.

Neben der Simile-Regel sind eine umfassende Anamnese sowie ein aufwändiges Potenzierungs- bzw. Dynamisierungsverfahren, welches die Arzneiwirkung verstärken, hingegen die Arzneireaktionen abschwächen soll, Bestandteil der homöopathischen Praxis.
Die Homöopathie lehnt das schulmedizinische Verfahren, wonach „alle Patienten mit derselben klinischen Diagnose in der Regel auf die gleiche Weise behandelt“[1] werden, ab. Stattdessen wird auf das individuelle Krankheitsbild des Patienten eingegangen und auch nach einem Heilmittel gesucht, das auf die jeweilige Person abgestimmt werden kann. Krankheit ist demnach nicht ein einzelner Organdefekt, sondern ein den Körper, die Seele und den Geist des Menschen betreffendes Problem. Die Homöopathie setzt Krankheitssymptome nicht mit der Krankheit gleich, sondern sieht sie als „äußerlich sichtbares Zeichen eines inneren, nicht sichtbaren Krankheitsgeschehens.“[2]

Seit Hahnemanns Zeiten werden seitens der naturwissenschaftlich orientierten Medizin immer wieder Bedenken gegen die Homöopathie angemeldet. Diese weisen vor allem auf die wissenschaftliche und „biopharmazeutische“ Unerklärbarkeit der homöopathischen Heilerfolge hin.[3] Misstrauen erregt vielfach die Art der Heilmittelherstellung, die von manchen Schulmedizinern in den Bereich mythischer Kulthandlungen verwiesen wird. Dennoch sind die Erfolge homöopathischer Therapien beachtenswert und jenen der technisch-naturwissenschaftlichen Medizin durchaus ebenbürtig.
Eine äußerst interessante Anwendungsbeobachtung einer homöopathischen Behandlung wurde im Wiener Krankenhaus Lainz in der Geburtshilflichen Abteilung gemacht. Eine Gruppe von 100 Frauen, der die homöopathischen Behandlungsmethoden unbekannt war, wurde einer solchen während der Schwangerschaft unterzogen und mit einer Gruppe von 100 Frauen verglichen, die im selben Krankenhaus zur Entbindung kam.[4] Im Vergleich der Sectiorate, der durchschnittlichen Geburtsdauer, der eingesetzten Wehenmittel und der Geburtseinleitungen „zeigte sich ein signifikanter Unterschied zu Gunsten der mit Homöopathie behandelten Gruppe.“[5]
Niemand wird ernsthaft den hohen Stellenwert der Schulmedizin anzweifeln oder gar ihren gänzlichen Ersatz durch andere Heilmethoden fordern. Das angeführte Beispiel mag aber verdeutlichen, dass der Weg einer „integrativen“ Me-

---

[1]Ginglas, Die sanfte Art S. 12.
[2]Ebd. S. 28.
[3]Vgl. z.B.: Pranz, Isabella: Homöopathie auf dem Prüfstand. Eine kritische Untersuchung über die Heilmethode und die von ihr beanspruchten „Beweismittel“. Dipl. Arb. - Wien 1990 S. 30ff.
[4]Zorzi, Michaela: Anwendungsbeobachtung hömöopathischer Behandlung bei 100 schwangeren Frauen im Krankenhaus Lainz/Geburtshilfliche Arbteilung. Forschungsbericht. - Wien 2000 S.1.
[5]Ebd. S. 1.

dizin, „in der Schulmedizin und komplementäre Heilmethoden ein Miteinander zum Wohle der Patienten finden können“[1], ein gangbarer Weg ist. In etwa dasselbe hatte auch Ude gemeint, als er forderte: „Auch der Schulmediziner soll bescheiden sein. Umgekehrt aber müssen wir unbedingt verlangen, dass auch unsere Naturheilpraktiker und Homöopathen sich entsprechende schulmedizinische Kenntnisse erwerben.“[2]
Ob eine Integration der beiden Heilmethoden gelingt, hängt also, wie gesagt, zunächst einmal vom Abbau des gegenseitigen Misstrauens und der gegenseitigen Vorurteile ab. Dies wäre eine wichtige Voraussetzung, reicht aber vermutlich noch nicht aus. Auch hier kann nur eine gesamtökonomische Reform einer positiven Entwicklung die Wege bahnen. Denn es ist doch sehr offensichtlich, dass speziell der schulmedizinische Bereich und die ihm nahestehenden Forschungseinrichtungen von monetären Profitmotiven der Pharmaindustrie beherrscht und gelenkt werden. Das enorme Finanzpotenzial dieser Unternehmen gestattet es zudem, bei Bedarf die öffentliche Meinung zu manipulieren, wenn diese möglicherweise ein gewinnträchtiges Investitionsprojekt gefährdet. 50 Millionen Franken hat es sich beispielsweise die „Life-Siences“-Industrie (Roche, Novartis) kosten lassen, um in der Schweiz eine Kampagne für ein Volksbegehren zu Fall zu bringen, welche gentechnische Versuche und das Recht auf Patentierung von Leben beschränken wollte.[3] Es ist dies wohl ein für das etablierte System typischer Fall oder, um es in lyrische Wort zu kleiden: mit dem kapitalisierten Geldvermögen – *„(...) entdecken wir hieneben/ Eine Quelle wunderbar/ Die bequem verspricht zu geben/ Was kaum zu erreichen war“* (Faust II. V.: 5902).

9.1.2. Tier-, Menschen- und Naturschutz

Ende der 1950er Jahre ließ Johannes Ude im Rahmen einer Arbeitstagung des Bundes gegen Missbrauch der Tiere die Zuhörer seines Vortrages wissen: „Ich stehe vor Ihnen als Anwalt der gesamten Tierwelt.“[4]
In der Zwischenkriegszeit und auch nach 1945 sahen zahlreiche Tierschutzgruppen in Ude einen für ihre Anliegen besonders geeigneten Protektor und Fürsprecher. Udes vielfältige Abhandlungen zum Thema Tierschutz und sein vehementes Eintreten gegen die Vivisektion waren in erster Linie von christlich-ethischen Motiven getragen. Er ging aber in dieser Frage über das chistliche Mitleids- und Liebespostulat hinaus, indem er neben den volkswirtschaftlichen Gründen auch den durchaus eigennützigen Gesundheitsaspekt des Men-

[1]Zorzi: Anwendungsbeobachtung S. 4.
[2]Ude, Geistige und körperliche Mehrleistung S. 35.
[3] Mayer, Ausstieg aus dem Crash, S. 334.
[4]Zit. nach: Moritz, Sein und Wirken S. 44.

schen gelten ließ. Daraus ergab sich eine ganzheitliche Sicht von Naturschutz, der in seiner „Panbiologie“ einen Niederschlag fand.
Die Gesellschaft der westlichen Welt ist heute zunehmend sensibilisiert, wenn es um den Konsum tierischer Produkte geht. „BSE“ oder „Tiertransporte“ sind nur zwei der gängigen gesellschaftlichen Reizwörter. Ein kausaler Zusammenhang zwischen einem pervertierten Umgang mit Tieren und den sich daraus ergebenden Konsequenzen für die Existenz der Menschen selbst wird immer deutlicher.
Eine stetig forcierte industrialisierte Landwirtschaft hat zu einer Massentierhaltung geführt, die den menschlichen Endverbrauchern im reichen Westen zwar einen gigantischen Nahrungsmittelüberschuss, gleichzeitig schadstoffbelastete oder minderwertige Nahrungsmittel beschert. Zwar werden die Menschen in Ländern, die reich an Nahrungsmittel sind, nachweislich immer älter. Die längere Lebenserwartung begleiten aber zunehmend chronische Erkrankungen, die zu 70 Prozent als ernährungsbedingt gelten.[1]
Um dem kapitalistischen Prinzip der Produktions- und Gewinnmaximierung gerecht zu werden, sind in der intensiven Nutztierhaltung möglichst viele Tiere auf engstem Raum untergebracht. Der drohenden Seuchengefahr auf Grund der hohen Besatzdichte begegnet man mit Antibiotika, dem eiweißreichen Kraftfutter werden leistungssteigernde Hormone beigemengt, und Psychopharmaka sollen die durch Bewegungsarmut bedingten Aggressionen und Stressreaktionen dämpfen.[2] Dieser in der Fleischproduktion nicht selten verabreichte „Giftcocktail“ findet durch den Verzehr von tierischen Nahrungsmitteln seinen Weg in den menschlichen Organismus.
Neben dem hohen Grad der Fleischkontaminierung stellt der an sich hohe Fettgehalt des Fleisches ein ernstes Problem dar. Obwohl rückläufig, sind neben Krebs die Herz-Kreislauferkrankungen in Österreich für 77,4 Prozent aller Todesursachen verantwortlich.[3] Da laut Berechnungen jeder Österreicher jährlich 57 Kilogramm pures Fett zu sich nimmt, ist übermäßiger Fleischkonsum als Verursacher vieler Gesundheitsprobleme naheliegend.[4]

Besonders drastisch sind die gesamtökologischen Folgen einer nach industriestrategischen Überlegungen ausgerichteten Landwirtschaft.

---

[1]Baier, Alexander u.a.: Globalisierung in der Speisekammer. Auf der Suche nach einer nachhaltigen Ernährung, hrsg. v. Öko-Institut e.V. Institut für angewandte Ökologie. - Freiburg o.J. S. 6f.
[2]Bittermann, Wolfgang u.a.: Zeitbombe Tierleid. Ein Report über das Geschäft mit Tieren: Wie sie gehalten, gequält und „genutzt“ werden - und was wir uns damit selber antun. - Wien 1990 S. 26ff.
[3]Sebek, Walter: Das Gesundheitswesen in Österreich, hrsg. v. Bundesministerium für Arbeit, Gesundheit und Soziales. - Wien 1998 S. 25.
[4]Ebd. S. 33.

Der hohe Spezialisierungsgrad der Fleisch- und Milchproduktion erfordert einen immer stärkeren Mineraldüngereinsatz und schafft gewaltige Mengen an Mist, der entsorgt werden muss. Beides stellt eine ernste Gefahr für die sich mit alarmierender Geschwindigkeit verringernden natürlichen Wasserreservoirs dar. Außerdem werden für die Fleischproduktion gewaltige Wassermengen benötigt. 20.000 Liter Wasser werden in den USA verbraucht, um 1 Kilogramm Fleisch zu erzeugen.[1]
Die Massentierhaltung ermöglicht kaum eine Rückführung der gewaltigen Mengen an tierischen Ausscheidungen in den natürlichen Kreislauf.[2] Neben der Belastung des Grundwassers hat dies auch verheerende Auswirkungen auf die Bodenfruchtbarkeit. Um aber die Produktionsmengen halten und steigern zu können, ist wiederum ein vermehrter Mineraldünger- und Pestizideinsatz notwendig.
Außer dem Wasser und dem Boden sind heute mit den vorwiegend auf Fleisch ausgerichteten Ernährungsgewohnheiten noch andere Lebensgrundlagen massiv bedroht. Massentierzucht benötigt viel Weide- und Ernteland, das überwiegend durch Abholzung der Waldbestände zu gewinnen ist. Dabei wird eine Reduktion der pflanzlichen und tierischen Artenvielfalt, eine erhöhte Bodenerosion und Klimabeeinträchtigung in Kauf genommen. Dass der steigende Fleischexport aus Mittel- und Südamerika wesentlich zur Zerstörung des tropischen Regenwaldes beiträgt, ist eine bekannte, dennoch immer noch mit Phlegma zur Kenntnis genommene Tatsache. Zwischen 1966 und 1983 wurden 100.000 Quadratkilometer des Regenwaldes am Amazonas gerodet. 40 Prozent dieser für die klimatische Stabilität der gesamten Erde so wichtigen Fläche mussten der Rindfleischproduktion weichen.[3] Auch in anderen Erdteilen ist der Artenverlust sowie die Gewässerkontamination und -verknappung durch Düngemittel- und Pestizideinsatz enorm.[4] Nach amerikanischen Schätzungen könnte jede Person, die sich zu einer Alternativkost entschließen würde, dazu beitragen, dass 4.000 Quadratmeter Waldfläche pro Jahr verschont blieben.[5]

Diese längst nicht vollständigen humanbiologischen und ökologischen Aspekte der Ernährungsfrage bestätigen Udes Analysen aus der Zwischenkriegszeit, wenngleich, im Unterschied zu damals, das damit verbundene ökologische Problem heute immer mehr in den Vordergrund rückt.
Auch aus ernährungswissenschaftlicher Sicht gelten alternative Ernährungsformen, die auf einer breiten, mehrheitlich aus pflanzlichen Stoffen zusammenge-

---

[1]Robbins, John: Ernährung für ein neues Jahrtausend. - Waldfeucht 1996 S. 347.
[2]In den USA produzieren die Nutztiere alle 24 Stunden 9 Milliarden Kilogramm Exkremente. (Robbins, Ernährung S. 352.)
[3]Seager, Joni: Der Öko-Atlas. - Bonn 1995 S. 16.
[4]Vgl.: Baier, Globalisierung S. 30ff.
[5]Robbins, Ernährung S. 343.

gesetzten Lebensmittelauswahl basieren, als für den menschlichen Organismus sehr zuträglich.[1] Ob die von Ude als Reformziel angestrebte (vegane) Rohkosternährung als Dauerernährung bedenkenlos zu empfehlen ist, bleibt weiterhin umstritten und wird mehrheitlich verneint. Beeindruckend bleibt der konsequent berücksichtigte ethische Aspekt des Tier- und Naturschutzes bei dieser Kostform. Gerade der von naturwissenschaftlicher Seite nicht überprüfbare ethische Hintergrund bietet die Möglichkeit zu einer ganzheitlichen Sichtweise.[2] Das sich wandelnde Bewusstsein der Menschen in den Industriestaaten ist „neben der Suche nach ganzheitlichen Wegen in der Medizin und dem Wunsch, sich naturgemäß zu verhalten", auch Ausdruck einer „Suche nach dem Sinn des Lebens, die Menschen dazu bringt, ihre Ernährungs- und Lebensweise zu verändern."[3]

9.1.3. Ansätze zu einer neuen Lebensreform?

Ude zählte in Österreich zu den aktivsten Vertretern jener Bewegung, die gegen Ende des 19. Jahrhunderts und in den Jahrzehnten danach unter dem Begriff „Lebensreform" zu einer Neugestaltung sämtlicher Daseinsformen aufrief.
Auch heute gibt es eine äußerst lebendige subkulturelle Szene, die in mancherlei Hinsicht Parallelen zu den antiindustriellen Protesttendenzen am Beginn des Jahrhunderts aufweist. Anknüpfungsmöglichkeiten sind jedenfalls zu finden, wenn auch der Begriff „Lebensreform" heute nicht mehr gebräuchlich ist und die Ursprünge und Entwicklungen nicht unbedingt übereinstimmend sind.

Aus der Vielzahl der neuen Strömungen sei auf eine spirituell-ökologische Bewegung verwiesen, die unter dem Namen „Bioregionalismus" in den letzten Jahren vermehrt die Aufmerksamkeit auf sich zog. Als Beispiel ist sie deshalb brauchbar, weil Vielschichtigkeit, Zielsetzungen und Ausdrucksformen mit den traditionellen lebensreformerischen Ansätzen korrelieren.
Seit Beginn der 1970er Jahre kristallisierte sich aus dem Sammelbecken der amerikanischen „Gegenkultur" ein ökologisch-bürgerrechtliches Aktivitätsbündel heraus, das an das traditionelle amerikanische „Regionale Denken" anknüpfte.[4] Als Leitbild galt die Vorstellung, dass das gesamte Leben eines Raumes, der von der Natur geprägt ist, ein einheitliches System bildet. Der Mensch als ein Teil davon habe sich sowohl in die natürlichen Kreisläufe als auch in die kulturellen Überlieferungen dieser jeweiligen „Bioregion" einzugliedern.

---

[1]Leitzmann, Alternative S. 224ff.
[2]Vgl. dazu auch: Wolf, Jean-Claude: Moralische Argumente für den Tierschutz. In: Biologie und Ethik S. 100ff.
[3]Leitzmann, Alternative S 227.
[4]Vgl. dazu: Gugenberger, Eduard u.a.: Bioregionalismus. Bewegung für das 21. Jahrhundert. - Osnabrück 1995 S. 21ff.

Neben dem seit dem 19. Jahrhundert immer wieder neu belebten „alten" Regionalismus gaben anarchistisches Landkommunenwesen, Gandhis und Thoreaus Lebensformen, diverse spirituelle Richtungen sowie Ureinwohnerkulturen die entscheidenden Impulse für neuere Strömungen, die zum bioregionalistischen Denken verschmolzen.
Die meisten Gruppierungen suchen ein naturgemäßes Leben in den ländlichen Regionen. Es gibt aber auch urbane Ausrichtungen, die dem rein ökologischen Engagement oft kritisch gegenüberstehen und auf eine betont politische, zumeist anarchistische Haltung Wert legen.[1] Gewaltlose Praktiken nach dem Vorbild Gandhis finden sich ebenso wie aggressive Ausprägungen nach dem Motto: „Macht kaputt, was die Natur kaputt macht."
So unterschiedlich die geistigen Wurzeln sind, so bunt ist auch das soziokulturelle Bild der Gruppen. Ein Grundkonsens besteht am ehesten darüber, dass die Welt als ökologisch-kulturelle Ganzheit aufzufassen ist.
Die wirtschaftlichen Konzepte sind zum Teil sehr divergierend, oft auch widersprüchlich.[2] Der Kapitalismus wird zwar mehrheitlich abgelehnt, fallweise finden sich aber trotzdem Versatzstücke kapitalistischer Wirtschaftspraktiken. „Die Produktion eines Minimums an Gütern mit einem Minimum an Umweltzerstörung mit dem Gebrauch eines Maximums an erneuerbaren Ressourcen und eines Maximums an menschlicher Arbeits- und Schöpferkraft"[3] - gilt als ein in der Bewegung allgemein akzeptierter ökonomischer bioregionalistischer Lehrsatz. Selbstversorgung, Selbsthilfe und solidarische Zusammenarbeit sind weitere wichtige Bestandteile dieser Wirtschaftsphilosophie. Das größte Augenmerk gilt der Landwirtschaft, die zumeist unter dem Gesichtspunkten der „Permakultur" (= „permanent agriculture") betrieben wird. Zinslose Geldsysteme und Tauschkreise erfreuen sich unter den Bioregionalisten einer steigenden Beliebtheit. Die Kritik am Großgrundbesitz ist vorhanden, sonst aber stellt die Frage der Bodenbesitzform kein vordringliches Problem dar.
Ein wesentliches Merkmal des Bioregionalismus ist die spirituelle Durchdringung.[4] Christliche Basisgruppen, Esoteriker, New-Age-Anhänger und so genannte „Tiefenökologen" sind vertreten. Letztere streben nach der „unio mystica", der harmonischen Einheit der Natur, die Pflanzen und Tiere als gleichwertige, gleichberechtigte Partner des Menschen in einer neuen Ökozentrik verbindet.[5]

---

[1]Vgl. z.B.: Bookchin, Murray: Die Formen der Freiheit. Aufsätze über Ökologie und Anarchismus. - Asslar Werdorf 1977 S. 59ff.
[2]Gugenberger, Bioregionalismus S. 61ff.
[3]Zit. nach: Ebd. S. 66.
[4]Vgl.: La Chapelle, Dolores: Weisheit der Erde. Eine spirituelle Ökologie. - Saarbrücken 1978 S. 293ff.
[5]Gugenberger, Bioregionalismus S. 83ff.

Abgesehen von den USA ist der Bioregionalismus in Australien sehr stark vertreten, wo die Aktivisten vielfach ähnliche Ziele verfolgen wie die Aborigines. In Europa konnte das regionalistische Denken bislang nur vereinzelt Fuß fassen, hingegen gewinnt die „Tiefenökologie“ und die „Permakultur“ immer mehr an Bedeutung. „Permakultur“ wird in Österreich ganz allgemein als Alternative zur herkömmlichen raubbauenden Lebens- und Wirtschaftsweise verstanden und daher mit ökologischem Landbau, Alternativenergiegewinnung, aber auch mit dem Aufbau von regionalen Tauschkreisen identifiziert.[1] Perma-Prinzipien werden hier auch verstärkt in ökologische Stadtplanungskonzepte einbezogen.
Auffallend ist, dass den regionalistischen Bewegungen ein gewisses konservatives Element eigen ist. Ihre antimodernistische Ausprägung, „die Kritik an der Industriegesellschaft mit ihrer Tendenz zum linearen Fortschritt, zum Abbau traditioneller Loyalitäten und zur Nivellierung sozialer und historischer Unterschiede“[2] kann dafür als Beleg dienen.
Problematisch ist der, weniger in den USA als gelegentlich in Europa auftretende, nationale bisweilen sogar rechtsextreme Einschlag mancher biroregionalistischer Gruppen. Dabei wird Umweltschutz mit „Volksschutz vor Überfremdung“ ideologisch verknüpft.[3]

In den Industriestaaten gibt es heute eine Vielzahl von Gruppierungen, die sich Gedanken zu einer naturgemäßen Lebensweise und zu ökonomischen Nachhaltigkeitsmodellen machen. In den letzten Jahrzehnten ist die Zahl von neuen, nicht an Regierungen oder Parteien gebundene Organisationen („NGO“) stetig gestiegen. Ein besonderes Verdienst ihrer Arbeit bestand bisher darin, die Öffentlichkeit auf die Notwendigkeit des Natur- und Lebensschutzes aufmerksam gemacht zu haben. Auch ist ein wachsender politischer Einfluss bemerkbar.
Eine historische Kontinuität von der Lebensreformbewegung am Beginn des 20. Jahrhunderts zu den Bioregionalisten und NGOs an der Schwelle zum 21. Jahrhundert konstruieren zu wollen ist nur bedingt möglich und sinnvoll.[4] Gemessen an den Motiven und Strategien der heutigen Ökoaktivisten wirken aber bestimmte „alte“ lebensreformerische Ansätze, wie sie z.B. in Udes Programm zu finden sind, erstaunlich aktuell. Die spirituelle und/oder ethische Schwerpunktsetzung etwa ist heute, abseits vom trendigen „Wellness-Lifestyle“, für viele ein wichtiger Bestandteil bewusster Lebensgestaltung. An dem von Ude geprägten Ansatz „Von der Selbst- zur Weltreform“ hat sich kaum etwas geändert. Ude hat zwar den für heutige Reformkonzepte so wichtigen Begriff der „Nachhaltigkeit“

[1]Vgl. z.B.: Rotter, Stefan: Ökologische Produkt- und Flächenbewertung eines Permakulturbetriebes im Lungau. Dipl. Arb. - Wien 1998 S. 113ff.
[2]Schrenck-Notzing, Konservativismus S. 444.
[3]Gugenberger, Bioregionalismus S. 123.
[4]Vgl. Linse, Ökopax S. 153ff.

nicht verwendet, aber Ähnliches gemeint. Es geht dabei im Wesentlichen um einen gerechten Ausgleich zwischen Menschen und zwischen Lebensräumen durch Bewahrung der natürlichen Lebensgrundlagen.[1] Sein Solidarismusprinzip verweist genau in diese Richtung und enthält bereits eine deutliche globale Dimension.

Der Weg der Lebensstilveränderung wird aber heute zumeist mit weit weniger dogmatischer und asketischer Strenge beschritten, als dies zu Udes Zeiten, aber auch noch bei späteren Reformrichtungen der Fall war. Statt der moralischen Appelle und der Einforderung von harten Verzichtsleistungen suchen viele nach Möglichkeiten, Genuss und Spaß mit der Verantwortung für Menschen und Umwelt zu verbinden.[2]

9.2. Die Krise des europäischen Pazifismus

Das Bestreben nach einem dauerhaften Frieden zwischen den Menschen und einer Befriedung zwischen Mensch und Natur ist Ude zeitlebens am wichtigsten gewesen. Obwohl alle Reformansätze auf diese Blickrichtung orientiert sind und sie gleichsam zum Herzstück des gesamten Reformprogramms machen, stellt dies auch jenen Bereich dar, der nur sehr schwer einer objektiven Kritik zu unterziehen ist. Im Grunde kann sich niemand anmaßen, eine aus einem zutiefst religiösen Verständnis gewachsene und praktizierte pazifistische Haltung in Frage zu stellen. Wenn jemand das 5. Gebot des Dekalogs als ein in jeder Hinsicht ausnahmslos geltendes Glaubensdogma oder die Stellen der „Bergpredigt" als eine wortwörtlich zu verstehende Lebensregel auffasst, wird jede rationale Gegenargumentation versagen.

Dennoch ist zu konstatieren, dass die Gesamtheit der Bestrebungen zur „Ablehnung von militärischer Gewalt"[3] bis heute seiner Verwirklichung harrt. Gandhis beeindruckender gewaltloser Widerstand vermochte zwar das britische Empire zum Einlenken zu bewegen, langfristig konnte aber die Spaltung der indischen Nation in zwei verfeindete und kriegführende Staaten, die einander heute mit Atomwaffen bedrohen, nicht verhindert werden. Alle „Nie wieder ...!" Appelle vor und nach dem 1. Weltkrieg verhallten ungehört, und der Hitlerismus konnte nur mit einem gleichgearteten Gewaltausmaß gestoppt werden. Und am Beginn des 21. Jahrhunderts befinden sich immer noch „rund 40.000 intakte atomare

---

[1] Vgl. z.B.: Jakubowicz, Dan: Genuss und Nachhaltigkeit. Handbuch zur Veränderung des persönlichen Lebensstils. - Wien 1999 S. 11ff.

[2] Ebd. S. 8.

[3] Definition des Begriffs „Pazifismus" nach: Brockhaus - Die Enzyklopädie in 24. Bänden. 20. überarbeitete und aktualisierte Auflage Bd. 16. - Leipzig u.a. 1998 S. 661.

Sprengköpfe mit einer Sprengkraft von mehr als einer Million Hiroshimabomben in der Welt."[1]
Anfang der 1980er Jahre marschierten Zigtausende friedensbewegte Europäer bei Ostermärschen oder versammelten sich bei Großkonzerten, um der sowjetisch-amerikanischen Nachrüstungsspirale Menschenketten und den „We shall Overcome-Hymnus" entgegenzuhalten.[2] Als dann Ende der 1990er Jahre tatsächlich ein NATO-Bombenhagel auf Belgrad niederging und just jene, die einst als Aushängeschilder des europäischen Pazifismus galten, den Militärschlag gegen Serbien nicht nur moralisch, sondern auch politisch mitverantworteten, blieb es in der europäischen Kriegsgegnerschaft eigentümlich still.
Die völlig veränderte geopolitische Lage Europas nach der Wiedervereinigung Deutschlands hatte unter dem Eindruck der Massaker am Balkan insbesondere das ideologisch breite Spektrum der deutschen Friedensbewegung zu einer Neupositionierung der Werthaltungen gezwungen. Während sich in den Reihen der Christ-Pazifisten nach heftig geführter Debatte eine Mehrheit gegen so genannte humanitäre Militäreinsätze aussprach, dünnte das linke pazifistische Lager unter zum Teil beachtlicher intellektueller Rückendeckung sichtbar aus.[3]
Die Kritik an dem seit 1945 festgehaltenen Selbstverständnis des (deutschen) Pazifismus bezog sich einerseits auf die Verweigerung, Verantwortung zu übernehmen und sich den Problemen zu stellen, andererseits auf die Gefahr, von der bedingungslosen Friedfertigkeit ins andere Extrem zu kippen und Militäreinsätze unter dem Deckmantel der moralischen Mission prinzipiell zu legitimieren.[4]

Udes „Bergpredigtpazifismus" an den heutigen Verhältnissen zu messen ist, wie gesagt, schwer möglich. Absehbar ist hingegen, dass Friedenskonzepte auch in Zukunft notwendig sein werden. Wenn auch die Wahrscheinlichkeit einer großen globalen Konfrontation deutlich abgenommen hat, so bedrohen viele lokale Krisenherde das künftige Zusammenleben der Menschen. Kriege um Lebensressourcen wie Wasser und Boden, kulturelle und religiöse Konflikte sowie große soziale Spannungen sind deutlich absehbar.
Man kann Udes Pazifismus zugute halten, dass er weit über ein bloßes Bekenntnis zur Friedfertigkeit und einem daran sich anknüpfenden Aktionismus hinausgeht. Ude betrieb in dieser Frage, wie sein geistiger Entwicklungsprozess verdeutlicht, eine fundierte Grundlagenforschung. Er konnte somit die Ursachen für Kriegshandlungen sehr deutlich aufzeigen. Die Wirksamkeit seines (radikalen) Friedensprogrammes ist daher untrennbar an die Beseitigung der kapitalis-

[1]Liebert, Wolfgang: Aussichten auf die atomwaffenfreie Welt bei fortgesetzter Kernenergienutzung. In: Tschernobyl und kein Ende? S. 148.
[2]Vgl. Seiler, Christian: Muss Krieg sein? Nachruf auf den europäischen Pazifismus. In: Profil Nr.14 (1999) S. 19.
[3]Vgl. Schimmek, Tom: Grüne Krieger. In: Profil Nr.46 (1998) S. 88-90.
[4]Vgl. z.B.: Stephan; Cora: Das Handwerk des Krieges. - Berlin 1998 S. 247ff.

tischen Wirtschafts- und Gesellschaftsordnung geknüpft. Unter diesen Gesichtspunkten gewinnt sein ausnahmsloses Friedenspostulat realistische und zukunftsorientierte Züge.

9.3. Die antikapitalistischen Strategien

Im November 1999 entschloss sich der Bürgermeister von Seattle/USA dazu, den Notstand auszurufen. Eine Protestwelle, hervorgerufen durch die in der Stadt tagende Konferenz der „Welthandelsorganisation" (WTO) entlud sich in Ausschreitungen und Krawallen. Was den zum Schutz der Konferenzteilnehmer angeforderten Nationalgardisten entgegentrat, wirkte wie eine „retrospektive Parade aller Protestbewegungen dieses Jahrhunderts, von denen man einen Großteil längst ausgestorben wähnte."[1] Der Zorn der Demonstranten richtete sich gegen eine nicht plebiszitär legitimierte Organisation, die zum Symbol für einen hemmungslosen Kapitalismus geworden war. Der globale Markt, so hieß es in einer Erklärung der „Seattle-Marschierer", sei „die Solidarisierung der Reichen, um die Rechte der Arbeiter, das soziale Wohlergehen der Menschen und die Umwelt zu zerstören."[2]
Als Ude in der Zwischenkriegszeit in dem ihm eigenen aggressiven Tonfall sein „Nieder mit dem Kapitalismus!" hinausschrie und dazu aufforderte, dieses System zu vernichten, wurde er als gefährlicher Querulant und Kommunist verunglimpft und dementsprechend gemaßregelt. Hatte er dabei, wie ihm so oft vorgeworfen wurde, einmal mehr maßlos übertrieben oder eine Entwicklung vorweggenommen, die heute - das Beispiel Seattle scheint es zu zeigen - immer mehr ins Bewusstsein der Menschen gelangt?
Kritiker des Kapitalismus versuchen die Absurdität dieses Systems immer wieder mit Zahlen unter Beweis zu stellen. Demnach ergäbe sich in etwa folgendes Bild:
Der UNDP-Bericht 1998 gibt an, dass die drei reichsten Menschen der Welt zusammen mehr Geld besitzen als das zusammengezählte Bruttoinlandsprodukt der 48 ärmsten Länder des Erdballs.[3] Verfügten im Jahr 1960 die 20 Prozent der Weltbevölkerung, die in den reichsten Ländern lebten, über ein 30mal höheres Einkommen als die ärmsten 20 Prozent, so war ihr Einkommen 1995 bereits 82mal höher.[4] Es ist dies ein Ungleichgewicht, das nachweislich auf „Kosten" der Ärmeren geht. Aber auch der Reichtum der Reichen steht auf tönernen Füßen.
Österreich, das, wie oft stolz betont wird, zu den wohlhabendsten Ländern der Welt zählt, hat Ende der 1990er Jahre einen öffentlichen Schuldenberg von fast

---

[1]Hamann, Sibylle: Außer Kontrolle. Globalisierung. In: Profil Nr.49 (1999) S. 93.
[2]Zit. nach: Ebd. S. 96.
[3]Zit. nach: Baier, Globalisierung S. 6.
[4]Ebd.

1,8 Billionen Schilling angehäuft. Allein im Jahr 1998 musste die Republik 90 Milliarden nur für die Zinsenlast aufwenden - ein Fünftel ihrer Nettoeinnahmen.[1]
Die jährliche öffentliche Neuverschuldung wird nicht, wie oft glauben gemacht wird, für Investitionen verwendet, sondern dient in erster Linie zur Abdeckung der Zinsen aus den Altschulden. Eine Umverteilung der Zinsenlast erfolgt unter anderem über die Verbraucherpreise, wobei jeder Konsument im Durchschnitt 30 Prozent, manchmal sogar 70 Prozent nur an Zinsen in den eingekauften Gütern mitbezahlt.[2]

Die innerstaatlich wie global immer eklatanter zu Tage tretende soziale Ungerechtigkeit sowie die gnadenlose Ausbeutung der menschlichen Arbeitskraft und der Naturressourcen sind sichtbarer Ausdruck einer in einer begrenzten Welt zu einem stetigen Wachstum gezwungenen Wirtschaft, die völlig im Bann des Geldkapitals steht.
Angesichts dieser Entwicklung lässt sich im Fall Ude nicht einfach von den Kassandrarufen eines notorischen Nörglers sprechen. Im folgenden Abschnitt sollen daher einige seiner antikapitalistischen Strategien überprüft und bewertet werden.

9.3.1. Das Problem der Arbeitswertlehre

Einer der wichtigsten ökonomischen Maßstäbe in Udes Programm ist der Arbeitswert. „Die Arbeit", stellte er fest, „ist die treibende Kraft, die neue Werte schafft, allerdings immer nur im Zusammenhang mit den Kräften der Natur."[3]
Ein Blick auf andere christliche Reformbemühungen zeigt, dass fast keiner der katholischen Sozialreformer ohne die Arbeitswertlehre auszukommen scheint. Dies ist insofern erklärbar, als die Theorie des Wertes durch die Tradierung der altchristlichen Kirchenschriftsteller zu einem festen Bestandteil der christlichen Wirtschaftsethik wurde.

Der für die kirchliche Rezeption des Wertbegriffs relevante Ausgangspunkt ist Aristoteles, der bereits sehr deutlich die Begriffe des Gebrauchswertes und des Tauschwertes der Güter unterschied.[4] Aristoteles leitete den Tauschwert aus dem Gebrauchswert her, indem er das Bedürfnis zu dem alles bestimmenden

---

[1]Zit. nach: Wirtschafts-Magazin der Kronen Zeitung, 30 Oktober 1999.
[2]Vgl.: Creutz, Helmut: Das Geldsyndrom: Wege zu einer krisenfreien Marktwirtschaft. - Berlin 1996 S. 245.
[3]Ude, Eigentum, Kapitalismus, Christentum. - Graz 1930 S. 14.
[4]Kaulla, Rudolf: Die geschichtliche Entwicklung der modernen Werttheorien. - Tübingen 1906 S. 3f.

Maß des Tauschwertes erhob. Vom Standpunkt des Moralphilosophen war er bemüht, den Tauschwert eines Gutes mit dem Wesen der Gerechtigkeit in Zusammenhang zu bringen. Für Aristoteles bestand die Voraussetzung für den gerechten Tausch in der Gleichheit von Gegebenem und Genommenem.[1] Nicht die Proportionalität der Kosten, sondern nur die einander entsprechenden Bedürfnisse der Tauschpartner bestimmen für ihn die Werte, wobei das Geld als äußerer Maßstab der Bedürfnisse dient.

Aufbauend auf den aristotelischen Wertbegriff versuchten die mittelalterlichen Scholastiker nun verstärkt, diesen gemeinsamen Vergleichsmaßstab zu konkretisieren. Ihre Untersuchungen konzentrierten sich mehr auf die Beschaffenheit des Tauschobjektes, womit sich die Werttheorie von einer eher subjektiven zu einer objektiven Wertlehre verschob.[2]

Mit dem Wegfall des antiken Sklavenhaltersystems war das Faktum der Arbeit in den Blickpunkt des Interesses gerückt. Verstärkt wurde diese Tendenz durch die besondere moralische Gewichtung, die das Christentum der Arbeit beimaß. Auf der Suche nach dem „gerechten Preis" mussten die Scholastiker aber bald erkennen, dass mit der „grobsinnlichen Arbeit" als alleinige Bemessungsgrundlage dem sich stetig entfaltenden Wirtschaftswesen nicht entsprochen werden konnte. So findet sich bei Thomas v. Aquin für die Begründung des Tauschwertes neben dem Aufwand an Arbeit und Kosten das Transportproblem der Güter angesprochen.

Abgesehen von den objektiven Faktoren bei der Wertbestimmung[3] hielt Thomas auch an subjektiven Gesichtspunkten fest, „ohne diese Begriffe jedoch explizit herauszuarbeiten."[4] Ins Wanken geriet die Objektivität der mittelalterlichen Arbeitswertlehre auch deshalb, weil sich einige Theoretiker erneut für die menschliche Bedürfnisbefriedigung als einzigen Wertmaßstab aussprachen. Dazu kamen die hierarchischen Standesunterschiede, die eine Statusabstufung der Bedürfnisse zu berücksichtigen hatte.

In der Phase des Frühkapitalismus musste das Streben der Scholastiker nach der Erfassung eines absoluten Wertbegriffs zunächst einem eher krassen subjektivistischen Realismus Platz machen, wie er z.B. durch Macchiavelli vertreten wurde. Der Renaissancehumanismus brachte aber gleichzeitig auch die Wiederbelebung der traditionellen Wertlehre, sodass die nachfolgenden Theorien wieder verstärkt den Arbeitswert in ihre Abhandlungen einbezogen.

Eine starke Aufwertung erfuhr die Arbeitswertlehre durch die englische Naturrechtsphilosophie, die, vergleichbar mit dem christlichen Standpunkt, ein Übereinstimmungsideal von Tausch- und Arbeitswert annahm.

---

[1]Metternich, Werttheorie S. 85.
[2]Kaulla, Geschichtliche Entwicklung S. 49ff.
[3]Vgl. Kap. 7.2.3.
[4]Metternich, Werttheorien S. 142.

In eine ähnliche Richtung entwickelten auch die ökonomischen Klassiker wie Adam Smith und David Ricardo ihre Theorien. Die Beobachtungen konzentrierten sich in erster Linie auf den Tauschwert. Für die Bestimmung des Tauschwertes zogen sie die Arbeit heran, da Güter nur verkörperte Arbeit seien. Demnach müsse die Austauschrelation der Güter, als „relativer Preis" bezeichnet, dem Verhältnis der bei der Produktion eingesetzten Menge an Arbeit entsprechen.
Unter der Annahme eines Tausches völlig gleicher Arbeitsmengen mag dies vorstellbar sein. Diese Theorie geriet aber beim Vergleich unterschiedlicher Arbeitsquanten, mehr noch beim Vergleich unterschiedlicher Arbeitsqualitäten ins Wanken. Letzteres sollte schließlich doch wieder einer Vergleichung auf dem Markt überlassen bleiben.[1]
Smith und Ricardo hatten bei ihrer Entwicklung der Arbeitswertlehre ein vom Naturrecht geprägtes „ursprüngliches" Wirtschafts- und Gesellschaftssystem vor Augen. In einer solchen Wirtschaftsordnung, in der keine Kapitalakkumulation stattfinde und Boden eine freies Gut sei, könne sich ein „natürlicher Preis", der nur auf Grund der eingesetzten Arbeitsquantitäten entsteht, bilden. Davon zu unterscheiden sei der „Marktpreis", der von Angebot und Nachfrage bestimmt werde, und nur zeitlich begrenzt um den „natürlichen Preis" schwanken könne, mit diesem aber langfristig übereinstimmen müsse. Dies treffe besonders auf einer entwickelten Stufe des Wirtschaftens zu, auf der neben dem Faktor Arbeit auch Kapital und Boden auf die Tauschrelationen einwirken. Die Klassiker erkannten zwar, dass Kapitalbesitzer und Bodeneigentümer ihr Geld bzw. den Boden nur gegen Entschädigung der Produktion zur Verfügung stellen. In der Annahme, dass Geld in der Wirtschaft nur einen „Schleier" bilde, der das realökonomische Geschehen verdecke, aber nicht darauf einwirke, maß die klassische Lehre der Veränderung von Geldmenge und Umlaufgeschwindigkeit nur einen Einfluss auf das Preisniveau zu. Beschäftigung und Produktion blieben nach dieser Annahme davon unberührt.
Besonders Ricardo war bestrebt, alle wirtschaftlichen Beziehungen auf die Arbeitswertlehre zurückzuführen, indem er z.B. versuchte, auch die Faktoren Kapital und Grundrente in Arbeit aufzulösen. Dies führte ihn zum Prinzip der „relativen Tauschwerte", die den Vergleich zweier Güter mit der Relation der Arbeitsmengen, die in den Gütern enthalten ist, verband.[2]

Gänzlich ad absurdum geführt hat die Arbeitswertlehre aber Karl Marx. Er übernahm die klassischen Werttheorien nahezu ohne Abstriche, um beweisen zu können, wie sehr der Arbeiter im Verhältnis zwischen geleisteter Arbeit und ausbezahltem Lohn übervorteilt werde.

---

[1]Vgl.: Ricardo, Grundsätze S. 19.
[2]Metterich; Wertheorie S.273.

Wie Smith und Ricardo sah Marx den Wert einer Ware nicht in ihrem Gebrauchswert, sondern in der in ihr verkörperten Arbeit. Die Wertgröße der Ware werde bestimmt „durch den Durchschnitt der auf sie entfallenden gesellschaftlich notwendigen Arbeitszeit zur Herstellung aller Waren derselben Gattung."[1] Kritiker der marxistischen Wertlehre haben zu Recht darauf verwiesen, dass eine solche Messung in der wirtschaftlichen Praxis exakt nicht durchzuführen ist. Außerdem sei es einerlei, ob in einer Ware viel oder wenig Arbeit steckt, denn ohne Gebrauchswert besitzt sie überhaupt keinen Wert.[2] Der Trugschluss werde deutlich, wenn ein Stück braches Land betrachtet wird, das nach der marxistischen Definition, weil ohne Arbeit, keinen Gebrauchswert hervorgebracht hat. Der Wert dieses Landes ist aber in Wahrheit sehr wohl gegeben.
Als weitgehend unbestritten könne außerdem die Annahme gelten, dass Waren nicht auf den Titel der in ihr enthaltenen Arbeit veräußert oder erstanden werden, sondern „ausschließlich nach den zu ihrer Herstellung nötigen Kosten samt Gewinn."[3]
Damit stehe fest, dass nur der Preis den Wert einer Sache beschreibt, „alles übrige, was Marx in ihr hineindichtete, in der realen Wirklichkeit keinen Bestand besitzt."[4]

Die angeführten Beispiele zeigen, dass die Arbeitswertlehre in ihrer Widersprüchlichkeit kaum einen Beitrag zur Lösung ökonomischer Probleme leisten konnte, am wenigsten zu ihrem eigentlichen Ziel, der Festlegung eines „gerechten" Preises.
Das macht nun Udes Ansatz umso problematischer, zumal er der Arbeitswertlehre einen so bedeutenden Stellenwert beimaß. Bei seiner Darstellung des Wertes wird auch deutlich, dass er sich über die Theorie von Ricardo nicht hinausbewegt hat. Zwar bringt er eine ausführliche Besprechung des Gebrauchswertes mit dem Hinweis, dass dieser beim Gütertausch eine entsprechende Rolle spiele.[5] Auch scheint mit den Begriffen „Natur-Gebrauchswert" und „Arbeits-Gebrauchswert" das Augenmerk tatsächlich auf den Bereich des Gebrauchs gelenkt. Sogleich wird aber klar, dass letztlich alles analog zu Ricardo in einer relativen Tauschwertgröße aufgeht, die nur durch den Faktor Arbeit bestimmt wird.
In Udes Relationsgleichung zur Ermittlung des Tauschwertes muss der „Natur-Gebrauchswert" unberücksichtigt bleiben, weil er ein göttliches Geschenk an die Menschen darstellt, und also nicht einkalkuliert werden darf.

---

[1]Ramus, Pierre (= Rudolf Großmann): Die Irrlehre und Wissenschaftslosigkeit des Marxismus im Bereich des Sozialismus. - Wien 1919 S. 122.
[2]Ebd. S. 126.
[3]Ebd. S. 127.
[4]Ebd.
[5]Ude, Soziologie S. 256ff.

Beim „Arbeits-Gebrauchswert ist Ude wie Marx dem Denkschema verhaftet, dass ein Gut deshalb einen Wert erhält, weil sich in ihm menschliche Arbeit vergegenständlicht, die mit dem Tauschwert gleichgesetzt werde könne. Dieser Tauschwert soll dann den Preis der Waren bestimmen.
Auch bei Ude klingt die Realisierung des Tauschwertverhältnisses mittels der Durchschnittsermittlung der gesellschaftlichen Gesamtarbeitsleistungen für äquivalente Güter an. Wie die anderen Arbeitswerttheoretiker vermochte auch er nicht zu erklären, wie das konkret vonstatten gehen soll.
Außerdem stellt sich die Grundsatzfrage, inwieweit eine solche Arbeitswertlehre in einem freiwirtschaftlichen Konzept integrierbar wäre. Ein volkswirtschaftlicher Zustand, in welchem in den Warenpreisen nur die Arbeitsmengen zu bezahlen sind, ist, wenn überhaupt, nur in einem alle ökonomischen Bereiche lückenlos erfassten verstaatlichten System denkbar. Aber genau das würde den freiwirtschaftlichen Grundsätzen gänzlich zuwiderlaufen. Außerdem hat ja auch Gesell selbst allen Werttheorien eine klare Absage erteilt. Unabhängig von Ude gab es dennoch von freiwirtschaftlicher Seite immer wieder Anläufe, dem Arbeitswert-Gedanken näher zu treten und diesen nicht von vornherein als mit der Lehre Gesells unvereinbar abzulehnen.[1]
Aber auch aus den Reihen katholischer Reformer, die ansonsten eine starke Affinität zur Arbeitswertlehre hatten, kam heftige Kritik an Udes Rezeption der klassischen Theorie. So wies z.B. Johannes Messner darauf hin, dass man gerade von Ude erwartet hätte, dass er für die Theorie des Arbeitswertes, „die schon hundertmal aufgestellt und ebenso oft widerlegt worden ist, einen neuen Beweis erbringen würde, zumal auf der Arbeitswerttheorie seine ganze Wirtschaftslehre beruh(e).“[2]

9.3.2. Noch einmal: Vegetarismus und Abstinenz als sozioökonomische Dimension

Udes Lebensreformansatz ist von der alles entscheidenden Frage dominiert, wie denn das „warenökonomische Problem“ zu lösen sei. Der von ihm verwendete Begriff zeigt schon, dass abgesehen von einem bei ihm immer dominanten ethischen Gehalt hierbei auch ein rein sachlich-volkswirtschaftliches Kalkül ins Spiel kommt.
Ude hat in der Zwischenkriegszeit ein umfangreiches Datenmaterial zusammengetragen, um zu beweisen, dass der Reformweg über Vegetarismus und Abstinenz eine ökonomisch zwingende Notwendigkeit darstellt. Damals wie heute ist es schwer, über dieses Thema eine sachliche Diskussion zu führen.

---

[1]Vgl. z. B: Walker, Karl: Überlegungen zur Werttheorie. - Freising 1970.
[2]Messner, Johannes: Zins ist Wucher, sagt Professor Ude. In: Das Neue Reich Nr.11 (1931) S. 211.

Aus den verschiedensten Gründen sind die jeweils eingenommenen Standpunkte äußerst emotionsgeladen. Die tägliche Notwendigkeit zu essen und zu trinken verleiht dem Gegenstand eine besondere Brisanz und macht aus jedem Konsumenten auch einen „Ernährungsexperten". Nicht selten geht die eigentlich sehr einsichtige und vernünftige Argumentation der Vegetarier in einem Moral- und Weltverbesserungsanspruch unter. Auf der anderen Seite verschließt oft ein bestimmter Verdrängungskomplex, was den sorglosen Umgang mit der eigenen Gesundheit und der Natur betrifft, den Zugang zu dieser Thematik.

Vorweg lässt sich sagen, dass die Frage, ob eine rein vegetarische Ernährung gesünder ist als Gemischtkost, noch offen bleiben muss. Hingegen fällt der ökonomische und ökologische Aspekt eindeutig zu Gunsten des Vegetarismus aus.

Seit Udes Zeiten hat sich die Tatsache, dass das globale Reichtumsgefälle auch durch die Ernährungsfrage wesentlich mitbestimmt wird, dramatisch verschärft. Der Fleischverzehr ist immer noch ein Privileg der Wohlstandsgesellschaften. Gleichzeitig beansprucht die Fleischproduktion einen wachsenden Anteil der Weltgetreideernte als Viehfutter. In den Vereinigten Staaten, die Anfang der 1990er Jahre einen durchschnittlichen Fleischverbrauch von 120 Kilogramm pro Person und Jahr aufwiesen, dienten 46 Prozent der Ackeranbauflächen der Fleischproduktion.[1] In Europa gingen 60 Prozent des Getreideverbrauchs in der Tierfütterung auf. Wurden im Jahr 1950 noch 3.000 Tonnen der Fischfangerträge als Viehfutter verwendet, so machte der Anteil Ende der 1980er Jahre bereits weit über 28.000 Tonnen aus.
Dem steht ein immer virulenter werdendes Hungerproblem gegenüber. Noch nie hungerten so viele Menschen wie heute, und noch nie gab es so viele Staaten, die mehr Nahrungsmittel exportieren müssen, als sie einführen, wo aber gleichzeitig der Hunger zum Alltag gehört.[2] Allein von dem für die menschliche Ernährung so dringend benötigten hochwertigen, eiweißreichen Soja entfallen nur 5 Prozent der Welternte auf die direkte Nahrung für den Menschen. 90 Millionen Tonnen werden jährlich ans Vieh verfüttert.[3]
Auch Udes Nutzenrelation zwischen Vegetablien und Fleisch ist heute mehr denn je aufrecht: „Mit der pflanzlichen Nahrung, die auf direktem Weg 100 Menschen ernähren könnte, werden auf dem Umweg über Rind und Milch 30 Menschen, über Hühner und Eier nur mehr 12 Menschen und über das Schwein noch ganze 8 Menschen satt."[4]

---

[1]Seager, Öko-Atlas S. 16f.
[2]Ebd. S. 15.
[3]Bittermann, Tierleid S. 49.
[4]Ebd. S. 49.

Die ökologischen Auswirkungen dieser Entwicklung wurden bereits angesprochen. Ökologische Folgefaktoren sind zwar schwer in wirtschaftliche Berechnungen einzubauen, werden aber künftig in jedem Fall zu berücksichtigen sein. Die ökonomische Absurdität der Fleisch- und Milchproduktion ist dafür umso deutlicher in Zahlen auszudrücken.

Da ist zunächst der Energieaufwand, bei dem die Fleischindustrie unangefochten an der Spitze steht. Eine Methode, die Energiekosten eines Lebensmittelproduktes zu errechnen, ist die Ermittlung der Rohmaterialienpreise, die für die Herstellung dieses Produktes anfallen. Einer im Jahr 1978 erstellten Studie des amerikanischen Handels- und Innenministeriums ist zu entnehmen, dass dabei „der Wert der Rohmaterialien, die für die Herstellung von Nahrungsmitteln tierischer Herkunft eingesetzt werden, höher ist als der Wert der gesamten Öl-, Kohle- und Erdgasmengen, die in diesem Land verbraucht werden."[1]

Werden die erzeugten Nahrungsmittel-Kalorien mit den zur Erzeugung aufgewendeten Kalorien an Muskelkraft, Dünger, Treibstoff, Futtermittel usw. in Beziehung gesetzt, dann zeigt sich, dass für die Kraftfuttermast 10 für den Getreideanbau ohne Agrochemikalien etwa 0,1 Kalorien „Fremdenergie" benötigt werden.[2]

Dass der Wahnsinn offenbar Methode hat, wird auch am Problem der landwirtschaftlichen Überproduktion ersichtlich. Die Verwertung von einem Liter „Überschussmilch" kostete in Österreich in der 1980er Jahren das Doppelte von dem, was der Landwirt für den Liter Rohmilch bekam.[3] Mit etwa 8 Milliarden Schilling schlugen sich die Überschüsse im Budget zu Buche. 2,5 Milliarden Schilling wurden für den Futtermittelimport bereitgestellt - davon 600.000 Tonnen Eiweißfuttermittel aus den Entwicklungsländern - ‚um die Fütterung der Tier-Überschüsse abzudecken. Dazu kam noch der Gefrierfleischimport in der Höhe von 157 Millionen Schilling aus Dritte-Welt-Ländern, „obwohl die industrialisierten Länder im Verhältnis zu ihrer Bevölkerung ohnehin fünfmal mehr Hühnerfleisch und -eier produzieren als die in Entwicklung befindlichen Länder."[4]

In einer volkswirtschaftlichen Rechnung keineswegs zu vernachlässigen ist Udes Abstinenzansatz. Beides, sowohl der Alkohol- als auch der Tabakkonsum ist insofern ein besonderer Wirtschaftsfaktor, als sich damit einerseits eine ergiebige Einkommensquelle für einzelne Personen, aber auch für den Staat eröffnet. Dem stehen auf der anderen Seite gewaltige gesundheitliche und soziale Schäden gegenüber, deren Kosten von der Gesellschaft getragen werden müssen.

---

[1]Zit. nach: Robbins, Ernährung S. 355.
[2]Zit. nach: Jakubowicz, Genuss S. 36.
[3]Bittermann, Tierleid S. 48.
[4]Ebd. S. 49.

Speziell der Alkohol stellt in Österreich ein traditionell ernstes Problem dar.[1] Durchschnittlich werden in der Alpenrepublik 11 Liter reiner Alkohol pro Kopf und Jahr konsumiert, was einer Menge von 31,2 Gramm reinen Alkohols entspricht. Damit liegen die Österreicher im weltweiten Spitzenfeld der Alkoholverbraucher.[2] Laut WHO-Empfehlungen liegt die Grenze, unter der Alkoholkonsum als harmlos angesehen werden kann, bei täglich 16 Gramm für Frauen und 24 Gramm für Männer. Rund 5 Prozent der Österreicher gelten als alkoholkrank, jeder zehnte Österreicher wird im Laufe seines Lebens zum Alkoholiker. Bei den durch Alkohol bedingten Mortalitäten nimmt Österreich im europäischen Vergleich den fünften Platz ein.[3] Die Schätzungen der jährlichen Gesamtkosten des Alkoholkonsums pro Einwohner schwanken, je nach Berechnungsmodell, zwischen 898 und 11.036 Schilling.[4]
Ein volkswirtschaftlich und gesellschaftlich heftig umstrittenes Thema ist auch das Rauchen. Die WHO führt 90 Prozent aller Lungenerkrankungen sowie eine Reihe anderer Erkrankungen, bei denen die kanzerogenen Bestandteile des Tabakrauches und Nikotins als Kofaktoren auftreten, auf den Tabakkonsum zurück. „In Österreich sterben jährlich etwa 3.000 Menschen an Lungenkrebs, für dessen Entstehen zu 90 bis 95 Prozent das Rauchen verantwortlich gemacht wird.“[5]
Eine genaue Bilanzierung bezüglich einer Kosten-Nutzen-Relation der Alkohol- und Tabakproduktion ist noch nicht erstellt worden. Für den Tabakkonsum lässt sich mit ziemlicher Sicherheit behaupten, dass der volkswirtschaftliche Gesamtschaden die Einnahmen des Staates aus Abgaben und Steuern auf Tabakwaren egalisiert, wahrscheinlich sogar übertrifft.[6]
Skepsis ist auch angebracht, wenn neuerdings medizinische Studien die protektive Wirkung des Alkohols so stark betonen.[7] Hinter jeder Studie steht zumeist ein (wirtschaftliches) Interesse. Abgesehen davon bleibt es fragwürdig, ob einer Gesellschaft ein vernünftiger, „gesunder“ Umgang mit derart problematischen Produkten anerziehbar ist. Für die österreichische Gesellschaft sprechen die Fakten eher dagegen.
Zu prüfen und zu errechnen wäre auch, ob - ähnlich wie bei der Fleischerzeugung - die weltweit für die Alkohol- und Tabakproduktion bereitgestellten Bo-

---

[1]Vgl. dazu: Eisenbach-Stangl, Irmgard: Eine Gesellschaftsgeschichte des Alkohols. Produktion, Konsum und soziale Kontrolle alkoholischer Rausch- und Genussmittel in Österreich 1918-1984. - Frankfurt/M. u.a. 1991 S. 120ff.
[2]Sebek, Gesundheitswesen S. 34f.
[3]Uhl, Alfred u.a.: Handbuch Alkohol-Österreich. Zahlen, Daten, Fakten, Trends. - Wien 1999 S. 135.
[4]Ebd. S. 148ff.
[5]Sebek, Gesundheitswesen S. 32.
[6]Stelzer, Christian: Die Rolle der „legalen Drogen“ in Österreich unter Einbeziehung gesellschaftspolitischer und volkswirtschaftlicher Aspekte. Dipl. Arb. - Linz 1994 S. 112.
[7]Vgl.: Schönberger, Alwin: G’sundheit. Alkohol. In: Profil Nr.49 (1999) S. 136-142.

denflächen angesichts der Hungerproblematik zu rechtfertigen sind und ob eine allfällige landwirtschaftliche Umwidmung einen Beitrag zur Verbesserung der Situation leisten könnte.
Es mag auf den ersten Blick etwas naiv anmuten, über die Ernährungs- und Genussfrage das kapitalistische System aus den Angeln heben zu wollen. Dazu ist zu sagen, dass für Ude zwar die Lösung dieses „warenökonomischen Problems" eine eminent wichtige Angelegenheit bedeutete, ausschließlich darauf verlassen hat er sich aber nicht. Das beweist schon das Ausweichen auf die freiwirtschaftliche Geld- und Bodenreform. Aber allein die angeführten Daten aus dem Bereich „Ernährung" verdeutlichen, dass es sich dabei um eine gewichtige volkswirtschaftliche Dimension handelt.
Nach amerikanischen Berechnungen ist die Produktion von Fleisch, Milchprodukten und Eiern für ein Drittel des gesamten Rohstoffverbrauchs in den USA verantwortlich. Im Gegensatz dazu macht der Anbau von Vegetablien weniger als 5 Prozent des Rohstoffverbrauchs der Fleischproduktion aus.[1] Der Einsparungseffekt sämtlicher Rohstoffe, welche die USA verbrauchen, wird bei einer vorausgesetzten Veränderung der Essgewohnheiten mit mehr als 30 Prozent beziffert. Nach Darstellung der Wirtschaftsexperten wären die sich daraus ergebenden Synergieeffekte beachtlich: Der Bedarf an importiertem Öl könne damit um 60 Prozent zurückgenommen werden, ein baldiger Ausstieg aus der Kernenergie sei realistisch. Ein durchschnittlicher Drei-Personen-Haushalt habe durch die verringerten Ausgaben für Nahrungsmittel und den reduzierten medizinischen Versorgungsleistungen mit einem jährlichen Einsparungspotential von 4.000 Dollar zu rechnen. Das sich durch die privaten Einsparungen vergrößernde Leihgeldvolumen könne die Zinsraten senken, was wiederum eine positive Rückkoppelung auf Staatsschuld, Privathaushalte und Privatwirtschaft habe.
Soll nun bei einer angestrebten Reform des privaten und gesellschaftlichen Lebensstils auf die Vernunfteinsicht der Menschen und damit auf die Wirkung einer langfristig anberaumten Aufklärungsarbeit gesetzt werden? Oder sind einschneidende politische Maßnahmen gegen den zu erwartenden massiven Widerstand privatwirtschaftlicher Kreise gerechtfertigt? Tatsache ist, dass die Fleischproduktion enorm viele Ressourcen beansprucht. Nimmt man das bei den vielen Arbeitsschritten freigesetzte bzw. „verbrauchte" Treibhausgas CO_2 als Maßstab, so haben Klimatologen eine eindeutige Antwort parat: Die sich anbahnende klimatische Veränderung als Folge der Erderwärmung wird in Begleitung mit vielen anderen Eingriffen eine veränderte Ernährung erzwingen, und zwar im Sinne einer drastischen Einschränkung des Fleischkonsums.[2]

[1]Zit. nach. Robbins, Ernährung S. 354ff.
[2]Vgl.:Sattin, Richard u.a.: After der worming - II. Bericht aus der Zukunft. Eine Filmdokumentation der Film Australia.

9.3.3. Die Kritik an der Freiwirtschaftslehre

Udes Apologetik der Freiwirtschaft macht es notwendig, die gängigen Kritikansätze an Gesells Lehre kurz anzuschneiden.
Damals wie heute sah sich der Versuch, den Kapitalismus durch die Beseitigung der Monopolstellung von Kapital und Boden in ein marktwirtschaftliches System umzuwandeln, von verschiedenster Seite heftiger Angriffe ausgesetzt. An den oft mit viel Polemik durchsetzten Vorbehalten gegen die Freiwirtschaft ist zu beobachten, dass sich bestimmte Gegenargumente seit der Begründung dieser Bewegung nicht oder nur unwesentlich verändert haben. Feststellbar ist auch, dass in der diskursiven Auseinandersetzung um Gesells Lehre dieser bislang kein Theoriefehler nachzuweisen war. Zumindest stand bei einigen Kritikpunkten wegen der Komplexität gewisser ökonomischer Detailprobleme Aussage gegen Aussage, die sich erst durch eine praktische Erprobung der drei „F" unter heutigen Verhältnissen verifizieren ließen.

Die nur oberflächliche Auseinandersetzung mit der Freiwirtschaft verleitete bisher viele, in einem mit Umlaufantrieb ausgestatteten Tauschmittel eine permanente Inflationsgefahr zu sehen, mit dem Sparen unmöglich wäre. Ein prominentes „Opfer" dieses Missverständnisses war in der Zwischenkriegszeit Othmar Spann. Er bezeichnete die Idee eines „Freigeldes" als „grotesken Gedanken", das „die Neubildung von Produktionskapital verhinder(n) würde, weil das Sparen sinnlos würde."[1] Spann hatte dabei offenbar nicht berücksichtigt, dass das „Freigeld" nur gemeinsam mit der „Indexwährung", dem „Festwährungs-Konzept", wirksam werden kann, das eine Verhinderung von Inflation verspricht und durch die damit erreichte Geldwertstabilität Sparen sehr wohl sinnvoll macht. Später dürfte innerhalb der Spann-Schule ein Umdenken stattgefunden haben, da in der von Spann herausgegebenen Zeitschrift „Ständisches Leben" aus dem Jahr 1933 das Wörgler Freigeldexperiment überwiegend positiv beurteilt wurde.[2]

Ein oft wiederholter Vorwurf gegen die Freiwirtschaftslehre bezog sich auf Gesells These, im Zins den eigentlichen Verursacher und nicht, wie allenthalben behauptet, nur einen Verstärker von wirtschaftlichen Problemen zu sehen.[3] In

---

[1]Spann, Othmar: Die Haupttheorien der Volkswirtschaftslehre. Zit. nach: Senft, Chronik S. 24.
[2]Senft, Chronik S. 25.
[3]Vgl. dazu die diversen Kritiker der Freigeldtheorie zwischen 1933-1993. Zit. in: Niederegger, Gerhard: Das Freigeld-Syndrom: für und wider ein alternatives Geldsystem; eine kritische Bestandsaufnahme für alle, die sich im Dschungel gegensätzlicher Meinungen einen Überblick verschaffen wollen. - Wien 1997 S. 69ff.

dem Zusammenhang wird auch betont, dass die Freiwirtschaft ihr Augenmerk viel zu stark auf den monetären Bereich richte, wo doch realwirtschaftliche Vorgänge entscheidender als geldliche seien.
In diesem Argument ist doch sehr deutlich die klassische und neoklassische Theorie enthalten, „die das Geld bloß als einen 'Schleier' ansieht, der zwar über der Wirtschaft liege, aber keinerlei Einfluss auf das reale Geschehen habe."[1] Als Beipiel für eine solche Sichtweise möge noch einmal die Krisensituation der österreichischen Zwischenkriegszeit dienen. Während man in Österreich zur Bekämpfung der Massenarbeitslosigkeit mit erheblichem propagandistischem Getöse auf staatliche Eingriffe in den Produktions- und Arbeitsmarktbereich setzte, es sonst aber bei einer wirtschaftspolitischen Restriktion beließ, beschritt man in anderen Staaten wie England, Schweden oder Finnland wesentlich erfolgreicher den Weg der Einflussnahme von der Geldseite her.[2]

John Maynard Keynes, der grundsätzlich den hinter dem Freigeld liegenden Gedanken als „gesund" bezeichnete, äußerte Bedenken, dass „eine lange Reihe von Ersatzmitteln in (die) Fußstapfen"[3] eines Freigeldsystems treten könnte. Diese Befürchtung wird auch von einigen Freiwirtschaftern geteilt.[4] Auch wird auf das Problem einer Definition des Geldsubstrates verwiesen und die Wirkung des Freigeldgedankens z.B. auf Buch- oder Giralgeld in Frage gestellt.
Sicherlich bleibt die Reaktion der Menschen auf einschneidende Veränderungen eine nur sehr schwer zu bestimmende Größe. Das Beispiel Wörgl zeigt aber, dass, eine gediegene Aufklärung und Information vorausgesetzt, Menschen auch dazu bereit waren, kurzfristige Unannehmlichkeiten für eine insgesamt überwiegend positive Wirkung in Kauf zu nehmen. Eine Annahmeverweigerung des Freigeldes oder eine Flucht in Geldsubstitute ist während der Laufzeit des Experiments nicht bekannt geworden.
Obwohl es seitens der freiwirtschaftlichen Theoretiker zahlreiche Entwürfe für den Umgang mit Giral- bzw. Buchgeld gibt[5], dürfte es in der Praxis tatsächlich nicht einfach sein, ein „Ende der Substitutionskette abzusehen."[6]

Wegen der immer krasser werdenden Umweltproblematik fällt der Vorwurf, der Freiwirtschaft hafte ein „Zwang zum Geldausgeben" an, der in „einer rasant

[1]Onken, Werner: Der Zins als Angelpunkt von Wirtschaft und Moral. Gedanken zu Otmar Issings Einwänden gegen eine zinslose Wirtschaft. In: Der 3. Weg. Zeitschrift für die natürliche Wirtschaftsordnung. Sonderdruck Nr.3 (1994) S. 8.
[2]Vgl. Kap. 2.1.
[3]Keynes, Allgemeine Theorie S. 302.
[4]Vgl. z.B.: Senf, Bernd: Der Nebel um das Geld. Zinsproblematik, Währungssysteme, Wirtschaftskrisen; ein Aufklärungsbuch. - Lütjenburg 1996 S. 126ff.
[5]Vgl. z.B.: Creutz, Geldsyndrom S. 425ff.
[6]Herr, Hansjörg: Einige kritische Thesen zu Silvio Gesells Freiwirtschaftslehre aus Keynesscher Sicht. In: Z. f. Sozök. 24.Jg./73.Folge (1987) S. 12.

wachsenden 'Wegwerfökonomie'", in einer „rastlosen Kaufwut"[1] enden würde, besonders stark ins Gewicht. Bei dieser Bemängelung wird übersehen, dass es vielmehr das kapitalistische Prinzip mit den Renditezwängen ist, das Verbrauch und Konsum in einem Ausmaß fördert, das einer Umweltverträglichkeit niemals standhält. In einem freiwirtschaftlichen System besteht nach der Sättigung der Grundbedürfnisse absolut kein Zwang zum Geldausgeben und schon gar nicht eine Notwendigkeit zur Geldvermehrung.
Trotzdem ist ein Geld- und Bodenreformkonzept ohne einer Fülle von begleitenden Maßnahmen, wie sie bereits Ude vorgesehen hat und die heute in vielfältigen Varianten existieren, nicht denkbar.[2]
Zumindest für den öffentlichen Bereich lässt sich abschätzen, dass der gewaltige Reformrückstau im Sozial-, Gesundheits-, Bildungswesen und Umweltbereich einen sehr langfristigen „Geldhunger" aufrecht erhalten würde und damit die Kapitalinvestitionen in sinnvolle und notwendige Bahnen gelenkt werden.
Beim privaten Konsum gilt es zu berücksichtigt, dass eine freiwirtschaftliche Reform in den Bereichen, wo es möglich ist, einen Abbau des Staates vorsieht und daher von den Menschen eine viel größere Eigenverantwortung verlangt, als dies bei etablierten Systemen der Fall ist. Das private Haushaltsbudget muss deshalb einen Teil des Konsumkapitals für die eigene Vorsorge abzweigen. Wenn die in den Konsumgüterpreisen enthaltenen Zinslasten durch das Freigeldsystem kleiner werden oder sogar gänzlich verschwinden, ist dies auch durchaus denkbar, da nun mehr gespart werden kann. Das wiederum vergrößert das Kreditangebot, was den Zins noch stärker unter Druck setzt. Das Festwährungskonzept garantiert eine zwar zinslose, dafür wertstabile Kapitalanlage, sodass auch längerfristige Vorsorgeaufgaben realistisch erscheinen. Gleichzeitig könnte damit wiederum der Konsum in einem umweltverträglichen Rahmen gehalten werden.

Besonders standardisiert sind die Argumente der ausgesprochenen Zinsbefürworter. Dabei wird der Zins als gerechter Preis für die Kreditvergabe, als Entschädigung des Kreditgebers für den entstandenen Kaufkraft- bzw. Konsumverzicht oder als eine Art Versicherungsprämie für das Risiko des Geldverleihs gesehen.[3] Der Zins sei eine „ökonomische Verbindung zwischen Gegenwart und Zukunft", ein wichtiger Indikator, um „den Kapitaleinsatz in allen seinen sachlichen Variationen und der unterschiedlichen zeitlichen Bindung vergleichbar"[4] zu machen. Im Übrigen wäre der Zins auch deshalb zu rechtfertigen, da er schon

---

[1]Zit. nach: Niederegger, Freigeld-Syndrom S. 83.
[2]Vgl. dazu Kap. 9.3.4.
[3]Vgl. z.B.: Issing, Otmar: Der Zins und sein moralischer Schatten. Zur Rolle des Zinses in der modernen Wirtschaft. In: Der 3. Weg. Sonderdruck S. 3ff.
[4]Ebd.

in der naturalen Tauschwirtschaft z.B. in Form des Ackerpachtzinses oder des Erntezehents vorhanden gewesen sei.[1]
Freiwirtschafter halten dem entgegen, dass der Zins „sowenig 'Preis des Kredites' wie die Leihgebühr in einer Bibliothek 'Preis des Buches'"[2] sei. Wer Geld verleihen könne, habe weder Kosten für dessen Produktion noch bei stabiler Währung eine Wertverminderung in Kauf zu nehmen. Außerdem könne bei den Größenordnungen der heutigen Kreditbeziehungen nicht von einem Konsumverzicht des Gläubigers gesprochen werden. Die Investitionen eines Kredites enthielten ein ebensolches Risiko wie die Kreditvergabe.
Unbestritten ist hingegen die Funktion des Zinses als Allokationsinstrument für die Knappheit bzw. den Überfluss von Kapital. Viele Kritiker der Freiwirtschaft beachten zumeist nicht, dass es Gesell keineswegs um eine restlose Abschaffung des Zinses ging, schon gar nicht mittels eines staatlichen Dekretes. Da es sich beim Zins um eine vielfach zusammengesetzte Größe handelt, sieht die Freiwirtschaft die Bankgebühr für die Einlagenverwaltung und die Kreditvermittlungskosten als notwendig und marktkonform an.[3] Vehement bekämpft wird hingegen jener Prozentsatz im Zins, der von Gesell als „Urzins", von Keynes als „Liquiditätsverzichtsprämie" bezeichnet wurde. „Dieser der Naturalwirtschaft fremde und nicht realwirtschaftlich erklärbare Teil des Zinses" sei „eine Folge der strukturellen Macht des Geldes"[4] und als leistungsloses Einkommen des Verleihers nicht gerechtfertigt. Als Knappheitspreis und Lenkungsinstrument könne auch ein „im Idealfall verteilungsneutral um den Nullpunkt"[5] schwankender Zins verwendet werden.
Als äußerst zynische Rechtfertigung des Zinses muss die ökonomische „Brückenfunktion" zwischen dem Heute und Morgen zurückgewiesen werden. In kaum einem anderen Fall wird die Substanz künftiger Generationen derart belastet, wie durch eine gegenwärtige Verschuldung mit einem exponentiell anwachsenden Zinssystem.[6]
Inhaltlich unkorrekt ist auch die Behauptung, dass bereits die naturale Tauschwirtschaft Kredit und Zins gekannt habe. Der Pachtzins für den Acker wie übrigens auch der Mietzins wurzelt nicht im Geldzins, sondern in der Grundrente, die die „Bodenlosen" den Bodenbesitzern „für ihr bloßes Dasein"[7] als Benutzungsgebühr gezwungen sind zu zahlen. Außerdem war ein „Naturalzins" wie im Falle des Erntezehents mit den Dimensionen des Geldzinses schon deshalb

[1]Issing, Der Zins S. 3ff.
[2]Creutz, Helmut: Die Schatten des Zinses sind nicht nur unmoralisch. In: Der 3. Weg. Sonderdruck S. 67.
[3]Zur Zusammensetzung der Kreditzinssätze vgl.: Creutz, Geldsyndrom S. 89.
[4]Onken, Der Zins als Angelpunkt S. 8.
[5]Creutz, Die Schatten des Zinses S. 68.
[6]Rosenberger, Werner: Der Zins - Gedanken und Argumente. In: Der 3. Weg. Sonderdruck S. 56.
[7]Ebd.

nicht vergleichbar, weil er aus verderblichen Gütern bestand, die eine fortwährende Akkumulierung wie beim Geld unmöglich machte.

Nicht selten wird auch behauptet, eine Geldreform noch dem Typus der Freiwirtschaftslehre sei gar nicht notwendig, da das Geldwesen unter der Kontrolle etablierter Systeme stehe. Als solche bezeichnete der ehemalige österreichische Nationalbankpräsident Wolfgang Schmitz das Geldschöpfungs- und Geldvernichtungspotenzial der Zentralbanken, das als „Dämpfungselement" die Kaufkraft der Währungseinheit stabil halte. Dies geschehe „über die direkte Kontrolle der Geldmenge oder über die Beeinflussung des Zinsniveaus."[1] Hingegen lehnte es sein Kollege Otmar Issing, Chefvolkswirt und Mitglied des Direktoriums der Deutschen Bundesbank, ausdrücklich ab, einen direkten Zusammenhang zwischen der Höhe der Zinsen in der Wirtschaft und der Tätigkeit der Notenbank zu sehen.[2] Das Vertrauen in diese Kontrolleinrichtungen scheint dort ihre Grenzen zu finden, wo die Verantwortung für volkswirtschaftliche Entwicklungen ins Spiel kommt. Es darf auch nicht übersehen werden, dass die Geschäftsbanken mit dem Giralgeld einen großen Spielraum zur Geldschöpfung besitzen. Andererseits findet - wiederum bestätigt durch die Ereignisse der österreichischen Zwischenkriegszeit[3] - ein geldpolitisches Manöver der Nationalbank nicht immer eine Fortsetzung im Geschäftsbankenbereich.

Versagt die sachliche Argumentation, muss die mittlerweile schon abgedroschene, aber dennoch oft wiederholte Anschuldigung herhalten, der Freiwirtschaft sei eine Affinität zu totalitären Systemen, hauptsächlich zur NS-Ideologie, nachzuweisen.[4] In dieser Arbeit wurde hinlänglich dargelegt, dass Gesell und mit ihm ein Großteil seiner Anhängerschaft über diesen Verdacht absolut erhaben ist.[5]
Andere Vorwürfe, wie etwa jener, dass es sich bei den Freiwirtschaftern durchwegs um ökonomische Dilettanten handle[6], gehen ins Leere und bedürfen wegen ihrer unqualifizierten Pauschalierung keiner gesonderten Erwiderung.

Anzumerken wäre noch, dass in der Auseinandersetzung mit der Freiwirtschaft die Zins- und Geldproblematik ein nach wie vor heftig diskutiertes Thema ist, während sich die Bodenrechtsreform zu einem zunehmend blinden Fleck der Kritiker entwickelt. Aber gerade hier wäre eine ähnlich intensiv geführte Debatte für beide Seiten sinnvoll, handelt es sich doch dabei um das Kernstück von

[1]Zit. nach: Niederegger, Freigeld-Syndrom S. 92.
[2]Issing, Der Zins S. 5.
[3]Vgl. Kap. 2.1.5.
[4]Issing, Der Zins S. 4.
[5]Vgl. Kap. 8.1.1. und 8.1.2.
[6]Vgl. z.B.: Tagwerker, Helmut: Denkfehler der Schwundgeldvertreter. Diss. - Wien 1948 S. 1.

Gesells Reformgedankengut. Die heutige globale demografische Entwicklung müsste vielmehr dazu auffordern, dieses Thema nicht aus dem Bewusstsein zu verdrängen.

Die Freiwirtschaft als „Dritter Weg" jenseits von Kapitalismus und Kommunismus mit dem Dreibalkenkreuz als Erkennungszeichen. (Quelle: Katalog der freiwirtschaftlichen Bibliothek S. 106)

Die angeführten Pro- und Kontraargumente sollten aber nicht den Eindruck vermitteln, als wäre Gesells Theorie eine Heilslehre, die von sich aus im Stande ist, alle Probleme zu lösen. Viele der innerhalb der Freiwirtschaftsbewegung diskutierten und umstrittenen Fragen zeigen, dass davon absolut keine Rede sein kann. Gesells Anhängerschaft wird auch gut beraten sein, sich gegenüber artverwandten Reformströmungen nicht abzugrenzen, um die eigenen Ideen weiterzuentwickeln und den Zeiterfordernissen anzupassen. Auf jeden Fall ernst zu nehmen ist der kritische Hinweis, dass die Lösung der Zinsfrage alleine noch nicht ausreichen wird. Vielleicht kann dabei Udes reformerische Vielfalt einen Diskussionsansatz liefern.

9.3.4. Udes Programm als Gesinnungs- und Wirtschaftsdiktatur?

Der von Ude für sein Reformprogramm verwendete Begriff „Planwirtschaft" lässt zunächst Schlimmes vermuten. Unwillkürlich treten dabei Assoziationen zu kommandowirtschaftlichen Systemen sowjetischer Prägung auf. Nach Ansicht des russischen Schriftstellers Anatol Strelianyi habe die zentrale Planwirtschaft in der Sowjetunion gezeigt, dass es nicht der Eigenart der Menschen entspreche, nach einem Einheitsplan zu leben.[1] Planwirtschaft enthalte einen Zwang, der immer mit Gewalt einhergehe. Außerdem müsse eine massive Propaganda die Menschen davon überzeugen, dass sie ihre individuellen Interessen zu vergessen und nach eben diesem Einheitsplan glücklich zu leben haben.
Natürlich ist eine direkte Verbindung zwischen Udes Programmentwurf und der Umsetzung der sowjetischen Zentralverwaltungswirtschaft nicht herzustellen. Trotzdem kann Ude den Verdacht nicht so ohne weiters zerstreuen, dass seinem System ein mehr oder weniger zwanghafter Charakter zu Grunde liegt. Auch darf die Attributierung „sozial" für seine Planwirtschaft nicht unkritisch gesehen werden. Zu deutlich fällt der ethisch-moralische Rigorismus aus, was vom individuellen Standpunkt ökonomisch und sozial „gut" oder „schlecht" für ein Kollektiv sein soll. Ude vermag es zudem nicht, den Verdacht, er neige zu eher autoritären Lösungen, restlos auszuräumen. Auch unter der ausführlichen Darlegung einer „christlichen Demokratie" schimmert zumindest ansatzweise das antidemokratische korporative Ideal durch.

Was die Lösung des „warenökonomischen Problems" nach Udes Vorstellungen betrifft, spricht vom rationalen Standpunkt das meiste dafür. Zu bedenken gilt aber, dass eine derart einschneidende Umorientierung der Lebensgewohnheiten gewissermaßen mit einem Bruch von Kulturtraditionen verbunden ist. Die Verweigerung eines alkoholischen Getränks im Rahmen eines gesellschaftlichen Anlasses, so vernünftig dies im Grunde auch sein mag, gilt heute größtenteils immer noch als Verletzung sozialer Konventionen. Ob dies, so wie Udes Gesinnungsreform es vorsah, nur mit Aufklärungs- und Erziehungsarbeit überbrückbar ist, bleibt dahingestellt.
Wenn man berücksichtigt, dass in Österreich viele landwirtschaftliche Betriebe in den Alpenregionen liegen, so ist an einen generellen Verzicht der Milch- und Fleischproduktion realistischerweise nicht zu denken. Udes Wirtschaftsplan fordert dies aber in letzter Konsequenz. Landwirtschaftliche Betriebe mit rein biologischer Ausrichtung wären in dieser Situation ein denkbarer und sinnvoller Kompromiss.
Planwirtschaftliche Systeme erhöhen unbestreitbar den Spielraum der Planungsstellen beim Setzen ökonomischer Maßnahmen. Ebenso schränken sie aber auch

---

[1]Zit. in: Portisch, Hugo u.a.: Hört die Siganale. Wege und Irrwege des Sowjet-Kommunismus. Folge 3: Stalin. Der Sozialismus, der keiner war. ORF Filmdokumentation.

die Freiheit „der als Arbeiter, Produzenten und Konsumenten beteiligten Menschen“[1] ein. Wirtschaftlicher Dirigismus steht deshalb grundsätzlich im Gegensatz zu Bestrebungen, eine durch das Prinzip von Angebot und Nachfrage „selbstgesteuerte“ Marktwirtschaft zu errichten. Genau das verspricht sich aber z.B. die Freiwirtschaft von der Beseitigung der Kapital- und Bodenmonopole. Udes „soziale Planwirtschaft“ enthält dagegen mit der „qualitativen“ Normierung der Güter, der Forderung nach Bedarfsdeckung und dem Versuch einer Preis- und Lohngestaltung über den Arbeitswert den totalen Zugriff auf den Waren- und Arbeitsmarkt.
Theoretiker der Freiwirtschaft sehen in der Ausschaltung marktwirtschaftlicher Selbststeuerungsprozesse die Gefahr, dass eine Planungsmaßnahme eine Störung in einem anderen Bereich hervorruft, die wiederum durch eine weitere Planungsmaßnahme beseitigt werden muss usw.[2]
Den Begriff „Marktwirtschaft“, den die Gesellianer erst nach einer erfolgten Gleichstellung der Produktionsfaktoren „Arbeit“, „Kapital“ und „Boden“ gelten lassen, hat Ude bezeichnenderweise so nicht verwendet. Das bestärkt die Annahme, dass er in der Freiwirtschaft lediglich ein probates Mittel sah, die kapitalistischen Strukturen zu zerschlagen. Denkbar ist, dass Ude daran gedacht hat, in einem weiteren Schritt an die Stelle der Freiwirtschaft ein von Waren- und Konsumkontigentierung gekennzeichnetes System treten zu lassen. In diesem wären die Marktmechanismen aufgehoben, Geld hätte vielleicht seinen Funktionswert zu Gunsten einer Art Bezugsschein-System verloren und christliche Wertmaßstäbe wirkten nicht nur als weltanschauliche Rechtfertigungsinstanz, sondern als allgemein verbindliche Rechtsnorm.

Bemerkenswert ist, dass heute viele kapitalismuskritische Reformmodelle in eine ähnliche Richtung weisen. Allerdings verzichten diese auf einen engen ideologischen Rahmen und legen ihrem geistigen Ansatz eine nicht unbedingt an Weltanschauungen gebunden Verantwortungsethik zu Grunde. Planende Maßnahmen, die eine nachhaltige Verteilungsgerechtigkeit der globalen Ressourcen anstreben, bleiben aber bestimmend.[3]
Konzepte wie der „ökologische Rucksack“ oder der „ökologische Fußabdruck“ versuchen Materialmengen, Energien und Bodenflächen, die für die Produktion von Gütern aufgewendet werden, zu errechnen, um z.B. von der weltweit verfügbaren Landfläche und der Gesamtbevölkerungszahl auf einen Verteilungsschlüssel zu kommen.
Als flexibler gilt das Modell des „Umweltraumes“, das nicht nur Tonnen und Hektar als Umrechnungsgrößen verwendet, sondern Material- und Energiekon-

---

[1]Winkler, Ernst: Ökologische Ökonomie. Zwischen kapitalistischer und geplanter Wirtschaft. In: Z. f. Sozök. 19.Jg./52.Folge (1982) S. 16.
[2]Ebd. S. 20f.
[3]Vgl.: Jakubowicz, Genuss S. 12ff.

tingente für die verschiedensten menschlichen Daseinsformen unterscheidet und regionale und globale Differenzierungen trifft.
Die CO_2 - Emissionen werden als besonders „konkrete Übersetzung des Nachhaltigkeitszieles" angenommen, weil das bei allen Verbrennungsprozessen entstehende Treibhausgas CO_2 den Energieverbrauch gut bestimmbar repräsentiert.[1] Nach Berechnungen liegt der weltweite CO_2 - Ausstoß, der zulässig ist, um dem Planeten Erde eine längerfristige Überlebenschance zu geben, bei 11 Milliarden Tonnen pro Jahr. Auf alle Menschen der Erde umgerechnet entspricht dies einem „Verbrauch" von 2 Tonnen pro Kopf und Jahr.[2] Damit ist der „Budgetrahmen" vorgegeben, innerhalb dem jeder Mensch „frei" Güter konsumieren darf. Das „Ressourcenguthaben" soll als „Syntropiewährung" das kapitalistische Geldsystem ersetzen und als globale Landreform wirken.
Der Gedanke, der hinter diesem Modell steht, erinnert in gewisser Weise an das, was auch Ude mit seinem Planungsvorgaben bewirken wollte. Das absolut begrenzte Budget „zwingt" jeden, beim Kauf der Konsumartikel nicht nur die Preise, sondern auch den CO_2 - Gehalt und „Verbrauch" des jeweiligen Produktes zu vergleichen. Nach den in Kap. 9.3.2. zitierten Fakten müsste das z.B. für den Bereich der Ernährung eine starke Tendenz zu einer überwiegend vegetarischen Kost auslösen. Auch für das Wohnen, die Bekleidung, den Verkehr etc. nähern sich die Erwartungen in etwa den Forderungen traditioneller Lebensreformkonzepte an.
Es ist nicht das Ziel dieser Arbeit, auf alle Detailprobleme, vielleicht auch Widersprüche[3], einer trotz allem interessanten „bounded economy", wie die CO_2 - Kontingentierung auch genannt wird, einzugehen. Allein die Tatsache, dass sehr viele wichtige Fragen offen bleiben bzw. Maßnahmen erst in ihrer konkreten Auswirkung beurteilt werden können, zeigt das Problem auf, das Systemen, die mit Kontingentierungen und Planungsmaßstäben arbeiten, eigen ist: Die Gefahr, durch ständig nachbessernde Eingriffe von einem klug durchdachten dynamischen Grundkonzept in ein zwanghaftes, mechanistisches Planungsschema zu geraten, bleibt bestehen.
In dieser Hinsicht könnte man auch Udes „soziale Planwirtschaft" bewerten. Die einem vornehmlich konservativen Weltbild entsprungene Fortschrittsskepsis erhält aber unter dem Blickwinkel heutiger Probleme nicht nur einen bewahrenden, sondern eigentlich schon wieder fortschrittlichen Charakter. Die sich verschärfenden ökologischen Probleme machen es absehbar, dass zumindest Ressourcenkontingentierungen sehr bald zu einer zwingenden Notwendigkeit

---

[1]Vgl.: Mayer, Ausstieg aus dem Crash. S. 93ff.
[2]Die CO_2 - Emission liegt heute in den Industriestaaten zwischen 11 bis 23 Tonnen, in den meisten Ländern der südlichen Hemisphäre weit unter 2 Tonnen pro Kopf und Jahr. (Mayer, Ausstieg aus dem Crash S. 96.)
[3]Ungenügend gelöst erscheint vor allem der Bereich der Entlohnung und des Einkommens (Vgl. Mayer, Ausstieg aus dem Crash S. 121ff).

werden. Ob sich daran noch weitere planwirtschaftliche Maßnahmen knüpfen und ob diese mit ähnlichen moralischen Restriktionen verbunden sind, wie sie in Udes Reform auftreten, bleibt abzuwarten.
Es sei nochmals darauf hingewiesen, dass sich auch Werner Sombart für eine „bewusste Regelung der wirtschaftlichen Vorgänge"[1] ausgesprochen und dafür die Bezeichnung „Planwirtschaft" verwendet hat. Udes häufige Bezugnahme auf Sombart legt die Vermutung nahe, dass er bei seiner Begriffsfindung von diesem inspiriert gewesen sein könnte. Jedenfalls hat Sombart in seinem nach festen Grundsätzen und von einem Gesamtplan ausgehenden System eine Möglichkeit gesehen, der „wilde(n), chaotische(n), ungeordnete(n), plan- und sinnlosen Wirtschaft"[2] des Kapitalismus entgegenzuwirken. In ähnlicher, wenn auch in einer moralisch schärferen Tonart hat auch Ude seine Planwirtschaft begründet.

[1]Zit. nach Niederegger, Ideen S. 223.
[2]Zit. nach: Ebd.

4. Teil: Wirkungsgeschichte

10. Wirkungsgeschichtliches aus der Zwischenkriegszeit

> „Was unser Geist der Wirrnis abgewinnt,
> kommt irgendwann Lebendigem zugute;
> wenn es auch manchmal nur Gedanken sind,
> sie lösen sich in jenem großen Blute,
> das weiterrinnt ...
> Und ist's Gefühl: wer weiß, wie weit es reicht
> und was es in dem reinen Raum ergibt,
> in dem ein kleines Mehr von schwer und leicht
> Welten bewegt und einen Stern verschiebt."
> (Rainer Maria Rilke)[1]

Im letzten Abschnitt wird nun jenen Spuren nachgegangen, die Ude durch seine Arbeit in der Zwischenkriegszeit und danach hinterlassen hat. Gemeint ist damit in erster Linie die Ausstrahlung seines Wirkens auf Einzelpersonen und Vereinigungen, die entweder sein Gedankengut direkt übernahmen oder mit ihm in Verbindung standen und dadurch in gewisser Weise beeinflusst wurden.
Die Darstellung erhebt insofern keinen Anspruch auf Vollständigkeit, als die Vielfalt von Udes Betätigungen, aber auch die oft unübersichtliche Quellensituation auch für diesen Bereich eine exemplarische Darstellung notwendig machen. Speziell für die Zwischenkriegszeit gilt, dass die Wirkungsgeschichte als solches noch sehr eng mit Udes eigener Tätigkeit verknüpft ist. Zu beachten sind dabei aber die verhängten Redeverbote, die seine Arbeit und damit auch die Entfaltung seiner Lebensreform in den verschiedenen Organisationen stark beeinträchtigt haben.

10.1. „Wirtschaftsverein" und „Ude-Verband"

Die in der ersten Jahreshälfte 1926 erfolgte Gründung von Udes „Wirtschaftsverein" fiel in eine politisch heikle Phase der 1. Republik. Im Herbst 1920 war die „von einem hohen Maß an Kooperation bzw. von Koalitionsregierungen mit wechselnder Zusammensetzung und deutlicher parlamentarischer Unterstützung geprägt(e) Phase"[2] zu Ende gegangen. Die schweren wirtschaftlichen und sozialen Krisen beschworen in der Folge ein großes Misstrauen insbesondere zwischen den beiden größten politischen Lagern, den Christlichsozialen und den Sozialdemokraten herauf. Obwohl die Sozialdemokratische Arbeiterpartei einen

[1] Zit. nach: Baumer, Franz: Paradiese der Zukunft. Die Menschheitsträume vom besseren Leben. - München/Wien 1967 S. 159.
[2] Dachs, Herbert: Das Parteiensystem. In: Handbuch des politischen Systems Österreichs. Erste Republik. S. 156.

nahezu konstant hohen Mandatsanteil im Parlament halten konnte und aus der Wahl 1930 sogar als stimmenstärkste Partei hervorging, waren die Sozialdemokraten seit Oktober 1920 in keiner Regierung mehr vertreten. Unter den so genannten „Bürgerblockregierungen", bestehend aus Christlichsozialen, Großdeutschen und später auch dem Landbund, vertiefte sich die Kluft noch mehr. Das aggressive Auftreten der den einzelnen Parteien nahestehenden Wehrverbände setzte die Republik einer enormen Zerreißprobe aus, der sie schließlich auch erlag.
Mit Ignaz Seipel, der ab Mai 1922 mit zwei kurzen Unterbrechungen insgesamt fünf Kabinetten als Bundeskanzler vorstand, peilten die Christlichsozialen eine, wie sie es nannten, „antimarxistische Einheitsfront" an, die alle bürgerlichkonservativen Parteibewegungen einbinden und so eine Regierungsbeteiligung der Sozialdemokraten vereiteln sollte. Trotzdem ließ der legislativ planmäßig vorgesehene Wahlgang des Jahres 1927 knappe Mehrheitsverhältnisse erwarten. Jedes Draußenbleiben oder Ausscheren aus dem „Bürgerblock" konnte für die Christlichsozialen eine empfindliche Schwächung oder gar den Machtverlust bedeuten. Unter diesem Gesichtspunkt ist auch das persönliche Verhältnis zwischen Ignaz Seipel und Johannes Ude einerseits und die harten Verbalattacken zwischen Christlichsozialen und den Parteigängern des „Wirtschaftsvereins" andererseits zu sehen.

10.1.1. Programmatische und organisatorische Entwicklung

Das Programm des „Wirtschaftsvereins" trug die deutliche Handschrift des Begründers und zunächst noch unumstrittenen Führers Johannes Ude. Seitens des Vereins signalisierte man den festen Entschluss, „ganz im Sinne des von Professor Ude entworfenen wirtschaftspolitischen Programms seine große Kulturmission anzutreten."[1]
In den Programmentwürfen nannte Ude als wichtigste Voraussetzung, um dem „Wirtschaftsverein" anzugehören, die vorbehaltlose ethisch-religiöse Bindung bei gleichzeitig geübter bürgerlicher - allerdings nicht religiöser - Toleranz. Persönlichkeitswahlrecht statt Listenwahlsystem und „Volkswohlpolitik" statt Parteipolitik, womit ein klares Bekenntnis zur ständisch gegliederten Verfassung gemeint war, verpflichtete die Anhängerschaft.
Angeführt wurden die 13 Programmpunkte von der Forderung nach einer Bodenreformgesetzgebung im Sinne einer der Allgemeinheit zugute kommenden Abschöpfung der Grundrente bei gleichzeitiger Förderung des Siedlungs-, Eigenheim- und Gartenstadtgedankens. Die Maßnahmen zur Lösung des „warenökonomischen Problems" standen neben der Bevorzugung der Landwirtschaft

---

[1] Wirtschaftsverein für Österreich: Prof. Dr. Ude. I. Sein Entwurf für ein wirtschaftspolitisches Programm. II. Seine Erläuterungen zum Programmentwurf. - Graz 1926 S. 1.

gegenüber Industrie, Handel und Gewerbe. Angesprochen war auch die Revision der Pariser Vororteverträge durch die Thematisierung der Anschlussfrage. Dem Arbeitslosenproblem sollte mit der „produktiven Arbeitslosenfürsorge", d.h. mit Überlegungen zu einer Arbeitsdienstpflicht, weiters mit einer international organisierten Auswandererfürsorge sowie der „Ausschaltung des Weibes als Konkurrentin des Mannes im Erwerb" begegnet werden. Ergänzend dazu stand der Wille zum Schutz der Arbeitswelt vor Ausbeutung. Die Forderung „vorbehaltlose Anerkennung des ehrlich erworbenen Privateigentums" enthielt den Ruf nach stabiler Währung, die Entflechtung des Geldmonopols, aber auch rigorose Sparmaßnahmen in der öffentlichen Verwaltung und bei der Ausübung politischer Ämter. Das Bekenntnis zum Pazifismus, die Internationalisierung der Reformen sowie eine Kampfansage an jene Presse, die von der Weltanschauung des „Wirtschaftsvereins" abweichen sollte, rundeten den Entwurf ab.

Gegen Ende des Jahres 1926 hatten sich in allen Bundesländern Ortsgruppen des „Wirtschaftsvereins" etabliert. Als Vereinszweck wurde „die Förderung des gesamten wirtschaftlichen Lebens in Österreich auf Grundlage der gesicherten Ergebnisse der Volkswirtschaftslehre und der Ethik"[1] angegeben. Davon ausgehend sollte der Korruption der Kampf angesagt, der „gerechte Ausgleich der wirtschaftlichen Interessen aller Berufe und Stände" angestrebt und der „Geist der Sparsamkeit" geweckt und gepflegt werden.[2]
Anfang Oktober stand dem „Wirtschaftsverein" mit dem „Österreichischen Bund" auch ein eigenes Presseorgan zur Verfügung. Bereits in der ersten Ausgabe des Blattes wurden Überlegungen angestellt, aus dem „Wirtschaftsverein" eine wahlwerbende Bewegung zu machen.[3] Als „parlamentarisches Zünglein an der Waage" wollte man auf „christlich-deutscher", ständischer und antikapitalistischer Grundlage eine deutliche Abgrenzung zur Christlichsozialen Partei erzielen, bei der nicht einmal mehr „der Schatten eines Lueger" zu finden sei.[4]
Karl Lueger, der sich seit 1878 im Wiener Gemeinderat politisch betätigte, hatte in den 1880er Jahren einen Schwenk vom Liberalismus zur katholischen Soziallehre Vogelsangs vollzogen.[5] Als Gründer und Führer der Christlichsozialen Partei agitierte er nun, populistisch sehr erfolgreich, gegen Kapitalismus, Sozialismus, liberale Presse, Deutschnationalismus und Judentum. Rückhalt fand er vor allem im gewerblichen Mittelstand, für den er sich sehr engagierte. In der

---

[1]Vereinssatzung des „Wirtschaftsvereins" (ÖStA: BKA GZ: 95.920-9/26 u. BKA GZ: 100.872-9/27).
[2]Ebd.
[3]Vgl.: Kosch, Wilhelm: Muss an die Seite des Wirtschaftsvereins die politische Partei treten? In: Ö.B. Nr.1/1.Jg (1926) S. 1.
[4]Ebd.
[5]Vgl.: Reichhold, Ludwig: Karl Lueger. Die soziale Wende in der Kommunalpolitik. - Wien 1989 S. 7ff.

Funktion als Wiener Bürgermeister von 1897-1910 ergriff er äußerst nachhaltige Maßnahmen in der Infrastruktur und im Umweltschutz.
Die Gefolgsleute des „Wirtschaftsvereins“ waren deshalb versucht, die Popularität Luegers auf Ude zu projizieren, zumal einige Facetten in Udes Persönlichkeit, z.B. seine Rhetorik, an den christlichsozialen „Volkstribun“ erinnerten. Vor allem im direkten Vergleich mit Seipel erschien ihnen Ude, der die antikapitalistische Linie des Sozialkatholizismus tatsächlich am konsequentesten vertrat, als der eigentliche Nachfolger Luegers.

Lueger zu Ude: Dich habe ich zum Nachfolger meiner Volkspartei bestimmt, nicht den Vertrauensmann des Großkapitals.

Karikatur, die den weltanschaulichen Gegensatz zwischen Ude und Seipel ausdrückt. (Quelle: Ö.B. 6.Jg./Nr.17 1931 S. 2.)

Das Interesse an Udes Organisation dürfte in der Anfangsphase tatsächlich beachtlich gewesen sein. Udes Persönlichkeit, aber auch die Selbstdarstellung des Vereins, gegen Partei- und Politverfilzung antreten zu wollen, zog die vielen Enttäuschten und Frustrierten an. Zwischen 6.000 und 8.000 Menschen hätten an den Versammlungen teilgenommen, berichtet Ude.[1] Wie eine Lawine sei der „Wirtschaftsverein“ durch die Lande Österreichs gefegt.

[1]Vgl.: Ude, Erinnerungen S. 86f.

In jedem Fall lief der feste Entschluss, sich nicht von den Christlichsozialen vereinnahmen zu lassen, der Strategie der „CSP“ empfindlich zuwider. Ein Mittel musste gefunden werden, um sich des Konkurrenten im eigenen Weltanschauungslager zu entledigen. Es war letztlich Ude selbst, der als Publikumsmagnet und Integrationsfigur die Achillesferse seiner Organisation darstellte. Das von den kirchlichen Stellen über Ude verhängte Redeverbot, die erzwungene Zurücknahme seiner Kandidatur als Listenführer bei den Nationalratswahlen 1927 und schließlich auch der Abtritt als Obmann des „Wirtschaftsvereins“ brachten die Bewegung um jegliche politische Chancen.
Ude büßte damit auch seinen programmatischen Einfluss deutlich ein. Die „Reichspost“, das Parteiorgan der Christlichsozialen, brachte Udes Bekanntheit mit seinen „gewinnenden menschliche(n) Eigenschaften und seine(r) interessante(n) Persönlichkeit“ in Verbindung. Auf Udes Ausscheiden aus dem „Wirtschaftsverein“ und dessen weitere Erfolgsaussichten bezogen, hieß es: „Hinter ihm ist weit und breit kein Unterführer von Bedeutung zu sehen.“[1]

Nach Udes Abgang übernahm im Oktober 1927 Jaromir Diakow, Oberstleutnant a. D. und bisheriger 1. Obmannstellvertreter, die Leitung des Vereins. Diakow hatte nach dem 1. Weltkrieg den Armeedienst quittiert und sich im Zivilleben kaufmännischen Tätigkeiten zugewandt. Von der Grazer Frontkämpfervereinigung und der Tätigkeit in der steirischen Heimwehr stieß er 1926 zur Ude-Bewegung, die er begründen und aufbauen half. Nur kurze Zeit, nachdem er die Obmannfunktion übernommen hatte, trat er zurück, um sich erneut in der Heimwehr zu betätigen. Interne Querelen erzwangen aber auch hier alsbald sein Ausscheiden. In den 1930er Jahren gelangte Diakow durch die Organisation des Freiwilligen Arbeitsdienstes zu Bekanntheit. Jaromir Diakow blieb dem „Wirtschaftsverein“ als Obmannstellvertreter bzw. als Landesleiter für die Steiermark erhalten. Als solcher erklärte er, zumindest inoffiziell, am 7. März 1931 durch sein endgültiges Ausscheiden aus dem Verein dessen Tätigsein als beendet.[2]
Im Jahr 1928 rückte der 2. Obmannstellvertreter, Odo Neustädter-Stürmer, in die Führungsposition des „Wirtschaftsvereins“ auf. Neustädter-Stürmer leitete bis zu diesem Zeitpunkt die Bezirkshauptmannschaft in Braunau am Inn und war für den „Wirtschaftsverein“ in der Landesgruppe Oberösterreich tätig.
Aber auch diese Persönlichkeit kam dem „Wirtschaftsverein“ bald wieder abhanden. 1931 erfolgte Neustädter-Stürmers Berufung in den Nationalrat als Abgeordneter des Heimatblocks. Zwischen 1933 und 1937 gehörte er, zunächst als Staatssekretär, dann als Bundesminister mit wechselnden Portefeuilles der Regierung Dollfuß bzw. Schuschnigg an.

[1]Reichspost, 14. April 1927 S. 1.
[2]Vgl.: Mitteilung des Amtes der steiermärkischen Landesregierung an die Bundespolizeidirektion Wien am 2. Dezember 1931: (ÖStA: GZ: 206W161/15/31).

Sieht man von dem vergeblichen Versuch ab, Ude bei den Bundespräsidentschaftswahlen zu kandidieren, entfaltete der „Wirtschaftsverein“ seit dem Jahr 1931 keine nennenswerten Aktivitäten mehr, auch zur Bestellung eines neuen Vorstandes scheint es nicht mehr gekommen zu sein.[1] Der Anlauf zu einer Neugründung seitens der Wiener bzw. niederösterreichischen Landesgruppe scheiterte. Am 7. Februar 1932 beschloss die Hauptversammlung die Stilllegung des Vereins, der dann 1933 aus dem Kataster gelöscht wurde.[2]

Das eigentliche Wahlprogramm, das der „Wirtschaftsverein“ der Öffentlichkeit zur Nationalratswahl vorlegte, orientierte sich weitgehend an Udes Entwürfen.[3] Mit Udes schrittweisem Rückzug aus dem Verein kam es aber zu erkennbaren Verschiebungen in den programmatischen Prioritäten.

Die eingegangene Symbiose des überzeugten „Bergpredigtpazifisten“ Ude mit ehemaligen Berufsoffizieren, Kriegsteilnehmern und Gefolgschaftsleuten von Wehrverbänden mutet doch recht seltsam an. Allfällige Gegensätze vermochte zunächst Udes Persönlichkeit zuzudecken. Nach den Nationalratswahlen 1927 begann, wahrscheinlich nicht zufällig, als Erstes der pazifistische Standpunkt zu erodieren. Im August 1927 war im „Österreichischen Bund“ unter dem Titel „Pazifismus und Bürgerkrieg“ ein Artikel erschienen, der einen der materialistischen Gesinnung entspringenden „Scheinpazifismus“ zu orten vermeinte.[4] Beklagt wurde vor allem die Aushöhlung des Vaterlandsbegriffs. Wer den Frieden wolle, der müsse ein starkes, d.h. wehrhaftes Vaterland wünschen. Eine Jugend, bei der nicht „das glühende Ideal der Liebe für das Vaterland geweckt würde“[5], sei eine Gefahr für die Gesellschaft.

Bezeichnend dafür sind auch die mit militärischem Vokabular durchsetzten Aufsätze im „Österreichischen Bund“. Metaphorisch stand diese Sprache für den Kampf des „Wirtschaftsvereins“ gegen das Parteiensystem. „Der Gegner“ der Ude-Bewegung habe „seine gesamten Streitkräfte gegen“ den „Wirtschaftsverein“ aufgebracht.[6] Von der „schwere(n) Artillerie Seipelscher Redekunst“, den „Gasschwaden giftiger Lügen“ und dem „wochenlangen Trommelfeuer einer gekauften Presse“ war die Rede.[7] Einem „schwachen unterdrückten Bergvolk“ gleich habe man „den Kampf gegen eine modern ausgerüstete Armee, gegen eine schwergepanzerte Parteimacht“ geführt.[8] Als der „Wirtschaftsverein“

---

[1]Vgl.: Vereinsakt des „Wirtschaftsvereins“: (ÖStA: BKA Gen.dir. f.ö.S. GZ: 181.634/33).
[2]Ebd.
[3]Vgl.: Diakow, Ude, der Stumme S. 61f.
[4]Ö.B. 2.Jg/Nr.32 (1927) S. 1.
[5]Ebd.
[6]Neustädter-Stürmer, Odo: Nach der Schlacht. In: Ö.B. 2.Jg./Nr.18 (1927) S. 2.
[7]Ebd. S. 2.
[8]Ebd.

„am 24. April zum Sturmangriff vorging" sei er „in ein feindliches Grabenstück, in den steirischen Landtag eingedrungen."[1]
Diese angeschlagenen Töne begleiteten deutliche inhaltliche Verlagerungen. Um die enttäuschte und merklich abbröckelnde Anhängerschaft nicht noch mehr zu verunsichern, wurde im Zusammenhang mit der beabsichtigten Neuorganisation des Vereins betont, dass dies „im Geiste Udes" geschehe.[2] Die bereits im Wahlprogramm angedeutete Forderung nach einer verfassungsrechtlichen Stärkung des Staatsoberhauptes schien man nun vehement zu verfolgen. Die gesamte Exekutive und die Hoheitsverwaltung sollten in der Person eines Mannes konzentriert werden.[3] Für die Legislative wünschte man sich ein parlamentarisches Zweikammernsystem, bestehend aus einem berufsständisch zusammengesetzten „Wirtschaftsparlament" und einem „Kulturparlament", beschickt mit „Männern des Geisteslebens".
Im Bereich der Geldreform wurden die Hoffnungen auf eine „Innenanleihe" gesetzt. Die „Einführung der Arbeitsdienstpflicht" und die „großzügige Förderung der Landwirtschaft" in Verbindung mit der Innenkolonisation und dem Siedlungsgedanken brachten nun mit Nachdruck wiederholte Postulate.
Zur Durchsetzung der Ziele versuchte der „Wirtschaftsverein" verstärkt Kontakte zu ähnlich ausgerichteten Organisationen zu knüpfen und seine Rolle als Integrationsplattform für wirtschaftliche und ständische Verbände zu definieren.[4] Mit der ab Dezember 1931 eingeführten Zusatzbezeichnung „Organ des Wirtschaftsvereins und der berufständischen Organisationen Österreichs" sandte der „Österreichische Bund" ein eindeutiges Signal in diese Richtung aus.
Innerhalb des etablierten Parteienspektrums nahm man eine klare Wertung vor, welche der Gruppierungen für eine allfällige Zusammenarbeit in Frage käme. Sozialdemokraten, Christlichsoziale und Großdeutsche schieden von vornherein aus. Sympathien bekundete der „Wirtschaftsverein" gegenüber dem „Landbund", dem man zutraute, dass er „die parteipolitischen Eierschalen, die ihm noch anhaften, abstreifen und sich zu einer reinen Ständepartei entwickeln"[5] werde.
Im Hinblick auf die Verwirklichung einer berufsständischen Verfassung glaubte man in der Heimwehr einen besonderen Hoffnungsträger sehen zu können. Der im bürgerlichen Lager gegen Ende der 1920er Jahre immer lauter werdende Ruf nach dem Ständestaat versuchte der „Wirtschaftsverein" als seinen Verdienst zu verbuchen. Man sah sich als „unentwegten und unbeugsamen Vorkämpfer dieser Bewegung", als „Sturmtruppe" gegen das „Parteiponzentum", in das man

---

[1]Neustädter-Stürmer, Nach der Schlacht S.2.
[2]Ö.B. 2.Jg./Nr.41 (1927) S. 5ff.
[3]Neustäder-Stürmer, Odo: Klare Ziele. In: Ö.B. 3.Jg./Nr.20 (1928) S. 1ff.
[4]Ö.B. 3.Jg./Nr.25 (1928) S. 1ff.
[5]Ö.B. 3.Jg./Nr.16 (1928) S. 1.

eine „Bresche geschlagen“ habe, in die „nun die frischen Truppen der Heimwehr und der Berufsverbände vordringen.“[1] Obwohl sich Ude als Pazifist deutlich von allen Wehrverbänden distanziert hatte[2], wurde im „Österreichischen Bund“ ausführlich und mit Wohlwollen von den Aktivitäten der Heimwehr berichtet.[3]

Als der parteilose, aber klar rechts orientierte Johannes Schober im September 1929 zum dritten Mal als Bundeskanzler eine Koalitionsregierung übernahm, wurde diese „Regierung der Kraft und Tat“ freudig begrüßt und Schobers Kanzlerschaft die volle Unterstützung zugesichert.[4]

Ab September 1931 zierte das Konterfei Udes das Titelblatt des „Österreichischen Bundes“, und man betonte bei jeder sich bietenden Gelegenheit, in seinem Sinn wirken zu wollen. Sonst aber blieb von Udes Lebensreform, sicher einem der wichtigsten programmatischen Schwerpunkte, kaum mehr etwas übrig. Die Vereinsleitung gab unumwunden zu, dass man das Lebensreformprogramm bewusst zurückgestellt habe.[5] Dies dürfte mit Rücksicht auf das Wahlklientel geschehen sein, das zu einem beträchtlichen Teil aus Bauern bestand. Deren Ernährungsgewohnheiten und Udes Maßnahmen zur Lösung des „warenökonomischen Problems“ lagen doch sehr weit auseinander. Vor allem bestand für den „Wirtschaftsverein“ die Gefahr, dass ein unverzichtbarer Teil der Anhängerschaft der Negativpropaganda, die gegen Ude entfacht wurde, erliegen könnte.[6] Erst ab Februar 1931 erschienen in unregelmäßigen Abständen Beiträge zur Ernährungs- und Gesundheitsfrage, auch Siedlungs- und Bodenreforminhalte fanden wieder vermehrt Erwähnung.

Bemerkenswert ist hingegen, dass das Vereinsblatt Ende 1931 mit der Freiwirtschaft ein neues Schwerpunktthema aufgriff. „Die freiwirtschaftlichen Bestrebungen“ seien „gemäß den Tendenzen des Vereinsgründers von jeher ein Bestandteil des Verbandsprogrammes“ gewesen und es liege „daher im Rahmen dieser Bestrebungen, dass auch der ‘Österreichische Bund’ die Ziele der Freiwirtschaft in erhöhtem Maße fördert“[7], lautete die Begründung. Auch in diesem Bereich gab es nun Versuche, integrativ für die österreichische Freiwirtschaft zu wirken und das Vereinsorgan dafür zu einem „gemeinsamen Sprachrohr“ auszubauen.[8] Ab sofort lautete die Zeitung mit ihrem ergänzten Untertitel: „Organ des Österreichischen Wirtschaftsvereins, der freiwirtschaftlichen und berufständischen Organisationen Österreichs“. Mit den abnehmenden Vereinstätig-

---

[1]Ö.B. 4.Jg./Nr.18 (1929) S. 2.
[2]Vgl. Kap. 6.1.3. u. Kap. 10.2.3.
[3]Vgl. z.B.: Ö.B. 4.Jg./Nr.22 (1929) S. 2.
[4]Ö.B. 4.Jg./Nr.19 (1929) S. 1.
[5]Ö.B. 2.Jg./Nr.41 (1927) S. 5ff.
[6]Vgl.: Diakow, Ude, der Stumme S. 53ff.
[7]Ö.B. 7.Jg./Nr.1 (1932) S. 3.
[8]Ö.B. 6.Jg/Nr.24 (1931) S. 3.

keiten gewannen freiwirtschaftliche Inhalte im „Österreichischen Bund" größeren Raum. Berichte über Gesells Wirken und über freiwirtschaftliche Organisationen in Österreich wurden publiziert. Die Redaktion versuchte der Leserschaft die freiwirtschaftliche Ablehnung der Gold- und Goldkernwährung zu erläutern. Weiters erfuhren die Deflationserscheinungen und ihre Auswirkungen eine eingehende Analyse aus freiwirtschaftlicher Sicht.

10.1.2. Die Wahlgänge in den 1920er Jahren

Am 22 Juli 1926 erging an Ude die kirchliche Weisung, „jede die jetzige christliche Regierung angreifende agitatorisch-aufreizende Rede in Volksversammlungen von Stadt und Land zu unterlassen, die Agitation für (die) neue Wirtschaftspartei mit Rücksicht auf die Gefahr der Schädigung und Spaltung der katholischen Partei einzustellen (und) jede Verbindung mit kirchenfeindlichen Blättern und Parteien wegen des öffentlichen Ärgernisses aufzugeben."[1]
Trotz dieses schweren Schlages gegen den „Wirtschaftsverein" entschlossen sich Udes Anhänger auf Delegiertentagungen dazu, in die Nationalrats- und die gleichzeitig stattfindenden steirischen Landtagswahlen zu ziehen und Ude selbst „in allen in Betracht kommenden Wahlkreisen als Listenführer aufzustellen."[2]
Abgesehen davon, dass Ude nun als zugkräftiger Agitator ausfiel, stand der Verein vor dem Problem, mit einem denkbar geringen Budget den Wahlkampf finanzieren zu müssen. Ende 1926 beliefen sich die Kosten für Propagandamaterial bereits auf 17 Millionen Schilling.[3] Insgesamt musste der „Wirtschaftsverein" für die Wahlgänge zwischen 1926 und 1928 140 Millionen aufbringen[4], was die Organisation in jahrelange Verbindlichkeiten und einzelne Landesgruppen in erhebliche finanzielle Schwierigkeiten brachte.
Noch vor dem 24. April, dem Tag der Nationalratswahl, fanden im Burgenland und Salzburg Landtagswahlen statt, die der „Wirtschaftsverein" für einen Probegalopp nutzen konnte. Die 1.512 Stimmen, die in Salzburg auf Udes Partei abgegeben wurden, reichten aber für kein Mandat. Die „Reichspost" brachte die eigenständige Kandidatur des „Wirtschaftsvereins" mit dem Verlust der absoluten Mehrheit für die Christlichsozialen in Zusammenhang. „Durch ihre Sonderbündelei und Eigenbrötelei" habe sich die Ude-Partei „selbst nullifiziert, um jeden Erfolg gebracht"[5]

---

[1] Zit. nach: Diakow, Ude, der Stumme S. 37.
[2] Zit. nach: Neues Grazer Tagblatt, 31 Jänner 1927.
[3] Ö.B. 1.Jg./Nr.10 (1926) S. 1.
[4] Ö.B. 3.Jg./Nr.25 (1928) S. 1.
[5] Reichspost, 4. April 1927.

Je näher die Nationalrats- und steirischen Landtagswahlen rückten, desto schärfer wurde die politische Auseinandersetzung, speziell um das sezessesionistische Verhalten des „Wirtschaftsvereins“. Während den Sozialdemokraten der Konflikt um Udes Kandidatur nicht ungelegen kam, machte sich im bürgerlichen Lager zusehends Nervosität breit.[1] Angeblich erfolgte Angebote der Christlichsozialen an den „Wirtschaftsverein“, gegen eine entsprechende materielle Zuwendung diesen in die „Einheitsliste“ einzubinden, wurden zwar dementiert, Ude deutete aber eine diesbezügliche Kontaktaufnahme aus industriellen Kreisen an.[2]

Die Vereinsleitung des „Wirtschaftsvereins“ versuchte unterdessen alle Hebel in Bewegung zu setzen, um eine Aufhebung von Udes Redeverbot zu erwirken.[3] Diese Hartnäckigkeit wurde insofern belohnt, als Ude im März 1927 die Möglichkeit erhielt, „unter der ausdrücklichen Voraussetzung, dass zur Wahrung der sittlich-religiösen Interessen die Einheitsfront tatsächlich zu Stande kommt“[4], wieder in der Öffentlichkeit als Redner aufzutreten.

Um seinem schwindenden Einfluss im „Wirtschaftsverein“ entgegenzuwirken, entwarf Ude einen mit bedingungslosem „Ja“ zu beantwortenden Fragenkatalog für alle Wahlwerber seiner Partei.[5] Ergänzend zum eigentlichen Wahlprogramm sollte die Anhängerschaft noch einmal vor allem auf die Abstinenz- und Abolitionismusforderungen, auf die Konfessionsschule und Einehe sowie auf die Bestrebungen zu einer Reform des Geldwesens eingeschworen werden. Die beabsichtigte Wirkung kehrte sich aber in ihr Gegenteil, zumal vielen Mandataren des „Wirtschaftsvereins“ die Forderungen zu überspannt erschienen. Die daraufhin fallweise erfolgten Austritte nahm die gegnerische parteipolitische Presse zum Anlass, von einem „Zerfall der Ude-Partei“ zu berichten.[6]

Am 11. April 1927 traf ein Schreiben Udes bei der Vereinsleitung ein, das dann tatsächlich zur gänzlichen Konfusion und zu Auflösungstendenzen führte. Darin hieß es: „Ich muss Ihnen leider eine für unsere Bewegung auf den ersten Anblick betrübende Mitteilung machen, dass ich meine (...) Kandidatur für den Udeverband vorbehaltlos zurückziehen muss. (...) Nach can. 139 § 4 cod. jur. can. darf und kann ich nicht kandidieren und auch kein Mandat annehmen, ohne Zustimmung der Bischöfe der betreffenden Diözesen, in denen ich als Listenführer aufgestellt bin. Diese Zustimmung aber habe ich nicht.“[7]

---

[1]Vgl. z.B.: Reichspost, 19. April 1927. Weiters: Neues Grazer Tagblatt, 16. April 1927.
[2]Ude, Erinnerungen S. 87. Vgl. dazu auch: Diakow, Ude, der Stumme S. 60f.
[3]Vgl.: Diakow, Ude, der Stumme S. 39ff.
[4]Schreiben des Generalvikars Franz Oer an den „Wirtschaftsverein“ vom 24. März 1927. Zit. nach: Diakow, Ude, der Stumme S. 41.
[5]Zit. in: Ebd. S. 92.
[6]Neues Grazer Tagblatt, 12. April 1927.
[7]Zit. nach: Diakow, Ude, der Stumme S. 59.

Bischof Pawlikowskis Entscheidung, Ude nicht zur Kandidatur zuzulassen, dürfte eine rein politische gewesen sein, obwohl das Ordinariat administrativ-verfahrensrechtliche Gründe geltend machte.[1] Die Kirchenbehörde monierte, dass Ude nicht termingerecht um eine Erlaubnis eingekommen sei. Der „Wirtschaftsverein" wiederum war bemüht, Udes Versäumnis als bewusste Unterlassung darzustellen, da, so lautete das Argument, Ude ohnehin niemals zur Kandidatur zugelassen worden wäre. Es fragt sich allerdings, wie Ude sich verhalten hätte, wäre seine Kandidatur nicht behindert worden. Des Öfteren hatte er betont, nicht Priester geworden zu sein, um selbst Politik zu betreiben, „sondern den Politikern die christlichen Grundsätze entgegenzuhalten."[2]
Ungeachtet dessen hielt der „Wirtschaftsverein" unter Vorrückung der bisherigen Listenzweiten auf den ersten Platz an der Kandidatur zur Nationalratswahl in allen Bundesländern, mit Ausnahme des Burgenlandes, fest. Unter dem „griffig-populären Begriff"[3] „Ude-Verband - Bund gegen Korruption" kandidierten neben anderen Odo Neustädter-Stürmer für den Nationalrat und der Geschäftsmann Dr. Alois Sernetz für den steirischen Landtag.
Der Wahltag brachte dann das eigentlich zu erwartende enttäuschende Ergebnis. Insgesamt entfielen auf den „Ude-Verband" etwas mehr als 35.400 Stimmen, die für den Einzug in den Nationalrat nicht ausreichten. Das gesamtsteirische Wahlergebnis ermöglichte dem „Ude-Verband" mit den 4,6 Prozent der auf ihn abgegebenen Stimmen den Sprung in den Landtag.[4] Im Wahlkreis „Graz und Umgebung" konnte auf Anhieb ein Mandat erzielt werden. Das zweite Ermittlungsverfahren ergab dann noch ein weiteres Landtagsmandat. In der steirischen Landesmetropole Graz erreichte der „Ude-Verband" sogar hinter den Sozialdemokraten und der Einheitsliste Platz drei, weit vor dem Landbund und den anderen Parteien.
Trotzdem vermochte dieses durchaus respektable Ergebnis nicht über die Niedergeschlagenheit, die sich unter Udes Leuten breit machte, hinwegtäuschen. „Nein, wir haben nicht gesiegt. Wir waren zu schwach, um - wie erhofft - in das Bollwerk der Parteien, den Nationalrat, einzudringen"[5], hieß es. Groß war die Enttäuschung auch über den Wahlausgang in Oberösterreich, wo Odo Neustädter-Stürmer als Landesleiter die Verantwortung trug. Von den erhofften 8.000 Stimmen blieben letztlich nur 3.000 über. Der Mangel an „Zeit, Geld und Rednern", formale Mängel und Fehlinformationen wurden als Gründe für das desaströse Ergebnis in Oberösterreich angegeben.[6]

[1]Neues Grazer Tagblatt, 14. April 1927.
[2]Ude, Erinnerungen S. 85.
[3]Farkas, Aufstieg und Fall S. 74.
[4]Vgl.: Lipp, Josef: Der steiermärkische Landtag. Die Landtagswahlordnung und die Landtagswahlergebnisse der Steiermark in der 1. Republik. Dipl. Arb. - Graz 1991 S. 95ff.
[5]Neustädter-Stürmer, Schlacht In: Ö.B. 2.Jg./Nr.18 (1927) S. 2.
[6]Neustädter-Stürmer, Die Wahlen in Oberösterreich. In: Ö.B. 2.Jg./Nr.18 (1927) S. 2.

Viel Zeit blieb allerdings nicht, sich in elegischen Analysen zu ergehen, da weitere Wahlen anstanden, bei denen man erneut einen Anlauf zu nehmen gedachte.

Aber auch die Resultate der im Mai 1927 stattfindenden Landtagswahlen in Kärnten, Wien, Niederösterreich und Tirol entsprachen nicht den Erwartungen. Unisono wurde auch hier „die Hetze der Einheitslistenpresse“[1], der „völlige Mangel an Kampfmitteln“[2], die „teuflisch bemessene Zeitkürze“[3] für die Vorbereitung bzw. der Umstand, keine „aus dem Volk geschundenen Wahlmilliarden zu Verfügung“[4] gehabt zu haben, für das schlechte Abschneiden verantwortlich gemacht.

Etwas besser lief es bei den Gemeinderatswahlen in der Steiermark. Die Bundesleitung des „Wirtschaftsvereins“ hatte zwar grundsätzlich beschlossen, aus finanziellen Gründen nicht anzutreten, es aber jeder Ortsgruppe freigestellt, über eine Kandidatur selbst zu entscheiden.[5] In Kapfenberg konnten die Ude-Vertreter 3 von 10 Gemeinderatsmandaten erringen, in Donawitz 2. In der steirischen Gemeinde Jamm entfielen auf ein Wahlbündnis aus „Wirtschaftsverein“ und Landbund 7 Mandate, während die „Einheitsliste“ nur 3 für sich beanspruchen konnte.

Nach Berichten des „Österreichischen Bundes“ stellte der „Wirtschaftsverein“ im Tiroler Kramsach sogar den Bürgermeister.[6]

Vereinzelte Erfolge gelangen auch bei den Gemeinderatswahlen in Oberösterreich, wo der „Wirtschaftsverein“ teilweise selbstständig, zumeist aber im Bündnis mit anderen ständischen oder wirtschaftlichen Gruppen kandidierte. In jenen Gemeinden, in denen der „Wirtschaftsverein“ keinen eigenen Kandidaten aufstellte, erfolgte eine Wahlempfehlung für Listen mit ähnlichem Programm, insbesondere für den Landbund.

Dennoch lässt sich feststellen, dass der Niedergang des „Wirtschaftsvereins“ seit dem Wahlgang 1927 nicht mehr aufzuhalten war. Symptomatisch dafür ist die Situation in der Wiener und niederösterreichischen Landesgruppe, deren Begeisterung und Enthusiasmus für Udes Reformprojekt schließlich in gegenseitigen Schuldzuweisungen und gerichtlichen Verfahren mündete. Ein heftiger Streit entbrannte z.B. zwischen dem Wiener Ude-Verband und dem Juristen Eduard Liszt, der als kurzzeitiger Landesleiter für Ude in Wien und Niederösterreich kandidiert hatte. Nach Liszts Darstellung sei nach den Wahlen das Gerücht aufgekommen, er wolle Ude aus dem „Wirtschaftsverein“ verdrängen.

---

[1]Ö.B. 2.Jg./Nr.19 (1927) S. 2f.
[2]Ö.B. 2.Jg./Nr.29 (1927) S. 3.
[3]Ebd. S. 2.
[4]Ebd.
[5]Ö.B. 3.Jg./Nr.18 (1928) S. 1.
[6]Ö.B. 4.Jg./Nr.5 (1929) S. 2.

Daraufhin hätten gegen Liszt „Quertreibereien, ja ein Verleumdungsfeldzug, der an Abscheulichkeiten kaum etwas verabsäumt“[1], begonnen. Die Wiener Landesleitung bezichtigte Liszt der Veruntreuung von Geldsummen aus der Wahlkampfzeit.[2]
Resignativ klingt auch Udes Bilanz zur Tätigkeit des „Wirtschaftsvereins“: „Allein es war auf die Dauer nicht möglich, den Verein zu halten, da innerhalb des Vereins nach und nach solche Personen die Leitung an sich rissen, die ihn zu eigennützigen Zwecken missbrauchten.“[3]

10.1.3. Die Tätigkeit der „Antikorruptionisten“

Die Verhängung des Redeverbots zwang Udes Anhängerschaft, die erst im Aufbau befindliche Organisation selbstständig weiterzuentwickeln. Wollte man bei der Gründung von neuen Ortsgruppen erfolgreich sein, musste der „Wirtschaftsverein“ sichtbare Zeichen setzen, die den ehrgeizigen programmatischen Zielen gerecht werden konnten.
Im August 1926 gründete Udes Gefolgschaft den „Elektrokonsumentenverband“, eine Art Selbsthilfeorganisation, um die Stromverbraucher „vor einer gänzlich unbegründeten, außergewöhnlichen Erhöhung der Gebühren für den elektrischen Strom (Licht und Kraft) zu bewahren.“[4] Sehr bald dürften aber mit dieser Vereinigung organisatorische und finanzielle Probleme entstanden sein, da man schon Ende 1926 den „Elektroverband“ auf eigene Beine stellte.
Zunächst aus weltanschaulichen Gründen, dann als Überlebensstrategie versuchte das Führungsgremium des Ude-Verbandes, wie schon erwähnt, Kontakte zu ähnlich ausgerichteten Gruppierungen aufzunehmen. Als inhaltliche Verbindung diente in erster Linie der ständische Gedanke, der besonders von Odo Neustädter-Stürmer forciert wurde. Gleichzeitig hoffte die Vereinsleitung, damit dem Vorwurf der Zersplitterung des bürgerlichen Lagers entgegentreten zu können. Die Vereinsleitung betonte, über die Parteigrenzen hinweg alles sammeln zu wollen, „was noch guten Willens ist in diesem Staat und noch nicht ergriffen von dem Krebsgeschwür des Parteiwesens.“[5] Selbst versuchte man, das ständische Prinzip in der eigenen Organisation verstärkt einzubringen. Die von

---

[1]Brief Eduard Liszts an die Wiener Wirtschaftspolizei vom 3. Februar 1928. (ÖStA: Bundespolizeidirektion in Wien V. B. Aktenzahl: 335-2/28ff).
[2]Brief Karl Grubers (Landesleitung Wien-Niederösterreich) an das Vereinsbüro der Polizeidirektion vom 12. März 1928. (ÖStA: Bundespol.dir. Wien V. B. - ebd.).
[3]Ude, Erinnerungen S. 91.
[4]Ö.B. 1.Jg./Nr.10 (1926 S. 1.
[5]Ö.B. 2.Jg./Nr.4 (1927) S. 1. (Besonders an diesem Wortlaut wird die antiparlamentarische Linie des „Wirtschaftsvereins“ sehr deutlich).

der oberösterreichischen Ortsgruppe Peuerbach entworfene „Ständeversammlung“ sollte berufsständische Themen in der vereinsinternen tagespolitischen Diskussion verankern und anderen Ortsgruppen zur Nachahmung empfohlen werden.[1]
Dass die Bemühungen um Wahlbündnisse bzw. die Selbstdarstellung als ständische Integrationsvereinigung wenig fruchteten, lag auch an der nach wie vor hochgehaltenen religiös-ethisch besetzten Argumentationslinie, die eher antiklerikal eingestellte Parteien wie den Landbund auf Distanz hielten.

Zu keinem Zeitpunkt gab man sich im „Wirtschaftsverein“ der Illusion hin, den Entfall von Udes Strahlkraft in irgendeiner Form kompensieren zu können. Seit dem 22. Juli 1926, dem Tag des über Ude definitiv verhängten Redeverbots, bemühte sich eine eigens dafür abgestellte Gruppe des Vereins, selbiges wieder rückgängig zu machen. Wiederholte Vorsprachen beim Seckauer Ordinariat, Briefeingaben und Unterschriftensammlungen lähmten über Monate hinweg die Aufbauarbeit der Ude-Organisation.[2] Obwohl die dafür verantwortlichen Ausschussmitglieder sehr besonnen vorgingen, indem sie nicht der Kirche, sondern ihren Missbrauch durch die Einheitsliste kritisierten, erwiesen sich diese Anstrengungen, bezogen auf die Wahlergebnisse, als Verhängnis. Was an Wahlkampfvorbereitung dadurch verabsäumt wurde, war nicht mehr aufzuholen.

Umso mehr lenkte der Verein die Aufmerksamkeit seiner Mitglieder auf die Tätigkeit des Kleinunternehmers Dr. Alois Sernetz und des Gymnasiallehrers Dr. Franz Oberegger, den beiden Mandataren des Ude-Verbandes im steirischen Landtag.
Spöttisch hatte das „Neue Grazer Tagblatt“ nach dem Wahlgang 1927 prognostiziert, dass die „zwei Vertreter der Ude-Partei ein vereinsamtes Dasein fristen“[3] werden. Realistisch betrachtet konnte die Einnahme der zwei Sitze von 56 Sitzen im Landesparlament nicht dazu ausreichen, ein eigenständiges Profil zu gewinnen.
Die beiden Abgeordneten des Ude-Verbandes waren weder in der Landesregierung, in der nur die Vertreter der bürgerlichen Einheitsliste, der Sozialdemokraten und des Landbundes Landesratsposten belegten, noch in den diversen Ausschüssen vertreten.[4] Nach der Landtagsverfassung konnten sie nicht einmal eigene Initiativanträge bzw. Anfragen einbringen. Hierfür musste die Unterstützung dreier weiterer Abgeordneter erwirkt werden. Als z.B. Dr. Sernetz bezüg-

---

[1]Ö.B. 2.Jg./Nr.45 (1927) S. 1.
[2]Vgl.: Diakow, Ude, der Stumme S. 37ff.
[3]Neues Grazer Tagblatt, 25. April 1927.
[4]Vgl.: Stenografische Berichte des Landtages von Steiermark. III. Periode 1927-1930. - Graz o. J. S. 11f. (Im Folgenden zitiert unter: Stenografische Berichte)

lich der Verzögerung bei der Bildung der Landesregierung eine Anfrage an den Landeshauptmann richten wollte und dafür von den anderen Parteien keine Unterstützung erhielt, wurde der enge politische Spielraum offenbar.[1] Erfolgreich verlief hingegen ein Antrag des Ude-Verbandes, der ein Hilfeleistungsansuchen für die in der südsteirischen Grenzstadt Radkersburg ansässigen Handels- und Gewerbetreibenden zum Inhalt hatte.[2]

Als einzige „echte Opposition" im Landtag verblieb den beiden Ude-Verbändlern in jedem Fall der Auftritt als Redner vor dem Landtagsplenum. Davon machten sie auch reichlich Gebrauch.

Bereits in der ersten Landtagssitzung kündigte Alois Sernetz in einer programmatischen Grundsatzerklärung an, „Volkswohlpolitik vor jedweder Parteipolitik" betreiben und inhaltliche Distanz zu den anderen Parteien wahren zu wollen.[3] Mit dem Eintreten für eine Wahlrechtsnovellierung, der Unterstützung des Ständegedankens und einer Verwaltungsreform, die selbst die Beseitigung der Landtage mit einschloss, sowie den Antikorruptions-, Sparsamkeits- und Gerechtigkeitsforderungen wurden in dieser Rede die Parolen des Wahlkampfs nochmals bekräftigt.

Die Äußerungen zu tagespolitischen Themen verliefen überwiegend entlang der ideologischen Ausrichtung des Ude-Verbandes. In der Kommentierung der Ereignisse vom 15. Juli 1927, dem Brand des Justizpalastes und dem sich daran knüpfenden Massakers der Exekutive an der demonstrierenden Arbeiterschaft, proklamierte Sernetz, dass „die Hetze von der linken Seite der unmittelbare Anlass (für die) schwersten Ausschreitungen"[4] gewesen sei. Nicht das Bürgertum, sondern die Sozialdemokratie habe das Kriegsbeil ausgegraben, lautete das Resümee, das freilich von einer echten Ursachenanalyse weit entfernt blieb.

In dem sich zuspitzenden politischen Konflikt zwischen der bürgerlichen Einheitsliste und der rechtskonservativen Heimwehr neigte der Ude-Verband dazu, die Heimwehrbewegung zu unterstützen. Die „Höchstziele der Heimwehr" seien zu unterschreiben, „in diesen Zeiten des wirtschaftlichen Niedergangs" müsse man sich „von der Parteipolitik abwenden"[5], stellte Alois Sernetz für den Ude-Verband fest. An die Adresse der bürgerlichen Parteien gerichtet, warnte er davor, „sich gegenseitig in die Haare zu fahren", solange in Österreich eine politische Kraft am Werk sei, welche die Arbeiterschaft missbrauche.[6] Dieser Seitenhieb gegen die Sozialdemokraten provozierte lebhafte Gegenreden, in denen sich Abgeordnete einmal mehr dazu verstiegen, Sernetz und Oberegger als „Udeotenpartei" abzustempeln.[7]

[1] Ö.B. 2.Jg./Nr. 24 (1927) S. 3.
[2] Stenografische Berichte 22. Sitzung bzw. 48. Sitzung S. 1.016.
[3] Ebd. 1. Sitzung S. 9f.
[4] Ebd. 6. Sitzung S. 69.
[5] Ebd. 55. Sitzung S. 1.135.
[6] Ebd. S. 1.135.
[7] Ebd. S. 1.134.

Noch heftiger prallten der Ude-Verband und die „SDAP“ in einer kulturpolitischen Frage aufeinander, bei der es um die Einführung des „Dachsteinliedes“ als steirische Landeshymne ging. Im Verlauf der Sitzung warf Alois Sernetz den Sozialdemokraten vor, großteils Schuld daran zu sein, dass Österreich die im Lied besungenen Gebiete heute nicht mehr besitzt. Diese sicherlich unqualifizierte Pauschalierung löste tumultartige Szenen aus, die Sernetz' Rede in Schreiduellen und Beschimpfungen untergehen ließ.[1]

Weit weniger polemisch und feindselig, aber inhaltlich zum Teil doch recht kontrovers verlief die Auseinandersetzung mit den beiden anderen bürgerlichen Parteien.

In der im Herbst 1930 heftig geführten Debatte über die sich abzeichnende vorzeitige Auflösung des steirischen Landtages kam der alte Kompetenzstreit hinsichtlich der Vertretung des bürgerlichen Lagers erneut zum Vorschein. Den Christlichsozialen wurde „Parteiegoismus“ vorgeworfen, der die Bereitschaft, „die gemeinsame bürgerliche Front zu erschlagen“ und „alle anderen bürgerlichen Gruppen nieder(zu)trampeln“, fördere.[2] Die vom Ude-Verband befürwortete Auflösung des Landtages unter der Voraussetzung, dass der nächsten Legislaturperiode eine die Kleinparteien begünstigende Wahlrechtsreform vorangehe, fand die Unterstützung der beiden anderen bürgerlichen Fraktionen. Die Christlichsozialen stellten aber die vom Ude-Verband befürwortete Auflösung des Landtages und seine Wahlrechtsreformvorschläge als politischen Leerlauf und „großes Abschiedsspektakel“ einer sich in Auflösung befindlichen Splitterpartei dar.[3]

Reibungsflächen mit der christlichsozialen Mehrheitsfraktion gab es auch bei finanziellen Themen, budgetärer oder allgemeiner Art, die naturgemäß die meisten Wortmeldungen des Ude-Verbandes hervorriefen.

Mit der Kritik an der Finanzgebarung des Landes Steiermark brachten Sernetz und Oberegger eines der zentralen Anliegen der Ude-Programmatik wiederholt zur Sprache, nämlich jenes nach Einsparungen, versehen mit den entsprechenden Vorschlägen dazu. Man war vor allem bemüht, die Auswirkungen der bedenklichen Budgetsituation auf den Mittel- und Bauernstand aufzuzeigen, wobei namentlich Sernetz als Vertreter der Gewerbetreibenden und Oberegger als Fürsprecher der Beamten und Angestellten agierte.

Für den Ude-Verband stand fest, dass sich in der „Defizitwirtschaft“ des Landes in erster Linie eine thematische Verschleppung infolge der politischen Polarisierung zwischen Christlichsozialen und Sozialdemokraten ausdrücke.[4] Weitere „fiskalische Zugriffe“ auf die Bevölkerung wurden heftig kritisiert und vehement abgelehnt. Kürzungen der Ausgaben statt neuer Steuern hieß auch hier die

[1] Vgl.: Stenografische Berichte 41. Sitzung S. 882ff.
[2] Ebd. 61. Sitzung S. 1.188.
[3] Ebd. 61. Sitzung S. 1.191.
[4] Vgl. z. B.: Ebd. 12. Sitzung S. 258ff; 30. Sitzung S. 652.

Lösungsparole.[1] Alle Maßnahmen zur finanziellen Förderung der Landwirtschaft fanden hingegen die Fürsprache des Ude-Verbandes. Mit dem Hinweis auf die Möglichkeit einer verstärkten Innenkolonisation tauchte sogar vage ein Anliegen aus Udes Lebensreformprogramm auf.[2]
Es blieb aber eindeutig dem Ude-Verband vorbehalten, im steirischen Landtag sehr deutlich die Zinsproblematik zu thematisieren. Dr. Sernetz rechnete den Abgeordneten Ende 1929 vor, dass bereits 5 Prozent des gesamten Ausgabenplanes für „Zinsen- und Amortisationsverpflichtungen" aufgewendet werden müssten.[3] Weiters vermochte er schlüssig darzulegen, welche Auswirkungen eine 13,5 prozentige bzw. 7,5 prozentige Zinsfußspannung zwischen dem Diskontzinssatz der Nationalbank und dem Zinsfuß der Geschäftsbanken auf Industrie und Landwirtschaft hat.[4] Dies sei „ein trauriges Zeichen (der) ganzen Finanzierungspolitik überhaupt" und eine „Gelegenheit, auf das Finanzproblem der ganzen Heimat hin(zu)weisen, welches dringend einer Regelung bedarf."[5]
Nicht ganz unzutreffend sind die Äußerungen einiger Abgeordneter, die Sernetz und Oberegger immer wieder in Zwischenrufen vorwarfen, dass sie sich von Udes Standpunkten weit entfernt hätten. Sernetz' ureigenste Interessen als Gewerbetreibender, mehr noch die seit Udes Ausstieg aus dem „Wirtschaftsverein" sich durchsetzende Linie, die sich von autoritären, ständestaatlichen Modellen Problemlösungen erhoffte, dürfte dafür verantwortlich zu machen sein. Andererseits muss betont werden, dass die Anzahl von lediglich zwei Abgeordneten für Inhaltsoffensiven zu wenig war.
Alles in allem ist zu bemerken, dass die Ereignisse im steirischen Landtag zwischen 1927 und 1930 im Kleinen ein Spiegelbild dessen boten, was sich auch auf Bundesebene abspielte. Der weltanschauliche Streit zwischen den Parteien diente als denkbar schlechter Ersatz für die Rat- und Konzeptlosigkeit gegenüber der drückenden wirtschaftlichen und sozialen Not.
Zu einer neuerlichen eigenständigen Kandidatur des Ude-Verbandes kam es nicht mehr. Im Oktober 1930 führte Jaromir Diakow als Vertreter der Ude-Partei Verhandlungen mit Johannes Schober, der alle unabhängigen nationalen und ständischen Gruppen für eine gemeinsame Kandidatur gewinnen wollte.[6] Bei den am 9. November 1930 stattfindenden Nationalratswahlen - gleichzeitig wählte die Steiermark einen neuen Landtag - , bei diesen letzten freien Wahlen der 1. Republik, war der Ude-Verband zur Gänze im „Schober-Block" aufgegangen.

[1] Stenografische Berichte 12. Sitzung S. 288 bzw. 30. Sitzung S. 652ff.
[2] Ebd. 13. Sitzung S. 299.
[3] Ebd. 45. Sitzung S. 960.
[4] Ebd. 51. Sitzung S. 1.064.
[5] Ebd. 51. Sitzung S. 1.064f.
[6] Reichspost, 12. Oktober 1930. Zit. nach: Dokumentationen zur österreichischen Zeitgeschichte 1928-1938 S. 52.

10.2. Die Allgegenwart Udes in den reformerischen Kreisen der Zwischenkriegszeit

10.2.1. Die Alkohol- und Tabakgegner

Jahre, bevor Ude seine Reformthesen mit dem „Wirtschaftsverein" auf eine politische Ebene hob, hatte sein lebensreformerisches Engagement bereits konkret Gestalt angenommen. Eröffnet wurden Udes ethische Bestrebungen mit dem Kampf gegen Alkohol- und Tabakkonsum. In diesem Bereich hinterließ er besonders deutliche Spuren. Allerdings fand das, was er dabei tat und vor allem wie er die Problematik anging, nicht immer die ungeteilte Zustimmung seiner Mitstreiter.

Seit dem Jahr 1902 lebte Ude total abstinent. Ab diesem Zeitpunkt hatte er dem Tabak und Alkohol auf die ihm eigene rigoristische Art und Weise einen unnachgiebigen Kampf angesagt. Im Oktober 1911 trat Ude beim zweiten österreichischen Alkoholgegnertag als Redner auf und versuchte in seinem Referat nachzuweisen, dass es der katholische Priester sei, welcher „unstreitig in erster Linie berufen ist, die katholische Jugend über den Alkoholismus aufzuklären."[1] Diese Aussage gab nun offensichtlich den Modus vor, wie er gedachte, diesen Kampf zu führen.

Ude hatte im selben Jahr den von Josef Wiesler gegründeten steirischen Landesverein „Katholisches Kreuzbündnis" unter seine Obhut gebracht. Zu einem Konflikt mit der Bundesleitung kam es, als Ude für alle Mitglieder des Vereins die Totalabstinenz verpflichtend machen wollte.[2] Nachdem er mit einer derartigen Umgestaltung des Vereins zunächst nicht durchdrang, drohte er mit der Neugründung einer Gegenorganisation und der Beschwerdeführung beim Innenministerium. Um die Einigkeit zu wahren, beugte sich der Verein schließlich Udes Anträgen. Der endgültige Bruch mit dem Vereinsvorstand blieb indes nicht aus, zumal Ude, der seit 1914 die Bundesobmannstelle inne hatte, die Verlegung der Vereinszentrale von Wien nach Graz sowie eine tiefgreifende Statutenänderung betrieb.

Seit Dezember 1915 beschritt Ude in dem von ihm gegründeten neuen Reichsverein „Katholisches Kreuzbündnis Österreichs" und dem Vereinsblatt „Österreichs Kreuzzug", das von Max Josef Metzger redigiert wurde, in dieser Angelegenheit eigene Wege. Ude vertrat unabänderlich den Standpunkt, dass nur die völlige Abstinenz der „in der Alkoholfrage praktisch Arbeitenden" sowie eine „stramm organisierte Enthaltsamkeitsbewegung" die einzigen Erfolgsgarantien seien.[3]

---

[1]Neumann, Friedrich (Hrsg.): Bericht über den 2. österreichischen Alkoholgegnertag abgehalten in Graz, am 8. und 9. Oktober 1911. - Wien u.a. 1912 S. 92.

[2]Vgl.: Der heilige Krieg. Monatsschrift der katholischen Alkoholgegner Österreichs. Blatt 1 u. 2 (1916) S. 3ff.

[3]Ude, Die katholische Abstinenzbewegung in grundlegenden Leitsätzen. - Graz 1917 S. 7.

Ude sah sich mit dem massiven Vorwurf konfrontiert, seinem autoritären Vorgehen lediglich Sonderinteressen zu Grunde gelegt und eine Aufsplitterung der katholischen Abstinenzbewegung herbeigeführt zu haben. Am Ende des Jahres 1915 gab es nicht weniger als acht selbstständige und voneinander unabhängige katholische Antialkoholvereinigungen und drei konkurrierende Vereinszeitschriften.[1]

Dementsprechend unterschiedlich fiel auch die Bewertung von Udes Wirken aus. Während einzelne Blätter Udes Arbeit in der Zwischenkriegszeit nahezu gänzlich ignorierten, verfolgten andere sein Tun aufmerksam und wohlwollend. Die „Kreuzpost", eine Zeitschrift des „Katholischen Kreuzbündnisses", brachte regelmäßig Rezensionen von Udes Werken und empfahl seine Schriften selbst dann, wenn die Inhalte von der Redaktionsmeinung erheblich abwichen.[2]

Mit besonderer Genugtuung wurde von erfolgreichen Auftritten Udes berichtet, die die eigene Sache betrafen. So kam es z.B. am 7. Jänner 1928 in Wien zu einer turbulent verlaufenden Rede- und Diskussionsveranstaltung, in der Ude in bekannter Schärfe mit dem „Alkoholkapital" abrechnete. Zu einer klärenden Diskussion sei es aber gar nicht erst gekommen, da den Interessensvertretern der Alkoholerzeugung „so schwül zumute geworden sei, dass sie zehn Minuten vor Schluss der (Ude-) Rede fluchtartig den Saal" verlassen hätten.[3]

Gewürdigt wurde Udes Arbeit auch indirekt auf der am 5. Februar 1928 abgehaltenen Hauptversammlung des mittlerweile reorganisierten „Katholischen Kreuzbündnisses". Der Tätigkeitsbericht hob bezüglich der Wirksamkeit besonders die Ortsgruppe Graz hervor, in der sich Ude nach wie vor betätigte.[4]

Die auf der Hauptversammlung des Grazer Kreuzbundes lobend erwähnten „50 Propagandareden des geistlichen Beirats der Gruppe", Ude, belegen sein ungebrochen anhaltendes Engagement für die Abstinenzbewegung.[5]

Noch in der letzten Nummer der „Kreuzpost" - sie wurde Anfang 1932 eingestellt - brachte das Blatt ausführliche und äußerst positiv bewertete Buchbesprechungen von drei sozioökonomischen Werken Udes.

Die Nachhaltigkeit von Udes Wirken bei den katholischen Alkoholgegnern lässt sich auch daran ersehen, dass thematisch auch andere, verwandte Reformbestrebungen einflossen, ja zum Teil sogar Udes Gedankenmuster und Wortlaut

---

[1]Der heilige Krieg Blatt 1 u. 2 S. 7.

[2]Vgl. z.B.: Die Kreuzpost. Freundschaftsbriefe von Mitarbeitern im katholischen Kreuzbündnis für Österreich 6.Jg./Nr.6 (1932) S. 7.: Udes Werk „Soziologie" wurde ausdrücklich gelobt und empfohlen, obwohl Udes strikte Gegnerschaft zur Todesstrafe und seine Verneinung eines „gerechten Krieges" nicht geteilt wurde. Bei der Gelegenheit äußerte man im Zusammenhang mit Udes Redeverbot die Hoffnung, dass „es dem hochgeehrten Herrn Verfasser recht bald wieder ermöglicht werde, frei und ungehindert überall in Österreich reden und auftreten zu können."

[3]Ebd. 2.Jg./Nr.6 (1928) S. 2.

[4]Ebd. 2.Jg./Nr.8 (1928) S. 4.

[5]Die Kreuzpost 2.Jg./Nr.9 (1928) S. 3.

übernommen wurden. Abgesehen von der Ernährungsfrage war es besonders der pazifistische Standpunkt, der eifrig rezipiert wurde.[1] Auch die kritische Betrachtung des Zinskapitalismus fand verstärkt Eingang.

Ähnlich vehement wie gegen den Alkohol ging Ude auch gegen Tabakerzeugnisse und deren Konsum vor. So konnte es nicht ausbleiben, dass die verhältnismäßig junge österreichische Tabakgegnerschaft auf ihn aufmerksam wurde und sein Wirken für ihre Ziele zu instrumentalisieren suchte. Udes unvoreingenommene Bereitschaft, in Wort und Schrift gegen den „Volksschädling Tabak" anzukämpfen und sein persönliches Renommee für einschlägige Organisationen zur Verfügung zu stellen, wurde rückblickend als „mutige, herzerfrischende Tat", als „Sonnenschein auf dem dornigen Weg der Tabakgegner"[2] gewürdigt.
Ude fungierte innerhalb der Nichtraucherbewegung in erster Linie als Verbindungsmann zu den Alkoholgegnern und Vegetariern. Bei den diversen internationalen Tagungen richtete er flammende Appelle an die Kongressisten, eine ganzheitliche lebensreformerische Sicht zu bewahren. Es sei unlogisch und unvernünftig, argumentierte er, wenn viele Abstinente „zwar in dankenswerter Weise das eine Narkotikum Alkohol auf das Schärfste bekämpfen, selbst aber ohne ein anderes sozial schädliches Narkotikum, ohne Nikotin, nicht glauben leben zu können."[3] Ferner werde man sich „umso leichter vom Alkohol und Nikotin freimachen können, wenn man (...) den Vegetarismus im Volk verbreitet."[4]
Auf allen internationalen Kongressen der Anti-Tabak-Ligen, an denen Ude teilnahm, vermochte er die Aufmerksamkeit auf sich zu ziehen und damit der Bewegung insgesamt neuen Schwung zu verleihen.
In den tabakgegnerischen Blättern wirkte er als „Redakteur", wobei er kritische Kongressberichte oder Aufsätze zur Thematik verfasste. Aus der Seele gesprochen hat er wohl allen Nichtrauchern, als er beispielsweise unter dem Titel „Physiologie und Psychologie des Rauchens" jenen „tatsächlichen Sklaven des Nikotins das Urteil für das, was man Takt, Zartgefühl, liebende Rücksichtnahme nennt"[5], rundweg absprach. Das Interesse des Leserpublikums erweckte er sicher auch mit Artikeln, in denen er den Giftgehalt der Rauchwaren vorrechnete[6], oder vor der Gefährdung Jugendlicher durch die Aufstellung von Zigaret-

---

[1]Vgl. z.B.: Heilig Feuer. Sendbote zur Weckung katholischer Lebenserneuerung 18. Folge (1928) S. 69f. , sowie: Ebd.: 24. Folge (1930) S. 94.
[2]Der Tabakgegner. Vierteljahresschrift des 1. Bundes deutscher Tabakgegner. 15.Jg./Nr.2 (1926) S. 3.
[3]Ude auf dem 16. Alkoholgegnerkongress in Lausanne vom 22.-27. August 1921. Zit. in: Ebd. 10.Jg./Nr.4 (1921) S. 2.
[4]Ebd.
[5]Der Tabakgegner 9.Jg./Nr.2 (1920) S. 2.
[6]Ebd. 20.Jg./Nr.2 (1931) S. 1ff.

tenautomaten warnte.[1] Interessant ist ein Aufsatz Udes zum Thema Autofahren und Abstinenz. Indem er dem Kraftfahrzeug eine große Nützlichkeit zuerkannte, erwies er sich nicht, wie vielleicht zu erwarten gewesen wäre, als prinzipieller Fortschrittsverweigerer.[2] Umso mehr verdammte er aber die Unverantwortlichkeit jener Kraftfahrzeuglenker, die dem Alkohol zusprechen und während des Fahrens rauchen.
Die Tabakgegner dankten ihm seinen Einsatz in der Art, dass sie in ihrer Vereinszeitschrift seine Broschüren und Bücher laufend erwähnten und weiterempfahlen. Auch unterstützten sie ihn moralisch in seinen zahlreichen Fehden. In dem von medialem Getöse begleiteten „Ude-Polland-Prozess"[3] war es für den „Bund deutscher Tabakgegner selbstverständlich, (sich) auf die Seite des wackeren Universitätsprofessors" zu stellen, „dem für sein unerschrockenes Eintreten für Gesundheit und Moral am besten dadurch gedankt wird, dass man auch seine Schriften kauft."[4] Nach eingehender Prüfung der Ursachen im Konflikt Udes mit seinem Vorgesetzten Bischof Pawlikowski stand das Tabakgegnertum auch hier geschlossen hinter Ude. Es stilisierte seinen Protektor zu einem verfolgen Märtyrer und versuchte ihn über das Redeverbot hinweg zu trösten, indem man prophezeite, dass seine „Verklärung" ihm „zur Ehre, der Menschheit zum Nutzen, Gott zum Lobe"[5] gereichen werde.
Die Wahl Udes zum zweiten Vizepräsidenten der „Internationalen Anti-Tabak-Liga" unterstreicht noch einmal die Wirkung, die er in diesem Umfeld entfaltet hatte.

Die von Ude gegründete Organisation „Österreichs Völkerwacht. - Verein zur Bekämpfung der öffentlichen Unsittlichkeit" entpuppte sich als äußerst wirksames Instrument für die Öffentlichkeitsarbeit. Das Publikationsorgan „Völkerwacht. Zeitschrift für Sexual- und Sozialethik", für das Ude selbst verantwortlich zeichnete, gestattete den Vertrieb der eigenen Broschüren und ließ das gesamte Spektrum des reformerischen Ansinnens zu. Die Verbindung von Abstinenz und Sozialethik erschien aus Udes Perspektive nur allzu logisch, da er bekanntlich Alkoholismus und das seiner Ansicht nach verfehlte Sexualverhalten der Gesellschaft in einen direkten Zusammenhang brachte.
Folgt man den Tätigkeitsberichten der Vereinsleitung, so muss Udes Organisation eine beachtliche Breitenwirkung erzielt haben.

---

[1]Der Tabakgegner 18.Jg./Nr.4 (1929) S. 3.
[2]Ebd. 18.Jg./Nr.2 (1929) S. 3f.
[3]Wegen der Broschüre „Universitätsprofessoren und Bordellbesitzer" war Ude von Prof. Polland auf Ehrenbeleidigung geklagt worden. Das Gericht sprach Ude frei.
[4]Der Tabakgegner 9.Jg./Nr.4 (1920) S. 7.
[5]Ebd. 19.Jg./Nr.4 (1930) S. 3.

Allein zwischen 1923 und 1925 konnte der Verein über 43.000 Broschüren absetzen.[1] Im selben Zeitraum hatte Ude im Namen der „Völkerwacht“ im In- und Ausland 277 Predigten und Reden gehalten. Auf dem internationalen Alkoholgegnertag in Kopenhagen war die „Völkerwacht“ separat durch Johannes Ude vertreten. Die dem Verein angeschlossenen Zweigorganisationen „Elisabeth-Konferenz“ und die „Rettungsaktion“, welche verarmte Personen finanziell unterstützten bzw. sich der „Rettung der im Sumpfe der Großstadt gescheiterten Mädchen“ angenommen hatten, betreuten in diesen drei Jahren zwischen 200 und 600 Menschen.

Die Beachtung, die Udes Vereinstätigkeit in der Öffentlichkeit geschenkt wurde, spiegelt sich auch in den zu den Generalversammlungen eingelaufenen Begrüßungsschreiben der weltlichen und geistlichen Behörden wider. Neben den Bischöfen von Salzburg und St. Pölten drückten namentlich Bundespräsident Hainisch, Bundeskanzler Ramek und zahlreiche Minister und Landeshauptleute ihre Wertschätzung für Udes Arbeit anlässlich der am 18. Februar 1924 stattfindenden Generalversammlung aus.[2]

Den spektakulärsten Erfolg erzielte der Verein mit der Vorbereitung und Durchführung zweier internationaler Großveranstaltungen in Graz vom 18. bis 24. September 1924. An die 400 Vertreter aus 25 Staaten nahmen an dem „Weltkongress gegen Prostitution und Mädchenhandel“ sowie am 45. internationalen Kongress der „Federation Abolitionniste Internationale“ teil.[3] 51 Bischöfe und 5 Kardinäle sandten Begrüßungs- und Zustimmungsschreiben, und Bundespräsident Hainisch empfing Delegierte und Teilnehmer beider Kongresse.

Schon die Vergabe der Kongresse an den Veranstaltungsort Graz, aber auch die enthusiastischen Stimmungsberichte und Werturteile in der nationalen und internationalen bürgerlichen Presse zeigen den mit Udes Person in Zusammenhang stehenden Bekanntheits- und Wirkungsgrad. Daran kann ermessen werden - wenngleich Spekulationen dieser Art eher müßig sind - ,wie anders Udes Wirkungsgeschichte verlaufen wäre, hätten nicht die seit 1926 ausgesprochenen Rede- und Publikationsverbote seinen Unternehmungen enge Grenzen gesetzt.

10.2.2. Lebensreform und Freiwirtschaft

In ähnlicher Weise wie die christliche Abstinenzbewegung in Ude einen wortgewaltigen Fürsprecher gefunden hatte, akklamierten auch Vegetarier, Tierschützer, Pazifisten und andere Gruppen der Lebensreformbewegung seine Person und seine Arbeit für sich.

---

[1]Vgl.: Völkerwacht. Zeitschrift für Sexual- und Sozialethik 3.Jg./Nr.3 (1924) S. 38ff.; 4.Jg./Nr.4 (1925) S. 53ff.; 5.Jg./Nr.4 (1926) S. 56ff.
[2]Ebd. 4.Jg./Nr.4 (1925) S. 53ff.
[3]Ebd. 4.Jg./Nr.5-8 (1925) S. 60ff.

Gottlieb Schmid

Gefesselt sind die Schwingen,
Gelähmt ist seine Kraft,
Das Wort darf nicht mehr klingen,
Das Heil und Rettung schafft.

Die Kerkerstäbe halten
Gefangen seinen Geist — — —
Und finstere Gewalten
Darob frohlocken dreist!

Und dennoch siegt die Wahrheit,
Trotz Feigheit und Verrat,
Denn dieses Einen Leiden
Spornt Tausende zur — Tat!

Richard Soyka.

Weitergeben! Weitersagen!

Für Professor Ude!

Gegen das Redeverbot!

Protestversammlung

am 11. April 1930, Freitag ½8 Uhr abend

Ort: Wien 1. Schwarzenbergplatz Nr. 1,

Saal des Militärkasinos

Redner: Oberstleutnant Diakow (Graz)

und Vertreter der veranstaltenden Vereine

Saaleröffnung 7 Uhr.

Arbeitsausschuß der vereinigten Ude-Freunde.

Verantwortlich: Redakteur E. H. Wachalovsky-Weil Wien, XV. Thalgasse 8

Druck: Buchdruckerei Karl Wintersberg, Zeiselmauer bei Wien.

Versammlungsaufruf der „Arbeitsgemeinschaft vereinter Ude-Freunde" in Wien. (Quelle: Bundespolizeidirektion Wien-Vereinsbüro Aktenzahl: Vs.P.4641/30)

Als der Konflikt um die neuerlich gegen Ude verhängten Rede- und Publikationsverbote immer weitere Kreise zog, trat im Jahr 1930 eine „Arbeitsgemeinschaft vereinter Ude-Freunde" zusammen, um eine Aufhebung der Beschränkungen zu erwirken.[1] Die Redner, welche bei der am 11. April 1930 in Wien stattfindenden Protestversammlung auftraten, sind insofern interessant, als sie einen repräsentativen Querschnitt jener reformerischen Gruppierungen darstellen, die von Ude beeinflusst wurden.
Neben Jaromir Diakow, dem Funktionär des „Wirtschaftsvereins", sprach sich Olga Misar vom „Bund der Kriegsdienstgegner", Richard Schwarz vom „Bund der Lebensreform", Marie Maschke als Vertreterin des „Bundes zur Bekämpfung der Vivisektion" sowie Richard Soyka vom österreichischen „Werbedienst

[1] Vgl. dazu: Kap. 8.2.2.

für Volksgesundheit“, einem Abstinenzverein, energisch für die Aufhebung des Redeverbotes aus.[1] Einer am Schluss angenommenen Resolution, die eine sofortige Aufhebung des Redeverbotes und die Gründung eines Ude-Fonds verlangte, schlossen sich noch je ein Vertreter des „Bundes der erwachenden Katholiken“ und der „Weltjugendliga“ an.
Wie sehr Ude für einzelne Vereine zu einem unersetzlichen Mentor avanciert war, zeigt beispielsweise die flehentliche Bitte des „Bundes für radikalen Tierschutz“, Ude zur Feier des Welttierschutztages am 4. Oktober 1937 trotz Redeverbotes sprechen zu lassen. Die Tierschützer, deren Ehrenpräsident Ude war, beklagten, dass sie im Falle der Aufrechterhaltung des Verbotes „einen moralischen und materiellen Schaden (erlitten), der nicht mehr gutzumachen wäre.“[2]
Gelegentlich kamen durch Interventionen auf höchster Ebene, nämlich durch den Bundespräsidenten selbst, sehr zur Erleichterung diverser Veranstaltungsleiter Udes Auftritte dennoch zu Stande.[3] Selbst wenn dies nicht gelang, verzichtete man niemals auf die Verlesung von Udes persönlichen Grußadressen. Auf der Versammlung des „Zentralverbandes österreichischer alkoholgegnerischer Vereine“ wurde den Teilnehmern am 14. April 1937 als Ersatz für eine Ude-Rede ein Brief zu Gehör gebracht, in dem Ude seine dreißigjährige Arbeit in der Antialkoholbewegung hervorhob. Er äußerte zudem die Hoffnung, dass „schon noch der Tag kommen werde, an dem auch er wieder frei und unbehindert über verschiedene Lebensfragen werde sprechen können.“[4]
Ähnlich verhielt es sich im Bereich des Vegetarismus. Die mehrfachen Einladungen zu internationalen Kongressen lässt die Behauptung zu, dass Ude, zumindest im deutschsprachigen Raum, zu den führenden Persönlichkeiten der Vegetarierbewegung zählte.
Das hinderte Ude aber keineswegs daran, seinen eigenwilligen Standpunkt zu vertreten. Auch scheute er diesbezüglich nicht vor Konflikten mit anderen namhaften Vegetariern zurück.[5] Wie bereits ausführlich dargestellt, sprach Ude dem Vegetarismus den Stellenwert einer eigenen Weltanschauung ab, er wollte diese Ernährungsweise nur als Ausdruck eines christlichen Aszesemystizismus verstanden wissen.[6] Trotzdem blieb er innerhalb der schillernden Vielfalt der Ernährungsreformer eine allseits geachtete Respektsperson.

---

[1](ÖStA: Aktenauszug der Bundespol.dir. Wien V. B. Vs. P. 4.641/30).
[2](ÖStA: Brief Heinz Nonveillers an den Grazer Sicherheitsdirektor vom 17. September 1937 als Beilage zum Schreiben der Bundespol.dir. Graz an den Sicherheitsdirektor des Bundes für das Land Steiermark vom 21. September 1937 mit der Aktenzahl: Zl. 543/24 Pers. - 1937).
[3]Vgl.: Kap. 8.2.2.
[4]Zit. nach: Bericht der Bundespolizeidirektion in Wien an das Bundeskanzleramt, Generaldirektion für öffentliche Sicherheit, Staatspolizeiliches Büro in Wien vom 18. April 1937. (ÖStA: BKA-Gen.direk. f.ö.S.: GZ: 325.714/37).
[5]Vgl. z.B.: Kap. 8.3.2.
[6]Vgl. Kap. 4.1.4.

Vielleicht kann man Ude auch für die österreichische Freiwirtschaftsbewegung eine Art Integrationsfunktion zuschreiben. Indem er sich leidenschaftlich als Freiwirtschafter unter christlichem Vorzeichen deklarierte, hielt er zu allen Gruppen die gleiche Distanz bzw. brachte allen weltanschaulichen Ausprägungen der Freiwirtschaft dasselbe Interesse entgegen. Als Konservativer hatte er kein Problem damit, mit dem sozialistischen Freiwirtschafter Michael Unterguggenberger, dem Bürgermeister der „Freigeld-Gemeinde" Wörgl, ein sehr persönliches Freundschaftsverhältnis zu pflegen.

Die freiwirtschaftlichen Zeitschriften boten Ude immer wieder Möglichkeiten, Aufsätze, Reden und ganze Broschüreninhalte zu veröffentlichen. Im Jahr 1936 erschien im Blatt des „Österreichischen Freiwirtschaftsbundes" in insgesamt neun Fortsetzungen eine Artikelserie Udes unter dem Titel „Die Gesellschaft und Wirtschaft gemäß den Forderungen der päpstlichen Rundschreiben 'Rerum novarum' und 'Quadragesimo anno'".[1] Berichte über eine im selben Jahr gehaltenen Vortragsreihe in Vorarlberg fanden ebenso Eingang in die freiwirtschaftlichen Periodika.

Am 2. Verbandstag des „Österreichischen Freiwirtschaftsbundes", am 6. Dezember 1936 in Innsbruck, bei dem Ude nicht persönlich anwesend sein konnte, kam sein Begrüßungsschreiben zur Verlesung. Im Anschluss daran würdigte man Ude als „unermüdliche(n) freiwirtschaftlichen Vorkämpfer".[2]

1937 konnte Ude unter dem Titel „Offener Brief an alle Friedensfreunde der ganzen Welt" einen umfangreichen Artikel in der „Freiwirtschaft" veröffentlichen. Ausführlich erörterte er darin die Kriegsgründe, nannte dabei den Zinskapitalismus als Hauptverursacher und zeigte einen möglichen Ausweg durch die Freiwirtschaft auf.[3] Bei alledem beharrte er vehement auf seiner christlichen Argumentationslinie, was auch, nicht zuletzt aus ehrlichem Respekt vor seiner Person und Arbeit, unwidersprochen akzeptiert wurde.

Gerade bei seiner Tätigkeit als „christlicher Freiwirtschafter" erwies sich das Redeverbot als besonders hinderlich. Die unausweichliche Konsequenz, bei freiwirtschaftlichen Themen auch die bestehenden wirtschaftlichen, sozialen und damit politischen Zustände der österreichischen Zwischenkriegszeit scharf zu kritisieren, macht die Restriktion der behördlichen Maßnahmen erklärbar. Darüber hinaus stand ja die Verhängung der Verbote zum Teil ursächlich mit seiner Befürwortung der Freiwirtschaft in Zusammenhang.[4]

---

[1]Vgl.: Freiwirtschaft. Österreichische freiwirtschaftliche Zeitung. Organ des österreichischen Freiwirtschaftsbundes 3.Jg./Nr. 38 (1936) - 4.Jg./Nr.3 (1937).

[2]Freiwirtschaft 3.Jg./Nr.42 (1936) S. 7.

[3]Ebd. 4.Jg./Nr.47 (1937) S. 1ff.

[4]Vgl.: Kap. 8.2.1. u. 8.2.2.

10.2.3. Die Agitation für den Frieden

Die im vorangegangenen Teilkapitel zur Darstellung gebrachten Gegebenheiten beweisen einmal mehr, dass Ude alle Angelegenheiten der Lebensreform in letzter Konsequenz immer auf die Friedensfrage bezog. Man muss daher Udes pazifistischer Haltung in der Zwischenkriegszeit, mehr noch nach 1945, eine echte Leitbildfunktion zuschreiben.
Mit der im Oktober 1891 auf Anregung von Bertha von Suttner gegründeten „Österreichischen Friedensgesellschaft" (ÖFG) hatte der organisierte Pazifismus in Österreich seinen Ausgang genommen. Die unermüdliche organisatorische und publizistische Tätigkeit Suttners, die beachtliche „theoretische Kapazität"[1] ihres Nachfolgers Alfred Hermann Fried bewirkten zwar die Kenntnisnahme einer österreichischen Friedensaktivität, konnten aber den Ausbruch des 1. Weltkriegs nicht verhindern.
Ein programmatischer Richtungsstreit innerhalb der ÖFG führte im Jänner 1914 zur Gründung von „Para Pacem, österreichischer Verband für allgemeine Völkerverständigung". Der an der Konzilationsbewegung orientierten Vereinigung gelang es, den prominenten Politiker und Juristen Heinrich Lammasch als Ehrenpräsident, Ignaz Seipel und den Nationalökonomen Josef Schumpeter als Mitarbeiter zu gewinnen. Im Jahr 1917 weisen die Verbandsmitteilungen auch Johannes Ude als Vorstandsmitglied aus.[2] Seine ersten pazifistischen Schriften, die zum Teil in der Schweiz erschienen waren, seine Teilnahme an Beratungen der internationalen Kriegsgegner noch während des 1. Weltkrieges hatten also bereits Wirkung gezeigt.
Zu einer auf den ersten Blick etwas seltsam anmutenden Verbindung kam es in den 1920er Jahren, als Ude in den Kreis der Kriegsdienstgegner trat. Die Antimilitaristen hatten zunächst innerhalb der pazifistischen Strömungen Österreichs einen schweren Stand.[3] Die bürgerlich dominierte Friedensbewegung lehnte die propagierte Verweigerung des Militärdienstes vehement ab, zumal diese Idee überwiegend von anarchistischer Seite kam. Anstelle eines grundsätzlichen Militärboykotts setzte man weiterhin auf „die Verunmöglichung, Kriegsdienste zu fordern."[4]
In Österreich konnte der „herrschaftslose Sozialist" Rudolf Großmann, der unter dem Pseudonym Pierre Ramus publizierte, seit 1907 eine kleine antimilitaristische Gruppierung begründen, die sich eines stetigen Zulaufs erfreute. 1922 ent-

---

[1]Gütermann, Christoph: Zur Geschichte der österreichischen Friedensbewegung. In: Friedensforschung und Friedensbewegung, hrsg. v. Anselm Skuhra u.a. - Wien 1985 S. 199.
[2]"Para Pacem", österreichischer Verband für allgemeine Völkerverständigung. Verbandsmitteilungen. Heft 5 u. 6. (1917).
[3]Vgl.: Gütermann, Christoph: Die Geschichte der österreichischen Friedensbewegung 1891-1985. In: Überlegungen zum Frieden, hrsg. v. Manfried Rauchensteiner. - Wien 1987 S. 67ff.
[4]Zit. nach: Gütermann, Österreichische Friedensbewegung 1891-1985 S. 68.

stand dann der „Bund der Kriegsgegner", in dem Großmanns Anhängerschaft zwar sehr aktiv war, diese Organisation aber keineswegs dominierte.
In seiner Analyse der Gewalt und des Krieges kam Großmann zu der Überzeugung, dass der Kapitalismus die Ursache für Kriege sei und ökonomische Überlegungen Einfluss auf Kriegsentscheidungen hätten. Kriegsgegnerschaft setzte er mit einem unerbittlichen Kampf gegen den Kapitalismus gleich.[1] In dieser Hinsicht stimmten die Erkenntnisse des Anarchisten Großmann mit dem sich stetig radikalisierenden Pazifismus des „konservativen" Klerikers Ude absolut überein.
Olga Misar, die seit 1923 den Vorsitz im „Bund der Kriegsdienstgegner" inne hatte, gehörte der „Arbeitsgemeinschaft vereinter Ude-Freunde" an.[2] Dieser Sachverhalt lässt darauf schließen, dass Ude zu einem unverzichtbaren Bestandteil der österreichischen Pazifisten geworden war.
Sein Redetalent garantierte in dieser äußerst sensiblen Frage spürbare Erfolge bei dem schwierigen Versuch, Überzeugungsarbeit zu leisten. Auf der Abschlusskundgebung der „Internationalen Konferenz der Internationale der Kriegsdienstgegner", die Ende Juli 1928 in Österreich getagt hatte, vermochte gerade Udes Referat zum Thema „Kriegsdienstverweigerung ist internationale heilige Pflicht", die größte Aufmerksamkeit und den stärksten Beifall zu erzielen.[3] In der österreichischen Gruppe der „W.R.I." (= War Resisters International) herrschte die einhellige Meinung vor, dass speziell dieser „Abend und sein Nachhall für weitere Propaganda eine starke Kräftigung"[4] bedeutet.
In den kritischen Herbstmonaten des Jahres 1928, als die Auseinandersetzungen zwischen der „Heimwehr" und dem „Republikanischen Schutzbund" zu eskalieren drohten, war Ude für die Friedensbewegung erneut zur Stelle. Etwa 2.000 Menschen nahmen in den Olympiasälen mit besonderer Begeisterung eine Rede Udes auf, in der dieser erklärte, dass man weder einen Schutzbund noch eine Heimwehr brauche, „denn beide wollten nur aufmarschieren und morden."[5]

Neben den genannten Friedensvereinen gab es in Österreich noch viele andere mit unterschiedlichster weltanschaulicher Schwerpunktsetzung, auf die Ude auch eingewirkt hat. Hervorzuheben ist die religiös motivierte Friedensbewegung, die - wohl nicht zufällig - in Graz ihr organisatorisches und geistiges Zentrum hatte. Seit 1917 existierte das von Max Josef Metzger und Ude gegründete „Weltfriedenswerk vom Weißen Kreuz". Bereits 1922 waren in Graz sieben Friedensvereine registriert, welche die steirische Landeshauptstadt nicht

---

[1]Gütermann, Österreichische Friedensbewegung 1891-1985 S. 71.
[2]Vgl. Kap. 10.2.2.
[3]Vgl. dazu: Die Friedenswarte. Blätter für internationale Verständigung und zwischenstaatliche Organisation 28.Jg. (1928) S. 311ff.
[4]Ebd. S. 313.
[5]Zit. nach: Die Friedenswarte 29.Jg. (1929) S. 20.

zuletzt unter dem Einfluss Udes „zum Nabel der österreichischen, ja sogar der gesamt deutschsprachigen, katholischen Friedensbewegung“[1] machten.

[1] Gütermann, Österreichische Friedensbewegung 1891-1985S. 83.

11. Udes Einfluss in den Jahren nach 1945

> „Ähnlich nämlich, so fiel mir ein, ganz ähnlich wie jetzt empfand ich damals in meinem Herzen, als wir unsere Heerfahrt angetreten haben: auch da unternahmen wir etwas anscheinend Unmögliches, auch da gingen wir scheinbar im Dunkel und richtungslos und hatten nicht die mindeste Aussicht, und doch strahlte in unsern Herzen, stärker als jede Wirklichkeit oder Wahrscheinlichkeit, der Glaube an den Sinn und die Notwendigkeit unsres Tuns."
> (Hermann Hesse)[1]

Für die Zeit nach 1945 kann, was die Darstellung von Udes Wirkungsgeschichte betrifft, in mancherlei Hinsicht Ähnliches gelten wie für die Zwischenkriegszeit. Von der Gefangenschaft heimgekehrt, nahm Ude alsbald wieder seine sozialpolitische Arbeit auf. Zwar sprach die Kirchenhierarchie nur mehr gelegentlich und kurzfristig Betätigungsverbote aus. Hingegen schränkte die verhinderte Rückkehr an die Grazer Universität seinen Wirkungskreis erheblich ein.
Im freiwirtschaftlichen, lebensreformerischen und pazifistischen Umfeld blieb Ude dennoch ungebrochen stark präsent. Noch etwa zwei Jahrzehnte nach seinem Tod hielten Reformer die Erinnerung an seine Person und seine Tätigkeit als Leitbild aufrecht. Udes Bekanntheitsgrad hat heute einiges von seiner einstigen Größe eingebüßt. Gänzlich in Vergessenheit geraten ist er aber nicht. Vielmehr scheint man mancherorts bemüht, erneut einen Zugang zu seiner christlichen Lebensreform zu finden.

11.1. Christlich-freiwirtschaftliche Vereinsaktivitäten in Deutschland und Österreich

So wie für alle sozialpolitischen Bewegungen bedeutete die Zeit der Hitlerdiktatur und der 2. Weltkrieg auch für die Freiwirtschaft eine tiefe Zäsur. Viele Freiwirtschafter waren dem Krieg oder der Verfolgung zum Opfer gefallen, einige hatte der Nationalsozialismus ins Exil getrieben.[2]

---

[1]Hesse, Hermann: Die Morgenlandfahrt. Eine Erzählung - Frankfurt a. M. 2000 S. 46.
[2]Ein Beispiel dafür ist die Freiwirtschaftsbund-Aktivistin Bertha Heimberg, die im August 1939 nach London ins Exil ging. Eine ausführliche Darstellung der Verfolgung der Freiwirtschaft durch das Nazi-Regime findet sich in: Onken, Natürliche Wirtschaftsordnung unter dem Hakenkreuz S. 27ff.

Trotzdem gelang es nach Kriegsende erstaunlich schnell, in den einzelnen Besatzungszonen Deutschlands neue Organisationen aufzubauen.[1] Das lag daran, dass das Jahr 1945 nicht wirklich einen völligen Neubeginn darstellte, da noch während der Naziherrschaft in der Illegalität freiwirtschaftliche Arbeitskreise entstanden waren.

Einige Freiwirtschafter, die sich der „vorwiegend antiparteilichen-nichtparlamentarische(n) Tradition der Freiwirtschaftsbewegung aus der Weimarer Republik“[2] verpflichtet fühlten, beschritten den Weg der Öffentlichkeits- und Bildungsarbeit. In einem teilweise rivalisierenden Kontrast gab es parallel dazu eine Parteibewegung, welche sich die Durchsetzung freiwirtschaftlicher Ziele durch Wahlkandidaturen erhoffte.

Die in den 1950er Jahren konstituierte „Freisoziale Union“ (FSU)[3] konnte aber wie schon ihre Vorläuferorganisation bei Wahlen nur mäßige Erfolge verbuchen. Stärkeren Widerhall fanden Vortragsreihen und Veröffentlichungen in den freiwirtschaftlichen Publikationsorganen. Mit dem anthroposophisch beeinflussten „Seminar für freiheitliche Ordnung“ und der „Sozialwissenschaftlichen Gesellschaft“ standen eloquente Bildungseinrichtungen zur Verfügung. Schließlich gelang auch der Aufbau einer christlich-freiwirtschaftlichen Organisation, von der in den nachfolgenden Kapiteln noch ausführlicher die Rede sein wird. Eine internationale Plattform komplettierte das Bild der regen freiwirtschaftlichen Aktivitäten in Deutschland in der zweiten Jahrhunderthälfte.

Auch in Österreich fand unmittelbar nach dem Ende des Krieges eine Reorganisation der Freiwirtschaftsbewegung statt.[4] Um den oberösterreichischen Bundesbahnbediensteten Alois Dorfner gruppierte sich eine sozialistisch orientierte freiwirtschaftliche Organisation, die an Konzepte der Zwischenkriegszeit anknüpfte. Damit versuchte man in erster Linie Sozialdemokraten anzusprechen.

In Vorarlberg gelang es dem Dornbirner Verleger Hugo Mayer, der ebenfalls bereits in den 1930er Jahren zu den Freiwirtschaftsaktivisten gehörte, eine bürgerlich ausgerichtete Gruppe aufzubauen.

Die Vertretung beider Personenkreise in der „Internationalen Freiwirtschaftlichen Union“ (IFU) sowie die Rückschläge in den jeweiligen Zielsetzungen legten den Gedanken nahe, künftig in einer vereinten Organisation die freiwirtschaftliche Sache voranzutreiben. Zu Beginn der 1950er Jahre fusionierten sich diese Gruppierungen zur „Österreichischen Freiwirtschaftlichen Union“ (ÖFU).

---

[1]Vgl.: Senft, Weder Kapitalismus S. 215ff.
[2]Ebd. S. 216.
[3]In den 1950er Jahren gab es einige problematische Querverbindungen zu völkisch orientierten Lebensreformgruppen wie z.B dem „Weltbund zum Schutz des Lebens“ (Vgl. dazu: Mecklenburg, Jens (Hrsg.): Handbuch deutscher Rechtsextremismus. - Berlin 1996. S. 261f.)
[4]Vgl.: Senft, Chronik S. 26ff.

Mit der „Neuen Ordnung“ fand man auch zu einer gemeinsamen Publikationslinie, die von Alois Dorfner betreut wurde.
In den frühen 1960er Jahren tauchte mit den humanitären Hilfsprojekten des Ehepaares Martha und Adolf Paster eine Organisation auf, die sich um eine Verbindung der sozialkatholischen Tradition mit der Freiwirtschaftslehre bemühte.
Im Folgenden soll nun jenen der Freiwirtschaft nahestehenden Vereinigungen größere Aufmerksamkeit zuteil werden, die sich auf Johannes Ude als Person berufen bzw. in seiner programmatischen Arbeit ihre geistigen Wurzeln sehen.

11.1.1. Im Zeichen des „Dreibalkenkreuzes“: von der „AfG“ zu den „CGW“

Das Wirken des christlichen Spiritualisten Paulus Klüpfel war kurz, dafür umso intensiver gewesen. In der knapp bemessenen Zeitspanne, die er an Silvio Gesells Seite stand, vermochte er der Freiwirtschaft eine altruistische Sichtweise zu eröffnen. Durch die Tätigkeit des deutschen „Freiland-Freigeld-Bundes“ drückte sich dies eine Zeitlang auch auf einer organisatorischen Ebene aus.[1]
Die Botschaften, die beispielsweise von Eduard Burri und von Johannes Ude ausgingen, erreichten viele Menschen, weit über eine christliche Gesinnung im engeren Sinn hinaus. Abgesehen davon und unter Berücksichtigung von Udes „Knebelung“ blieb aber der christliche Zugang zur Freiwirtschaft im Vergleich zur „physiokratischen“ Linie - oder wie immer man sie nennen mag - eher eine Randerscheinung.
Gleichwohl ließen sich einige von dieser Situation und vor allem vom anhaltenden Desinteresse der Amtskirchen nicht beirren. Eine Verbindung zwischen der geoffenbarten und damit eigentlich gebotenen christlichen Lebenspraxis und Gesells Lehre sollte nicht theoretischer Natur bleiben, sondern sich auch in einer konkreten Gemeinschaft und den sich daraus ergebenden Aktivitäten ausdrücken.
Erst im Jahr 1950 trat in Deutschland ein kleiner Kreis von christlich gesinnten Freiwirtschaftern zusammen, um eine solches Ansinnen zu verwirklichen.[2]

---

[1]Vgl. Kap. 8.1.3.
[2]Vgl.: Bartsch, Günter: Auf der Suche nach Gerechtigkeit. Zukunftspotenziale aus 50 Jahren AfC/CGW. - o.O. 2000 S. 17ff.

11. 1. 1. 1. Die freiwirtschaftlich-christliche Arbeitsgemeinschaft

In Wuppertal-Barmen entstand am 22. Oktober 1950 ein Verein, der unter der Bezeichnung „Arbeitsgemeinschaft freiwirtschaftlicher Christen" (AfC) eine kirchliche Auseinandersetzung mit der Freiwirtschaft vorantreiben wollte.
Die christlichen Freiwirtschafter verankerten in ihrem Programm eine breite ökumenische Ausrichtung, die Unabhängigkeit von jeder Parteibindung sowie die Absichtserklärung, eine christliche Gesellschaftsordnung aufbauen zu wollen. Die symbolische Verwendung des „Dreibalkenkreuzes", das die drei freiwirtschaftlichen „F" versinnbildlichte, drückte die Nähe zu Gesells Lehre aus. Die Freiwirtschaft sollte aber nur eine Art Brückenfunktion für eine christliche Gesellschaft erfüllen.
Genau dies dürfte Johannes Ude sehr entsprochen haben, da er sich bereit erklärte, der Arbeitsgemeinschaft als geistlicher Protektor zur Verfügung zu stehen. In einer von der AfC verfassten Denkschrift mit dem Titel „Das Wirtschaftsunrecht im Lichte der Bibel" sprach Ude von einer christlichen Gewissenspflicht, „sich an diesem Kampf zur Schaffung einer gerechten Wirtschaftsordnung durch Beseitigung der Zinswirtschaft (des Kapitalismus) zu beteiligen."[1]
Die in Remscheid-Lüttringshausen gelegene Geschäftsstelle gab ab 1955 die Zeitschrift „Glaube und Tat" heraus, die als Monatsschrift projektiert war.[2] Rundbriefe und Berichte an die kirchliche und weltliche Presse dienten weiters dazu, die Öffentlichkeit für soziale und wirtschaftliche Probleme zu sensibilisieren.
Seitens der FSU gab es Bestrebungen, die AfC in die Partei einzubinden. Den Widerstand der Arbeitsgemeinschaft quittierten die Freisozialen mit kritischen bis ablehnenden Berichten in ihrem Parteiblatt. Als Paul Bauschulte, der erste Vorsitzende des Gründungsvorstandes der AfC, die Errichtung einer zinslosen Spar- und Kreditbank auf gemeinnütziger Grundlage anregte, brachten die überwiegend negativen Reaktionen im FSU-Organ das Projekt schließlich zu Fall.
Zu einem gewissen Naheverhältnis kam es hingegen mit dem „Bund freisozialer Lebensreformer", die der freiwirtschaftlichen Parteipolitik ebenfalls skeptisch gegenüberstanden. Diese Richtung der Freisozialen unterstützte, so wie andere freiwirtschaftlichen Gruppen auch, die Bestrebungen zur Verleihung des Friedensnobelpreises an Johannes Ude.[3]
Ende der 1950er Jahre konnte neben Ude auch Werner Zimmermann als Protektor für die AfC gewonnen werden. Die beiden ehemaligen Kontrahenten sollten

---

[1]Zit. nach: Bartsch, Auf der Suche S. 20.
[2]Ebd. S. 21ff.
[3]Vgl. Kap. 3.1.4.

ein Signal an die Jugend sein, sich an diesen kämpferischen Naturen, die ihre Lebensideale so konsequent verfolgten, ein Vorbild zu nehmen.
Trotz der beiden prominenten Schutz- und Schirmherrn blieb die AfC von der Erreichung ihrer ehrgeizigen Ziele weit entfernt. Dem Anstieg der Mitgliederzahl von 80 auf 100 zwischen dem Gründungsjahr und 1960 folgte der jähe Rückgang auf 60 im Jahr 1967.[1] Das unregelmäßige Erscheinen von „Glaube und Tat" zeigt an, dass man thematisch auf der Stelle trat.
Zu Spannungen kam es auch innerhalb des Vorstandes. In einem Schreiben an Ude berichtete Paul Bauschulte von erheblichen Differenzen zwischen ihm und dem „manchmal zu rührigen"[2] Friedhelm Spiecker, Pfarrer i. R., der ebenfalls eine Zeitlang der AfC vorstand. Udes mehrmalige persönliche Auftritte bei Jahrestagungen fanden zwar ihre gebührende Beachtung, vermochten aber nicht, den Niedergang der AfC aufzuhalten.
In den Jahren nach Udes Tod bahnten sich bei den christlichen Freiwirtschaftern unter dem Eindruck der bewegten Endsechzigerjahre deutliche Veränderungen an. Der Versuch, die Arbeitsgemeinschaft nicht nur mit innerkirchlichen Fragen zu beschäftigen, sondern sie verstärkt zu politisieren, führte zu eine Abkoppelung von freiwirtschaftlichen Kernthemen und schließlich zu einer Neugründung.[3]

Im Juni 1978 fanden die Reste der AfC unter dem Namen „Arbeitsgemeinschaft freiheitlich-sozialer Christen" zu einer neuen Gruppe zusammen. Die Veränderung in der Namengebung signalisierte bereits deutlich die Öffnungsabsichten. Von der FSU distanzierte sich die neue Arbeitsgemeinschaft noch deutlicher, indem der Begriff „freisozial" aus dem Programm genommen wurde.
Statt auf Silvio Gesell berief man sich nun verstärkt auf die liberalistischen Klassiker wie z.B. John Stuart Mill. Weniger der Freiwirtschaftsgedanke an sich, als viel mehr eine allgemeine sozialethische Komponente sollte im Engagement berücksichtigt werden. Dabei hatte man nicht nur an den deutschsprachigen Raum, sondern an eine internationale Ebene als Betätigungsfeld gedacht. Unter dem Vorsitz des Arztes und Historikers Hans Weitkamp schien diese Konzeption zunächst aufzugehen, die Mitgliederzahl stieg wieder an. Doch bald stagnierte die Arbeitsgemeinschaft erneut. Pläne, die Gruppe in der „Sozialwissenschaftlichen Gesellschaft" aufgehen zu lassen, wurden erwogen, aber dann wieder fallen gelassen.
Im Jahr 1986 stand die Organisation der freiheitlich-sozialen Christen vor dem unausweichlichen Ende. In dieser Situation gelang es dem erfahrenen und altgedienten Freiwirtschafter Hein Beba, die Selbstauflösung abzuwenden. Beba hatte in der Zwischenkriegszeit den „Freiwirtschaftlichen Jugendverband

---

[1] Bartsch, Auf der Suche S. 33.
[2] Brief Paul Bauschultes an Johannes Ude vom 22. Juni 1964 (Nachlass Ernst van Loen).
[3] Bartsch, Auf der Suche S. 35ff.

Deutschlands" initiiert, nach dem Krieg das Silvio-Gesell-Heim in Neviges/Wuppertal errichtet und ein neues, internationales freiwirtschaftliches Forum, die INWO, mitbegründet.
Am 11. September 1988 kam es bei einer Versammlung zu einem Wechsel an der Spitze der AfC.[1] Die Mitglieder kürten Professor Roland Geitmann zum Vorsitzenden, dem nun die schwierige Aufgabe zufiel, einer christlich-freiwirtschaftlichen Gruppe neues Leben einzuhauchen.

11. 1. 1. 2. Christen für gerechte Wirtschaftsordnung

Der aus ländlichem Milieu stammende Mecklenburger Roland Geitmann schritt konsequent und systematisch an den an ihn gerichteten Auftrag. Dabei kam ihm seine kommunalpolitische Erfahrung als Oberbürgermeister der Stadt Schramberg in den Jahren 1974-1982 und seine Tätigkeit als Lehrender an der Fachhochschule für öffentliche Verwaltung in Kehl zugute.

Der im Jahr 1989 konstituierte Verein „Christen für gerechte Wirtschaftsordnung" (CGW) setzte schon mit der anderen Namengebung ein deutliches Zeichen. Einerseits sollte damit wieder eine stärkere Orientierung an freiwirtschaftliche Inhalte und ein Bekenntnis zur AfC-Nachfolge zum Ausdruck kommen. Zum Anderen strebten die CGW eine den Zeiterfordernissen angepasste thematische Öffnung an.
Den Ausgangspunkt dafür bildet eine fundierte Forschungs- und Bildungsarbeit, um gemeinsame Bedingungen von sozialen und wirtschaftlichen Fehlentwicklungen aufspüren und an dafür aufgeschlossene Menschen vermitteln zu können.[2] Für den Bereich der Wirtschaft hätten an die Stelle lebensfeindlicher Strukturen, lebensfördernde Einstellungen zu treten. Daher müsse eine Wirtschaftsordnung angestrebt werden, die „naturverträglich menschliche Bedürfnisse - weltweit und auch (für) künftige Generationen - befriedigen" könne und eine „materielle Grundlage (statt Gefahr) für freies Kulturleben und demokratisches Gemeinwesen"[3] zu verwirklichen im Stande sei.
Um eine auf Solidarität (Geschwisterlichkeit) gründende, privilegienfreie Marktwirtschaft verwirklichen zu können, müsse ein human-ökologisches Abgabensystem entworfen werden. Gemäß der Freiwirtschaft erheben die CGW die Forderung nach Nutzungsrechten am Boden und einer subventionierten naturgemäßen Landwirtschaft. Die Bodennutzungsgebühr soll als soziale Grund-

---

[1]Bartsch, Auf der Suche S. 52ff.
[2]Vgl.: Geitmann, Roland: Damit Geld dient und nicht regiert. Faltbroschüre der CGW: Christen für gerechte Wirtschaftsordnung. - Berlin 1998.
[3]Ebd.

sicherung und als Familienlastenausgleich rückverteilt werden. Mit einer Abgabe auf alle liquiden Geldmittel will man dem Zinsproblem zu Leibe rücken.
Die CGW definieren sich organisatorisch als „ökumenisch, unabhängig und gemeinnützig“ und verstehen sich „als Teil der Bewegung für Gerechtigkeit, Frieden und Bewahrung der Schöpfung.“[1]
Schon in seinem ersten Rundschreiben aus dem Jahr 1989 ortete Roland Geitmann die Aufgaben einer christlich-freiwirtschaftlichen Gruppe neben der „Sozialwissenschaftlichen Gesellschaft“, der INWO, dem „Seminar für freiheitliche Ordnung“ und der FSU als „fünftes Sinnesorgan“ der Freiwirtschaftsbewegung in Deutschland.[2]
Roland Geitmann, der nach eigenen Angaben erst über Umwege im Jahr 1985 auf Gesell aufmerksam wurde, beschäftigt sich sehr intensiv mit dem historischen Entwicklungsverständnis der Zins- und Bodenproblematik innerhalb der christlichen Glaubensgemeinschaften und der Kirche. Mit seinen Aufsätzen „Bibel, Kirchen und Zinswirtschaft“ und „Bibel, Kirchen, Bodeneigentum“ hat er zu diesem Thema häufig gelesene und zitierte „Klassiker“ der jüngeren freiwirtschaftlichen Literatur geschaffen. Am Wiener INWO-Kongress 1999 hielt er unter dem Titel „Biblische Weisheit aktueller denn je - Jobeljahr 2000 und Anti-Mammon-Programm“ einen lebhaft diskutierten Vortrag.[3] In seiner Rede skizzierte Geitmann die Ursprünge und die praktische Handhabung des biblischen Entschuldungssystems und aktuelle Vorstöße in dieser Richtung.
Neben Entwürfen zu individuellen „Übungsschritten eines ausbeutungsfreien Umgangs mit Geld und Boden“[4] und den vielfältigen Publikationen stehen vor allem Vorträge und Tagungen am Arbeitsprogramm. Zwischen 20 und 25 Vorträge hält Professor Geitmann pro Jahr, im Jahr 1990 wurde er von 32 Stellen als Referent angefordert.[5]
Die für den Verein erfreuliche Mitgliederentwicklung - von 28 Beitritten zu den CGW im Jahr 1989 stieg die Zahl im Jahr 1999 auf 222 - wie auch die Resonanz auf ihre Tätigkeiten belegen, dass sich die CGW innerhalb der deutschen Freiwirtschaftsbewegung gut etablieren konnte und zu einem zukünftigen Hoffnungsträger geworden ist. Unterstützung kommt dazu von bedeutenden Persönlichkeiten der Freiwirtschaftsszene. Eng verbunden mit den CGW ist Helmut Creutz, der mit seinem Stadyseller „Das Geldsyndrom“ für die Freiwirtschaft eine Art Mentor-Funktion erfüllt und einen weit über die Bewegung hinausgehenden Bekanntheitsgrad erlangt hat. Auch Werner Onken unterstützt die CGW. Der norddeutsche Diplomökonom hat sich mit der Betreuung der freiwirtschaftlichen Bibliothek, der Herausgabe des 18-bändigen Gesamtwerkes

---

[1] Geitmann, Damit Geld dient.
[2] Zit. nach: Bartsch, Auf der Suche S. 53.
[3] Zit. in: Zukunftsfähige Gesellschaft S. 61ff.
[4] Geitmann, Roland: Rundbrief 1989/2 S. 7. Zit. nach: Bartsch, Auf der Suche S. 60.
[5] Bartsch, Auf der Suche S. 94.

von Silvio Gesell und seinen wissenschaftlich fundierten Publikationen große Verdienste für die Freiwirtschaft erworben.
Wichtig ist den für eine gerechte Wirtschaftsordnung eintretenden Christen auch, die Quellen ihrer Erkenntnisse transparent zu machen. Stimmen der altchristlichen Tradition, aber auch die antike und islamische Philosophie sowie eine Vielzahl von neuzeitlichen Reformern werden hierfür genannt.[1] In dieser langen Reihe steht auch Johannes Ude. Die CGW sehen sich ausdrücklich als Teil seiner Wirkungsgeschichte. In den Bereichen Zins- und Bodenrechtskritik, Pazifismus, Gegnerschaft zur Kernenergie und besonders in der Ablehnung des Eigennutzdenkens ist dies gut nachvollziehbar. Jedes ständisch-korporative Ansinnen haben die CGW aber weit hinter sich gelassen. Vielmehr verstehen sie sich als Erneuerer des demokratischen Gedankens.
An der Spitze der neueren Ahnherren ihrer Gruppierung sind Pierre Joseph Proudhon, Silvio Gesell und Rudolf Steiner platziert. Besonders Steiner wird hervorgehoben, dessen anthroposophische Philosophie im Denken und Handeln vieler CGW-Mitglieder - allen voran bei Roland Geitmann - deutliche Spuren hinterlassen hat. Dies sowie die Tatsache, dass in der Freiwirtschaft und in anderen Alternativbewegungen häufig die geistige Nähe zur Anthroposophie gesucht wurde und wird, lässt es angebracht erscheinen, dem Begründer der Anthroposophie, Rudolf Steiner, ein kurzes Exkurskapitel zu widmen.

Exkurs: Anthroposophie und (christliche) Freiwirtschaft

Rudolf Steiners „Erkenntnisweg“, der sich in seiner „Wissenschaft vom Menschen“, der Anthroposophie“, verdichtet, zieht viele spirituell veranlagte Menschen an.
Anders als Silvio Gesell, der zur Lösung der „sozialen Frage“ ein „physisch-sinnfällige(s) Leben und Wirken“[2] praktizierte, versuchte Rudolf Steiner dasselbe Ziel, durch die Hinführung des Geistigen „im Menschenwesen zum Geistigen im Weltall“[3] zu erreichen.
Steiners esoterische „Geisteswissenschaft“ fußt, ausgehend von einer angenommenen mehrgliedrigen Wesenheit des Menschen, auf einer umfassenden Kosmologie, die von einem „Christentum als mystische Tatsache“ durchdrungen ist. Indem das ganzheitliche menschliche Wesen sowohl Anteil an der materiellen Erdenwelt als auch an der kosmisch-geistigen Welt besitzt, sei es zu „ei-

[1]Vgl.: Geitmann, Damit Geld dient.
[2]Schwenk, Hugo: Anthroposophie und Freiwirtschaft. In: Z. f. Sozök. 25. Jg./78. Folge (1988) S. 10.
[3]Zit. nach: Wehr, Gerhard (Hrsg.): Rudolf Steiner. Texte zur Einführung in die Anthroposophie. - München 1998 S. 16.

nem Mittler zwischen Kosmos und Erde, Geist und Materie“[1] berufen. Ein rhythmisches Wiederverkörperungs- und Schicksalsgesetz lasse den Menschen an seiner eigenen Vervollkommnung und der gesamten Menschheitsentwicklung im Sinne des göttlichen Weltenplanes wirken.

Zur Lösung der „sozialen Frage“, welche einen im Sinne der anthroposophischen „Geisteswissenschaft“ erzogenen Menschen voraussetzt, entwarf Rudolf Steiner das Bild eines dreigliedrigen, in seinen Teilen autonomen, aber dennoch zusammenwirkenden „sozialen Organismus“.
In Steiners ökonomischem Reformansatz, welchem hier vorrangig die Aufmerksamkeit zuteil wird, fällt einer von jeder politischen Intervention abzusichernden Wirtschaft die Aufgabe der „Warenproduktion, Warenzirkulation und des Warenkonsums“[2] zu. Zum alles bestimmenden Prinzip wird dabei ein von Steiner formuliertes „soziales Hauptgesetz“, das eine ökonomische Heilserwartung davon abhängig macht, „je weniger der Einzelne die Erträgnisse seiner Leistung für sich beansprucht, das heißt, je mehr er von diesen Erträgnissen an seine Mitarbeiter abgibt, und je mehr seine eigenen Bedürfnisse nicht aus seinen Leistungen, sondern aus den Leistungen der anderen befriedigt werden.“[3] Von dem darin ausgedrückten Wunsch nach Überwindung des Egoismus bei gleichzeitiger Vermeidung eines ethisch motivierten, institutionalisierten Altruismus kommt Steiner zur rein volkswirtschaftlichen Rechtfertigung seines „sozialen Axioms“. Grundlage seiner Beweisführung ist die Arbeitsteilung, die, je weiter sie voranschreite, „desto mehr dazu kommen (müsse), dass immer einer für die anderen arbeitet, für die unbestimmte Sozietät arbeitet, niemals für sich.“[4] Den augenscheinlichen Widerspruch zwischen dem aus den wirtschaftlichen Gegebenheiten abzuleitenden „objektiven“ Altruismus und dem tatsächlichen wirkenden „persönlichen Eigennutz“ glaubte Steiner im kapitalistischen Lohnverhältnis erkennen zu können. Indem dieses System die Arbeitskraft als Ware auffasst, werde der „Lohnempfänger (zum) Selbstversorger“[5] und der Egoismus maßgeblich. Um dem Grundsatz „jeder für jeden“ die Wege zu bahnen, müssten Arbeit, aber auch Kapital und Boden ihren Warencharakter verlieren.
Als Lösung schlug Steiner ein assoziativ gestaltetes Wirtschaftssystem vor, in dem, verkürzt ausgedrückt, das uneingeschränkte Privateigentum an Produktionsmitteln, Geldkapital und Boden durch ein „befristetes Verfügungsrecht“ er-

[1]Martin; Maurice: Anthroposophie, was ist das? Versuch einer Einführung in die Geisteswissenschaft Rudolf Steines. - Schaffhausen 1987 S. 69.
[2]Rudolf Steiner: zit. nach: Okruch, Stefan: Wirtschaft und Anthroposophie: Darstellung und Kritik des Konzepts Rudolf Steiners. - Bayreuth 1991 S. 29.
[3]Rudolf Steiner: zit. nach: Ebd. S. 30.
[4]Rudolf Steiner: zit. nach: Suhr, Dieter: Alterndes Geld. Das Konzept Rudolf Steiners aus geldtheoretischer Sicht. - Schaffhausen 1988 S. 26.
[5]Rudolf Steiner: zit. nach: Okruch, Wirtschaft und Anthroposophie S. 33.

setzt wird.[1] Nicht direkt am Produktionsprozess beteiligte „Korporationen“ entscheiden darüber, wem, wie lange ein Wirtschaftsbetrieb zu überantworten ist, der vom Staat und Kapitalgeber für die Dauer des Verfügungsrechtes unabhängig bleibt. Damit sollte, wie Steiner es nannte, Eigentum bzw. Verfügungsrecht „im Kreislauf“ belassen und die private Kapitalakkumulierung verhindert werden.

Um nun der Arbeit ihren Warencharakter zu nehmen und den gemeinsamen Beitrag von Betriebsleitung und Arbeiterschaft bei der Warenproduktion betonen zu können, forderte Steiner ein „vertragsgemäßes Teilungsverhältnis“ an Stelle des konventionellen Lohnsystems. Anzunehmen ist hier eine Art tarifvertragliche Lohnvereinbarung zwischen Arbeitgebern und Arbeitnehmern, die branchenspezifisch und auf die gesamte Volkswirtschaft bezogen aus einer legislativen Beschlussfassung hervorgeht. Unter Berücksichtigung des gesamten „sozialen Organismus“ gilt, dass diese als „Teilungsverhältnis“ aufzufassende Einkommensregelung als Kostenfaktor der Produktion entscheidenden Einfluss auf die Warenpreisbildung zu nehmen hat. Mit anderen Worten, es ist in den Preisen ein Sockelbetrag enthalten, der die Finanzierung des nicht am Produktionsprozess beteiligten Teils der Gesellschaft beinhalten muss. Das System sieht nämlich vor, sämtliche Nettogewinne des Sachkapitals und die Grundrente in Form von Steuern und „Schenkungsgeldern“ zu Gunsten der beiden nichtproduzierenden Teile des „sozialen Organismus“ abzuschöpfen.

Während die „Korporationen“ vorrangig für die Übertragung der „Verfügungsrechte“ zuständig sind, fällt die Entscheidung über die Verwendung des Kapitals, vor allem die Festlegung der Quantität, Qualität und Preise für die erzeugten Waren so genannten „Assoziationen“ zu. Diese stellen branchenübergreifende, paritätisch besetzte Institutionen dar, welche den Produktions-, Handels- und Konsumtionssektor vertreten. Die Entscheidungsfindung in diesen Organen soll nach Steiners Vorstellung nicht durch „parlamentarisieren“ vonstatten gehen. Viel mehr glaubt er dabei auf die Urteile sachkundiger und erfahrener Persönlichkeiten vertrauen zu können, welche ihre Entscheidungen auf der Basis eines „objektiven Gemeinsinns“ fällen.

Ein Blick ist noch auf Steiners Geldtheorie zu werfen.

Geld sah Steiner als Folge der Arbeitsteilung in seiner Funktion als universelles Tauschmittel entstehen. Geld sei die Vorbedingung, „dass der Geist in den volkswirtschaftlichen Organismus (eingreifen)“[2] könne. Zugleich erkannte er aber auch dessen „unreelle Konkurrenz“[3] zu den verderblichen Waren. Um die negativen Erscheinungen der monetären Sphäre zu neutralisieren, dachte er ein

---

[1]Vgl.: Latrille, Wolfgang: Assoziative Wirtschaft. Ein Weg zur sozialen Neugestaltung. Die pragmatischen Aspekte der sozialen Dreigliederung. - Stuttgart 1985 S. 59ff.

[2]Rudolf Steiner: zit. nach: Okruch, Wirtschaft und Anthroposophie S. 50.

[3]Rudolf Steiner: zit. nach: Schwenk, Hugo: Anthroposophie und Freiwirtschaft. In: Z. f. Sozök. 25.Jg./78.Folge (1988) S. 10.

nach „Kauf-, Leih- und Schenkungsgeld funktionell wie qualitativ differenziertes Geldumlaufververfahren an. Nach Steiners Vorstellung vollziehe sich in der Metamorphose des Kaufgeldes - von der Anweisung auf Waren und Dienstleistungen, über Geldkapital als „Leihgeld" in Form von „Personalkrediten", bis hin zu den Erträgnissen der Produktion, die nun wieder als „Schenkungsgeld" zu „Kaufgeld" werden - ein „Alterungsprozess" des Geldes vergleichbar mit den Waren.

Parallelen zwischen Anthroposophie und Freiwirtschaft sind in einigen Bereichen gegeben. Bemerkenswert ist vor allem, dass Steiner und Gesell, nahezu gleichzeitig und in unmittelbarer Nähe wirkend, ohne sich persönlich begegnet zu sein, zu ähnlichen Ergebnissen kamen.[1] Zumindest im Ansatz gibt es Übereinstimmungen z.B. in der Kritik am Staatswesen und in der Ablehnung der kapitalistischen Geld- und Bodenordnung. Steiner selbst stand der Freiwirtschaft nachweislich wohlwollend gegenüber und erklärte sich „mit dieser Bewegung einverstanden - weil (er) immer versuche, die einzelnen Bewegungen in ihrer Berechtigung einzusehen.[2] Die Idee des „alternden Geldes" trägt auch ziemlich sicher die geistige Handschrift Gesells. Allerdings schreckte Steiner in letzter Konsequenz davor zurück, sein Geldsystem mit einer sichtbaren Umlaufsicherung auszustatten, weil er damit einen „komplizierten bürokratischen Apparat"[3] entstehen sah. Steiners Epigonen grenzten das anthroposophische Geldsystem noch deutlicher vom Gesell'schen „Freigeld" ab.[4] Dabei tritt das fundamentale Missverständnis zu Tage, dass das „Freigeld" angeblich hinsichtlich seiner Kaufkraft „schwinde" bzw. „altere".[5] Gesells Überlegungen zu einer Umlaufsicherung bezogen sich vorderhand auf die Liquiditätsproblematik und ließen die „Freigeldscheine" analog zu den Waren nur insofern „altern", als sie nach einer bestimmten Zeit eingezogen und durch neue ersetzt werden. In ihrer real existierenden Funktion als Tauschmittel bleibt die Kaufkraft ungebrochen bestehen.
Umgekehrt fand und findet das mystische und altruistische Element der Steiner'schen „Geisteswissenschaft" vereinzelt bei christlichen Freiwirtschaftern Gefallen. Der in mancherlei Hinsicht schroffe solipsistische Impetus, welcher in der Lehre Gesells anklingt, wirkt mit anthroposophischen Harmonisierungsbestrebungen gedämpft.

---

[1]Vgl.: Schellenberg, Jakob: Rudolf Steiner (1861-1925) und Silvio Gesell (1862-1930). Zwei unabhängig voneinander wirkende Richtungsweiser für eine soziale Zukunft in Freiheit. - Göppingen 1982 S. 8ff.
[2]Rudolf Steiner: zit. nach: Suhr, Alterndes Geld S. 37.
[3]Rudolf Steiner: zit. nach: Ebd.
[4]Vgl. z.B.: Latrille, Assoziative Wirtschaft S. 160f.
[5]Vgl.: Ebd. S. 160ff.

Einem außenstehenden, neutraler Beobachter müssen jedoch am anthroposophischen Konzept doch einige problematische Facetten auffallen.
Da wäre zunächst das Gesellschaftsbild der „sozialen Dreigliederung“, welches frappant an die soziale und funktionale Kategorisierung der reaktionären Ständestaatmodelle erinnert. Mit den Organen „Kulturrat“ für den außerwirtschaftlichen Bereich bzw. „Zentralrat“ für die Wirtschaft sind zudem übergeordnete Schlichtungs-, eigentlich aber Lenkungsinstanzen vorgesehen, die Autonomie und Subsidiarität - ähnlich wie in den ständischen Ordnungen letztlich wiederum durch den Staat selbst - autoritär beeinträchtigen könnten. Problematisch erweist sich in dem Zusammenhang auch die anthroposophische Annahme eines Karmagesetzes, das eine Verbindung zwischen gegenwärtigen Menschenschicksalen und den Taten in früheren Erdenleben evoziert.[1] Die damit erzwungene Akzeptanz für subjektiv empfundene Ungerechtigkeit birgt eine besonders totalitäre Gefahr.[2]
Nicht eindeutig geklärt scheint das Verhältnis zwischen Arbeitgebern und Arbeitnehmern. Unternehmer werden dazu aufgefordert, die Arbeiter zur innerbetrieblichen Mitbestimmungen heranzuziehen. Das unternehmerische „Verfügungsrecht“ schließt aber „die anderen Belegschaftsmitglieder von den Beschlüssen auf höchstem Niveau aus.“[3]
Störend wirken auch viele „unbegründete und ungeprüfte Postulate und Hypostasierungen“[4] in ökonomischen Detailfragen. Wenig hilfreich ist dabei Steiners Replik auf seine Kritiker, denen er vorwarf „die Illustration der Hauptsache (...) für die Hauptsache selbst“[5] zu nehmen, wo es ihm doch nur um die Darstellung bestimmter Prinzipien, nicht aber um die Determinierung eines Systems gehe.
Schwer vorstellbar ist die Bewältigung der enormen Kompetenzvielfalt, welche die „Assoziationen“ und „Korporationen“ zu leisten hätten. Individuelle Bedürfnisansprüche auf eine volkswirtschaftliche Ebene der Bedarfsermittlung zu heben, eine lückenlose Preis- und Lohnabstimmung vorzunehmen und eine Auswahl für die Leitung der einzelnen Betriebe zu treffen lässt eher an eine erstarrte Administration denken, denn an einen lebendigen Erfahrungsaustausch von im Wirtschaftsleben etablierten Experten.
Als gänzlich unbefriedigend gelöst muss die Geldfrage gesehen werden. Die nicht vorgesehene Kennzeichnung der drei Geldsubstrate wird es in der Praxis wahrscheinlich sehr schwer möglich machen, sie voneinander zu unterscheiden, besonders was den Missbrauch durch Hortung im „Kaufgeld-Bereich“ betrifft.

---

[1] Vgl. Martin, Anthroposophie, was ist das? S. 55ff.
[2] Okruch, Wirtschaft und Anthroposophie S. 86f.
[3] Latrille, Assoziative Wirtschaft S. 90.
[4] Okruch, Wirtschaft und Anthroposophie S. 84.
[5] Rudolf Steiner: zit. nach: Ebd. S. 25f.

Steiners Haltung zum Zinsproblem bleibt von Anfang an ambivalent. Einerseits ist er geneigt, den Zins als „das Unnatürlichste, was es nur geben kann“[1] zu bezeichnen. Andererseits unterstreicht Steiner die „bis zu einem gewissen Grade“[2] gegebene Notwendigkeit des Zinses für die Wirtschaft und verurteilt nur den Zinseszins. In der neueren anthroposophischen Schule bleibt der Geldzins im Prinzip auch unangetastet, hervorgehoben wird hingegen seine „soziale Brückenfunktion“ zwischen Sparern und Kreditnehmern.[3] Der assoziativen Organisationsstruktur wird eine Verantwortung stiftende Wirkung zugeschrieben, wovon man ein tendenzielles Absinken des Zinsfußes erwartet. Mit der Verpflichtung, Kapitalüberschüsse wiederum als „Leihgeld“ in die Wirtschaft zu leiten oder als „Schenkungsgeld“ an die Gesellschaft abzugeben, soll ein spekulativer Kapitalmarkt unterbunden werden.
Es fragt sich aber, ob all dies der anthroposophischen Forderung nach einer nachhaltigen, wirtschaftlichen und konsumorientierten Ökonomie entspricht. Es ist eben das Zinssystem, das in der kapitalistischen Wirtschaft der Produktionsseite einen Wachstumszwang auferlegt und die profitmaximierende Gesinnung der Wirtschaftstreibenden hervorruft. Eine „assoziative Wirtschaft“ gelangt damit - ähnlich wie das marxistische Theorem - beim kolossalen Irrtum an, der kapitalistischen Mehrwertbildung in erster Linie über das Produktionskapital beikommen zu können.
Eine mögliche Realisierung der anthroposophischen Wirtschaftslehre mit dem Ziel, den Kapitalismus zu überwinden, ist unter diesen Voraussetzungen nur schwer vorstellbar. Was übrig bleibt, ist die trügerische Hoffnung auf eine geistige Bezähmbarkeit der kapitalistischen Wirtschaftshypertrophie. „Der Kapitalismus wird zum berechtigten Kapitalismus“, sagte Steiner, „wenn er vergeistigt wird.“[4]

Steiners Wirkungszeitraum und seine mit christlichen Motiven durchdrungene Sozialökonomie fordern natürlich auch zu einem Vergleich mit Johannes Ude heraus.
Steiner hat Ude unmittelbar nach dem 1. Weltkrieg sehr genau beobachtet und es verstanden, Udes damalige Ansichten treffend zu charakterisieren.[5] Dass Ude in seinen Hauptwerken der Anthroposophie keine Beachtung schenkte, liegt wohl an den in Kirchenkreisen weit verbreiteten Vorbehalten gegenüber dem

[1]Rudolf Steiner: zit. nach: Schellenberg, J.: Rudolf Steiner und Silvio Gesell S. 14.
[2]Rudolf Steiner: zit. nach: Okruch, Wirtschaft und Anthroposophie S. 52.
[3]Vgl. z.B.: Mees, Rudolf: Geld was ist das eigentlich? Kaufen, Leihen, Schenken bewusst handhaben. - Stuttgart 1988 S. 36ff.
[4]Rudolf Steiner. zit. nach: Senft, Gerhard: Gesichter der Esoterik. Ein Streifzug durch das Reich des Irrationalismus. - Wien 1991 S. 42.
[5]Vgl. Kap. 8.2.

„Versuch, ein selbstständiges Erkennen auf das Geistig-Göttliche auszudehnen.“[1]
Udes striktes Festhalten an der Offenbarungsdogmatik ließ keine Verbindung zum anthroposopischen Holismus zu. Die mystische Tiefe von Udes „Panbiologie“ und der „Geisteswissenschaft“ Steiners hätten aber durchaus Anknüpfungsmöglichkeiten zugelassen. In einigen sozioökonomischen Detailbereichen, z.B. was die planwirtschaftliche Ausrichtung, die Ablehnung der marktwirtschaftliche Preisbestimmung, die Ernährungskultur und den Willen zu einer sozialisierten Boden- und Geldordnung betrifft, herrscht zwischen Johannes Ude und Rudolf Steiner nahezu Übereinstimmung.

Festzuhalten bleibt noch, dass Steiners Erziehungs- und Bildungsentwürfe einen hohen Stellenwert in der Reformpädagogik besitzen. Auch die anthroposophische Ernährungslehre in Verbindung mit der „biologisch-dynamischen Landwirtschaft“ wird aus ernährungsphysiologischer Sicht weitgehend positiv beurteilt.[2]

11.1.2. Im Namen von Menschenwürde und Gerechtigkeit: ARGE Fraternität, Hifa und INWO-Österreich

Wenn geeignete Beispiele für ein so genanntes Christentum der Tat mit freiwirtschaftlichen Versatzstücken genannt werden sollen, so sind sicher die Projekte von Martha und Adolf Paster dafür repräsentativ. Seit den frühen 1960er Jahren engagiert sich das Ehepaar Paster in den von ihm gegründeten Vereinen für soziale und wirtschaftliche Gerechtigkeit. Johannes Ude fällt dabei neben anderen Persönlichkeiten eine wichtige Leitbildfunktion zu.

11.1.2.1. Behindertenbetreuung und Entwicklungshilfe als Christentum der Tat

Am Beginn stand die „Fraternität“, eine geschwisterliche Gemeinschaft von kranken und behinderten Personen, die von Martha Paster im Jahr 1961 in Österreich etabliert wurde.
Martha Paster, von Geburt an körperbehindert, entstammt einer Handwerksfamilie, die, nach eigenen Angaben, mit ihrer Behinderung nicht umgehen konnte.[3] Das Gefühl, als vollwertiger Mensch und als Frau angenommen zu werden,

---

[1]Martin, Anthroposophie S. 17.
[2]Vgl.: Leitzmann, Alternative Ernährungsformen S. 105ff.
[3]Interview mit Martha und Adolf Paster am 28. Juli 2000. Alle Informationen, sofern nicht anders zitiert, sind diesem Gespräch entnommen.

begann erst durch die Ehe mit Adolf Paster und der Geburt ihrer beiden Kinder. Viele schwere Krankheiten drängten bei ihr die Frage auf, was der Wert des eigenen Lebens sei, ob ein Mensch nur etwas gelte, wenn er arbeiten und konsumieren kann. In diese Zeit fiel die Begegnung mit der „Fraternität", die ihr die Einsicht brachte: „Die größte Leistung eines Menschen ist die Bewältigung seines eigenen Lebens."[1]
Die Fraternität wurde in der Zwischenkriegszeit von dem französischen Priester Henri Francois gegründet. Von seelsorgerischen Hausbesuchen ausgehend, entwickelte der selbst von einem Krankheitsschicksal heimgesuchte Geistliche die Idee, ein Kleingruppennetzwerk aufzubauen, in dem Selbsthilfe und die Hilfestellung für andere das Bewusstsein der Betroffenen verändern sollten.
Ähnliche Prinzipien wendet die kollegial, nicht hierarchisch, organisierte „Fraternität" heute noch an. In von Priestern begleiteten Kleingruppen erfolgt die Besprechung von konkreten Lebenssituationen und die meditative Reflexion von Bibelstellen, die von Erfahrungsberichten bei den Treffen abgerundet werden.
Im Jahr 1974 wurde die österreichische „Fraternität" aus budgetären Gründen in den mittlerweile von Adolf Paster gegründeten Verein „Hifa" (= Hilfe für alle) integriert.

Adolf Paster, Jahrgang 1930, gelernter Müller, Sägewerker und eifriger Autodidakt schien zunächst eine viel versprechende politische Laufbahn vor sich zu haben. Vom Wahlkreissekretär im Mühlviertel erfolgte als 30-Jähriger der Sprung zum Bezirksparteisekretär der Wiener ÖVP. Sehr bald erkannte der an sozialen Hintergründen brennend interessierte Adolf Paster, dass das, was dort vor sich ging, „mit Politik wenig zu tun hat, sondern nur damit, wie man auf der Karriereleiter nach oben gelangt."[2]
Auf die Kündigung als Parteisekretär, einem frustrierenden Lehrgangsintermezzo an der Hochschule für Welthandel - „ich besaß Bücher, die mir weit mehr an Erkenntnis brachten als jene Lehrinhalte"[3] - folgte die Mitarbeit bei einer deutschen katholischen Wochenzeitschrift.
In der Zeit des Biafra-Konflikts, dem Bürgerkrieg in Nigeria Ende der 1960er Jahre, verwaltete Adolf Paster ein Spendenkonto. Der Wunsch, den Menschen Afrikas noch direkter helfen zu können, führte zur Begegnung und Freundschaft mit dem in Wien wirkenden afrikanischen Priester Aaron Ekwu. Es entstand die Idee, den drei Hauptproblemen Nigerias, nämlich Hunger, Arbeitslosigkeit und Bildungsdefizit, durch die Gründung einer landwirtschaftlichen Musterfarm zu begegnen.

---
[1]Interview/Paster
[2]Ebd.
[3]Ebd.

Nach einer Reise ins Kriegsgebiet und dem vergeblichen Bemühen, Organisationen zu Hilfsaktionen zu bewegen, meldete Adolf Paster am 27. Jänner 1971 den Verein „Hifa - Hilfe für alle" an. Mit der Arbeit für Afrika erfuhr die soziale Tätigkeit der Familie Paster eine neue, vertiefende Dimension, die erst aus der Praxis der Fraternitätsarbeit möglich geworden war.
Die Beobachtung der kirchlichen und staatlichen Tätigkeiten sowie eine kritische Betrachtung der eigenen Anstrengungen brachten die „Hifa" gegen Ende der 1970er Jahre zu der Erkenntnis, dass die bisherige Entwicklungshilfe die Probleme der Dritten Welt nicht löst, sie vielmehr verschärft, also eher kontraproduktiv wirkt. Es begann nun eine Phase der intensiven Ursachenanalyse, die schließlich zu einer grundsätzlichen Neuorientierung führte.

11.1.2.2. Das „3-5-4 Modell"

Im Jahr 1978 lernte Adolf Paster den sozialistischen Freiwirtschafter Alois Dorfner kennen, der ihm die Lektüre der Gesell'schen Schriften sowie die Werke der christlichen Wirtschaftsethiker empfahl. Eine weitere Bekanntschaft, und zwar die mit dem deutschen Rechts- und Staatsgelehrten und späteren Vogelsangbund-Aktivisten Dr. Ernst van Loen regten Adolf Paster dazu an, Möglichkeiten für eine Verbindung zwischen der Freiwirtschaftslehre und der christlichen Wirtschaftsethik auszuloten.
Aus dem intensiven Studium der „Natürlichen Wirtschaftsordnung" sowie aus der Beschäftigung mit den Reformentwürfen von Karl v. Vogelsang, Johannes Kleinhappel, Wilhelm Hohoff und - sehr wesentlich - von Johannes Ude zog er folgendes Resümee: „Ich habe diese Bücher alle gelesen und durchgearbeitet, und mir ist völlig klar geworden, dass das, was in diesen Büchern als Lösungsresultat zu finden war, der archimedische Punkt ist."[1]
Adolf Paster stellte nun Überlegungen an, warum alle diese Schriften bisher einen nur eher bescheidenen Widerhall erfahren haben. Damals habe er noch geglaubt, dass der Mensch von Natur aus gut sei. Heute wisse er, dass er von Natur aus zumindest neutral ist. Die profitmaximierte Wirtschaft zeige aber sehr deutlich, dass damit das allgemeine Bewusstsein für Gerechtigkeit, das Empfinden für den Mitmenschen verloren gegangen sei. Die Dynamik des Kapitalismus, die bei vielen eine redliche Vorstellung auslöse, habe die mahnenden Stimmen der christlichen Ethiker gänzlich übertönt. Weiters sei ihm klar geworden, dass unsere „vielwissende Zeit" einer intensiven Bewusstseinsbildung bedürfe. Den Menschen müsse grundlegend auseinander gesetzt werden, was wahr, gerecht und sozial ist, was Solidarität bedeutet.
Die wichtigste Entdeckung hing aber mit den erkannten Mängeln in den Schriften zusammen: „Viele christliche Wirtschaftsethiker wollen oder können nicht

[1] Interview/Paster

sehen, dass der freie Wettbewerb eine ganz wichtige Funktion in einer Ökonomie, auch in einer Reformökonomie, hat. Die Verteilungsfunktion des freien Wettbewerbs kann durch nichts ersetzt werden."[1]
Im Jahr 1980 organisierte Adolf Paster das mit 300 Teilnehmern international gut besuchte „1. Wiener Hifa-Herbstsymposium", das in den „Wiener Herbstgesprächen" bzw. „Wiener Dialogrunden" eine Fortsetzung fand und schließlich in der Errichtung der Hifa-Wirtschaftsgruppe mündete. Mittlerweile existierten gute Kontakte zur INWO-International. Eine Berufung in den INWO-Vorstand war die Folge. 1992 gelang die Gründung der „INWO-Österreich"(= Initiative für gerechte Wirtschaftsordnung). In diesem Zweig der „ARGE" entwarf Adolf Paster das „3-5-4 Modell", das durch Broschüren und bei Veranstaltungen, z.B. beim Wiener INWO-Kongress und bei freiwirtschaftlichen Seminaren in Ungarn präsentiert und von regem Interesse begleitet wurde. Es regen sich aber auch kritische Stimmen, die meinen, die komplexe Problematik, wie sie in Pasters Entwurf angesprochen wird, lasse sich nicht derart verknappt darstellten, ohne inhaltliche Fehler zu begehen. Auch provoziert der vehement betonte Wahrheitsbegriff gelegentlich massiven Widerstand.
Pasters sozioökonomische „Praxisformel" setzt sich aus „drei fundamentalen Grundsätzen, fünf ethischen Imperativen und vier staatlichen Rahmenbedingungen"[2] zusammen.
Die als „Siebe" gedachten Grundsätze lauten:
„1. Markttaugliche Produkte entstehen nur durch Arbeit.
2. Ressourcen stehen gratis zur Verfügung.
3. Einkommen kann es daher nur aus menschlicher Arbeitsleistung geben."[3]
Damit soll den Menschen ein einfaches, aber klares Instrument in die Hand gegeben werden, „um Parteiprogramme, gesellschaftliche Entwicklungen, Tendenzen von Gruppenbewegungen eindeutig definieren und beurteilen zu können."[4]
Für Adolf Paster entsprechen sie genau den fünf ethischen Imperativen:

1. Wahrheit ist die wirtschaftlichste Art des gesellschaftlichen Umgangs: Eine gemeinsame Basis des Miteinanders könne eine Gesellschaft offener, freier und ökonomischer machen, von verringerten Sicherheitskosten bis zum Wegfall eines wohl gerüsteten Heeres.
2. Gerechtigkeit ist ein im Sinne der Wahrheit gemäßes Handeln.

---

[1] Interview/Paster (Adolf Paster meint damit eine Marktwirtschaft im Sinne der Freiwirtschaft, d.h. ein System, in dem die Monopolstellung von Grund und Kapital beseitigt ist. Nur so eine Ökonomie sei als frei zu bezeichnen, in der ein chancengleicher und damit „wirtschaftsstimulierender" Wettbewerb stattfinden könne).
[2] Paster, Adolf: Fortschritt für alle mit angenehmen Nebenwirkungen. - Wien 1999 S. 3ff.
[3] Ebd.
[4] Ebd.S. 5.

3. Liebe bzw. Solidarität gilt als wichtigster Grundsatz aller Religionen, ohne diese Begriffe nur zu institutionalisieren, zu ritualisieren und verbalisieren.[1]
4. Geschwisterlichkeit ist gelebtes Bewusstsein aus Wahrheit und Gerechtigkeit.
5. Demokratie muss praxisorientiert aus der kleinsten gesellschaftlichen Einheit, der Familie, entwickelt werden.

Gleichsam als Lösungsmodell werden nun wirtschaftlich-staatliche Grundbedingungen genannt, die mit den Reformmechanismen, wie sie Gesell entworfen hat, umzusetzen seien:

1. Ein wettbewerbs-, einkommens- sowie akkumulationsneutrales Geldsystem.
2. Eine durch marktgerechte Ablöse erfolgte Sozialisierung des gesamten Bodens und der Ressourcen.
3. Die Beseitigung der verschiedensten Monopole als Bedingung für einen freien Wettbewerb.
4. Das Bekenntnis zu einer sozialen Schutzfunktion der Gesellschaft, besonders für jene, die sich am freien Wettbewerb nicht beteiligen können.

Adolf Pasters Entwurf vermittelt einen Einblick, wie heute die sozialkatholische Tradition in Verbindung mit der Freiwirtschaft interpretiert werden kann.

Wie auch schon dem Programm der CGW zu entnehmen war, scheint auch hier das romantisierende, einseitig rückwärtsgewandte und autoritäre Gepräge der „älteren" christlichen Sozial- und Wirtschaftslehre überwunden. Das eindeutige Bekenntnis zur Demokratie und zum freien Wettbewerb, der über ein entsprechend akzentuiertes Steuersystem auch den ökologischen Anforderungen gerecht werden soll, bedeuten eine Emanzipierung von einengenden konservativen Wertnormen.

Dennoch ist die „geistige Handschrift" des Sozialkatholizismus - in dem Fall des österreichischen - nicht zu übersehen. Und das ist durchaus beabsichtigt. Adolf Paster ist es ein wichtiges Anliegen, diese Traditionslinie zu popularisieren.

Ein Teil der Schriften Udes sei dafür besonders gut geeignet. Nach Ansicht von Adolf Paster vermittelt das Werk Udes großen Trost, wenngleich seine verzweifelten Momente nicht zu übersehen seien. Er habe Dinge geschrieben, „die der Wahrheit entsprechen, die die Grundlage für Gerechtigkeit bilden und die letztlich eine Solidarität ergeben."[2] Ude habe für die Reform der Menschheit mehr getan, als so mancher andere. Für die „ARGE" sei er deshalb so wichtig, „weil er mit prophetischem Blick gesehen hat, wohin sich die Dinge entwickeln."[3]

Auch aus seinen Problemen lasse sich für die eigene Arbeit viel lernen. Die Art, wie er formulierte, sei zwar aus den Zeitbedingungen erklärbar, habe aber auf

---

[1]Paster, Adolf: 3-5-4. Die Grundformel für eine lebenswerte Zukunft für alle. - Wien 2000 S. 5.

[2]Interview/Paster

[3]Ebd.

Grund der ihm fehlenden „politischen Geschmeidigkeit“ seinen Erfolg stark beeinträchtigt. Statt die Menschen durch einen harten Rigorismus vor den Kopf zu stoßen, sei es besser, auf sie und ihr Menschsein zuzugehen, wie dies in der „Fraternität“ versucht wird. Nur auf diese Weise sieht Adolf Paster eine Möglichkeit, den Menschen zu vermitteln, „dass das, was wir heute tun, ein Leerlauf ist, ein ungeheurer Verschleiß an Intelligenz, seelischer Substanz, an Menschen und Natur.“[1]

Seit der Gründung der „ARGE“ wurden z.B. im Rahmen der „Hifa“ neben der Realisierung der Musterfarm weitere landwirtschaftliche Projekte, Ausbildungsprogramme, medizinische Initiativen und der Aufbau von Kleinhandwerksbetrieben in Afrika und Osteuropa umgesetzt. Mit der Errichtung eines „Revolvingfonds“ soll kleinen Familienbetrieben eine Startchance geboten und den darin tätigen Menschen durch eine realisierbare Erarbeitung des zinslosen Kredites im Sinne des Fraternitäts-Gedankens die Menschenwürde gewahrt werden.
Die „INWO-Österreich“ sieht ihr Betätigungsfeld vor allem in Bildungs- und Aufklärungsaktivitäten, in der Darlegung und Verbreitung des freiwirtschaftlichen Gedankengutes. Im Herbst 2000 erfolgte ein Wechsel an der Spitze der österreichischen „INWO“. Adolf Paster legte aus Altersgründen den Vorsitz nieder, die Nachfolge trat sein Sohn Bernhard Paster an. Damit dürfte die von Adolf Paster angestrebte Synthese aus modernisiertem Sozialkatholizismus und Freiwirtschaftslehre weiter verfolgt werden.

Die Gründung der „Hifa-Hungaria“ sowie das spürbare Interesse an der Freiwirtschaft in Osteuropa gibt den „ARGE“-Aktivisten Anlass zur Hoffnung.
Für Martha und Adolf Paster ist es wichtig zu betonen, dass ihre Arbeit keiner strategischen Planung entsprungen ist, sondern aus der Praxis des täglichen Lebens entstand. „Wir haben nur versucht, darauf eine Antwort zu geben.“[2]

11.1.3. Sozialistische und bürgerliche Freiwirtschaftsgruppen und ihr Verhältnis zu Ude

Der Vollständigkeit wegen sei hier noch kurz dargelegt, dass Udes Wirken nicht nur in den ausdrücklich christlich orientierten Freiwirtschaftsgruppen, sondern auch in jenen mit anderer weltanschaulicher Schattierung eine beachtliche Aufmerksamkeit erregt hat.
Alois Dorfner, der in den Nachkriegsjahrzehnten wahrscheinlich aktivste österreichische Freiwirtschafter, verwies in einer entwicklungsgeschichtlichen Rück-

---

[1] Interview/Paster
[2] Ebd.

schau, welche die Anhängerschaft Gesells nach 1945 betraf, auf den 2. Internationalen Freiwirtschaftskongress in Basel im Jahr 1948. Bei diesem für ihn „erste(n), größere(n), freiwirtschaftliche(n) Erlebnis“ hätten „neben den üblichen programmatischen Referaten zwei Vorträge von entscheidender Bedeutung“ stattgefunden.[1] Einer davon sei eine Rede Udes gewesen. „In einem besonders für diesen Vortrag gemieteten großen Saal, der bis auf das letzte Plätzchen voll war“, habe Ude einen Appell an alle gerichtet, „den Kampf gegen ein System aufzunehmen, das immer wieder zu Kriegen führe.“[2]

Noch deutlicher als in der Zwischenkriegszeit nahm Ude nach 1945 innerhalb der Freiwirtschaftsbewegung die friedensethische Kompetenz wahr. Von allen Gruppen wurde diese auch gleichermaßen akzeptiert und gutgeheißen.

Bereits im Jahr 1947 brachte die Zeitschrift „Freiwirtschaft“ unter dem Titel „Ein historisches Dokument“ Udes legendären Offenen Brief an Benito Mussolini in vollem Wortlaut zum Abdruck.[3] In den diversen freiwirtschaftlichen Blättern konnte Ude nun verstärkt Aufsätze zu den Themen „Wehrdienst“, „Kriegsdienstverweigerung“, „Todesstrafe“ etc. veröffentlichen.[4] Mehrmals geschaltete Werbeinserate von Udes Buch „Du sollst nicht töten“ sowie ausführliche Rezensionen sollten die Bedeutung des Werkes auch für die Freiwirtschaft unterstreichen. Ein Beitrag, der den Titel „Ein Friedensapostel unserer Zeit“ trug, versicherte, sich keiner Übertreibung schuldig zu machen, wenn das Buch als „*das* Friedensbuch schlechthin“, als „ein Werk, an dem kein ehrlich denkender, für das wahre Volkswohl sich interessierender Mensch achtlos vorbeigehen wird“, zu bezeichnen sei.[5]

In diesem Sinne unterstützte die österreichische Freiwirtschaftsbewegung geschlossen den Antrag auf Verleihung des Friedensnobelpreises an Ude.[6] Die Vergabe des Preises 1947 an die Quäkergesellschaft sah man kritisch, weil es sich dabei um eine Organisation handle, die zwar verdienstvoll, aber eben doch nur die Folgen der Mängel bekämpfe. Den mit der Auszeichnung Bedachten wurde Ude als ein fortschrittlicher Soziologe und Freiwirtschafter gegenübergestellt, der „als solcher die Wurzel der herkömmlichen Nöte genau (kenne) und weiß, wie man durch wenige, ganz unscheinbare Reformen diese Nöte samt der Wurzel ausrotten kann.“[7]

---

[1]Dorfner, Alois: Die Freiwirtschaft und der neue Mensch. In: Freiheit und soziale Gerechtigkeit Nr. 7 (1978) S. 17.
[2]Ebd. S. 17.
[3]Vgl.: Freiwirtschaft. Österreichische freiwirtschaftliche Zeitung. Organ des österreichischen Freiwirtschaftsbundes 6.Jg/Nr.6 (1947) S. 3.
[4]Vgl. z.B.: Ude, Wehrdienst oder Kriegsdienstverweigerung? In: Freie Tat. Unabhängige Wochenzeitung für persönliche Freiheit und soziale Gerechtigkeit 1.Jg./Nr.9 (1948) S. 1ff. sowie: Ude, Weg mit dem Barbarismus der Todesstrafe! In: Freiwirtschaft 6.Jg./Nr.19 (1947) S. 2f.
[5]Freie Tat 1.Jg./Nr.7 (1949) S. 5ff.
[6]Vgl. z.B.: Freiwirtschaft 6.Jg./Nr.29 (1947) S. 3f.
[7]Freiwirtschaft 6.Jg./Nr.42 (1947) S. 2.

Mit der gleichen Bereitschaft, mit der Udes Wahlprogramm seiner „Friedenspartei" oder sein Aufruf zur Durchführung einer Volksabstimmung über das Bundesheer in den freiwirtschaftlichen Blättern veröffentlicht wurden, forderte man die Leserschaft auf, ihn bei der Wahl zum Bundespräsidenten zu unterstützen. Das enttäuschende Ergebnis wurde dann mit einem unfair geführten Wahlkampf erklärt und nochmals betont, dass Ude der einzige Kandidat gewesen sei, der ein positives Programm gebracht habe.[1]
Gänzlich unwidersprochen blieben Udes friedensethische Positionen aber nicht. Sympathien bekundete man z.B. für den Freiwirtschafter Wilhelm Orthner, der sich mit Udes Pazifismus sehr kritisch auseinander setzte.[2] Anders als Ude sprach sich Orthner für ein militärisches Verteidigungsrecht gegenüber einem Angreifer aus. Besonders die sozialistischen Freiwirtschafter sahen eine Gefahr darin, „jede Abwehrbereitschaft bei uns abzulehnen, wenn es die andere Seite nicht tut."[3] Dem Kommunismus werde damit freiwillig „das Feld überlassen." Dies gelte auch für den Übergang zu einer antikapitalistischen Wirtschaftsordnung. „Denn jedes Vakuum (werde) zwangsläufig vom Druck von außen her aufgefüllt, wenn es nicht gegen diesen Druck abgedichtet ist."[4]
Ude brachte seine moralische Position aber nicht nur in der Friedensfrage zur Sprache. So entwarf er z.B. „Zwölf Gewissensfragen an alle anständigen Österreicher und Österreicherinnen", in denen er gegen das „Währungsschutzgesetz" polemisierte.[5]
Als „ungeheuren Volksbetrug" bezeichnete er die Tätigkeit der „kapitalistisch wirtschaftenden" Nationalbank. Auf Grund der Tatsache, dass die „private Aktiengesellschaft der österreichischen Nationalbank" innerhalb von fünf Jahren einen Wechselkursverlust des Schillings gegenüber dem Dollar um 40 Prozent hingenommen habe, müsse „der Staatsanwalt seine Pflicht tun." Der Präsident der Nationalbank und seine Funktionäre, weiters die Regierungsverantwortlichen seien „wegen andauernder gröblicher, unsere gesamte Wirtschaft so tief erschütternder Gesetzesverletzung" zu belangen.[6]
Ganz im Sinn der Freiwirtschafter muss es gewesen sein, als er den „rechte(n) Platz für Geld und Ware" nur in einer globalen Freiwirtschaftsordnung, in der auch das „warenökonomische Problem" gelöst ist, gegeben sah.[7]

[1]Vgl. z.B.: Neue Ordnung. Kampfblatt für eine Natürliche Wirtschaftsordnung Nr. 6 (1951) S. 1.
[2]Vgl.: Orthner; Wilhelm: Anti-Ude. Eine Kritik der von Universitätspofessor Dr. Johannes Ude gegen die sittliche Erlaubtheit der individuellen und kollektiven Notwehr aufgestellten Thesen. - Altenhof am Hausruck 1951.
[3]Dorfner, Alois: Univ. Prof. Dr. Johannes Ude. Zur Vollendung des 90ten Lebensjahres. In: Neue Ordnung 17.Jg./Nr.2 (1964) S. 2.
[4]Ebd.
[5]Freiwirtschaft 6.Jg./Nr.42 (1947) S. 2.
[6]Ude, Ein ungeheurer Volksbetrug. In: Neue Ordnung Nr. 9 (1951) S. 1f.
[7]Ude, Der rechte Platz für Geld und Ware. In: Ebd. Nr. 4 (1960) S. 4f.

Etwas vorsichtiger, aber trotzdem „als einen notwendigen Gegenpol im Zuge der derzeitigen Entwicklung“ geschätzt, unterstützte man in den Reihen der Freiwirtschaft Udes Kampf gegen die Atomenergie.[1]
Jedenfalls feierte man Ude „als prominenten Vorkämpfer in den Reihen der österreichischen Freiwirtschaftsbewegung, deren programmatische Forderungen er mit dem Einsatz seiner ganzen Persönlichkeit vertritt.“[2]

11.2. Das Umfeld der alternativen Lebensgestaltung

Die Lebensreformbewegung hatte in der Zeit, als sie entstand, also in der Industrialisierungsphase des 19. Jahrhunderts, und unmittelbar danach große Aufmerksamkeit erregt. Keine Partei konnte am Beginn des 20. Jahrhunderts und in der Zwischenkriegszeit die reformerischen Ideen und Zielsetzungen ignorieren, wollte sie nicht Gefahr laufen, ein Zeitgeistphänomen und damit den Anspruch auf gesellschaftliche Erneuerung zu verabsäumen. Wenn auch die Inhalte der Lebensreform oft nicht direkt Eingang fanden in die diversen Wahlprogramme, so gab es kaum ein politische Gruppierung, von ganz „links“ bis weit nach „rechts“, die nicht zumindest mit angegliederten Teilorganisationen und Vereinen ein derartiges Gedankengut abdeckte.
Nach dem 2. Weltkrieg wirkte die einstige breite gesellschaftliche Resonanz der Lebensreform spürbar abgeschwächt. Zwar gab es auch nach 1945 eine rege Vereinstätigkeit der Vegetarier, Naturheiler, Abstinenzler etc. Allerdings bremste die Wohlstandssehnsucht der Kriegs- und Nachkriegsgeneration und das alsbald in Deutschland und Österreich einsetzende „Wirtschaftswunder“ den missionarischen Eifer der Reformer. Spätestens zu Beginn der 1960er Jahre liefen viele Vereinsaktivitäten aus, und es wurde für längere Zeit merklich stiller um die Lebensreform. Mit der Vordringlichkeit, Antworten auf die „ökologische Frage“ zu geben, tauchten im Umfeld der Grüngruppierungen Anfang der 1980er Jahre und in den zuletzt weit verbreiteten „NGOs“ neuerlich lebensreformerische Inhalte auf.
Der Begriff „Lebensreform“ ist heute fast schon in Vergessenheit geraten, geblieben sind aber die an die Zeitprobleme angepassten Postulate.[3]

Zumindest für die erste Phase, also für den Zeitraum zwischen 1945 und den 1960er Jahren, kann gelten, dass Johannes Ude im reformerischen Umfeld präsent blieb. Solange es seine Gesundheit zuließ, trat er auch im vorgerückten Al-

---

[1]Vgl. z.B. Alois Dorfners Rezensionen zu Udes „Atomwissenschaft, Atomwissenschafter und deren Anhang vor dem Richterstuhl des Sittengesetztes“. In: Neue Ordnung Nr. 7 (1962) S. 5f.
[2]Freie Tat 2.Jg./Nr.8 S. 1.
[3]Vgl. dazu Kap. 9.1.3.

ter als Redner und Publizist für die Ideale der Lebensreform ein. Vereinzelt hielten jene Kreise Udes wirkungsgeschichtliches Ansehen auch weit über seinen Tod hinaus in Ehren.
Besonders die Vegetarier erkannten in Ude nach 1945 einen wichtigen Wegbereiter ihrer Bewegung. Keine entwicklungshistorische Darstellung des deutschsprachigen Vegetarismus konnte an ihm vorbeigehen. Ude war in gewisser Hinsicht zu einer Art „lebendem Denkmal" geworden. Die Charakterisierung Udes als „größten Friedensstreiter des Herrn", (...) „als Vegetarier strengster Observanz", als „Philanthrop", der „von dem Gedanken beseelt (sei), der irrenden Menschheit das wahre Eden zu erschließen"[1] lässt erkennen, welche Bedeutung ihm beigemessen wurde. Die im Jahr 1956 erfolgte Ernennung Udes zum Ehrenpräsidenten des „Österreichischen Vegetarierbundes" unterstreicht dies auch in funktioneller Hinsicht.[2]
Immer wieder konnte Ude seine Kompetenz als akkreditierter Ökonom geltend machen und eines seiner Hauptthemen, nämlich das „warenökonomische Problem", darlegen.[3] Auch ließ er keine Gelegenheit aus, auf die gesundheitliche Bedeutung des Vegetarismus hinzuweisen, vor allem auf die vegane Rohkosternährung.[4]
Ein besonderes Anliegen war es ihm auch, den religiös-ethischen Aspekt von Tierschutz und Vegetarismus im Bewusstsein der Reformer zu erhalten. Auch dafür stellten ihm die Vereine bereitwillig ihre Presse zur Verfügung.[5]
Noch im Jahre 1980 widmete eine Vegetarier-Zeitschrift ein ganzes Heft seinem Leben und Wirken.
Neben dem auch in Österreich allseits populären Werner Zimmermann verfolgte auch Ude verstärkt das Ziel, Lebensreform im Allgemeinen und Vegetarismus im Besonderen mit der Freiwirtschaft zu verbinden.[6] Dass in den Lebensreform-Zeitschriften z.B. an das „Wunder von Wörgl", also an das 1932/33 durchgeführte Freigeldexperiment erinnert oder die Freiwirtschaft immer wieder als wirksame Alternative zum Kapitalismus gepriesen wurde, hängt direkt mit Udes Wirken zusammen.[7]

---

[1]Vgl. z.B.: Pirchan, Karl Siegfried: Unverdrossen vorwärts! Eine Rechtfertigung der im Wandel der Zeiten sich bewährenden Vegetarier. - Wien 1949 S. 10 bzw. S. 28.
[2]Österreichische Vegetrarierzeitung 1.Jg./Folge 6 (1956) S. 5.
[3]Vgl. z.B.: Ebd. 1.Jg./Folge 5 (1956) S. 5ff.
[4]Vgl.: Neues Leben. Zeitschrift für naturgemäße Lebensgestaltung, Gesundheitspflege und Gymnastik. 6.Jg./Heft 3 (1951) S. 51.
[5]Vgl. z.B.: Ude, Kirche, Tierschutz und Vegetarismus. In: Lebe dich gesund. Zeitschrift für Lebenserneuerung auf allen Gebieten. 3.Jg./Heft 2 (1959) S. 6ff sowie 3.Jg./Heft 3 (1959) S. 3ff.
[6]Vgl. z.B.: Werner, Zimmermann: Friede auf Erden durch Vegetarismus und Freiwirtschaft. In: Neues Leben 6.Jg./Heft 1 (1951) S. 8ff sowie 6Jg./Heft 2 (1951 S. 23f.
[7]Vgl.: Reformer-Zeitung. Allgemeine unabhängige Zeitschrift für naturgemäße Lebensgestaltung. Nr.32/3 (1962) S. 4f sowie ebd. Nr.39/10 (1962 S. 1f.

Ude deckte inhaltlich die vielfältigen Beziehungen zwischen Lebensreform, Freiwirtschaft und Pazifismus in mannigfaltiger Weise ab. „Gesunde Lebensform ist nur in einer befriedeten Welt möglich, (...) Weltfrieden hat eine gesunde natürliche Wirtschaftsordnung und eine gesunde Währung zur Voraussetzung“, schrieb er den Reformern ins Stammbuch.[1] So konnten von Ude verfasste Beiträge zum Thema „Wehrdienstverweigerung“ auch in Lebensreform-Zeitschriften zur Selbstverständlichkeit werden.[2]
Natürlich waren Querverbindungen dieser Art nicht immer unumstritten. Ude erwähnte diesbezüglich einmal den Streit zwischen ihm und dem berühmten schwedischen Lebensreformer Are Waerland. Dieser habe ihm, als er in einem Vortrag von der Notwendigkeit der Kriegsdienstverweigerung gerade in Deutschland sprach, den Vorwurf gemacht, die Lebensreformbewegung damit unnötig zu politisieren.[3]
Trotzdem dürfte ein Gros der Reformbewegung hinter Ude gestanden sein. Zumeist wiesen diverse Vereinsleitungen die fallweise gegen ihn erhobene Kritik zurück und rechtfertigten den Umstand, seinen Standpunkten breiten Raum zu geben, mit dem lapidaren Hinweis: „Ja, Ude ist unser Nestor, der älteste, konsequenteste und treueste Reformer des letzten Jahrhunderts - bewunderungswürdig als disziplinierter Priester und Mensch!“[4]
Das Motiv vieler Lebensreformer, eine Dachorganisation für alle österreichischen Gesundheitsvereine, den „Weltbund zur Rettung des Lebens“ (später „Weltbund zum Schutz des Lebens“), anzustreben, stand ebenso mit Udes Wirken in Zusammenhang.[5] Diese Vereinigung blieb aber, als sie dann schließlich zustande kam, bedeutungslos, zumal viele Vereine dem Bund ihre Unterstützung versagten.[6] Ob Udes Persönlichkeit dafür den Anlass gab, lässt sich schwer feststellen. Ude selbst bedauerte jedoch das Scheitern dieses Dachverbandes zutiefst. [7]
Der Höhepunkt der Ude-Verehrung von Seiten der Lebensreformer wurde mit der Schaffung einer „Prof. Dr. Ude-Plakette“ erreicht.[8] Anlässlich von Udes 90. Geburtstag kreierte eine Gruppe von Lebensreformern ein etwa 12 Zentimeter

---

[1]Neue Volksgesundheit. Allgemeine unabhängige Zeitschrift für naturgemäße Lebenskultur Nr.13/14 (1960) S. 1.
[2]Vgl. z.B.: Ude, Wir Christen verweigern den Wehrdienst aus folgenden Gründen. In: Lebe dich gesund 1.Jg./Heft 3 (1957) S. 9.
[3]Ude, Ich - ein Kommunist? S. 1.
[4]Neue Volksgesundheit Nr.7 (1959)
[5]Vgl. Ebd. Nr.7 (1959) S. 1.
[6]Reformer-Zeitung Nr.84/9 (1966) S. 4.
[7]Problematisch dürfte sich die bundesdeutsche Zweigvereinigung des „Weltbundes zum Schutz des Lebens“ entwickelt haben, zumal phasenweise neben lebensreformerischen Inhalten offen antisemitische und rechtsextreme Aktivitäten entwickelt wurden. (Vgl.: Mecklenburg, Handbuch S. 319f.)
[8]Vgl. Lebe dich gesund 8.Jg./ 2. Heft (1964) S. 1ff.

großes bronzenes Emblem, das Udes Gesichtszüge, seinen Namen, seine akademischen Grade und sein Geburtsdatum zeigte. Dieses Ehrenzeichen sollte ab dem Jahr 1965 an Personen oder Organisationen verliehen werden, „die sich durch besondere Leistungen auf dem Gebiete der Lebensreform, der Sozialethik oder des Volkswohls verdient gemacht haben."[1] Ein eigens dafür zusammengestelltes Kuratorium, dem unter vielen anderen Albert Schweitzer, Werner Zimmermann und Robert Jungk angehörten, wurde mit der Verleihung beauftragt.
Ein besonders starkes publizistisches Echo löste, wie nicht anders zu erwarten, Udes Tod in den lebensreformerischen Zeitschriften aus. Aus den zahlreichen, von überschwänglicher Verehrung durchdrungenen Nachrufen und Hommagen seien einige in schlichtem Ton gehaltene Sätze zitiert, die vielleicht gerade deshalb Udes Bedeutung für die Lebensreform unterstreichen: „Wir wollen Ude nie vergessen und müssen seinen geistigen Nachlass immer wieder benützen. Das geloben wir!"[2]

11.3. Die österreichische Friedensbewegung nach 1945

Nach dem 2. Weltkrieg versuchten einige pazifistische Organisationen ihre Arbeit wieder aufzunehmen, die durch das nationalsozialistische Gewaltregime zum Erliegen gekommen war.
Die traditionsreiche „Österreichische Friedensgesellschaft" (ÖFG), die sich seit 1946 wieder betätigte, erkor „vor allem die Jugenderziehung im Sinne pazifistischer und neu-humanistischer Ideale"[3] zu einer vordringlichen Aufgabe.
Mit der „Österreichischen Liga der Vereinten Nationen" und der „Liga für Menschenrechte" konnte an die übernationale, kosmopolitische Friedensgesinnung einiger Gruppierungen aus der Zwischenkriegszeit angeknüpft werden.
In unmittelbarer Folge des in Paris und Prag tagenden Ersten Weltfriedenskongresses im Jahr 1949 entstand der „Österreichische Friedensrat", der mit der Durchführung einer internationalen Unterschriftenaktion für das Verbot von Atombomben einen enormen Aufschwung verzeichnete.[4] Außer diesem „Stockholmer Appell" des Weltfriedensrates leisteten der Erste österreichische Friedenskongress im Juni 1950, aber auch das Mitteilungsblatt des „Friedensrates", die „Österreichische Friedenszeitung", einen entscheidenden Beitrag zu diesem Erfolg. Das monatlich erscheinende Periodikum des „Friedensrates" konnte mit einer Auflage von über 100.000 Stück dem Pazifismus gebührend Gehör verschaffen.

---

[1]Lebe dich gesund 8.Jg./2. Heft (1964) S. 6.
[2]Reformer-Zeitung Nr.71/8 (1965) S. 1.
[3]Gütermann, Österreichische Friedensbewegung 1891-1985 S. 89.
[4]Ebd. S. 92ff.

Der zunächst ideologisch durchaus ausgewogen besetzte „Friedensrat" geriet in dem sich verschärfenden Kalten Krieg zwischen West- und Ostblock zunehmend ins kommunistische Fahrwasser. Dennoch sorgte der mit 1.880 Teilnehmern aus 85 Nationen in Wien tagende Weltfriedenskongress im Dezember 1952 für gehöriges Aufsehen. Dieses Großereignis konnte aber wiederum nicht verhindern, dass in den darauf folgenden Jahren die Bedeutung des „Friedensrates" für den österreichischen Pazifismus merklich schwand. Anfang der 1960er Jahre erhielten die Friedensaktivitäten in Österreich mit der so genannten „Ostermarschbewegung" neue Impulse.
Auch der österreichische Zweig der „Internationale der Kriegsdienstgegner (IdK) entfaltete seit 1946 eine rege Tätigkeit. Die scharfe Verurteilung der Wiederbewaffnung Österreichs fand im Vereinsorgan „Antimilitarist", das seit Juli 1955 erschien, reichhaltig Niederschlag.

Die von den österreichischen Nachkriegsregierungen geplante und schließlich auch durchgeführte Aufstellung eines Heeres auf Milizbasis bedeute eine große Herausforderung für die Friedenorganisationen.
Zu der Veranlassung, dazu eine eindeutige, d.h. überwiegend ablehnende Position zu beziehen, gesellte sich die massiv erhobene Forderung nach Einführung eines sozialen Friedensdienstes. Das am 7. September 1955 beschlossene Wehrgesetz, das zwar das Recht auf Ablehnung des Dienstes mit der Waffe, nicht aber das eigentliche Recht auf Militärdienstverweigerung enthielt, konnte von den Pazifisten nicht akzeptiert werden. Erst im Jahr 1975 trat dann ein Zivildienstgesetz in Kraft. Dass der politische Wille schließlich einen legislativen Ausdruck fand, ist auch ein Verdienst der pazifistischen Überzeugungsarbeit.

Johannes Ude kam im pazifistischen Nachkriegsszenario Österreichs der Status eines Doyens zu. Das vielseitiges Engagement in der Zwischenkriegszeit, besonders die standhafte Friedensüberzeugung trotz der lebensbedrohenden Nazidiktatur hatten Ude für viele Pazifisten zu einem großen Vorbild gemacht. Seine in mancherlei Hinsicht nicht ganz unproblematische geistesgeschichtliche Entwicklung konnte diesen Stellenwert kaum mehr gefährden.
Im Jahr 1948 erschien Udes monumentales Hauptwerk „Du sollst nicht töten". Darin konzentrierte sich sein gesamtes reformerisches Denken, das inhaltlich einzig und allein auf die Lösung der Friedensfrage abzielte. Im ersten Abschnitt des dreiteiligen Werkes kommen die kirchlichen Ethiklehren zum fünften Dekalogsgebot zur Darstellung. Ude entwickelte dann im zweiten und dritten Teil seine spezifische Position eines „Bergpredigtpazifismus", der Ursachenanalysen und historische Beispiele zu Grunde gelegt werden. Seit dieser Werksedition leitete Ude alle weiteren, sehr reichhaltigen Publikationen zur Friedensproblematik von diesem Buch ab. Die Inhalte variierten ab diesem Zeitpunkt nur hin-

sichtlich der Anpassung an aktuelle Zeitgeschehnisse oder der Verknüpfung mit lebensreformerischen Zielsetzungen.

Wie schon in der Zwischenkriegszeit fand Ude bei jenen, die den Militärdienst kategorisch ablehnten, den stärksten Rückhalt. In der „Internationalen der Kriegsdienstgegner" agierte er als Vorstandsmitglied, und am 3. Mai 1961 wählte ihn die österreichische Sektion der „IdK" zum Vizepräsidenten, 1963 zum Ehrenpräsidenten.[1]
Im „Antimilitarist" konnte er sich thematisch vielfältig und wortreich artikulieren. Es kam auch vor, dass die Redaktion wegen des Abdrucks eines Ude-Artikels oder einer seiner Reden in Bedrängnis geriet. Unter Androhung einer Klage wegen Aufrufs zum Ungehorsam gegenüber dem Gesetz mussten z.B. entscheidende Passagen aus Udes abgedruckter Rede zum Thema „Christentum und Wehrpflicht" gestrichen werden.[2]
Das tat aber seiner Verehrung keinen Abbruch. In einer Würdigung anlässlich seines 89. Geburtstages hieß es: „Die große Gemeinde der Antimilitaristen in aller Welt schätzt sich glücklich, Sie in ihrer Mitte zu haben als unermüdlichen und unerschrockenen Kämpfer für den Frieden und gegen das menschenunwürdige Militär."[3]
Ude nahm viele Gelegenheiten war, sich zu thematisch verwandten Themen wie Tierschutz und Vivisektion, aber auch zu tagespolitischen Geschehnissen zu äußern. So nützte Ude etwa das zehnjährige Bestandsjubiläum des österreichischen Staatsvertrages zu einer wiederholten Kritik an der im Gesetz verankerten Wehrpflicht und der damit verbundenen Remilitarisierung Österreichs.[4]
Den katholischen Wehrdienstverweigerern versuchte er nicht nur moralisch, sondern auch formalistisch den Rücken zu stärken, indem er ihnen im „Antimilitarist" den ausformulierten Wortlaut eines Verweigerungsgesuches vorlegte.[5]

Ein etwas distanzierteres Verhältnis unterhielt Ude zum „Friedensrat". Nur vereinzelt erschienen in der „Österreichischen Friedenszeitung" Beiträge von Ude. Die starke Linkslastigkeit dieser Vereinigung kann dafür als Grund geltend gemacht werden. Vielleicht hat auch der Umstand eine Rolle gespielt, dass in der „Friedenszeitung" Josef Dobretsberger häufig publizierte. Seit der Zwischenkriegszeit gab es zwischen Ude und Dobretsberger gravierende Auffassungsun-

[1]Antimilitarist. Unabhängiges, parteiloses, pazifistisches Blatt. 7.Jg./Nr.25. (1961) S. 4 sowie: Ebd. 9.Jg./Nr.32 (1963) S. 4.
[2]Ebd. 2.Jg./Nr.7 (1956) S. 1 u. S. 3.
[3]Ebd. 9.Jg./Nr.32 (1963) S. 2.
[4]Ebd. 11.Jg./Nr.40 (1965) S. 1.
[5]Ebd. 4.Jg./Nr.13 (1958) S. 1ff.

terschiede im sozioökonomischen Bereich.[1] Ihre Beziehung dürfte auch nach 1945 eher unterkühlt geblieben sein.

In seinem türkischen Exil hatte Dobretsberger während des 2. Weltkrieges „als fortschrittlicher Katholik und vor allem als Nationalökonom“[2] eine Annäherung an den Marxismus vollzogen. Eine einflussreiche Positionierung im bürgerlich-konservativen Lager des Nachkriegsösterreich gelang ihm nicht. Als Obmann der von ihm mitbegründeten Demokratischen Union, die 1953 bei den Nationalratswahlen zusammen mit der KPÖ und den Linkssozialisten als „Volksopposition antrat, und als engagierter Pazifist konnte Dobretsberger den Verdacht, ein „Kryptokommunist“ zu sein, bis zu seinem Ausscheiden aus der Tagespolitik nicht mehr abstreifen.[3]

Abgesehen davon kam es dennoch vereinzelt vor, dass Ude die Arbeit des „Friedensrates“ positiv kommentierte. Der Abrüstungsappell des „Friedensrates“, der in gleicher Weise an alle fünf Großmächte gerichtet war, wurde von Ude unterstützt, was auch prompt in der „Friedenszeitung“ Erwähnung fand.[4] Desgleichen ersuchte man Ude um eine kritische Würdigung des Programms des „Friedensrates“, die, weil in den wichtigsten Punkten zustimmend, zur Veröffentlichung kam.[5]

Der wichtigste Beitrag Udes in der „Friedenszeitung“ stand in Zusammenhang mit seiner Stellungnahme zum Weißbuch des „Friedensrates“. Indem er die im Weißbuch genannten Dokumente und Fakten, betreffend einer von den Besatzungsmächten und der Bundesregierung geheim betriebenen Aufrüstung Österreichs, als unzweifelhaft erachtete, warnte er vor der „Selbstmordpolitik“ eines aufgerüsteten Österreichs und rief zu einer „gewaltlosen Revolution“ gegen die Machtpolitiker auf.[6]

Ude reagierte auf die Veröffentlichung des Weißbuchs mit der Einberufung einer Konferenz, die am 29. Juni 1952 in Linz mit 250 Teilnehmern den Stellenwert der Neutralität diskutierte.[7] Mit der Konferenzresolution, welche „die einseitige Stellungnahme der österreichischen Regierung für den Westen und insbesondere die Bindung an den Atlantikpakt sowie die Duldung und Förderung militärischer Maßnahmen auf österreichischem Boden“[8] verurteilte, befasste sich auch der Ministerrat in der Sitzung am 8. Juni 1952. Kurz darauf affichierte

---

[1]Vgl. Kap. 5.2.3.

[2]Binder, Verlorene Positionen S. 40.

[3]Josef Dobretsberger starb am 23. 5. 1970 in Graz. (Weitere Hinweise zu seiner Person: vgl. Kap. 5.2.3.

[4]Vgl.: Österreichische Friedenszeitung 2.Jg./Nr.6 (1951).

[5]Ebd. 2.Jg./Nr.7/8 (1951).

[6]Österreichische Friedenszeitung 3.Jg./Nr.2 (1952).

[7]Rosenhammer, Monika: Geschichte der österreichischen Friedensbewegung in den Fünfziger- und Sechzigerjahren. Dipl. Arb. - Salzburg 1988 S. 24f.

[8]Brief der Oberösterreichischen Konferenz für die Neutralität Österreichs an Bundeskanzler Figl vom 29. Juni 1952: (ÖStA: Bundeskanzleramt GZ: 3.741/PrM/52).

die „Oberösterreichische Konferenz“ im Stadtgebiet Urfahr farblich auffällig gestaltete Plakate im Format 60 mal 42 Zentimeter. Im Text, für den Ude verantwortlich zeichnete, wurde darauf hingewiesen, „dass nur eine Politik der strengsten waffenlosen Neutralität eine Verständigung der Großmächte“ und damit „den Frieden und die Einheit Österreichs sichere.“[1]

Gute Kontakte gab es zu den Ergokraten. Innerhalb der ergokratischen Bewegung, die nach 1945 als Partei auftrat, hatte sich auch eine starke pazifistische Strömung formiert, die in vielen Fragen mit Udes Ansichten übereinstimmte.[2] Ude konnte im Parteiorgan der Ergokraten des Öfteren Gastkommentare veröffentlichen. Dies erhärtet die These, dass Udes Verbindung zur Ergokratie möglicherweise tatsächlich bis in die Zeit des „Wirtschaftsvereins“ zurückreicht, obwohl das Verhältnis zwischen den Freiwirtschaftern und Färbers Anhängerschaft antagonistisch blieb.[3]

Erkennbar ist, dass Udes Reformstrategien, fallweise sogar in seinem eigenen Wortlaut, immer wieder ansatzweise in den diversen Publikationen und Programmschriften der Friedensvereine auftauchten. Ob allerdings z.B. die Forderung der „ÖFG“ nach „Schaffung eines einheitlichen Weltwirtschaftsgebietes und Einführung einer Weltwährung (Weltgeld) unter Kontrolle einer überstaatlichen Weltbank“[4] mit Udes kosmopolitischer Freiwirtschaftsvision in Zusammenhang steht, bleibt dahingestellt. Viel eher dürften hierfür John Maynard Keynes’ bahnbrechende Überlegungen zur Neugestaltung des Weltwährungssystems nach dem 2. Weltkrieg verantwortlich sein. „Seit Keynes’ Vorschlägen für Bretton Woods ist der Gedanke einer Weltzentralbank, die über eine weltweite und welteinheitliche Geldmengen- und Liquiditäts-Steuerung nicht nur Stabilität und Kontrolle der internationalen, sondern auch der nationalen Geld- und Kapitalmärkte gewährleistet, nicht mehr aus den Debatten von Theoretikern und Praktikern verschwunden.“[5]
Jedenfalls war Ude unmittelbar nach dem 2. Weltkrieg zum Ehrenmitglied der „Friedensgesellschaft“ ernannt worden. Auch betätigte er sich im Rahmen dieser Organisation. Ude war in einem Schreiben an die „ÖFG“ herangetreten, eine groß angelegte Aufklärungskampagne über die negativen Folgen eines Bundesheeres zu starten. Die „Friedensgesellschaft“ sollte sich mit der „Liga für Menschenrechte“ und der „Liga der Vereinten Nationen“ ins Einvernehmen setzen

---

[1]Mitteilung der Sicherheitsdirektion für das Mühlviertel an das Bundesministerium für Inneres vom 22. Juli 1952: (ÖStA: Bundesministerium für Inneres Gen.dir.f.ö.S. GZ: 112 629-2/52).
[2]Autengruber, Peter: Kleinparteien in Österreich 1945 bis 1966. - Innsbruck u.a. 1997 S. 188f.
[3]Vgl. Kap. 5.2.3.
[4]Zit. nach: Gütermann, Österreichische Friedensbewegung 1891-1985 S. 89.
[5]Hankel, Wilhelm: Weltwirtschaft. Vom Wohlstand der Nationen heute. - Düsseldorf u.a. 1977 S. 57.

und ein Volksbegehren initiieren mit dem Ziel, die Bevölkerung „geschlossen gegen die Einführung des Militarismus zu revolutionieren.“[1] Er selbst wolle sich für Werbevorträge in den Dienst dieser Sache stellen.
Der Brief nötigte Bundeskanzler Figl zu einer Stellungnahme, und die „ÖFG“ veranstaltete eine öffentliche Diskussion zum Thema „Wehrpflicht und Wiedereinführung eines österreichischen Heeres“.

Insgesamt befand die Friedensbewegung Ude für würdig, mit dem Friedensnobelpreis ausgezeichnet zu werden. Sowohl von Seiten der Pazifisten als auch von Lebensreformern gab es dazu massive Anstrengungen. Die Vorstöße aus dem Friedensspektrum kamen überwiegend von Vertretern der „ÖFG“ und der „IdK“.
1947 unterstützte die „Friedensgesellschaft“ den Antrag auf Verleihung des Nobelpreises an Ude, der von der „Gesellschaft österreichischer Kulturfreunde“ ausging. Johannes Ude sei „einer der aufrechten Männer“, so hieß es in der Antragsbegründung, „die in den Zeiten der Vergewaltigung keine Kompromisse geschlossen haben, die jede Verfolgung auf sich genommen haben, um der Idee willen, der sie leben.“[2]
Nach Sichtung zahlreicher ministerieller Prüfungsberichte konnte sich das Bundeskanzleramt zur Befürwortung der Nobelpreisverleihung an Ude nicht durchringen. In der Stellungnahme des Innenministeriums beispielsweise, auf die sich der abschlägige Bescheid unter anderem stützte, wurde Ude als Persönlichkeit eingeschätzt, „die wohl in guter Absicht zu allen Gegenwartsfragen im christlichen Sinne Stellung nimmt, jedoch durch eine überscharfe, zum Teil demagogisch wirkende Kritik weit über die von ihm vermutlich beabsichtigten Ziele hinausschießt und dadurch den Sicherheitsbehörden immer wieder Anlass zum Einschreiten bot.“[3]
Durch Stefan Matzenberger erfolgte 1959 aus dem Umfeld der Wehrdienstgegner ein wiederholter Versuch, Ude zum Nobelpreis zu verhelfen. Zu den bereits bekannten Ablehnungsgründen der Behörden gesellten sich nun auch „außenpolitische Rücksichten“. Der Bundesregierung könne es nicht zugemutet werden, „in einem Zeitpunkt, da verschiedene zwischen dem Heiligen Stuhl und Österreich schwebende Fragen einer Lösung harren, eine Persönlichkeit, die sich

[1]Brief Udes an die „ÖFG“ vom 28. Dezember 1946: Zit. nach: Denkschrift anlässlich von Udes Ernennung zum Ehrenmitglied der „ÖFG“ verf. v. Wilhelm Scharf. (ÖStA: Akt des BKA GZ: 4.119-Pr/47).
[2]Brief der „Gesellschaft österreichischer Kulturfreunde“ an „Det Norske Stortings Nobelkomite Oslo“ vom 6. November 1947: (ÖStA: BKA GZ: 4.119-Pr/47).
[3]Bericht des Bundesministeriums für Inneres an das Präsidium des Bundeskanzleramtes vom 16. Februar 1948: (ÖStA: BKA GZ: 640-Pr-1a/48).

selbst als 'erstes und letztes Opfer des Konkordats 1934' bezeichnet hat, als der Verleihung des Friedens-Nobelpreises 1959 würdig zu qualifizieren."[1]
Auch einer Anregung der Friedensvereinigung „Weltbürger in Österreich", Ude das Ehrenzeichen für Verdienste um die Republik zu verleihen, wurde nicht entsprochen.[2]

Udes Anhängerschaft betonte gelegentlich der Eingaben an Behörden und anlässlich diverser Würdigungen immer wieder sein enormes internationales Renommee. Die zahlreichen an ihn herangetragenen Vereinsehrenvorsitze in der Zwischenkriegszeit und nach 1945 lassen diese Behauptungen nicht übertrieben erscheinen.
Eine besondere Ehre wurde Ude zuteil, als die „Union Deutscher Friedensverbände" (UDFV), in der 17 große Friedensorganisationen zusammengeschlossen waren, „in Würdigung seines Lebens im Geiste der Bergpredigt Christi, im Geiste der Liebe, des Friedens und der Völkerverständigung"[3] ihn zu ihrem Präsidenten ernannten. Ude wurde ausdrücklich bevollmächtigt, „im Namen der „UDFV" öffentlich Erklärungen abzugeben, Vorschläge zu unterbreiten und Proteste zu erheben, wann immer er dies für notwendig erachtet, um der die Verbände der Union einenden Ächtung des Krieges allgemeine Geltung zu verschaffen."[4]

11.3.1. Die „Ude-Friedensgemeinschaft"

Wenn auch der Tod Udes für die gesellschaftspolitisch engagierten Reformer wegen seines hohen Alters nicht überraschend kam, so hinterließ er doch in ihren Reihen eine Lücke, die nicht ohne weiteres zu schließen war.
In einem Nachruf vermutete man, dass zwar alle friedlich gesinnten Menschen um ihn trauern würden, nicht aber „die Kriegsverbrecher und ihre Helfershelfer". Diese empfänden Freude, „weil der Mund des ihnen unbequemen Mahners endlich verstummte."[5] Gleichzeitig tröstete man sich damit, dass Udes zahlreiche Schriften „in Bibliotheken aller Kontinente aufliegen und dort allen Menschen zugänglich sind, die wissen wollen, was der österreichische Savonarola der Welt zu sagen hatte."[6]

---

[1]Stellungnahme des BKA zum Vorschlag für die Nominierung Udes als Nobelpreiskandidaten: (ÖStA:BKA GZ: 1687-Pr.-1a/59).
[2]Zur Frage der Ehrenzeichenverleihung vgl.: (ÖStA: Präsidentschaftskanzlei GZ: 39.802/59 u. GZ: 4.010-0/59).
[3]Zit. nach: Reformer-Zeitung Nr. 20 (1960) S. 1.
[4]Zit. nach: Ebd.
[5]Antimilitarist 11.Jg/Nr.42 (1965) S. 3.
[6]Ebd.

Einigen seiner engsten Mitarbeitern war diese Aussicht zu dürftig. Bereits wenige Wochen nach seinem Tod erwog ein Personenkreis um den testamentarisch bestimmten Nachlassverwalter Hermann Weyss, einen Verein zu gründen, der Udes Gedankengut weiterverbreiten sollte. Am 8. Oktober 1965 kam es in Wien zur Gründung der „Ude-Friedensgemeinschaft" (UFG), die sich etwa 20 Jahre lang betätigte.

Als erste größere Aktion lud der Verein zu einem mehrtägigen Seminar, das vom 2. bis 9. Juli 1967 unter dem Titel „Internationales Ude-Friedensseminar" in Grundlsee stattfand.[1] Etwa 50 Teilnehmer erlebten zur Friedensproblematik Dialogrunden, die überwiegend Universitätsprofessoren, heimischer und internationaler Herkunft, bestritten. Der Grazer Bischof Schoiswohl zelebrierte an Udes Todestag eine Messe und weihte anschließend eine kleine Ude-Kapelle ein.

Der große Erfolg der Veranstaltung ermutigte die „UFG", noch im selben Jahr das Seminar auf universitärem Boden fortzusetzen. Vom 16. bis 23. Oktober referierten an der Wiener Universität, ähnlich prominent besetzt wie zuvor in Grundlsee, weltliche und kirchliche Akademiker.[2] Begleitet von schriftlich festgehaltenen Ergebnissen der Treffen in Form von Resolutionen und Petitionen, konnten die Ude-Friedensseminare auch danach weiter fortgesetzt werden.

Neben dem Rechtsanwalt Hermann Weyss, der von 1965 bis 1977 die Obmannstelle besetzte, wurde die „UFG" vor allem durch den Friedensaktivisten Dr. Stefan Matzenberger getragen.

Der promovierte kriegsblinde Jurist entfaltete nach 1945 eine rege schriftstellerische Aktivität, engagierte sich in zahlreichen Vereinen und trat als häufig angeforderter Redner für eine christlich motivierte Kriegsgegnerschaft bzw. Wehrdienstverweigerung ein.

Matzenberger hatte im Jahr 1950, als er eine Übersetzung des Buches „Du sollst nicht töten" in Blindenschrift in die Wege leitete, Kontakt zu Ude aufgenommen. Das Werk konnte dann tatsächlich Ende der 1950er Jahre sehbehinderten Menschen zugänglich gemacht werden.

Ude erkannte sogleich, als er der Bitte nachkam, Matzenbergers Publikationen zu rezensieren, dass er in dem blinden Friedensstreiter einen echten Gesinnungsgenossen gefunden hatte. Die Verbindung zwischen den beiden ging sehr bald über einen regelmäßigen Briefverkehr hinaus und entwickelte sich zu einem innigen Freundschaftsverhältnis.[3]

---

[1] Vgl. Reformer-Zeitung Nr.96/9 (1967) S. 6ff.

[2] Ebd. Nr.100/1 (1968) S. 3ff.

[3] Vgl. Udes Briefe an Stefan Matzenberger zwischen 1950 und 1965 (Nachlass: Stefan Matzenberger).

Da Matzenberger in der Friedensfrage absolut Udes Linie vertrat, setzte Ude große Hoffnungen in ihn, die wortwörtliche Auslegung der „Bergpredigt" in den katholischen Kreisen zu verankern.
Matzenberger pflegte vielfältige Kontakte zu sozialpolitisch aktiven Vereinen. Unter anderem war er einige Jahre Vizepräsident der „ÖFG", Obmannstellvertreter der „Weltbürger in Österreich" und im Vorstand der „Union für direkte Demokratie", die sich als wahlwerbende Organisation für vermehrte Plebiszite und eine interventionsfreie Wirtschaft einsetzte.[1]
Matzenberger sprach sich Anfang der 1950er Jahre für die Gründung der „Pax-Christi-Bewegung" in Österreich aus, die als christlich-pazifistische Gruppierung besonders in Frankreich und Deutschland bereits eine längere Tradition besaß. Ude stand gerade dieser Vereinigung äußerst skeptisch gegenüber, weil sie, seinen Ansichten gemäß, eine viel zu unklare Haltung in der Frage des strikten Tötungsverbotes und des Wehrdienstes vertrat. „Machen Sie nur Ihren ganzen Einfluss geltend", ermunterte er Matzenberger, „dass diese Bewegung zur Erkenntnis komme, dass ein überzeugter, im Sinne der Bergpredigt lebender Christ nur Kriegsdienstverweigerer sein kann."[2]
Zeitungen wie der „Furche" oder eben der „Pax-Christi-Bewegung" warf Ude ihre Kompromissbereitschaft vor, die seiner Meinung nach größeren Schaden anrichten würde „als alle jene Zeitungen und Bewegungen, die sich um Christus überhaupt nicht mehr kümmern. Bei diesen letzteren (wisse) man wenigstens, wie man dran ist."[3]
Bemerkenswert ist in dem Zusammenhang, dass Ude gegenüber seinem Freund offen eingestand, früher auch „ein Nachbeter von verkalkten Denkschablonen" gewesen zu sein, „die man auch heute noch kritiklos auftischt, um nachzuweisen, dass das Gebot 'Du sollst nicht töten' Ausnahmen zulasse."[4] In seinen öffentlichen Abhandlungen hat er seine dramatische Wandlungen vom Befürworter eines „gerechten Krieges" zum überzeugten Bergpredigtpazifisten niemals so deutlich zur Sprache gebracht.[5]
Die Übereinstimmung in der Friedensfrage veranlasste Ude immer wieder dazu, Matzenbergers Schriften „als notwendige Ergänzung" zu seinem Buch „Du sollst nicht töten" zu preisen. Matzenberger wiederum stellte in seinen beiden Hauptwerken[6] Udes Bedeutung für den Pazifismus besonders deutlich heraus.

[1]Mitteilung der Bundespolizeidirektion Wien-Vereinsbüro an das Bundesministerium für Inneres: (ÖStA:BKA GZ: 42.363-17/70).
[2]Brief Udes an Stefan Matzenberger vom 4. März 1953 (Nachlass: Stefan Matzenberger).
[3]Brief Udes an Stefan Matzenberger vom 12. März 1956 (Nachlass Stefan Matzenberger.).
[4]Brief Udes an Stefan Matzenberger vom 30. April 1952 (Nachlass Stefan Matzenberger).
[5]Vgl. Kap. 6.1.3.
[6]Vgl.: Matzenberger, Stefan: Von der Friedensethik zur Friedenspolitik. Hundert Fragen an den Pazifismus. - Wien 1963 S. 155f. Sowie: Matzenberger, Stefan: Pazifismus im Atomzeitalter. Kriegsverhinderung durch Friedensaktivität. - Wien 1979 S. 17ff.

Stefan Matzenberger war auch jene Person, die wahrscheinlich am rührigsten die Verleihung des Nobelpreises an Ude betrieb. Über all die Jahre ihrer Bekanntschaft hinweg ließ er mit Hilfe der Vereine „IdK", „Österreichischer Versöhnungsbund" und „Weltbürger in Österreich" nichts unversucht, dieses Ziel zu erreichen.
Die Korrespondenz zwischen Stefan Matzenberger und Johannes Ude vermittelt einen interessanten Einblick in das schier unglaubliche Arbeitspensum, das Ude nach 1945 bewältigte. Seinem Freund berichtet er, dass er zwischen 1951 und 1957 16.000 Briefe geschrieben, 512 Artikeln in Zeitschriften und 16 Broschüren veröffentlicht, 386 Predigen gehalten und in 124 Städten referiert habe.[1] Seine Arbeitskonzentration leide sehr darunter, dass sich vor allem in den Sommermonaten weit über 900 Besucher in Grundlsee einstellten.[2] Udes Wirken hatte also sichtlich weite Kreise gezogen.
Während Stefan Matzenberger z.B. die Abschaffung der Todesstrafe für Soldaten, die Humanisierung des österreichischen Militärstrafgesetzes oder die Einführung des Zivildienstgesetzes als Ergebnis seiner eigenen Arbeit und als Werk der Friedensvereine sah[3], schätze Ude die Aussichten auf Erfolge des Pazifismus weit nüchterner ein. Das Gesuch Matzenbergers an die theologische Kommission des Vatikanischen Konzils, welches die Absolutheit des 5. Gebotes zum Inhalt hatte, begrüßte Ude zwar als wichtigen Schritt, dämpfte aber die Erwartungen dahingehend: „Meiner Ansicht nach dürfte man in Rom Ihre Eingabe und die Eingaben verschiedener anderer, die ebenfalls diesbezüglich in Rom vorstellig geworden sind, einfach ad acta legen, wenn nicht gar in den Papierkorb befördern."[4] Als Kardinal Franz König im Juni 1963 die militärische Landesverteidigung billigte, sah sich Ude in seiner pessimistischen Beurteilung bestätigt.[5]

Seit dem 25. Juli 1983 führte Stefan Matzenberger die „Ude-Friedensgemeinschaft" als Obmann. Den Vereinsstatuten gemäß, die „das Andenken des verstorbenen Univ. Prof. DDDDr. Johannes Ude zu erhalten und in seinem Sinne zu wirken"[6] beabsichtigten, war der Vorsitzende unermüdlich bemüht, diesen Anforderungen gerecht zu werden. Zahlreiche Zeitungsartikel, Vortragsreihen und Briefeingaben[7] sollten das Lebenswerk Udes unvergessen machen und ei-

---

[1]Brief Udes an Stefan Matzenberger vom 12. Dezember 1958 (Nachlass: Stefan Matzenberger).
[2]Brief Udes an Stefan Matzenberger vom 30. November 1961 (Ebd.).
[3]Vgl.: Matzenberger, Stefan: Leben und Friedenswirken. (Ungedrucktes Typosskript). - Wien 1984 (Ebd.).
[4]Brief Udes an Stefan Matzenberger vom 17. Mai 1961 (Nachlass: Stefan Matzenberger).
[5]Brief Udes an Nandor Schöberl, Sekretär der „Friedensgesellschaft der österreichischen Weltbürger" vom 16. September 1963 (Ebd.).
[6]§ 2 der Vereinsstatuten der „UFG" (Ebd.).
[7]Vgl. dazu: Matzenberger, Stefan: Friedensbriefe eines Bergpredigtpazifisten. - Linz 1988.

ner jüngeren Generation erschließen. Drei Beispiele, in denen auf Ude ausdrücklich Bezug genommen wird, seien hier angeführt.
Unter Berufung auf Ude richtete die „UFG" im Jahr 1983 ein Schreiben an die österreichische Bundesregierung, in dem eine Kürzung der Rüstungsausgaben und die Errichtung eines Staatssekretariats für Frieden und Gewaltlosigkeit gefordert wurde.[1]

Johannes Ude bei seiner täglichen Arbeit. (Quelle: Fotosammlung Elsa Kitzer)

Für einige Leserbriefkontroversen sorgte ein von Stefan Matzenberger im April 1985 veröffentlichter Artikel in der „Furche", in dem er aus der Perspektive Udes gegen die Lehre vom „gerechten Krieg" Stellung nahm.[2]
Mitte der 1980er Jahre griff Matzenberger den 1945 gescheiterten Ude-Plan wieder auf, eine Friedenspartei zu gründen. Er entwarf ein aus 120 Punkten bestehendes Grundsatzprogramm, das auf dem Dekalog und der „Bergpredigt" fußte.[3] 15 Punkte des Programms sind den so genannten „Ude-Treffen" gewidmet. Nach der Vorstellung Matzenbergers sollte damit eine Art Parteiklausur mit vorgegebener Tagesordnung etabliert werden.

[1]Brief der „UFG" an Bundesminister Salcher und Bundeskanzler Sinowatz vom 1. August 1983 (Nachlass: Stefan Matzenberger)
[2]Rundbrief Stefan Matzenbergers an die Mitglieder und Sympathisanten der „UFG" vom 3. November 1985 (Ebd.).
[3]Vgl.: Matzenberger, Friedensbriefe S. 64ff.

Mit dem Tod Stefan Matzenbergers im Jahr 1986 erlosch auch die Tätigkeit der „UFG". Ende der 1980er Jahre gab es durch den Salzburger Peter Hodina einen letzten Versuch, die „UFG" wieder zu beleben.
Hodina, dem, wie er betonte, „Johannes Ude von jeher ein ernstes Anliegen"[1] gewesen sei, galt wegen seines Engagements als große Hoffnung für die österreichische Freiwirtschaft. Zu den Themenschwerpunkten „Zeitgeschichte", „Freiwirtschaft" und „Pazifismus" trat er auch mehrmals vor ein internationales Vortragspublikum.[2]
Peter Hodina bot an, als interimistischer Obmann der „UFG" „Friedensaktivisten, Freiwirtschaftler, Lebensreformer, Entwicklungshelfer, Experten des internationalen Rechts und Sinnsucher aller Konfessionen ökumenisch zusammenzubringen."[3] Als Vereinslokalität sollten die Räumlichkeiten von Adolf Pasters „Hifa" genützt werden, die schon im Oktober 1985 Schauplatz einer erfolgreichen Ude-Veranstaltung geworden waren. Alle Bemühungen verliefen aber letztlich im Sande.

Gegenwärtig versuchen Einzelpersonen und Vereinsaktivisten, das geistige Erbe Udes weiterzupflegen. Neben anderen bedeutenden katholischen Wirtschafts- und Sozialreformern wird z.B. in der „Hifa" Udes Andenken gepflegt. Der weltanschaulichen Ausrichtung dieser Organisation entsprechend, ist es dort wohl auch gut aufgehoben.[4]

---

[1]Brief Peter Hodinas an Franz Gansrigler (designierter Obmann der „UFG" in Nachfolge von Stefan Matzenberger) vom 21. April 1987. (Nachlass: Stefan Matzenberger).
[2]Vgl. dazu: Bartsch, NWO-Bewegung S. 312f.
[3]Brief Peter Hodinas an Franz Gansrigler vom 21. April 1987 (Nachlass: Stefan Matzenberger).
[4]Vgl. Kap. 11.1.2.

12. Zusammenfassung: Konservativ-katholische Lebensreform und Freiwirtschaft

> Nur füge zu dem Wissen auch die Tat;
> Jetzt füge Glauben, Tugend und Geduld und Mäßigkeit hinzu und jene Liebe,
> die einst als christliche gepriesen wird, und Seele wird von allen Tugenden.
> Dann lässt Du ungern nicht dies Paradies, Du trägst in Dir ja ein viel seligers."
> (John Milton)[1]

Johannes Ude hat im Zuge seiner Tätigkeiten markante Aussprüche geprägt, die als Leit- und Grundsätze in verkürzter Form stellvertretend für sein Reformbestreben stehen.
Neben der Epheserbrief-Übersetzung „Alles in Christo erneuern", die gleichsam als zentrales Motiv seiner Lebensreform zu Grunde liegt, ist wahrscheinlich die Parole „Wir wissen, um zu wollen" die bekannteste und bedeutendste. In diesem Satz sei, so erklärte Ude, sein persönlicher Lebenssinn zusammengefasst.[2] Er habe jede Gelegenheit benutzt, um sich aus den wissenschaftlichen Disziplinen der Philosophie, Theologie, Naturwissenschaften, Nationalökonomie und Medizin ein planmäßig geordnetes Wissen anzueignen. Diese intensiven Studien hätten nun folgendes ergeben:
Ein Schöpfungsakt habe der Welt ein ewiges Naturgesetz vermacht, das den Menschen den Schöpfungsplan offenbart. Kraft seiner Vernunft sei der Mensch in der Lage, die Prinzipien des Naturrechts zu verstehen und das „positive Recht", d.h. die weltlichen Rechtsnormen danach auszurichten. Da Gott durch die Natur der den Menschen umgebenden Dinge zu seinen Geschöpfen spreche, komme es darauf an, ein naturgemäßes Leben zu führen. Deshalb sei das, was naturgemäß ist, für Christen verbindlich, genauso wie christlich richtiges Leben einem naturgemäßen Dasein entspreche. „Aus dieser Erkenntnis heraus", so Ude, „wurde ich Lebensreformer."[3]

Als hoch qualifizierter Kleriker und Wissenschafter hatte Ude zunächst eine glänzende Karriere in der Kirchenhierarchie und eine erfolgversprechende universitäre Laufbahn vor sich. Im ersten Jahrzehnt des 20. Jahrhunderts zählte er zu jener konservativen Avantgarde, welche die geistige Auseinandersetzung mit dem modernen naturwissenschaftlichen Denken, insbesondere dem Darwinismus führen sollte.

---

[1] Milton, John: Paradise Lost (deutsch v. Adolf Böttger). - Berlin 1899 S. 339f.
[2] Reformer-Zeitung Nr.57 (1964) S. 2.
[3] Ebd.

Ude verstand seine Berufung zum Theologen aber nicht nur als intellektuelle, akademische Betätigung, sondern viel mehr noch als seelsorgerisches, karitatives Wirken. Zu diesem Zweck gründete er mehrere Vereine, um damit dem allseits grassierenden „sozialen Problem" zu begegnen. Ude war davon überzeugt, dass jeder Einzelne durch eine Veränderung seines persönlichen Lebensstils wesentlich zu Verbesserung eines volkswirtschaftlichen Gesamtzustandes beitragen könne. Die Menschen sollten dazu angehalten werden, nach einem „naturgemäßen" Leben zu streben. Seine Vorstellungen konkretisierten sich in lebensreformerischen Postulaten, vorwiegend in den Bereichen Abstinenz, Vegetarismus, Naturheilpraxis bzw. Homöopathie, sowie in Entwürfen zu einer tiefgreifenden Geld- und Bodenreform.
Die Kirchenhierarchie stand Udes Engagement mit Befremden und mit wachsendem Missfallen gegenüber. Mit der Hereinnahme eines sich stetig radikalisierenden Pazifismus und Antikapitalismus in das christliche Lebensreformprogramm bahnte sich dann der endgültige Bruch an. Im politisch aufgeheizten Klima der 1. Republik verbot das fürstbischöfliche Ordinariat Seckau Ude jede Betätigung in dem von ihm gegründeten wahlwerbenden „Wirtschaftsverein für Österreich".
Dieses Vorgehen muss als Maßnahme eines politischen Katholizismus gesehen werden, der dem „Bürgerblock" unter christlichsozialer Dominanz in seinem „Kreuzzug" gegen den Sozialismus jede Konkurrenz vom Halse schaffen wollte. Ude und mit ihm seine Anhängerschaft war keinesfalls bereit gewesen, die Lebensreformideale irgendeiner parteipolitischen Räson zu opfern.
Seit dem Jahr 1927 kam es zu fortgesetzten schweren Konflikten zwischen Ude und seinem direkten Vorgesetzten Bischof Ferdinand Pawlikowski. Mit Redeverboten, Publikationseinschränkungen und angeordneten Boykotten seiner Lehrveranstaltungen versuchten die kirchlichen Behörden den kompromisslosen und damit unliebsamen Kritiker in den eigenen Reihen zum Schweigen zu bringen. Die scharfe Kritik an den politischen Maßnahmen des autoritären „christlichen" Ständestaates unter der Kanzlerschaft von Engelbert Dollfuß und Kurt Schuschnigg führte schließlich zur unwiderruflichen Relegation.

Die tristen Wohn- und Lebensverhältnisse der rasch wachsenden Industriestädte und die bereits deutlich sichtbare Umweltzerstörung hatten in einem Teil des bildungsbürgerlichen Mittelstandes des ausgehenden 19. Jahrhunderts Sehnsüchte nach einer alternativen, naturnahen Lebensgestaltung geweckt. Ude wurde von diesem „subkulturellen" Zeitgeist, der sich als „Lebensreformbewegung" ausdrückte, stark beeinflusst. Vor allem die ethisch-religiöse Dimension der vegetarischen Lebensweise, die sich ihrerseits mit sozioökonomischen Argumenten der Alkohol- und Tabakgegner sowie der Bodenreformer verbinden ließ, adaptierte er für sein Reformprogramm. Zudem wusste Ude viele Forderungen der Lebensreform auch in der christlichen Askesetradition verankert. Dem Vegetarismus maß Ude vom christlichen Standpunkt insofern eine große Bedeutung bei, als damit das Tötungsverbot sowie die alttestamentarische Offenbarung, die die pflanzliche Kost als Grundsatz menschlicher Ernährung festlegt, restlos erfüllt werde. Durch seine günstige volkswirtschaftliche Kosten-Nutzen-Rechnung in Bezug auf Boden-, Arbeitskraft- und Zeitersparnis sollte der Vegetarismus einen wichtigen Beitrag zur Beseitigung des Kapitalismus leisten.

Der Kapitalismus war es letztlich auch, in dem Ude alle wirtschaftlichen, sozialen und politischen Übelstände verkörpert sah. Von einer eher gemäßigten Kritik, die dem Kapitalismus auch „gute" Eigenschaften abgewinnen konnte, vollzog sich im Verlauf der Zwischenkriegszeit ein spektakulärer Wandel zu einem erklärten Feind dieses Systems. Mit der Kenntnisnahme der Schriften von Silvio Gesell, dem Begründer der Freiwirtschaftslehre, glaubte Udes das geeignetste Mitte gefunden zu haben, die kapitalistische Wirtschaftsordnung restlos zu beseitigen.

Wie Gesell legte Ude die Funktion des Geldes auf den Gebrauch als Tauschmittel, als Leistungsnachweis für eine tatsächlich erbrachte Arbeit, als Bezugsschein für Bedarfsgüter und als Preisbestimmungsmittel fest. Die Beständigkeit des Wertmessers „Geld", d.h. die Stabilität der Kaufkraft wird nach der Freiwirtschaftslehre nur durch ein vom Zins, von Willkür und hemmender Zirkulation befreites „Freigeld" erreicht. Eine genau dem Bedarf angepasste Emission des „Freigeldes", die sich am regelmäßig ermittelten Großhandelspreisindex orientiert, sowie eine Umlaufsicherung sollten die schädlichen Eigenschaften der kapitalistischen Geldordnung verhindern.

Als besonders schweres Unrecht geißelte Ude die bestehenden Grund- und Bodenbesitzverhältnisse. Das moderne Privatbesitzrecht am Boden sei deshalb so ungerecht, weil dem bloßen Besitz des Bodens keine Arbeitsleistung gegenübersteht und weil das solcherart erzielbare arbeitslose Einkommen aus Grundrente bzw. Pachtzins wesentlich zur Ausbeutung der Menschen beitrage.

Als Lösung der Bodenfrage kam für ihn daher nur das freiwirtschaftliche „Freiland" in Frage. Dabei wird das Privatbesitzrecht am Boden durch ein Nutzungsrecht, das den Anspruch auf Sondereigentum der erarbeiteten Erträge enthält, ersetzt und die Grundrente des sozialisierten Bodens zu Gunsten der Allgemeinheit abgeschöpft.

Die Beschäftigung mit dieser Materie brachte Ude auch die Einsicht, dass der Kapitalismus ein gänzlich friedloses System darstellt. So vollzog sich auch hierbei ein radikaler Wandel zum überzeugten „Bergpredigtpazifisten", der sich auf den Standpunkt der uneingeschränkten Gewaltlosigkeit stellte und die Wehrdienstverweigerung zur „heiligen" Pflicht erhob. Die scharfe Verurteilung der Todesstrafe, aber auch die Verdammung der Abtreibung und Verhütung als Verhinderung von Leben war die radikale Konsequenz dieser Einstellung.

Diese Entwicklung stand aber in einem teilweise unvereinbaren Gegensatz zu seinem Festhalten an autoritären Strukturen und Gesellschaftsmodellen. Sein

lebensreformerisches Ansinnen wurde fortwährend begleitet von berufsständischen Projektionen. In den Schriften der Zwischenkriegszeit skizzierte er, stark angelehnt an das aristokratisch-elitäre Ständestaatmodell Othmar Spanns, ständische Gegenentwürfe zur parlamentarischen Demokratie. Dies sowie die herbe Enttäuschung über den sozioökonomischen Kurs des Dollfuß-Regimes, weiters die antikapitalistischen - letztlich jedoch nie erfüllten - Verheißungen der NSDAP-Propaganda führten zu einem vorübergehenden Sympathisieren mit dem Nationalsozialismus. Umso deutlicher fiel aber dann auch die Gegnerschaft zu diesem Regime aus, die ihn in Lebensgefahr brachte.
Nach 1945 legte Ude zwar ein klares Bekenntnis zu demokratischen Werten ab, zumindest unterschwellig blieb aber das berufsständische Ideal erhalten.

Johannes Ude am Eingang seines Hauses mit Kindern aus der Nachbarschaft. (Fotosammlung Elsa Kitzer)

Udes reformerisches Denken begann sich Mitte der 1920er Jahre in Programmentwürfen zu konkretisieren. Ausgehend von einer volkswirtschaftlichen Bestandsaufnahme entwarf er eine in mehreren Reformschritten abgestufte „soziale Planwirtschaft“.
Zunächst formulierte er den Begriff des „warenökonomischen Problems“, was einer ethischen Bewertung der Güterproduktion, -verteilung und -konsumtion entspricht. Eine mit sittlichen und sozioökonomischen Argumenten geführte Analyse ergab die Forderung nach einer rein vegetarischen und abstinenten Le-

bensweise sowie nach einem strikten Verbot einer Reihe von Gütern, die als „sozial schlecht“ klassifiziert werden.
Ergänzt wurde die lebensreformerische Warenökonomie durch die freiwirtschaftliche Geld- und Bodenreform und eine berufsständische organisierte Gesellschaft, die mit einer tiefgreifenden pazifistischen Gesinnungsreform einhergeht. Eine solcherart reformierte Gesellschaft sollte der Ausgangspunkt für eine in diesem Sinn gestaltete Weltwirtschaft sein.
Zur Umsetzung dieser ehrgeizigen Ziele und um den Forderungen auch politischen Nachdruck zu verleihen, beschritt Ude mit seinen Anhängern den Weg der Vereinsaktivität. Udes Publikationseifer, mehr noch sein legendäres Redetalent sorgten vor allem mit den Organisationen „Österreichs Völkerwacht“ und „Wirtschaftsverein für Österreich“ für erhebliches Aufsehen und für einen beachtlichen Bekanntheitsgrad. Genau das machte ihn für das Establishment zum Problem, das man durch Verbote und Suspendierungen zu lösen versuchte.
Trotz des damit erheblich eingeschränkten Wirkungsradius blieb Ude in der lebensreformerischen, freiwirtschaftlichen und pazifistischen Gesinnungsgenossenschaft weit über seinen Tod hinaus als Identifikationsfigur präsent.
Udes Einstellung zu den Problemen der Wirtschaft, der Gesellschaft und der Politik wurde entscheidend durch persönliche Erfahrungen mitbestimmt.
Aufgewachsen ist er in einer Großfamilie, die, geprägt durch eine ländliche Struktur, in einer harmonisch-idyllisierten Naturlandschaft ihr Fortkommen bestritt. Seine Programmentwürfe erwecken in vielen Bereichen den Eindruck, als habe er Maß genommen an eben diesen hauswirtschaftlichen Gegebenheiten.
Ein in mehrerlei Hinsicht einschneidendes und damit prägendes Erlebnis muss der Übergang von der Monarchie zur Republik nach dem 1. Weltkrieg gewesen sein. In der traditionellen Allianz zwischen Thron und Altar konnte Ude als überzeugter Anhänger des habsburgischen Herrscherhauses sein Misstrauen gegenüber parlamentarisch-republikanischen Systemen nie restlos überwinden. Mit dem Wegfall eines österreichpatriotischen Integrationssymbols, das gerade für konservative Kreise so viel bedeutete, vollzog sich sein Schwenk zum Deutschnationalismus.

Mehr noch als der Verlust der monarchistischen Alternative zum republikanischen Parteienstaat formte Ude das ungeheure Ausmaß der Wirtschaftskrisen, dem die Weltanschauungslager in der österreichischen Zwischenkriegszeit absolut nichts entgegenzusetzen hatten.
Österreich, also jenes Staatengebilde, das nach dem 1. Weltkrieg und dem Zerfall der Donaumonarchie übrig geblieben war, stand von Beginn an vor schier unlösbaren wirtschaftlichen und sozialen Problemen.
Mit dem Auseinanderbrechen des vormals autarken und hochgradig arbeitsteiligen Wirtschaftsraumes der Monarchie stellte sich in „Restösterreich“ zunächst eine äußerst prekäre Versorgungslage ein. Es fehlte an Lebensmitteln und

Brennstoffen, vor allem an Steinkohle. Durch ausländische Hilfe bzw. Kreditgewährung und durch Kompensationsgeschäfte gelang es, die Versorgungskrise noch in der 1. Hälfte der 1920er Jahre weitgehend zu bewältigen. Österreich blieb aber während der gesamten Zwischenkriegszeit eine extrem exportabhängige Wirtschaft.

Obwohl der Grad der Industrialisierung, der Dienstleistungssektor sowie bestimmte Rohstoffquellen wie Eisenerz, Holz und Wasser zu den tatsächlichen wirtschaftliche Aktivposten des neuen Staates zählten, gaben die wenigsten Menschen diesem Österreich eine wirtschaftliche und politische Überlebenschance. Die Sehnsucht nach einem Anschluss an Deutschland war daher besonders stark ausgeprägt.

Ein wirtschaftliches Problem der besonderen Art ging vom monetären Bereich aus.

Die Monarchie hatte den Krieg vorwiegend durch Kriegsanleihen, aber auch durch eine massive Erhöhung des Geldvolumens seitens der Notenbank finanziert. Die für die Kriegsdauer amtlich festgelegten Höchstpreise und Höchstlöhne ließen zunächst die bereits einsetzende inflatorische Wirkung nicht spürbar werden. Umso massiver ging die Geldentwertung nach 1918 vonstatten. 1922 betrugen die Lebenshaltungskosten das 14.000-fache der Vorkriegszeit.

Neben der Folgewirkungen der Kriegsfinanzierung über die Banknotenpresse wurden die Umstellungskosten von der Kriegs- zur Friedenswirtschaft, die staatlichen Lebensmittelsubventionen, die revolutionäre Sozialgesetzgebung, aber auch der zu große Beamtenapparat aus der Monarchiezeit zu wesentlichen Antriebsmomenten der Inflation. Der zunächst inflationsbedingt günstigen Beschäftigungssituation, dem prosperierenden Bankensektor, der staatlichen und privatwirtschaftlichen Entschuldung standen alsbald die totale Vernichtung der Sparvermögen, in der Folge die Verarmung breiter Bevölkerungsschichten und schließlich eine steigende Arbeitslosigkeit gegenüber.

Der Weg der Währungssanierung wurde auf der Basis eines Völkerbundkredits bestritten. Die Stilllegung der Notenpresse und Neugründung der Österreichischen Nationalbank begleitete eine Budgetsanierung. Diese sah Ausgabenreduzierungen, einen Beamtenabbau und Steuererhöhungen vor. Die Umstellung von der Kronen- auf die Schillingwährung im Jahr 1924 beendete die Inflation.

Die österreichischen Währungshüter forcierten nun einen rigorosen Deflationskurs. Ein hoher Diskontzinssatz und die Bindung der Währung an den Goldstandard sollten den Wert des Schillings stabil halten. Tatsächlich behielt der Schilling als sprichwörtlicher „Alpendollar" in der Zwischenkriegszeit eine hohe Parität. Mit der Einschnürung des Kreditapparates und der stark reduzierten Geldmenge und Geldumlaufgeschwindigkeit begannen aber auch die Arbeitslosenzahlen zu steigen.

Als die Weltwirtschaftskrise auch über Österreich hereinbrach, erreichte die Rate der Beschäftigungslosen ungeahnte Höhen. Das Bruttonationalprodukt sank dramatisch, einzelne Branchen kamen fast gänzlich zum Erliegen. Eine Serie von Bankzusammenbrüchen verschärfte die Situation in Österreich noch zusätzlich und führte zu einer Konzentrierung und Monopolisierung des Geldmarktes. Trotzdem blieb die Doktrin von der stabilen Währung aufrecht. Zwar senkte die Nationalbank den Diskontsatz in der 1930er Jahren deutlich, deflatorische Wirkungen gingen nun aber verstärkt vom Geschäftsbankensektor aus.

Sämtliche Vorschläge, die Alternativen zur gängigen Währungspolitik aufzeigten, stießen bei den politisch Verantwortlichen auf taube Ohren. Andererseits blieben die von der Regierungsseite angestrengten Maßnahmen zur Eindämmung der Arbeitslosigkeit nahezu wirkungslos.

Während sich in den Kellern der Nationalbank ein gewaltiger Gold- und Devisenschatz zur Absicherung der Währung ansammelte, wurde das riesige Arbeitslosenheer förmlich in jene politische Richtung gedrängt, die eine rasche Beseitigung der Not versprach. Das seit der Machtergreifung Hitlers wirtschaftlich erstarkte Deutschland und die raffinierte nationalsozialistische Propaganda übten dabei eine besondere Faszination aus.

Die schweren Wirtschaftskrisen in der 1. Republik hatten katastrophale soziale Folgen. In den ersten Republiksjahren bereitete die schwierige Versorgungslage den Menschen enorme gesundheitliche Probleme. Dazu gesellten sich eine Wohnungsnot und ein Wohnungselend in einem Ausmaß, wie es heute nicht mehr vorstellbar ist. Besonders die Arbeitslosigkeit hinterließ eine stark zerrüttete Gesellschaft. In den niedrigen Geburten- , aber hohen Selbstmordraten der 1930er Jahre fand die Verzweiflung vieler Menschen einen deprimierenden Ausdruck.

Mit dem fortschreitenden Niedergang der Wirtschaft und Gesellschaft nahm auch die politische Kultur in der 1. Republik einen irreparablen Schaden. An der ideologischen Polarisierung, insbesondere zwischen den beiden größten Lagern, den Christlichsozialen und Sozialdemokraten, und am politischen Rechtsruck zerbrachen Parlamentarismus und Demokratie.

Udes programmatische Radikalität kann daher nur unter dem Aspekt der gesellschaftlich so desaströsen Auswirkungen von Inflation und Deflation, begleitet vom Phänomen der Massenarbeitslosigkeit verstanden werden. Abgesehen davon trug aber die für ihn charakteristische Härte und Polemik seiner Verbalattacken entscheidend dazu bei, aus ihm einen einsamen, vielfach unverstanden „Rufer in der kapitalistischen Wüste“ zu machen, als den er sich zweifellos selbst sah.

Im Ganzen gesehen ist Ude gemäß des vorgelegten Definitionsansatzes überwiegend als typischer konservativ-katholischer Lebensreformer zu sehen.

Der Anspruch, nur das als volkswirtschaftlich richtig zu akzeptieren, was auch vor einem christlichen Sittengesetz Bestand hat, orientiert seine Reform auf ein religiös-ethisch beherrschtes wirtschaftliches Ziel. Hinter dieses tritt der ratio-

nalistische Maßstab, so wie er in der ökonomischen Moderne ausgeprägt wurde, deutlich zurück.
Als Modell dient das hauswirtschaftliche Prinzip mit seinen bedarfsdeckenden und autarkischen Prämissen und seinem sparsamen und maßvollen Umgang mit Gütern und Ressourcen.
Durch die Bevorzugung des agrarischen Sektors gegenüber der Industrie ist die für die konservativen Reformpläne bezeichnende ökonomische Niveaureduktion gegeben. Diese erfährt bei Ude durch die ethische Bewertung von Gütern, die damit z.B. die Fleisch-, Alkohol- und Tabakproduktion ausschließt, eine zusätzliche Verstärkung.
Grundsätzlich sollen Gesinnungsreformen den Weg in eine neue Ökonomie weisen, bei Bedarf ist aber auch ein scharfer staatlicher Interventionismus mit Zwangsmaßnahmen kein Tabu.
Das sicher charakteristischste Element, das allen antimodernistischen Wirtschaftskonzepten mehr oder weniger eigen ist, tritt in Form der berufsständischen Organisation von Wirtschaft und Gesellschaft zu Tage. Für Ude hatte das ständische System insofern eine besondere Bedeutung, als er darin eine Alternative zum Parteiwesen sah. Den pluralistischen Parteienstaat mit seinem Listenwahlrecht setzte er gleich mit dem korruptionistischen Filz und dem Kapitalismus. Ude wusste sich mit seiner Kritik am politischen Lagerdenken in prominenter Gesellschaft, zumal auch Papst Pius XI. in seiner Enzyklika „Quadragesimo anno“ die Errichtung einer berufsständischen Ordnung gefordert hatte.
Bezeichnend für konservative Werthaltungen sind auch Udes Vorbehalte gegenüber bestimmten technologischen und naturwissenschaftlichen Entwicklungstendenzen. Aber gerade hierbei wird deutlich, dass Fortschrittsskepsis nicht zwangsläufig mit Rückständigkeit gleichzusetzen ist. Man muss Johannes Ude aus heutiger Sicht, was etwa die Warnung vor den Gefahren der Atomtechnologie oder vor den verheerenden Folgen einer profitmaximierten industrialisierten Landwirtschaft betrifft, Respekt zollen. Seiner treffenden Charakterisierung des Kapitalismus als menschen- und naturverachtendes System ist nichts hinzuzufügen.
Ein entscheidender Unterschied zu anderen konservativen Reformprogrammen ist Udes kosmopolitische Sicht. Während auch konservative Reformer der neueren Zeit eher zur Einschränkung des Freihandels und zur Errichtung eines autarken Systems neigen, sieht Ude in einer global wirksam werdenden Lenkungsinstitution, die selbstverständlich freiwirtschaftlich-lebensreformerischen Idealen verpflichtet sein muss, die beste Voraussetzung, eine gerechte Wirtschaftsordnung zu errichten.
Mit der angestrebten Synthese aus christlicher Ethik und sozialkatholischer Tradition einerseits und der Freiwirtschaftslehre andererseits hat Ude einen originären Schritt getan, der ihn weit über den Rahmen „klassischer“ bzw. „ideeller“ konservativer Anschauungen hinaustreten hat lassen. Die Zusammenfüh-

rung dieser doch zum Teil sehr konträren Denkansätze verlief alles andere als konfliktfrei. Dennoch hat Ude völlig zu Recht erkannt, dass eine nachhaltig gerechte und naturverträgliche Wirtschafts- und Gesellschaftsordnung an einer tiefgreifenden Reform des Geldwesens und Bodenrechts nicht vorbeikommt. Freiwirtschaft und christliche Ethik sind harmonisierbar. Im Kapitalismus hingegen wirkt die Lehre des Christentums ohnmächtig, allenfalls als schmerzlicher Widerspruch.
Am meisten geschätzt haben mag Ude an der Freiwirtschaft ihre systemimmanente Befriedung. Denn das war zweifellos der wichtigste Inhalt in seinem Leben - die Suche nach einer stabilen Friedensordnung.

Trotz mehrerer problematischer Facetten vermag Udes Konzept zu einer umfassenden Wirtschafts- und Gesellschaftsreform, besonders auch seine Persönlichkeit zu faszinieren. Angesichts der Ratlosigkeit der Wirtschaftsstrategen und politisch Verantwortlichen könnte Udes Reformwerk zumindest einige nützliche Anregungen für die Bewältigung der Zukunftsfragen leisten.
Bildlich für ein kleines Schlussplädoyer soll Johannes Udes selbst noch einmal zu Wort kommen. Im 82. Lebensjahr stehend, sagte er in Rückschau auf sein Lebenswerk:
„Mit tausend Masten schiffte auch ich hinaus in den Ozean des Lebens, um die ganze Welt zu bekehren und zu erobern. Und heute? Ich segle immer noch, wenn auch nicht mit tausend Masten, so doch bescheiden mit einem, auf dem stürmischen Ozean unserer wildbewegten Zeit. Auf diesem einen Mast weht eine Fahne mit der Inschrift: Friede!“[1]
Und noch kurz vor seinem Tod betonte er, dass es ihm nicht um das Ansehen der Person, noch um irgendwelche Titel gehe. Er kämpfe nur weiter darum, „dass das vom Völkerapostel Paulus in Eph. 1,10 im Auftrage Gottes gegebene Gebot ‘Alles in Christo erneuern’ von jedem einzelnen Menschen in seinem gesamten persönlichen und privaten Leben, so wie in seinem gesamten öffentlichen, gesellschaftlichen, sozialen, wirtschaftlichen und politischen Leben restlos befolgt werde, damit Friede werde auf Erden.“[2]

[1]Ude, Du sollst nicht töten. In: Kern, Wegweiser S. 81.
[2]Brief Udes an Paul Bauschulte vom 21. 1. 1965 (Nachlass Ernst van Loen).

Nachwort

In allen Religionen gibt es „Gegenweltskonzepte", die sich zumeist als „kosmologische Urbilder" in ihren Harmonievorstellungen von den realen Gegebenheiten deutlich unterscheiden.[1] Im Christentum steht dafür unter anderem der Begriff des Paradieses. Die alt- und neutestamentarischen Schriften enthalten zu diesem Thema eine Fülle von eschatologischen und ethischen Hoffnungsbotschaften.
Es wäre jedoch vermessen, die christliche Vorstellung vom Paradies nur auf die Sehnsucht nach dem mythisch verklärten vollkommenen Urzustand dieser Welt zu reduzieren. Viel mehr enthält der Ausdruck „Paradies" auch einen konkreten Tätigkeitsauftrag, nämlich solidarisches Verhalten gegenüber Menschen und Natur.
So gesehen ließe sich das Reformwerk von Johannes Ude unter Umständen als ökologische und sozioökonomische Paradiesprojektion begreifen.
Udes weit vorausblickende Warnungen vor dem stetig zunehmenden Natur-, Sinn- und Werteverlust des technokratischen Fortschrittszeitalters sind aber keineswegs Ansätze zu einer utopischen Wirklichkeitsflucht, sondern ernst zu nehmende Erneuerungsabsichten. Sein Bestreben, die ökonomische Zwangsdynamik des Kapitalismus zu durchbrechen und eine naturgemäße Lebensweise an dessen Stelle zu setzen, stellt somit einen Versuch unter vielen anderen dar, einer gerechten, nachhaltigen und vor allem friedlichen Wirtschafts- und Gesellschaftsordnung die Wege zu bahnen.

Trotz der Schwierigkeit, die Fülle von Udes Gedankenwelt zu überblicken, und der Gefahr, an den vielen Bruchlinien irrezugehen, bedeutete die Beschäftigung mit dieser Thematik für mich eine enorme Bereicherung. Es schärfte meinen Blick für die komplexen ökonomischen und ökologischen Zusammenhänge und für die vielfältigen Möglichkeiten, durch einen entsprechenden persönlichen Lebensstil einen, wenn auch kleinen, Beitrag zu mehr Gerechtigkeit zu leisten. Auch für meine berufliche Tätigkeit als Unterrichtender ergeben sich daraus viele interessante Themen, die einzubringen ein verantwortungsbewusster Umgang mit Meinungsbildung förmlich verpflichtet.

Es ist an dieser Stelle allen zu danken, die zur Bewerkstelligung dieser Arbeit beigetragen haben. Auf universitärer Ebene waren dies Doz. Dr. Gerhard Senft, Prof. DDr. Dieter Stiefel, Prof. Dr. Wolfdieter Bihl, Doz. Dr. Reinhard Farkas und Prof. Dr. Maximilian Liebmann.
Dipl. Ökonom Werner Onken stellte aus der „Freiwirtschaftlichen Bibliothek" unentbehrliches Quellenmaterial zur Verfügung.

[1]Vgl. TRE Bd. 25 S. 705ff.

Zu danken habe ich Dr. Alois Ruhri für die Ermöglichung der Einsichtnahme in den Personalakt „Ude" im Grazer Diözesanarchiv.
Weitere wichtige Beiträge kamen von Martha und Adolf Paster, Veronika Spielbichler, Lia Rigler, Elsa Kitzer, Margit Wolfinger, Prof. Dr. Roland Geitmann, Karen Angliss-Douda, Ing. Mag. Christian Schweitzer, Dr. Michaela Zorzi, Ferdinand Karner und der Familie Matzenberger.
Ein besonderer Dank gilt meiner Familie, die mir mit viel Nachsicht und Verständnis den für diese Arbeit nötigen Freiraum verschafft hat.

Abstract

This work attempts to describe the theologian, Johannes Ude's (1874-1965), reform programme for life. First of all the spiritual, as well as contemporary influences upon his concept are examined, and the effects of his reformist approach outlined up until the present day.

Johannes Ude obtained four doctorates, namely in the disciplines of theology, philosophy, natural sciences and economy, worked in the Faculty of Theology at the Karl-Franzens-University in Graz and, in keeping with his ideals, appeared as an untiring journalist, speaker and preacher.
Ude saw the purpose of his work in the search for a world completely at peace. The demands laid down by the decalogue and the contents of the „Sermon on the Mount" in the New Testament, which he understood as a revelation to be carried out literally, were his standards. Ude saw the harmonisation of the human existence with creation, that is with Nature, as the imperative condition for a lasting peace between men.

Strongly influenced by the alternative reform movements at the turn of the century, the theologian combined the reform concepts for a better way of living, such as abstinence, vegetarianism, naturopathy, respectively homeopathy and abolutionism, with the Christian tradition of asceticism, to form a comprehensive anti-capitalist social and economic model.
Ude blamed capitalism as the cause of social injustice, the destruction of Nature and war. He recognised that the capitalist system is based on a monopoly of money and land. The fact that money is materially superior to goods means the money-owner has an income of interest, which has to be acquired through the pro-ductiv factor „labor". The fact that land as such cannot be multiplied gives rise to ground rent, which is similarly an unearned income for the landowner.
Ude arrived at these conclusions after studying the works of Silvio Gesell (1862-1930), the founder of the so-called „free economy".
Ude adopted Gesell's idea that money should serve as a means of bartering, as proof of work which has actually been performed, as a voucher for consumer goods and as a means of defining prices. According to their reform plans, in order to guarantee the stability of the purchasing power and to prevent unearned interest income, the amount of money issued should exactly meet the demand, which is to be established by means of the regularly published index of wholesale prices. Furthermore, a steady circulation of money should be achieved through a safe-guarded circulation for cash and for short-term call deposits.

The capitalist right to private land property should be replaced by a right of use, which includes the claim to privately own the earned proceeds, and the ground rent of the nationalised land should be collected in favour of the society.

When, in the time between the two world wars, Johannes Ude increased his social commitment through the setting up of societies and founded an electable organisation, he found himself in great conflict with the church hierarchy and the state authorities. The uncompromising catholic life reformist was faced with pro-hibition of speech, restriction of publications and finally with the final suspension from his university post. Ude was banned from Graz because of his continued criticism of the national socialist government, then arrested and threatened with the death penalty, which he only narrowly escaped through the collapse of the regime in 1945.

Ude's approach has ist roots in the conservative catholic reform tradition. A typical feature is, e.g. the strong emphasis on religious-ethical norms which are to apply to all human areas, including therefore the economy. The call for a corporative organisation is also characeristic. Ude wanted the corporative state to be understood as an alternative to the capitalist society - from his point of view represented by the pluralistic party system and parliamentarianism.
However, thanks to the attempted synthesis of Christian ethic, socio-catholic tradition and Gesell's free economy, Ude's reform concept gains a distinctive and original character.

Quellenverzeichnis

Die in der Arbeit als Quelle verwendeten Schriften Udes:

Atomare Götzendämmerung. Der Tag X Metanoeite. Ein SOS-Ruf an die gesamte Menschheit. - Grundlsee 1958.

Atomwissenschaft, Atomwissenschafter und deren Anhang vor dem Richterstuhl des Sittengesetzes. Offener Brief. - Grundlsee 1962.

Befehl ist Befehl - oder? - Grundlsee 1959

„Bewaffnete" oder „unbewaffnete" Neutralität?. - Grundlsee 1962.

Christ oder Antichrist. Entweder Christus oder Atombombe. - Grundlsee 1964.

Christentum oder Zinswirtschaft. - Bern 1938.

Christentum und Natürliche Wirtschaftsordnung, hrsg. v. der Arbeitsgemeinschaft freiwirtschaftlicher Christen (A.f.C.). - Remscheid/Lüttringhausen 1957.

Christliche Askese und Vegetarismus. - Graz 1927.

Christliche Moraltheologen als Helfershelfer des Kapitalismus. Ein Schulbeispiel kapitalistischer Ausbeuterwirtschaft. - Brüggen 1957.

Das Gebot „Du sollst nicht töten" gilt ausnahmslos. - Grundlsee 1962.

Das Geheimnis der Willenskraft (Willensbeeinflussung). - Graz 1921.

Das Geld. Sein Einfluss auf Gesellschaft, Wirtschaft und Kultur. - Gams 1935.

Das Geld. Währungsfragen und Währungspfuschereien. - Salzburg 1946.

Das große Völkersterben des 20. Jahrhunderts. Der Neomalthusianismus. - Graz 1916.

Das Recht auf Arbeit. - Grundlsee 1946.

Das Wirtschaftsideal des Volks- und Staatshaushaltes mit Anhang: Der österreichische Volks- und Staatshaushalt. Eine Monografie des Volks- und Staatshaushaltes vom nationalökonomisch-ethischen Standpunkt aus auf der Grundlage christlicher Lebensreform. - Graz 1924.

Der Darwinismus und sein Einfluss auf das moderne Geistesleben. - Graz u.a. 1909.

Der ideale Staatsbürger und seine Wirtschaftsethik. - Klagenfurt 1928.

Der rechte Platz für Geld und Ware. In: Neue Ordnung Nr.4 (1960).

Der Weg zum Völkerfrieden und zur Schaffung einer Weltregierung. - Grundlsee 1951.

Die Autorität des hl. Thomas von Aquin als Kirchenlehrer und seine Summa Theologica. - Salzburg 1932.

Die christliche Askese. - Graz o. J.

Die christliche Mystik. - Wien 1938.

Die Erschaffung der Welt. - Graz 1923.

Die große Not unserer Zeit und deren Überwindung durch FFF. - Graz 1934.

Die Judenfrage. - Graz o. J.

Die katholische Abstinenzbewegung in grundlegenden Leitsätzen. - Graz 1917.

Die Kulturschande Europas vor dem Schwurgericht. - Graz 1920.

Die Rettung. Die Gegenwartsnöte im Lichte des Vaterunsers. - Graz u.a. 1921

Die soziale Planwirtschaft. - Salzburg 1947.

Die Stellung der Gemeinschaft zur Wohnungsfrage. In: Beiträge zur städtischen Wohn- und Siedelwirtschaft. Dritter Teil.

Die volkswirtschaftliche Bedeutung des Vegetarismus. - Graz o. J.

Drei SOS-Rufe! - Grundlsee 1960.

Du sollst nicht töten. - Dornbirn 1948.

Du sollst nicht töten! In: Wegweiser in die Zeitenwende.

Eigentum, Kapitalismus, Christentum. - Graz 1930.

Ein ungeheurer Volksbetrug. In: Neue Ordnung Nr.9 (1951).

Ethik. Leitfaden der natürlich-vernünftigen Sittenlehre. - Freiburg i. Breisgau 1912.

FFF Geld oder Gold. - Graz 1933.
Freie Liebe oder Einehe mit lebenslänglicher Treueverpflichtung? - Graz o. J.
Gegen die Wiederaufrüstung Österreichs. Meine Stellungnahme zum Weißbuch des österreichischen Friedensrates. - Grundlsee 1952.
Geistige und körperliche Mehrleistung durch Neugestaltung der Lebensweise. - Grundlsee 1950.
Ich - ein Kommunist? - Grundlsee 1952
Kann der Mensch vom Tiere abstammen? - Graz 1926.
Kanonen oder Christentum. Ein offenes Wort an die Staatsoberhäupter und Völker Europas zur Beantwortung der Frage: Wann und wo wird Friede werden? - Olten 1918.
Kirche, Tierschutz und Vegetarismus. In: Lebe dich gesund 3.Jg./Heft2 u. 3 (1959).
Kurze Darstellung des Falles Ude (Personalakt Ude, DAG).
Materie und Leben. - Graz 1923.
Mörder unter uns. - Grundlsee 1963.
Monistische oder teleologische Weltanschauung? Vorlesungen gehalten für Hörer aller Fakultäten an der k.k. Karl-Franzens-Universität in Graz. - Graz 1907.
Natur, Pflanze, Tier und Mensch gemäß göttlicher Ordnung. Eine kurze Betrachtung des Weltalls mit besonderer Berücksichtigung der Pflichten des Menschen gegenüber seiner gesamten Umwelt, dargestellt im Sinne meiner naturrechtlich-christlichen Weltanschauung. - Grundlsee 1958.
Naturrecht, Christentum und Demokratie. - Salzburg 1946.
Niedergang oder Aufstieg? Das rassenhygienische Problem. - Graz o. J.
Österreich und Deutschland. Durch die Überwindung der Wirtschaftsnot zur völkischen Wiedergeburt unseres deutschen Volkes. - Graz 1933.
Prof. Dr. Ude vor Gericht: Seine Verteidigungsrede. - Bern 1936.
Soziologie. Leitfaden der natürlich-vernünftigen Gesellschafts- und Wirtschaftslehre. - Schaan 1931.
Tempelreinigung und Tempelweihe. Beantwortung der Frage: Wie wird man Vegetarier. - Graz 1927.
Volk in Not! Ein offenes Wort gegen die nationale Verhetzung und gegen die Kriegshetzer. - Graz 1918.
Vom fünften Gebot Gottes bis zum erzwungenen Wehrdienst. Die Forderung an die Christen der Zukunft. - Wien 1956.
Weg mit dem Barbarismus der Todesstrafe! In: Freiwirtschaft 6.Jg./Nr.19 (1947).
Wehrdienst oder Kriegsdienstverweigerung? In: Freie Tat 1.Jg./Nr.9 (1948).
Wie bilde ich mich zum Redner aus? Praktische Anleitung zur Erlernung der Redekunst auf Grundlage der Psychologie. - Graz u.a.1924.
Wir Christen verweigern den Wehrdienst aus folgenden Gründen. In: Lebe dich gesund 1.Jg./Heft3 (1957).
Zu meinem vollendeten sechzigsten Lebensjahr. Erinnerungen aus meinem Leben. Ungedrucktes Typoskript. - Graz 1934 (Universitätsbibliothek Graz, Sondersammlung).

Sonstige Quellen (Monografien, Herausgeberwerke, Aufsätze, stenografische Protokolle, audiovisuelle Quellen und Zeitschriften):

Absenger, Albert u.a.: Der Mensch im Wandel der Zeiten Bd.2. - Wien 1990.
Albers, Willi u.a. (Hrsg.): Handwörterbuch der Wirtschaftswissenschaften (HdWW) Bd.1ff.- Stuttgart u.a. 1977ff.
Altner, Günter: Anmerkungen zum Risiko der nuklearen Spaltstoffspirale. Eine gesamtökologische Betrachtung. In: Tschernobyl und kein Ende?

Alexijwitsch, Swetlana: Tschernobyl. Eine Chronik der Zukunft. - Berlin 2000.
Antimilitarist. Unabhängiges, parteiloses, pazifistisches Blatt.
Arbeiter-Zeitung.
Aristoteles: Politik. Schriften zur Staatstheorie, hrsg. v. Franz Schwarz. - Stuttgart 1989.
Ausch, Karl: Als die Banken fielen. Zur Soziologie der politischen Korruption. - Wien 1968.
Autengruber, Peter: Kleinparteien in Österreich 1945 bis 1966. - Innsbruck u.a. 1997.
Bader, Erwin: Karl v. Vogelsang. Die geistige Grundlegung der christlichen Sozialreform. - Wien 1990.
Bahr, Hermann: Die Moderne. In: Die Wiener Moderne.
Baier, Alexander u.a.: Globalisierung in der Speisekammer. Auf der Suche nach einer nachhaltigen Ernährung, hrsg. v. Öko-Institut e.V. Institut für angewandte Ökologie. - Freiburg o. J.
Baier, Roland: Der deutsche Orden als soziale Frage. Eine Studie zur preußischen und deutschen Siedlungs- und Polenpolitik in den Ostprovinzen während des Kaiserreiches und der Weimarer Republik. - Köln u.a. 1980.
Balz, Robert Horst u.a. (Hrsg.): Theologische Realenzyklopädie. - Berlin u.a. 1977ff.
Barisch, Hilde: Leben in Gefahr. Einführung in die Ökologie. - Würzburg 1980.
Barlösius, Eva: Naturgemäße Lebensführung: zur Geschichte der Lebensreform um die Jahrhundertwende. - Frankfurt/M. u.a. 1997.
Bartsch; Günter: Auf der Suche nach Gerechtigkeit. Zukunftspotenziale aus 50 Jahren AfC/CGW. - o. O. 2000.
Bartsch, Günter: Die NWO-Bewegung Silvio Gesells. Geschichtlicher Grundriss 1891-1992/93. - Lütjenburg 1994.
Bartsch, Günter: Freiwirtschaft als innere und äußere Weltaufgabe. Versuch eines Portraits von Paulus Klüpfel. In: Z. f. Sozök. 27.Jg./87.Folge (1990).
Bartsch, Günter: Stirners Anti-Philosophie & Die revolutionären Fisiokraten. - Berlin 1992.
Bartsch, Günter: Weltvagant und Große Seele der Freiwirtschaft - Werner Zimmermann. Teil1u.2. In: Z. f. Sozök. 30.Jg./98.u.99.Folge (1993).
Bauer, Johannes u.a. (Hrsg.): Grazer theologische Studien Bd.14. - Graz 1991.
Bauer, Leonhard u.a.: Geburt der Neuzeit. Vom Feudalsystem zur Marktgesellschaft. - München 1989.
Baumer, Franz: Paradiese der Zukunft. Die Menschheitsträume vom besseren Leben. - München u.a. 1967.
Baustelle Schloss Lind (Hrsg.): A.E.I.O.U. drauß't bist du. Das andere Heimatmuseum 1. Abteilung Katalog. - Neumarkt 1996.
Baykal, Hakan u.a.: Gott im Labor. Naturwissenschaft und Religion. In: Profil Nr.51 (1998).
Beestermöller, Gerhard: Thomas v. Aquin und der gerechte Krieg. Friedensethik im theologischen Kontext der Summa Theologiae. - Köln 1990.
Berchtold, Klaus (Hrsg.): Österreichische Parteiprogramme 1868-1966. - München 1967.
Berg, Hermann u.a. (Hrsg.): Strahlen und Wellen. Einführung in die Radioökologie. - Stuttgart u.a. 1999.
Biegert, Claus u.a. (Hrsg.): Der Montag, der die Welt veränderte. Lesebuch des Atomzeitalters. - Hamburg 1996.
Biegert, Claus u.a. (Hrsg.): Der Tod, der aus der Erde kommt. Zeugnisse nuklearer Zerstörung - Ureinwohner der Erde beim World Uranium Hearing. - Salzburg u.a. 1993.
Binder, Dieter A.: Karl Maria Stephan. Josef Dobretsberger. Verlorene Positionen des christlichen Lagers. - Wien 1992.
Binn, Felix (Hrsg.): Silvio Gesell. Der verkannte Prophet - ein Beitrag zur Dogmen- und Wirtschaftsgeschichte des 20. Jahrhunderts mit aktuellen Bezügen. - Münden 1978.

Binn, Felix: Silvio Gesell und die heutige Zeit. In: Silvio Gesell. Der verkannte Prophet.
Bircher-Benner, Max: Der Menschenseele Not. Erkrankung und Gesundung. Teil 1.u.2. - Zürich u.a. 1928/1939.
Bircher-Benner, Max: Ungeahnte Wirkungen falscher und richtiger Ernährung. Laokoon-Vortrag. - Zürich u.a. 1928.
Bittermann, Wolfgang u.a.: Zeitbombe Tierleid. Ein Report über das Geschäft mit Tieren: Wie sie gehalten, gequält und „genutzt" werden - und was wir uns damit selber antun. - Wien 1990.
Blaich, Fritz: Der Schwarze Freitag. Inflation und Wirtschaftskrise. - München 1985.
Blaich, Fritz: Merkantilismus. In: HdWW Bd.5.
Boelcke, Willi Alfred: Liberalismus. In: HdWW Bd.5.
Boenisch, Emil: Der Vegetarismus und seine Ziele. - Wien 1903.
Boenisch, Emil: Die natürliche Ernährung des Menschen. - Wien 1901.
Bog, Ingomar: Kapitalismus. In: HdWW Bd.4.
Bookchin, Murray: Die Formen der Freiheit. Aufsätze über Ökologie und Anarchismus. - Asslar Werdorf 1977.
Bossew, Peter u.a.: Was kostet der Atomstrom? In: Der Montag, der die Welt veränderte.
Botz, Gerhard: Der 13. März 38 und die Anschlussbewegung. Selbstaufgabe, Okkupation und Selbstfindung Österreichs 1918-1945. In: Österreich, Deutschland und die Mächte.
Breuer, Reinhard u.a.: Die Flucht ins Mysterium löst nicht die Probleme der Logik. In: Spektrum der Wissenschaft Jun. (2000).
Brockhaus, Wilhelm: Bemerkungen zu Johannes Udes Philosophie. In: Der Vegetarier. 31.Jg./Nr.1 (1980).
Brockhaus - Die Enzyklopädie in 24 Bänden. 20. überarbeitete und aktualisierte Auflage - Leipzig u.a. 1996ff.
Bruckmüller, Ernst: Sozialstruktur und Sozialpolitik. In: Handbuch des politischen Systems Österreichs. Erste Republik.
Bülow; Friedrich: Der deutsche Ständestaat. Nationalsozialistische Gemeinschaftspolitik und Wirtschaftsorganisation. - Leipzig 1934.
Bunzel, Julius (Hrsg.): Beiträge zur städtischen Wohn- und Siedelwirtschaft. Dritter Teil. Wohnungsfragen in Österreich. - München 1930.
Burri, Eduard u.a.: Der Zins vom Standpunkt der christlichen Ethik, der Moral und der Volkswirtschaft. - Bern o. J.
Cancik, Hubert u.a. (Hrsg.): Handbuch religionswissenschaftlicher Grundbegriffe. - Stuttgart 1990ff
Cancik, Hubert: Mysterien/Mystik. In: Handbuch religionswissenschaftlicher Grundbegriffe.
Canetti, Elias: Die Fackel im Ohr. Lebensgeschichte 1921-1931. - München u.a. 1980.
Clement, Catherine: Gandhi: der gewaltlose Widerstand. - Ravensburg 1991.
Creutz, Helmut: Das Geldsyndrom: Wege zu einer krisenfreien Marktwirtschaft. - Berlin 1996.
Creutz, Helmut: Die Schatten des Zinses sind nicht nur unmoralisch. In: Der 3. Weg. Zeitschrift für die natürliche Wirtschaftsordnung. Sonderdruck Nr.3 (1994).
Czeike, Felix (Hrsg.): Die Zukunft liegt in der Vergangenheit. Studien zum Siedlerwesen der Zwischenkriegszeit Bd.12 der Forschungen und Beiträge zur Wiener Stadtgeschichte. - Wien 1983.
Dachs, Herbert: Das Parteiensystem. In: Handbuch des politischen Systems Österreichs. Erste Republik.
Daim, Wilfried: Der Mann, der Hitler die Ideen gab. Die sektiererischen Grundlagen des Nationalsozialismus. - Wien u.a. 1985.

Damaschke, Adolf: Die Bodenreform. Grundsätzliches und Geschichtliches zur Erkenntnis und Überwindung der sozialen Not. - Jena 1923.
Damaschke, Adolf: Kriegerheimstätten - eine Schicksalsfrage für das deutsche Volk. - Wien 1916.
Das neue Reich.
Das neue Volk. Halbmonatschrift für lebendiges Christentum.
Demokratisches Volksblatt.
Der Anschluss. Mitteilungen des Österreichisch-Deutschen Volksbundes.
Der Dritte Weg. Zeitschrift für die natürliche Wirtschaftsordnung.
Der heilige Krieg. Monatschrift der katholischen Alkoholgegner Österreichs.
Der Kampf. Sozialdemokratische Wochenschrift.
Der Tabakgegner. Vierteljahresschrift des 1. Bundes deutscher Tabakgegner.
Der Vegetarier. Zeitschrift für ethische Lebensgestaltung. Vegetarismus und Lebensreform.
Des Menschen hohe Braut. Arbeit, Freizeit, Arbeitslosigkeit. Franz Kreuzer im Gespräch mit Marie Jahoda fünfzig Jahre nach der Untersuchung Die Arbeitslosen von Marienthal. - Wien 1983.
Deschner, Karlheinz: Das Kreuz mit der Kirche. Eine Sexualgeschichte des Christentums. - Düsseldorf u.a. 1991.
Diakow, Jaromir: Der Stumme von Österreich. Der Wahlgang 1927. - Wien 1931.
Diamant, Alfred: Die österreichischen Katholiken und die Erste Republik. Demokratie, Kapitalismus und soziale Ordnung 1918-1934. - Wien 1960.
Dibelius, Otto: Friede auf Erden? Frage, Erwägungen, Antwort. - Berlin 1930.
Die Friedenswarte. Blätter für internationale Verständigung und zwischenstaatliche Organisation.
Die Furche. Freie kulturpolitische Wochenschrift.
Die Kreuzpost. Freundschaftsbriefe von Mitarbeitern im katholischen Kreuzbündnis für Österreich.
Diehl, Peter: Risiko von Beginn an: Uranbergbau. In: Tschernobyl und kein Ende?
Dinges, Martin (Hrsg.): Weltgeschichte der Homöopathie. Länder-Schulen-Heilkundige. - München 1996.
Donat, Helmut u.a. (Hrsg.): Die Friedensbewegung. Organisierter Pazifismus in Deutschland, Österreich und der Schweiz. - Düsseldorf 1983.
Dorfner, Alois: Die Freiwirtschaft und der neue Mensch. In: Freiheit und soziale Gerechtigkeit Nr.7 (1978).
Dorfner, Alois: Univ. Prof. Dr. Johannes Ude. Zur Vollendung des 90ten Lebensjahres. In: Neue Ordnung Nr.2 (1964).
Driesmann, Heinrich: Menschenreform und Bodenreform. Unter Zugrundelegung der Veredelungslehre Francis Galtons. - Leipzig 1907.
Edener Monatsschrift mit Bildern.
Eisenbach-Stangel, Irmgard: Eine Gesellschaftsgeschichte des Alkohols. Produktion, Konsum und soziale Kontrolle alkoholischer Rausch- und Genussmittel in Österreich 1918-1984. - Frankfurt/M. u.a. 1991.
Engels, Eve-Marie (Hrsg.): Biologie und Ethik - Stuttgart 1999.
Engels, Eve-Marie: Natur- und Menschenbilder in der Bioethik des 20. Jahrhunderts. In: Biologie und Ethik.
Engels, Friedrich: Zur Wohnungsfrage. - Hottingen/Zürich 1887.
Engert, Rolf: Die Freiwirtschaft. Ein praktischer Ausdruck der Stirnerschen Philosophie. - Erfurt 1921.
Erasmus v. Rotterdam: Die Klage des Friedens, hrsg. v. Brigitte Hannemann. - Zürich 1998.

Färber, Heinrich: Die Irrlehre Silvio Gesells 1. Teil. Die richtige Zinslehre. Das „Schwundgeld“ - ein Spielzeug. Die Freiwirte auf Irr- und Abwegen 2. Teil. - Wien 1968.
Färber, Heinrich: Ergokratie. Die Lösung der sozialen Frage. Automatische Geldsteuer. Die Lösung des Steuerproblems. - Wien 1927.
Falk, James Edward: „Im Namen des Weltfriedens“ - Atomtests in beiden Hemisphären. In: Der Tod, der aus der Erde kommt.
Farkas, Reinhard: Johannes Ude als christlicher Vorläufer der Friedensbewegung. In: Wiener Blätter zur Friedensforschung Nr.2 (1997).
Farkas, Reinhard: Johannes Ude. Priester und Lebensreformer. In: Jahrbuch zur konservativen Revolution 1994.
Farkas, Reinhard: Johannes Ude und die Amtskirche: Chronologie und Analyse eines Konflikts. In: Mitteilungen des Steiermärkischen Landesarchivs Nr. 47.
Farkas, Reinhard: Pazifistische Alternativkultur in der Steiermark am Beispiel Johannes Udes. In: A.E.I.O.U.
Feder, Gottfried: Der deutsche Staat auf nationaler und sozialer Grundlage. Neue Wege in Staat, Finanz und Wirtschaft. - München 1923.
Feldbauer, Peter: Stadtwachstum und Wohnungsnot. Determinanten unzureichender Wohnungsversorgung in Wien 1848 bis 1914. - Wien 1977.
Fest, Joachim: Hitler. Eine Biografie. - Frankfurt/M. u.a. 1973.
Fichtenau, Heinrich: Askese und Laster in der Anschauung des Mittelalters. - Wien 1948.
Fischer, Ludwig: Die Wohnungsnot in Wien. In: Der Kampf. 12.Jg./Nr.7 (1919).
Fischer, Ludwig: Wohnungsnot oder Wohnungsüberfluss in Wien und deutschösterreichischen Industriestädten. In: Der Kampf. 12.Jg./Nr.25 (1919).
Fischer, Wolfram u.a. (Hrsg.): Handbuch der europäischen Wirtschafts- und Sozialgeschichte Bd.1. - Stuttgart 1987.
Fischl, Johannes. Johannes Ude - ein Stoiker unserer Tage. In: Reformer-Zeitung Nr.122/9.
Flürscheim, Michael: Not aus Überfluss. Beitrag zur Geschichte der Volkswirtschaft insbesondere der Boden-Reform. - Leipzig o. J.
Francesco, Grete von: Der Savonarola von Graz. In: Ö.B. 5.Jg./Nr.7 (1930).
Frecot, Janos u.a.: Fidus 1868-1948. Zur ästhetischen Praxis bürgerlicher Fluchtbewegungen. - München 1972.
Freie Tat. Unabhängige Wochenzeitung für persönliche Freiheit und soziale Gerechtigkeit. Freiheit und soziale Gerechtigkeit.
Freiwirtschaft. Österreichische freiwirtschaftliche Zeitung. Organ des österreichischen Freiwirtschaftsbundes.
Fritsch, Theodor: Die neue Gemeinde. (Garten-Stadt). - Leipzig 1903.
Fünfjahrbuch 3 der Karl-Franzens-Universität. - Graz 1982.
Gandhi; Mohandas Karachand (Mahatma): Gewaltfrei leben. - Zürich 1992.
Galling, Kurt (Hrsg.): Die Religion in Geschichte und Gegenwart. Handwörterbuch für Theologie und Religionswissenschaft. - Tübingen 1986ff.
Geitmann, Roland: Bibel-Kirchen -Bodeneigentum. In: Z. f. Sozök. 34.Jg./112.Folge (1997).
Geitmann, Roland: Bibel, Kirchen und Zinswirtschaft. In: Z. f. Sozök. 26.Jg./80.Folge (1989).
Geitmann, Roland: Damit Geld dient und nicht regiert. Faltbroschüre der CGW: Christen für gerechte Wirtschaftsordnung. - Berlin 1998.
Gemeinde Wien (Hrsg.): Das neue Wien. Städtewerk Bd.1 u. Bd.3. - Wien 1926/1927.
Gemeinderat der Stadt Wien. Protokoll (stenografischer Bericht) der öffentlichen Sitzung am 17. 3. 1922, 6.10. 1922, 22. 12. 1922.
George, Henry: Fortschritt und Armut. Eine Untersuchung über die Ursache der industriellen Krisen und der Zunahme der Arbeit bei zunehmendem Reichtum. - Berlin 1886.

Gesell, Silvio: Die Natürliche Wirtschaftsordnung durch Freiland und Freigeld. - Lauf 1984.
Gesell, Silvio: Gesammelte Werke Bd.1-18, hrsg. v. Werner Onken. - Münden 1988ff.
Ginglas, Hanna: Die sanfte Art des Heilens. Homöopathie. - Niederhausen 1998.
Gottl-Ottlilienfeld, Friedrich v.: Ewige Wirtschaft. Die Grundlehre vom Wirtschaftsleben Bd.1. - Berlin 1943.
Grazer Volksblatt.
Gross, W. u.a. (Hrsg.): Lesebuch der Weltliteratur Bd.4. - Wien 1960.
Gütermann; Christoph: Die Geschichte der österreichischen Friedensbewegung 1891-1985. In: Überlegungen zum Frieden.
Gütermann, Christoph: Zur Geschichte der österreichischen Friedensbewegung. In: Friedensforschung und Friedensbewegung.
Gugenberger, Eduard u.a.: Bioregionalismus. Bewegung für das 21. Jahrhundert. - Osnabrück 1995.
Hämmerli, Martina: Initiative Währungen. In: Zukunftsfähige Gesellschaft.
Hahnemann, Samuel: Organon der Heilkunst. Textkritische Ausgabe der von Samuel Hahnemann für die sechste Auflage vorgesehene Fassung, bearb. u. hrsg. v. Josef M. Schmidt. - Heidelberg 1992.
Hamann, Brigitte: Hitlers Wien. Lehrjahre eines Diktators. - München 1998.
Hamann, Sibylle: Außer Kontrolle. Globalisierung. In: Profil Nr.49 (1999).
Hamann, Sibylle: Das große Kribbeln. In: Profil Nr.43 (1999).
Hamm, Horst u.a.: Medizin, Natur, Technik. Ausblick ins nächste Millennium. In: Natur und Kosmos Jän. (2000).
Hammerl, Josef u.a.: Der freiwillige Arbeitsdienst in Österreich. - Wien 1934.
Hanisch, Ernst: Der lange Schatten des Staates. Österreichische Gesellschaftsgeschichte im 20. Jahrhundert. - Wien 1994.
Hanisch, Ernst: Die Ideologie des Politischen Katholizismus in Österreich 1918-1938. - Wien u.a. 1977.
Hanisch, Georg: Die klassischen Werttheorien. - Berlin 1913.
Hankel, Wilhelm: Weltwirtschaft. Vom Wohlstand der Nationen heute. - Düsseldorf u.a. 1977.
Haussleiter, Johannes: Der Vegetarismus in der Antike. - Berlin 1935.
Heer, Friedrich: Der Kampf um die österreichische Identität. - Wien u.a. 1996.
Hefner, Claudia u.a.: Wunder der Medizin. In: Profil Nr.15 (2000).
Heilig Feuer. Sendbote zur Weckung katholischer Lebenserneuerung.
Heimatschutz in Österreich, hrsg. unter Aufsicht des Österreichischen Heimatschutzes, Amt des Bundesführers, Propagandastelle. - Wien 1934.
Heinrichs, Johannes: Was ist das Natürliche an der Natürlichen Wirtschaftsordnung? In: Z. f. Sozök. 32.Jg/107.Folge (1995).
Heinzmann, Richard: Thomas v. Aquin: eine Einführung in sein Denken; mit ausgewählten lateinisch-deutschen Texten. - Stuttgart u.a. 1994.
Herr, Hansjörg: Einige kritische Thesen zu Silvio Gesells Freiwirtschaftslehre aus Keynesscher Sicht. In: Z. f. Sozök. 24.Jg./73.Folge (1987).
Herrmann, Georg: Kulturaufgaben des Vegetarismus. Auf der Grundlage einer neuen Ethik aufgebaut. - Konstanz 1956.
Hertzka, Theodor: Freiland. Ein soziales Zukunftsbild. - Leipzig u.a. 1886.
Hesse, Hermann: Die Morgenlandfahrt. Eine Erzählung. - Frankfurt/M. 2000.
Hindhede, Mikkel: Moderne Ernährung. Ernährungstheorie und praktisches Kochbuch. - Berlin u.a. 1925.

Hodina; Peter: Zwischen Selbstreform und Weltreform. Zum 20. Todestag von Johannes Ude. In: Z. f. Sozök. 20.Jg./65.Folge (1989).
Höflechner, Walter u.a. (Hrsg.): Domus Austriae. Eine Festgabe Hermann Wiesflecker zum 70. Geburtstag. - Graz 1983.
Högelsberger, Heinz (Hrsg.): Das AAI-Atomhandbuch. - Wien 2000.
Hoffmann, Robert: „Nimm Hack' und Spaten ..." Siedlung und Siedlerbewegung in Österreich 1918-1938. - Wien 1987.
Howard, Ebenezer: Gartenstädte in Sicht. - Jena 1907.
Hudal, Alois: Die Grundlagen des Nationalsozialismus. - Wien 1936.
Index zu den stenografischen Protokollen der Provisorischen Nationalversammlung Deutsch-Österreichs 21. Okt. 1918 bis 16. Feb. 1919. - Wien 1919.
Internationales Arbeitsamt (Hrsg.):. Studien und Berichte. Reihe G (Wohnungs- und Wohlfahrtswesen Nr.1). Die Wohnungsprobleme Europas nach dem Krieg. - Genf 1924.
INWO (Hrsg.): Zukunftsfähige Gesellschaft. Globalisierung und Geldreform. - Aarau 1999.
Issing, Otmar: Der Zins und sein moralischer Schatten. Zur Rolle des Zinses in der modernen Wirtschaft. In: Der 3. Weg. Zeitschrift für die natürliche Wirtschaftsordnung. Sonderdruck Nr.3 (1994).
Jahoda, Marie u.a.: Die Arbeitslosen von Marienthal. Ein soziografischer Versuch über die Wirkungen langandauernder Arbeitslosigkeit. Mit einem Anhang zur Geschichte der Soziografie. - Frankfurt/M. 1988.
Jahrbuch zur konservativen Revolution 1994. - Köln 1994.
Jakubowicz, Dan: Genuss und Nachhaltigkeit. Handbuch zur Veränderung des persönlichen Lebensstils. - Wien 1999.
John, Michael: Hausherrnmacht und Mieterelend. Wohnverhältnisse und Wohnerfahrung der Unterschichten in Wien 1890-1923. - Wien 1982.
Jostock, Paul: Der deutsche Katholizismus und die Überwindung des Kapitalismus. Eine ideengeschichtliche Skizze. - Regensburg 1932.
Jütte, Robert: Wo alles anfing: Deutschland. In: Weltgeschichte der Homöopathie.
Kabelka, Alois: Der neue Fall Ude. Tatsachen und Hintergründe seiner Verhaftung und Ausweisung aus Liechtenstein. - Graz 1932.
Kampfmeyer, Hans: Die Gartenstadtbewegung. - Leipzig 1909.
Kasper, Walter u.a. (Hrsg.): Lexikon für Theologie und Kirche. - Freiburg u.a. 1993ff.
Kaufmann, Franz-Xaver: Wirtschaftssoziologie. In: HdWW Bd.9.
Kaulla, Rudolf: Die geschichtliche Entwicklung der modernen Werttheorien. - Tübingen 1906.
Keller, Robert: Panökonomie. Die Weltwirtschaft der Zukunft. Bd.1: Die Lösung des Verteilungsproblems. Bd.2: Der gerechte Kapitalismus. - Wien 1947.
Kern, Elga (Hrsg.): Wegweiser in die Zeitenwende. - München u.a. 1955.
Kernbauer, Hans: Die wirtschaftliche Entwicklung. In: Österreich 1918-1938.
Kernbauer, Hans: Von der Inflation zur Depression. Österreichs Wirtschaft 1918-1934. In: Austrofaschismus.
Kernbauer, Hans: Währungspolitik in der Zwischenkriegszeit. Geschichte der Österreichischen Nationalbank von 1923 bis 1938. - Wien 1991.
Kerschagl, Richard: Die Lehre vom Gelde in der Wirtschaft. - Wien 1922.
Kerschagl, Richard: Die Quadragesimo anno und der neue Staat. - Wien u.a. 1937.
Keynes, John Maynard: Allgemeine Theorie der Beschäftigung, des Zinses und des Geldes. - Berlin 1952.
Kienböck, Viktor: Währung und Wirtschaft. Ein Vortrag. - Wien 1947.

Kinder, Hermann u.a.: Dtv-Atlas zur Weltgeschichte. Karten und chronologischer Abriss. Bd.1. - München 1993.
Klammer, Peter: Anstiftkinder, Dienstboten und Einleger im Gebirge. - Wien u.a. 1992.
Kluge, Ulrich: Der österreichische Ständestaat 1934-1938. Entstehung und Scheitern. - Wien 1984
Klusacek, Christine u.a.: Dokumentation zur österreichischen Zeitgeschichte Bd.1: 1918-1928, Bd.2: 1928-1938. - Wien u.a. 1984.
Koch, Klaus u.a.: Reclams Bibellexikon. - Stuttgart 1978.
Kosch, Wilhelm: Muss an die Seite des Wirtschaftsvereins die politische Partei treten? In: Ö.B. 1.Jg./Nr.1 (1926).
Kollert, Roland: „Atoms for Peace", der politische Betrug oder Wie Regierungen in Westeuropa ihr militärisch orientierten Atomenergieprogramme tarnten. In: Tschernobyl und keine Ende?
Kronen Zeitung.
Küppers, Christian: Unsicherheit der Atomkraftwerke. In: Tschernobyl und kein Ende?
Kunschak, Leopold: Werden und Reifen der ständischen Idee. - Wien 1936.
Kunzmann, Peter u.a.: Dtv-Atlas zur Philosophie. Tafeln und Texte. - München 1991.
La Chapelle, Dolores: Weisheit der Erde. Eine spirituelle Ökologie. - Saarbrücken 1978.
Landmann, Friedrich: Die Obstbausiedlung in Oranienburg in den ersten 25 Jahren ihres Bestehens. - Oranienburg 1920.
Larson, Edward J. u.a.: Naturwissenschaftler und Religion in Amerika. In: Spektrum der Wissenschaft Nov. (1999).
Latrille, Wolfgang: Assoziative Wirtschaft. Ein Weg zur sozialen Neugestaltung. Die pragmatischen Aspekte der sozialen Dreigliederung. - Stuttgart 1985.
Layton, W. T. u.a.: Die Wirtschaftslage Österreichs. - Wien 1925.
Lebe dich gesund. Zeitschrift für Lebenserneuerung auf allen Gebieten.
Lehner, Oskar: Verfassungsentwicklung: In: Handbuch des politischen Systems Österreichs. Erste Republik.
Leitzmann, Claus u.a.: Alternative Ernährungsformen. - Stuttgart 1999.
Lichtblau, Albert: Wiener Wohnungspolitik 1892-1919. - Wien 1984.
Liebert, Wolfgang: Aussichten auf die atomwaffenfreie Welt bei fortgesetzter Kernenergienutzung.
In: Tschernobyl und kein Ende?
Liebmann, Maximilian: DDDDr. Johann Ude (1874-1965) - Prophet oder Querulant? In: Fünfjahrbuch 3 der Karl-Franzens-Universität.
Liebmann: Maximilian: Die „Reichskristallnacht" - Johannes Ude war nicht zu feige. In: Domus Austriae.
Liebmann, Maximilian: Johannes Ude. Sein Leben, sein Wirken und seine Lehren. In: Ausseer Beiträge zur Zeit- und Kulturgeschichte.
Liebmann, Maximilian: Nationalsozialisten: Falsche Propheten oder Koalitionsgenossen? In: Christliche Demokratie 9.Jg./Nr.1 (1991/92).
Liebmann, Maximilian: Prof. Ude. Sein Leben und Wirken. - Wien 1980.
Liebmann, Maximilian: Sozialethisch-moraltheologische Maximen Johannes Udes als Beurteilungskriterium von christlichem Ständestaat und Nationalsozialismus. In: Grazer theologische Studien.
Linse, Ulrich: Ökopax und Anarchie. Eine Geschichte der ökologischen Bewegungen in Deutschland. - München 1986.
Lipp, Josef: Der steiermärkische Landtag. Die Landtagswahlordnung und die Landtagswahlergebnisse der Steiermark in der 1. Republik. Dipl. Arb. - Graz 1991.

Lohse, Bernhard: Askese und Mönchtum in der Antike und in der alten Kirche. - München u.a. 1969.
Loidl, Franz: Universitätsprofessor DDDDr. Johannes Ude (1874-1965). Über seine Begegnung mit ihm und zu seiner Ehrenrettung. - Wien 1983.
Lugmayer, Karl: Leos Lösung der Arbeiterfrage. Arbeiterrundschreiben. - Wien 1927.
Luna de, Giovanni: Benito Mussolini. Mit Selbstzeugnissen und Bilddokumenten. - Hamburg 1987.
Martin, Maurice: Anthroposophie, was ist das? - Dornach 1992.
Mattl, Siegfried: Die Finanzdiktatur. Wirtschaftspolitik in Österreich 1933-1938. In: Austrofaschismus.
Matzenberger, Stefan: Friedensbriefe eines Bergpredigtpazifisten. - Linz 1988.
Matzenberger, Stefan: Leben und Friedenswirken. (Ungedrucktes Typoskript). - Wien 1984.
Matzenberger, Stefan: Pazifismus im Atomzeitalter. Kriegsverhinderung durch Friedensaktivität. - Wien 1979.
Matzenberger, Stefan: Von der Friedensethik zur Friedenspolitik. Hundert Fragen an den Pazifismus. - Wien 1963.
Mauritsch, Christine: Wohnungsnot und Mieterschutz in Österreich vom Ende des Ersten Weltkrieges bis zum Ständestaat. Diss. - Graz 1994.
Mayer, Lothar: Ausstieg aus dem Crash. Entwurf einer Ökonomie jenseits von Wachstum und Umweltzerstörung. - Oberursel 1999.
Mecklenburg, Jens (Hrsg.): Handbuch deutscher Rechtsextremismus. - Berlin 1996.
Mees, Rudolf: Geld was ist das eigentlich? Kaufen, Leihen, Schenken bewusst gehandhabt. - Stuttgart 1988.
Messner, Johannes: Die soziale Frage der Gegenwart. Eine Einführung. - Innsbruck u.a. 1936.
Messner, Johannes: Zins ist Wucher sagt Professor Ude. In: Das Neue Reich Nr.11 (1931).
Meßner, Karl: Jugend in Arbeit. 3 Jahre im Dienste der erwerbslosen Jugend. - Wien 1936.
Metternich, Ralph K.: Die Entwicklung der Werttheorie und ihre Beziehung zum Gewinnstreben. Eine dogmengeschichtliche Analyse bis zu den Klassikern und Neoklassikern der Nationalökonomie. Diss. - Köln 1993.
Miller-Aichholz, Arthur: 12 Studien über politische Ereignisse und volkswirtschaftliche Zustände im Lichte der katholischen Moral. Mit einer Abhandlung über das Versagen der Katholiken im sozialen Leben von Dr. phil., rer., nat et rer.pol. Johann Ude. - Graz 1930.
Milton, John: Paradise Lost (deutsch v. Adolf Böttger). - Berlin 1899.
Mitteilungen des Steiermärkischen Landesarchivs Nr.47. Sonderdruck. - Graz 1997.
Moritz, Käthe: Sein und Wirken des großen Friedensarbeiters und Lebensreformers Johannes Ude. (1. Teil der Biografie). - Salzburg-Großgmain 1960.
Moritz, Käthe: Johannes Ude. Ein Leben und Wirken im Geiste der Bergpredigt. (2. Teil der Biografie). - Salzburg-Großgmain 1963.
Musil, Franz: Das neue Wien. Städtewerk Bd.3., hrsg. v. d. Gemeinde Wien. - Wien 1927.
Natur und Kosmos
Neck, Rudolf u.a. (Hrsg.): Protokolle des Ministerrates der Ersten Republik. - Wien 1984.
Neubacher, Franz: Freiland. Eine liberalsozialistische Utopie. - Wien 1987.
Neue freie Presse
Neue Zürcher Zeitung
Neue Ordnung. Kampfblatt für eine Natürliche Wirtschaftsordnung
Neue Volksgesundheit. Allgemeine unabhängige Zeitschrift für naturgemäße Lebensweise.
Neues Grazer Tagblatt.
Neues Leben. Monatsschrift für deutsche Tüchtigkeit.

Neues Leben. Zeitschrift für naturgemäße Lebensgestaltung, Gesundheitspflege und Gymnastik.
Neues Wiener Tagblatt
Neugebauer, Wolfgang: Widerstand und Opposition. In: NS-Herrschaft in Österreich 1938-1945.
Neumann, Friedrich (Hrsg.): Bericht über den 2. österreichischen Alkoholgegnertag abgehalten in Graz, am 8. und 9. Oktober 1911. - Wien u.a. 1912.
Neumann, Ludwig: Das Wohnungswesen in den österreichischen Bundesländern. In: Das Wohnungswesen in Österreich.
Neumann, Ludwig (Hrsg.): Das Wohnungswesen in Österreich. - Wien 1929.
Neustädter-Stürmer, Odo: Der Ständestaat Österreich. Dem jungen Österreich gewidmet. - Graz 1930.
Neustädter-Stürmer; Odo: Die Wahlen in Oberösterreich. In: Ö.B. 2.Jg./Nr.18 (1927).
Neustädter-Stürmer, Odo: Klare Ziele. In: Ö.B. 3.Jg./Nr.20 (1928).
Neustädter-Stürmer, Odo: Nach der Schlacht. In: Ö.B. 2.Jg./Nr.18 (1927).
Niederegger, Gerhard: Das Freigeld-Syndrom: für und wider ein alternatives Geldsystem; eine kritische Bestandsaufnahme für alle, die sich im Dschungel gegensätzlicher Meinungen einen Überblick verschaffen wollen. - Wien 1997.
Niederegger, Gerhard: Ideen zu einer neuen Wirtschaft und Kultur. - Innsbruck 1992.
Nonveiller, Heinz: Johannes Ude. Sein Leben und Wirken. - Dornbirn 1948.
North, Michael: Das Geld und seine Geschichte: Vom Mittelalter bis zur Gegenwart. - München 1994.
North, Michael (Hrsg.): Von Aktie bis Zoll. Ein historisches Lexikon des Geldes. - München 1995.
Novy, Klaus u.a.: Einfach bauen. Genossenschaftliche Selbsthilfe nach der Jahrhundertwende. Zur Rekonstruktion der Wiener Siedlerbewegung. - Wien 1985.
Oberösterreichische Nachrichten.
Österreichische Friedenszeitung.
Österreichische Staatsdruckerei (Hrsg.): Der Staatsvertrag von St. Germain -en laye vom 10. September 1919. - Wien 1920.
Österreichische Vegetarierzeitung.
Österreichischer Bund (Ö.B.), hrsg. unter ständiger Mitarbeit von Johannes Ude.
Okruch, Stefan: Wirtschaft und Anthroposophie: Darstellung und Kritik des Konzepts Rudolf Steiners. - Bayreuth 1991.
Onken, Werner: Der Zins als Angelpunkt von Wirtschaft und Moral. Gedanken zu Otmar Issings Einwänden gegen eine zinslose Wirtschaft. In: Der 3. Weg. Zeitschrift für eine natürliche Wirtschaftsordnung. Sonderdruck Nr.3 (1994).
Onken, Werner (Hrsg.): Freiwirtschaftliche Bibliothek. Wissenschaftliches Archiv. Katalog der Bücher, Broschüren und Zeitschriften mit zahlreichen Leseproben und dokumentarischen Abbildungen. - Münden 1986.
Onken, Werner: Ein vergessenes Kapitel der Wirtschaftsgeschichte - Schwanenkirchen, Wörgl und andere Freigeldexperimente. In: Z. f. Sozök. 20.Jg./57.u.58.Folge (1983).
Onken, Werner u.a.: Natürliche Wirtschaftsordnung unter dem Hakenkreuz: Anpassung und Widerstand. - Lütjenburg 1997.
Onken, Werner (Hrsg.): Silvio Gesell - Gesammelte Werke Bd. 1-18. - Münden 1988ff.
Onken, Werner: Silvio Gesell und die Natürliche Wirtschaftsordnung. Eine Einführung in Leben und Werk. - Lütjenburg 1999.
Onken, Werner: Silvio Gesells kritische Distanz zum Rechtsextremismus in der Weimarer Republik. In: Z.f.Sozök. 32.Jg./106.Folge (1995).

Oppenheimer, Franz: Erlebtes, Erstrebtes, Erreichtes. Lebenserinnerungen. - Düsseldorf 1964.
Oppenheimer, Franz: Genossenschaftliche Ansiedlung. Rede gehalten auf dem zweiten Reichs-Siedlertage zu Leipzig 15. August 1920. - Jena 1921.
Oppenheimer, Franz: Theorie der reinen und politischen Ökonomie. Ein Lehr- und Lesebuch für Studierende und Gebildete. - Berlin 1910.
Oppenheimer, Franz: Weder Kapitalismus noch Kommunismus. - Jena 1932.
Orel, Anton: Kapitalismus, Bodenreform und christlicher Sozialismus. - Wien 1909.
Orthner, Wilhelm: Anti-Ude. Eine Kritik der von Universitätsprofessor Dr. Johannes Ude gegen die sittliche Erlaubtheit der individuellen und kollektiven Notwehr aufgestellten Thesen. - Altenhof 1951.
Otruba, Gustav: Österreichs Wirtschaft im 20. Jahrhundert. - Wien u.a. 1968.
Otto, Maria (Hrsg.): Mahatma Gandhi. Worte des Friedens. - Freiburg 1999.
Para Pacem. Österreichischer Verband für allgemeine Völkerverständigung. Verbandsmitteilungen
Paster, Adolf: 3-5-4. Die Grundformel für eine lebenswerte Zukunft für alle. - Wien 2000.
Paster, Adolf: Fortschritt für alle mit angenehmen Nebenwirkungen. - Wien 1999.
Paster, Adolf: Wie kann sich eine arbeitsorientierte, natürliche und gerechte Wirtschaftsordnung durchsetzen? In: Zukunftsfähige Gesellschaft.
Pauley, Bruce: Eine Geschichte des österreichischen Antisemitismus. Von der Ausgrenzung zur Auslöschung. - Wien 1993.
Pawlik, Heinrich: Das Wohnungswesen in Wien. In: Das Wohnungswesen in Österreich.
Philippovich, Eugen u.a.: Wohnverhältnisse in österreichischen Städten, insbesondere in Wien. In: Soziale Verwaltung in Österreich am Ende des 19. Jahrhunderts Bd.1/Heft7. - Wien u.a. 1900.
Pichler, Hanns J.: Othmar Spann - Sein Werk und Wirken. In: Konservativismus in Österreich.
Pichler, Reinhard: Von der Sterilität zur Fruchtbarkeit des Geldes. Die Darlehens- und Zinsfrage sowie das Zinsnahmeverbot bei ausgewählten deutschen, neuscholastischen Moraltheologiehandbüchern zwischen 1850 und 1960. Dipl. Arb. - Wien 1995.
Pirchan, Karl Siegfried: Unverdrossen vorwärts! Eine Rechtfertigung der im Wandel der Zeiten sich bewährenden Vegetarier. - Wien 1949.
Pius XI.: Rundschreiben über die gesellschaftliche Ordnung ihre Wiederherstellung und ihre Vollendung nach dem Heilsplan der Frohbotschaft zum 40. Jahrestag des Rundschreibens Leos XIII. „Rerum Novarum". - Freiburg i.B. 1931.
Portisch, Hugo u.a.: Hört die Signale. Wege und Irrwege des Sowjet-Kommunismus. ORF-Filmdokumentation.
Portisch, Hugo u.a.: Österreich I. ORF-Filmdokumentation.
Pranz, Isabella: Homöopathie auf dem Prüfstand. Eine kritische Untersuchung über die Heilmethode und die vor ihr beanspruchten „Beweismittel". Dipl. Arb. - Wien 1990.
Profil. Das unabhängige Nachrichtenmagazin Österreichs.
Protokoll des sozialdemokratischen Parteitages, abgehalten vom 14. bis 17. Sept. 1928 im Arbeiterheim Favoriten in Wien. - Wien 1928.
Rad, Wolfgang (Hrsg.): Geschichte der Philosophie Bd.10. - München 1989.
Ramus, Pierre (= Rudolph Grossmann): Die Irrlehre und Wissenschaftslosigkeit des Marxismus im Bereich des Sozialismus. - Wien 1919.
Rauchensteiner, Manfried (Hrsg.): Überlegungen zum Frieden. - Wien 1987.
Rauscher, Anton: Kirchliche Soziallehre. In: HdWW Bd.7.
Rauscher, Anton: Subsidiaritätsprinzip und berufsständische Ordnung in „Quadragesimo anno". Eine Untersuchung zur Problematik ihres gegenseitigen Verhältnisses. - Münster 1958.

Reichel, Heinrich: Probleme der Wohnungshygiene. In: Beiträge zur städtischen Wohn- und Siedelwirtschaft.
Reichhold, Ludwig: Karl Lueger. Die soziale Wende in der Kommunalpolitik. - Wien 1989.
Reichspost.
Reformer-Zeitung. Zeitschrift für naturgemäße Lebensgestaltung.
Reinagel, Leopold: Abbau der Arbeitslosigkeit durch gemeinnützige Bodenwirtschaft. - Wien u.a. 1925.
Renner, Karl: Der Anschluss. Mitteilungen des Österreichisch-Deutschen Volksbundes 2.Jg./Folge 12 (1928).
Ricardo, David: Über die Grundsätze der politischen Ökonomie und der Besteuerung. - Berlin 1956.
Riehl, Heinrich Wilhelm: Die Bürgerliche Gesellschaft. - Stuttgart 1887.
Rieter, Heinz: Fisher, Irving (1867-1947). In: Von Aktie bis Zoll.
Rill, Robert (Hrsg.): Konservativismus in Österreich. Strömungen, Ideen, Personen und Vereinigungen von den Anfängen bis heute. - Graz u.a. 1999.
Robbins, John: Ernährung für ein neues Jahrtausend. - Waldfeucht 1996.
Röhrig, Floridus: Die katholische Kirche. Vom Josephinismus zum politischen Katholizismus. In: Konservativismus in Österreich.
Rösler, Gustav: Über die nationale Bedeutung unserer Enthaltungs-Bewegung. - Reichenberg 1905.
Roither, Michael (Hrsg.): Ausseer Beiträge zur Zeit- und Kulturgeschichte. - o. O. 1985.
Rosenberger, Josef: Das Wirken von Dr. Max Josef Metzger in seiner Grazer Zeit. Dipl. Arb. - Graz 1993.
Rosenberger, Werner: Der Zins - Gedanken und Argumente. In: Der 3. Weg. Zeitschrift für die natürliche Wirtschaftsordnung. Sonderdruck Nr.3 (1994).
Rosenhammer, Monika: Geschichte der österreichischen Friedensbewegung in den Fünfziger- und Sechzigerjahren. Dipl. Arb. - Salzburg 1988.
Rotter, Stefan: Ökologische Produkt- und Flächenbewertung eines Permakulturbetriebes im Lungau. Dipl. Arb. - Wien 1998.
Salzkammergut-Zeitung.
Sandgruber, Roman: Ökonomie und Politik: Österreichische Wirtschaftsgeschichte vom Mittelalter bis zur Gegenwart. - Wien 1995.
Sattin, Richard u.a.: After the worming. Teil 1 u. 2. Eine Filmdokumentation der Film Australia.
Schärrer, Markus: Geld- und Bodenreform als Brücke zum sozialen Staat. Die Geschichte der Freiwirtschaftsbewegung in der Schweiz (1915-1952). Diss. - Zürich 1983.
Schausberger, Norbert: Deutsche Wirtschaftsinteressen in Österreich vor und nach dem März 1938. In: Österreich, Deutschland und die Mächte.
Schellenberg, Jakob: Rudolf Steiner (1861-1925) und Silvio Gesell (1862-1930). Zwei unabhängig voneinander wirkende Richtungsweiser für eine soziale Zukunft in Freiheit. - Göppingen 1982.
Schimmek, Tom: Grüne Krieger. In: Profil Nr.46 (1998).
Schlag, Gerald: Burgenland. In: Österreich 1918-1938.
Schlagnitweit, Markus: Der Kapitalismus zwischen Freispruch und Verdammung. Der österreichische Sozialhirtenbrief von 1925 im Spannungsfeld von Realität und Utopie. - Wien u.a. 1995.
Schlatter, Gerhard: Askese. In: Handbuch religionswissenschaftlicher Grundbegriffe.
Schmid, Werner: Silvio Gesell. Die Lebensgeschichte eines Pioniers. - Bern 1954.

Schmitz, Elisabeth (Hrsg.): Wir tragen Verantwortung für die Welt von morgen. Energie und Umwelt im Sonnenzeitalter. 1. Internationales Atomgegnersymposium. - Wien 1978.
Schmölders, Günter: Historische Schule. In: HdWW Bd.4.
Schneller, Martin: Zwischen Romantik und Faschismus. Der Beitrag Othmar Spanns zum Konservativismus in der Weimarer Republik. - Stuttgart 1970.
Scholz, Roland: Bedrohung des Lebens durch radioaktive Strahlung. Eine Studie im Auftrag der Internationalen Ärzte für die Verhütung des Atomkrieges, Ärzte in sozialer Verantwortung (IPPNW). - Berlin 1995.
Schrenck-Notzing, Caspar von (Hrsg.): Lexikon des Konservativismus. - Graz u.a. 1996.
Schulz-Sölde, Max: Bericht über den 8. Internationalen Vegetarier-Kongress in Eden. In: Edener Monatsschrift mit Bildern 27.Jg./Nr.10. (1932).
Schwarz, Fritz: Das Experiment von Wörgl. - Bern 1951.
Schwarz, Fritz: Der Christ und das Geld. Eine Übersicht. - Bern 1959.
Seager, Joni: Der Öko-Atlas. - Bonn 1995.
Sebek, Walter: Das Gesundheitswesen in Österreich, hrsg. v. Bundesministerium für Arbeit, Gesundheit und Soziales. - Wien 1998.
Seiler, Christian: Muss Krieg sein? Nachruf auf den europäischen Pazifismus. In: Profil Nr.14. (1999).
Seipel, Ignaz: Der Kampf um die österreichische Verfassung. - Wien 1930.
Selzer, Erika (Hrsg.): 1945 - Ende und Anfang im Ausseer Land. Katalog zur Ausstellung im Ausseer Kammmerhofmuseum Mai 1995-Mai 1996. - Bad Aussee 1996.
Senf; Bernd: Der Nebel um das Geld. Zinsproblematik, Währungssysteme, Wirtschaftskrisen; ein Aufklärungsbuch. - Lütjenburg 1996.
Senft, Gerhard: Antikapitalismus von Rechts? Eine Abrechnung mit Gottfrieds Feders „Brechung der Zinsknechtschaft". In: Z. f. Sozök. 32.Jg./106.Folge (1995).
Senft, Gerhard: Chronik einer Legende. Die Freiwirtschaftsbewegung in Österreich. In: Z. f. Sozök. 28.Jg./91.Folge (1991).
Senft, Gerhard: Der Schatten des Einzigen. Die Geschichte des Stirnerschen Individual-Anarchismus. - Wien 1988.
Senft, Gerhard: Gesichter der Esoterik. Ein Streifzug durch das Reich des Irrationalismus. - Wien 1991.
Senft, Gerhard: Weder Kapitalismus noch Kommunismus. Silvio Gesell und das libertäre Modell der Freiwirtschaft. - Berlin 1990.
Shepherd, Gordon: Engelbert Dollfuß. - Graz u.a. 1961.
Siegfried, Klaus-Jörg: Klerikalfaschismus. Zur Entstehung und sozialen Funktion des Dollfußregimes in Österreich. Ein Beitrag zur Faschismusdiskussion. - Frankfurt/M. 1979.
Silberbauer, Gerhard: Kirche und Sozialismus in Österreich 1918-1938. Ein geschichtlicher Rückblick. - Wien 1961.
Silberbauer, Gerhard: Österreichs Katholiken und die Arbeiterfrage. - Graz u.a. 1966.
Skuhra, Anselm u.a. (Hrsg.): Friedensforschung und Friedendsbewegung. - Wien 1985.
Soziale Verwaltung in Österreich am Ende des 19. Jahrhunderts 1.Bd./7.Heft. - Wien u.a. 1900.
Spann, Othmar: Der wahre Staat. - Leipzig 1921.
Spektrum der Wissenschaft.
Standfest, Karin: Die Friedensidee bei Erasmus, Paracelsus und Franck. Eine vergleichende Untersuchung. - Wien 1984.
Stauff, Philipp: Das deutsche Wehrbuch. - Wittenberg 1912.
Steiner, Rudolf: Die soziale Frage als Bewusstseinsfrage. Acht Vorträge, gehalten in Dornach zwischen dem 15. Februar und 16. März 1919. - Dornach 1980.

Stelzer, Christian: Die Rolle der „legalen Drogen" in Österreich unter Einbeziehung gesellschaftspolitischer und volkswirtschaftlicher Aspekte. Dipl. Arb. - Linz 1994.
Stenografische Berichte des Landtages von Steiermark. 3.Periode 1927-1930. - Graz o. J.
Stenografische Protokolle der konstituierenden Sitzung der Nationalversammlung der deutschen Abgeordneten vom 21. Dez. 1918.
Stenografisches Protokoll über die Nationalratssitzung am 14. Nov. 1922.
Stepan; Rainer (Hrsg.): Christliche Demokratie. Zeitschrift des Karl v. Vogelsang-Institutes.
Stephan, Cora: Das Handwerk des Krieges. - Berlin 1998.
Stiefel, Dieter: Arbeitslosigkeit. Soziale, politische und wirtschaftliche Auswirkungen - am Beispiel Österreichs 1918-1938. - Berlin 1979.
Stiefel, Dieter: Die Zukunft liegt in der Vergangenheit. Innenkolonisation und nahrungswirtschaftliche Siedlung als atavistische Utopie der Zwischenkriegszeit. In: Die Zukunft liegt in der Vergangenheit.
Stiefel, Dieter: Konjunkturelle Entwicklung und struktureller Wandel der österreichischen Wirtschaft in der Zwischenkriegszeit. - Wien 1978.
Störig, Hans Joachim: Kleine Weltgeschichte der Philosophie. - Stuttgart u.a. 1990.
Streich, Jürgen: Kettenreaktion. Eine kurze Geschichte der Atomrüstung. In: Der Montag, der die Welt veränderte.
Streitenberger, Wolfgang: Das Leitbild „Ständische Ordnung" im politischen Denken Österreichs von der Jahrhundertwende bis 1938. Diss. - Wien 1975.
Strouzh, Gerhard u.a.(Hrsg.): Österreich, Deutschland und die Mächte. Internationale und österreichische Aspekte des „Anschlusses" vom März 1938. - Wien 1990.
Suhr, Dieter: Alterndes Geld. Das Konzept Rudolf Steiners aus geldtheoretischer Sicht. - Schaffhausen 1988.
Tagespost.
Tagwerker, Helmut: Denkfehler der Schwundgeldvertreter. Diss. - Wien 1948.
Talos, Emmerich u.a. (Hrsg.): Austrofaschismus. Beiträge über Politik und Kultur 1934-1938. - Wien 1985.
Talos, Emmerich u.a. (Hrsg.): Handbuch des politischen Systems Österreich. Erste Republik 1918-1933. - Wien 1995.
Talos, Emmerich u.a. (Hrsg.): NS-Herrschaft in Österreich 1938-1945. - Wien 1988.
Talos, Emmerich: Sozialpolitik in der Ersten Republik. In: Handbuch des politischen Systems Österreichs. Erste Republik.
Talos, Emmerich: Staatliche Sozialpolitik in Österreich. Rekonstruktion und Analyse. - Wien 1981.
Theseus (=Jakob Sprenger): Der Weg zum Ziel. Einführende Schrift in die natürliche Wirtschaftsordnung: Freigeld, Absolute Währung, Freiland. - Gams 1921.
Theseus (=Jakob Sprenger): Vom Unsinn und von den Verbrechen des Zinses dem Haupturheber der Kriege und Revolutionen. - Gams 1946.
Theseus (=Jakob Sprenger): Zins ist Diebstahl! Lasst los, dann fällt er! - Gams 1915.
Thomas v. Aquin: Summa theologica, hrsg. v. Albertus-Magnus-Akademie Walberberg bei Köln. - Heidelberg u.a. 1953.
Tipler, Frank J.: Die Physik der Unsterblichkeit. Moderne Kosmologie, Gott und die Auferstehung der Toten. - München 1996.
Tischner, Rudolf: Geschichte der Homöopathie. - Wien u.a. 1998.
Tschernobyl und kein Ende? Argumente für den Ausstieg; Szenarien für Alternativen. - Münster 1997.
Türr, Hans: Die Wohnungsprobleme Österreichs vor und nach dem Krieg. - Wien 1933.

Tutschek, Dagmar: Die Flucht aus der historischen Erfahrung: Proudhon und sein Einfluss auf die Lebensreformbewegung in Deutschland. Dipl. Arb. - Wien 1987.
Uhl, Alfred u.a.: Handbuch Alkohol-Österreich. Zahlen, Daten, Fakten, Trends. - Wien 1999.
Uhlemayr, Benedikt: Christliche Wirtschaftsordnung. - Lauf 1933.
Ulrich, Peter: Wider die totale Marktgesellschaft. Zur Ideologiekritik des neoliberalen Ökonomismus aus der Perspektive der integrativen Wirtschaftsethik. - St. Gallen 1997.
Völkerwacht. Zeitschrift für Sexual- und Sozialethik.
Vogelsang, Karl von: Kapitalismus. In: Lesebuch der Weltliteratur Bd.4.
Vogt, Markus: Schöpfung und Evolution. In: Lexikon für Theologie und Kirche.
Waldert, Helmut: Geld frisst Welt. 8-teilige Hörfunk-Sendereihe des ORF.
Weber, Anton: Sozialpolitik und Wohnungswesen. In: Das neue Wien.
Wehr, Gerhard (Hrsg.): Rudolf Steiner. Texte zur Einführung in die Anthroposophie. - München 1998.
Weihsmann, Helmut: Das Rote Wien. Sozialdemokratische Architektur und Kommunalpolitik 1919-1934. - Wien 1985.
Weiler, Rudolf: Berufsständische Ordnung. Sozialethische Idee und politische Wirklichkeit. In: Für Kirche und Heimat: Festschrift Franz Loidl zum 80. Geburtstag. - Wien u.a. 1985.
Weiler, Rudolf: Die soziale Botschaft der Kirche: Einführung in die katholische Soziallehre. - Wien 1993.
Weinzierl, Erika u.a. (Hrsg.): Österreich 1918-1938. Geschichte der Ersten Republik Bd.1u.2. - Wien 1983.
Weissensteiner, Friedrich: Der ungeliebte Staat. Österreich zwischen 1918 und 1938. - Wien 1990.
Werner; Hans-Joachim: Geschichte der Freiwirtschaftsbewegung. 100 Jahre Kampf für eine Marktwirtschaft ohne Kapitalismus. - Münster u.a. 1990.
Wiener Blätter zur Friedensforschung, hrsg. v. Universitätszentrum für Friedensforschung (UZF).
Winkler, Ernst: Ökologische Ökonomie. Zwischen kapitalistischer und geplanter Wirtschaft. In: Z. f. Sozök. 19.Jg./52.Folge (1982).
Winter, Ernst Karl: Probleme der Atomzivilisation. In: Die Furche 12.Jg/Nr.11 u. 12 (1956).
Winterhager, Dietrich: Bodeneigentum und Bodenrente in der ökonomischen Theorie. In: Z. f. Sozök. 34.Jg./114.Folge (1997).
Wintersberger, Gerald: Lebensreformer, Anarchisten, Freisozialisten - Reformer und Revolutionäre in Österreich von der Jahrhundertwende bis zum ersten Weltkrieg. Diss. - Wien 1986.
Wirtschaftsverein für Österreich (Hrsg.): Prof. Dr. Ude. 1. Sein Entwurf für ein wirtschaftspolitisches Programm. 2. Seine Erläuterungen zum Programmentwurf. - Graz 1926.
Wolf, Erich Hans: Katastrophenwirtschaft. Geburt und Ende Österreichs 1918-1938. - Zürich u.a. 1939.
Wolf, Jean-Claude. Moralische Argumente für den Tierschutz. In: Biologie und Ethik.
Wolf, Siegbert: Silvio Gesell. Eine Einführung in Leben und Werk eines bedeutenden Sozialreformers. - München 1983.
Wunberg, Gotthard: Die Wiener Moderne. Literatur, Kunst und Musik zwischen 1890 und 1910. - Stuttgart 1981.
Zeitschrift für Sozialökonomie (Z. f. Sozök.).
Zeitschrift für Volkssittlichkeit und Volksaufklärung.
Zellenberg, Ulrich E.: Konservativismus in der österreichische Literatur. In: Konservativismus in Österreich.
Zimmermann, Werner: Die Befreiung der Frau. - Berlin u.a. 1922.

Zimmermann, Werner: Frieden auf Erden durch Vegetarismus und Freiwirtschaft. In: Neues Leben 6.Jg./Heft1 u. 2 (1951).
Zimmermann, Werner: Ich und Wir. - Lauf o. J.
Zimmermann, Werner: Sozialismus in Freiheit. - Bern 1919.
Zaunbauer, Alois (Hrsg.): Reden österreichischer Staatsmänner (Miklas, Seipel, Dollfuß, Schuschnigg). - Wien 1935.
Zorzi, Michaela: Anwendungsbeobachtung homöopathischer Behandlung bei 100 schwangeren Frauen im Krankenhaus Lainz/Geburtshilfliche Abteilung. Forschungsbericht. - Wien 2000.
Zülicke, Freddy: Bioethik. Beiträge zu philosophisch-ethischen Problemen der Biowissenschaften. - Cuxhaven 1996.

Archivquellen und Nachlässe:

Dokumentationsarchiv des österreichischen Widerstandes (DÖW):
Berichte zum antifaschistischen Widerstand.
Haltung der österreichischen Bischöfe zur Anschlussfrage
Korrespondenz zwischen Ernst Karl Winter und Johannes Ude.
Ernst van Loen/Vogelsang-Bund (Nachlass):
Korrespondenz über die Tätigkeit der „Arbeitsgemeinschaft freiwirtschaftlicher Christen".
Freiwirtschaftliche Bibliothek. Wissenschaftliches Archiv:
Korrespondenz zwischen Albert Schweitzer und Johannes Ude.
Diözesanarchiv Graz (DAG):
Personalakt „Ude".
Österreichisches Staatsarchiv (ÖStA):
Akten über den „Wirtschaftsverein" und Johannes Ude.
Stefan Matzenberger (Nachlass):
Korrespondenz zwischen Stefan Matzenberger und Johannes Ude (1950-1965).

Personenverzeichnis

Peter Lang · Europäischer Verlag der Wissenschaften

Otfried Dankelmann, Johannes Glasneck, Ralf Kessler, Inge Kircheisen, Hartmut Rüdiger Peter und Walter Zöllner (Hrsg.) unter Mitarbeit von Andreas Girbardt, Ulf Hartmann und Monika Lücke

Biographisches Lexikon zur Weltgeschichte

Vom Mittelalter bis zur Gegenwart

Frankfurt/M., Berlin, Bern, Bruxelles, New York, Oxford, Wien, 2001.
1416 S.
ISBN 3-631-37646-4 · geb. € 91.-*

Mehr als 70 Wissenschaftler skizzieren Biographien aus 1500 Jahren Weltgeschichte – vom Mittelalter bis zur Gegenwart. Vor allem Fakten verpflichtet, werden über 2000 Persönlichkeiten aus allen bewohnten Erdteilen und Regionen vorgestellt, weitere 3000 werden erwähnt. Neben den „Großen" der Geschichte sind – zahlreicher als sonst üblich – Repräsentanten politischer, sozialer, ethischer, religiöser und anderer Bewegungen und Organisationen berücksichtigt. Besondere Aufmerksamkeit erfahren Völker und Reiche der Dritten Welt, ehemals sozialistische Länder und ihnen nachfolgende Staaten. Die Biogramme informieren über Namen, Vornamen, Lebensdaten und Attribute, ihnen folgen Hinweise auf das soziale und familiäre Umfeld, auf Bildungsgang und Beruf. Im Mittelpunkt steht das politische Wirken; wichtige Schriften werden dokumentiert. Register helfen, das Buch zu erschließen. Ein Werk für Laien wie Fachwissenschaftler.

Frankfurt/M · Berlin · Bern · Bruxelles · New York · Oxford · Wien
Auslieferung: Verlag Peter Lang AG
Jupiterstr. 15, CH-3000 Bern 15
Telefax (004131) 9402131

*inklusive der in Deutschland gültigen Mehrwertsteuer
Preisänderungen vorbehalten

Homepage http://www.peterlang.de

www.ingramcontent.com/pod-product-compliance
Ingram Content Group UK Ltd.
Pitfield, Milton Keynes, MK11 3LW, UK
UKHW021919290926
8980IPUK00015B/1349

9 783631 389232